市川高等学校

〈収録内容〉

便利な DL コンテンツは右の QR コードから

解答用紙　　過去年度　　リスニング ⇒

※データのダウンロードは 2025 年 3 月末日まで。
※データへのアクセスには、右記のパスワードの入力が必要となります。 ⇒ 335882

〈合格最低点〉

	一　般
2024年度	257点
2023年度	282点
2022年度	303点
2021年度	256点
2020年度	262点
2019年度	255点

本書の特長

実戦力がつく入試過去問題集

▶ 問題 …………… 実際の入試問題を見やすく再編集。

▶ 解答用紙 …… 実戦対応仕様で収録。

▶ 解答解説 …… 詳しくわかりやすい解説には、難易度の目安がわかる「基本・重要・やや難」の分類マークつき（下記参照）。各科末尾には合格へと導く「ワンポイントアドバイス」を配置。採点に便利な配点つき。

入試に役立つ分類マーク

基本 確実な得点源！
受験生の90％以上が正解できるような基礎的、かつ平易な問題。
何度もくり返して学習し、ケアレスミスも防げるようにしておこう。

重要 受験生なら何としても正解したい！
入試では典型的な問題で、長年にわたり、多くの学校でよく出題される問題。
各単元の内容理解を深めるのにも役立てよう。

やや難 これが解ければ合格に近づく！
受験生にとっては、かなり手ごたえのある問題。
合格者の正解率が低い場合もあるので、あきらめずにじっくりと取り組んでみよう。

合格への対策、実力錬成のための内容が充実

▶ 各科目の出題傾向の分析、合否を分けた問題の確認で、入試対策を強化！

▶ その他、学校紹介、過去問の効果的な使い方など、学習意欲を高める要素が満載！

解答用紙ダウンロード	解答用紙はプリントアウトしてご利用いただけます。弊社ＨＰの商品詳細ページよりダウンロードしてください。トビラのＱＲコードからアクセス可。
リスニング音声ダウンロード	英語のリスニング問題については、弊社オリジナル作成により音声を再現。弊社ＨＰの商品詳細ページで配信対応しております。トビラのＱＲコードからアクセス可。
UD FONT	見やすく読みまちがえにくいユニバーサルデザインフォントを採用しています。

市川高等学校

進学実績抜群の名門進学校
SSH(スーパーサイエンスハイスクール)指定校
ユネスコスクール加盟校

URL	http://www.ichigaku.ac.jp/

普通科
生徒数　1264名
〒272-0816
千葉県市川市本北方2-38-1
☎047-339-2681
総武線・都営新宿線本八幡駅、総武線西船橋駅、武蔵野線市川大野駅　各バス
京成線鬼越駅　徒歩20分
下校時スクールバスあり

プロフィール　個性の尊重と自主自立を目指す

1937(昭和12)年千葉県市川中学校が開校。1947年新制市川中学校、翌年高等学校が設置された。

「独自無双の人間観」「よく見れば精神」「第三教育」の3つが教育方針で、これを柱に教育が行われている。「独自無双の人間観」とは、人間とはかけがえのない個性と人生を持つものだという価値観。「よく見れば精神」とは、生徒の無限の可能性や個性を発見、見守り手助けしていくこと。「第三教育」は家庭・社会・学校からの教育を基に、自分で自分を教育することである。永年、中高一貫教育を続け抜群の進学実績を誇る進学校だが、学園を「人間教育」の場と考え「一人の人間の大切さ」「個性の発揮」「他者への思いやり」を大切にしている。また、2009年度より文科省のスーパーサイエンスハイスクール(SSH)の指定校となっている(3期目)。

環境　自然との調和を大切にした最新設備の校舎

2003年「イン・ザ・フォレスト(森の中の学び舎)」をコンセプトに、太陽エネルギーの利用を積極的に推し進め今後100年間利用できるものを目指した校舎へ移転。教育方針のひとつを冠した「第三教育センター」や、全館に「校内LAN」を張り巡らすなど、21世紀に対応した校舎である。さらに2007年に680席の「國枝記念国際ホール」、2015年春には新総合グラウンドも完成。

カリキュラム　自主性を尊重した多彩なゼミナール

リベラルアーツ教育をさらに進めることを目指している。文理にとらわれず広く教養を身につけながら思考力、判断力、表現力を身につけることである。市川サイエンスとして課題研究を中心にプレゼン力を養う(英語でのプレゼン)、市川アカデメイアとして、古典のテキストを使い自由な対話によるセミナー型授業、リベラルアーツゼミとして、主体的に学ぶゼミ形式の少人数授業を柱としてリベラルアーツ教育の一環をなしている。

学校生活　学び合う仲間と活発な課外活動

各種行事や43あるクラブ活動は盛んで、1つの目標に向けて仲間と協力することで大きく成長する。課外活動も盛んで、国際研修や国内研修、各種コンテストに積極的に参加し、幅広く体験している。その体験を発表する機会として「Ichikawa Academic Day」を開催している。学び合う仲間がいるのが本校の特長である。

[体育会] 山岳、硬式野球、軟式野球、卓球、バスケットボール、バレーボール、剣道、相撲、陸上、硬式テニス、ソフトテニス、体操、水泳、サッカー、ラグビー、ハンドボール、スキー、応援

[文化会] 英語、数学、文芸、生物、化学、物理、写真、社会、美術、音楽、吹奏楽、地学、演劇、軽音楽、書道、鉄道研究、オーケストラ、囲碁・将棋、茶道、調理

[同好会・愛好会] ギター、鹿島神流武道、クイズ、インターアクト、かるた

第三教育センター（閲覧スペース）

進路　100%の大学進学率 難関大に多数が合格

生徒の約100%が大学に進学。実績も優秀で、毎年、難関国公立・私立大に多くの合格者を出している。

2023年3月の現役大学合格者数は、東京大9、京都大7、一橋大6、東京工業大13、北海道大5、東北大10、千葉大25、筑波大13、東京外語大5、慶應義塾大86、早稲田大112、東京理科大165、上智大74、明治大136など。また、慶應、早稲田、東京理科、明治など多数の指定校推薦枠もある。

国際化　充実した国際感覚を養うプログラム

コロナ禍におけるプログラムとして、①WWL(コンソーシアム構築推進事業参加)、②Double Helix 他校と合同で、芸術・言語・医療・歴史分野において第一線で活躍する英国の講師とオンラインで結ぶ、③高大連携として、「Global Issue 探求講座」を受講し、国際社会における地球規模での課題を構想的に理解して、英語で研究発表するなどがある。

2024年度入試要項

試験日　1/17(単願推薦・一般・帰国生)
試験科目　国・数・英・理・社(単願推薦・一般)
　　　　　国・数・英(帰国生)

2024年度	募集定員	受験者数	合格者数	競争率
単願推薦	30	53/28	22/11	24/25
一般	90	679/404	418/225	1.6/1.8
帰国生		30/36	14/26	2.1/1.4

※人数はすべて男子/女子

過去問の効果的な使い方

① **はじめに**　入学試験対策に的を絞った学習をする場合に効果的に活用したいのが「過去問」です。なぜならば，志望校別の出題傾向や出題構成，出題数などを知ることによって学習計画が立てやすくなるからです。入学試験に合格するという目的を達成するためには，各教科ともに「何を」「いつまでに」やるかを決めて計画的に学習することが必要です。目標を定めて効率よく学習を進めるために過去問を大いに活用してください。また，塾に通われていたり，家庭教師のもとで学習されていたりする場合は，それぞれのカリキュラムによって，どの段階で，どのように過去問を活用するのかが異なるので，その先生方の指示にしたがって「過去問」を活用してください。

② **目的**　過去問学習の目的は，言うまでもなく，志望校に合格することです。どのような分野の問題が出題されているか，どのレベルか，出題の数は多めか，といった概要をまず把握し，それを基に学習計画を立ててください。また，近年の出題傾向を把握することによって，入学試験に対する自分なりの感触をつかむこともできます。

過去問に取り組むことで，実際の試験をイメージすることもできます。制限時間内にどの程度までできるか，今の段階でどのくらいの得点を得られるかということも確かめられます。それによって必要な学習量も見えてきますし，過去問に取り組む体験は試験当日の緊張を和らげることにも役立つでしょう。

③ **開始時期**　過去問への取り組みは，全分野の学習に目安のつく時期，つまり，9月以降に始めるのが一般的です。しかし，全体的な傾向をつかみたい場合や，学習進度が早くて，夏前におおよその学習を終えている場合には，7月，8月頃から始めてもかまいません。もちろん，受験間際に模擬テストのつもりでやってみるのもよいでしょう。ただ，どの時期に行うにせよ，取り組むときには，集中的に徹底して取り組むようにしましょう。

④ **活用法**　各年度の入試問題を全問マスターしようと思う必要はありません。できる限り多くの問題にあたって自信をつけることは必要ですが，重要なのは，志望校に合格するためには，どの問題が解けなければいけないのかを知ることです。問題を制限時間内にやってみる。解答で答え合わせをしてみる。間違えたりできなかったりしたところについては，解説をじっくり読んでみる。そうすることによって，本校の入試問題に取り組むことが今の自分にとって適当かどうかが，はっきりします。出題傾向を研究し，合否のポイントとなる重要な部分を見極めて，入学試験に必要な力を効率よく身につけてください。

数学

各都道府県の公立高校の入学試験問題は，中学数学のすべての分野から幅広く出題されます。内容的にも，基本的・典型的なものから思考力・応用力を必要とするものまでバランスよく構成されています。私立・国立高校では，中学数学のすべての分野から出題されることには変わりはありませんが，出題形式，難易度などに差があり，また，年度によっての出題分野の偏りもあります。公立高校を含め，ほとんどの学校で，前半は広い範囲からの基本的な小問群，後半はあるテーマに沿っての数問の小問を集めた大問という形での出題となっています。

まずは，単年度の問題を制限時間内にやってみてください。その後で，解答の答え合わせ，解説での研究に時間をかけて取り組んでください。前半の小問群，後半の大問の一部を合わせて50%以上の正解が得られそうなら多年度のものにも順次挑戦してみるとよいでしょう。

英語

英語の志望校対策としては，まず志望校の出題形式をしっかり把握しておくことが重要です。英語の問題は，大きく分けて，リスニング，発音・アクセント，文法，読解，英作文の5種類に分けられます。リスニング問題の有無(出題されるならば，どのような形式で出題されるか)，発音・アクセント問題の形式，文法問題の形式(語句補充，語句整序，正誤問題など)，英作文の有無(出題されるならば，和文英訳か，条件作文か，自由作文か）など，細かく具体的につかみましょう。読解問題では，物語文，エッセイ，論理的な文章，会話文などのジャンルのほかに，文章の長さも知っておきましょう。また，読解問題でも，文法を問う問題が多いか，内容を問う問題が多く出題されるか，といった傾向をおさえておくことも重要です。志望校で出題される問題の形式に慣れておけば，本番ですんなり問題に対応することができますし，読解問題で出題される文章の内容や量をつかんでおけば，読解問題対策の勉強として，どのような読解問題を多くこなせばよいかの指針になります。

最後に，英語の入試問題では，なんと言っても読解問題でどれだけ得点できるかが最大のポイントとなります。初めて見る長い文章をすらすらと読み解くのはたいへんなことですが，そのような力を身につけるには，リスニングも含めて，総合的に英語に慣れていくことが必要です。「急がば回れ」ということわざの通り，志望校対策を進める一方で，英語という言語の基本的な学習を地道に続けることも忘れないでください。

国語

国語は，出題文の種類，解答形式をまず確認しましょう。論理的な文章と文学的な文章のどちらが中心となっているか，あるいは，どちらも同じ比重で出題されているか，韻文(和歌・短歌・俳句・詩・漢詩)は出題されているか，独立問題として古文の出題はあるか，といった，文章の種類を確認し，学習の方向性を決めましょう。また，解答形式は，記号選択のみか，記述解答はどの程度あるか，記述は書き抜き程度か，要約や説明はあるか，といった点を確認し，記述力重視の傾向にある場合は，文章力に磨きをかけることを意識するとよいでしょう。さらに，知識問題はどの程度出題されているか，語句(ことわざ・慣用句など)，文法，文学史など，特に出題頻度の高い分野はないか，といったことを確認しましょう。出題頻度の高い分野については，集中的に学習することが必要です。読解問題の出題傾向については，脱語補充問題が多い，書き抜きで解答する言い換えの問題が多い，自分の言葉で説明する問題が多い，選択肢がよく練られている，といった傾向を把握したうえで，これらを意識して取り組むと解答力を高めることができます。「漢字」「語句・文法」「文学史」「現代文の読解問題」「古文」「韻文」と，出題ジャンルを分類して取り組むとよいでしょう。毎年出題されているジャンルがあるとわかった場合は，必ず正解できる力をつけられるよう意識して取り組み，得点力を高めましょう。

数学 出題傾向の分析と合格への対策

●出題傾向と内容

本年度の出題は，大問が5題，小問数にして13題と，ほぼ例年並みであった。

数年前から[1]の小問群がなくなり，すべてが小問数2～3題で構成される大問となっている。

[1]は関数・グラフと図形の融合問題で作図問題を含んでいる。[2]は途中で目の数が変わるさいころを用いた確率の問題。[3]は証明問題を含む平面図形問題。[4]は立方体を切断して考える立体の計量問題。[5]は約数，倍数に関しての自然数の性質を問う問題。

工夫された思考力，応用力が要求される問題ばかりで，レベルは高い。完全答案を狙わずに手がけられるものから着実に仕上げていこう。

学習のポイント

なぜだろう？どうなっているのか？と疑問をもち，それをどう解決していくかを考える姿勢で学習を進めよう。

●2025年度の予想と対策

来年度も出題数，形式，レベルなどに大きな変化はないだろう。

近年は，基本的・典型的な出題はあまりなく，数の性質や，規則性を求めるなどの，思考力を要するものが多くなっている。図形問題でも，基本的な公理・定理を用いながらも，応用力や考察力，ときには直観力を必要とする形で出題される傾向がある。ハイレベルな問題に数多くあたるのも大切だが，日常の中で，いろいろな事象に関心を持ち，常に工夫し考える生活態度も必要である。

範囲は中学数学の全分野に及ぶと考えておいた方がよい。

▼年度別出題内容分類表……

出題内容			2020年	2021年	2022年	2023年	2024年
数と式		数の性質	○	○		○	○
		数・式の計算			○		
		因数分解	○	○	○		
		平方根					
方程式・不等式		一次方程式					
		二次方程式					
		不等式					
		方程式・不等式の応用					
関数		一次関数		○	○	○	○
		二乗に比例する関数		○	○	○	○
		比例関数	○				
		関数とグラフ	○	○	○	○	○
		グラフの作成					
図形	平面図形	角度					○
		合同・相似	○	○		○	○
		三平方の定理	○	○	○	○	○
		円の性質	○			○	○
	空間図形	合同・相似			○	○	○
		三平方の定理	○		○	○	○
		切断	○	○	○	○	○
	計量	長さ	○	○		○	○
		面積	○	○	○	○	○
		体積					○
	証明		○		○	○	○
	作図				○	○	○
	動点				○		
統計		場合の数	○			○	
		確率		○	○		○
		統計・標本調査					
融合問題		図形と関数・グラフ	○		○	○	○
		図形と確率					
		関数・グラフと確率					
		その他	○	○	○	○	
その他			○	○	○		○

市川高等学校

英語

出題傾向の分析と合格への対策

●出題傾向と内容

本年度は，リスニング問題1題と長文2題で大問計3題が出題された。リスニング問題は昨年度同様，(A)(B)の二部構成となった。英文を聞いてメモを完成させる形式が含まれる。長文は2題のうち1題は説明的文章，もう1題は物語文である。

長文問題では，文法問題も含まれているが，内容の理解を問う問題が中心となっている。長文は内容も高度で，文章量も多いため，短時間で正確に読みこなすには，単語・文法の知識と十分な読解の練習が必要である。英文和訳や日本語での説明も出題され，指定された字数で正確に内容をまとめることが要求されている。

✔学習のポイント

様々なテーマの英文を読むことで，なじみの薄い内容でも正確に把握できるようにしよう。文法問題は基礎的な事項を中心に定着をさせよう。

●2025年度の予想と対策

来年度も出題の中心は読解問題になるであろう。リスニングを含めて，なじみが薄く理解するのが大変な内容の文章が出題される傾向にある。文章中では見慣れない単語や発展レベルの文法も多く見られるため，日頃から様々なテーマの英文を読んで読解力を養う必要がある。特に，長文の文章量が多いため，制限時間を設けて，短時間で正確に読解をする練習をする必要がある。和訳や日本語での説明も出題されるため，わかりやすい日本文を書くことも大切だ。

リスニング問題は，英文を聞く前に質問の内容と答えの選択肢の内容をきちんと把握し，聞き取るポイントをつかんでおくこと。

▼年度別出題内容分類表 ……

	出題内容	2020年	2021年	2022年	2023年	2024年
話し方・聞き方	単語の発音					
	アクセント					
	くぎり・強勢・抑揚					
	聞き取り・書き取り	○	○	○	○	○
語い	単語・熟語・慣用句	○	○	○		
	同意語・反意語	○	○			
	同音異義語					
読解	英文和訳(記述・選択)	○	○	○	○	
	内容吟味	○	○	○	○	○
	要旨把握		○	○		
	語句解釈	○	○	○		
	語句補充・選択	○	○	○	○	○
	段落・文整序					
	指示語		○		○	○
	会話文	○				○
文法・作文	和文英訳			○		
	語句補充・選択					
	語句整序	○	○	○	○	○
	正誤問題	○				○
	言い換え・書き換え		○	○		
	英問英答				○	
	自由・条件英作文	○				
文法事項	間接疑問文				○	
	進行形	○				
	助動詞		○	○		
	付加疑問文					
	感嘆文					
	不定詞	○	○	○	○	
	分詞・動名詞		○		○	○
	比較			○	○	○
	受動態	○	○			
	現在完了					
	前置詞			○	○	○
	接続詞		○	○		○
	関係代名詞	○	○	○	○	○

市川高等学校

理科 出題傾向の分析と合格への対策

●出題傾向と内容

物理，化学，生物，地学の4領域からほぼ均等に出題されている年度が多い。大問数は2019年度以降は4問であり，小問数は30問程度である。

記述，計算，図示と，さまざまな解答形式で出題されている。基礎を重視した典型題が多いが，問題文や図表を読んで知識を得たうえで，思考や分析を要する設問もあり，型通りのパターン暗記だけでは合格点に達しない。各現象や数値の意味が理解できているかがカギとなる。試験時間に対する問題数は多すぎないが，てきぱきと解く必要はある。

学習のポイント

基本事項は，なぜそうなるのか，しくみや過程をしっかり理解したうえで習熟しておこう。

●2025年度の予想と対策

特定の分野に配点が集中することなく，広い領域から出題される。計算問題はやや多い年度もあり，また，記述や図示も出題されると予想される。各分野ともに，理解を伴った知識と，充分に経験を積んだ計算力が必要とされる。また，実験や観察に関する内容は重視されており，学校での経験が積極的であるほど有利である。過去問が少ないので，県立高校だけでなく，他の私立高校の問題に挑戦してみるのもよい。数値の四捨五入について，本番では問題冊子の表紙に指示があったので，見落としに注意したい。

▼年度別出題内容分類表 ……

	出題内容	2020年	2021年	2022年	2023年	2024年
第一分野	物質とその変化	○	○	○		
	気体の発生とその性質	○	○	○	○	
	光と音の性質		○			
	熱と温度					
	力・圧力	○			○	
	化学変化と質量				○	
	原子と分子	○	○		○	
	電流と電圧					○
	電力と熱					○
	溶液とその性質					○
	電気分解とイオン	○		○		○
	酸とアルカリ・中和	○				
	仕事			○		
	磁界とその変化			○		○
	運動とエネルギー	○		○		
	その他					
第二分野	植物の種類とその生活		○			
	動物の種類とその生活					
	植物の体のしくみ		○	○		○
	動物の体のしくみ				○	
	ヒトの体のしくみ			○	○	○
	生殖と遺伝					○
	生物の類縁関係と進化					
	生物どうしのつながり	○				
	地球と太陽系		○			
	天気の変化			○		
	地層と岩石	○				○
	大地の動き・地震	○			○	○
	その他					

市川高等学校

社会

出題傾向の分析と合格への対策

●出題傾向と内容

本年度は大問が3題で，小問数は30問程度であった。解答形式は記号選択が最も多く，語句記述がこれに次ぎ，論述問題も4題みられた。

[1]は，国際的なイベントをテーマにした日本，世界の歴史で，論述問題も2題含まれていた。

[2]，[3]は地理の問題で，[2]は自然環境，人口，産業を中心に，[3]は東南アジアの地誌について問われた。受験生が苦手とする世界地理の問題が多く出題されるなど難易度は高めであった。

[4]は経済分野，[5]は政治分野からの出題。[4]は物価変動や景気変動について問われ，いずれも難易度はかなり高かった。[5]は日本国憲法と基本的人権についての出題で，最高裁判所の違憲判決について複数問われるなど，高度な知識の有無を確認する問題が含まれていた。

✔学習のポイント

地理：世界の主要国の特色をおさえる。
歴史：年表を使い各時代の特色を理解する。
公民：国連の組織や運営等の理解を深める。

●2025年度の予想と対策

本年度は三分野すべてが出題されたが，やや歴史の比重が高かった。この傾向は次年度以降も大きく変わることはないだろう。

また，記号選択が多いが，「正しいものをすべて選びなさい」，「2つ選びなさい」という形式の出題もみられ，それだけ難易度が高くなっている。正確な知識が求められる。

地理分野では，世界地理を中心に学習しよう。主要国の位置や人口，産業などは正確に理解しておく必要がある。

歴史分野では，各時代の世界の様子や日本と世界のつながりに注目しよう。

公民分野では，国際政治がポイントになる。国際連合については細かい知識も必須である。

▼年度別出題内容分類表……

出題内容			2020年	2021年	2022年	2023年	2024年
地理的分野	（日本）	地形図					
		地形・気候・人口			○	○	○
		諸地域の特色					
		産業	○	○	○		
		交通・貿易	○				
	（世界）	人々の生活と環境				○	
		地形・気候・人口	○	○	○	○	○
		諸地域の特色				○	○
		産業	○	○		○	○
		交通・貿易				○	○
	地理総合						
歴史的分野	（日本史）	各時代の特色					
		政治・外交史	○	○	○	○	○
		社会・経済史	○	○	○	○	○
		文化史		○	○	○	○
		日本史総合					
	（世界史）	政治・社会・経済史	○	○	○	○	○
		文化史					
		世界史総合					
	日本史と世界史の関連			○		○	○
	歴史総合						
公民的分野	家族と社会生活						
	経済生活		○	○	○		○
	日本経済		○		○		
	憲法（日本）		○	○	○	○	○
	政治のしくみ				○	○	
	国際経済			○			
	国際政治		○	○		○	
	その他					○	
	公民総合						
各分野総合問題							

市川高等学校

国語

出題傾向の分析と 合格への対策

●出題傾向と内容

本年度は，論説文，小説，古文，漢字の独立問題の4題の出題であった。

現代文では，読解力を試す設問が中心となっている。記述式の問題では，80字の記述問題が2問あり，読解力，表現力が要求されている。選択肢の問題では紛らわしいものが多く，注意を要する。いずれもキーワードをおさえながら文脈を正確にたどり，丁寧に文章を読み取っていく力が試されている。古文は，正確に口語訳する力と，文章全体の内容を的確に理解する力が要求される傾向にある。漢字や語句の意味は，やや難しいものも含まれていた。

学習のポイント

筆者の主張を正確に読み取ることを意識して，やや難しめの文章に親しんでおこう！
本文中の言葉を使って要約する練習は必須！

●2025年度の予想と対策

読解問題が中心の出題傾向は，来年度も続くと思われる。正確で，深い読解力を身につけることが大切である。論説文，随筆，小説など幅広く読み，論理的に文章を理解すること，筆者の主張，作中人物の心情についての理解を深めることを心がけよう。

また，過去には韻文の出題もあるので，数多くの作品に触れて鑑賞力をつけ，表現技法などの知識も確認しておくこと。古文，漢文では，よく出てくる語句の意味を身につけ，文脈の理解につなげるように心がけたい。長めの文章に慣れておくことも大切である。

▼年度別出題内容分類表 ……

出題内容			2020年	2021年	2022年	2023年	2024年
内容の分類	読解	主題・表題					○
		大意・要旨	○	○	○	○	○
		情景・心情	○	○	○	○	○
		内容吟味	○	○	○	○	○
		文脈把握	○	○	○	○	○
		段落・文章構成				○	
		指示語の問題					
		接続語の問題					
		脱文・脱語補充	○				○
	漢字・語句	漢字の読み書き	○	○	○		○
		筆順・画数・部首					
		語句の意味	○	○	○	○	○
		同義語・対義語					
		熟語					
		ことわざ・慣用句					
	表現	短文作成					
		作文(自由・課題)					
		その他					
	文法	文と文節					
		品詞・用法					
		仮名遣い					
		敬語・その他					
	古文の口語訳		○	○	○	○	○
	表現技法				○		○
	文学史						
問題文の種類	散文	論説文・説明文	○		○	○	○
		記録文・報告文					
		小説・物語・伝記	○	○	○		○
		随筆・紀行・日記		○		○	
	韻文	詩					
		和歌(短歌)		○			
		俳句・川柳					
	古文		○	○	○	○	○
	漢文・漢詩						

市川高等学校

2024年度 合否の鍵はこの問題だ!!

数学 [1] (1), [2], [3] (2), [4], [5]

[1] (1)

放物線$y=x^2$と直線$y=\frac{1}{2}x+3$の交点のx座標を求める方程式$x^2=\frac{1}{2}x+3$について，両辺を2倍して整理した式$2x^2-x-6=0$を解くのに2次方程式の解の公式を使ってもよいが，本文解説のように左辺を因数分解した方が手際よくできる。$(ax+b)(cx+d)=acx^2+(ad+bc)x+bd$の逆であると考える。高校入試レベルであれば，$x^2$の係数が一通りの積で表される場合がほとんどなのでそれほど難しくはない。本問題の場合は$(2x+b)(x+d)$とおき，$b\times d=-6$，$b+2d=-1$となる2数を求めればよい。

高校数学では$acx^2+(ad+bc)x+bd=(ax+b)(cx+d)$の因数分解が普通に使われるので，余裕のあるときに練習しておくとよい。

[2]

本文解説ではていねいに書き出したが，和が7となる2つの自然数の組み合わせは，1と6，2と5，3と4の3組なので，例えば，(2)の$x=3$の場合など，6面が1，2，3，3，4，4となることをしっかり書き出しておけば，メモ書き程度で仕上げることもできる。

[3] (2)

扇形COAの面積を求める場合に∠COAの大きさを求めなければならない。特別な直角三角形の辺の比の関係から角度が求められることが多く，(辺の比が$1:1:\sqrt{2}$)⇒(内角の大きさが45°，45°，90°)，(辺の比が$2:1:\sqrt{3}$)⇒(内角の大きさが30°，60°，90°)がよく使われる。

$2\sqrt{3}:\sqrt{3}:3$は各項を$\sqrt{3}$でわると$2:1:\sqrt{3}$となること，$\frac{3}{\sqrt{3}}$は分母を有理化すると$\frac{3}{\sqrt{3}}=\frac{3\sqrt{3}}{3}=\sqrt{3}$となることなどもすぐ気づくようにしておこう。

[4]

直線と平面が垂直であるかどうか，平面と平面が垂直であるかどうかを見抜くことがポイントになる。

(1)では，見取り図からは△IGHが∠IGH＝90°であるように見えない。3辺の長さをそれぞれ求めた人もいただろう。$IG^2=IF^2+FG^2=36+64=100$　$IH^2=IF^2+HF^2=IF^2+HG^2+FG^2=36+64+64=164$　$GH^2=64$　よって，$IH^2=IG^2+GH^2$から，∠IGH＝90°

本文解説のように，IGが面GCDHに垂直であることに気づけば簡単に求めることができる。

(2)では，△IGHが立体JIGHの面の1つなので，△IGHを底面としたときの高さがJKであることから考える。平面図形でも三角形の面積を2通りに表すことから線分の長さを求める問題があるが，立体でもその手法が使える。

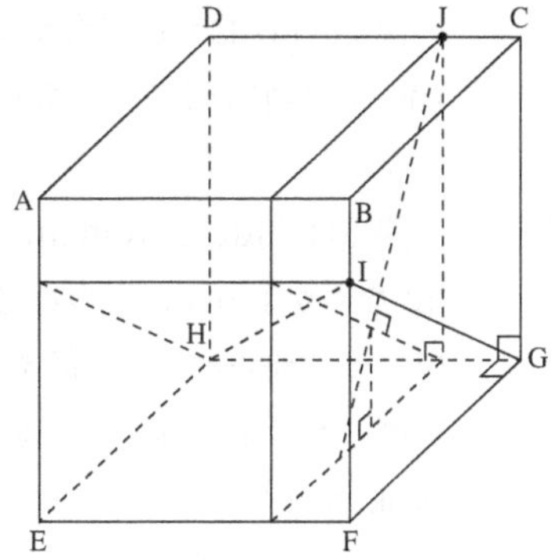

[5]

A＋BがBの倍数であるとき，AもBの倍数である。そこで，$2000+10x+y$を$1980+(20+10x+y)$として考えるとよい。1980＝A，$20+10x+y$＝Bと置けば，A＋BがBの倍数のときAはBの倍数であるということがわかってくる。

本文解説で考え方を示したように，$a^p\times b^q\times c^r\times\cdots$の約数の個数が$(p+1)\times(q+1)\times(r+1)\times\cdots$であることも研究しておこう。

◎過去問題集は中学数学の最良の復習書・研究書。じっくりと取り組んでみよう。

英語　Ⅱ　問6

Ⅱの問6の語句整序問題では，与えられている語が4語しかないので対応しやすく感じられるかもしれないが，品詞の知識が不十分だと正解するのは難しい。それぞれの語の働きや性質をしっかり理解できていれば決して難問とは言えないが，その分，ここで正解できたかどうかは1つの大きな合否の分かれ目となったと思われる。ここでは，品詞の働きを中心に，前後の内容も踏まえながら，この問題を再検討していく。

この問題では日本語の意味が与えられていないので，与えられている語について考えるだけでなく，組み立てる文の前後の内容をしっかりつかむことが重要だ。空所の直後で，ケンは「人々がうそを隠そうと懸命に努力しても，『ばれ』の印は見つかる」と言い，「ばれ(leakage)」について，次の発言でその言葉の意味を説明している。それを聞いたナオミが「正直でいることが最善の方法のようね」と述べていることから，空所に入る文は「うそは必ずばれる」といった内容であることを推測したい。さらにforever「永遠に」の意味が加わることも押さえておこう。このことを足掛かりに，与えられている語を検討し，文を組み立てていこう。

与えられている語のうち，hide と remain の2語の形を変えるという条件があるが，本文の内容からも，この場合の lie は「横になる」という動詞ではなく，「うそ」の意味の名詞と考えよう。hide は「隠す，隠れる」という意味の動詞である。remain の意味と用法を知らないと正解するのは難しいが，これは「～のままである」という意味の動詞である。これが動詞であるかどうかを見抜けるかどうかによってこの問題の難易度はぐんと上がる。

次に，no について考えよう。「いいえ」という意味の返答に用いる no でないことは明らかなので，〈no ＋名詞〉で使うしかなく，与えられている語で名詞は lie しかないので no lie という組み合わせがわかる。

残るは hide と remain だが，hide を動詞，remain を名詞と考えてしまうと hide の目的語が no lie なのか remain なのか判断できない。上で述べたとおり，remain は「～のままである」という意味で，後に補語として状態を表す語句が続く。「状態を表す品詞」としては，形容詞だけではなく，分詞も同じ働きをすることを確認しよう。例えば，The window remains broken. と break の過去分詞 broken「割れている(＝割れた状態だ)」を入れれば「その窓は割れたままだ」という意味になる。この知識があれば，remain の後に hide の過去分詞を続けて remain hidden「隠されたままだ(＝隠れたままの状態だ)」と組み立てることができる。また，主語が no lie と3人称単数なので，remain に s をつけて No lie remains hidden forever.「永遠に隠された状態のうそはない」という意味の英文が完成する。

この問題では remain の知識が大きなポイントになるが，少なくとも動詞であると見当がつけられれば正解への道は大きく開ける。

理科 2

2を取り上げる。図1は溶解度曲線とよばれ，水100gに溶ける物質の量が示されている。一方，設問では，(2)が水200g，(3)が溶液100mL，(5)が飽和水溶液100g，(6)が水100gずつの飽和水溶液の混合溶液，(7)が結晶水を含むと，扱いがまちまちであり，整理して考える必要がある。

(2)で，飽和水溶液の質量パーセント濃度は，水が100gの場合も200gの場合も同じである。水の量がn倍になれば，溶ける量もn倍になるので，濃度は変わらない。

(3)の質量体積パーセント濃度は，見慣れない受験生も多かっただろうが，問題文の説明に忠実に解けばよい。まず溶液100mLの質量を求め，それに質量パーセント濃度をかければ，溶けている溶質の質量が求まる。

(5)は，飽和水溶液が100gであることに注意する。水が100gの場合は，結晶の量は，図1を読み取って110－47と引き算するだけで求まる。これは，60℃の飽和水溶液が210gの場合といえるので，比を使って飽和水溶液100gに直せばよい。あるいは，(2)のことから，飽和水溶液100gの内訳が，硝酸カリウム52gと水48gとわかるので，30℃の水48gに溶ける硝酸カリウムの量は47×0.48＝22.56(g)となり，結晶の量は，52－22.56＝29.44(g)と出してもよい。

(6)は，問題文の「それぞれの溶質の溶解度は，ほかの物質が混ざっていても互いに影響しない」という記述を用いる。

(7)は，硫酸銅の結晶100g中の内訳が，硫酸銅64gと水36gであることに注目する。

社会 2

日本・世界の地理についての大問。受験生が苦手とする世界地理に関する問題が含まれており，また論述問題もあったことから，得点に差がついたと考えられる。

問1は，世界地理。地図中の5つの地域から「地震の震源と火山の両方が分布する地域」を2つ選択する問題。アルプス＝ヒマラヤ造山帯，環太平洋造山帯の地図上の位置が理解できていれば正解できたはずである。問2は，写真と問題文中の「U字谷に海水が浸入してできた入江」から，この問題で問われている地形が「フィヨルド」であることがわかったかどうか。これによって，正解，不正解が分かれただろう。問3は日本の5つの都市の気候を説明した文から，正しいものを2つ選択する問題。日本各地の気候の特色が理解できていれば，完答するのはそれほど難しくない。問4は日本の5都市の人口に関する統計から，2都市を判定する問題。那覇市は容易に選択できるが，横浜市はやや難易度が高い。よって，完答できた受験生は少数だっただろう。問5はサウジアラビアの小麦栽培に関する論述問題。図3がセンターピボット方式による灌漑を示していることがわかったかどうかで，得点に大きな差がついたと思われる。本校らしい良問であるが，難易度はやや高い。

国語 一 問3

★なぜこの問題が合否を分けたのか

本文を精読する力が試される設問である。「いざない」という言葉のイメージにとらわれず，文脈をていねいに読み取って解答しよう！

★こう答えると「合格できない」！

「いざない(誘い)」という言葉から連想する語として，「うながし」とあるオを選ばないようにしよう。オは「そのうながしに導かれて加害者が責任を自覚していく」という部分が適切でない。本文に「向き合った末に『赦す』といった人たちの周辺から，水俣病をめぐっての敵味方の壁がとけ，……」とあることとと合致しないので，オはあてはまらない！

★これで「合格」！

直前に「赦すという意味，その理由は人によって違うのだが，この向き合った末に『赦す』といった人たちの周辺から，水俣病をめぐっての敵味方の壁がとけ，共に，二度と水俣病を繰り返さない新しい社会づくりをすることに向かった変化が起こってきたことは事実である」と説明されていることをとらえ，これらの内容と合致するイを選ぼう！

MEMO

大切なことはメモしておこうネ！

2024年度

入　試　問　題

2024年度

市川高等学校入試問題

【数　学】（50分）　＜満点：100点＞

【注意】 1. コンパス・直線定規を利用してもよい。

2. 比を答える場合には，最も簡単な整数の比で答えること。

1　下の図のように，関数 $y=x^2$ のグラフと直線 $y=\frac{1}{2}x+3$ の交点をA，Bとする。また，関数 $y=x^2$ のグラフ上に点P（1，1）をとる。このとき，次の問いに答えよ。

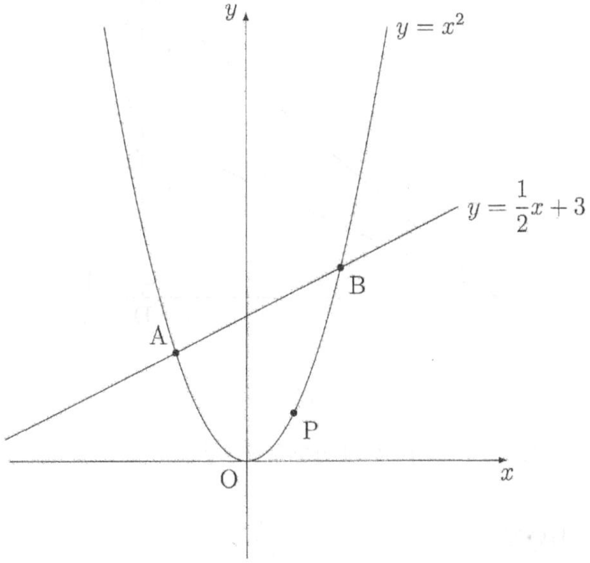

(1)　A，Bの座標をそれぞれ求めよ。

(2)　関数 $y=x^2$ のグラフ上に2点 Q_1，Q_2 を，直線ABに関してPと異なる側に，$\triangle ABQ_1$ および $\triangle ABQ_2$ の面積が $\triangle APB$ の面積と等しくなるようにとる。このとき，Q_1，Q_2 を作図せよ。ただし Q_1 の x 座標は Q_2 の x 座標より小さいものとする。また，作図に用いた線は消さずに残し，作図した Q_1，Q_2 の位置にそれぞれ Q_1，Q_2 とかくこと。

(3)　直線 Q_1Q_2 の方程式を求めよ。

2　目を書きかえることができるサイコロについて，次の操作を順に行う

操作1：サイコロをふる。

操作2：操作1で出た面の目を，1加えた数に書きかえる。

操作3：操作2によってできたサイコロをふる。

例えば，目が1，3，5，5，7，9であるサイコロをふり，5の目が出たとすると，

次は目が1，3，5，6，7，9であるサイコロをふる。

操作1で出た目を a，操作3で出た目を b とするとき，次のページの問いに答えよ。

(1)　目が1，2，3，4，5，6であるサイコロを用いて前のページの操作を行うとき，$a+b=7$となる確率を求めよ。

(2)　目が1，2，3，4，x，$x+1$であるサイコロを用いて前のページの操作を行うとき，$a+b=7$となる確率が最大となるxの値を求めよ。また，そのときの確率を求めよ。ただし，xは1以上5以下の整数とする。

[3]　図1において，△OABと△OBCは直角三角形である。また，Cから辺OAに下ろした垂線の足をD，線分CDと辺OBの交点をE，Bから線分CDに下ろした垂線の足をFとする。このとき，次の問いに答えよ。

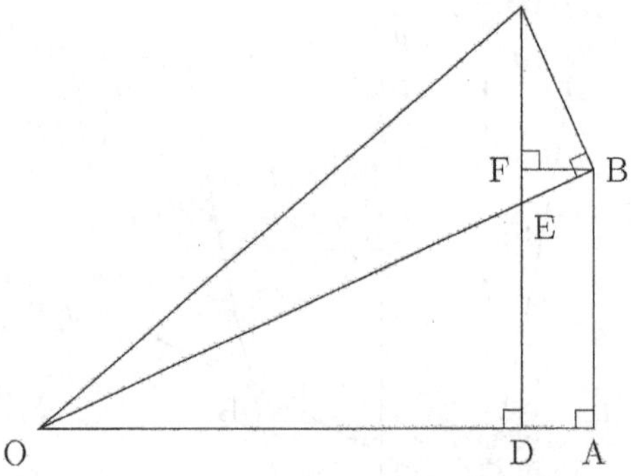

図1

(1)　下の空欄を埋め，△OAB∽△CFBの証明を完成させよ。

<証明>

△OABと△CFBにおいて

∠OAB＝90°（仮定）

∠CFB＝90°（仮定）

よって

∠OAB＝∠CFB

したがって，2組の角がそれぞれ等しいので

△OAB∽△CFB

（証明終わり）

(2)　OA＝45，AB＝$5\sqrt{3}$，BC＝$6\sqrt{7}$とするとき，次の [ア] から [オ] にあてはまる値を答えよ。

(1)より△OAB∽△CFBであるから，OD＝[ア]，CD＝[イ]である。ここで次のページの図2のようにOを中心とし，半径がOA，中心角が∠COAである扇形を考えると，この扇形の面

積は [ウ] である。また，四角形OABCの面積は [エ] であり，[ウ] $<$ [エ] であるから，これを整理することで $\pi <$ [オ] であることがわかる。

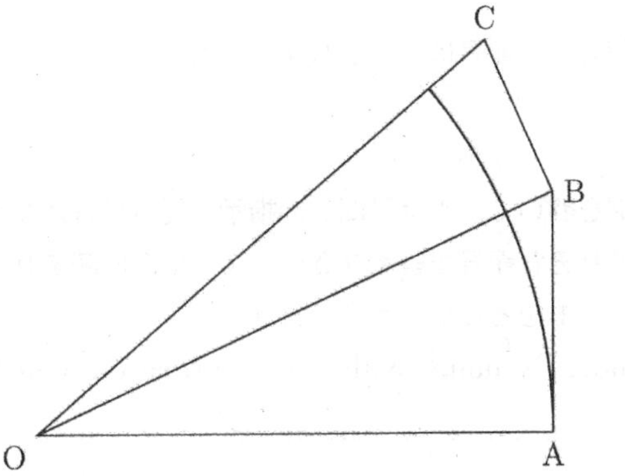

図2

4　1辺の長さが8の立方体ABCD-EFGHについて，点Iは辺BF上，点Jは辺CD上に存在し，BI：IF＝CJ:JD＝1：3である。このとき，次の問いに答えよ。

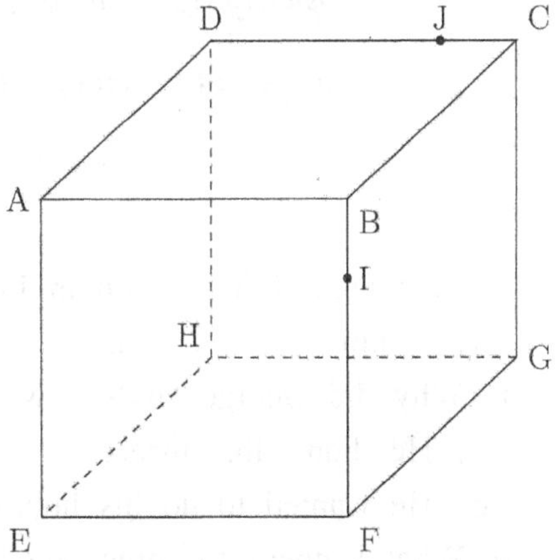

(1)　△IGHの面積を求めよ。

(2)　Jから△IGHに下ろした垂線の足をKとするとき，JKの長さを求めよ。

(3)　Kから正方形EFGHに下ろした垂線の足をLとするとき，KLの長さを求めよ。

5　今年は西暦2024年であるが，2024は上二桁の数と下二桁の数の和である44で割り切れる。このような性質をもつ年を「良い年」とする。2025年から2099年までに「良い年」がどれだけあるかを調べたい。ここで，Xくんは次のように考えた。

西暦の十の位の数を x，一の位の数を y とするとき，「良い年」を求めるためには，$2000+10x+y$ が $20+10x+y$ の倍数となる x，y を考えればよいので，[A] が $20+10x+y$ の倍数となる x，y を考えればよい。

このとき，次の問いに答えよ。

(1)　[A] にあてはまる整数の約数の個数を求めよ。

(2)　2025年から2099年までの「良い年」をすべて答えよ。

【英　語】（60分）　＜満点：100点＞　**※リスニングテストの音声は弊社HPにアクセスの上，音声データをダウンロードしてご利用ください。**

【注意】 解答の際には，句読点や記号は１字と数えること。

Ⅰ

(A) これから読まれる英文を聞いて，(1)は設問文の指示に従って答えなさい。(2)~(5)は答えとして最も適切なものを選び，それぞれ記号で答えなさい。英文は２回読まれます。なお，放送を聞きながら問題用紙の余白部分にメモをとってもかまいません。

(1) Complete the student's notes with the information you hear.

Topic: Daylight Saving Time (Sometimes called ①____________ time)
Around ②_______ countries worldwide use daylight saving time. Usually starts in ③_______ and ends in October or November. First suggested by George Hudson in New Zealand in the year ④_______. First started in ⑤______ in the year 1916.

(2) In winter, if it is noon in London, what time is it in Japan?

a．3 a.m.　b．4 a.m.　c．8 p.m.　d．9 p.m.

(3) Why did George Hudson want to change the time?

a．He didn't like insects.　b．He didn't want to work.

c．He wanted to do his hobby.　d．He liked the sunshine.

(4) What happens to some people every year because of daylight saving?

a．They are late for work.　b．They go to bed early.

c．They don't like working in the garden.　d．They stop accidents.

(5) Choose ONE TRUE answer according to the listening.

a．All countries which follow daylight saving time change their clocks on the same days.

b．Daylight saving time allows people to get more sleep in spring.

c．Germany and the UK had similar reasons for starting daylight saving.

d．It is a fact that daylight saving always saves electricity.

(B) これから読まれるインタビューを聞いて，答えとして最も適切なものを選び，それぞれ記号で答えなさい。英文は２回読まれます。なお，放送を聞きながら問題用紙の余白部分にメモをとってもかまいません。

(1) How old was she when she began her journey around the world?

a．6　b．11　c．14　d．16

(2) What reaction did her parents have to her world plan?
 a. They were angry.
 b. They took away her boat.
 c. Her father called the government to stop her.
 d. Her father gave her a gift.

(3) What did she enjoy the least?
 a. She experienced a terrible storm.
 b. She kept seeing the same view.
 c. She got lost.
 d. She couldn't join a special race.

(4) What is NOT true according to the passage?
 a. She lives in New Zealand now.
 b. The boat she took around the world was called Guppy.
 c. She hopes more young people will like sailing.
 d. 17-year-olds can take part in her trips this year.

(5) Which of the following should people do if they want to take part?
 a. Take a test.
 b. Telephone her company.
 c. Send an email.
 d. Wait until they finish school.

Ⅱ 次の英文（A）とそれに関する対話文（B）を読んで，各問いに答えなさい。なお，出題に際して本文には省略および表記を一部変えたところがあります。
［本文中で＊の付いている語（句）には注があります］

(A)

How can we tell if someone is lying?

[1] The secret to finding liars is to look for signs of 'leakage'. This means information that we notice even when that person tries their best to hide or camouflage the signals. [A] For example, a false smile is easy to see because it appears only around the mouth and does not change the *muscles around the eyes. [B] A false smile is also likely to be crooked (*non-symmetrical from left to right), making it appear not straight, and unnatural. [C] It is also turned on and off too quickly, like a light switch. [D]

[2] Let's examine another common sign of lying, such as the habit of touching one's nose. One of the reasons why people who are lying often touch their nose is that it is likely to start to feel uncomfortable, making the individual think about it more than usual. This fact might have caused the writer of the story of Pinocchio to think of the idea for this character, whose nose famously grew longer when he told a lie. Scientists in Chicago have found that lying

can cause the skin of the nose to fill with blood. ① This would make someone want to touch the nose more frequently.

3 A sign that liars feel uncomfortable may also be seen when they can't sit still in their seat, as though they would like to escape from the situation. People who keep touching their eyes while saying 'I see what you mean' may really be ② saying that they are refusing to accept the point. People who are lying often use fewer strong gestures, as if their hands are refusing to agree with the lie. On the other hand, there is an increase in their use of some other gestures. Waving a hand sideways may be a gesture coming from some deeper part of the personality that doesn't want to be responsible for the spoken lie. Effectively, the hand tries to take away what is being said.

4 Experts can find signs of lying in a speaker by studying tiny *stress-induced movements in the face, which are too quick to be seen at normal speed. Slowing down a video recording so that the face can be studied frame-by-frame shows ③ these micro-expressions, which last for much less than a second. These show 'counter emotions', suggesting that at some level the individual is uncomfortable with the lies they are telling. It is as though a higher brain center is cancelling a mood expression that has been automatically started at a deeper level, effectively telling the face to 'shut up'.

5 When a liar is under special pressure and it is very important that their lie is not found out, there are some particular things that may be observed. These include *pupil dilation, speaking in a high voice, shorter comments and waiting a little before speaking. Compared to casual liars, people trying hard to hide their lies sometimes over-control their gestures, because they believe their gestures will show they are lying. For example, they make sure not to *blink so often, keep their head and body very still and keep looking at the person they are lying to.

6 This becomes a difficult game of second-guessing and shows how difficult it can be to discover lies. Because many of us don't trust people whose eyes move around a lot, skilled liars may learn to hide this signal and end up using a lot of direct eye contact instead. Rather than look away sometimes, they look at you straight in the face while telling the lie. At the same time, they may be taking pains to avoid blinking and moving around a lot while sitting down because these are widely believed to be tell-tale signs of lying.

*(注)

muscle：筋肉　　non-symmetrical：左右非対称の

stress-induced：ストレスに起因した　　pupil dilation：瞳孔（どうこう）拡張

blink：まばたきをする

(B)

Naomi : Can you hide lies effectively?

Ken : Well, it's not a good idea to lie at all. But if someone wanted to hide lies, they might try to act normally and not to raise any doubt. They could also mix in some true facts with the lie to make it seem more believable.

Naomi : I got it. So, including some truth could make it harder to be found out, right?

Ken : Yes, that's one way people try to cheat others. They might also change the topic or make excuses.
But here's the thing : [④] forever. Even if people try hard to hide their lies, signs of 'leakage' will be found.

Naomi : 'Leakage'? What's that?

Ken : It's a piece of information which tells you that [⑤]

Naomi : I see. It seems like being honest is the best way, even if it might be difficult at first.

問1 次の英文を入れるのに最も適切な箇所を [A] ~ [D] から選び，記号で答えなさい。

There is an absence of lines around and under the eyes, which is often a mark of someone not being honest.

問2 下線部①の指す内容を日本語で答えなさい。

問3 下線部②とほぼ同じ意味になるように，以下の空欄に入る適切な語をそれぞれ答えなさい。

saying 'I [a] [b] with what you mean'

問4 下線部③の説明として，正しい内容の英文を2つ選び，記号で答えなさい。

ア. People can hide micro-expressions on purpose.

イ. People cannot control the size or speed of micro-expressions.

ウ. Micro-expressions are different depending on how people are feeling.

エ. Micro-expressions perhaps show people don't really want to lie.

オ. Scientists know how many micro-expressions there are from using modern technology.

問5 英文(A)の内容と合うように，下線部に入る最も適切なものを選び，それぞれ記号で答えなさい。

(1) The writer of the story of Pinocchio ____________________.

ア. might have often had a bloody nose in his childhood

イ. might have had a wooden doll with a long nose in his childhood

ウ. might have known that liars often focus on their nose

エ. might have known the fact that a false smile can be turned on and off quickly

(2) Casual liars ____________________.

ア. lie more often than liars under special pressure

イ．don’t think much about their gestures when they are lying

ウ．think lying sometimes brings people together

エ．don’t trust anyone else so that they won’t feel uncomfortable

(3) To hide any signals of lying, skilled liars ____________________.

ア．move their eyes around a lot

イ．try to move around in their chairs

ウ．often look into your face directly

エ．often touch their eyes to hide their blinking

問6 次の【 】内の語を並べかえて ④ に入る適切な英語を書きなさい。

ただし，下線の引かれている語は適切な形に変えること。

【 <u>hide</u> / lie / <u>remain</u> / no 】

問7 ⑤ に入る適切な連続した3語を英文（A）の5段落以降の中から抜き出しなさい。

Ⅲ 次の英文は，両親を亡くして叔父《おじ》夫婦と暮らす少女（Cricket）の物語である。これを読んで，各問いに答えなさい。なお，出題に際して本文には省略および表記を一部変えたところがあります。〔本文中で＊の付いている語には注があります〕

Uncle Hugh knocked on my door.

“Are you sick? It’s noon.” He came over, softly pulled on my ponytail, and put his hand on my forehead.

“No A ,” he said. "You sure you feel okay?”

“I feel blaaaahhh.”

“I didn’t know twelve-year-olds could feel blah on *Thanksgiving.”

“Twelve-year-olds feel whatever they want, whenever they want."

Uncle Hugh laughed. “Sit up.”

I sat up.

“You have marks from your pillow all over your face.” Uncle Hugh moved the hair that had fallen out of my ponytail. “Tell me why ① <u>you’ve spent this wonderful day with your face in a pillow.</u>”

“I’m tired,” I said, “and so happy not to be at school.”

Thanksgiving made me want Christmas to come soon, but I wondered if it would feel lonely this year, without *Franklin. Who would make his hot cocoa? *No milk*, he always reminds me. *I know!* I always say. And what about candy canes? There aren’t good ones at his house. His mom’s had the same candy canes on their Christmas tree for ten years. Nobody’s allowed to eat them; they’re for “decoration.”

“Get up,” Uncle Hugh said. “Get dressed. Aunt Bessie needs your help in the kitchen. She wants to make an apple pie while she is preparing the meat.”

“Okay. But I’m not getting dressed up.”

“Okay. Make sure your shoes are badly tied and your socks don’t match, and

of course, don't brush your hair."
"OK."

I'd never made an apple pie before. ②【 longer / took / I / simple apple sauce / much / it / than 】. We took the skin off the apples, cut the apples, sugared the apples — then there was the *crust, which was a whole other story. Aunt Bessie let me take some of the extra *dough to decorate the top of the pie; I made leaf and apple shapes.

Annie mixed the *stuffing for the turkey. Ava was in her high chair, in a happy mood. After I finished the pie, I played with Ava. I put a mixing bowl on my head, hit it with a spoon, and made a funny face with each tap. She laughed out loud.

"Hey, Cricket."

I turned around. "Hi, *Leonard."

"Ready to go?" he asked.

"Right now?"

"Yes, right now."

"Aunt Bessie asked me to help her...."

"You helped," she said. ③"We knew he is coming. That's part of why we needed to get you dressed."

They're all so secretive.

The drive to the old lake took an hour. I'd expected a sandy beach, but after parking we had a long walk. The way was covered (i) brown, crunchy leaves, and the only way you could really see it was because the trees were a little farther apart. But Leonard knew the way.

"There she is," Leonard said finally. "We'd walk up here, sit on these rocks, and just talk."

"Okay." We sat, but didn't start talking. I looked out at the *smooth water, dark and far away.

We must have been thinking about the same person.

Would the water freeze soon? Did Dad and Leonard go ice-skating here in the winter? Maybe they swam there in the summer, or looked (ii) frogs like me and Franklin liked to do.

I took a long breath. "It must be lonely, when your best friend is gone forever."

"It can be," Leonard said.

"Were you friends till the end?"

"Till the end."

“So you were friends for years and years?”

“Our whole lives. Or, maybe it makes more sense to say, for your dad's whole life.”

“Did you fight, ever?”

“Sure.”

I was quiet. Leonard said, “Think Franklin'll be coming by the store with you soon?”

“No,” I said, (iii) a small voice.

Leonard went quiet. Then he said, “A good friend is one of the hardest things to keep in this life. Don't forget that sometimes you have to work at ④<u>it</u>.”

But I *had* forgotten, before I'd even learned.

⑤<u>“I don't feel different,”</u> I said finally. “I thought I would feel different. You said you always felt different after you went to the lake. I thought it would help, to do something that worked for Dad.”

“Just going to the old lake doesn't fix anything, you know. It's how you change at the lake. You go away, think about things, and you come back a little bit different. Only you can change what you are.”

That sounded like things Uncle Hugh had been saying and Dad had written.

I let Leonard's last sentence repeat in my head. I let it spin around. I let the wind carry it around and around me and then take it away. It took it across the smooth water of the lake, making small waves that were not flat, but became smoothed out again.

“Do you like what I am?”

“What?”

“Do you like what I am?”

“I always love our Cricket, whatever she is.” He stopped for a minute. “The better question is, do *you* like [B]?”

I waited, then said, “I don't.”

“I want to hear the whole thing, from the beginning, up to how we got here right now. Start talking, Cricket.”

＊(注)

Thanksgiving：感謝祭（11月末にある，神に収穫を感謝する祝日）

Franklin：フランクリン（Cricketの友人で，現在ふたりは仲たがい中である）

crust：パイ皮　　dough：パン生地　　stuffing：詰め物

Leonard：レオナルド（Cricketの父親の親友）　smooth：波立たない

問1 [A] に入る最も適切なものを選び，記号で答えなさい。

ア．way　イ．hope　ウ．fever　エ．money

問2 下線部①について，あとの各問いに答えなさい。

(1) この時の‘you’の心情を表す語として最も適切なものを選び，記号で答えなさい。

ア. glad　イ. angry　ウ. sad　エ. comfortable

⑵ なぜそのような気持ちなのか，30字以内の日本語で答えなさい。

問3 下線部②の【 】内の語（句）を並べ加え，意味の通る英文にしなさい。
ただし，不要な語（句）が1つ含まれています。文頭にくる語も小文字で示してあります。

問4 下線部③には文法的に誤った語が1語含まれています。その語を指摘し，正しい語を書きなさい。

問5 （ i ）～（iii）に入る最も適切なものを選び，それぞれ記号で答えなさい。ただし，同じ記号は1度しか使えません。

ア. in　イ. with　ウ. for　エ. from

問6 下線部④の指す内容を日本語で答えなさい。

問7 下線部⑤以降の Cricket と Leonard の対話を説明した次の文を読んで，⑴～⑶の問いに答えなさい。

Finally, Cricket replied that (1a) she had thought that she would feel different, she did not. She knew that Leonard always felt different after visiting the lake. She also believed it would help to do something that used to work for her father. (1b) then Leonard explained that just going to the lake was not (2) to fix anything, (1c) how you change at the lake is (3a). He told Cricket that it is (3b) to go away and think about things, and if you do that, you will come back a little bit different. The reason for this is only we can change what we are.

⑴ (1a) ～ (1c) に入る最も適切なものを選び，それぞれ記号で答えなさい。文順にくる語も小文字で示してあります。ただし，同じ記号は1度しか使えません。

ア. but　イ. because　ウ. though　エ. in addition

⑵ (2) に入る最も適切なものを選び，記号で答えなさい。

ア. too far　イ. difficult　ウ. exciting　エ. enough

⑶ (3a)・(3b) に入る最も適切な組み合わせを選び，記号で答えなさい。

ア. 3a：important　3b：unnecessary
イ. 3a：important　3b：necessary
ウ. 3a：unimportant　3b：unnecessary
エ. 3a：unimportant　3b：necessary

問8 [B] に入る3語を本文中から抜き出しなさい。

【理　科】（50分）　＜満点：100点＞

【注意】　1．コンパス・定規は使用しないこと。

2．計算問題の答えは，整数または小数で答え，割り切れない場合は小数第2位を四捨五入して，小数第1位まで答えること。

1　私たちが日常で使用している電気は，さまざまな発電所でつくられています。多くの発電所では，電気をつくる方法として電磁誘導とよばれる現象を利用しています。そこで，棒磁石，コイル，発光ダイオード，導線を用意し，発電に関する実験を行いました。手で棒磁石を持ち，図1のように，棒磁石のN極をコイルにすばやく近づけると発光ダイオードが一瞬点灯しました。なお，発光ダイオードは長いほうの端子に電池の＋極，短いほうの端子に－極をつなぐと点灯し，逆向きにつなぐと点灯しません。

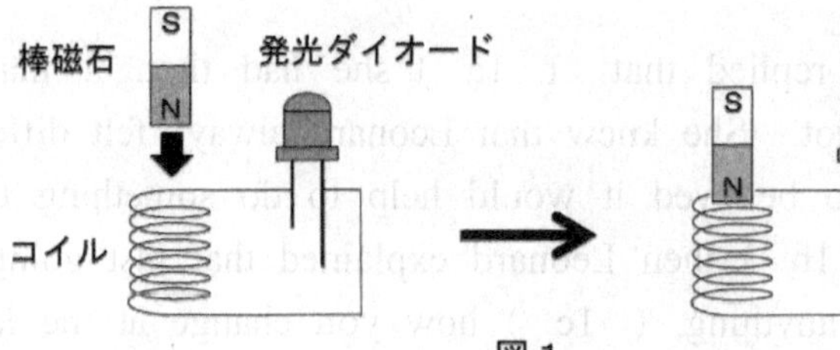

図1

(1)　下の図ア～カのように，矢印の向きにすばやく棒磁石を動かした場合，発光ダイオードが一瞬点灯するものはどれですか。3つ選びなさい。

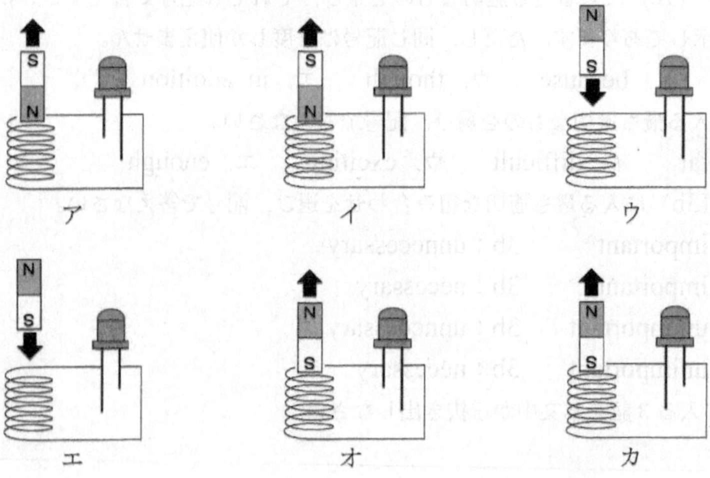

(2)　発光ダイオードは電気エネルギーを光エネルギーに変換しています。発光ダイオードは変換効率のよい電子部品ですが，電気エネルギーをすべて光エネルギーに変換できるわけではありません。その理由について，以下の □ にあてはまる内容を15字以内で答えなさい。

エネルギーの一部が，主に □ から。

図２のように，磁石のＮ極とＳ極の間でコイルを矢印の向きに一定の速さで回転させ続け，連続的に電流を発生させました。コイルが１回転するのにかかる時間は0.2秒です。コイルのＡ点側はＰ端のブラシとつながり，コイルのＤ点側はＱ端のブラシとつながっています。Ｐ端にオシロスコープの＋端子，Ｑ端にオシロスコープの－端子を接続しました。

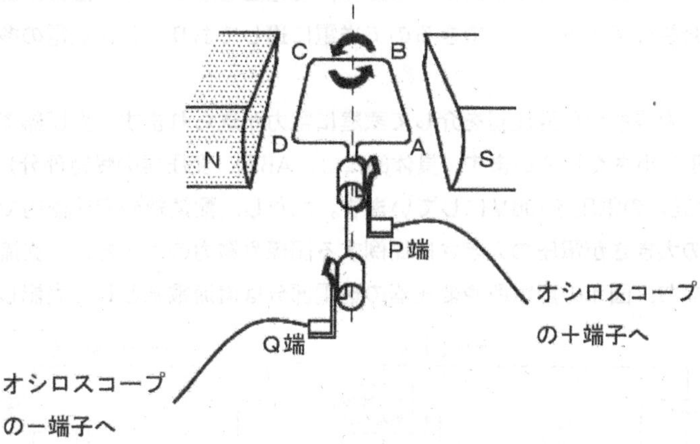

図２　発電機の模式図

(3)　回転しているコイルが，図２のような状態になった瞬間から１回転するまでの電流の大きさと向きを，オシロスコープを使って調べました。このときの電流と時間の関係を表しているグラフはどれですか。ただし，電流がオシロスコープの　＋端子に流れこむ向きをグラフの正の向きとします。

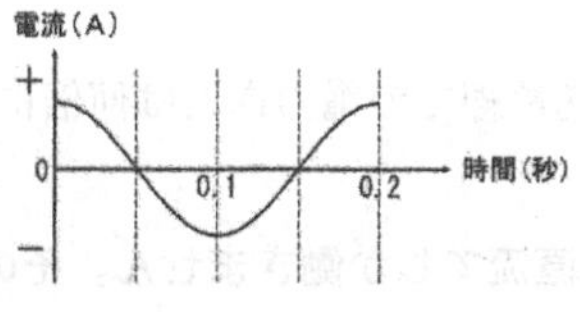

ア

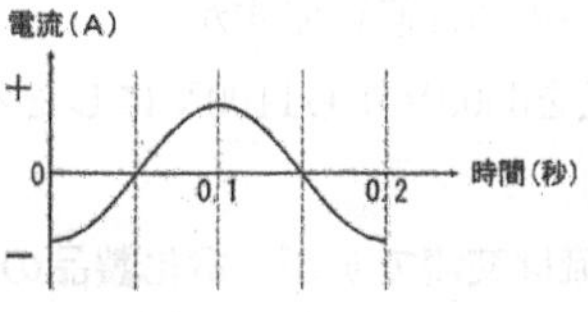

イ

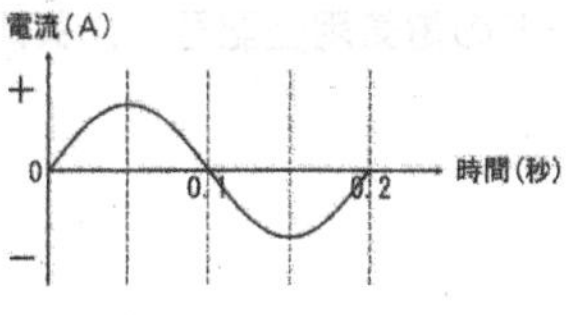

ウ

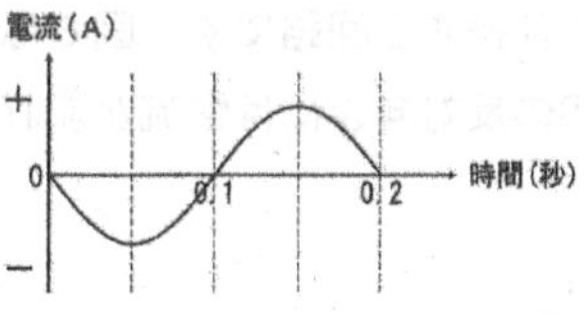

エ

発電所でつくられた電力は，変電所，送電線，変圧器などを経由して各家庭に送られます。図３は送電の流れを模式的に表しています。

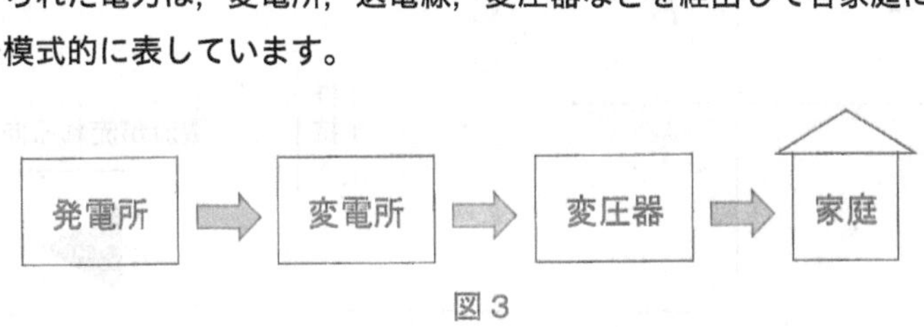

図３

発電所からある一定の電力を各家庭に送電する場合を考えます。短い電線では抵抗の値がとても小さいですが，長い電線では抵抗の値が大きくなり，電力損失が無視できません。発電所や変電所からの送電は長距離になるため，高電圧にして電流を小さくすることで，送電線での電力損失が小さくなるように工夫をしています。

一方，家庭で電力を利用するときには，安全のため電圧を小さくする必要があります。交流は直流よりも電圧を容易に変えることができるので送電に適しており，現在送電の多くは交流が使われています。

図４のように，変電所から変圧器を介して家庭に電力が送られます。変圧器では，電力の大きさを変えずに，電圧を小さくしています。具体的には，AB間（変圧器の受電部分）の電圧は6600Ｖですが，CD間（家庭）の電圧を100Ｖにしています。ただし，配電線や変圧器内での電力損失はないものとし，電流の大きさが電圧の大きさに比例する関係や電力の求め方は，交流でも直流と同様であるとします。なお，図４の変電所や変圧器の送電部分は直流電源として表記しています。

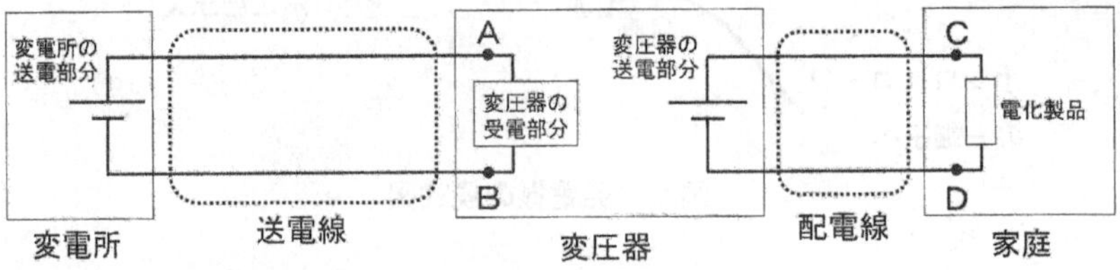

図４

(4)　家庭で1320Wの電力を使うとき，家庭に流れる電流は何Ａですか。

(5)　家庭で1320Wの電力を使うとき，送電線に流れる電流は何Ａですか。

(6)　家庭で1320Wの電力を使うとき，送電線全体の抵抗を20Ωとすると，変電所から送られてこなければならない電力は何Wですか。

(7)　AB間の電圧を6600Ｖから1100Ｖにしたとき，送電線での電力損失は何倍になりますか。

家庭に届く電流は交流ですが，電化製品の多くは直流でしか働きません。そのため交流を直流に変換する仕組みが必要となります。図５はダイオードの一方向からしか電流を流さない特性を用いて，交流を直流に変換する回路です。図６はダイオードの電気用図記号で，矢印の向きには電流が流れますが，矢印の反対向きには電流が流れません。

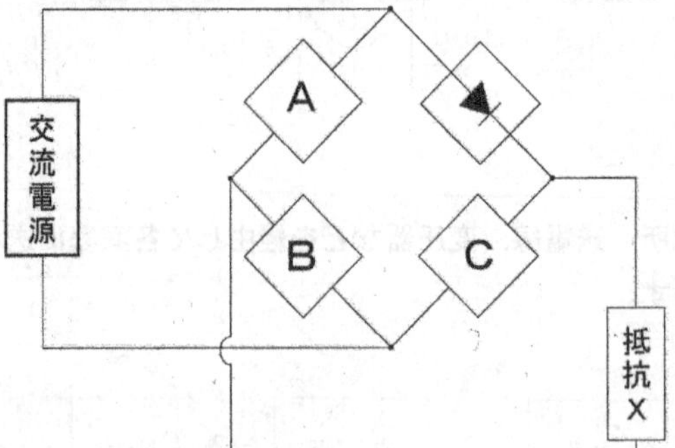

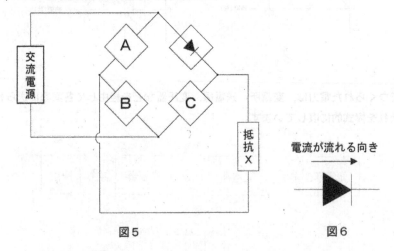

図５

図６

(8) 抵抗Xにおいて，同じ向きに連続的に電流が流れるように，図5のA～Cにあてはまるダイオードの向きをそれぞれ選びなさい。ただし，同じ記号を何度使ってもよいものとします。

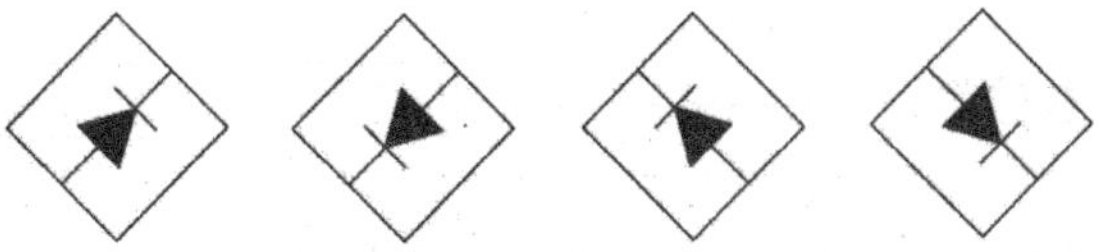

ア　イ　ウ　エ

2 硝酸《しょうさん》カリウム，硫酸《りゅうさん》銅，塩化ナトリウムのそれぞれの水溶液について，再結晶の様子を調べるため，次の【実験1】，【実験2】を行いました。図1は，硝酸カリウム，硫酸銅，塩化ナトリウムの溶解度曲線です。ただし，実験中に水の蒸発はなく，それぞれの溶質の溶解度は，ほかの物質が混ざっていても互いに影響しないものとします。

> 【実験1】
> 60℃の水200ｇに，それぞれ硝酸カリウム，硫酸銅を溶ける限度まで溶かし，2種類の飽和水溶液をつくった。
> この飽和水溶液から，それぞれ100ｇずつ別の2つのビーカーに取り出し，30℃まで冷却した。
> 【実験2】
> 60℃の水100ｇに，それぞれ硝酸カリウム，塩化ナトリウムを溶ける限度まで溶かし，2種類の飽和水溶液をつくった。
> この2つの飽和水溶液をすべて1つのビーカーに入れ，この混合溶液を徐々に冷却した。

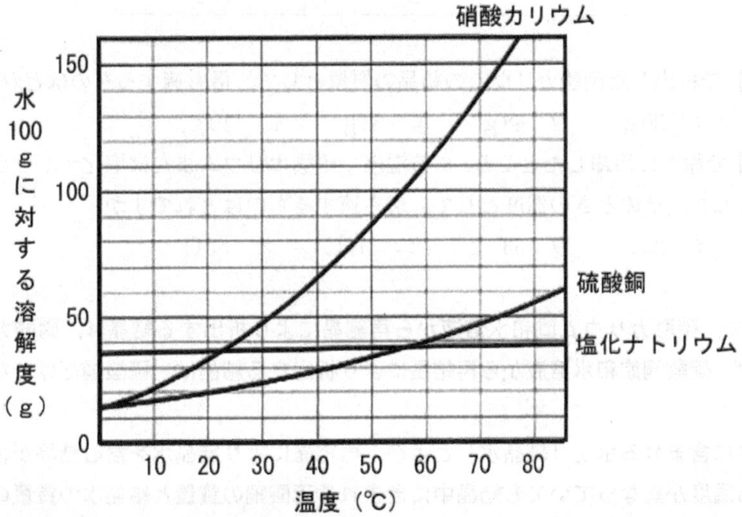

図1

(1) 硝酸カリウム，硫酸銅，塩化ナトリウムは，水に溶けると電離して陽イオンと陰イオンになります。硝酸カリウムと硫酸銅の電離の様子をイオンを表す化学式で示すとどうなりますか。

[1], [3] には，あてはまる**陽イオン**を表す化学式を，
[2], [4] には，あてはまる**陰イオン**を表す化学式をそれぞれ示しなさい。

$$KNO_3 \longrightarrow \boxed{\ 1\ } + \boxed{\ 2\ }$$

$$CuSO_4 \longrightarrow \boxed{\ 3\ } + \boxed{\ 4\ }$$

(2) 【実験１】でつくった60℃の硝酸カリウム飽和水溶液の質量パーセント濃度として，最も適するものはどれですか。
ア　19%　イ　29%　ウ　48‰　エ　52%　オ　90%

(3) 溶液100mＬ中に溶けている溶質の質量（g）を質量体積パーセント濃度といい，単位は，「vol%」を用いて表します。【実験１】でつくった60℃の硝酸カリウム飽和水溶液の密度を1.40 g / mＬとすると，この水溶液の質量体積パーセント濃度として，最も適するものはどれですか。
ア　37vol%　イ　51vol%　ウ　73vol%　エ　85vol%　オ　94vol%

(4) 【実験１】で30℃まで冷却したところ，それぞれのビーカーの中に結晶が析出しました。析出した結晶の色として，最も適する組み合わせはどれですか。

	硝酸カリウム	硫酸銅
ア	白色	青色
イ	黄色	白色
ウ	青色	黄色
エ	黄色	青色
オ	白色	白色

(5) 【実験１】で析出した硝酸カリウムの結晶の質量として，最も適するものはどれですか。
ア　25g　イ　30g　ウ　48g　エ　62g　オ　110g

(6) 【実験２】で徐々に冷却したところ，ある温度で硝酸カリウムまたは塩化ナトリウムの結晶が析出し始めました。そのときの温度として，最も適するものはどれですか。
ア　11℃　イ　22℃　ウ　33° c　エ　44℃　オ　55℃

【実験１】で，硝酸カリウム飽和水溶液から再結晶により析出する結晶は，硝酸カリウムだけからなりますが，硫酸銅飽和水溶液から再結晶により析出する結晶は，硫酸銅だけでなく水を含みます。

この結晶中に含まれる水を「結晶水」とよび，再結晶により結晶水を含む結晶が析出するときには，析出する温度が異なっていても結晶中に含まれる硫酸銅の質量と結晶水の質量の割合は常に一定です。

例えば，ある温度の硫酸銅水溶液を冷却し，再結晶により結晶が25g析出したとき，この結晶中の硫酸銅は16g，結晶水は９gの割合になります。一方，結晶水を含む結晶を水に溶かすと，結晶中に含まれていた結晶水は，溶媒の一部になります。つまり，結晶水を含む硫酸銅の結晶25gを水

100 g にすべて溶かすと，結晶水が溶媒の一部になり，結果的に水109 g に硫酸銅16 g が溶けている水溶液ができます。

(7) 結晶水を含む硫酸銅の結晶100 g をすべて20℃ の水に溶かして，硫酸銅飽和水溶液をつくるために加える水の質量として，最も適するものはどれですか。ただし，図 1 の硫酸銅の溶解度曲線は，結晶水を含まない硫酸銅の溶解度（g）を示しています。

ア 220 g
イ 256 g
ウ 284 g
エ 320 g
オ 464 g

3 生物がもつ形や性質を形質といい，多くが遺伝子のはたらきによって決まります。メンデルは，遺伝子が親から子へ伝えられるしくみに法則性があることを明らかにしました。

エンドウの種子の形を例にとると，丸形としわ形それぞれの純系の親世代を交雑してできる子の世代（F1）の種子はすべて丸形になり，さらに，F1 を育てて自家受精させてできる①孫の世代（F2）の種子では丸形としわ形が生じました。このことからメンデルは，F1 で現れる形質を顕性形質，現れない形質を潜性形質としました。また，②子葉の色もあわせて 2 種類の形質を同時に調べると，それぞれの形質は互いに影響を与えることなく遺伝することがわかりました。

(1) エンドウについて，花のつくりのうち，将来種子になる部位の名称を答えなさい。

(2) 下線部①について，F 2の形質は理論上どのような分離比となりますか。**最も簡単な整数比**で答えなさい。

(3) 下線部②について，エンドウの子葉の色には，顕性形質の黄色と潜性形質の緑色があります。種子の形が丸形で，子葉の色が黄色の純系個体と，種子の形がしわ形で，子葉の色が緑色の純系個体を交雑しF1を得ました。さらにF1を自家受精して得たF2の種子の形と子葉の色は理論上どのような分離比となりますか。**最も簡単な整数比**で答えなさい。

ヒトの形質にも多くの遺伝的特徴があり，病気の原因となる遺伝子も多く見つかっています。遺伝子の変異が原因であることが疑われるヒトの病気の一つに高血圧症をひきおこす原発性アルドステロン症があります。

次のページの図 1 は，アルドステロンが関係する血圧上昇のしくみ（RAA系）をまとめたものです。RAA系では，血圧低下を感知した腎臓がレニンを分泌し，レニンによって血液中のアンジオテンシノーゲンからアンジオテンシンⅠが作られます。アンジオテンシンⅠはアンジオテンシン変換酵素（ACE）によってアンジオテンシンⅡに変換されます。アンジオテンシンⅡは全身の動脈を収縮させるとともに，副腎からアルドステロンを分泌させます。アルドステロンは腎臓でのナトリウムイオン（Na^+）の再吸収を促進することで，循環する血液量を増加させます。これらのはたらきによって血圧が上昇します。

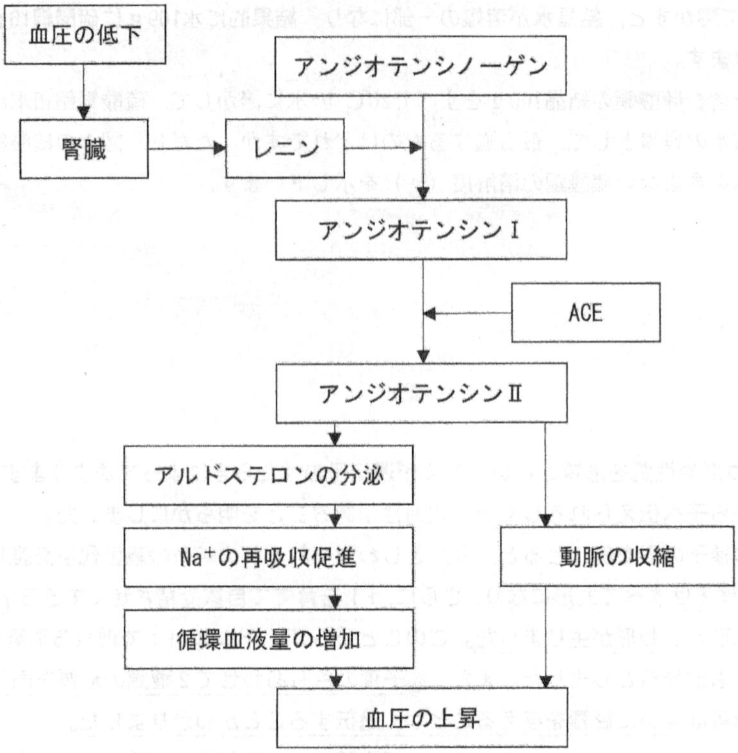

図1

原発性アルドステロン症では，レニンの濃度が高くないにもかかわらず，アルドステロンが過剰に分泌されることで高血圧症を引き起こします。表1は，ある高血圧症患者の血液検査の項目と結果，および正常範囲を示したものです。

表1

	検査項目	結果	正常範囲
ア	レニン	0.9	0.2～2.3
イ	コルチゾール	19.50	7.07～19.60
ウ	アルドステロン	139.0	4.0～82.1
エ	アドレナリン	50	100以下
オ	ノルアドレナリン	300	100～450
カ	ドーパミン	20	20以下
キ	アルドステロン／レニン比※	228	200以下

※アルドステロン／レニン比…レニンの値に対するアルドステロンの値を特別な計算式で算出したもの

(4)　腎臓のはたらきとして誤っているものはどれですか。

ア　血液から尿を生成し，不要物を排出する。

イ　Na^+の再吸収量を変化させ，血液量を調整する。

ウ　体内の水が過剰な際には，尿量の増加により水を多く排出する。

エ　呼吸によって生じたアンモニアをもとに尿素を合成する。

(5) 原発性アルドステロン症の疑いがあると診断するにあたって，最も重要な検査項目は表1のア～キのどれですか。

(6) 原発性アルドステロン症の治療薬の一つは，アルドステロンのはたらきを抑えるものです。この他に，どのような薬であれば，原発性アルドステロン症患者の血圧上昇を抑えることができますか。

4 岩石とは鉱物の集合体です。多くの鉱物は，無機物で一定の化学組成を持つ結晶です。鉱物の中には，化学組成は同じですが，温度・圧力の条件によって結晶構造が異なる鉱物も存在しています。例えば炭素を主成分とする鉱物群です。低温低圧下では鉛筆のしんの原材料となるようなセキボクという鉱物になりますが，マントル内部のような高温高圧下ではダイヤモンドという鉱物になります。

同様に，珪《けい》酸アルミニウム（Al_2SiO_5）を主成分とする鉱物群（ランショウ石・コウチュウ石・ケイセン石）があります。図1に示すように3種類の鉱物が温度・圧力の条件によって結晶構造が変化する特性があります。この特性によって，地下の環境を探ることができるようになりました。

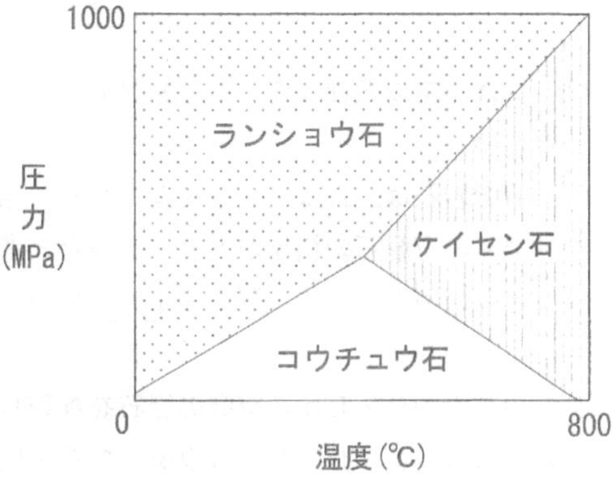

図1　ランショウ石・コウチュウ石・ケイセン石の形成される温度・圧力範囲

ある地域で，少し離れた2地点で確認できた垂直な露頭をスケッチしました。2地点で同じ火成岩（C）を観察することができました。各露頭においていくつかの地層を確認することができたため，それぞれの地層をA～Fに分類し，図2のようにまとめました。この地域において，断層はなく地層の逆転は認められませんでした。

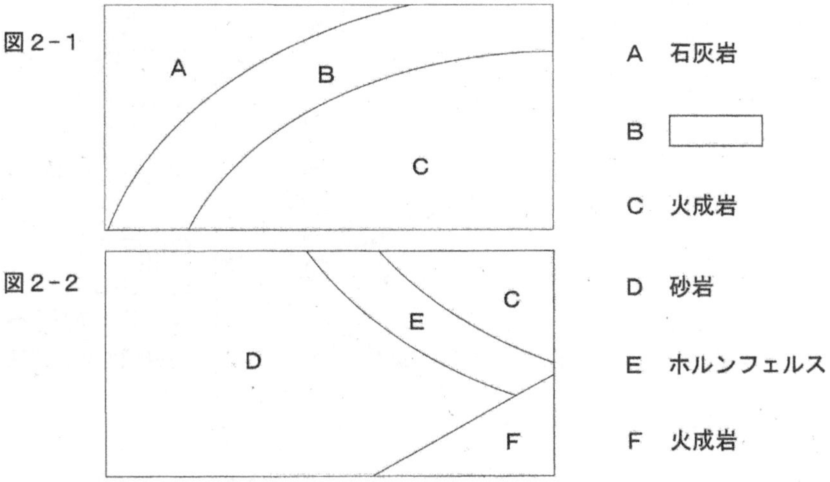

図2　観察された露頭のスケッチ

(1)　Cの火成岩から薄片を作成し，偏光顕微鏡で観察したところ，図3のようなスケッチを得ることができました。Cの火成岩の名称と組職名を答えなさい。ただし，岩石の名称は**カタカナ**で答えなさい。

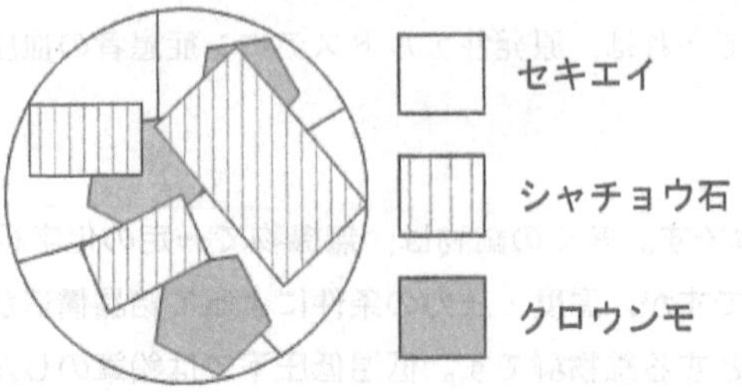

図3　偏光顕微鏡のスケッチ

(2)　Aは，主に微細な方解石の結晶で構成されていることがわかりました。方解石の化学式を示しなさい。

(3)　Bの岩石は，Aよりも粗粒な方解石の結晶からできていました。この岩石は，Cからの熱の影響でAの方解石の結晶が大きくなったと考えられます。また，加工がしやすく彫刻や壁材，床材などに使用されます。図2の ☐ にあてはまる岩石の名称を答えなさい。

この露頭のD・Eから複数の岩石を採取して，薄片を作成しました。それらを偏光顕微鏡で観察したところ，ケイセン石やコウチュウ石を確認することができました。ケイセン石はC・F付近のみで観察することができ，C付近よりもF付近の方がケイセン石を確認できた範囲が狭いことがわかりました。この結果をもとに，図2－2の一部を拡大してケイセン石とコウチュウ石の分布をかきいれ，図4のようにまとめました。ただし，太線はC，D，E，Fの境界を表しています。

観察した薄片のうち，Dの2か所（⑤・⑥）とEの4か所（①・②・③・④）で，同じくらいの大きさのケイセン石やコウチュウ石がみられました。観察できたケイセン石やコウチュウ石の様子を次のページの図5のようにまとめました。

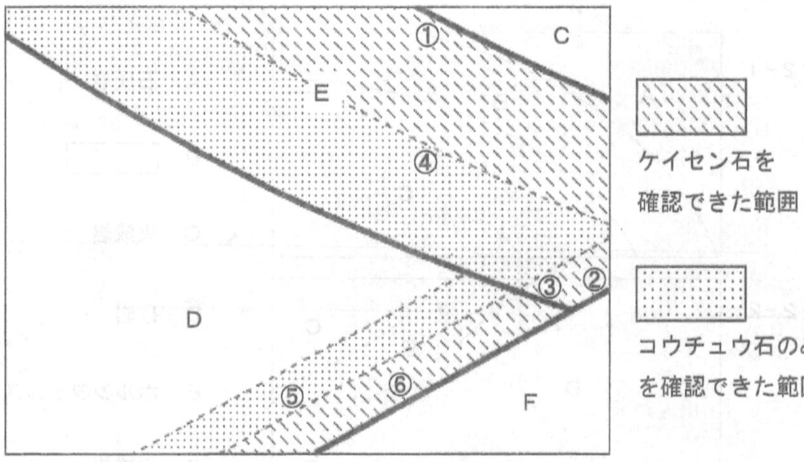

図4　ケイセン石やコウチュウ石の分布

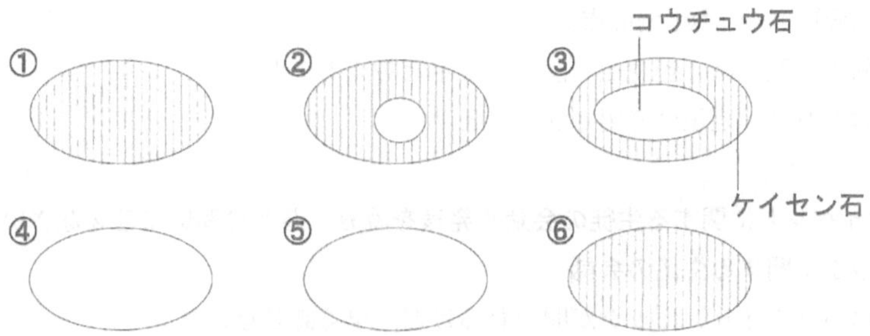

図５　①～⑥で観察できたケイセン石やコウチュウ石の様子

(4)　ＥもＢのようにＣからの熱で変化してできたものと考えられます。このＥを観察したときに見られる特徴はどれですか。

ア　Ｃに近いほど，結晶が大きい。

イ　Ｅの中央（ＣとＤの中間）に近いほど，結晶が大きい。

ウ　Ｄに近いほど，結晶が大きい。

(5)　Ｆを観察したところ，ゲンブ岩であることがわかりました。また，Ｅの一部（②・③）を観察したところ，ケイセン石の中に大きさの異なるコウチュウ石が入っているように見えるものが確認できました。これは，ＣとＦの貫入の影響で生じたものと考えられます。④でみられたコウチュウ石はＣのみの影響で，⑤でみられたコウチュウ石はＦのみの影響で晶出したとすると，④と⑤では晶出環境が異なるものと考えられます。Ｃ，Ｆの貫入時の熱の伝わり方はほぼ均一だったとすると，⑤の晶出時の環境は④に対してどのように異なりますか。

ア　⑤の晶出時の方が，温度が高く圧力も高かった。

イ　⑤の晶出時の方が，温度が高く圧力は低かった。

ウ　⑤の晶出時の方が，温度が低く圧力は高かった。

エ　⑤の晶出時の方が，温度が低く圧力も低かった。

(6)　Ａ～Ｆの形成の間，マグマの貫入のほかに　この地域に起こった変化として考えられるものはどれですか。

ア　氷河期が終わり，この地域の氷床がなくなった。

イ　プレートの運動によって，より高緯度に移動した。

ウ　地殻変動によって隆起した。

エ　海退が起こって水深が浅くなった。

オ　磁極の逆転が発生した。

(7)　Ａ～Ｆの形成順序を古い順に並べたとき，形成時期によって４つのブループに分けられます。２番目と３番目に形成されたグループはそれぞれＡ～Ｆのどれが対応しますか。同時期に形成したと考えられるものは同じグループとしてすべて答えなさい。

【社　会】（50分）　＜満点：100点＞

【注意】　1．解答の際には，句読点や記号は1字と数えること。

　　　　　2．コンパス・定規は使用しないこと。

1　**国際的なイベントに関する生徒の会話や発表を読み，あとの問いに答えなさい。**

Ⅰ　オリンピックに関する生徒の会話

倫子：今年はパリでオリンピックが開かれるけど，早く感じない？

史彦：前回の東京オリンピックが A コロナ禍で1年延期されたから，間隔が規定よりも短いんだね。

倫子：パリでのオリンピックは3回目で，ロンドンに並んで最多なんだってね。1回目の開催の時には，B 万博（万国博覧会）も同時に開かれたそうだよ。

史彦：東京オリンピックも，幻の大会も含めれば3回目だったんだけどね。

倫子：前回大会が，1964年に次いで2回目じゃないの？

史彦：1940年に最初の東京オリンピックが予定されていたんだけど，その2年前に日本側から開催権を返上したんだよ。

倫子：C その年の情勢では，2年後に開催する余裕がなかったんだろうね。

問1　下線Aについて，夏季オリンピック大会は1896年の第1回大会以来，現在規定されている間隔で開催されています。実際には開催されなかった6回目の犬会と，開催された7回目※の大会の間には，ある感染症の世界的流行がおこっています。この感染症について述べた文として正しいものをa・bから選び，その文中の □ にあてはまる国名をア～エから選んだとき，その組み合わせとして正しいものはどれですか，下の①～⑧から1つ選び，番号で答えなさい。

※7回目…実際に開催されなかった1回分を含めて数える。

a　もとはインドの風土病であった。流行の当時，□ がインドの征服を進めており，同時に世界規模の貿易も展開していたことで，日本を含む世界各国で流行した。

b　スペイン風邪とよばれるが，流行の当特に行われていた戦争に後半から参戦していた □ から広がったとされる。兵士の移動や，戦場での密な環境が被害を拡大させた。

□ にあてはまる国名

ア　ロシア　　イ　アメリカ　　ウ　イギリス　　エ　ドイツ

①［a－ア］　②［a－イ］　③［a－ウ］　④［a－エ］

⑤［b－ア］　⑥［b－イ］　⑦［b－ウ］　⑧［b－エ］

問2　下線Bについて，パリでは19世紀に万博が5回開かれています。a・bの万博が開かれた時期にあてはまるものを次のページの**年表**中の**ア～オ**からそれぞれ選んだとき，その組み合わせとして正しいものはどれですか，あとの①～⑩から1つ選び，番号で答えなさい。

a　ナポレオン3世の時に開かれた。徳川慶喜の弟が使節として派遣され，渋沢栄一が随行したが，訪問中に日本で新政府が成立し，帰国することになった。

b　フランス革命100周年を記念して開かれ，これにあわせてエッフェル塔が建設された。この年に憲法を発布した日本も参加し，庭園などを出展した。

＜年表＞

ア
横浜が開港した
イ
樺太・千島交換条約が結ばれた
ウ
板垣退助が自由党を結成した
エ
イギリスとの条約で領事裁判権が撤廃された
オ

① ［a－ア　b－イ］　② ［a－ア　b－ウ］　③ ［a－ア　b－エ］
④ ［a－ア　b－オ］　⑤ ［a－イ　b－ウ］　⑥ ［a－イ　b－エ］
⑦ ［a－イ　b－オ］　⑧ ［a－ウ　b－エ］　⑨ ［a－ウ　b－オ］
⑩ ［a－エ　b－オ］

問3　下線Cについて，当時の政府は，その年の情勢に対応し，国内体制の整備を進めていました。この国内体制について，対外的な情勢にふれながら，40字以内で説明しなさい。

Ⅱ　東大寺大仏開眼に関する生徒の会話

史彦：大きなイベントといえば，奈良時代の東大寺の大仏開眼はとても盛大だったそうだよ。
倫子：どんな様子だったの？
史彦：1万人の僧侶が集まる中，インドの高僧が大仏の眼を描いたんだよ。中国や朝鮮の人々も歌や舞を披露し，その中にはD林邑《りんゆう》の舞曲もあったんだって。
倫子：大仏建立はE国家的な事業だったといわれるけど，開眼の儀式は国際的なイベントでもあったんだね。でも，当時の大仏はもうないんでしょう？
史彦：F戦乱の中で2回も焼失していて，創建当時の部分はごくわずかなんだよ。
倫子：それでもGその度に再建されているんだから，大仏は時代を超えて大切な存在だったんだね。

問4　下線Dは，現在の東南アジアのある国の領域内にありました。生徒は，この国の歴史を調べ，①～⑥のカードをつくりました。これについて，次の問いに答えなさい。

① ロシアに勝利した日本に学ぶため、留学生が日本に派遣されました。

② 日本から多くの朱印船が来航し、生糸や絹織物などを購入しました。

③ 日本と同様に、たびたび元軍の侵攻を受けましたが、撃退に成功しました。

④ 進駐してきた日本軍に対して、激しい抵抗運動が行われました。

⑤ 独立の時に南北に分かれましたが、アメリカとの戦争を経て統一しました。

⑥ 独自の王朝を開き、宋の文物を取り入れながら国家体制を整備しました。

(1)　カードを古い方から年代順に並べた時，2番目と4番目となるものはどれですか，①～⑥から1つずつ選び，番号で答えなさい。

(2)　この国の現在の国名は何ですか，答えなさい。

問5　下線Eについて，奈良時代に行われた国家事業に関する文として正しいものはどれですか，①～⑤から2つ選び，番号で答えなさい。

①　天皇が国を治めてきた歴史を示すため，『日本書紀』がまとめられた。

②　大宝律令が制定されるなど，中央集権体制が整備された。

③　唐の文物を取り入れるため，阿倍仲麻呂らが遣唐使として派遣された。

④　唐にならい，初の貨幣である富本銭が発行された。

⑤　蝦夷に対する戦いが進められ，坂上田村麻呂が征夷大将軍に任命された。

問6　下線Fについて，2度の大仏焼失は，いずれも権力者の争いの中でおこりました。**資料1**は，その経緯と，これに関わった権力者のその後について述べたものです。**資料1**中の（　あ　）または（　い　）の人物が行ったことの，いずれにもあてはまらないものはどれですか，下の①～⑥からすべて選び，番号で答えなさい。

＜資料1＞

1回目：平氏政権が奈良の僧兵と争ったときに焼失した。その後，（　あ　）が弟らに命じて平氏を攻めさせると，追いつめられた平氏は滅亡した。 2回目：近畿地方を治める三好氏の内紛に巻きこまれ，焼失した。翌年，足利義昭を立てて（　い　）が上洛すると，三好氏は京都を追われた。

①　座や各地の関所を廃止し，自由な商工業の発展をはかった。

②　禁中並公家諸法度を定め，天皇や公家の行動を制限した。

③　朝廷の統一を実現し，太政大臣となって権力を握った。

④　一向一揆や比叡山延暦寺と争い，武力で従わせた。

⑤　後三年合戦で勝利し，東日本に勢力を広めた。

⑥　朝廷にせまり，守護と地頭を置くことを認めさせた。

問7　下線Gについて，再建された際に東大寺に納められた作品をつくった人物と，その作品がつくられた時期との組み合わせとして正しいものはどれですか，①～⑥から1つ選び，番号で答えなさい。

①［雪舟－1回目の再建時］　②［雪舟－2回目の再建時］　③［行基－1回目の再建時］

④［行基－2回目の再建時］　⑤［運慶－1回目の再建時］　⑥［運慶－2回目の再建時］

Ⅲ　朝鮮通信使に関する生徒の会話

倫子：H鎖国政策が行われていた時期には，国際的なイベントはなかったのかな。

史彦：国交があったI朝鮮からは，数百人規模の使節団が来日したそうだよ。J幕府は内外に威信を示す機会として盛大にもてなし，往来の沿道は一行を見ようとする人々で賑《にぎ》わったんだって。

倫子：朝鮮通信使だね。一行には高名な学者もいたから，日本の学者が使節団を訪ねて交流したと読んだことがあるよ。

史彦：異国の使節が来日する機会は，他にもあったようだよ。

倫子：kどんな様子だったのか，調べてみよう。

問８　下線Hの時期には，国内産業の発展がみられました。これに関する資料２の（う）～（お）にあてはまるものをa～fからそれぞれ選んだとき，その組み合わせとして正しいものはどれですか，下の①～⑧から１つ選び，番号で答えなさい。

＜資料２＞

現在の千葉県では，九十九里浜の（　う　）漁をはじめとする漁業がさかんでした。大豆の産地や消費地の江戸が近いことから，（　え　）醸造業も発展します。幕張では，青木昆陽が（　お　）の試作を行い，関東各地に栽培が広がりました。

a　にしん　　b　いわし　　c　醤油　　d　酒　　e　甘藷　　f　落花生

①［う－a　え－c　お－e］　②［う－a　え－c　お－f］
③［う－a　え－d　お－e］　④［う－a　え－d　お－f］
⑤［う－b　え－c　お－e］　⑥［う－b　え－c　お－f］
⑦［う－b　え－d　お－e］　⑧［う－b　え－d　お－f］

問９　下線Ｉについて，日本と朝鮮半島との関係について述べた文として正しいものはどれですか，①～⑥から２つ選び，番号で答えなさい。

①　天武天皇の時，白村江の戦いで日本は唐と新羅の連合軍にやぶれた。
②　朝鮮が倭寇の取り締まりと貿易を求めると，足利義満は日朝貿易をはじめた。
③　日清戦争後の下関条約で，朝鮮が完全な独立国であることが確認された。
④　初代の朝鮮総督となった伊藤博文は，のちに安重根に暗殺された。
⑤　民族自決の原則の影響を受け，朝鮮では五・四運動がおこった。
⑥　サンフランシスコ平和条約で，日本は大韓民国政府を承認し国交を結んだ。

問10　下線Ｊについて，朝鮮通信使の待遇を簡素にし，国書での将軍の呼称を日本国王に改めさせた江戸時代の政治家は誰《だれ》ですか。漢字で答えなさい。

問11　下線Ｋについて，生徒はその他の使節に関して調べた結果をレポートにまとめました。この内容を参考にし，（　か　）の対外関係について40字以内で説明しなさい。説明にあたっては，レポート中の（　か　）に入る国名と，（　き　）に入る大名の家名を用いなさい。

＜レポート＞

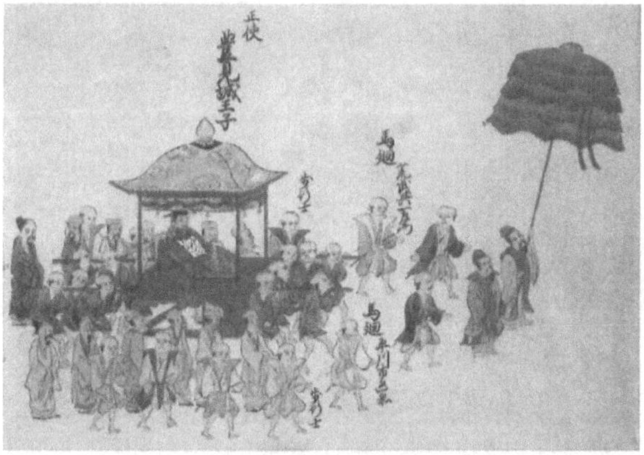

教育出版『中学社会　歴史　未来をひらく』より

この図は，将軍へのあいさつのため（　か　）が送った使節を描いたものです。こうした使節は江戸時代の間に18回派遣され，（　き　）氏に伴われて行くのが慣例でした。図をみると，従者は（　か　）の服装ですが，輿に乗っている使節は中国風の服装であることがわかります。このことには，幕府や（　き　）氏にとって，（　か　）が「異国」であることを印象づけて権威を高めるねらいがありました。

2 **世界や日本の自然環境・人口・産業に関して，あとの問いに答えなさい。**

問１　プレートの境界は，山脈の形成や地震・火山の分布と関係しています。図１中の①～⑤の地域のうち，地震の震源と火山の両方が分布する地域として正しいものはどれですか，①～⑤から２つ選び，番号で答えなさい。

＜図１＞

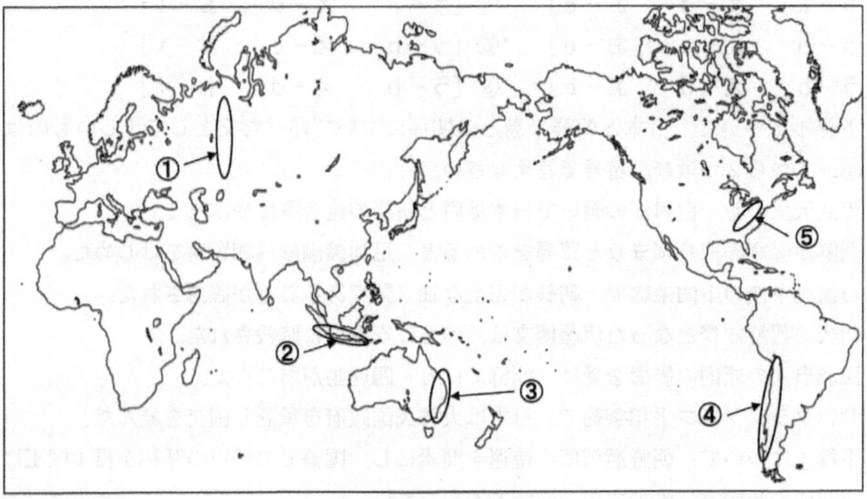

問２　**写真１**は，次のページの**図２**中の**Ａ**地点でみられる，Ｕ字谷に海水が浸入してできた入江です。**Ａ**地点と同様の地形がみられる場所として正しいものはどれですか，①～④から１つ選び，番号で答えなさい。

＜写真１＞

帝国書院『新詳地理資料 COMPLETE 2023』より

<図２>

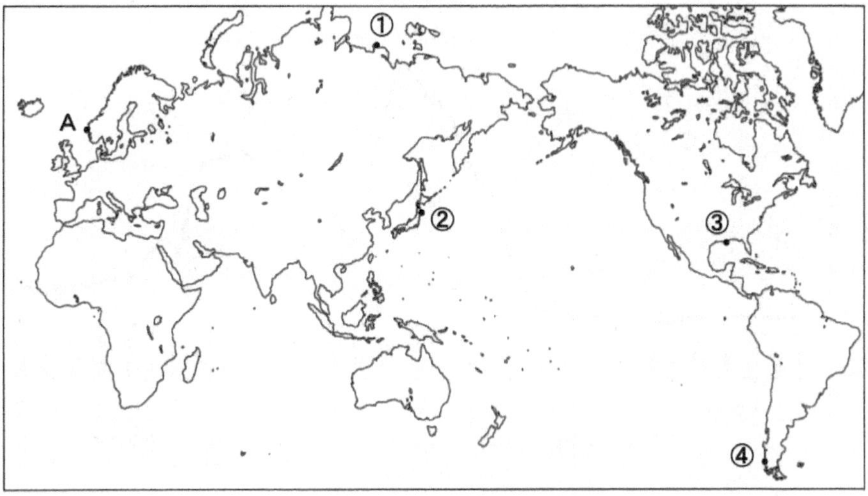

問３　日本の各都市の気候を説明した文として正しいものはどれですか，①～⑤から２つ選び，番号で答えなさい。

① 札幌市は，黒潮の影響を受けるため，夏でも低温の日が多い。

② 新潟市は，北西季節風の影響を受けるため，夏よりも冬の降水量の方が多い。

③ 千葉市は，冬に太平洋高気圧の影響を受けるため，他地域に比べて気温の年較差が小さい。

④ 長野市は，内陸に位置しているため，他地域に比べて気温の年較差が大きい。

⑤ 鹿児島市は，熱帯低気圧の影響を受けるため，９月の降水量が最も多い。

問４　**表**は，2020年の青森市・名古屋市・那覇市・奈良市・横浜市の産業別人口比率，昼夜間人口比率※，65歳以上人口比率を示しています。那覇市と横浜市にあてはまるものはどれですか，①～⑤から１つずつ選び，番号で答えなさい。

<表>

	第一次産業人口比率(%)	第二次産業人口比率(%)	第三次産業人口比率(%)	昼夜間人口比率(%)	65歳以上人口比率(%)
①	0.3	23.0	76.8	111.9	25.3
②	0.4	18.5	81.0	91.1	25.1
③	1.3	17.3	81.4	94.7	31.7
④	2.8	14.5	82.7	101.3	32.0
⑤	0.7	10.2	89.1	111.7	23.5

政府統計の総合窓口（e-Stat）HP（https://www.e-stat.go.jp）より作成

※昼夜間人口比率…夜間人口100人に対する昼間人口。

問５　次のページの**グラフ**は，サウジアラビアの小麦生産量の推移を示しています。サウジアラビアは1980年代から小麦生産量が増加し，2000年代初頭までは小麦生産はおおむねさかんでしたが，2010年代以降は生産量が減少しています。生産量が減少している理由を，サウジアラビアのある地点の衛星写真である**図３**を参考にしながら，説明しなさい。

＜グラフ＞

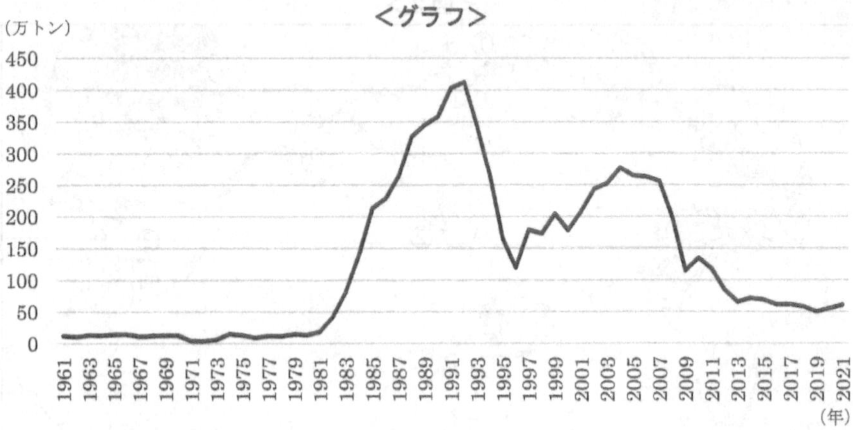

国際連合食糧農業機関 HP（https://www.fao.org/faostat/en/#home）より作成

＜図３＞

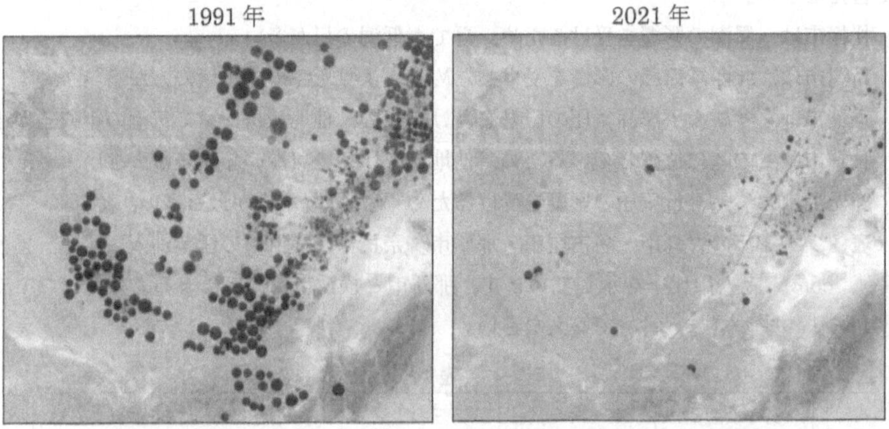

Google Earth HP（https://www.google.co.jp/intl/ja/earth）より

3 **東南アジアに関して，あとの問いに答えなさい。**

<図>

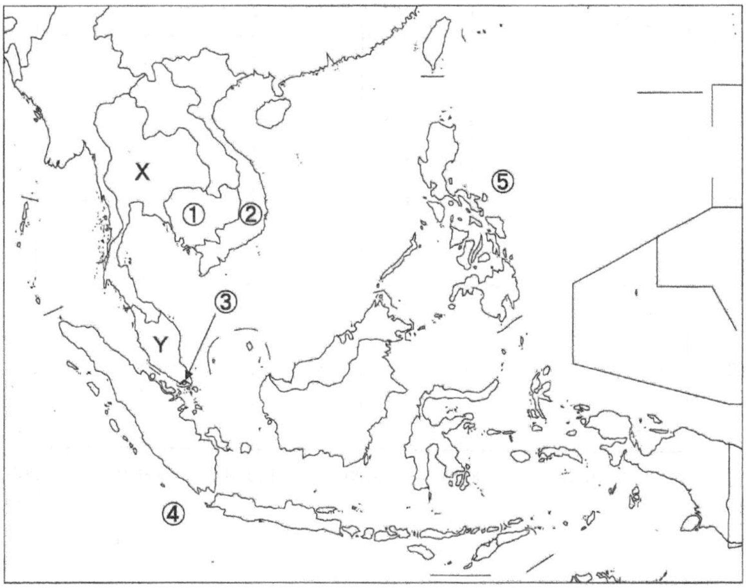

問1　**A**～**E**の文は，**図**中の①～⑤のいずれかの国について説明したものです。**B**と**C**にあてはまる国はどれですか，①～⑤から1つずつ選び，番号で答えなさい。

A　かつてオランダに支配された国で，イスラム教徒が8割を超え，米の生産量が世界第4位である。

B　かつてイギリスに支配された国で，仏教徒が一番多く，農作物の生産量は少ない。

C　かつてフランスに支配された国で，特定の宗教を信仰しない人が多く，コーヒー豆の生産量が世界第2位である。

D　かつてアメリカ合衆国に支配された国で，キリスト教徒が9割を超え，バナナの生産量が世界第6位である。

E　かつてフランスに支配された国で，仏教徒が9割を超え，自給的な農作物生産を行っている。

問2　次のページの**グラフ**は，**図**中の①～⑤の国民総所得と1人あたり国民総所得を示しています。**グラフ**中の**ア**と**エ**にあてはまるものはどれですか，①～⑤から1つずつ選び，番号で答えなさい。

<グラフ>

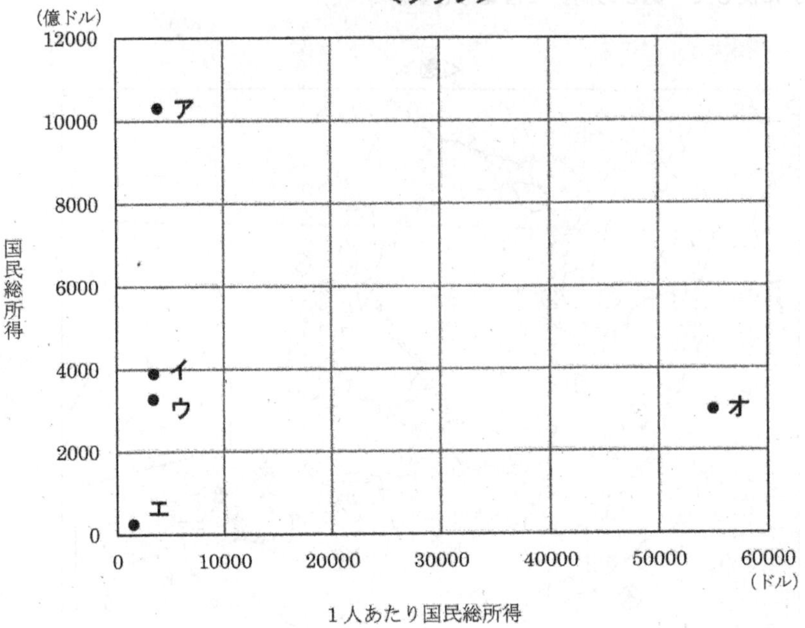

二宮書店『データブック　オブ・ザ・ワールド　2023年版』より作成

問3　**図中のX国とY国では，産業構造の変化とともに輸出品目の変化がおきています。表は，X国とY国の輸出品目を示したもので，カとキはX国またはY国のいずれか，ⅠとⅡは1980年または2019年のいずれかです。Y国・2019年にあてはまるものをそれぞれ選んだとき，その組み合わせとして正しいものはどれですか，下の①～④から1つ選び，番号で答えなさい。**

<表>

		1980年または2019年			
		Ⅰ		Ⅱ	
X国またはY国	カ	機械類	29.1%	米	14.7%
		自動車	11.2%	野菜・果実	14.2%
		プラスチック類	4.6%	天然ゴム	9.3%
		金（非貨幣用）	3.4%	すず	8.5%
		ゴム製品	3.4%	機械類	5.8%
	キ	機械類	43.3%	原油	23.8%
		石油製品	6.3%	天然ゴム	16.4%
		液化天然ガス	4.2%	木材	14.1%
		精密機械	3.9%	機械類	10.8%
		パーム油	3.5%	パーム油	8.9%

帝国書院『新詳地理資料 COMPLETE 2023』より作成

①　**［カ－Ⅰ］**　②　**［カ－Ⅱ］**　③　**［キ－Ⅰ］**　④　**［キ－Ⅱ］**

4　物価変動や景気変動に関して，あとの問いに答えなさい。

問１　**図１**は，ある企業が生産・販売している商品の価格が国内市場の需要と供給を通じて決定される仕組みを示しています。**図１**中の実線は，この商品のある時点における需要曲線・供給曲線・均衡価格・均衡取引量を示し，①～④中の点線は，その状態から何らかの理由で需要曲線または供給曲線が移動し，均衡価格・均衡取引量も変化したことを示しています。たとえば，この商品に対する人気が高まり，消費者がこの商品をより多く購入するようになるとき，この商品の需要曲線は①の点線に示したように右方向に移動し，あらたな均衡価格に向かうと考えられます。

＜図１＞

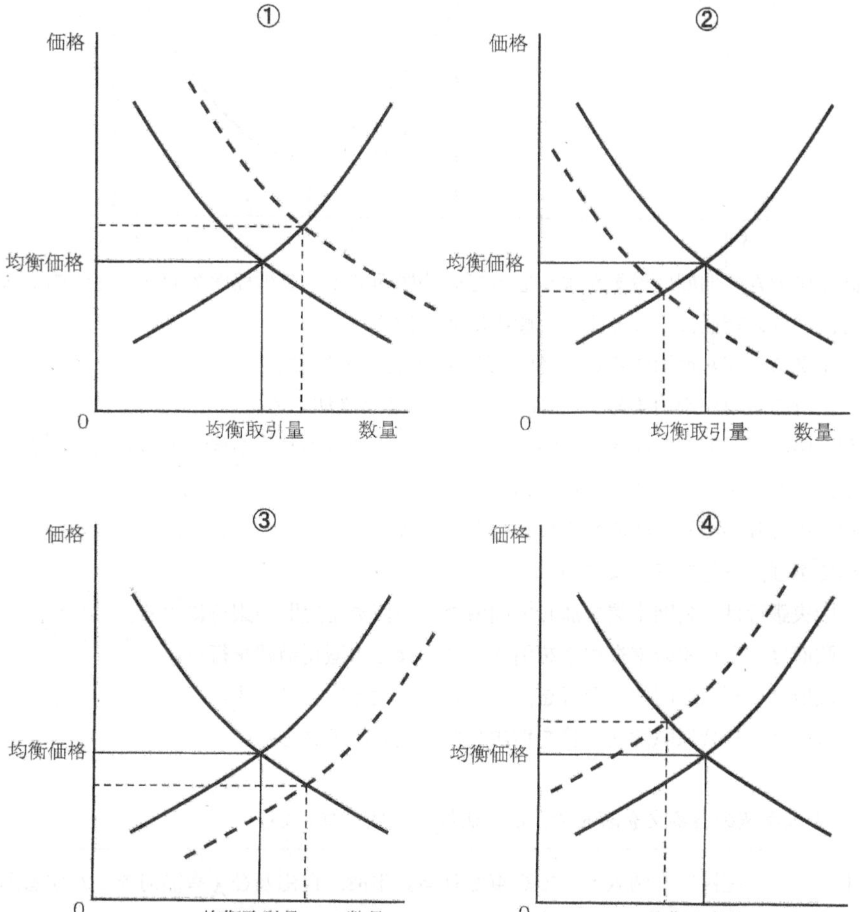

いま，需要と供給が均衡した状態から**ア**～**ウ**の説明文にあるような変化がおきたとすると，需要曲線もしくは供給曲線はどのように移動すると考えられますか。①～④の中から１つずつ選び，番号で答えなさい。ただし，それぞれの説明文にある変化以外の条件は変わらないものとします。

ア　この商品の生産に不可欠な原材料を輸入だけに頼っているとき，急激な円安が進んだ。

イ　この商品の価格を３か月後に大幅に値上げすることを企業が発表した。

ウ　この商品と売り上げを競っているライバル他社の類似品が大幅に値下げされた。

問2　図2は，時間の経過とともにGDP成長率が上下動を繰り返す景気変動を複式化したものです。図2をみて，次の問いに答えなさい。

＜図2＞

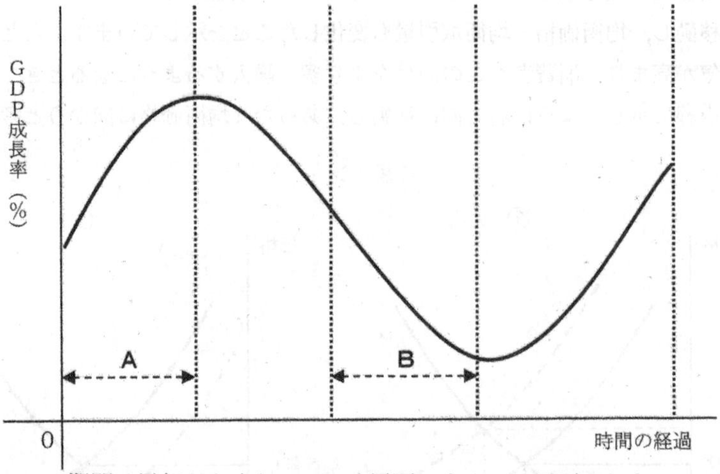

(1)　図2中のAの期間は景気がよくなっていく局面です。この局面でおきる4つのできごと①～④を，時間の経過にそって正しい順番に並べ替えなさい。

①　企業の生産が増加する。　②　家計の消費が増加する。

③　家計の所得が増加する。　④　企業の利益が増加する。

(2)　図2中のBの期間の局面で，物価の下落と企業利益の減少が繰り返されることを何といいますか，カタカナ8文字で答えなさい。

(3)　図2中のBの局面で政府や中央銀行が行う政策として正しいものはどれですか，①～④からすべて選び，番号で答えなさい。

①　中央銀行は，公開市場を通して国債などの債券を民間の銀行に売る。

②　政府は，所得税の累進税率を引き下げるなどの減税措置を行う。

③　政府は，新たな国債の発行を減少させて財政赤字を減らす。

④　政府は，社会保障関連予算を増額した一般会計予算を組む。

5　**次の日本国憲法の各条文を読んで，あとの問いに答えなさい。**

第13条　すべて国民は，個人として尊重される。生命，自由及び$_{A}$幸福追求に対する国民の権利については，$_{B}$公共の福祉に反しない限り，立法その他の国政の上で，最大の尊重を必要とする。

第21条　①集会，結社及び言論，出版その他一切の表現の自由は，これを保障する。

第22条　①何人も，公共の福祉に反しない限り，居住，移転及び職業選択の自由を有する。

第29条　①財産権は，これを侵してはならない。②財産権の内容は，公共の福祉に適合するやうに，法律でこれを定める。

問1　下線Aについて，この権利を根拠として，産業の発達や科学技術の発展，情報化の進展などにともなって，日本国憲法に直接的には規定されていない「新しい人権」が認められるようになってきました。このうち，臓器提供意思表示カードで自分の意思を表示することや，治療方法についてインフォームド・コンセントを求めることに共通する「新しい人権」を何といいますか，漢字５文字で答えなさい。

問２　下線Ｂについて，日本国憲法で保障される基本的人権が公共の福祉によって制限を受ける事例を説明した文として，誤っているものはどれですか，①～④から１つ選び，番号で答えなさい。

①　公職選挙法では，選挙運動のできる期間やSNSの使用についての規定をもうけることで，第21条の自由を制限している。

②　感染症法では，感染症罹患《りかん》者の隔離を求めるなどの規定をもうけることで，第22条の自由を制限している。

③　薬事法では，薬局が乱立することで薬の安全性が失われないよう，薬局開設について距離制限をもうけることで，第22条の自由を制限している。

④　建築基準法では，不備な建築により周辺住民への被害が及ばないよう，建築についての規定をもうけることで，第29条の財産権を制限している。

> 第14条　Cすべて国民は，法の下に平等であつて，人種，信条，性別，社会的身分又は門地により，政治的，経済的又は社会的関係において，差別されない。

問３　下線Ｃについて，法の下の平等に関して説明した文として，正しいものはどれですか，①～④から１つ選び，番号で答えなさい。

①　最高裁判所は，一人の衆議院議員が当選するために必要な役票数が選挙区によって２倍以上の開きがある状態を違憲状態とし，選挙のやり直しを求めた。

②　男女雇用機会均等法は，雇用における女性差別を禁止するとともに，セクシャルハラスメント防止義務をすべての労働者に課した。

③　国会は，「アイヌ民族を先住民族とすることを求める決議」を可決し，アイヌ民族の文化を保護するため北海道旧土人保護法を制定した。

④　最高裁判所は，女性だけが離婚や死別後６ヶ月間は再婚禁止とする民法の規定に対して違憲判決を下した。

> 第15条　①公務員を選定し，及びこれを罷免することは，国民固有の権利である。
> ③公務員の選挙については，成年者による普通選挙を保障する。
>
> 第92条　地方公共団体の組織及び運営に関する事項は，地方自治の本旨に基いて，法律でこれを定める。
>
> 第93条　②地方公共団体の長，その議会の議員及び法律の定めるその他の吏員は，その地方公共団体の住民が，直接これを選挙する。

問４　グローバル化の進展に伴い，日本でも外国人定住者が増加していますが，参政権は認められていません。最高裁判所は1995年２月28日の判決で，現在外国人に参政権が与えられていないことは憲法違反ではないとする一方で，外国人定住者について地方参政権を与えることを憲法が禁止しているわけではないとの判断を示しています。現在参政権が認められていない理由と，憲法が禁止しているわけではない理由を，憲法第15・92・93条から読み取れる根拠を示して説明しなさい。ただし，実際の最高裁判所の判決内容に合致しているかどうかは問いません。

選び、記号で答えなさい。

ア　人は苦しいときに助けてくれる人を信用する傾向にあるので、人助けは本当に苦しんでいる人にのみ行うのがよい。

イ　人はたとえ専門家の言うことが正しいことであったとしても、素直にその指摘を受け入れられないものである。

ウ　人は他者の忠告を聞き入れないことが多いので、相手に聞き入れてもらえる方法を考えるのがよい。

エ　人は自身の健康を維持するために、むやみに他者に頼ろうとせず、自己管理に徹することが肝要である。

オ　人は結果を残せたかどうかで評価されるので、よい結果が出せるよう最大限の努力をする必要がある。

四　次の各文の――線のカタカナを漢字に直しなさい。

1　ケイガイ化した制度に異を唱える。

2　男は、くやしさのあまりコブシを握りしめた。

3　さわやかなアイサツは、人を笑顔にする。

4　刻苦ベンレイの末に医者になった。

5　カンゼン懲悪の物語を好む。

かないのではないかと不信感を募らせてしまったから。

ウ　ある医者から「あなたは今秋、何かの病気にかかる」と言われて腹を立てていたが、本当に病気にかかったので、医者に診てもらおうとしたものの、自分の病気を予告した医者に今さら世話になるのは恥ずかしいと思い、会いたくなかったから。

エ　ある医者から「あなたは今秋、何かの病気にかかる」と根拠のない予告をされたことに納得できなかったが、秋になって本当に病気にかかってしまったので、医者にかかろうとしたものの、医者は自分の話を信用しなかったことを理由に診察を拒絶したから。

オ　ある医者から「あなたは今秋、何かの病気にかかる」と言われたことを忘れていたが、病気にかかってしまったため、予告をした医者にかかろうとしたところ、予告を気にとめなかったことを不快に思った医者の態度があまりにも横柄《おうへい》で腹立たしかったから。

問2　――線2「しるしもみえず」の本文中の意味として最も適当なものを次の中から選び、記号で答えなさい。

ア　効果が現れず　　イ　指示に従わず　　ウ　原因がわからず

エ　理解ができず　　オ　方針が決まらず

問3　――線3「家傾けてもむくいまほしく思ひし」とあるが、このように考えるに至った医者の行動を説明したものとして最も適当なものを次の中から選び、記号で答えなさい。

ア　医者は病気が何であるかの判断ができず、必要な薬を見つけられなかった。

イ　医者はさまざまな薬を試したが、長きにわたり病気で苦しめてしまった。

ウ　医者は適切な薬を見つけられずにいたが、試しに与えた薬によって回復させた。

エ　医者はつぎつぎ現れる症状に、それぞれふさわしい薬を与えて病気を治した。

オ　医者は症状から素早く病気を特定し、適切な薬を投与して命を助けた。

問4　――線4「いまひとりのをのこ」の様子について説明したものとして最も適当なものを次の中から選び、記号で答えなさい。

ア　医者から病気を予告されて薬を処方されたが、健康な自分は病気にかかるはずはないと気にもとめずに薬を飲まないでいたので、予告どおり病気にかかってしまった。

イ　医者から病気を予告されて薬を処方されたが、予告をした医者の言うことはあてにならないとのうわさを聞いていたので、薬を飲もうとは思わなかった。

ウ　医者から病気を予告されて薬を処方されたので、予告を信じて薬を飲み続けたところ、予告された病気にかかる気配がなかったため、途中で薬を飲むことをやめた。

エ　医者から病気を予告されて薬を処方されたので、指示どおり薬を飲み続けたところ、病気にもかからず体調の変化もなかったため、そもそも薬を飲む必要性はなかったと考えた。

オ　医者から病気を予告されて薬を処方されたので、素直に医者の言うことを聞いて薬を飲み続けていたところ、まったく病気にかからなかったため、医者に心から感謝した。

問5　本文全体から読み取れる内容として最も適当なものを次の中から

イ ═══線b「靄を消す方法はないのだ」、═══線i「あらゆる機械は又、数日前の霧の日には信じられぬほど順調に動いていた」という表現からは、人間の力ではどうすることもできないものがあるということを読み取れる。

ウ ═══線d「それがどうしたというのだ」、═══線e「どうも僕はあんまり信じられないけどね」という表現によって、ものごとを軽く考える竜起の楽観的な人柄を浮き彫りにしている。

エ ═══線f「優しい時間」、═══線g「空にはまろやかな秋の陽が光を充たしている」という表現を重苦しい話題の中で効果的に用いることによって、その後の竜起の状況が好転することを暗示している。

オ ═══線h「ダムはまだ出来てもいないのだ。崩す心配は今はまだ生まれてもいない未来の人々に課せられた問題だ」というダムの現場に関する表現と、═══線j「生きているうちから、梨花を失った瞬間のことを恐れる必要はない」という梨花の病状に関する表現を重ねることで、竜起の心情がいっそう明らかにかっている。

三 **次の文章は、松平定信《まつだいらのさだのぶ》『花月草紙《かげつぞうし》』の一部である。これを読んで、後の問いに答えなさい。なお、出題に際して、本文には表記を一部変えたところがある。**

あるくすしが、「君はかならずこの秋のころ、何のいたづきにかかり給《たま》はん」といふを、むづかりて、「いかでさることあらん」と秋まではいひぬ。つひにいたづきにかかりてければ、いひあてしくすしにあはんも、おもてぶせなりとて、[1]よそのくすしまねきてけり。さまざま薬あたへたるが、[2]しるしもみえず、初《はじめ》のほどは※うちのそこねしなるべしとて、うちとのふる薬なりければ、むねのあたりいよいよくるしく、ものもみいれねば、くすしも心得て、そのくすりはやめつ。こたびは汗にとらんとしても、しるしなく、くださんとすれば、はらのみいたみて、いよいよくるし。せんかたなくて、こころみにふとてうぜし薬、そのやまひにあたりやしけん、のみくだすより、むねのうちここちよく、つひに其《その》やまひ癒《い》えにけり。いのちたすけしひとなりとて、[3]家傾けてもむくいまほしく思ひしとなり。さるに、「こん秋は、かならずこのやまひ出づべし、このくすり今よりのみ給へ」といふを、[4]いまひとりのをのこ、「いかでさあらん。されどさいひ給はば、のみてまゐらすべし」とて、ひとごとのやうにのみ居たるが、つひにそのやまひもおこらず、つねにかはりし事なかりしかば、さればこそかくあるべけれと思ひしを、あの薬のまでもあるべきものをといひきとや。

※うちのそこねし…腹をこわしたこと。

問1 ——線1「よそのくすしまねきてけり」とあるが、このようなことをしたのはなぜか。その理由として最も適当なものを次の中から選び、記号で答えなさい。

ア ある医者から「あなたは今秋、何かの病気にかかる」と言われたが、具体的な病名が指摘されなかったことに不信感を抱いたため、予告どおり秋になって病気にかかった時も、本当にこの医者は自分の病気を治すことができるのかと不安に思ったから。

イ ある医者から「あなたは今秋、何かの病気にかかる」と予告されたが、そのとおり病気にはかかったものの、秋ではなく冬であったため、この医者には正確に診察する能力がなく、処方される薬も効賛される仕事に携わることができたのだと実感して、まるで自分がこのダムを作ったかのように錯覚してしまうほど満足している。

ウ　自分の死後も社会の中で機能し続けるようなダムの建設現場を目の前にして、自分はちっぽけな存在だが、誰もが認める大事業に関わることができたのだと実感し、このような仕事を自分に与えてくれた神に感謝している。

エ　奴隷のような人生に悩んでいたが、社会の中で自分よりもはるかに長く機能し続けるダムの建設現場を目にして、自分の人生が人の記憶に残らなくても、自分の作ったダムが多くの人に影響を与えればそれでよいと考え、幸せを感じている。

オ　自分の死後も社会の中で多くの人を助ける巨大なダムの建設現場を遠望して、自分は後世に名前が残ることのない存在だが、大事業に関わることができたのだと実感し、満ち足りた気持ちになっている。

問5　——線4「容子は、はっと胸を衝かれたような表情をした」とあるが、容子がそのような表情をしたのはなぜか。その理由として最も適当なものを次の中から選び、記号で答えなさい。

ア　手術が成功しなければ梨花は幸せになれないと思っていたが、過去に傷のある自分のような人間でも竜起と結婚して幸せに生活しているように、梨花の心臓が悪くても梨花と幸せな家庭をつくってくれる男性が現れるかもしれないということを竜起の説明によって理解したから。

イ　さまざまな事情があっても幸せになれる方法はないかと考えていたが、心臓の悪い梨花でなければいやだという僕みたいな男が現れるかもしれない、という竜起の話を聞いて、自分が過去に傷のある人間だったからこそ竜起は結婚したいと言ってくれたのだということがわかったから。

ウ　手術が成功しても梨花は幸せになれないと思っていたが、結婚する資格のない自分のような人間を受け入れて結婚してくれた人が言うのだから、心臓の悪い梨花を選んで幸せにしてくれる僕みたいな男が現れる可能性もあるのだ、という竜起の話を信じようと決意したから。

エ　さまざまな事情で幸せになれない人間はいるだろうと思っていたが、梨花の心臓が悪くても梨花を幸せにしてくれる僕みたいな男が現れるかもしれない、という竜起の話を聞いて、結婚する資格のない自分のような人間を竜起が選んでくれたからこそ今の生活があるということを実感したから。

オ　手術をする前から梨花の将来を考えて不安を感じていたが、一人前の生活も幸せな結婚生活も結局は梨花自身の努力次第である以上、梨花の心臓が悪くても梨花と結婚して幸せな人生を歩んでくれる男性が現れる可能性は十分にあるということを竜起の説明によって知ったから。

問6　この文章の表現に関する説明として**適当でないもの**を、次のア〜オのうちから**2つ**選びなさい。ただし、解答の順序は問わない。

ア　＝＝線a「一キロワットのランプの光も死んだように力ない」、＝＝線c「夜勤の労務者が、あちこちから、蟻のように天端にとりつき」のように比喩表現を用いることで、周囲の情景を印象的に描いている。

「でも、たとえ手術が成功しても、やっぱり一人前の生活もできなければ、結婚にもさし支えるでしょうね」
「運動選手になろうったって無理かも知れないけど、学者でも、弁護士でも、薬剤師でも、肉体労働でなければできるだろう。結婚は健全な娘だって運なんだから、保証はできないけど、又僕みたいな男が現れるだろうよ。心臓がどんなでも、梨花でなけりゃいやだっていう男が。それが却《かえ》って梨花のしあわせになるんだ」
4容子は、はっと胸を衝《つ》かれたような表情をしたが、
「あなたみたいな人は、もう二度と現れっこないと思うの」
と涙ぐんだ。

※ファラオ…古代エジプトの王の称号。

問1 〰〰線A・Bの本文中の意味として最も適当なものを後のア～オから選び、それぞれ記号で答えなさい。
A「凡庸な」
ア 興ざめな　イ 無価値な　ウ 汎用的な　エ ありがちな
オ 機械的な
B「無為に」
ア 無理矢理に　イ 無責任に　ウ 何もせずに
エ 深く考えずに　オ 自暴自棄に

問2 ――線1「容子の疲れたような顔」とあるが、容子がそのような顔になったのはなぜか。その理由として最も適当なものを次の中から選び、記号で答えなさい。
ア 梨花を診療所に連れて行ったときにはただの発熱だと思っていたのに、医師から梨花は先天性の心臓の病気かもしれないという診断を受けてしまったから。
イ 梨花の発熱は先天性の心臓の病気が原因かもしれないという診断を受けて、事務所まで竜起を探しに行ったが、竜起に会うことができなかったから。
ウ 医者から梨花が先天性の心臓の病気かもしれないという診断を受けたことによる不安を、竜起が家に帰ってくるまで容子一人で抱え込んでいたから。
エ 竜起は家庭よりも仕事に集中しており、梨花が神経質な子でなかなか寝付けないという問題を容子一人で受け止めなければならなかったから。
オ 医者から梨花が発育上の問題を抱えているかもしれないと診断されたのにもかかわらず、竜起が家族のことよりも仕事を優先している様子だったから。

問3 ――線2「梨花の生かし方を心に決めた」とあるが、この時竜起が「心に決めた」ことはどのようなことか。80字以内で説明しなさい。

問4 ――線3「竜起はこの雄大な現場に立ち会えたことを心から幸運だと思った」とあるが、このときの竜起の様子はどのようなものか。その説明として最も適当なものを次の中から選び、記号で答えなさい。
ア ダムが建設される様子を改めて目にして、自分の人生よりも長く社会に影響を与え続けるような大事業を完遂するという明確な目標が定まり、奴隷のような自分の人生に思い悩む必要はないのだということを理解し、希望に満ちている。
イ 自分が死んだ後も社会の中で働き続けるような、多くの人から賞

が、電力にとって代るであろう。そうでなくとも、ダムの消却年限は大体五十年と見込まれている。その更に数十年後に、ダムはもう使いものにならなくなって、取り壊されるかも知れない。

　このダムをもし壊すとしたら、どうすればいいのだ。高層ビルを崩す方法なら人々は既にかなり研究している。しかし五億立方米の水を湛《たた》えたまま、それを支えている壁を取りはずすことは、これまた至難の業である。

　竜起はこんな無駄な心配を笑い出したかった。hダムはまだ出来てもいないのだ。崩す心配は今はまだ生まれてもいない未来の人々に課せられた問題だ。

　ダムの命が、ピラミッドに比べて嘘《うそ》のように短くとも、3竜起はこの雄大な現場に立ち会えたことを心から幸運だと思った。このダムは自分が作った、と言えば誰もが笑うだろう。しかし竜起の感覚全体は、それを肯定するのだった。誰も知らなくとも、自分と、そしてもしいるとするならば神のような存在が、それを記憶するであろう。そしてこのダムは自分よりはるか長い年月を生き残って、社会の思いがけぬ部分に、関《かかわ》り、生産し、押しすすめ、証言し、血流のように細胞と組織を若返らせながら、その機能の結果を天地に齎《もたら》すのだ。

　その日、iあらゆる機械は又、数日前の霧の日には信じられぬほど順調に動いていた。三台のケーブルクレーンは、迸《ほとばし》るような青さをたたえた空を泳いで、谷を一直線に渡って来る。クレーンの運転所には、インディケーターが備えつけられていて、各バケットの位置は、その図表の上に赤い天道虫のように動いて示されている筈《はず》だったが、すっかり手馴れた鮮《あざや》かな停止の仕方は、機械に頼るばかりでなく、オペレーター達が、やはり勘と馴れによってこの巨大な振子《バケット》を自在に扱えるようになったことを示していた。空を背景に遠近感覚を正確に持つということは、むずかしいのである。なぜなら、青空は、人間が問題にする程度のささやかな厚さや深みを、ことごとく吸い取ってしまうからだ。そしてこれらのオペレーター達の円熟した技術が、数百米の長いワイヤーの先に保たれたバケットが殆《ほと》んど揺れもせず所定の位置でぴたりと静止させるのを見ると、それらはあたかも物理学の慣性の法則などない世界にあるような不思議な爽快さを感じさせるのだった。

　竜起は全身に、生きていることの確証のようなものが流れるのを感じた。

　数日前、あれほどごたついたケーブルクレーンが、今日は整然と動いている。梨花の心臓も又、新《あた》らしい治療法だという手術か或《ある》いは自然に体力がつくことによって機能を恢復《かいふく》するだろう。たとえ、それがうまく行かなかったにせよ、j生きているうちから、梨花を失った瞬間のことを恐れる必要はない。いつかは死がやって来るという点では、梨花も自分も同様である。それまでに、梨花にも自分にもまだあまりに多く、この世に残すべき仕事がありそうだ。思想も哲学もいらないのだ、と竜起は思った。そうした抽象的な世界に踏み迷い、B無為に心を束縛されるには、今、眼前に拡《ひろが》る天地は、あまりにも明晰《めいせき》に澄んでおり、しかも竜起の前には、確固とした仕事の目標が、長い航路を先々まで照らす燈台の標識のように、並んで輝いていた。

　竜起は夕食の食膳で、今日自分が心に決めたことを容子に話した。

「生きている時は、生きている時なんだ。生きているうちから、死んだ時のことを考えることはない」

それは仄《ほの》かな甘い夜だった。現実の重苦しさとは別に、そのような、f優しい時間が与えられる時もある。竜起に話してしまうと、容子は幾分、精神的に救われたように見え、小さな卓袱台《ちゃぶだい》の向《むこ》うで髪をほつらせたまま二人の茶碗《ちゃわん》に飯をよそった。

竜起は翌日、一時間ばかり仕事を脱け出して、診療所の医師に会い、容子から聞いた話を確認した。心室中隔欠損の疑いが濃い、と医師は言った。

「非常に危険なものなのでしょうか」

「程度問題でしてね。軽ければ、気がつかないで、かなり大きくなる迄、スポーツなんかしている子供もいるんです。それに最近は手術という方法もぽつぽつあるようですから」いずれにせよ、精密検査が必要であった。

「とにかく、さし当《あた》り、別に心配される必要はありませんから。検査を受けられる場合には、東北大学に、私の知人もいますし、いつでも御紹介します」

竜起は礼を言って診察室を出た。

その日、一日竜起は心の片隅でこの問題を考え続けた。梨花の心臓に関する一切の感情に、感傷をまじえるのはよさねばならぬ、と竜起は考えた。これから幼い娘にとって、戦いの生活が始《はじま》る。それはどの角度から考えても、感傷では突破できない障害なのだ。幸いなことに、竜起は心の一部で、梨花の心臓を考えながら、作業の手順を考えることもできるようになっていたのだった。長い間の訓練で、反射的に最も重要な点に注意が向くのである。部外者はまさか、と言って笑うかも知れないが、土木業は洋裁と似ている。違うところは、素材から創り出して行くことだが、型に当て嵌《は》めて立体的なものを作るという点では同じなのである。その証拠に、この世界では、科学的な計算と、経験から来る馴《な》れや勘が、同居して、技術を補足したり、鬩《せめ》ぎ合ったりしていた。複雑な曲線を持つ構造物の型枠を作るのに、大学出は何日もかけて測点を出すが、年功を積んだ大工ならかなり複雑なものでも目分量で作って、手加減でねじり曲げたあと曲尺一本で急所をチェックするだけで、すんでしまう。

竜起が彼なりに2梨花の生かし方を心に決めたのは、それから四日目であった。とりたてて何か特別な出来ごとがあった訳ではない。A凡庸な日であった。雪は再び近くの山々まで追っていた。それだけに紅葉の色は凝縮し、人工の如何なる色合の強烈さも、その中に入って行けば、ぼやけてしまいそうであった。g空にはまろやかな秋の陽《ひ》が光を充《み》たしている。竜起は錚々《そうそう》とした秋風の中に立って、かなり違い距離から現場を遠望して、深い感動に捕えられたのだった。

ダムはまだ、盃《さかずき》を横から見た場合の、糸底の部分にようやくコンクリートを打たれたばかりだった。しかしそれでもなお、竜起は※ファラオが二十年かかってピラミッドの礎を据え終った時に、恐らく感じたであろう満足と同じようなものを覚えた。勿論《もちろん》、竜起は、ファラオではなかった。彼は奴隷の側だった。ファラオの名は残りそのピラミッドは何千年と存続しても、奴隷たちは名も知られず、数十年のうちに、たちまちにして虫けらと同じに死んで行くのだった。自分は奴隷たちより恐らくもう数十年は良く生きるであろう。

さまざまな思いが同時に竜起の心に吹きあげて来た。ピラミッドと違ってダムの生命はそれほど長くない。近い将来に、第三のエネルギーも見えない。靄《もや》は既に標高《エレベーション》四百十五米まで約四十五米の立ち上がりを見せているダムの高さの感覚まで奪って、天端《てんば》の上にいると、すぐそこ迄《まで》大地が上って来たような錯覚がある。

人々は待ち、苛立《いらだ》ち、無力感に捉えられた。ケーブルクレーンの機械的な故障による停止時間を短縮することは努力次第で如何《いか》ようにもできる。しかしb靄を消す方法はないのだ。

作業は午後になってやっと再開された。誰もが割り当てられたクレーンの順番をじりじりしながら待っているとクレーンは十分ほど動いて又停《とま》ってしまった。トランスファー・カー（コンクリート運搬車）が故障したのだ。修理には三時間ばかりかかり、やがて夕暮が早々と谷に沈んで、夜間作業用の照明が、野外劇場のように荘厳《そうごん》な現場を照らした。

c夜勤の労務者が、あちこちから、蟻《あり》のように天端にとりつき、作業が再び続けられようとした時、靄は又しても人人を嘲笑《あざわら》うように、山肌を伝って充満し始めた。

竜起は、靄の中を八時頃、家に帰った。夜勤の職員に必要な連絡は済ませてあった。靄を待つことはできない。家の中には暗い灯があった。梨花は神経質な子で、暗闇では怖がって寝つかない。寝室に小さな灯があることは、梨花がもう寝たということなのだ。

1容子の疲れたような顔が玄関に現れた時、竜起は初めて、昼間、容子が事務所まで竜起を探しに来たということを聞かされたのを思い出した。

「今日、何か用事だったの？」

竜起は、作業靴を脱ぎながら言った。

「ええ、梨花を診療所へ連れて行ったの」

竜起は反射的に、ほの暗い部屋の中で、規則正しい寝息をたてている娘の様子を窺《うかが》った。

「どこか悪かったのか？」

「あなたがでかけてからあとで、少し熱があることがわかったんです」

dそれがどうしたというのだ。梨花はそこに気持《きもち》よさそうに寝ている。しかし容子の表情からは、重苦しい不安が竜起の上に投げかけられていた。

「そしたら、お医者さまが胸を診察したあとで、この子は前に、心臓が悪いと言われたことはなかったか、っておっしゃるのよ」

「心臓？」

「そう言えば、この子、唇がすぐ薄い紫色になるでしょう。これ、紫藍症《チアノーゼ》って言うんですって」

「悪いって、どういうふうに悪いんだ？」

「まだ精密検査をしなければわからないけど、先天性の心臓の病気かも知れないんですって。だから、風邪をひかさないようにして、できるだけ体力をつけて、何かいい機会に、もっといい病院でみてもらいなさいって」

「しかし、診療所の医者には、前に何回かかかって、一度もそんなことを言われたことはなかったろう？」

「ええ、まだ若い先生ばかりだったからかしら。とにかく、異常は異常らしいの。只《ただ》、どこが悪くて、いつどんなふうに、どんな治療をしたらいいか、すぐには決められないらしいけど。あなた、もし何だったら、明日にでも行ってもう一度確かめて来て下さらない？」

「そうしよう。eどうも僕はあんまり信じられないけどね」

にむかって、世界にむかって仲間たちに対して。

※茂道…杉本栄子が生まれ育った水俣市最南部に位置する集落。

生徒A　【文章Ⅱ】で、筆者は、杉本栄子さんが言った「水俣病は守護神」という言葉を「どんでん返しの大逆説」ととらえているけれど、たしかにすごい表現だね。

生徒B　そうね。「文章Ⅰ」に出ていた「 ア 」と似たような意味の逆説だと思うよ

生徒C　【文章Ⅱ】で、筆者は、知らないということは罪なのだ、という意味の杉本栄子さんの言葉を、「光に貫ぬかれた言葉だ」と言っているね。次に続く「現代の知性には罪の自覚がない」というのが、そもそも生き物の命のつながりに無自覚で、しかもそのつながりが破壊されている事実に気づかない現代人への批判だとしたら、この「光」に「貫ぬかれた」という表現は、そんな人間の罪を見抜いていた栄子さんの洞察力の鋭さを述べているのかなあ。

生徒D　たしかに、罪の自覚がない人間は、この「光」に「貫ぬかれた」のだと思うけれど、それだけではなくて、この「光」は、その人間が罪を知った後にまで、射程を延ばしているような気がする。その意味で、【文章Ⅰ】に出ていた「 イ 」は罪を知った後の人間を照らし出す言葉なのではないかと思う。

生徒E　「光に貫ぬかれた言葉だ」はさまざまな解釈ができそうな表現だよね。【文章Ⅰ】に出ていた「 ウ 」という言葉は、【文章Ⅱ】の「宣言」と同じことを表現していると思う。この考えに基づいて生きようとすること自体を、筆者は、「光」に「貫ぬかれた」行為としてとらえているのかもしれないよ。

(一)　ア に入る最も適当な箇所を、【文章Ⅰ】の中からさがし、10字以内で抜き出しなさい。

(二)　イ に入る最も適当な箇所を、【文章Ⅰ】の中からさがし、15字以内で抜き出しなさい。

(三)　ウ に入る最も適当な箇所を、【文章Ⅰ】の中からさがし、20字以内で抜き出しなさい。

二　**次の文章は、曽野綾子《そのあやこ》『無名碑』の一部である。土木技術者である三雲竜起《みくもりゅうき》は、大規模なダムの建設に従事している。竜起は、妻の容《よう》子《こ》、娘の梨花《りか》と三人で暮らしているものの、仕事で夜遅くまで家に帰ることができない。容子は、過去のできごとが原因で、結婚した今でも自分は結婚する資格のない人間だと考えている。そんな自分を受け入れてくれた竜起に、容子は感謝するとともに負い目を感じている。これを読んで、後の問いに答えなさい。なお、出題に際して、本文には表記を一部変えたところがある。**

十一月初旬、その年初めての本格的な濃霧が谷に降りた。視界は十米《メートル》もきかない。夏場、労務者を苦しめた虻《あぶ》も、この濃霧も、予定には一切含まれていない出来事である。クレーン沿いにとりつけたａ一キロワットのランプの光も死んだように力ない。白い空間の中から突如としてバケットが落石のように下りて来る怖《おそ》ろしさに作業は間もなく中止になった。

人々はその儘《まま》、現場で、空の晴れるのを待った。隣のブロックの人影

れは、加害者・被害者という関係性を超えた人間の罪への自覚をもって初めてなし得るものであり、母はこの言葉によって、二度と水俣病を繰り返さない未来へ向けてともに歩み出すことを強くうながしているのだ。

問3 ――線3「いざないとしての赦し」とあるが、それはどういうことか。その説明として最も適当なものを次の中から選び、記号で答えなさい。

ア　被害者と加害者が、「赦す」「赦される」という関係性の実現をめざして向き合い続けた結果、和解してともに責任ある行動へ向かっていく、という現象のこと。

イ　加害者が被害者と向き合った末に、過ちを認め謝罪することで敵味方を超えた関係性が生まれ、両者が手を携えて社会的責任を果たしていく、という現象のこと。

ウ　被害者が苦難と怒りを経た後に、加害者は「赦されなければならない」という認識に達し、新しい社会づくりの責任を担いつつ加害者に向き合っていく、という現象のこと。

エ　被害者が加害者を「赦す」ことによって、加害者は自分がしたことに向き合えるようになり、その後、加害者が責任ある行動を起こしていく、という現象のこと。

オ　被害者が苦難の末に、加害者に対して被害の実態にきちんと向き合うことをうながし、そのうながしに導かれて加害者が責任を自覚していく、という現象のこと。

問4 次の**【文章Ⅱ】**は、石牟礼《いしむれ》道子《みちこ》『花びら供養』の一部である。生徒A～Eは、**【文章Ⅰ】**を読んだ後に**【文章Ⅱ】**を読んで、話し合いを行った。これを読んで、後の（一）～（三）に答えなさい。

【文章Ⅱ】

ここに杉本栄子という患者さんがいる。この人の口から、「水俣病は守護神ばい」という言葉が飛び出した時には、まじまじとその顔をみた。御主人の雄さんともども私たち『本願の会』の柱になって下さっている仲でもある。せっぱつまった声音で、「あのな、わたしどもはな、今、今日、祈らんことには、今夜ば生きられんとばい。人間の罪に対して祈らんば」と打明《うちあ》けられたのはその二、三週間前だった。祈る、ということには命がかかっているのだとわたしも覚《さと》った。

「命とひき替え」というほど毎日を思いつめて生きている人の口から出た「水俣病は守護神」という表現の逆説とその気迫。

すさまじい迫害の体験を言葉少なく語って、「それでもやっぱ※茂道《もどう》が好き」といつも言いそえる時、潮風にうるむようなまなこがきっと宙を見て、涙声になられる。こんなに情の深い人をわたしにほかに見たことはない。

後ろすざりしてゆく背後を絶たれた者の絶対境で吐かれたどんでん返しの大逆説がここにある。かねてこの人はこうもいう。

「知らんちゅうことは、罪ぞ」

光に貫《つら》ぬかれた言葉だと思う。現代の知性には罪の自覚がないことをこの人は見抜いたにちがいない。不自由きわまる体で、あらためて、水俣病とそこに生じる諸現象の一切を、全部ひきうけ直します、と栄子さんは宣言したのだ。皆が放棄した「人間の罪」をも、この病身に背負い直すぞとも言っているのではないか。自分にむかって、迫害する者たちなければならない」といった。緒方正《まさ》実《み》さんは「行政も向き合って、最後は過ちを認めた。そのことに対してきちんと受け入れなければ、人としての道に反する。彼らが向き合いしてくれたそのことに対して、私は行政を赦す」という。赦すという意味、その理由は人によって違うのだが、この向き合った末に「赦す」といった人たちの周辺から、水俣病をめぐっての敵味方の壁がとけ、共に、二度と水俣病を繰り返さない新しい社会づくりをすることに向かった変化が起こってきたことは事実である。※ここにも「[3]いざないとしての赦し」がある。

※軋轢…人間関係が悪くなること。

※ここにも…筆者は、問題文の前節「ルワンダ」の中で、内戦地での加害・被害関係における「いざないとしての赦し」の事例について述べており、「ここにも」は、この事例を受けた表現である。

問1　――線1「闘う一部の患者やその支援運動家たちと、それ以外の一般市民の間で大きな軋轢があり続けた」とあるが、「闘う一部の患者やその支援運動家たち」を、「それ以外の一般市民」は、どのように見ていたのか。「それ以外の一般市民」をA、「闘う一部の患者やその支援運動家たち」をBという記号に置き換え、A・Bの記号を用いて、80字以内で説明しなさい。

問2　――線2「突き付けにも似た、最後の覚悟の折りの行為であったろう」とあるが、肇さんは、母である栄子さんの言葉をどのように受け取ったと考えられるか。最も適当なものを次の中から選び、記号で答えなさい。

ア　母の言葉は、水俣病の実態や患者の苦難を知らない人々への最後の抵抗であり、自己の無念を押し殺してでも人間関係を修復しようという強い意志に貫かれた発言である。それは生まれながら罪を背負った人間に赦しを与えるという思想に支えられたものであり、母はこの言葉によって、人々に新しい社会づくりへ向けての協働を要請しているのだ。

イ　母の言葉は、産業・経済を優先させて水俣病を隠し続けた行政への告発であり、被害者と加害者双方の救済を祈ることでしか終着に向かっていけない患者としての苦しみがにじんだ発言である。それは水俣病の事実が忘れ去られていくことへの危惧を示したものであり、母はこの言葉によって、歴史の風化を許さない断固とした決意を表明しているのだ。

ウ　母の言葉は、水俣病患者を差別し敵視してきた一般市民への怨念を最終局面において克服したものであり、人間とわが身の罪に侘びる祈りの中から生まれた悟りの発言である。それは解決を見出せない困難を前にした人間に進むべき方向を指し示したものであり、母はこの言葉によって、人間が自己への執着から脱却することの尊さを主張しているのだ。

エ　母の言葉は、水俣病の発生によって分断された地域の人間関係の修復と産業・経済の再生に大きな影響を与えたものであり、原因企業や行政が聞き流してはならない発言である。それは水俣病の痛みへの理解を同じ人間として加害者にも求めるものであり、母はこの言葉によって、現実には困難なこの理解を連帯に不可欠な条件として要求しているのだ。

オ　母の言葉は、水俣病の原因企業や行政と向き合い続けた末に述べられたものであり、抜き差しならない決意を込めた発言である。そか、と負の思いとびくびくした感情で訪ねて行っていた、という。しかし、多くの人がいう。杉本家を訪ねると、「敵側」の人たちも「よく来たね。食べんね」と食卓に招かれた、と。拍子抜けしながら、食事に預かり、人間として友として話しているうちに、自然に互いの人生の話になり、そこではじめて生の患者の暮らしや苦難の体験を聞き、言葉を失った、という。

　当時の地域内での対立は、水俣病へのきちんとした理解に基づいた対立ではない。例えば患者の多発地帯である漁村と町中は一〇キロの距離、車のない時代には歩いて二時間の距離であった。さらに水俣には、山に住む人たちもいる。今のようにインターネットがあるわけでもない。原因企業のみならず国など行政も一緒になって水俣病の原因を隠した時代に、声を奪われた患者たちのリアリティは知られていなかった。

　杉本家で食卓に招かれ、そこで初めて患者の身に起こったことを知り、愕然《がくぜん》として、水俣病の問題に取り組んでいくための責任に押し出されていった、という話を、筆者は地元の方々から少なからず聞いている。彼らが共通していうのは、初めて知り驚いた、ということと同時に、赦された、と感じたということである。これまで全く水俣病の実態や患者の苦難を知らずに、無関心あるいは差別の対象としてきた自分に対して、栄子さんから「あんたの役割は、これからたい！」と背中を押され、責任に押し出されていった、という。

　患者に市長として公式謝罪し、地域の人間関係の修復（「もやいなおし」）と水俣の地域再生に尽力した吉井正澄市長（当時）やその下で働く行政官たちにも、杉本栄子さんは、夫の雄《たけし》さんと共に大きな影響を与えたという。

　二〇一五年の水俣病慰霊式の患者の祈りの言葉を担当したのは、杉本栄子さんの長男である杉本肇《はじめ》さんであった。杉本肇さんは「母はいった。国も、県も、チッソもゆるす、と。どういう気持ちでこれをいったのか」と今は亡き天の母に問いかけた。筆者は杉本肇さんに、この「ゆるす」の意味がどういう意味だったと思うか、ということを聞き、語り合ったことがある。「それは、水に流して無かったことにするという意味では決してない。赦す、私たちをこんな目にあわせたあなたたちを赦すから、人として受け入れるから、だから、同じ人としてこの痛みを理解し、二度とない未来をつくることに一緒に踏み出せ！　という、2突き付けにも似た、最後の覚悟の祈りの行為であったろう」と杉本肇さんはいった（事例ここまで）。

　水俣病公害事件の被害を受けた人の人数というのは、正確に把握されていない。というのは、市民すべての健康調査・疫学調査は一度もされていないからだ。水俣病患者である、あるいは、水銀中毒の影響を受けた可能性が高いとして制度的救済の対象となった人だけでも六万人以上、それ以外に、水俣病公害事件の初期には何の認定も救済も受けずに苦しみ亡くなり行政による被害者のリストに入ってこない人もいる。また、申請をしても救済対象にされなかった人、水俣病の症状があっても偏見を気にして申請できない人、自分の考えとして申請しない人、実際には影響を受けたが健康被害を自覚していない人もいる。

　数えるほどかもしれないが、水俣病の患者の中には、この問題の苦難と怒りに向き合った末に「赦す」といった人が杉本栄子さん以外にもいる。緒方《おがた》正人《まさと》さんは「私はチッソだった。チッソがこの世で最も赦されなった吉井正澄《よしいまさずみ》氏が患者に公式に謝罪し、「水俣病の患者救済も、チッソを含む水俣市の経済も両方大事」という方針を打ち出し、地域再生と人間関係の再構築が開始された。その水俣の再生の精神的支柱となった一人が、杉本栄子《すぎもとえいこ》さんという水俣病患者であった。杉本栄子さんのストーリーを紹介したい。

〔事例③：水俣病患者　杉本栄子さん〕

水俣病患者の杉本栄子さんが、漁の船に最初に乗ったのは、三歳のころ。網元だった父親に連れられて、海と魚に囲まれて少女時代を過ごした。数十人の網子を抱える杉本家では、彼らと寝食も共にし人の出入りが絶えることがなかった。常に将来の網元としての帝王教育を受けた彼女は、小学校三年生のときには、父親の代わりに地域の網元同士の会議に出て、役割を果たすこともあったという。

彼女の母親が集落で最初の患者として水俣病を発症したのは、一九五九年のことであった。最初の患者としてメディアに報じられると、次の日から村人は杉本家に寄りつかなくなった。当時、チッソの工場排水が原因だという事実は隠されており、伝染する奇病と思われていたからである。寄りつかないばかりか、雨戸をあけるならば、窓をあけるなと石を投げられた。

こんなひどいことをされて「やり返したい！」といった小学生の栄子さんに、網元だった父は、「村人を憎んではいかん。彼らも前はいい人だった。漁も大漁のときと時化《しけ》のときがある。今は時化のときと思え。森に感謝して、山に感謝して、水俣病をのさりと思え」といった。のさりとは、水俣では「（天からの）授かりもの」「恵み」というような意味がある。大漁のときには「ああ今日はのさったなぁ」という。獲《と》れなかったときには「今日はのさらんじゃった。精進しよう」となる。人から何かいただきものをしたときも「のさった」という。

そんな網元だった父も、その後急性水俣病を発症して亡くなり、栄子さん自身も水俣病の症状に苦しめられる一生となった。結婚し、五人の子どもを授かるが、夫と共に水俣病で長期間入院したり、痛みなどで苦しみ続ける人生だった。子どものころから「こんな目にあって、水俣病をのさりと思うとはどういうことか。わからない」とずっと考え続けたという。

栄子さんは、長い年月、悶《もだ》え考え続けて、その意味がやっとわかるようになった、という。「この水俣病は、山や海を壊してしまった人間への神の怒り。みんなの代わりに私たち患者が病んでいる。水俣病が隣の人ではなく自分のところにきたことを、喜びとする。チッソの人たちも助かりますようにと祈り、人間そしてわが身の罪に侘《わ》びて祈る。チッソも、行政も、ゆるす」と、のちに語り部となった栄子さんは語るようになった。

実際、栄子さんとの出会いで変えられていった人も多い。水俣の対立構図の中では、大きくいえば、水俣病患者や漁民は、チッソの繁栄下で生活する大半の市民からは、初期には伝染病と差別を受け、原因がわかってからも「金欲しさに症状を訴えるニセ患者。彼らのせいで水俣のイメージが悪くなって経済も悪くなった」と敵意を向けられた。そのうえ実際の水俣病をめぐる闘争運動の激しさもあり、その傷つきと対立構造の中で患者の「敵側」の人たちは、仕事で患者の家を訪ねなければいけないときには、患者に怒鳴られるのではないか、殴られるのではない

【国　語】（五〇分）〈満点：一〇〇点〉

一、解答の際には、句読点や記号は一字と数えること。

二、コンパス・定規は使用しないこと。

一　**次の【文章Ⅰ】は、石原明子《いしはらあきこ》「生と死の現場に立ち現れる和解と赦《ゆる》し」の一部である。これを読んで、後の問いに答えなさい。なお、出題に際して、本文には表記を一部変えたところがある。**

【文章Ⅰ】

熊本県南の水俣《みなまた》を中心とする地域は、チッソの工場排水に含まれた有機水銀中毒による水俣病に苦しめられた地域だ。原因企業であるチッソがこの地域で操業を始めたのは、明治期の一九〇八年のことであった。チッソの前身である曽木《そぎ》電気は水力発電を水俣から近くの大口《おおくち》につくり、その電気の活用先として、水の豊かであった水俣に、日本窒素肥料株式会社（のちにチッソと社名変更）を創立し工場をつくっていった。水俣病の原因となる有機水銀の発生にかかわるアセドアルデヒドの生産は一九三二年に開始された。水俣病患者が公式に確認されたのは一九五六年といわれているが、一九三〇年代にも、同様の症状の人がみられたことは地元の人によって語られている。

チッソの財力は、十五年戦争の前後の時期でみるならばきわめて大きく、終戦後はGHQによって日本の十五大財閥として、財閥解体の対象となった。チッソは戦時中、日本が朝鮮半島を植民地支配する中で、今の北朝鮮に大きな工場をつくっていた。一九四五年に日本が戦争に負けて、北朝鮮からも日本人工員は引き上げ、水俣のチッソの工場に合流した。戦後復興の時期、チッソは他の企業に先駆《さきが》けていち早く成果をあげ、一九五〇年代後半には、当時の日本の化学工業製品で唯一の輸出製品を生産していた企業であった。

そのような一九五六年、保健所にこれまでみたことのない症状の患者が報告された。公式確認された最初の水俣病患者である。当時は原因はわからず、「奇病対策委員会」が水俣市に立ち上げられた。一九五九年、熊本大学医学部は、この「奇病」の原因がチッソの工場排水の有機水銀であることを発見する。しかしこの熊本大学研究班を中心に原因究明にあたっていた厚生省食品衛生調査会の特別部会は、国の命令で突然解散させられた。同年、チッソ病院でも猫に工場排水をまぜたエサを食べさせて発症することが確認された。だがこれも、会社上層部に公表を止められてしまう。その後、国が公式に、この病気の原因がチッソの工場排水の有機水銀であることを公表したのは、それから九年後の一九六八年であった。技術転換で、有機水銀排出の原因となるアセドアルデヒドをチッソが生産する必要がなくなった四か月後のことであった。産業・経済を優先するために隠し続けた九年の間、この「奇病」については、様々な原因説が唱えられ、同時に、人々の間では伝染病だという誤ったイメージが固定化されていった。

原因を国が正式に公表した後、被害への補償が始まるが、それからも「患者は金欲しさに水俣病のふりをするニセ患者だ」とか「チッソをつぶす水俣の敵」というように、地域内で患者への差別は根強くあり、そのような中で、1闘う一部の患者やその支援運動家たちと、それ以外の一般市民の間で大きな※軋轢《あつれき》があり続けた。チッソを救うか、患者を救うかの二者択一のように語られた時代。その雰囲気が変わったのが一九九〇年代前半だと地元の人々はいう。一九九四年に新しく水俣市長に

MEMO

大切なことはメモしておこうネ！

2024年度

解　答　と　解　説

《2024年度の配点は解答欄に掲載してあります。》

＜数学解答＞

《学校からの正答の発表はありません。》

[1]　(1)　A$\left(-\frac{3}{2},\ \frac{9}{4}\right)$，B(2，4)　　(2)　解説参照　　(3)　$y=\frac{1}{2}x+\frac{11}{2}$

[2]　(1)　$\frac{7}{36}$　　(2)　xの値　3　　確率　$\frac{5}{18}$

[3]　(1)　解説参照　　(2)　ア　42　　イ　$14\sqrt{3}$　　ウ　$\frac{675}{4}\pi$　　エ　$\frac{645\sqrt{3}}{2}$

オ　$\frac{86\sqrt{3}}{45}$

[4]　(1)　40　　(2)　$\frac{32}{5}$　　(3)　$\frac{72}{25}$

[5]　(1)　36個　　(2)　2025，2035，2040，2046，2070，2079，2090

○推定配点○

[1]　(1)　各3点×2　　(2)　8点　　(3)　6点　　[2]　(1)　8点　　(2)　各6点×2

[3]　(1)　10点　　(2)　各2点×5　　[4]　(1)　4点　　(2)　6点　　(3)　10点

[5]　(1)　8点　　(2)　12点（1問間違い，1問不足毎に3点減点）　　計100点

＜数学解説＞

[1]　（関数・グラフと図形ー座標，グラフの式，作図）

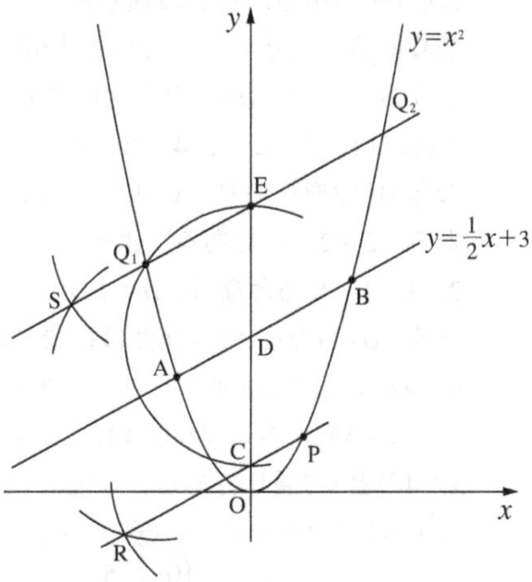

重要　(1)　放物線$y=x^2$と直線$y=\frac{1}{2}x+3$の交点なので，そのx座標は方程式$x^2=\frac{1}{2}x+3$の解として求められる。両辺を2倍して整理すると，$2x^2-x-6=0$　$(2x+3)(x-2)=0$　$x=-\frac{3}{2}$，2　点A，点Bのy座標はそれぞれ，$\left(-\frac{3}{2}\right)^2=\frac{9}{4}$，$2^2=4$　よって，A$\left(-\frac{3}{2},\ \frac{9}{4}\right)$，B(2，4)

重要　(2)　点Pを通るABに平行な直線を引き，y軸との交点をCとすると，△ACB＝△APB　直線CPは傾きが直線ABと等しく$\frac{1}{2}$であり，P(1，1)を通ることから，切片をbとすると，$1=\frac{1}{2}+b$　$b=\frac{1}{2}$　直線ABとy軸との交点をDとすると，D(0，3)だから，$CD=3-\frac{1}{2}=\frac{5}{2}$　DE＝CDとなる点Eをy軸上にとると，点C，点Eから直線ABまでの距離が等しくなるから，△AEB＝△ACB＝△APB　点Eを通る直線ABに平行な直線を引き，放物

線$y=x^2$との交点をQ_1，Q_2とすると，$\triangle ABQ_1=\triangle ABQ_2=\triangle AEB=\triangle APB$となる。
〈作図〉　点Pを通るABに平行な直線は，3点A，B，Pを用いて書くことができる。点Aを中心にBPの長さを半径とする円を書く。点Pを中心にABの長さを半径とする円を書く。その2円の交点をRとすると，四角形ARPBは平行四辺形となるのでRP//ABである。直線RPとy軸との交点がCであり，点Dを中心として半径DCの円を書くと，y軸との交点がEとなる。点Aを中心とする半径BEの円と点Eを中心とする半径BAの円を書き，その交点をSとすると，SE//ABとなる。直線SEと放物線$y=x^2$との交点がQ_1，Q_2である。

(3)　直線Q_1Q_2の傾きは$\frac{1}{2}$である。切片は点Eのy座標なので，$3+\frac{5}{2}=\frac{11}{2}$　　よって，直線Q_1Q_2の式は$y=\frac{1}{2}x+\frac{11}{2}$

[2]　(場合の数，さいころの目の出方，目の数の変更)

(1)　6面のさいころを2回ふるのだから目の出方の総数は$6^2=36$(通り)ある。1回目に1が出たとき，2回目にふるときの目は2，2，3，4，5，6となり，2回目に6が出たときに$a+b=7$となる。1回目に2が出たとき，2回目にふるときの目は1，3，3，4，5，6となり，2回目に5が出たときに$a+b=7$となる。同様に，1回目に3が出たときは，1，2，4，4，5，6となり，2回目に4が出るのが2通りあるから，$a+b=7$となるのは2通りある。1回目に4，5，6が出たときにはそれぞれ2回目に3，2，1が出るときであり1通りずつある。よって，$a+b=7$となる確率は，$\frac{7}{36}$

(2)　xが1のとき，最初の目は1，1，2，2，3，4となる。$a=1$のとき6面は1，2，2，2，3，4となり，$a+b=7$となることはない。$a=2$のときもない。$a=3$のとき6面は1，1，2，2，4，4となり$a+b=7$となる場合が2通りある。$a=4$のとき6面は1，1，2，2，3，5となり，$a+b=7$となるのは$b=3$の1通りである。よって，$x=1$のときは3通りある。…①　　xが2のとき，最初の目は1，2，2，3，3，4となる。$a=1$，$a=2$のときには$a+b=7$となることはない。$a=3$となるのは2通りあり，いずれも6面は1，2，2，3．4，4となる。$b=4$のときに$a+4=7$となり，aの2通りのそれぞれにbが2通りずつあるから2×2通りある。$a=4$のとき6面は1，2，2，3，3．5となり，$b=3$となるのが2通りある。よって，$x=2$のとき6通りある。…②　　xが3のとき，最初の目は1，2，3，3，4，4となる。$a=1$，$a=2$のときには$a+b=7$となることはない。$a=3$となるのは2通りあり．いずれも6面は1，2，3，4．4，4となって，bが4になる場合が3通りずつあるから2×3通りある。$a=4$となるのは2通りあり，いずれも6面は1，2，3，3，4，5となって，$b=3$となるのが2通りずつあるから，2×2通りである。よって，$x=3$のときは10通りある。…③　　xが4のとき，最初の目は1，2，3，4，4，5となる。$a=1$のときには$a+b=7$となることはない。$a=2$のときには$b=5$の1通りある。$a=3$のときには6面は1，2，4，4．4，5となるので$b=4$，$a+b=7$となる場合が3通りある。$a=4$となるのは2通りあり，いずれも6面は1，2，3，4，5，5となるから$a+b=7$となるのは2通り。$a=5$のときには6面は1，2，3，4，4，6となるので$a+b=7$となるのは1通りある。よって，$x=4$のとき7通りである。…④　　$x=5$のときには6面は1，2，3，4，5，6となり，(1)で確かめたように7通りある。…⑤　　以上のことから，$a+b=7$となる確率が最大となるのは$x=3$のときであり，その確率は$\frac{10}{36}=\frac{5}{18}$である。

[3]　(平面図形―証明，相似，三平方の定理，角度，面積，大小関係)

基本　(1)　□の中の解答部分だけ書くと，「FB//OAなので錯角が等しいから，$\angle AOB=\angle FBE$
$\angle FCB=90^\circ-\angle CBF=\angle FBE$　　よって，$\angle AOB=\angle FCB$」

(2)　$\triangle OAB$で三平方の定理を用いると，$OB^2=OA^2+AB^2=45^2+(5\sqrt{3})^2=2100$　　$OB=10\sqrt{21}$

△OAB∽△CFBなので，OB：CB＝AB：FB　$10\sqrt{21}:6\sqrt{7}=5\sqrt{3}:\mathrm{FB}$　$\mathrm{FB}=\dfrac{6\sqrt{7}\times5\sqrt{3}}{10\sqrt{21}}=3$　DA＝FB＝3だから，OD＝45－3＝42　また，OA：CF＝AB：FB　$45:\mathrm{CF}=5\sqrt{3}:3$　$\mathrm{CF}=\dfrac{45\times3}{5\sqrt{3}}=\dfrac{27}{\sqrt{3}}=9\sqrt{3}$　$\mathrm{DF}=\mathrm{AB}=5\sqrt{3}$だから，$\mathrm{CD}=9\sqrt{3}+5\sqrt{3}=14\sqrt{3}$　よって，$\mathrm{CD}:\mathrm{OD}=14\sqrt{3}:42=\sqrt{3}:3=\sqrt{3}:(\sqrt{3})^2=1:\sqrt{3}$　△OCDはOC：CD：OD＝$2:1:\sqrt{3}$の直角三角形だから，∠COA＝30°　したがって，扇形COAの面積は$\pi\times45^2\times\dfrac{30}{360}=\dfrac{675}{4}\pi$　また，(四角形OABC)＝△OAB＋△OBC＝$\dfrac{1}{2}\times45\times5\sqrt{3}+\dfrac{1}{2}\times10\sqrt{21}\times6\sqrt{7}=\dfrac{225\sqrt{3}}{2}+\dfrac{420\sqrt{3}}{2}=\dfrac{645\sqrt{3}}{2}$　扇形COAは四角形OABCの内側にあるのだから，$\dfrac{675}{4}\pi<\dfrac{645\sqrt{3}}{2}$　$\pi<\dfrac{645\sqrt{3}}{2}\times\dfrac{4}{675}$　$\pi<\dfrac{86\sqrt{3}}{45}$

4　(空間図形―立方体，切断，直方体，底面積・高さ・体積)

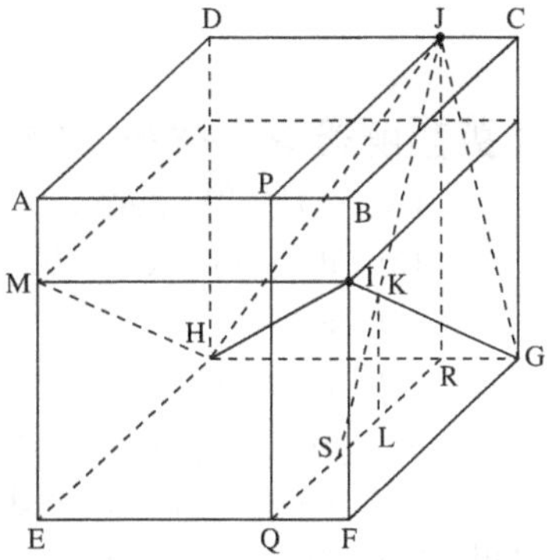

(1)　HGは面BFGCに垂直であり，IGは点Gを通る面BFGC上の点だから，∠IGH＝90°　よって，△IGH＝$\dfrac{1}{2}\times10\times8=40$

【別解】　点Iを通り面EFGHに平行な平面とAEとの交点をMとすると，四角形IGHMは，縦8，横8，高さ6の長方形を2等分する長方形であり，IHはその長方形を2等分している。よって，△IFGで三平方の定理を用いてIG＝10を求めると，8×10÷2＝40

重要　(2)　三角すいI－GJHを考える。Iから面GJHまでの距離はIから面GCDHまでの距離に等しく8である。△GJHの面積は$\dfrac{1}{2}\times8\times8=32$なので，三角すいI－GJHの体積は，$\dfrac{1}{3}\times32\times8=\dfrac{256}{3}$　三角すいJ－IGHとして△IGHを底面として体積を考えると，$\dfrac{1}{3}\times40\times\mathrm{JK}=\dfrac{256}{3}$　$\mathrm{JK}=\dfrac{256}{40}=\dfrac{32}{5}$

やや難　(3)　点Jを通り面CBFGに平行な平面が辺AB，EF，HGと交わる点をそれぞれP，Q，Rとすると，正方形JPQRは△IGHと垂直に交わる。よって，点Kは四角形JPQR上にあり，∠JKR＝90°　直線JKと面EFGHの交点をSとすると，△JKR∽△RKSなので，JK：RK＝KR：KS　$\dfrac{32}{5}:\mathrm{RK}=\mathrm{RK}:\mathrm{KS}$　$\dfrac{32}{5}\times\mathrm{KS}=\mathrm{RK}^2$　$\mathrm{RK}^2=\mathrm{JR}^2-\mathrm{JK}^2=64-\left(\dfrac{32}{5}\right)^2=\dfrac{1600-1024}{25}=\dfrac{576}{25}$　$\mathrm{KS}=\dfrac{576}{25}\times\dfrac{5}{32}=\dfrac{18}{5}$　KL：JR＝KS：JSなので，$\mathrm{KL}:8=\dfrac{18}{5}:\left(\dfrac{18}{5}+\dfrac{32}{5}\right)$　$10\times\mathrm{KL}=\dfrac{144}{5}$　$\mathrm{KL}=\dfrac{144}{50}=\dfrac{72}{25}$

5　(数の性質―約数・倍数)

重要　(1)　$2000+10x+y$が$20+10x+y$の倍数のとき，$2000+10x+y=1980+(20+10x+y)$として考えると，$20+10x+y$が$20+10x+y$の倍数だから，1980も$20+10x+y$の倍数である。つまり，Aに入る数は1980である。1980を素因数分解すると，$1980=2^2\times3^2\times5\times11$　よって，約数の個数は，素因数2と素因数3について整理すると，$\langle1,\ 2,\ 2^2,\ 3,\ 2\times3,\ 2^2\times3,\ 3^2,\ 2\times3^2,\ 2^2\times3^2\rangle$の9個あり，それらに5をかけたものが9個，11をかけたものが9個，5×11をかけたものが9個ある。よって，36個ある。なお，かけられている素因数の指数を用いて，$(2+1)\times(2+1)\times(1+1)\times(1+1)=36$と

求めることもできる。

やや難 (2) 1980が$20+10x+y$の倍数であることから，$20+10x+y$は1980の約数である。$25\leqq 10x+y\leqq 99$の範囲で考えるのだから，$45\leqq 20+10x+y\leqq 119$　この範囲の1980の約数を求めると，$3^2\times 5=45$，$5\times 11=55$，$2^2\times 3\times 5=60$，$2\times 3\times 11=66$，$2\times 3^2\times 5=90$，$3^2\times 11=99$，$2\times 5\times 11=110$　よって，$1980+20+10x+y=2025$，2035，2040，2046，2070，2079，2090　2025年から2099年までの「良い年」は以上の7回ある。

★ワンポイントアドバイス★

[1] (2) 3点がわかっているときは平行四辺形を考えるとよい。[2] ていねいに数え上げていく。[3] (2) △OCDの3辺の比から∠COAの大きさを求める。
[4] △IGHの面が正方形BFGCの面に垂直であることを利用する。[5] $2000+10x+y=1980+20+10x+y$と考える。

＜英語解答＞ 《学校からの正答の発表はありません。》

Ⅰ (A) (1) ① summer　② seventy　③ March　④ 1895　⑤ Germany
(2) d　(3) c　(4) a　(5) c　(B) (1) c　(2) d　(3) b　(4) d
(5) c

Ⅱ 問1 B　問2 うそをつくと鼻の皮膚が血液で満たされること。　問3 a don't
b agree　問4 エ，オ　問5 (1) ウ　(2) イ　(3) ウ
問6 No lie remains hidden　問7 they are lying

Ⅲ 問1 ウ　問2 (1) ウ　(2) クリスマスにフランクリンと一緒に過ごせないかもしれないから。　問3 It took much longer than simple apple sauce.
問4 (誤) is　(正) was　問5 (i) イ　(ii) ウ　(iii) ア
問6 人生で持ち続けることがいちばん難しいことの1つ。　問7 (1) (a) ウ
(b) ア　(c) イ　(2) エ　(3) イ　問8 what you are

○推定配点○
Ⅰ 各2点×14　Ⅱ，Ⅲ 各3点×24　計100点

＜英語解説＞

Ⅰ (リスニング)

Part A　In Japan clocks tell us the time in all seasons with no change or alteration. However, this isn't the same everywhere. For example, in winter Japan is nine hours ahead of London, but in summer it is only eight hours ahead. This is because the UK, along with around seventy other countries worldwide changes its clocks twice a year to follow "daylight saving time," sometimes called "summer time." Those countries include most of North America, Europe, and New Zealand. Confusingly, countries which follow "summer time," don't all change their clocks on the same day, but for most of them clocks move forward by one hour in March and move back an hour in October or November. This means people lose an hour of sleep in spring but can stay in bed for an hour longer in autumn.

The reason some countries do this is to allow more hours of useful daylight. Some people say the idea came from a man called George Hudson in New Zealand. He enjoyed collecting insects and wanted more time after work to collect insects in the sunshine. In 1895 he suggested that New Zealand move their clocks forward. However, the first country to actually start to use daylight saving was Germany in 1916, followed by the UK in 1918. Both these countries wanted people to have more time after work to work in gardens and grow food, which was necessary because of the war.

These days, "summer time" has good and bad points. In the UK, on the longest day, daylight saving means that it doesn't get dark until about 9:30 p.m., though this depends on where you live. People like spending time outside after work. They often play sports, go to the park for exercise or enjoy eating outside if the weather is good. It might also help to save energy and electricity, but this is not always true.

Other people say that changing time can damage your health as well as make you sleepy. What's more, there is evidence that the number of accidents increases in spring. This might be because, every year, some people forget to change their clocks before they go to bed and end up being late for work the next day. In fact, a recent survey shows that 80% of people in Europe would like to stop "summer time," or make it permanent, so that people don't get confused.

Part A　日本では，時計は変化したり変更されたりすることなく，すべての季節に私たちに時間を教えてくれる。しかし，このことはどこでも同じわけではない。例えば，冬には日本はロンドンよりも9時間早いが，夏には8時間早いだけである。これは，世界中の他のおよそ70か国とともに，イギリスが年に2回，「夏時間」と呼ばれることもある「日光節約時間」に従うために時計を変えるからである。それらの国々には，北アメリカ，ヨーロッパのほとんど，そしてニュージーランドが含まれる。紛らわしいことに，「夏時間」に従う国々すべてが同じ日に時計を変えるわけではなく，それらの国々のほとんどにとって時計は3月に1時間早まり，10月か11月に1時間戻る。このことは，人々は春には1時間の睡眠を失うが，秋には1時間長く寝ていられるということを意味する。

何か国がこうする理由は，便利な日光が照る時間をもっとたくさん得られるようにすることである。その考え方は，ニュージーランドのジョージ・ハドソンという男性が発案したものだと言う人々がいる。彼は昆虫を集めることを楽しみ，仕事の後に陽ざしの中で昆虫を集める時間がもっと欲しいと思っていた。1895年に彼はニュージーランドが時計を早めることを提案した。しかし，最初に実際に日光の節約を始めた国は，1916年のドイツで，1918年にイギリスがそれに続いた。この両国は人々が仕事の後で庭で働いたり，食料を育てたりする時間をもっと持つことを望んだのだが，それらは戦争のせいで必要となったのだ。

最近では，「夏時間」には良い点も悪い点もある。イギリスでは，住む場所にもよるが，日が最も長い日で日光の節約は午後9時30分まで暗くならないことを意味する。人々は仕事の後も外で時間を過ごすことを好む。彼らはしばしば，天気が良ければスポーツをしたり，運動をしに公園に行ったり，屋外で食事を楽しんだりする。それはエネルギーと電気を節約するのにも役立つかもしれないが，必ずしもそうとは限らない。

時間を変えることは寝たくさせるのと同様に，健康を損なう可能性があると言う人々もいる。さらに，春には事故の件数が増えるという証拠がある。これは，毎年，寝る前に時計を変えるのを忘れて，結局翌日仕事に遅れることになる人がいるからかもしれない。実際，最近の調査では，ヨーロッパの80パーセントの人々が「夏時間」をやめるか，人々が混乱しないようにそれをずっと続けたいと思っている。

(A) (1)　聞いた情報を使って生徒のメモを完成させなさい。

トピック：日光節約時間(①夏時間と呼ばれることもある)

世界のおよそ②70の国が日光節約時間を使っている。

ふつうは③3月に始まり，10月か11月に終わる。

最初は④1895年にニュージーランドのジョージ・ハドソンによって提案された。

最初に1916年に⑤ドイツで始まった。

(2)　冬に，ロンドンが正午ならば日本では何時ですか。

a.　午前3時　b.　午前4時　c.　午後8時　d.　午後9時

(3)　ジョージ・ハドソンはなぜ時間を変えたかったのですか。

a.　彼は昆虫が好きではなかった。

b.　彼は働きたくなかった。

c.　彼は趣味をしたかった。

d.　彼は日光が好きだった。

(4)　日光節約時間のせいで毎年何人かの人々に何が起こりますか。

a.　彼らは仕事に遅刻する。

b.　彼らは早く寝る。

c.　彼らは庭で働くのが好きではない。

d.　彼らは事故を防ぐ。

(5)　聞いた内容にしたがって，正しい答えを1つ選びなさい。

a.　日光節約時間に従うすべての国が同じ日に時計を変える。

b.　日光節約時間は人々に春により多くの睡眠をとらせてくれる。

c.　ドイツとイギリスには日光節約時間を始める同じ理由があった。

d.　日光節約時間はいつも電気を節約するのは事実だ。

Part B　I：Today we have in the studio a very special woman. It is my pleasure to welcome Laura!

L：Hi! I am glad to be here.

I：So, why are you famous?

L：Well, I was the youngest person ever to travel around the world alone by boat.

I：Wow! How did you decide to do that?

L：Actually, it felt natural because I was born on a boat, and I love the sea. I got my first boat when I was six years old. Then, when I was 11 years old, I sailed from my home in Holland to England. I didn't tell my parents where I was going, so they were angry when I called them from the U.K.

I：Your parents must have been very worried.

L：They were, but they also trusted me and when I told them about my dream to sail around the world, my dad even bought me a bigger boat. Unfortunately, the government tried to stop me from going at first, but when I was 14 years old, I finally started my journey.

I：Did you have a favorite place?

L：So many! My journey took me west to South America, New Zealand, and Australia and then through the Indian Ocean to South Africa. I saw amazing sights and met interesting people, but the best thing was seeing the beauty of our planet. Altogether, the trip took a little over a year, and finished just after my 16th birthday.

I：You must have had difficult times, too.

L：Of course, but they weren't storms or accidents. I didn't even get lost. When I was in the Indian Ocean, there was little wind, so I did not move for 46 days. Even though I wasn't in a race, it was very boring seeing the same view every day.

I：Do you have any more global plans?

L：Well, now I live in New Zealand with my family, and we take young people on trips around the Atlantic Ocean. Of course, we use a bigger boat than the one I took around the world, but it has the same name. It's called Guppy.

I：It sounds fun. Can anyone come?

L：We keep prices low so anyone can join because I want to introduce young people to the happiness of traveling on the sea, but you must be between 8 and 16 years old. We are planning to add another trip for 16- to 18-year-olds in the future.

I：So, if a child wants to take part, what should they do?

L：We have a telephone number, but we are usually busy, so the best thing is to go to our website and choose the kind of trip you are interested in. We have short trips for two weeks and longer ones for three months. Then, send us an email with your name and the dates you would like to travel. Oh, and please don't forget to add information about any food allergies.

Part B　I：今日はスタジオに特別な女性に来ていただいています。ローラさんをお迎えできて光栄です！

L：こんにちは！　ここに来ることができてうれしく思います。

I：それで，あなたはなぜ有名なのですか。

L：ええと，私は1人で船で世界を回った最年少の人間なんです。

I：うわあ！　どうしてそうすることを決めたのですか。

L：実は，私は船で生まれ，海が大好きなので自然に感じられたんです。私は6歳のときに最初の船をもらいました。それから，11歳のときにオランダの自宅からイギリスまで船で行きました。自分がどこへ行くのか両親には言いませんでしたから，イギリスから電話したとき，彼らは怒っていました。

I：ご両親は心配されていたにちがいありませんね。

L：そうですが，彼らは私を信用していてもくれて，世界を船で回るという夢について話したとき，父はさらに大きな船を買ってくれさえしたんです。残念なことに，政府が最初私が行くことをやめさせようとしたのですが，14歳のとき，ついに旅を始めたのです。

I：お気に入りの場所はありますか。

L：とてもたくさんあります！　私は旅で西へ進んで南アメリカ，ニュージーランド，オーストラリアへ行き，それからインド洋を渡って南アフリカまで行きました。私は驚くような光景を見たりおもしろい人々に会ったりしましたが，最高なのは私たち地球の美しさを見たことでした。結局，旅は1年と少しかかって，16歳の誕生日の直後に終わりました。

I：大変なときもあったにちがいありませんね。

L：もちろんですが，それは嵐や事故ではありませんでした。航路に迷うこともありませんでした。インド洋にいたとき，風がほとんどなかったので，私は46日間動けませんでした。レースをしていたのではなくても，毎日同じ眺めを見るのはとても退屈でした。

I：さらに広く世界を回る計画はありますか。

L：そうですねえ，今私は家族とニュージーランドに住んでいて，若い人たちを大西洋を回る旅に連れて行っています。もちろん，私が世界を回ったときのものより大きな船を使いますが，それは同じ名前なんです。グッピーと言います。

I：おもしろいですね。誰でも行けるのですか。

L：私は若い人々に海の旅の幸せを紹介したいので，誰でも参加できるように値段は低くしてありますけれど，年齢は8歳から16歳までです。将来は，16歳から18歳までを対象とした別の旅を加える計画を立てているところです。

I：では，子供が参加したければどうすればよいでしょうか。

L：電話がありますが，普段は忙しいので，いちばん良いのは私たちのウェブサイトを開いて興味のある種類の旅を選ぶことです。2週間の短い旅と3か月の長い旅があります。それから，名前と旅行をしたい日を書いてメールを送ってください。ああ，あれば食料アレルギーについての情報も加えるのをお忘れないようお願いします。

(B)　(1)　彼女が世界を回る旅を始めたとき，彼女は何歳でしたか。

a. 6歳　b. 11歳　c. 14歳　d. 16歳

(2)　彼女の世界計画に対して両親はどのような反応をしましたか。

a. 彼らは怒った。

b. 彼らは彼女の船を取り上げた。

c. 彼女の父親が彼女を止めるために政府に電話をかけた。

d. 彼女の父親が彼女に贈り物を与えた。

(3)　彼女がいちばん楽しめなかったのは何ですか。

a. 彼女はひどい嵐を経験した。

b. 彼女は同じ眺めを見続けた。

c. 彼女は航路に迷った。

d. 彼女は特別なレースに参加できなかった。

(4)　本文にしたがって，正しくないものはどれですか。

a. 彼女は今，ニュージーランドに住んでいる。

b. 彼女が世界中で乗った船はグッピーと呼ばれた。

c. 彼女はもっと多くの若者が航海を好きになることを望んでいる。

d. 今年，17歳の人は彼女の旅に参加できる。

(5)　参加したければ，次のどれをすればよいですか。

a. 試験を受ける。

b. 彼女の会社に電話する。

c. メールを送る。

d. 学校を卒業するまで待つ。

Ⅱ　(長文読解問題・説明文，会話文：脱文補充，指示語，語句補充，内容吟味，語句整序)

(全訳)　(A)　どうしたらうそをついているかどうかわかるか？

1　うそつきを見つけるための秘訣は「ばれ」の印を探すことだ。これは，その人がその兆候を隠したりごまかそうと全力を尽くしたりするときでも気がつく情報のことである。例えば，作り笑いは，口の周りにだけ現れて目の周りの筋肉を変えないので見えやすい。B目の周りや目の下に線が現れないので，人が正直でないことの印になることが多いのだ。作り笑いはまた，おそらくゆがんでいて(左右非対称で)，笑顔がまっすぐでなく見えたり，不自然に見えたりしがちである。それはまた，明かりのスイッチのようにあっという間に現れたり消えたりする。

[2] 鼻を触る癖など，うそのもう1つよくある印を検討しよう。うそをついている人がよく鼻を触る理由の1つは，おそらく鼻が不快な感じになり，その人にいつも以上に鼻について考えさせるということだろう。この事実のために，ピノキオの話の作者は，よく知られているようにうそをつくと鼻が長くなるこのキャラクターのアイディアを思いついたのかもしれない。シカゴの科学者たちは，うそをつくことが鼻の皮膚が血液で満たされる原因になりうることを見出した。このこと①「うそをつくと鼻の皮膚が血液で満たされること」が人にいつもより頻繁に鼻を触りたくならせるのだろう。

[3] うそをつく人が不快に感じている印は，その人たちがその状況から逃げたがっているかのように席にじっと座れないときにも見られるかもしれない。「あなたの言いたいことはわかっています」と言いながら自分の目を触り続ける人は，本当は肝心な点を受け入れるのを拒んでいると言っているのかもしれない。うそをついている人は，自分の手がうそに同意するのを拒んでいるかのように，強いジェスチャーを使わないことが多い。一方，他のいくつかのジェスチャーを使うのが増えることがある。手を横に振ることは，口に出されたうそに責任を持ちたがらない人格の深い部分から生まれるジェスチャーかもしれない。手は効果的に，言われていることを取り去ろうとしているのだ。

[4] 専門家は，顔のストレスに起因した小さな動きを調べることで話し手にうそをついている印を見つけることができるが，そうした動きは普通の速度では見えないほど素早い。顔を1コマごとに調べられるように録画した映像をゆっくり再生するとこうした細かい表現が示されるが，それらは1秒よりはるかに短い時間しか続かない。これらは「反対の感情」を示していて，人が自分の言っているうそにある程度不快に感じていることを示している。それは，高位の脳の中心部が深層部で自動的に始められた気分の表現を解消し，効果的に顔に「黙れ」と言っているかのようである。

[5] うそをつく人が特別な圧力の下にいて，自分のうそが見つからないことがとても重要であるとき，観察されるかもしれないあることがある。これらには瞳孔拡張や，甲高い声で話すことや，短めのコメントや，話す前に少し待つことが含まれる。ふだんうそをつく人に比べると，自分のうそを懸命に隠そうとする人は自分のジェスチャーを過度に制御することがあるが，それは彼らが自分のジェスチャーがうそをついていることを示すだろうと考えているからだ。例えば，彼らはあまりまばたきをしないようにし，頭と体を動かさないようにし続け，うそをついている相手を見続ける。

[6] このことは，難しい予測ゲームとなり，うそを見抜くことがいかに難しいかを示している。私たちの多くは目が何度も動き回る人を信用しないので，熟練したうそつきはこの印を隠して，結局は代わりに直接視線を交わすことを多く使うようになるかもしれない。ときどき目をそらすよりもむしろ，彼らはうそをついている間まっすぐに相手を見る。同時に，こうしたことはうそを暴露する印であると広く考えられているために，彼らはまばたきをせずにいることに苦労したり，座っているときも動き回ったりしているのかもしれない。

(B) ナオミ：あなたはうそをうまく隠せる？

ケン　：うーん，うそをつくなんてまったく良い考えではないね。でも，誰かがうそを隠したければ普通に振舞おうとしたり，疑いを起こさせないようにするだろうね。彼らは信用性を高めるためにうそにいくつか真実を混ぜることもできるよ。

ナオミ：わかったわ。だから，いくらかの真実を含むことがうそを見抜くのをより難しくするのね？

ケン　：うん，それは他人をだまそうとする1つの方法だね。話題を変えたり言い訳をしたりもするかもしれない。

でも，つまりはこういうことだよ。④いつまでも隠されているうそはない。人々がうそを隠そうと懸命に努力しても，「ばれ」の印は見つかるよ。

ナオミ：「ばれ？」それは何？

ケン　：それは⑤彼らはうそをついていると伝える情報だよ。

ナオミ：なるほど。最初は難しくても，正直でいることが最善の方法のようね。

問1　本文中に入れる文は，「目の周りや目の下に線が現れないので，人が正直でないことの印になることが多い」という意味。うそをついているときに目の周りに変化が出ないことについて述べているので，Bに入れると，直前の文の「作り笑いをしていると，笑いは口の周りにだけ現れて目の周りの筋肉を変えないので見えやすい」という内容の補足になり，文脈に合う。

重要　問2　下線部の This はこの文の主語で，「人にいつもより頻繁に鼻を触りたくなる」原因となることを指す。鼻に起こる何らかの異変を指すと考えられるので，直前の文の「うそをつくと鼻の皮膚が血液で満たされる」ことを指す。

問3　下線部を含む文は，「『あなたの言いたいことはわかっています』と言いながら自分の目を触り続ける人は，本当は肝心な点を受け入れるのを拒んでいると言っているのかもしれない」という意味。相手の言うことはわかると言いながら，実は相手が言いたいことを受け入れたくないということなので，don’t agree と入れて，「あなたの言いたいことには同意しませんと言っている」という意味の英文にする。

問4　第4段落第1～2文に，下線部の「こうした細かい表現」について，専門家は，顔を1コマごとに調べられるように録画した映像をゆっくり再生することによって，顔のストレスに起因した小さな動きを調べることで話し手にうそをついている印を見つけることができると述べられている。現代の技術を用いて顔の細かい表現を明らかにすることができるということなので，オ「科学者は現代の技術を使うことから，細かい表現がいくつあるのかを知る」が適切。また，「こうした細かい表現」は，直前の文で述べられている「顔のストレスに起因する，普通の速度では見えないほど素早い小さな動き」のことで，直後の文で，この動きは「『反対の感情』を示していて，人が自分の言っているうそにある程度不快に感じていることを示している」と述べていることから，人はうそをつくことに不快に感じていることがわかる。したがって，エ「細かい表情は，たぶん人は本当はうそをつきたいとは思わないのだということを示している」が適切。人の意志とうそをついているときの細かい表情の関連については述べられていないので，ア「人は故意に細かい表情を隠すことができる」，イ「人は細かい表情の大きさや速度を制御することはできない」，ウ「細かい表情は人がどう感じているかによって異なる」は不適切。

問5　(1)「ピノキオの話の作者は，うそをつく人はしばしば鼻に注意を向けることを知っていたのだろう」　第2段落第1，2文で，うそをついているときの1つの特徴として，うそをついている人がよく鼻を触ることについて述べられ，続く第3文にで，ピノキオの話の作者はそうした事実を知っていたために，うそをつくと鼻が長くなるピノキオというキャラクターのアイディアを思いついたのかもしれないと述べていることと合うのでウが適切。　ア「子供の頃によく鼻血を出していたのだろう」，イ「子供の頃に鼻の長い木の人形を持っていたのだろう」，エ「作り笑いはあっという間に現れたり消えたりするという事実を知っていたのだろう」。　(2)「ふだんうそをつく人は，うそをついているときに自分のジェスチャーについてあまり考えない」　casual liars「ふだんうそをつく人」については第5段落で述べられている。第3文以降で，ふだんうそをつく人に比べると，特別な圧力の下にいて自分のうそを懸命に隠そうとする人は，ふだんうそをつく人に比べて自分のジェスチャーを過度に制御しようとすることが述べられている。逆に言えば，ふだんうそをつく人は，うそをついているときに自分のジェスチャーをあまり気にしないということが言えるので，イが適切。　ア「特別な圧力の下にいてうそをつく人よりもうそをつくことが多い」，ウ「うそは人々を団結させることがある」，エ「不愉快な思いをしないように他のだれも信頼しない」。　(3)「うそをついているどんな兆候も隠すために，熟練したうそつきはしばしばあなたの顔をまっすぐに見る」 skilled liars については第6段落で述べられている。第2文で，私たちの多くは目が何度も動き回る人を信用しないが，熟練したうそつきはこの印を隠すために，逆に直接視線を交わし，うそをついている間まっすぐに相手を見ると述べられているので，ウが適切。ア「目を何度も動かす」，イ「いすの中で動き回ろうとする」，エ「まばたきを隠すためにしばしば目を触る」。

重要 問6　No lie remains hidden (forever.)「いつまでも隠されているうそはない」 no lie を主語，remain「～のままである」を動詞にする。主語が3人称単数なので remain に s が必要。また，remain のあとには主語の状態を表す形容詞や分詞が続くので，hide「隠す」を過去分詞 hidden にして続ける。

問7　空所を含む文は，直前のナオミの「『ばれ？』それは何？」という質問への回答なので，ケンは(A)の文章で挙げられている，鼻を触る，目が動くなどのうそをついている印であるという内容を答えることになる。第5段落最終文の they are lying「彼らはうそをついている」を入れて「それ(＝ばれ)は彼らはうそをついていると伝える情報だ」という文にすると適切な答えになる。

Ⅲ　**(長文読解問題・物語文：語句選択補充，内容吟味，語句整序，正誤問題，指示語，語句補充)**

(全訳)　ヒュー叔父さんが私の部屋のドアをノックした。

「具合が悪いのかい？　もうお昼だよ」彼は近づいて来て，軽く私のポニーテールを引っ張っておでこに手を置いた。

「A熱はないな」と彼は言った。「本当に大丈夫かい？」

「ばかばかしい～って感じているの」

「12歳の子供が感謝祭の日にばかばかしいと感じることがあるなんて知らなかったな」

「12歳の子供は望むときにはいつでも，望むことを何でも感じるのよ」

ヒュー叔父さんは笑った。「体を起こしなさい」

私は体を起こした。

「顔中に枕のあとがついているよ」ヒュー叔父さんは私のポニーテールから落ちていた髪を取り除いた。「どうしてこのすてきな日に枕に顔をうずめて過ごしたのか教えてよ」

「私は疲れていて，学校に行かなくていいからとてもうれしいの」と私は言った。

感謝祭のおかげで，私はクリスマスが早く来てほしいと思ったが，今年はフランクリンがいなかったら寂しく感じるだろうかと思った。誰が彼のホットココアを作ってくれるのだろう？　ミルクは抜きだよ，と彼はいつも私に念を押す。わかっているわ！　私はいつも言う。それに，キャンディケインは？　彼の家には良いものがない。彼のお母さんは10年間，同じキャンディケインをクリスマスツリーに乗せたわ。誰もそれらを食べさせてもらえない。「飾り」のためだからって。

「起きなさい」とヒュー叔父さんは言った。「着替えなさい。ベシーおばさんは台所でお前の助けが必要なんだ。肉の準備をしながらアップルパイを作りたがっているんだよ」

「わかったわ。でも，おしゃれはしないわ」

「わかったよ。靴のひもはひどい結び方，靴下は合っていない，それにもちろん，髪もとかさない，きっとね」

「いいわ」

私はアップルパイを作ったことがなかった。②簡単なリンゴ汁よりもはるかに時間がかかった。

私たちはリンゴの皮を取り除き，リンゴを砂糖につけた一そしてパイ皮があり，それがまったく別物だった。ベシー叔母さんはパイのてっぺんを飾るために余ったパン生地のいくらかを私に取らせてくれ，私は葉っぱとリンゴの形を作った。

アニーは七面鳥の詰め物を混ぜ合わせた。アヴァは背の高い椅子に座って幸せそうな雰囲気だった。パイを作り終えると，私はアヴァと遊んだ。私はまぜ鉢を頭に乗せてそれをスプーンでたたいてたたくたびにおかしな顔をした。彼女は大声で笑った。

「やあ，クリケット」

私は振り向いた。「あら，レオナルド」

「出かける準備はできてるかい？」と彼は尋ねた。

「今すぐ？」

「うん，今すぐだよ」

「ベシー叔母さんが私に手伝ってって…」

「あなたは手伝ってくれたわ」と彼女が言った。「彼が来るのは知っていたわ。それがあなたにおしゃれをさせなくてはならない理由の1つよ」

彼女たちはみんなとても秘密主義なのだ。

例の湖まで車で行くのに1時間かかった。私は砂浜を期待していたが，車を停めてからずいぶん歩いた。道は茶色いかさかさの葉で覆われていて，それが本当に道だとわかるのは，木々が少し離れたところにあったからだ。しかしレオナルドは道を知っていた。

「さあ，着いたぞ」とついにレオナルドが言った。「ここを歩いて登ってこの岩に座って，話をしよう」

「いいわ」私たちは座ったが，話を始めなかった。私は波立たない湖を見た，暗く，遠くに見える湖を。

私たちは同じ人物のことを考え続けていたに違いなかった。

湖は間もなく凍結するのだろうか？　お父さんとレオナルドは冬にはここにアイススケートをしに来たのだろうか？　夏にはそこで泳いだか，あるいは私とフランクリンがそうするのが好きであるように，カエルを捜したのだろう。

私は長い息をついた。「寂しいに違いないわね，最良の友達が永遠にいなくなってしまったら」

「そうかもしれないね」とレオナルドは言った。

「あなたたちは最後まで友達だったの？」

「最後までね」

「それじゃあ，何年もの間友達だったの？」

「生涯ずっとだよ。いや，君のお父さんの生涯ずっとと言った方が正しいかもしれない」

「けんかしたことはあるの？」

「もちろん」

私は黙っていた。レオナルドは，「フランクリンは君と一緒にそのうち店のそばまで来るのだと思っているんだけど？」と言った。

「いいえ」と私は小さな声で言った。

レオナルドは黙った。それから彼は，「仲の良い友達はこの人生で持ち続けるのがいちばん難しいことの1つだ。ときにはそれに取り組まなくてはならないことがあるということを忘れてはいけないよ」と言った。

しかし私は忘れていたのだ，学びさえしないうちに。

「私は違う感じはしないわ」と私はついに言った。「違う感じがするだろうと思っていたわ。あなたは湖に行ったあとはいつも違う感じがすると言ったわ。それは助けにはなるだろうと思うの，お父さんのためになっていたことをするために」

「例の湖に行くだけでは何も解決しないよね。君が湖でどう変わるかだよ。出かけて行って，いろいろなことについて考えて，少し変わって戻って来るんだ。君にしか今の君を変えることはできないんだよ」

それは，ヒュー叔父さんが言い続け，そしてお父さんが書いたことのように聞こえた。

私の頭の中で，レオナルドの最後の文が繰り返された。それは頭の中でぐるぐる回った。風がそれを私の周りを何度も吹き回して吹き去った。風はそれを湖の波立たない水面を渡って持ち去り，平らではない小さな波を立てたが，再びなだらかになった。

「あなたは今の私が好き？」

「何だって？」

「あなたは今の私が好きなの？」

「私はいつだって私たちのクリケットが大好きだよ，彼女がどうであってもね」彼は少しの間話すのをやめた。「もっと良い質問は，君は$_{B}$今の自分が好きなのか，だよ」

私は待って，それから「好きじゃないわ」と言った。

「すべてのことを聞きたいんだ，最初から，たった今ここに着いたところまで。話を始めよう，クリケット」

問1　全訳を参照。空所を含む文の前で，ヒュー叔父さんがクリケットに具合が悪いのかと尋ね，彼女の額に触れていることから，ヒュー叔父さんは熱があるかどうかを確認したと考えられる。したがって，ウ「熱」が適切。ア「道，方法」，イ「希望」，エ「お金」。

問2　(1)　下線部の後に，このときクリケットが考えていたこと，感じていたことが述べられている。「疲れていて，学校に行かなくていいからとてもうれしい」，「クリスマスが早く来てほしいと思ったが，今年はフランクリンがいなかったら寂しく感じるだろうか」という記述から，ア「うれしい」，エ「心地よい」は合わない。また，ある事や人物に対する怒りや不満も述べられていないので，イ「怒っている」も不適切。この場面で，クリケットは仲たがいしている友人のフランクリンについてクリスマスに彼と一緒でなかったら寂しいだろうかと思っていることから，内心では悲しく思っていると考えられる。　(2)　この場面で，クリケットはクリスマスを楽しみにしつつ，仲たがいしているとは言え，友人のフランクリンについていろいろと考えていることから，彼と一緒にクリスマスを過ごせないかもしれないことが悲しい気持ちになる理由と考えられる。

重要　問3　It took much longer than simple apple sauce.　与えられている語句に than があることと直前の文の内容から，「アップルパイを作ること」と「簡単なリンゴ汁を作ること」を比べる文を考える。It を「アップルパイを作ること」と考え，took を「(時間が)かかる」の意味の take の過去形として用い，took の後に longer「(時間が)より長く」を続けるが，longer の前に比較級を強調する働きをする much を置く。I が不要。

問4　下線部の最初の文は，We knew と he の間に接続詞 that が省略された文。文全体の動詞が過去形(knew)のとき，それに続く名詞節の中も時制を過去にするのが原則なので，is を was にするのが正しい。

基本　問5　(ⅰ)　be covered with ～ で「～に覆われている」という意味を表す。　(ⅱ)　look for ～ で「～を探す」という意味を表す。　(ⅲ)　「(～な声)で」は in で表す。

問6　下線部は work at の目的語で，この場合の work は「取り組む」の意味が合う。下線部を含む文で，「それに取り組まなくてはならないことがある」と述べていること，it と非人称の代名詞を使っていることから，直前の文の one of the hardest things to keep in this life「人生で持ち続けることがいちばん難しいことの1つ」を指すと考えるとこのレオナルドの発言内容として適切な内容になる。具体的には，大切な友人と仲良くし続けることは人生で最も難しいことの1つであるということを述べている。

やや難 問7 （全訳） ついにクリケットは，自分は違う感じはしないだろうと思っていた(1a)が，そうではないと答えた。彼女は，レオナルドが湖を訪れるといつも違った感じがすることを知っていた。彼女はまた，それが父親のためになっていたことをする助けになることを信じていた。(1b)しかしそれからレオナルドは，あなたが湖でどう変わるかが(3a)大切なの(1c)だから，ただ湖に行くだけでは何かを解決するには(2)十分ではないと説明した。彼はクリケットに，出かけて行って，いろいろなことについて考えることが(3b)必要で，そうすれば少し変わって戻って来るだろうと言った。その理由は，自分しか今の自分を変えられないということだ。

(1) (1a) 下線部⑤の直後でクリケットは「私は違う感じはしないわ」，「違う感じがするだろうと思っていた」と言っている。この内容を1文につなげるのに適切なのは though「～だけれども」。 (1b) 空所を含む文以降，レオナルドは湖に来ても違った感じがしないというクリケットに対して，単に湖に行くということについて考えを述べ，最後に「今の自分を変えられるのは自分しかいない」と述べている。この流れに合うのは but「しかし」。 (1c) 空所の前後が「湖に行くだけでは～ではない」「湖だどのように変わるかが…」という英文で，because を入れて空所以下が前半の理由を表す内容にする。

(2)・(3) 空所(1b)で始まる文は，「湖で変わることが(3a)だから，湖に行くことだけでは何かを解決するのは(2)。出かけて行っていろいろなことについて考えることが(3b)」という流れ。(3a)に important「大切な」，(2)に enough「十分な」，(3b)に necessary「必要な」と入れると，「湖で変わることが大切だから，湖に行くだけでは不十分で，そこでいろいろなことを考えることが必要」という論理的な文になる。

問8 空所を含む文の you が斜体字になって強調されていることに着目する。この5文前でクリケットが「あなたは今の私(what I am)が好きなの？」と言ったのに対して，レオナルドはもっと良い問いとして，do you like ～? という問いを挙げていることから，レオナルドは，他人が今のクリケットを好きかどうかということよりも，クリケット自身が今の自分を好きかどうかの方が大切だということを述べていると考えられる。空所を含む文はレオナルドの発言で，相手のクリケットのことを言っているので，この場面の対話の4つ前の段落の最終文にある what you are「今のあなた」を空所に入れる。この what は「もの・こと」を表す先行詞を含む関係代名詞で，what I am で「私がそうであるもの(＝今の私)」という意味を表す。

★ワンポイントアドバイス★

Ⅱの問1は脱文補充問題。この形式の問題では，挿入する文の内容と関連する内容が空所の前後に必ずあるので，挿入する文で使われている eyes に着目して，「目」について述べている箇所を探すと効率的である。

＜理科解答＞ 《学校からの正答の発表はありません。》

1 (1) イ，エ，オ　(2) 熱エネルギーに変換される　(3) イ　(4) 13.2A
(5) 0.20A　(6) 1320.8W　(7) 36倍　(8) A ア　B エ　C ア

2 (1) 1 K^{+}　2 NO_3^{-}　3 Cu^{2+}　4 SO_4^{2-}　(2) エ　(3) ウ　(4) ア
(5) イ　(6) ウ　(7) ウ

3 (1) 胚珠　(2) 3：1　(3) 9：3：3：1　(4) エ　(5) キ
(6) アンジオテンシン変換酵素のはたらきを抑える薬

4 (1) (名称) カコウ岩　(組織名) 等粒状組織　(2) $CaCO_3$　(3) 結晶質石灰岩
(4) ア　(5) イ　(6) ウ　(7) 2番目 A　3番目 B，C，E

○推定配点○

1 各3点×8((8)完答)　2 各4点×7((1)完答)　3 各4点×6
4 各3点×8((7)完答)　計100点

＜理科解説＞

1 (磁界—発電と送電のしくみ)

基本 (1) 図1で，コイルに上からN極を近づけると，コイルの上端がN極になるように誘導電流が流れる。この電流の向きが，発光ダイオードの光る順方向である。選択肢のア～エでは，コイルの上端がS極になるので，電流の向きは図1と逆になり，発光ダイオードの向きも逆のイとエが点灯する。選択肢のオ，カでは，コイルの上端がN極になるので，電流の向きは図1と同じになり，発光ダイオードの向きも同じオが点灯する。

(2) 回路に電流が流れると，その電流や電圧の大きさに応じて発熱が起こる。LEDは電球に比べて発熱量がかなり小さいが，それでも0ではない。

やや難 (3) コイルは0.2秒間で360°回転する。図2の状態(0秒)から，90°回転するまで(0.05秒)は，コイルの上面が徐々に磁石のN極の方を向くため，コイルの上面がN極になるように誘導電流が流れる。この電流の向きはP→A→B→C→D→Qの向きであり，オシロスコープには－端子から電流が入るので，電流の向きは－である。回転角が90°から270°まで(0.05～0.15秒)は，図2でコイルの上面だった面は下側へまわる。この面が徐々に磁石のN極から遠ざかりS極に近づくため，電流の向きはQ→D→C→B→A→Pになる。オシロスコープに流れる電流の向きは＋である。回転角が270°から360°まで(0.15～0.20秒)は，再び電流の向きが反転し，オシロスコープに流れる電流の向きは－となる。

(4) 電力は電圧と電流の積で求められる。家庭の電圧は100Vだから，電力が1320Wになるときの電流は，1320÷100＝13.2(A)となる。

(5) 問題文のとおり，変圧器では電力の大きさが変わらない。送電線にかかる電圧は6600Vで，電力は1320Wだから，その電流は，1320÷6600＝0.20(A)となる。

(6) 送電線に流れる電流が0.20Aで，抵抗が20Ωだから，送電線にかかる電圧は0.20×20＝4(V)であり，電力は0.20×4＝0.80(W)である。これが送電線の発熱となり，電力損失となる。変電所から送られてこなければならない電力は，1320＋0.80＝1320.8(W)である。

(7) 送電線にかかる電圧が1100Vの場合，その電流は，1320÷1100＝1.20(A)となる。送電線にかかる電圧は1.20×20＝24(V)であり，電力損失は1.20×24＝28.8(W)である。よって，求める値は28.8÷0.80＝36(倍)となる。

(8) 図5の交流電源では，上側が＋極の瞬間と，下側が＋極の瞬間が繰り返している。すでに図5

に描かれているダイオードをDとすると，上側が＋極の瞬間は，＋極→D→抵抗X→B→－極の向きに電流が流れればよい。また，下側が＋極の瞬間は，＋極→C→抵抗X→A→－極の向きに電流が流れればよい。どちらの場合も，抵抗Xには上から下へ電流が流れるので，交流を直流に変換する整流回路ができる。

2 （水溶液―溶解度と再結晶）

(1) 硝酸カリウムはカリウムイオンK^+と硝酸イオンNO_3^-に電離する。硫酸銅は銅イオンCu^{2+}と硫酸イオンSO_4^{2-}に電離する。

(2) 60℃の水100gに溶ける硝酸カリウムの質量は，図1から110gであり，その水溶液の質量は100＋110＝210(g)である。質量パーセント濃度は，110÷210×100＝52.3…で，四捨五入により52％である。水が200gの場合は溶ける量も2倍になるので，濃度は同じ52％である。

やや難 (3) 60℃の硝酸カリウム飽和水溶液100mLの質量は，1.40×100＝140(g)である。この水溶液の濃度が52％だから，溶けている硝酸カリウムの質量は140×0.52＝72.8(g)である。よって，質量体積パーセント濃度は，四捨五入により73vol％となる。

(4) 硝酸カリウムは白色の結晶である。硫酸銅の結晶は，銅イオンCu^{2+}の青色が現れている。

重要 (5) 60℃の水100gに硝酸カリウム110gを溶かした飽和水溶液210gを30℃に冷やすと，硝酸カリウムは47gまで溶けるので，できる結晶の量は110－47＝63(g)である。飽和水溶液100gの場合，できる結晶の量をx〔g〕とすると，210：63＝100：xで，x＝30gとなる。

(6) 混合溶液には，水200g，硝酸カリウム110g，塩化ナトリウム38gが混ざっている。水100gあたりでは，硝酸カリウム55g，塩化ナトリウム19gが溶けている。これを冷やしていくと，図1より硝酸カリウムは33℃程度で結晶ができ始めるが，塩化ナトリウムは結晶ができない。

(7) 硫酸銅の結晶に含まれる硫酸銅と結晶水の質量比は16：9だから，結晶100gには，硫酸銅が64gと結晶水36gが含まれる。加える水をx〔g〕とする。図1で，20℃の水100gに溶ける硫酸銅は20gだから，100：20＝(36＋x)：64　が成り立ち，x＝284gとなる。

3 （遺伝―遺伝の法則，血圧の調整）

(1) 被子植物の花のめしべのうち，子房が果実になり，その内側の胚珠が種子になる。

基本 (2) 丸形の遺伝子をA，しわ形の遺伝子をaとすると，純系の親世代の遺伝子型はAAとaaであり，子の世代F1の遺伝子型はすべてAaである。子の自家受精でできる孫の世代F2の遺伝子型は，AA：Aa：aa＝1：2：1の数比となり，形質は丸形：しわ形＝(1＋2)：1＝3：1となる。

(3) 種子の形についても，子葉の色についても，形質の数比は3：1となる。そのため，丸形としわ形のそれぞれについて，4分の3が子葉が黄色になり，4分の1が緑色になる。よって，数比は，(丸・黄)：(丸・緑)：(しわ・黄)：(しわ・緑)＝$3\times\frac{3}{4}:3\times\frac{1}{4}:1\times\frac{3}{4}:1\times\frac{1}{4}=9:3:3:1$となる。

(4) 腎臓は，血液中の不要物をこし取って尿をつくる器官であり，その過程で体内の水の量なども調節する。アンモニアから尿素を合成するのは肝臓のはたらきである。

(5) レニンが増加したときアルドステロンが増加するのは正常である。しかし，レニンが高くないときに過剰にアルドステロンが増加するのは，原発性アルドステロン症の可能性がある。つまり，レニンの値とアルドステロンの値の比率が重要といえる。

(6) アルドステロンのはたらきを抑えるほか，図1のしくみのどこかを断ち切ればよい。例えば，アンジオテンシン変換酵素(ACE)のはたらきを抑えればよい。これは，高血圧の治療薬としてよく使われている。その他，ナトリウムイオンNa^+の排出を促す薬などが考えられる。

4 （地層と地史―火成岩と変成作用）

(1)　図の火成岩の組織は，どの鉱物も大きく成長している等粒状組織である。これは，マグマが地下深部でゆっくり冷えて固まった深成岩のなかまにみられる。セキエイやチョウ石類が含まれるので，この深成岩は花こう岩である。

(2)　岩石は鉱物の集合体である。Aの岩石は石灰岩であり，方解石という鉱物の集合体である。石灰岩，方解石の主成分は，炭酸カルシウム$CaCO_3$である。

(3)　石灰岩がマグマの熱を受けて，方解石が成長してできた変成岩を，結晶質石灰岩という。建築材料などの石材として広く使われており，その石材名は大理石として広く知られている。

(4)　地層をつくる鉱物が長期間にわたり熱を受けると，鉱物の結晶が成長して粒が大きくなる。EはCから受けた熱で変化したので，Cに近いほど鉱物の結晶が大きい。

やや難 (5)　Dの砂岩は，まずCの熱により変成を受け，のちにFの熱によって再び変成を受けた。②や③では，まずCの貫入時にコウチュウ石ができ，のちにFの貫入時に外側から一部がケイセン石に変化した。④⑤は，ケイセン石が含まれる領域と含まれない領域の境界付近である。

Fの玄武岩となるマグマは，Cの花こう岩となるマグマよりも高温である。また，玄武岩のような火山岩は，花こう岩のような深成岩に比べ，地下の浅いところにあり，圧力は小さい。よって，⑤の晶出時は④の晶出時よりも高温で低圧だった。このことは，図1でコウチュウ石とケイセン石との境界が，温度が高いほど圧力が低い関係にあることとも一致する。なお，Fによる変成の領域の幅が，Cによる変成の領域の幅より狭いのは，火山岩Fが，深成岩Cよりもマグマが急に冷えるため，熱変成が続いた期間が短かったためである。

(6)　この場所の地層は，深成岩Cができたころは地下深部にあり，火山岩Fができたころは地下浅部になっていたので，隆起し上部が侵食されたことがわかる。ア，イ，エ，オは，問題文や図の情報からは，あったともなかったとも判断できない。

(7)　図2-1と図2-2は垂直な露頭のスケッチであり，Cの位置と比べて，Aが上位，Dが下位にあるため，Dが古く，Aが新しい地層である。Cが貫入したときに，DとAに熱変成を加え，そのときにBとEが形成された。最後にFが貫入した。以上より，形成順序をまとめると，D→A→(B，C，E)→Fとなる。

★ワンポイントアドバイス★

問題文や図の情報を，短時間に的確に読み取って，筋道を立てて考えを進め答えを導こう。

＜社会解答＞ 《学校からの正答の発表はありません。》

1 問1　⑥　　問2　⑥　　問3　（例）　前年に日中戦争が始まり，人や物などを戦争に勝つために投入する必要があったから。　　問4　(1)　(2番目)　③　　(4番目)　①
(2)　ベトナム　　問5　①・③　　問6　②・③・⑤　　問7　⑤　　問8　⑤
問9　②・③　　問10　新井白石　　問11　（例）　琉球王国の使者を中国風の服装にすることで，幕府や島津氏の権威を高めようとした。

2 問1　②・④　　問2　④　　問3　②・④　　問4　（那覇市）　⑤　　（横浜市）　②
問5　（例）　センターピボット方式による灌漑により小麦の生産量が増加したが，地下水が枯渇し，小麦の生産量が減少した。

3　問1　B　③　　C　②　　問2　ア　④　　エ　①　　問3　③

4　問1　ア　④　　イ　①　　ウ　②　　問2　(1)　②(→)①(→)④(→)③
(2)　デフレスパイラル　　(3)　②・④

5　問1　自己決定権　　問2　③　　問3　④　　問4　(例)　日本国憲法第15条は，参政権を「国民固有の権利」とし，その権利を持つ者を「国民」に限定している。一方，同第93条は，首長，地方議会の議員などを選挙することを「住民」の権利としているので，外国人定住者に参政権を与えることを禁止しているとは言えない。

○推定配点○

1　問3・問11　各4点×2　　他　各3点×10(問4(1)，問5，問6，問9各完答)　　2　問5　4点　他　各3点×4(問1，問3，問4各完答)　　3　各3点×5　　4　各3点×6(問2(1)，(3)各完答)　5　問4　4点　　他　各3点×3　　計100点

＜社会解説＞

1　(日本と世界の歴史－国際的なイベントを題材にした歴史)

やや難　問1　1916年に予定されてた6回目の夏季オリンピックは，1914年に始まった第一次世界大戦の影響で中止となった。　a　イギリスは，1600年，インドに東インド会社を設立し，植民地化を進めた。その後，1857～58年のインド大反乱を鎮圧し，支配形態も直接統治に移った。　b　第一次世界大戦中の1917年，ドイツは無制限潜水艦攻撃作戦を宣言し，指定する航路外の船舶を無警告で攻撃した。このため，アメリカ合衆国はドイツとの外交関係を断絶し，4月ドイツに宣戦した。

問2　a　日本で幕府が滅亡し，新政府が成立したのは1867年。なお，横浜港が開港したのは1859年，樺太・千島交換条約が結ばれたのは1875年。　b　大日本帝国憲法が発布されたのは1889年。なお，板垣退助が自由党を結成したのは1881年，イギリスとの条約で領事裁判権が撤廃されたのは1894年。

重要　問3　1937年に始まった日中戦争は，全面戦争に発展し，長期化していった。戦争が長引くにつれ，日本政府は国民を戦争に動員する「戦時体制」を強めていき，1938年には近衛文麿内閣は国家総動員法を公布し，国の産業や経済から，国民の生活すべてにわたって，戦争に動員できる権限をもった。

問4　(1)　⑥(平安時代末～鎌倉時代)→③(鎌倉時代)→②(安土桃山時代～江戸時代初期)→①(明治時代)→④(昭和時代：戦前・戦中)→⑤(昭和時代：戦後)。　(2)　林邑は，チャンパーに対する中国側の呼称。現在のベトナムにあたる。なお，⑤の「戦争」は，ベトナム戦争である。

問5　奈良時代は710～784年。『日本書紀』は720年に成立した歴史書。また，阿倍仲麻呂が遣唐使として中国に派遣されたのは717年。②は701年，④は天武天皇(在位673～686年)の時代，⑤は797年。

基本　問6　「あ」は源頼朝，「い」は織田信長。①・④は信長，⑥は頼頼朝。一方，②は徳川家康，秀忠，③は足利義満，⑤は源義家。

やや難　問7　東大寺は，平安時代末期の1180年，平重衡によって焼かれたが，源頼朝の援助を受け，重源が再建。このとき，運慶や快慶らの手により，南大門に金剛力士像が造立された。さらに室町時代，松永久秀の兵火を経て，17世紀末再建された。

問8　う　九十九里浜は，千葉県の太平洋岸，北の飯岡から南の大東崎まで約60kmにわたって続く砂浜海岸。近世以降活況を呈したイワシ地引き網を営む集落が発達，干鰯の一大産地となった。

え　千葉県の野田市，銚子市は醤油醸造業が盛んであることで知られる。　お　青木昆陽は，飢饉対策として甘藷(さつまいも)に注目し，その栽培法を研究。江戸幕府8代将軍徳川吉宗にその重要性を建白して採用され，「甘藷先生」とよばれた。

問9　②　1392年，倭寇を撃退して名声をあげた武将の李成桂が高麗を倒し，朝鮮を建てた。朝鮮も，中国(明)と同じように通交と倭寇の禁止を日本に求め，室町幕府3代将軍足利義満もこれに応じたので両国の間で国交が開かれ，貿易も始まった。　③　日清戦争の講和条約である下関条約は，その第1条で，「清国は朝鮮国が完全な独立国であることを認める」とし，宗主国とその保護国の関係は廃止するとした。　①　天武天皇ではなく，斉明天皇。　④　伊藤博文ではなく，寺内正毅。　⑤　五・四運動ではなく，三・一独立運動。　⑥　サンフランシスコ平和条約ではなく，日韓基本条約。

問10　新井白石は，江戸時代中期の儒学者・政治家。6代将軍徳川家宣，7代家継のもとで幕政を主導した(正徳の治)。朝鮮通信使への対応変更，長崎貿易の改革などが主な業績。

問11　江戸時代，琉球王国は，徳川将軍に定期的に使者を派遣した。このうち，将軍の代替りを祝うために派遣された使節を慶賀使，琉球国王の即位を感謝して派遣された使節を謝恩使とよび，合わせて18回派遣された。

2　(地理―世界や日本の自然環境，人口，産業など)

基本　問1　②はアルプス＝ヒマラヤ造山帯，④は環太平洋造山帯にそれぞれ含まれている。なお，①，③，⑤はいずれも古期造山帯に分類され，地震や火山の活動はほとんどみられない。

基本　問2　氷河による侵食によって形成されたU字谷に海水が浸入してできた入江をフィヨルドとよび，高緯度地域の西岸に多くみられる。

問3　②　新潟市は，冬季，日本海上空で水分を吸収した北西の季節風が背後の山脈にぶつかり，降雪が多い。　④　長野市は，内陸に位置し，海洋の影響が小さいため，他の地域に比べて気温の年較差が大きい。　①　札幌市は，日本海側に位置しており，黒潮(日本海流)の影響はほとんど受けない。　③　千葉市が太平洋高気圧の影響を受けるのは，冬季ではなく，夏季。　⑤　鹿児島市で，降水量が最も多いのは6月。梅雨の影響を強く受ける。

やや難　問4　那覇市：第三次産業の割合が突出して高いことに注目して⑤。那覇市は国際的な観光都市で，観光業が非常に盛んである。横浜市：昼夜間人口比率が低いことに注目して②。横浜市は，東京方面に通勤，通学する人が多い。なお，①は名古屋市，③は奈良市，④は青森市。

問5　センターピボット方式は，乾燥地域にみられる灌漑農法。360度回転するアームで，地下水を散水する。空から見ると「緑の円盤」，「コイン」を並べたように見える。サウジアラビアでは，センターピボット方式の導入により，小麦の生産が拡大したが，地下水が枯渇してきたことから，小麦の生産は減少傾向にある。

3　(地理―東南アジアの地誌)

重要　問1　Bはシンガポール。東南アジアで，かつてイギリスに支配されたのはシンガポールの他，ミャンマー，マレーシア，ブルネイ。Cはベトナム。ベトナムは，ブラジルに次ぐ世界第2位のコーヒー豆生産国である。また，東南アジアで，かつてフランスに支配されたのはベトナムの他，カンボジア(①)，ラオス。なお，Aはインドネシアで④，Dはフィリピンで⑤，Eはカンボジアで①。

問2　インドネシア(④)は東南アジア11か国の中で国民総所得は最も多い。しかし，人口が2億7千万人を超える人口大国であるため，1人あたり国民総所得はそれほど多くない。よって，インドネシアはアである。カンボジア(①)は，東南アジア11か国の中で，ラオス，ミャンマーと同様に，経済の発展が極端に遅れており，国民総所得，1人あたり国民総所得のいずれも低位にある。よって，カンボジアはエである。なお，イはフィリピン(⑤)，ウはベトナム(②)，オはシンガポール(③)である。

問3　1980年代は，タイ，マレーシアとも，農産物，鉱産資源が輸出品が中心で，タイは米，野菜，天然ゴムなど，マレーシアは原油，天然ゴム，木材などが主要な輸出品であった。一方，2000年代は，タイ，マレーシアとも，工業化が進展し，機械類が最大の輸出品となっている。

4　(公民―物価変動や景気変動)

やや難　問1　ア　円安は輸入に不利。輸入に完全に依存している原材料の値段が上昇し，供給が減る。この結果，供給曲線は左に移動し，均衡価格は上昇する。よって，④。　イ　商品の価格を3か月後に大幅に値上げすることを企業が発表すると，消費者は値上げ前にその商品を買おうとする。この結果，需要曲線が右に移動し，均衡価格は上昇する。よって，①。　ウ　ライバル他社の類似品が大幅に値下げされると，消費者はライバル他社の類似品を買おうとし，当社の商品の売れ行きが悪くなる。この結果，当社の商品に対する需要が減少，需要曲線が左に移動し，均衡価格は下落する。よって，②。

問2　(1)　景気とは，経済全体の動きを意味し，好景気(好況)のときは，商品の売れ行きが良く，企業の生産が増え，家計の所得が増加する。不景気(不況)のときは逆に，商品に売れ行きが落ち，企業の生産が減り，家計の所得は減少する。好景気と不景気は，社会全体の需要量と供給量の動きに応じて交互に繰り返される(景気変動)。　(2)　デフレスパイラルは，デフレとスパイラル(らせん)を一緒にした言葉で，物価の下落が継続することと経済活動の縮小とが，相互に作用して，らせん階段を下りるように景気がどんどん悪化することをいう。　(3)　②　所得税の累進税率が引き下げられると，可処分所得が増加する。その結果，消費が増えるので，デフレスパイラルからの脱却が期待できる。　④　社会保障関連予算が増額されると，安心して生活を営むことができる人が増加する。これが消費の増加につながり，デフレスパイラルからの脱却が期待できる。なお，①，③は，いずれも金回りが悪くなる政策で，デフレスパイラルからの脱却は期待できない。

5　(公民―日本国憲法と基本的人権)

やや難　問1　自己決定権は，自分の生き方・生活については，自分が自由に選択できるという考え方。医学面では自分の生死に関わる末期の医療を医者サイドからではなく，患者自身がどう受け入れるかを決めるという考え方が主張されるようになった。

やや難　問2　1975年，最高裁判所は，薬事法旧6条が定める薬局開設の距離制限については，必要かつ合理的な規制とはいえず違憲・無効との判決を下した。

やや難　問3　再婚禁止期間は，2016年6月の民法改正以前には，前婚の解消または取り消しの日から6か月とされていた。しかし，6か月の再婚禁止期間は不適切あるいは女性に対して不公平であるという意見が強まり，最高裁判所はこの規定を違憲とする判決を下した。この結果，民法は，これを100日とすると改正された。　①　選挙のやり直しは求めていない。　②　労働者ではなく，事業主に課されている。　③　北海道旧土人保護法ではなく，アイヌ文化振興法。

問4　日本国憲法第15条①は「国民固有の権利」，同第93条②は「その地方公共団体の住民が，直接これを選挙する」と，権利の主体を「国民」，「住民」と使い分けていることに注目して考える。

★ワンポイントアドバイス★

公民分野では，自己決定権のようなやや時事的な内容も問われている。テレビや新聞を意識して見たり，読んだりしたりすることが必要である。

＜国語解答＞ 《学校からの正答の発表はありません。》

一 問1 (例) AはBを，初期のころは伝染病と差別し，原因がわかってからは，金欲しさに症状を訴えるニセ患者，彼らのせいで水俣のイメージが悪くなって経済も悪くなった，と見ていた。　問2 エ　問3 イ　問4 (一) 水俣病をのさりと思え　(二) あんたの役割は，これからたい　(三) 未来をつくることに一緒に踏み出せ

二 問1 A エ　B ウ　問2 ウ　問3 (例) 死がやってくることは，梨花も自分も同様であり，それまでに，この世に残すべき仕事は多くあるのだから，生きているうちから死んだ時のことを考えることはないということ。　問4 ウ　問5 ア　問6 ウ，エ

三 問1 ウ　問2 ア　問3 ウ　問4 エ　問5 イ

四 1 形骸　2 拳　3 挨拶　4 勉励　5 勧善

○推定配点○

一 問1 12点　他 各5点×5　二 問1 各2点×2　問3 11点

他 各4点×4(問6完答)　三 問2 2点　他 各5点×4　四 各2点×5　計100点

＜国語解説＞

一 (論説文一要旨，文脈把握，内容吟味，主題，脱文・脱語補充)

問1 直前に「それからも『患者は金欲しさに水俣病のふりをするニセ患者だ』とか『チッソをつぶす水俣の敵』というように，地域内で患者への差別は根強くあり」とあり，同様のことは「実際，……」で始まる段落では「水俣病患者や漁民は，チッソの繁栄下で生活する大半の市民からは，初期には伝染病と差別を受け，原因がわかってからも『金欲しさに症状を訴えるニセ患者。～彼らのせいで水俣のイメージが悪くなって経済も悪くなった』と敵意を向けられた」と説明されているので，これらを要約して「AはBを～と見ていた。」という形にまとめればよい。

やや難 問2 「母である栄子さん」の言葉は，前に「母はいった。国も，県も，チッソもゆるす，と。」とあり，「それは，水に流して無かったことにするという意味では決してない。赦す，私たちをこんな目にあわせたあなたたちを赦すから，人として受け入れるから，だから，同じ人としてこの痛みを理解し，二度とない未来をつくることに一緒に踏み出せ！」とあるので，「水俣病の痛みへの理解を同じ人間として加害者にも求めるものであり，母はこの言葉によって，現実には困難なこの理解を連帯に不可欠な条件として要求している」とするエが適切。

やや難 問3 直前に「『行政も向き合って，最後は過ちを認めた。そのことに対してきちんと受け入れなければ，人としての道に反する。彼らが向き合いしてくれたそのことに対して，私は行政を赦す』」という言葉が示されており，「この向き合った末に『赦す』といった人たちの周辺から，水俣病をめぐっての敵味方の壁がとけ，共に，二度と水俣病を繰り返さない新しい社会づくりをすることに向かった変化が起こってきた」と説明されているので，「過ちを認め謝罪することで敵味方を超えた関係性が生まれ，両者が手を携えて社会的責任を果たしていく」とするイが適切。

問4 (一) 「『水俣病は守護神』」に似た表現で，「どんでん返しの大逆説」にあてはまるものとしては，「こんなひどい……」で始まる段落の「水俣病をのさりと思え(10字)」が適切。「のさり」については，「のさりとは，水俣では『(天からの)授かりもの』『恵み』というような意味がある」と説明されている。自分たちを苦しめるものを「授かりもの」「恵み」と考えるという「逆説」である。　(二) 直後の「罪を知った後の人間を照らし出す言葉」にあてはまるものとしては，「杉本家で……」で始まる段落の「あんたの役割は，これからたい(14字)」が適切。この言葉によって，「これまで全く水俣病の実態や患者の苦難を知らずにいた，無関心あるいは差別の対称とし

てきた自分」の「背中を押され，責任に押し出されていった」というのである。 (三) 直後の「『宣言』と同じことを表現している」「この考えに基づいて生きようとすること自体を，筆者は『光』に『貫かれた』行為としてとらえている」にあてはまる言葉としては，「二〇一五年の……」で始まる段落の「未来をつくることに一緒に踏み出せ(16字)」が適切。

二 (小説―語句の意味，情景・心情，文脈把握，内容吟味，表現技法)

問1 A 「凡庸(ぼんよう)」は，平凡なこと，という意味なのでエが適切。取り立てて印象に残らないありふれた一日，という意味である。 B 「無為(むい)」は，有意義なことを何もしない，という意味なのでウが適切。

問2 直後に「昼間，容子が事務所まで竜起を探しに来た」とあることから，不安な気持ちで夫の帰りを待っていたことがわかる。また，「容子」の言葉に「『ええ，梨花を診療所へ連れて行ったの』」「『そしたら，お医者さまが……この子は前に，心臓が悪いと言われたことはなかったか，っておっしゃるのよ』」「『まだ精密検査をしなければわからないけど，先天性の心臓の病気かも知れないんですって。だから，風邪をひかさないようにして，……みてもらいなさいって』」とあることからは，娘の梨花の身体を心配して疲労をにじませていることが読み取れるので，これらの内容と合致するウが適切。アの「診断を受けてしまった」，イの「発熱は先天性の心臓の病気が原因かもしれない」，エの「梨花が神経質な子でなかなか寝付けないという問題」，オの「竜起が家族のことよりも仕事を優先させている様子」は本文の内容と合致しない。

やや難 問3 直後に「それから四日目であった」とあり，その時の心情は「竜起は……」で始まる段落に「竜起は全身に，生きていることの確証のようなものが流れるのを感じた」とあり，続いて「生きているうちから，梨花を失った瞬間のことを恐れる必要はない。いつかは死がやってくるという点では，梨花も自分も同様である。……思想も哲学もいらないのだ，と竜起は思った」「『生きている時は，生きている時なんだ。生きているうちから，死んだ時のことを考える必要はない』」とあるので，これらを「～ということ。」という形に要約すればよい。

問4 竜起の様子は，直後に「このダムは自分が作った，と言えばだれもが笑うだろう。しかし竜起の感覚全体は，それを肯定するのだった。誰も知らなくとも，自分と，そしてもしいるとするならば神のような存在が，それを記憶するであろう。そしてこのダムは自分よりはるか長い年月を生き残って，……を天地に齎すのだ」とあるので，これらの内容と合致するウが適切。

問5 直後に「涙ぐんだ」とあり，直前には「『でも，たとえ手術が成功しても，やっぱり一人前の生活もできなければ，結婚にも差し支えるでしょうね』」とある。梨花の将来を悲観する容子の言葉に対し，竜起は「『……結婚は健全な娘だって運なんだから，保証はできないけれど，又僕みたいな男が現れるだろうよ。心臓がどんなでも，梨花でなけりゃいやだっていう男が。それが却って梨花のしあわせになるんだ』」と言っており，この言葉に「容子」は「涙ぐんだ」のである。本文前の説明に「容子は，過去のできごとが原因で，結婚した今でも自分は結婚する資格のない人間だと考えている。そんな自分を受け入れてくれた竜起に，容子は感謝するとともに負い目を感じている」とあるので，これらの内容と合致するアが適切。

問6 ウのdは，「梨花はそこに気持ちよさそうに寝ている」という様子を見たときの感想であり，eは，容子を不安がらせないための配慮が感じられるので，「ものごとを軽く考える」は適切でない。エの「その後の竜起の状況が好転」は，fの「容子は幾分，精神的に救われたように見え」とあること，gの直後に「竜起は……深い感動に捕らえられた」とあることと合致しない。

三 (古文―文脈把握，口語訳，語句の意味，要旨，主題)

〈口語訳〉 ある医者が「あなたはこの秋，必ず何かの病気にかかるでしょう」と言ったところ，(言われた人は)腹を立てて，「どうしてそんなことがあろうか」と秋までは言っていた。(ところが)

とうとう病気になってしまったので，言い当てた医者に診てもらうのも面目が立たないと思い，他の医者を招き入れた。さまざまな薬を与えたが効果がない。初めの頃は，腹をこわしたのだろうと，腹に効く薬を与えたが，胸のあたりがいよいよ苦しくなったので，医者も心得て，その薬(を処方するの)はやめた。今回は汗で流そうとしても効果はなく，(次は)腹をくだしてみようとすれば，腹だけが痛くなり，ますます苦しい。しかたなく，試しに何気なく調合した薬がその病に合ったのであろう，(薬を)飲み下すなり，胸のうちが心地よくなり，とうとうその病気は治った。命を助けてくれた人だと言って，全財産をかけても恩に報いようと思うようになった。それで，(その医者が)「今秋は，必ずこの病気にかかるだろうから，この薬を今からお飲みなさい」と言うので，もう一人の男が，「そんなことがあるだろうか。しかしそうおっしゃるのであれば，飲みましょう」と，他人事のように言って飲んでいたところ，ついにその病気にはならず，いつもと変わるところがなかったので，思った通りだと思ったが，あの薬を飲まなくても何もなかったのではないかと言ったということだ。

問1　直前に「つひにいたづきにかかりてければ，いひあてしくすしにあはんも，おもてぶせなりとて」と理由が示されているので，「今さら世話になるのは恥ずかしいと思い，会いたくなかったから」とするウが適切。「おもてぶせ」は，面目を失う，不名誉，恥ずかしい，という意味。

問2　直前に「さまざま薬あたへたるが」とあるので，「効果が現れず」とするアが適切。「しるし」には，前ぶれ，兆し，効き目，などの意味がある。

問3　直前に「せんかたなくて，こころみにふとてうぜし薬，そのやまひにあたりやしけん，のみくだすより，むねのうちここちよく，つひに其のやまひ癒へにけり」と，そのように考えた理由が説明されているので，これらの内容に合致するウが適切。

問4　直後に「『いかでさあらん。されどさいひ給はば，のみてまゐらすべし』とて，ひとごとのやうにのみ居たるが，つひにそのやまひもおこらず。……あの薬のまでもあるべきものをといひきとや」と説明されているので，これらの内容と合致するエが適切。医者の指示に従って薬を飲んでいたら，たしかに病気にはかからなかったが，別にその薬を飲まなくても病気にはならなかったのではないか，と考えたのである。

問5　イは，冒頭に「あるくすしが……といふを，むづかりて，『いかでさることあらん』と秋まではいひぬ」とあり，本文最後に「さればこそかくあるべけれと思ひしを，あの薬のまでもあるべきものを」とあることと合致する。医者に指摘されたことでも，「いかであることあらん」と否定し，言われた通りに薬を飲んで病にかからなかったとしても，「あの薬のまでもあるべきものを」と思ったりするのである。

四　(漢字の書き取り，四字熟語)

1 「形骸化」は，実質的な内容を失って形だけになったもの，という意味。「骸」を使った熟語はほかに「骸骨」。訓読みは「むくろ」。　2 「拳」の音読みは「ケン」「ゲン」。熟語は「拳闘」「拳固」など。　3 「挨」「拶」ともに，近づく，という意味がある。　4 「刻苦勉励(こっくべんれい)」は，苦しさに耐えながら，つとめて仕事や勉強にはげむこと。「勉」の訓読みは「つと(める)」。「励」の訓読みは「はげ(ます)」「はげ(む)」。　5 「勧善懲悪(かんぜんちょうあく)」は，よい行いを勧め，悪事を懲らしめること。「勧」の訓読みは「すす(める)」。「善」の訓読みは「よ(い)」。

★ワンポイントアドバイス★

例年，記述問題が出題されているので，設問の解答を過不足なく要約する練習をしておこう！　独立問題の漢字は，四字熟語など語句の知識が問われることを踏まえ，語彙力を高めておこう！

2023年度

★★★★★★★★★★★★★★★★★★★★★★★★

入　試　問　題

2023
年
度

2023年度

市川高等学校入試問題

【数　学】（50分）　＜満点：100点＞

【注意】　1．コンパス・直線定規を利用してもよい。

　　　　　2．比を答える場合には，最も簡単な整数の比で答えること。

1　下の図のように，関数 $y=x^2$ のグラフ上に2点A，Bがあり，それらの x 座標はそれぞれ－2，－5である。また，y 軸上に点Pをとる。このとき，次の問いに答えよ。

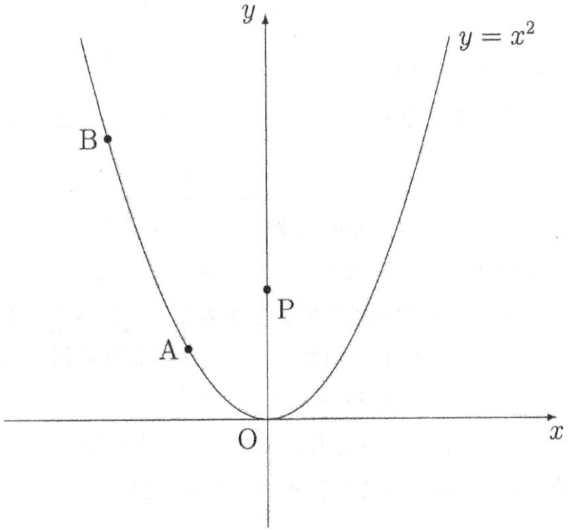

(1)　AP＋PBが最小となるような点Pを解答用紙の図を利用して作図せよ。ただし，作図に用いた線は消さずに残し，作図したPの位置にPをかくこと。

(2)　(1)のPに対して，△APBの面積を求めよ。

(3)　関数 $y=x^2$ のグラフ上に点Qがある。△AQBの面積が60となるようなQの x 座標をすべて求めよ。

2　縦の長さが2，横の長さが4の長方形がある。これを下の図のように，格子状に1の長さで切り分け，点AからOを定義し，格子点と呼ぶことにする。このとき，次の問いに答えよ。

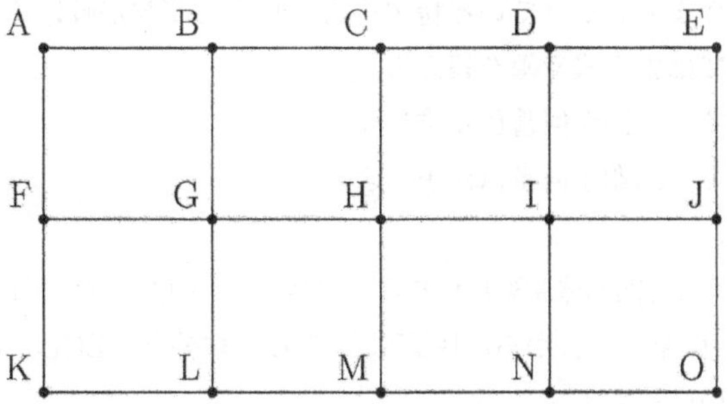

(1) 線分AE，FJ，KO上から格子点をそれぞれ１点ずつ選び，結んでできる三角形のうち，△ALHと合同な三角形は△ALH以外に何個あるか求めよ。

(2) 線分AE，FJ，KO上から格子点をそれぞれ１点ずつ選び，結んでできる三角形のうち，内部に格子点をGのみ含む三角形は何個あるか求めよ。ただし，三角形の辺上にある格子点は内部とはみなさない。

3 X，Yの２人が次の問題の解き方を相談しながら考えている。

> n番目に$4n-5$が書かれている数の列Aと，n番目にn^2-2n-1が書かれている数の列Bがある。ただし，nは自然数とする。
> A，Bを書き並べると，
>
> A：$-1,\ 3,\ 7,\ 11,\ 15,\ \cdots\cdots$
>
> B：$-2,\ -1,\ 2,\ 7,\ 14,\ \cdots\cdots$
>
> A，Bに現れる数字を小さい順に並べた数の列をCとするとき，2023はCの中で何番目に現れるか。

X：途中過程を書きやすいように，A，Bのn番目の数をそれぞれa_n，b_nと表すことにしよう。

Y：例えばAの３番目の数はa_3で，計算は$4n-5$に$n=3$を代入した７になるから，$a_3=7$と書けばいいんだね。同じようにBの10番目の数を求めると，$b_{10}=$ [ア] となるね。

X：では，A，Bの規則性を見てみよう。Aは$a_n=4n-5$だから最初の-1から４ずつ増えていくことと，奇数しか現れないことがわかるけど，Bはどうだろうか。

Y：$b_n=n^2-2n-1$だけど規則が読み取りにくいね。規則を見つけるために隣り合う数の差をとってみようか。$(n+1)$番目の数からn番目の数を引いてみよう。

X：$b_n=n^2-2n-1$だから

$$b_{n+1}-b_n=\{(n+1)^2-2(n+1)-1\}-(n^2-2n-1)$$
$$=2n-1$$

となるね。

Y：ということは，隣り合う数の差が必ず奇数だからBは偶数から始まって偶数と奇数が交互に現れるね。だけど，これだけではまだ特徴がわからないな。

X：そうしたら次はもう１つ離れた数との差をとってみようよ。$(n+2)$番目の数からn番目の数を引いてみよう。

Y：$b_{n+2}-b_n$を計算すると [イ] となるね。

X：わかった。これと今までわかっている特徴を合わせると問題が解けるね。

(1) [ア]，[イ] にあてはまる式や値を答えよ。

(2) Bの数の列において，2023が何番目か求めよ。

(3) Cの数の列において，2023が何番目か求めよ。

4 次のページの図のように，四面体ABCDがあり，$AB=AC=AD=\sqrt{21}$，$CD=2\sqrt{5}$，$BC=BD=\sqrt{30}$である。また，CDの中点をM，Aから△BCDに下ろした垂線と△BCDとの交点をHとする。このとき，次のページの問いに答えよ。

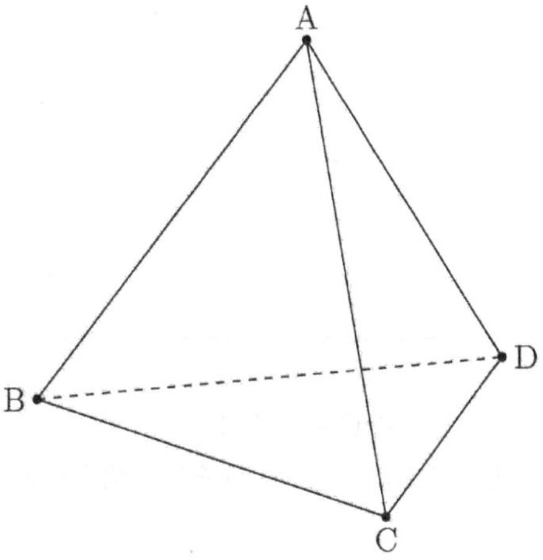

⑴　AMの長さを求めよ。

⑵　AHの長さを求めよ。

⑶　Hを中心として半径$\sqrt{5}$の球を平面ACDが切りとってできる断面と，△ACDの共通部分の面積を求めよ。

5　下の図のように，半径１の円に内接している六角形ABCDEFがあり，直線BC，EFの交点をP，直線CD，FAの交点をQとする。DE // PRとなるような点Rを直線DQ上にとる。

$\overset{\frown}{AB} : \overset{\frown}{BC} : \overset{\frown}{CD} : \overset{\frown}{DE} : \overset{\frown}{EF} : \overset{\frown}{FA} = 3 : 1 : 2 : 1 : 1 : 4$

であるとき，あとの問いに答えよ。

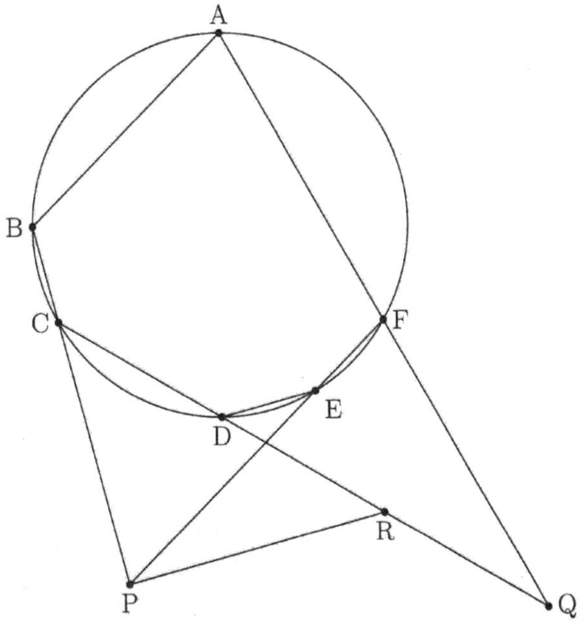

⑴　六角形ABCDEFの面積を求めよ。

⑵　４点F，C，P，Rが同一円周上にあることの証明について，次のページの □ を埋め，証

明を完成させよ。

（証明）

したがって，

∠PFC＝∠PRC　…（＊）

CPに対して，2点F，Rは同じ側にあり，（＊）から円周角の定理の逆より，4点F，C，P，Rが同一円周上にある。

⑶　FPとCQの交点をSとする。このとき，DSの長さを求めよ。

【英　語】（60分）　＜満点：100点＞　　※リスニングテストの音声は弊社HPにアクセスの上，音声データをダウンロードしてご利用ください。

【注意】 解答の際には，句読点や記号は１字と数えること。

Ⅰ

(A) これから読まれる英文を聞いて，答えとして最も適切なものを選び，それぞれ記号で答えなさい。英文は２回読まれます。なお，放送を聞きながら問題用紙の余白部分にメモをとってもかまいません。

(1) What did NOT happen before coffee was first made?
  a．Kaldi's goats got sick.
  b．Kaldi couldn't sleep because of the strange fruit.
  c．Kaldi met the priest travelling to the city.
  d．The priest cooked the strange fruit.

(2) Why did the priest want to make a drink from the fruit?
  a．Because he wanted to make money.
  b．Because he wanted to cook something strange.
  c．Because he wanted to be able to pray more.
  d．Because he wanted to be happy.

(3) In which country did people go to 'coffee houses' to learn many things?
  a．Turkey.
  b．England.
  c．India.
  d．America.

(4) How much coffee does Brazil grow?
  a．About one fourth of the world's coffee.
  b．About one third of the world's coffee.
  c．About half of the world's coffee.
  d．About two thirds of the world's coffee.

(5) Which of the following statements is true?
  a．In America, tea is more popular than coffee.
  b．Many coffee farmers receive a small amount of money.
  c．The coffee business has become fair.
  d．The countries which grow coffee have become rich.

(B) これから読まれる会話を聞いて，(1)は設問文の指示に従って答えなさい。(2)～(4)は答えとして最も適切なものを選び，それぞれ記号で答えなさい。英文は２回読まれます。なお，放送を聞きながら問題用紙の余白部分にメモをとってもかまいません。

(1) Complete the invitation with the information you hear.

Invitation

Please come to our welcome picnic for Ms. Sabine Braun,
an exchange student from ①__________
on April ②__________.

Meet at the ③__________ at 2 o'clock.
We will go to Castle Gardens for the picnic.
Food and drinks will be provided.

(2) Why do they decide not to go to the steak restaurant?
- a. Because sushi is better.
- b. Because it is too unique.
- c. Because none of the guests eats meat.
- d. Because their visitor wouldn't enjoy it.

(3) Which is NOT a reason for the picnic?
- a. They can have more space.
- b. They want to surprise Sabine.
- c. They can choose what to eat.
- d. They don't want to annoy people.

(4) Why do they choose Castle Gardens?
- a. Because the other park is not open.
- b. Because they can enjoy music indoors if it rains.
- c. Because there are more fun things to do.
- d. Because they can play basketball.

Ⅱ 次の英文(A)と英文(B)を読んで，各問いに答えなさい。なお，出題に際して本文には省略および表記を一部変えたところがあります。〔本文中で＊の付いている語（句）には注があります〕

(A)

[1] How does my brain control me? There are two important words in this question, 'brain' and 'me'. We first need to make sure we really understand what they mean.

[2] The brain is a slimy thing that fills up the inside of your head and looks a little like a very large and not very smooth *walnut. Although unlike a nut, it's soft, like a soft-boiled egg. But it does much, much more than a nut or an egg: it lets you see, hear, feel, smell and taste. It also tells other parts of your body what to do, directing all the many different muscles in your arms and legs so that you can move. Most importantly of all, ①【 you / your / what / think with / brain / is 】, so you can think about being 'you'.

[3] Let's see what happens inside your head...

[4] When you are a newborn baby, your brain is the same size as a baby chimpanzee's. But then something amazing happens. There are about a hundred

billion tiny building blocks ('cells') that can only be seen under a *microscope and it is these cells that make up your brain. However, after you are born these cells in the human brain start to make thin connections with each other, and as the connections get longer and increase, so your brain grows accordingly, way more than for a chimp.

5 Why is this interesting or important?

6 We humans don't run particularly fast, we don't see particularly well, and we're not that strong compared to many other animals. But we can live and succeed across more of the planet than any other species, because we do something far better than any other. [a]

7 It is because we are so good at learning from experience that we can get used to any environment in which we are born. And we are good at learning because our brain cells are fantastic at making connections every moment we are alive. ②Every experience you have will change your brain connections. So even if you are a clone—an *identical twin with the same *genes as your brother or sister—you will have a unique pattern of brain-cell connections because only you will have a certain set of experiences. Even if you live in the same house with the same family, individual and unique things will happen to you that are different from what happens to everyone else. Every time you do something ordinary like talking with someone, playing a game, eating a certain food or looking out of the window, your brain-cell connections will change in a unique way to make you the wonderful individual you are.

8 The answer to ③the question, therefore, is that 'my brain' and 'me' are the same. So one cannot control the other.

9 However, how the feeling of being you can be caused by something that looks like a nut and feels like an egg is one of the hardest and biggest puzzles still to solve.

*（注） walnut：クルミ　microscope：顕微鏡　identical twin：一卵性双生児　gene：遺伝子

(B)

Ⅰ ④What makes you you? Just about everything that you can think of: your head, your arms, your toes, your heart and most especially your brain.

Ⅱ If you lost a toe, of course, in some unlucky accident, you'd still be you, just 'you without a toe'. The same goes, I suppose, for your left arm, or your right kneecap, though I'm sure you'd miss them both.

Ⅲ Your brain, however, is a different matter. If there is one part of you that most makes you you, it's probably that: your brain, the three pounds or so of 'grey matter' held tightly inside your head that help you think, reason, and remember.

Ⅳ [b] your brain, you wouldn't know how to get out of bed in the morning. You wouldn't have any ideas. And you wouldn't remember who you were; you wouldn't even be able to ask the question 'What makes me me?'

Ⅴ All of which raises *another* question: what makes *your* brain your brain? You can go to the shop to pick out a new shirt or new pair of shoes, but the brain that you have is the brain that you are born with. Even your heart could be replaced, but if you replaced your brain, you wouldn't be you any more. Your whole personality might change if you did! For it is your brain that makes you happy or sad, nice or mean, friendly or shy.

Ⅵ Your brain started to become what it is when you were still inside your mother's *womb. A sheet of cells, similar to a piece of skin, folded over on itself and formed a tube. That tube began to grow bigger and started to look like a ball, and after some time divided into two halves (called hemispheres). Then it divided into more sections, like the frontal lobe, which helps you make decisions, and the temporal lobe, which helps you understand the things that you hear.

Ⅶ Much of your brain's basic shape originally came from your parents, by way of their genes. But ever since then, it's been up to you. Every time you try to learn something new, your brain changes. You can't order a new brain online, but by learning something new every day, you can keep making the brain you already have even better.

Ⅷ ⑤Because no two brains are quite the same, no two people think or act in the same way. More than anything else, it is *your* brain that makes you you.

*(注) womb：子宮

問1　下線部①の【　】内の語(句)を並べかえ，意味の通る英文にしなさい。

問2　[a] に入る最も適切な英文を選び，記号で答えなさい。

ア. We communicate.　イ. We live.　ウ. We lie.　エ. We learn.

問3　下線部②とほぼ同じ内容を表している一文が英文(B)のⅥ～Ⅷ段落の中にあります。その最初の3語を書きなさい。

問4　下線部③が表す内容を，英文(A)の中から抜き出しなさい。

問5　下線部④に3語の英文で答えなさい。

問6　[b] に入る最も適切な1語を答えなさい。

問7　下線部⑤を日本語になおしなさい。

問8　英文(B)についてのRyotaとKenの対話文を読み，[c] に入る適切な5～7語の英語を英文(B)のⅤ～Ⅷ段落の中から抜き出しなさい。

Ryota : Hey, listen. I'm depressed. I couldn't get a recommendation for the university I wanted to enter.

Ken : I'm sorry to hear that. But even if you can't get a recommendation, you have another chance. You can try again, right?

Ryota : Yes. I'll try the ordinary entrance examination in March, but it is much more difficult than getting into university through a recommendation. I wish I had a better brain.

Ken : You mean you want another, better brain?

Ryota : Yes.

Ken : No way! [c] if you got another brain. That means you wouldn't be YOU any more. I don't want to lose my best friend!

Ⅲ 次の英文を読み，各問いに答えなさい。なお，出題に際して本文には省略および表記を一部変えたところがあります。〔本文中で＊の付いている語（句）には注があります〕

Bradley was too excited to sleep. *Mrs. Ebbel will be so surprised*, he thought. *She'll tell the whole class, "Only one person got a hundred percent—Bradley!"*

But there were so many things that could still go wrong. *＊What if I lose it on the way to school?* he worried. *What if Jeff and his friends steal it?* Twice during the night he got out of bed to make sure it was safely folded inside his math book.

What if I did the wrong page? He was no longer sure whether Mrs. Ebbel had said page 43 or page 62! He tried [1 a] exactly what she said to him.

He sat up in horror. She never said it was *math* homework. Mrs. Ebbel had just said a page number. She never said what book! She could have meant history, or language, or any of his other books!

He [1 b] back down and ＊trembled. His tears wet his pillow.

He got out of bed early in the morning, checked to see if his homework was still there, then quickly got ready and left for school without [1 c] breakfast.

On the way he stopped [1 d] sure he still had his homework. As he opened his book, the paper fell onto the sidewalk, right next to ＊a puddle of water.

He looked down at it, shocked by ①what he had almost done, then quickly picked it up and put it back in his book. He held the book tightly shut until he arrived at school.

He was one of the first ones there. He had to wait for the doors to open. He looked around carefully for Jeff and his friends. He stood with his back to the school wall so they couldn't surprise him from behind.

He saw Andy. He thought Andy had seen him, too, but if he had, he didn't do anything about it.

When the doors opened, he was the first one in Mrs. Ebbel's class. He sat at his desk—last seat, last row—and waited.

As the other kids came in, he saw them put sheets of paper on Mrs. Ebbel's desk. He wondered if that was their homework. He now had ②a new worry. He didn't know how he was going to give the teacher his homework.

Jeff entered, put a piece of paper on the pile on top of Mrs. Ebbel's desk, then came toward the back of the room.

It must *be his homework*, thought Bradley. *What else could it be?*

"Shawne," he said aloud.

The girl who sat in front of Jeff turned around.

③"Are you going to put your homework on Mrs. Ebbel's desk?"

"Don't tell me what to do, Bradley!" Shawne said angrily. "You worry about your homework, and I'll worry about mine, okay?" She turned back around.

It was almost time for school to start. *What if I have to put it on her desk before the bell rings or it doesn't count?* He took his homework out of his book, stood up, then went to Mrs. Ebbel's desk.

He became more nervous with each step he took. His mouth was dry and he had trouble breathing. ④【 was / see clearly / couldn't / going / he / he / where 】. He felt like he was going to fall down. Mrs. Ebbel's desk seemed so A . It was like he was looking at it through the wrong end of a *telescope. His heart pounded and his hand holding his homework shook.

Somehow he made it to her desk and tried to see the sheets of paper the other kids had put there. It looked like math homework! Page 43!

But instead of feeling better, he felt worse—like he was going to explode.

"Do you want something, Bradley?" asked Mrs. Ebbel.

He looked at his homework shaking in his hand. Then he *tore it in half and dropped it in the wastepaper basket next to Mrs. Ebbel's desk.

He quickly felt better. His head cleared and his breathing returned to normal. His heart stopped pounding.

He walked back to his desk, took a deep breath, breathed out, and sat down. He folded his arms on his desktop and lay his head down across them. He felt sad, but relaxed, as he looked at the gold stars on the wall.

Bradley remained in his seat after everyone else had gone to take a break. He walked to Mrs. Ebbel's,desk.

She was sorting papers.

"Mrs. Ebbel," he said shyly. "May I use the *hall pass? I have to see the counselor."

She looked up.

"Please."

Normally Mrs. Ebbel would never allow Bradley Chalkers to be free in the halls, but something about the way he asked must have changed her mind. "All right, Bradley," she said. "But if you're bad, you'll never be allowed in the halls of this school again!"

"Thank you."

He took the hall pass [7 a] behind her desk and walked towards the door.

"You're welcome," Mrs. Ebbel said to herself.

He knocked [7 b] the door to Carla's office.

"How nice to see you today, Bradley," she greeted him. "Thank you [7 c] your coming to see me."

He shook her hand, then they sat around the round table. She was wearing the shirt [7 d] the crazy lines on it. It was the one she wore the first time he saw her. He liked it, but ⑤【 as / as / one / with / not / much / the 】 the pictures of mice.

"[8 a]," he said.

Carla looked very happy. "I'm so proud of—"

"I *ripped it up."

"What?"

"I ripped it up. I brought it to school, and [8 b], but then I ripped it up."

"Why did—?" Carla started to ask.

"Why did I rip it up?" he asked her first.

"I don't know, why did you?"

He shrugged.

She shrugged.

They both laughed quietly.

"[8 c]," Bradley said when he stopped laughing.

Carla shook her head. "You did your homework, that's the important thing. I'm so very proud of you, Bradley Chalkers."

"[8 d]," he promised.

"That's wonderful!"

"But what if I keep ripping it up?" he asked.

"Why would you want to do that?"

"I don't know. [8 e]."

"The important thing is that you did it. And you learned some things by doing it, didn't you?"

"What 'of' means," said Bradley.

"What 'of' means?" Carla repeated.

"*Times," said Bradley.

She stared at him, confused. "Oh, right!" she said, as it all suddenly connected for her. "Okay, so even though you ripped up your homework, you still remember what you learned. ⑥<u>You didn't rip up your memory.</u> And when Mrs. Ebbel gives the next math test, you'll know how to answer the questions."

⑦<u>"If they don't change the rules,"</u> said Bradley.

"What rules?"

"Like, what if they decide to make 'of' mean *subtraction?"

"They won't change the rules," Carla said gently, "whoever *they* are."

"But what if I rip up my test, too?" he asked.

Carla looked at him as if he was being childish. "Has Mrs. Ebbel given you any homework for tomorrow?" she asked.

"Tomorrow is Saturday."

"Okay, for Monday?"

"No, we never have homework over the weekend."

He spoke like he'd been doing homework for years. "But we have a book report that we have to give the teacher next week. Only..."

"Only what?"

"I don't have a book. And Mrs. Wilcott won't let me borrow any from the library."

"Well, let's see," said Carla. "Do you think you might know somebody else who might let you borrow a book? Think hard now."

Bradley looked around at all the books in her office. "May I borrow one of yours?" he asked. "Please. I won't write in it."

Carla walked around the table, then picked out a book from one of her bookcases. "It's my favorite," she said as she gave it to Bradley.

*（注） What if：～したらどうなるだろうか　tremble：ふるえる　a puddle of water：水たまり
telescope：望遠鏡　tear：～を破く　hall pass：廊下の通行証　rip up：～を引き裂く
times：かけ算　subtraction：引き算

問１ [1a] ～ [1d] に入る最も適切なものをそれぞれ選び，必要があれば形を変えて答えなさい。ただし，同じ語は１度しか使えません。

【 lie / take / remember / eat / make 】

問２ 下線部①の具体的な内容を日本語で答えなさい。

問３ 下線部②の具体的な内容を日本語で答えなさい。

問４ 下線部③について，⑴ Bradley はどのような意図でその言葉を発したのか。⑵ Shawne はその言葉をどのような意味だと受け取ったのか。最も適切なものをそれぞれ選び，記号で答えなさい。

ア．Have you told Mrs. Ebbel about my homework?

イ．How should we turn in our homework?

ウ．How busy I was doing my homework!

エ．Have you already turned in your homework?

オ．To whom do I have to turn in my homework?

問５ 下線部④・⑤の【 】内の語(句)を並べかえ，意味の通る英文にしなさい。ただし，文頭にくる語も小文字で示してあります。

問６ [A] に入る最も適切なものを選び，記号で答えなさい。

ア．shiny　イ．dirty　ウ．close to him　エ．far away

問7 [7a] ～ [7d] に入る最も適切なものをそれぞれ選び，記号で答えなさい。ただし，同じ記号は1度しか使えません。

ア．on　　イ．for　　ウ．from　　エ．with

問8 [8a] ～ [8e] に入る最も適切なものをそれぞれ選び，記号で答えなさい。ただし，同じ記号は1度しか使えません。

ア．I didn't think I wanted to rip it up, today

イ．I did my homework last night

ウ．I'm going to do all my homework, from now on

エ．I was afraid you'd be angry

オ．I was just about to put it on Mrs. Ebbel's desk

問9 下線部⑥の言葉で，Carla が伝えたかったことを25～35字の日本語で説明しなさい。

問10 下線部⑦以降の Bradley と Carla の対話から読み取れる内容として適切なものを2つ選び，記号で答えなさい。

ア．Bradley asked Carla what would happen if someone changed the meaning of 'of'.

イ．Bradley was sure that he would not rip his test up again.

ウ．Bradley had to do his math homework before he read a book.

エ．Bradley was allowed to borrow a book from the library.

オ．Bradley asked Carla to think carefully about who could lend him a book.

カ．Bradley promised not to write memos in Carla's book.

【理　科】（50分）　＜満点：100点＞

【注意】　1．直線定規を利用してもよい。

2．計算問題の答えは，整数または小数で答え，割り切れない場合は小数第２位を四捨五入して，小数第１位まで答えること。

1　図１のように，質量500ｇ，底面積25cm^2の直方体の物体Ｘをばねばかりにつるし，水中に静かに沈めていきました。図２は，物体Ｘが沈んだ深さとばねばかりの値の関係を表したグラフです。水の密度は１ｇ/cm^3とし，質量100ｇの物体にはたらく重力の大きさは１Ｎとします。

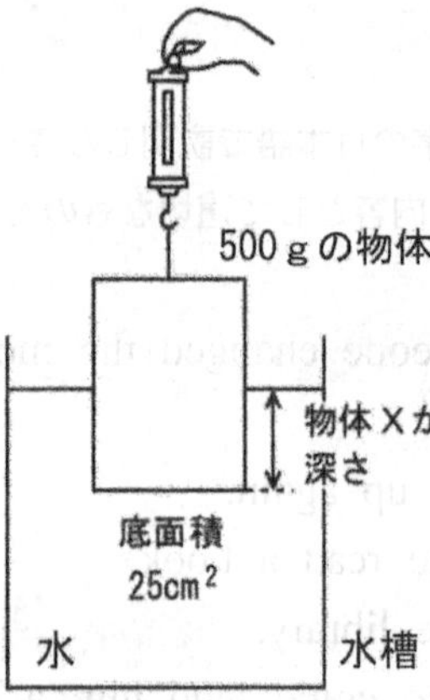

図１

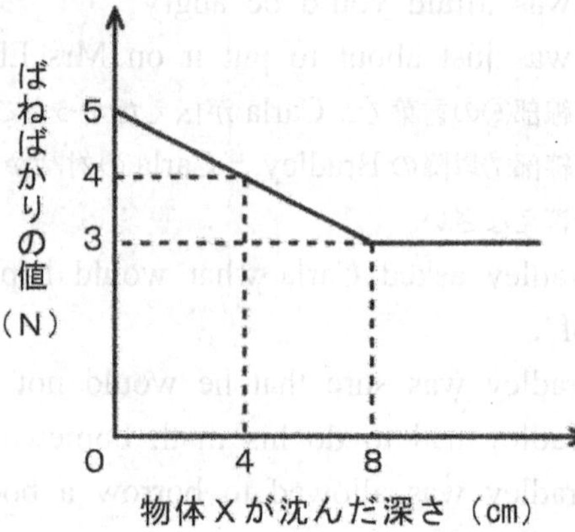

図２

⑴　物体がすべて沈んだとき，浮力の大きさは何Ｎですか。

⑵　図３のように，体積が変わらない物体Ｙを液体中に沈めたとき，物体Ｙが受ける浮力の大きさの説明として，**誤っているもの**はどれですか。ただし，物体Ｙは直方体とは限りません。

ア　浮力の大きさは，物体Ｙが押しのけた水の質量にはたらく重力の大きさと等しい。

イ　液体の種類が水よりも海水の方が，浮力の大きさは大きい。

ウ　物体Ｙの密度を２倍にすると，浮力の大きさは半分になる。

エ　物体Ｙの形状に関係なく，浮力の大きさは等しい。

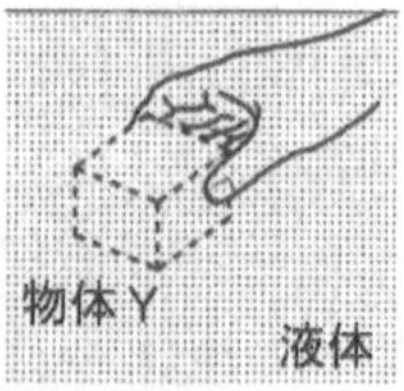

図３

図４（次のページ）のように，質量300ｇのコップを水に浮かせたところ静止しました。コップの外側の底面積は25cm^2，内側の底面積は20cm^2で，コップの高さは20cmです。コップは鉛直方向のみに移動し，傾くことはないものとします。

⑶　静止したコップが受ける浮力の大きさは何Ｎですか。

⑷　静止したコップが沈んだ深さは何cmですか。

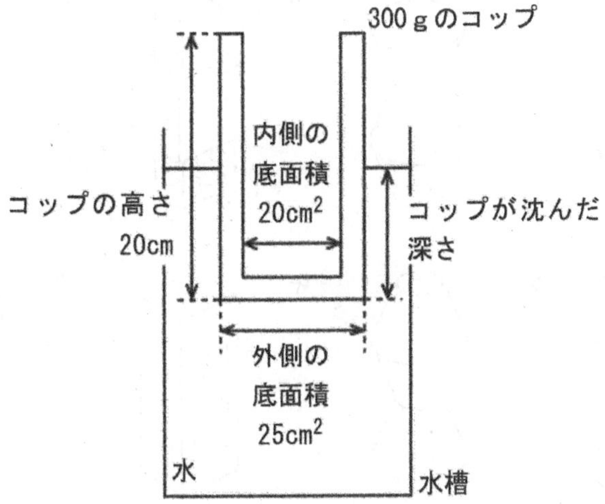

図４

　コップの中に水を入れていくと，コップは徐々に沈んでいきました。コップにある量の水を入れたとき，コップの上端は水槽の水面に達し，コップ内に水が流れ込みました。

⑸　水をコップの内側の底から５cmまで入れたとき，コップが沈んだ深さは何cmになりますか。

⑹　コップの上端が水槽の水面に達したのは，水をコップの内側の底から何cmまで入れたときですか。

　図５のように，ばねばかりにある形の物体Ｚをつるし，水中に静かに沈めていきました。図６は，物体Ｚが沈んだ深さとばねばかりの値の関係を表したグラフです。

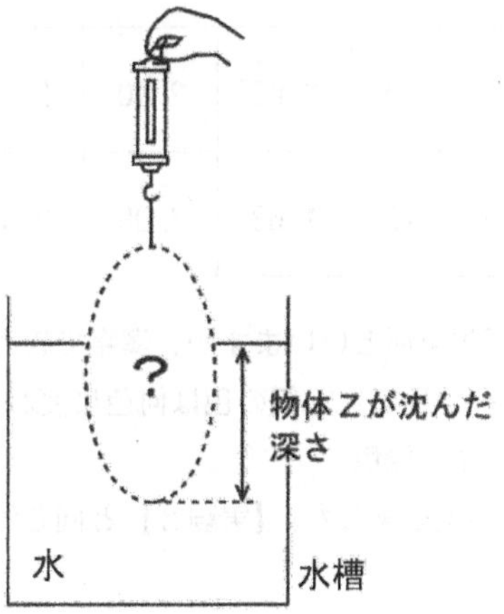

図５

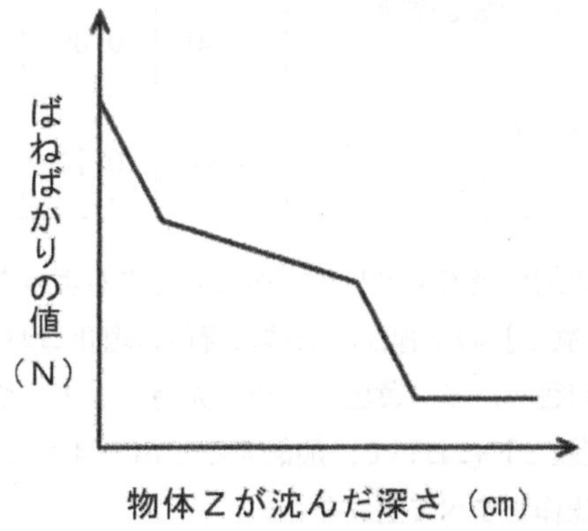

図６

⑺　ばねばかりにつるした物体Ｚの形状として考えられるものを次のページから２つ選びなさい。

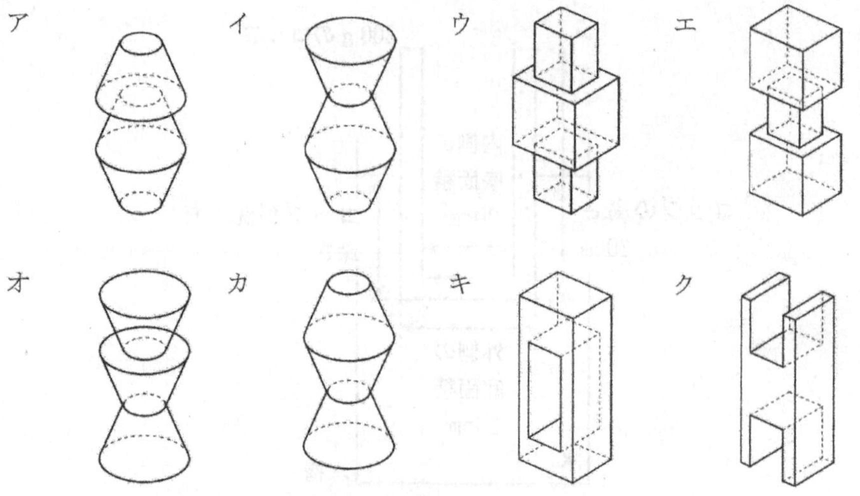

2　銅を空気中で加熱すると，黒色の酸化銅が得られます。この酸化銅について，次の実験を行いました。

【実験１】

0.50 g の酸化銅の粉末をガラス管に入れ，水素を送りこみながら十分に加熱したところ，0.40 g の銅が得られました。このとき，ガラス管の内部に液体が発生しました。

【実験２】

７本の試験管に炭素（木炭の粉末）0.12 g ずつを入れ，それぞれ異なる質量の酸化銅の粉末を加えて加熱し，用いた酸化銅の質量と反応後に残った固体の質量の関係を表１にまとめました。ただし，炭素は空気中の酸素とは反応せず，炭素と酸化銅はよく混ざっており，反応は十分に進行したものとします。

表１

酸化銅の質量（g）	0.40	0.80	1.20	1.60	2.00	2.40	2.80
残った固体の質量（g）	0.41	0.70	0.99	1.28	1.68	2.08	2.48

⑴　酸化銅が酸素を奪われて銅に変化するような化学変化を何といいますか。漢字で答えなさい。

⑵　【実験１】の下線部の液体に青色の塩化コバルト紙をつけると，紙の色は何色に変わりますか。

ア　白色　　イ　黄色　　ウ　赤色　　エ　紫色　　オ　緑色

⑶　【実験２】において，加熱すると銅のほかに気体が発生しました。【実験２】と同じ気体が発生する操作をすべて選びなさい。

ア　亜鉛にうすい塩酸を加える。

イ　重そうにうすい塩酸を加える。

ウ　レバーにうすい過酸化水素水を加える。

エ　塩化アンモニウムに水酸化ナトリウムと少量の水を加える。

オ　卵の殻に食酢を加える。

カ　過炭酸ナトリウムに湯を加える。

(4)　酸化銅を3.00 g用いて【実験２】と同様の操作を行ったとき，反応後に生成する銅は何 gですか。

(5)　【実験２】で用いた酸化銅が0.40 gのとき，発生する気体は何 gですか。

(6)　【実験２】で用いた酸化銅が0.80 gのとき，反応後に残る炭素は何 gですか。

(7)　ガラスの粉末と酸化銅の粉末の混合物があります。この混合物1.20 gに0.06 gの炭素を加えて試験管に入れ，【実験２】と同様に加熱したところ，反応後に残った固体は1.15 gでした。反応前の混合物に混ざっていたガラスの粉末は何 gですか。

[3]　市川高等学校１年生の市川さんと，大学生のお兄さんが，様々な場所で目にするある機器について会話しています。

[市川さん]　最近，駅や公共の施設でも [1] という機器をよく見かけるね。私の学校にも全部で７台の [1] があるんだって。

[お兄さん]　[1] は「自動体外式除細動器」といって，心室細動という①心臓がけいれんした状態のとき，電気ショックを与えて正常な状態に戻すための機器なんだ。この機器のおかげで救われた命もあるんだよ。

[市川さん]　ちょっと難しそうだけど，誰《だれ》でも使えるのかな？

[お兄さん]　医療従事者でなくても使用できるように，音声ガイダンスが流れるなどの工夫がされているよ。

[市川さん]　それなら私でも使えるかも。

[お兄さん]　心臓や血液は，生物にとって重要なはたらきを担っているからね。ところで，血液に関してはどんなことを学んでいるの？

[市川さん]　この前の授業では，カエルとヒトの血液の成分を比較したよ。

[お兄さん]　何か違いは見つけられたかな？

[市川さん]　どちらにも赤血球・白血球・ [2] があることがわかったけど，赤血球には明らかな違いがあったよ。カエルの赤血球には核があり，楕円《だえん》形をしていたけど，ヒトの赤血球は [3] をしていたよ。

[お兄さん]　ヒトの赤血球がそのような形をしていることで，いくつかの利点があるんだ。例えば，体積に対する表面積が大きくなるよね。そうなると酸素をより効率良く運搬できるんだ。

[市川さん]　白血球は免疫に関わっていて， [2] は血液の凝固に関わるんだよね。

[お兄さん]　そうだよ。どれも大事なはたらきをしているね。他にはどんなことを学んでいるの？

[市川さん]　別の授業では，ヒトの血液についての調べ学習があったんだ。そこで調べたことをまとめてみたよ（表１）。私の体重は51.5㎏だから，血液の総質量は約 [4] gになるね。

表１

血液の総質量	１分あたりの心臓の拍動数	１回の拍動で心臓から送り出される血液量	血管の全長
体重の約８％	約70回	約70mL	約10万km

［お兄さん］　②1日あたりの血液の循環する量も求めることができるね。心臓は，私たちが休憩中でも休むことなくはたらいて，血液を全身に運んでいるんだよ。

［市川さん］　そうだね。お兄さんと話して，心臓や血液の大切さが改めて実感できたよ。もし［ 1 ］を使わなければならないときには，ためらわずに使うようにするね。

(1)　［ 1 ］にあてはまる語句をアルファベット3文字で答えなさい。

(2)　下線部①について，多くのヒトの心臓の位置（●）として，適当なものはどれですか。

ア　　　　イ　　　　ウ　　　　エ

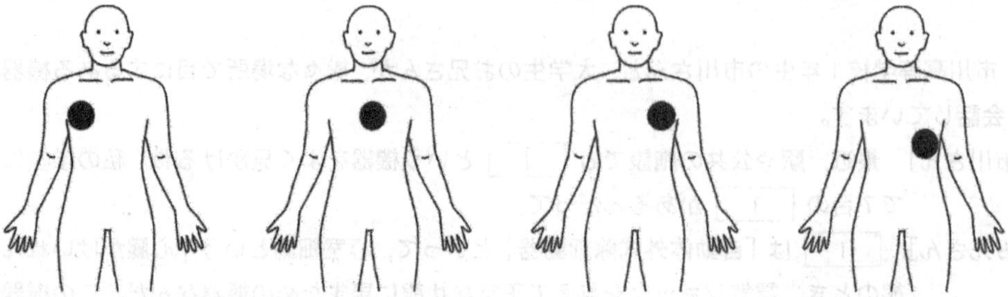

(3)　［ 2 ］にあてはまる語句を漢字で答えなさい。

(4)　［ 3 ］にあてはまるものはどれですか。

ア　核があり，球形　　　イ　核がなく，球形

ウ　核があり，中央がくぼんだ円盤形　　　エ　核がなく，中央がくぼんだ円盤形

(5)　［ 4 ］にあてはまる値として，最も近いものはどれですか。

ア　4.12　イ　41.2　ウ　412　エ　4120　オ　41200

(6)　下線部②について，最も近いものはどれですか。

ア　70L　　イ　200L　　ウ　700L　　エ　2000L　　オ　7000L

(7)　次の文のうち，正しいものはどれですか。

ア　心臓の拍動数は，活動中も休憩中も常に一定である。

イ　大動脈には動脈血が流れているが，肺動脈には静脈血が流れている。

ウ　血液の液体成分を組織液といい，養分や不要物を溶かして運搬する。

エ　ヒトの心臓は2心房2心室であるが，カエルの心臓は1心房2心室である。

4　日本列島は，いくつものプレートがぶつかり合う地域で，プレートの運動に伴い多くの地震に見舞われてきました。もっとも古い地震の記事は，西暦416年8月の允恭《いんぎょう》地震で，遠飛鳥宮《とおつあすかのみや》（現・奈良県明日香村付近）で地震があったと記録があります。もっとも古い震災の記事は，西暦599年5月の推古《すいこ》地震で，大和国《やまとのくに》（現・奈良県）で地震があり家屋が倒壊したという記録があります。

このように，日本では人々が古くから地震と付き合い続けてきたため，現在までにさまざまな地震への対策が生み出されてきました。

(1)　允恭地震や推古地震は同じ書物に載っています。これらの記録がある舎人《とねり》親王《しんのう》が編纂《へんさん》に携わったとされる書物はどれですか。

ア　日本書紀　　イ　古今和歌集　　ウ　枕草子　　エ　徒然草

(2)　日本周辺で地震を引き起こす要因の一つに，プレートの運動があげられます。市川高等学校（千葉県市川市）があるのは何プレートですか。

⑶　地震で発生する現象の一つに津波があります。津波の速さは水深が深いほど速くなるという特性があり，水深をh（m）とすると，津波の速さは$\sqrt{10h}$（m/s）と表すことができます。2011年の東北地方太平洋沖地震では，日本の各地で津波の到達が観測されましたが，日本沿岸だけでなくほぼ太平洋全域でも観測されました。特に日本から見て東～東南東方向へ強く進行したため，ハワイ諸島の一部では数m～10mの波高も観測されています。東北沖からハワイ諸島まで6200㎞，水深を4000mとしたとき，津波発生からハワイ諸島に到達するまで何時間かかりますか。**小数第１位を四捨五入**して答えなさい。ただし，計算の際に必要ならば$\sqrt{2}=1.41$，$\sqrt{10}=3.16$を使用してもかまいません。なお，成田－ホノルル間は直行便の旅客機で８時間程度かかります。

⑷　地震計は，揺れの情報を立体的な成分として記録しています。特にＰ波による最初の動きは，観測点がどの方向に動いたかを調べることができるため，震源の位置推定に役立ちます。図１はある観測点での地震計の記録の模式図で，横軸は時間，縦軸は振幅を表しています。この記録をもとに大森くんと市川さんが会話しています。図１と会話文を参考にして，観測点から見た震源の方向を**８方位**で答えなさい。ただし，会話文の一部は [redacted] で伏せてあります。

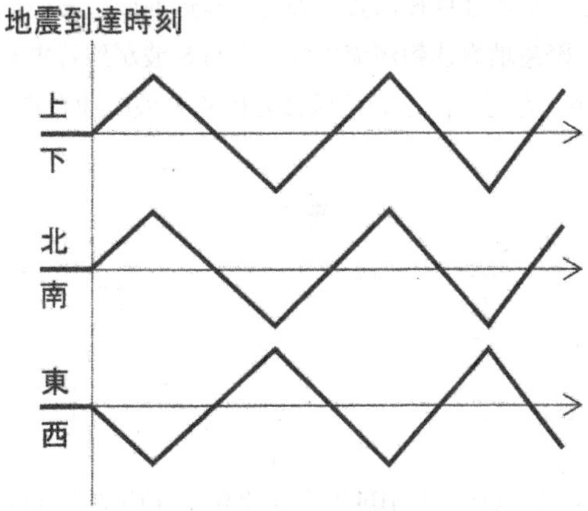

図１

［大森くん］　地震計の最初の動きは観測点の動きを表していて重要なんだって。

［市川さん］　じゃあ，この観測点は，上下では上に，南北では [redacted] に，東西では [redacted] に動いたってことね。

［大森くん］　そうすると，水平方向では [redacted] に動いたってことか。

［市川さん］　でも，上下の動きからは，なにがわかるのかしら？

［大森くん］　そうだね。上下動の意味は何だろう。そもそも，なんてこの観測地は上に動いたんだろう。

［市川さん］　地震が起こるのは震源で，その震源は必ず地下にあるのよね？ということは，基本的に震源は，観測点や私たちよりも下にあるはず。

［大森くん］　そうか。この観測点が上に動いたと考えるよりも，地震によって下から上に動かされたと考えれば，この観測点は震源から [redacted] れるように動いたっていえるんじゃないかな？

［市川さん］　きっとそうね！そう考えたら，震源の方向がわかりそうね。

⑸　大きな地震が発生すると，高層ビルでは上層階の揺れが大きく被害が拡大しやすくなるため，

揺れを抑えるような対策が施されることがあります。高さの低い一般的な民家でも，揺れによる建物の倒壊を防ぐような対策方法が開発されています。このような対策を，免震，耐震，制震といい，免震は揺れを逃がし，耐震は揺れに耐えて倒壊を防ぎ，制震は揺れを制御し吸収させるような対策です。次のうち**制震**にあたる対策はどれですか。

ア　建物の最上階付近で非常に重いおもりをぶら下げる。

イ　建物と地面の間に複数のゴム板と金属板を交互に重ねたものをはさむ。

ウ　建物の外壁などに柱や梁《はり》，筋交《すじか》いなどをとりつける。

エ　地震発生時に建物そのものを少し浮かせる。

(6)　地震予報は天気予報ほどの精度ではできていませんが，地震が到達することを知らせる緊急地震速報は広く実施され，身を守る行動につなげられるようになってきました。たとえば，警報に気づき，目の前のテーブルの下に潜るなど身を守る行動をするには，人は10～20秒程度かかるといわれますので，15秒ほど時間があれば命を守ることにつなげられると期待されます。

あるとき，銚子沖の深さ30㎞の地点で地震が発生したとします。震源から80㎞離れた地点にある地震計がＰ波を観測し，その３秒後に表１の各駅周辺地域において緊急地震速報が同時に流されました。表１の中で，緊急地震速報が流されてからＳ波が到着するまでに**15秒以上**の時間がある駅はいくつありますか。ただし，この地域におけるＰ波の速さを５㎞/s，Ｓ波の速さを３㎞/sとします。

表１

	佐倉駅	四街道駅	千葉駅	幕張駅	西船橋駅	本八幡駅	市川駅	新小岩駅	錦糸町駅
震源距離（km）	90.0	95.4	100.7	104.7	113.0	115.7	117.5	121.6	125.7
震央距離（km）	84.7	90.6	96.1	100.3	108.9	111.7	113.5	117.8	122.0

【社　会】（50分）　＜満点：100点＞

【注意】　1．解答の際には，句読点や記号は１字と数えること。

2．コンパス・定規は使用しないこと。

1　**あるクラスの社会の授業で，海外から日本に来訪した人物について各班が調べ，発表を行いました。その発表内容を読み，あとの問いに答えなさい。**

Ⅰ班の発表　蘭溪道隆について

A日本の仏教は，大陸との交流の中で発展してきました。B中国の禅僧であった蘭溪道隆は，1246年に来日し，鎌倉幕府に招かれました。彼はC鎌倉に建てられた建長寺の開山（初代住職）となり，弟子の育成に努めました。禅宗の発展はD中世の日本文化に様々な影響を与え，彼の書は国宝にも指定されています。

東京国立博物館 HP（https://www.tnm.jp）より

問１　下線**A**について，古代日本の仏教に関する文として正しいものはどれですか，①～⑤から２つ選び，番号で答えなさい。

①　大和政権と友好関係にあった新羅から，仏像や経典が伝わった。

②　聖徳太子は物部氏と提携し，仏教の考えを取り入れた十七条の憲法をつくった。

③　聖武天皇は仏教を重んじ，国ごとに国分寺・国分尼寺を建てた。

④　最澄は比叡山に延暦寺を建て，真言宗を開いた。

⑤　藤原頼通が建てた平等院鳳凰堂には，浄土信仰が反映されている。

問２　下線**B**について，Ⅰ班の生徒は当時の中国について調べ，**レポート１**にまとめました。文中の**（あ）**にあてはまる国名を下の①～④から１つ選び，番号で答えなさい。また，文中の**（１）**にあてはまる語句は何ですか，漢字２字で答えなさい。

＜レポート１＞

蘭溪道隆の出身国である（　あ　）は，日本との交流が盛んでした。（　あ　）でつくられた（　１　）は，日本に輸入されて商業の発展を促しました。最近の研究で，鎌倉の大仏は大量の（　１　）を溶かしてつくられたことがわかっています。1279年に（　あ　）が元に滅ぼされると，（　あ　）の兵は二度目の日本侵攻（弘安の役）に動員されました。

①　明　　②　宋　　③　唐　　④　漢

問３　下線**C**について，Ⅰ班の生徒は鎌倉を見学しようと考え，次のページの**地図１**にメモを書き込んでいます。メモ中の**（い）**と**（う）**にあてはまる人名は何ですか，下の①～⑥からそれぞれ選び，番号で答えなさい。

①　藤原純友　　②　源頼家　　③　新田義貞

④　北条泰時　　⑤　足利尊氏　　⑥　源実朝

＜地図1＞

蘭溪道隆が開山。

武家の守り神として崇拝された。鎌倉幕府の第3代将軍（　い　）はここで暗殺された。

鎌倉の大仏

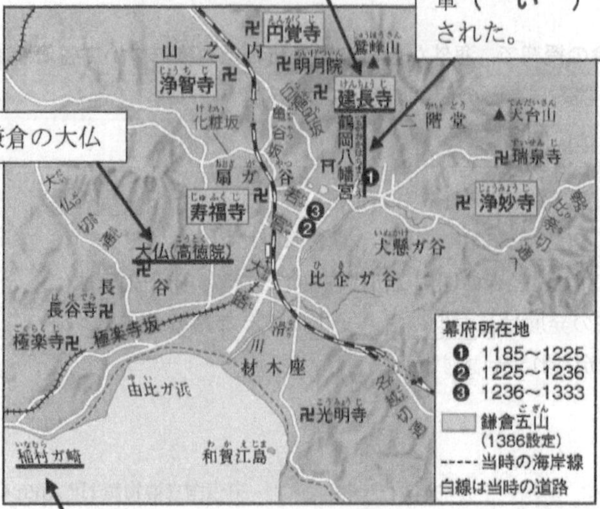

山川出版社『詳説日本史 改訂版』より

1333年、（　う　）がここから鎌倉に侵入し、幕府を滅ぼした。

問4　下線Dについて，鎌倉時代のはじめから室町時代のおわりまでの文化に関する文として正しいものはどれですか，①～⑤からすべて選び，番号で答えなさい。

① 東大寺南大門の金剛力士像など，力強い彫刻作品がつくられた。

② 床の間をもつ書院造の建築や，枯山水の様式による庭園が生まれた。

③ 俵屋宗達や尾形光琳が，はなやかな装飾画を完成させた。

④『竹取物語』や『古今和歌集』など，仮名文字による文学が発達した。

⑤ 田楽や猿楽から能が大成され，能の合間には狂言が演じられた。

Ⅱ班の発表　シーボルトについて

E外国との交流が制限された江戸時代に，ドイツ人医師のシーボルトはF海外の知識を日本に伝える上で重要な役割を果たしました。彼は長崎に鳴滝塾を開き，全国から集まった門人に医学などを教えました。

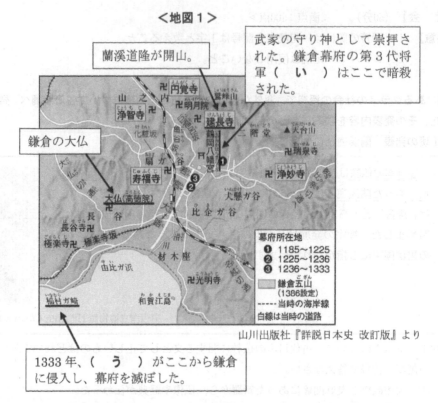

G1828年に国外追放になりますが，ヨーロッパに帰ってから日本に関する本を著し，高く評価されました。H幕末には再来日し，弟子たちと再会しました。

長崎県歴史文化博物館 HP（http://www.nmhc.jp）より

問5　下線Eについて，Ⅱ班の生徒は，江戸時代に海外の窓口となったある藩について調べ，レポート2にまとめました。この藩の位置を地図2中のア～ウから，レポート2中の（え）にあてはまる国名を**a**・**b**からそれぞれ選んだとき，その組み合わせとして正しいものはどれですか，下の①～⑥から１つ選び，番号で答えなさい。

＜レポート２＞

この藩の仲立ちにより，日本は（　**え**　）と国交を回復しました。以後，将軍の代替わりなどに（　**え**　）の使節が日本を訪れました。また，この藩は（　**え**　）の国内に居留地を持ち，貿易を行いました。

＜地図２＞

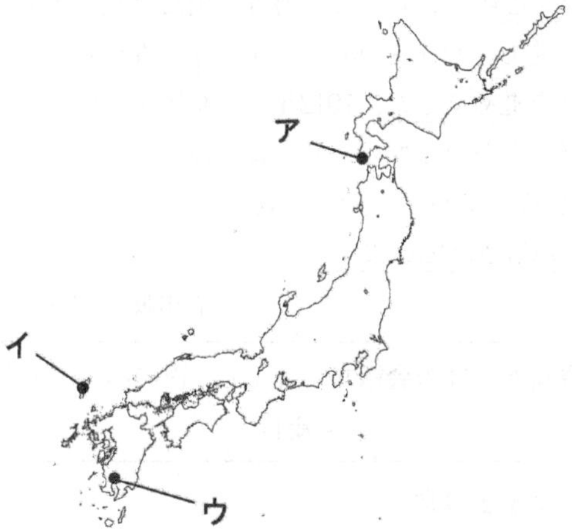

レポート２の（え）にあてはまる国　　**a**　琉球　　**b**　朝鮮

①　[**ア－a**]　　②　[**ア－b**]　　③　[**イ－a**]

④　[**イ－b**]　　⑤　[**ウ－a**]　　⑥　[**ウ－b**]

問６　下線**F**について，キリスト教に関係しない漢訳された洋書の輸入を許可するなど，18世紀前半に様々な改革を行った将軍は誰《だれ》ですか，漢字で答えなさい。

問７　下線**G**について，Ⅱ班の生徒が調べ，**メモ１**・**メモ２**をつくりました。これを読んで，あとの問いに答えなさい。

＜メモ１＞

事件の概要
シーボルトが，禁令に反して，地図を海外に持ち帰ろうとしていることが発覚した。

＜メモ２＞

事件の背景
幕府は，日本をとりまく対外環境の変化を警戒し，シーボルトの国外追放以前にも，対策を講じた。

⑴　**メモ１**で述べられている地図の中には，当時もっとも正確とされた日本地図（大日本沿海輿地全図）の写しがありました。この日本地図を実測によって作成した，現在の千葉県出身の学者は誰ですか，漢字で答えなさい。

⑵　**メモ２**について，幕府はどのような対外環境を警戒し，具体的にどのように対策をとりましたか，説明しなさい。

問８　下線**H**について，次の出来事**a**～**c**を古い方から時代順にならべたものとして正しいものはどれですか，次のページの①～⑥から１つ選び，番号で答えなさい。

a　薩長同盟が結ばれた。

b　日米修好通商条約が結ばれた。

c　四国連合艦隊が下関の砲台を攻撃した。

①［a－b－c］　②［a－c－b］　③［b－a－c］
④［b－c－a］　⑤［c－a－b］　⑥［c－b－a］

Ⅲ班の発表　孫文について

19世紀，I清朝が動揺する中で，若くして海外に出た孫文は革命により中国を変えようと志し，日本を拠点として，J犬養毅らの協力を得ながらK革命運動を進めました。1912年に中華民国が成立すると，孫文は臨時大総統となりましたが，政争にやぶれ，一時日本に亡命しました。亡くなるまで新しい中国の建設に尽くした孫文は，L今も多くの人々に尊敬されています。

教育出版『中学社会　歴史　未来をひらく』より

問9　下線Ｉについて，**資料**と生徒の**会話文**を読んで，次のページの問いに答えなさい。

＜資料＞

a　**1865年　李鴻章による上奏文**

中国の文武制度は，全然外国の低俗なものとは異なり，治世に至り，国を保ち基礎が壊れないように固められるのはもちろん道理があったわけである。

b　**1898年　康有為による上奏文**

日本の維新の始まりを考えますに，三点があります。第一には，広く群臣に旧習を改め維新をはかり，天下の輿論《よろん》※1を採用し，各国の良法を取り入れることを約束したこと…。

c　**1906年　胡惟徳による報告書**

立憲の枢要※2には以下の三点がある。それは，行政，司法，そして代議制である。代議制というのは，国民を代表して法律に関する議決を行なうことで，これを立法という。

※1輿論…世論のこと。　※2枢要…物事の最も大切な所。

陳敏「李鴻章の思想形成についての一考察」・歴史学研究会編『世界史史料9』より

＜会話文＞

史彦：a～cはそれぞれ，清の官僚による提案や報告だよ。

倫子：aと，b・cとでは，考えがずいぶん違っているね。清の危機が深まり，変革の必要が高まったからなのかな。

史彦：aが書かれた時期とbが書かれた時期の間には，日本で変革が起こっているよ。その経験から学ぼうとしているようだね。

倫子：Xその中でも，どのような日本の変革に注目しているのか，cを読むと見えてくるね。

問い　会話文中の二重下線Xにおける「日本の変革」とは，何を指していると考えられますか，例を２つあげながら説明しなさい。

問10　下線Ｊについて，この人物はのちに首相となりますが，軍人に暗殺されました。この事件を何といいますか，答えなさい。

問11　下線Kについて，Ⅲ班の生徒は，この時期の孫文の活動を**年表**にまとめ，重要な出来事の年には日本が関わる戦争が行われていることに気づきました。二重下線Y・Zの年に行われていた戦争に関する文として正しいものはどれですか，下の①～⑤からそれぞれ選び，番号で答えなさい。

＜年表＞

Y 1894年	ハワイで，革命組織の興中会を結成。
1895年	広州ではじめての武装蜂起したが，失敗して日本に亡命。
Z 1905年	東京で革命諸団体を集め，中国同盟会を結成。
1911年	辛亥革命の勃発を受け，アメリカから中国に帰国

①　日本が，樺太の南半分や旅順・大連の租借権を獲得した。
②　日英同盟を理由に参戦し，山東半島の青島などを占領した。
③　関東軍が鉄道を爆破し，これを口実として満州を占領した。
④　講和条約で，朝鮮が独立国であることが認められた。
⑤　ロシア革命に干渉するため，アメリカなどと共同で出兵した。

問12　下線Lについて，Ⅲ班の生徒は**レポート３**にまとめました。文中の（２）にあてはまる地域名は何ですか，答えなさい。

＜レポート３＞

孫文は，とくに（　２　）で尊敬を集めています。紙幣には孫文の肖像画が用いられ，彼の名を冠した地名もたくさんあります。このことは，孫文の後継者である国民党の蒋介石が，共産党との内戦にやぶれた後，中華民国政府を（　２　）に移したことと関係があります。その後，（　２　）では国民党の独裁が終わって民主化が進み，近年では一部に孫文の評価を見直す動きもあります。

２　次の表１は，2020年現在，人口が１億人以上の国を地域ごとにまとめたものです。表１に関連する内容について，あとの問いに答えなさい。

＜表１＞

Aアジア	アフリカ	欧州	中南米	北米
Bインド インドネシア C中国 D日本 パキスタン バングラデシュ フィリピン	エジプト エチオピア Eナイジェリア	ロシア	Fブラジル	Gアメリカ合衆国 メキシコ

問１　下線**A**について，東南アジアや南アジアでは，中国やインドからの宗教伝播《でんぱ》や，欧米による植民地支配の影響で，様々な宗教が信仰されています。**表２**はインドネシア，タイ，パキスタン，バングラデシュ，フィリピンにおける国内信者数の割合が高い宗教の上位２つと人口密度を示しています。**イ・ウ**にあてはまる国の組み合わせとして正しいものはどれですか，下の①～⑦から１つ選び，番号で答えなさい。

＜表２＞

	１位	２位	人口密度（人/㎢）
ア	イスラム教	キリスト教	143
イ	イスラム教	ヒンドゥー教	1116
ウ	キリスト教	イスラム教	365
エ	イスラム教	ヒンドゥー教	277
オ	仏教	イスラム教	136

二宮書店『データブック オブ・ザ・ワールド 2022年版』より作成

①　[**イ**－バングラデシュ　　**ウ**－インドネシア]
②　[**イ**－バングラデシュ　　**ウ**－フィリピン　]
③　[**イ**－パキスタン　　　　**ウ**－インドネシア]
④　[**イ**－パキスタン　　　　**ウ**－フィリピン　]
⑤　[**イ**－パキスタン　　　　**ウ**－タイ　　　　]
⑥　[**イ**－インドネシア　　　**ウ**－フィリピン　]
⑦　[**イ**－インドネシア　　　**ウ**－タイ　　　　]

問２　下線**B**について，**表３**はインド，中国，南アフリカ共和国，ロシアにおける産業別人口構成割合と合計特殊出生率を示しています。インドにあてはまるものはどれですか，①～④から１つ選び，番号で答えなさい。

＜表３＞

	第１次産業人口割合（%）	第２次産業人口割合（%）	第３次産業人口割合（%）	合計特殊出生率
①	5.2	23.1	71.7	2.38
②	26.1	28.2	45.7	1.70
③	5.9	26.8	67.3	1.50
④	43.3	24.9	31.7	2.20

二宮書店『データブック オブ・ザ・ワールド 2022年版』より作成

問３　下線**C**について，中国各地の伝統料理は風土や農林水産業とつながりがあります。**ア**～**エ**は広東料理，四川料理，上海料理，北京料理のいずれかの料理を説明した文章です。**ア・ウ**にあてはまる料理の組み合わせとして正しいものはどれですか，次のページの①～⑥から１つ選び，番号で答えなさい。

ア　材料には小麦や豚肉，羊肉などが用いられ，味が濃く塩辛いことが特徴である。宮廷料理の特徴を継いでいるとされている。代表的な料理として水ギョウザがある。

イ　材料には米や豚肉，魚介類，岩のりなどが用いられ，薄味で素材の風味をいかすことが特徴である。さらに，茶の生産が盛んなことから，中国茶を飲みながらシュウマイなどの点心を食べる飲茶《やむちゃ》も有名である。

ウ　材料には米や豚肉，魚介類などが用いられ，甘みが強いことが特徴である。さらに，大河川の河口があることで，川魚やエビやカニなどの魚介類が充実している。代表的な料理として八宝菜がある。

エ　材料には米や豚肉，馬肉，大豆などが用いられ，盆地で湿度が高いことから，保存がきくように香辛料をふんだんに用いていて，辛みが強いことが特徴である。代表的な料理としてマーボー豆腐がある。

① [アー北京料理　ウー広東料理]　② [アー北京料理　ウー四川料理]
③ [アー北京料理　ウー上海料理]　④ [アー四川料理　ウー広東料理]
⑤ [アー四川料理　ウー北京料理]　⑥ [アー四川料理　ウー上海料理]

問4　下線Dについて，日本では少子高齢化や東京への人口の一極集中が進んでいます。これに関して次の問いに答えなさい。

⑴　少子高齢化は年少人口※の減少によって進行していきます。**グラフ1**はアメリカ合衆国，インド，日本の年少人口割合の推移（2050年は推計）を示しています。**ア〜ウ**にあてはまる国の組み合わせとして正しいものはどれですか，あとの①〜⑥から1つ選び，番号で答えなさい。

※年少人口…0～14歳の人口のこと。

＜グラフ１＞

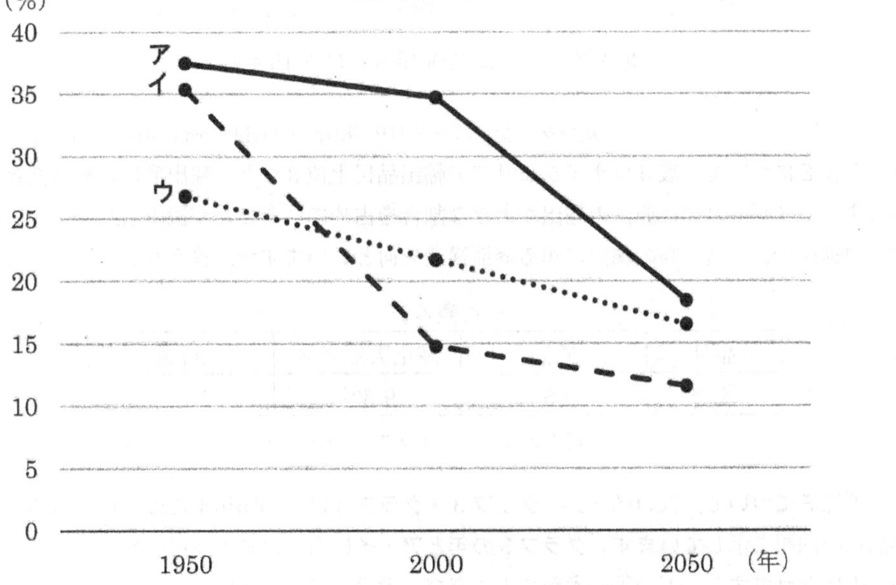

United Nations Department of Economic and Social Affairs Population Division HP
(https://population.un.org/wpp) より作成

① [アーアメリカ合衆国　イーインド　ウー日本　]
② [アーアメリカ合衆国　イー日本　ウーインド　]

③［アーインド　　　イーアメリカ合衆国　　ウー日本　　　　］
④［アーインド　　　イー日本　　　　　　　ウーアメリカ合衆国］
⑤［アー日本　　　　イーアメリカ合衆国　　ウーインド　　　］
⑥［アー日本　　　　イーインド　　　　　　ウーアメリカ合衆国］

⑵　**グラフ２**は，政治や経済の中心で都心３区と呼ばれる中央区・千代田区・港区と，埼玉県・千葉県に接している練馬区・江戸川区の人口増減率を年度別に示しています。都心３区と他の２つの区では，人口増減の推移に違いがあります。都心３区の人口増減の特徴を，時期ごとの理由とともに説明しなさい。

＜グラフ２＞

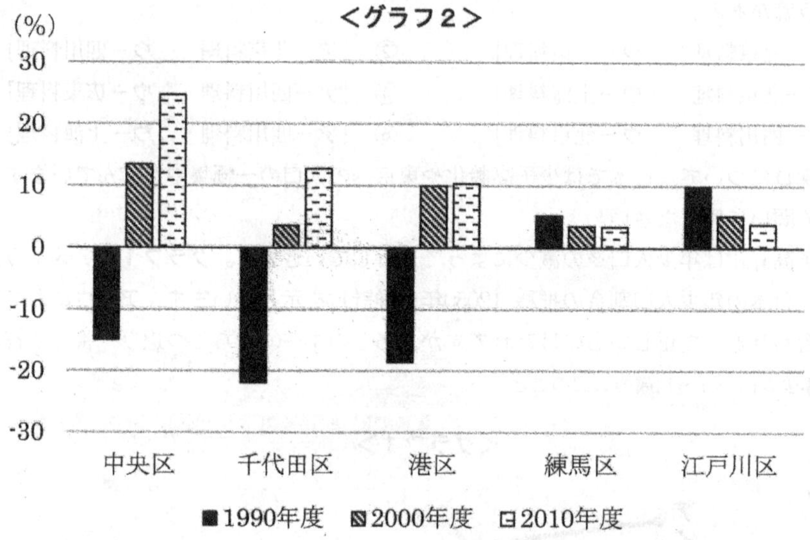

統計ダッシュボードHP（https://dashboard.e-stat.go.jp）より作成

問５　下線Ｅについて，**表４**はナイジェリアの輸出品目上位３つと，輸出額に占める割合を示しています。ナイジェリアは原油の輸出が大きな割合を占めていることが読み取れます。このように特定の鉱産資源や農作物の輸出に頼る経済構造を何といいますか，答えなさい。

＜表４＞

品目	原油	液化天然ガス	船舶
割合	76.5%	9.3%	5.9%

二宮書店『データブック オブ・ザ・ワールド 2022年版』より作成

問６　下線Ｆについて，次のページの**グラフ３・グラフ４**は，1965年または2016年のブラジルの輸出品目の内訳を示しています。**グラフ３**の年と**ア・イ**にあてはまる品目の組み合わせとして正しいものはどれですか，下の①～④から１つ選び，番号で答えなさい。

①［**グラフ３**－1965年　　アーコーヒー豆　　イー大豆　　　　］
②［**グラフ３**－1965年　　アー大豆　　　　　イーコーヒー豆］
③［**グラフ３**－2016年　　アーコーヒー豆　　イー大豆　　　　］
④［**グラフ３**－2016年　　アー大豆　　　　　イーコーヒー豆］

＜グラフ３＞

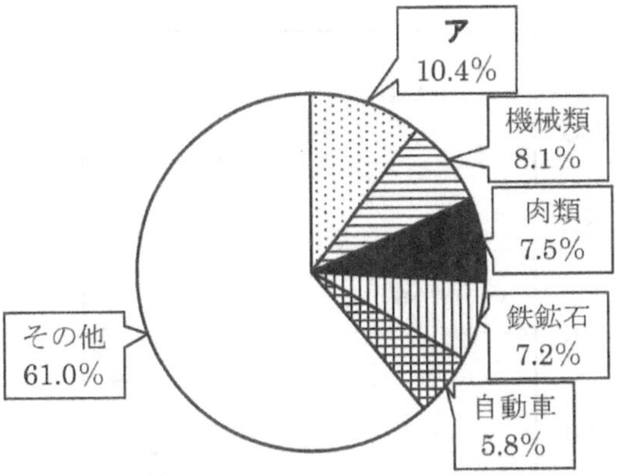

＜グラフ４＞

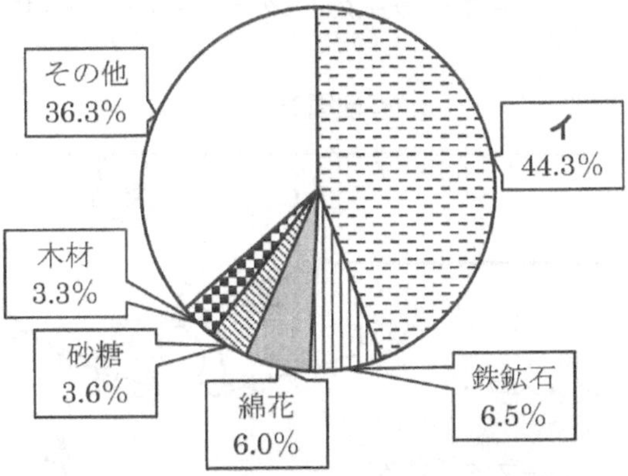

教育出版『中学社会　地理　地域にまなぶ』より作成

問７　下線Ｇについて，**グラフ５**は，横軸が各月の平均気温の最も高い月と最も低い月の差を示していて，縦軸が各月の降水量の最も高い月と最も低い月の差を示しています。①～④は**地図**で示したサンフランシスコ，シカゴ，マイアミ，ラスベガスのいずれかです。サンフランシスコとシカゴにあてはまるものはどれですか，①～④からそれぞれ選び，番号で答えなさい。

（**グラフ５**，**地図**は次のページにあります。）

＜グラフ5＞

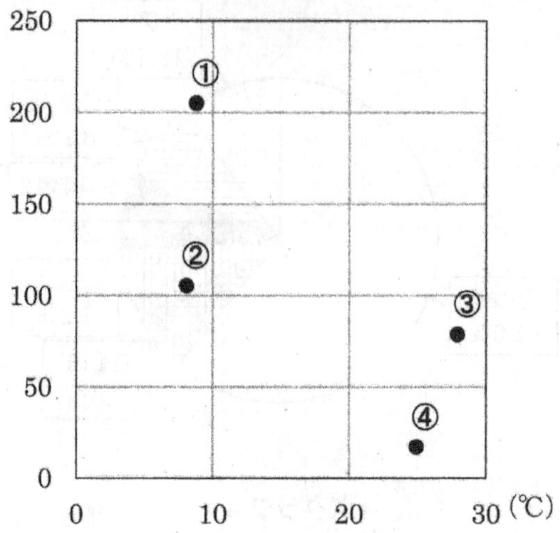

二宮書店『データブック オブ・ザ・ワールド 2022年版』より作成

＜地図＞

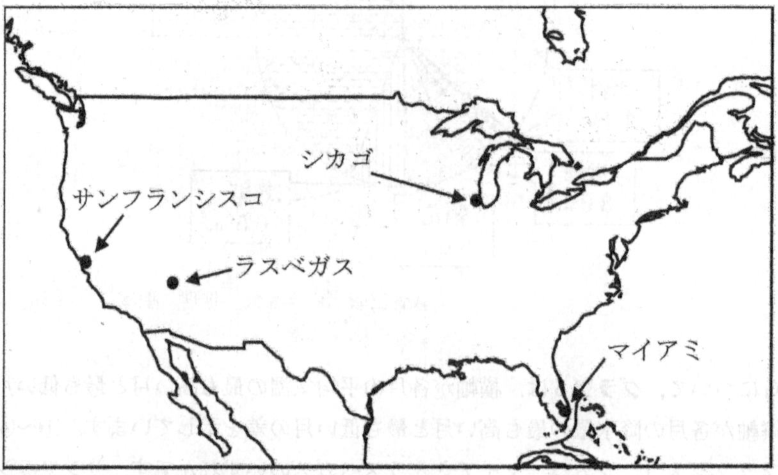

3　あるクラスの社会の授業で，各班がテーマを決めて調べ学習に取り組み，レポートや表にまとめました。各班の調べ学習を読み，あとの問いに答えなさい。

Ⅰ班のテーマ　戦争抑止のしくみや国際連盟と国際連合について

＜レポート１＞

国際社会には世界政府が存在しないので，国家間の小さな争いが軍事力の衝突にまで発展することがあります。これを防ぐ方策として考えられたのが，諸国家間で軍事同盟などの友好関係を形成し，対立する同盟や陣営との間の勢力均衡をはかるというものです。しかし，この勢力均衡のもとでは，軍拡競争や国際的緊張を招いてしまい，ひとたびバランスが崩れると大きな戦争が起きかねない危険性がありました。

この危険性を乗り越えるために，(　1　)の考え方が登場します。(　1　)の考え方では，対立する国々も含めた包括的な体制を築き，違法な攻撃をした国に対し，他の国が制裁を加えることで，平和の維持をはかります。このしくみは第一次世界大戦時のアメリカ大統領(　2　)によって提唱された歴史上初の常設の国際平和機構である国際連盟に取り入れられましたが，国際連盟には当時の大国が不参加だったことや，軍事制裁ができないなどの欠陥があり，第二次世界大戦を防ぐことができませんでした。そのため，第二次世界大戦後にはA国際連合が設立されました。

<図>

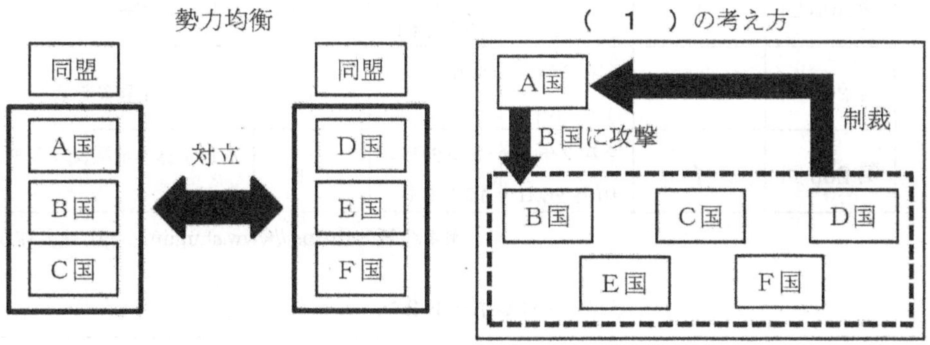

問1　文中・図の(1)にあてはまる語句，および文中の(2)にあてはまる人名は何ですか，答えなさい。

問2　下線Aについて，国際連合の掲げる「国際の平和と安全の維持」に関する文として正しいものはどれですか，①～④から1つ選び，番号で答えなさい。

①　安全保障理事会は，常任理事国5カ国と非常任理事国10カ国で構成され，過半数の賛成で軍事制裁の実行などを決定することができる。

②　1990年のイラクによるクウェート侵攻の際に，国連総会の決議にもとづき国連軍が派遣された。

③　国際司法裁判所は，紛争当事国どちらか一方の要求により裁判が開始される。

④　国際連合は，停戦や選挙監視などの平和維持活動（PKO）を実施することができる。

Ⅱ班のテーマ　国会の種類や二院制について

＜表１＞

国会回次	国会の種類	召集日	会期終了日	会期	審議内容など
第 208 回	ア	令和４年 1月 17 日	令和４年 6月 15 日	150 日	一般会計予算の審議など
第 207 回	イ	令和３年 12月６日	令和３年 12月 21 日	16 日	補正予算の審議及び可決など
第 206 回	ウ	令和３年 11月 10 日	令和３年 11月 12 日	３日	内閣総理大臣の指名
第 205 回	イ	令和３年 10月４日	令和３年 10月 14 日	11 日	任期満了解散
第 204 回	ア	令和３年 1月 18 日	令和３年 6月 16 日	150 日	一般会計予算の審議など
第 203 回	イ	令和２年 10月 26 日	令和２年 12月５日	41 日	補正予算の審議及び可決など

衆議院 HP（https://www.shugiin.go.jp）より作成

＜レポート２＞

日本の国会は，衆議院と参議院からなる二院制をとっていますが，両院は異なる方法で国民に選出された議員で構成されているため，国民のさまざまな意見を反映させ，慎重な審議を行うことができます。しかし，B日本では，衆議院と参議院にあまり違いがなく，二院制の長所を活かすことができていないという批判もあります。

問３　表１中のア～ウにあてはまる語句の組み合わせとして正しいものはどれですか，①～⑥から１つ選び，番号で答えなさい。

①［ア－常　会　　イ－特別会　　ウ－臨時会］
②［ア－常　会　　イ－臨時会　　ウ－特別会］
③［ア－特別会　　イ－常　会　　ウ－臨時会］
④［ア－特別会　　イ－臨時会　　ウ－常　会］
⑤［ア－臨時会　　イ－常　会　　ウ－特別会］
⑥［ア－臨時会　　イ－特別会　　ウ－常　会］

問４　下線Bについて，両院の権限に関する日本国憲法の規定のうち，衆議院・参議院の双方に認められている権限として正しいものはどれですか，①～④からすべて選び，番号で答えなさい。

①　内閣不信任決議を可決すること。
②　緊急集会をひらくこと。
③　国政に関する調査を行い，これに関して証人の出頭や証言などを要求すること。
④　憲法改正の発議をすること。

Ⅲ班のテーマ　基本的人権の保障について

＜表２＞

権利	主な内容
平等権	C法の下の平等、両性の平等
自由権	思想・良心の自由、集会・結社・表現の自由、居住・移転・職業選択の自由、（　**あ**　）など
社会権	生存権、勤労の権利、（　**い**　）など
基本的人権を確保するための権利	参政権、最高裁判所裁判官の国民審査、（　**う**　）など
新しい人権	環境権、D知る権利、プライバシーの権利、自己決定権など

問５　**表２**中の**（あ）～（う）**にあてはまる権利について説明した文として正しいものはどれですか，①～③からそれぞれ選び，番号で答えなさい。

①　法律で定める手続きによらなければ，刑罰を受けることはない。

②　国があやまって国民に損害を与えた場合に，国に損害賠償を求める。

③　国民の誰《だれ》もが学習する機会を等しく与えられる。

問６　下線**C**について，平等に関しては，次の**a**と**b**の考え方があります。**b**の考え方にもとづく具体的な事例として正しいものはどれですか，下の①～④から１つ選び，番号で答えなさい。

a　各個人を，一律に等しく取り扱うことが平等である。 b　社会的・経済的弱者の保護，積極的な機会の提供などによって，社会的な格差を是正することが平等である。

①　企業が労働者を採用する際，障害があることを理由として採用を拒むことは，法律で禁止するべきだ。

②　国内で生活している定住外国人に対して，その意思を地方自治に反映できるよう，地方選挙権を与えるべきだ。

③　高等学校や大学の入学者選抜試験において，志願者の人種や性別にかかわらず，試験の得点で合否を決めるべきだ。

④　女性議員が極端に少ないため，議会の議席の一定割合をあらかじめ女性に割りあてるべきだ。

問７　下線**D**について，知る権利とプライバシーの権利は，それぞれどのような情報を対象とした権利ですか，対象の違いに着目して簡潔に説明しなさい。

Ⅳ班のテーマ　民法改正について

＜レポート３＞

2022年４月１日，「民法の一部を改正する法律」が施行され，約140年ぶりに成年年齢が引き下げられました。

未成年者は，親権者など法定代理人の同意を得なければ原則として有効な法律行為をすることができませんが，成年年齢が満18歳に引き下げられると，E18歳や19歳でも自分の判断で有効な法律行為ができることになります。そのため，若者に対するF消費者問題の注意喚起が行われました。

問８　下線Eについて，成年年齢の引き下げにより，18歳から行うことができることに関する文として正しいものはどれですか，①～④からすべて選び，番号で答えなさい。

①　10年有効のパスポートを取得すること。　②　飲酒や喫煙をすること。

③　競馬や競輪などの投票券を買うこと。　④　親の同意なくローンを組むこと。

問９　下線Fについて，消費者トラブルの具体的事例を示したア～ウと，消費者としてのトラブル処理の結果a～cの組み合わせとして正しいものはどれですか，下の①～⑥から１つ選び，番号で答えなさい。

〈消費者トラブル〉

ア　36歳の会社員が，「眺めも日当りも良好です」と言われてマンションを購入したが，１年後に南側に高層ビルが建設されて，日当りが悪くなった。販売業者は建設予定を知っていながら説明しなかった。

イ　16歳の高校生が，お小遣いの範囲内でネットショッピングを利用し洋服を購入したが，送られてきた洋服のサイズが合わなかった。

ウ　70歳の年金受給者が，訪問販売でローンを組んで高級羽毛布団を購入する売買契約をしたが，寝心地に満足できなかった。

〈トラブル処理の結果〉

a　売買契約をクーリング・オフできた。

b　売買契約を取り消すことができた。

c　売買契約を取り消すことはできなかった。

①　[ア－a　イ－b　ウ－c]　②　[ア－a　イ－c　ウ－b]

③　[ア－b　イ－a　ウ－c]　④　[ア－b　イ－c　ウ－a]

⑤　[ア－c　イ－a　ウ－b]　⑥　[ア－c　イ－b　ウ－a]

選び、記号で答えなさい。

ア　花鳥の名筆——牧渓の絵——天目茶碗——河原で千鳥の声を聞くこと

イ　牧渓の絵——天目茶碗——河原で千鳥の声を聞くこと——六角貞頼の屋敷に招かれること

ウ　牧渓の絵——天目茶碗——河原で千鳥の声を聞くこと

エ　花鳥の名筆——天目茶碗——六角貞頼の屋敷に招かれること

オ　花鳥の名筆——牧渓の絵——天目茶碗——六角貞頼の屋敷に招かれること

(2)　空欄 X に入れる内容として最も適当なものを次の中から選び、記号で答えなさい。

ア　**【文章Ⅱ】**では、**【文章Ⅰ】**と違い、「次第に薫りも深く、浅瀬を渡り越えし」（2行目）と暗い中で嗅覚《きゅうかく》を頼りに香炉の持ち主を捜す様子が描かれることによって、大変な苦労をして手に入れた香炉には価値があるということを印象づけている

イ　**【文章Ⅱ】**では、**【文章Ⅰ】**と違い、「ただ何となく千鳥の声をのみ聞く」（7行目）と千鳥の声を聞きながらお香を楽しむ様子が描かれることによって、その時に使っていた香炉にも千鳥の鳴き声のような風情があるかのような印象を与えている

ウ　**【文章Ⅱ】**でも、**【文章Ⅰ】**と同じように、「これ格別の楽しみ、只人とは思はれず」（8行目）と香炉の持ち主の風流な振る舞いを称賛する様子が描かれることによって、風流人の持ち物として香炉にも価値があるかのような印象を与えている

エ　**【文章Ⅱ】**でも、**【文章Ⅰ】**と同じように、「僧にあらず、俗にあらず、三界無庵同然にて」（9行目）と香炉の持ち主が身分の高い人物であることが描かれることによって、所有物である香炉にも高貴な価値があるかのような印象を与えている

オ　**【文章Ⅱ】**では、**【文章Ⅰ】**と違い、「香渡して行き方知らずなりにき」（13・14行目）と香炉の持ち主が立ち去る前に自分から香炉を渡している様子が描かれることによって、相手を喜ばせる贈り物として香炉には価値があることを印象づけている

四　次の各文の——線のカタカナを漢字に直しなさい。

1　花がホコロぶような笑み。

2　気力を奮って試験にノゾむ。

3　ジンソクな対応をとる。

4　ボウセキ工場を見学する。

5　ショウソウに駆られる。

3「さても気散じなる返答や」

ア　なんとまあ要領をえない返事であることよ。

イ　なんとまあ悪意のある返事であることよ。

ウ　なんとまあ落ち着いた返事であることよ。

エ　なんとまあ気配りを感じる返事であることよ。

オ　なんとまあ気楽な返事であることよ。

問3　――線2「こころみしける」とあるが、六角貞頼は何をしようとしたのか。その説明として最も適当なものを次の中から選び、記号で答えなさい。

ア　貞頼の屋敷に飾られた絵の前をほとんど素通りしていた大富の様子を聞いて、花鳥の絵の価値が本当にわからないのか質問しようとした。

イ　貞頼の屋敷に飾られた絵に興味を示さずに通り過ぎていた大富の様子を聞いて、花鳥の絵にすばらしい価値があることを理解してもらおうとした。

ウ　貞頼の屋敷に飾られた絵の中でもさほど価値のない絵をずっと見ていた大富の様子を聞いて、その絵にこだわっている理由を質問しようとした。

エ　貞頼の屋敷に飾られた絵の中でも特に価値のある絵に足をとめていた大富の様子を聞いて、ものの価値を見抜く力が本当にあるのかを確かめようとした。

オ　貞頼の屋敷に飾られた絵の中でも蕪の絵に注目していた大富の様子を聞いて、その絵がかつて牧渓の所有物であったと気づいているかを確かめようとした。

問4　次に示すのは、授業で【文章Ⅰ】【文章Ⅱ】を読んだ後の、話し合いの様子である。これを読んで、後の問いに答えなさい。

教　師――【文章Ⅰ】も【文章Ⅱ】も香炉を手に入れるという点は一致していますが、それぞれどのような印象を受けましたか。

生徒A――【文章Ⅰ】の方が【文章Ⅱ】よりも香炉の価値がわかりやすい気がする。

生徒B――確かにそうだね。4「千貫」という具体的な数字が示されているからだろうね。

生徒C――それに対して、【文章Ⅱ】では具体的な価値について触れていないよね。これはどう考えればいいのかなあ。

教　師――【文章Ⅱ】についてもう少し考えてみましょう。香炉そのものは詳しく説明されていませんが、香炉の価値について文章から読み取れるのではないでしょうか。

生徒C――そう言われてみると、［X］ということが言えると思う。

生徒B――確かに、【文章Ⅱ】についても香炉が価値あるものとして書かれているように感じるね。

教　師――そうですね、【文章Ⅱ】には具体的な数字が出てきませんが、だからといって【文章Ⅱ】の香炉に価値がないと決めつけないほうがいいでしょう。どちらの本文もよく読んで味わってくださいね。

(1)　――線4「『千貫』という具体的な数字が示されている」とあるが、【文章Ⅰ】で香炉の他に千貫の価値があるとされているものは何か。その組み合わせとして最も適当なものを次のページの中から

※天目《てんもく》なり」とて、一つつみの茶をたてて、もてなしとしてとらせける。

【文章Ⅱ】

※手回りの侍二人召し連れて、その匂《にほ》ひに引かれて行くに、柳原はるかに過ぎて、賀茂の川原になれば、次第に薫りも深く、浅瀬を渡り越えしに、十一月末の六日の夜、いつよりは暗く、物の色合ひも見えず。星影の細水《さざれみず》に映り、これを頼りに向かうの岸に上がれば、汀《みぎは》の岩の上に蓑笠《みのかさ》着たる人の、香炉を袖口に持ち添へ、気を静かにして、座したる風情の心憎し。「いかなる事ありて、かく独りはおはしけるぞ」と問ひけるに、「ただ何となく千鳥の音《こゑ》をのみ聞く」と答へぬ。※さりとは変はりたる境界《きやうがい》、これ格別の楽しみ、只人《ただびと》とは思はれず。「いかなる御方」と尋ねしに、「僧にあらず、俗にあらず、※三界無庵《さんがいむあん》同然にて、六十三になりける我、いまだ足も立ちける」と言ひ捨てて、岡野辺《おかのべ》の並松分けて立ち帰る。「3さても気散じなる返答や」と、なほ慕ひ、「某《それがし》が頼るは、その木の※ゆかしく参るなり。何といへる名香ぞ」と聞きしに、「むつかしや、老人は知らず。※すがりたれども聞き分け給へ」と香渡して行き方知らずなりにき。

※夜をこめて…「夜が明けきる前の薄暗い時分に」という意味。

※とねり…ここでは「従者」という意味。

※芝蘭…香りのよい草。

※川風寒み…平安時代に編纂《へんさん》された『拾遺和歌集《しゅういわかしゅう》』に収録されている和歌「思ひかね妹《いも》がりゆけば冬の夜の川風寒み千鳥鳴くなり」の第四句。「川風寒み」は「川風が寒いので」という意味。

※よりはの座…「建物の入り口脇の、入ってすぐの部屋」という意味。

※打橋・渡殿…建物と建物の間に架け渡した板と渡り廊下。

※厩…馬小屋。

※をし板…板張りの床の間。

※牧渓…十三世紀後半の中国の高名な両家。

※千貫…貫は銭を数える単位。一文銭《いちもんせん》千枚を一貫とする。

※天目…抹茶茶碗《ちゃわん》の一種。

※手回り…主君のそば近くに仕える者。

※さりとは変はりたる境界…「なんとも変わった境遇」という意味。

※三界無庵…「この世で住む家がないこと」という意味。「無庵」には「無安」(安らかさがないこと)という意味が掛けられている。

※ゆかしく…「知りたく」という意味。

※すがりたれども…「お香が燃え尽きたけれども」という意味。

問1　【文章Ⅰ】を2つの段落に分けるとすると、第2段落はどこからはじまるか。第2段落の最初の5字を抜き出して答えなさい。

問2　――線1・3の本文中の意味として最も適当なものを次の中から選び、それぞれ記号で答えなさい。

1　「さらば出でてきかむ」

ア　それでも出かけて行ってそのお香の種類を教えてもらおう。

イ　そうだとしたら出かけて行ってその香炉の名を聞いてみよう。

ウ　それならば出かけて行ってそのよい香りをかいでみよう。

エ　そういうことなら出かけて行って千鳥の鳴き声を聞いてみよう。

オ　そのうち出かけて行ってお香を焚《た》く理由を尋ねてみよう。

ウ　生徒C――【文章Ⅰ】で恒藤は、自分自身も寮生活に適応しきれなかったとしつつも、芥川は恒藤以上に寮生活に向いていなかったと書いているよ。【文章Ⅱ】で芥川は、自分は人並みの凡庸な生活を送っていて、むしろ恒藤の規則正しさが人並み以上だったと書いているね。お互いに自分を基準にして考えているよ。

エ　生徒D――【文章Ⅰ】では、芥川と恒藤がノスタルジアを語り合った向が陵の様子が描かれているね。夕暮れに寮の明かりが灯《とも》り始める風景や草地に白く霧がかかっていく情景を通して故郷に懐かしさを覚える二人に、共感できる気がするなあ。それに対して【文章Ⅱ】は、事実を淡々と記していて、芥川らしい冷静な眼差《まなざ》しが際立つね。

オ　生徒E――【文章Ⅰ】は芥川の死から間もなく書かれているよ。恒藤は「おぼえの悪い私の記憶」や「私の記述は甚だ不充分」と謙遜しているけれど、芥川との思い出が丁寧に描かれていて、大切な友人を悼《いた》む気持ちが伝わるなあ。【文章Ⅱ】で芥川も「恒藤の親友」を自称しているよ。二人は一高でかけがえのない友人同士だったんだね。

三　次の【文章Ⅰ】は、一色直朝《いっしきなおとも》『月庵酔醒記《げつあんすいせいき》』の一部であり、【文章Ⅱ】は、井原西鶴《いはらさいかく》『武家義理物語《ぶけぎりものがたり》』の一部である。【文章Ⅰ】は武士の六角貞頼《ろっかくさだより》が、【文章Ⅱ】は武士の丹波守利清《たんばのかみとしきよ》が、ある香炉を手に入れる話である。これを読んで、後の問いに答えなさい。なお、出題に際して、本文には表記を一部変えたところがある。

【文章Ⅰ】

六角貞頼、※夜をこめて馬のすそを賀茂川《かもがわ》にてひやさせけるが、※とねりどもの申すやう、「寒風にさそはれて、いづくのかたの名香《めいかう》か、河原おもてに薫《くん》じけること、毎夜なる」よしいひけり。「1さらば出《い》でてきかむ」とて、明けぐれの折なりしに、小袖《こそで》かづひてまかりけるが、げにも※芝蘭《しらん》の室に入るごとくなり。にほひしきりに近くなりぬるに、おぼつかなげなるすがたしけるを、立ちより問ひけれども、いらへもせず。「※川風寒み」とうち詠じて、興にたへで、前後もわかざりけるさまなり。「何人《なにびと》ぞ」と、しきりに問ひければ、うち驚きて、「大富《おほとみ》と申す老爺《らうや》なるが、よるよる千鳥きくにこそ候《さうら》へ。余りさへ渡るゆへに、香をも焼き候ふ」よし語りけり。「いみじきもののしわざや。明けなば我が館にきたれ」とて、貞頼はかへりけり。明けければ、其《そ》の日昼間も過ぎぬるに、かの館にまかりぬ。※よりはの座より、これかれ色々の座敷を過ぎて、※打橋《うちはし》・渡殿《わたどの》ゆきめぐり、※厩《むまや》にまかりけるが、そこにある座敷の※をし板に、蕪《かぶら》一もと、かきたるすみ絵のありけるに、こころをとめて、立ちかへることを忘れぬ。貞頼このよしきて、対面して、「いかにして、上座の数軸の花鳥の名筆をばはやくうち過ぎて、この一軸に帰を忘じけるや」と、2こころみしけるに、ほほゑみて、「申すにたえたり」とばかりにてありけり。「さらば昨夜《よべ》の風情《ふぜい》、古《いにしへ》も今もきかざる興なり」と褒美して、「この絵は※牧渓《もっけい》図なり。※千貫《せんがん》を施すにこそ」とて出《い》だしけり。翁喜びて、また懐中より、過ぎし夜、香焼きし香炉を取り出でて、貞頼につかはしけり。「一軸は昨夜の興たり。これはまた千貫のあたへする、いに答えなさい。

(1) ――線4と同内容の表現を、これより後の本文中から10字以上15字以内で抜き出しなさい。

(2) ――線4とはどのような過程でつくりあげられたものか。80字以内で説明しなさい。

問5 芥川と恒藤の交友関係について関心をもった生徒A～Eは、図書館で見つけた次の【文章Ⅱ】を読み、【文章Ⅰ】の内容と比較・検討を行った。後の生徒たちの発言の中から、【文章Ⅰ】と【文章Ⅱ】の内容を踏まえたものとして**適当でない**発言を1つ選び、ア～オの中から記号で答えなさい。

【文章Ⅱ】

恒藤は朝六時頃起き、午《ひる》の休みには昼寝をし、夜は十一時の消灯前に、ちゃんと歯を磨いた後、床にはいるを常としたり。その生活の規則的なる事、※エマヌエル・カントの再来か時計の振子かと思う程なりき・当時僕等《ぼくら》のクラスには、※久米正雄《くめまさお》の如き或《あるい》は菊池寛《きくちかん》の如き、※天縦《てんしょう》の材少《すくな》からず、是等《これら》の豪傑は恒藤と違い、酒を飲んだり※ストオムをやったり、天馬の空を行くが如き、或は※乗合自動車の町を走るが如き、※放縦なる生活を喜びしものなり。故に恒藤の生活は是等の豪傑の生活に対し、規則的なるよりも一層規則的に見えしなるべし。僕は恒藤の親友なりしかど、到底彼の如くに几帳面《きちょうめん》なる事※能《あた》わず、人並みに寝坊をし、人並みに夜更《よふ》かしをし、凡庸に日を送るを常としたり。

（芥川龍之介「恒藤恭氏」）

※エマヌエル・カント…ドイツの哲学者。人々がカントの行動に合わせて時計を調整していたという逸話が残るほど、規則正しい生活を送っていたことでも知られる。

※久米正雄の如き或は菊池寛の如き…久米正雄も菊池寛も作家で、ともに芥川の一高時代の同級生。

※天縦の材…生まれながらに才能に恵まれた人。

※ストオム…主に旧制高等学校の生徒たちが寮や街頭において集団で騒ぐ行為のこと。

※乗合自動車…バス。

※放縦なる…気ままな。

※能わず…できず。

ア 生徒A――【文章Ⅰ】において、恒藤は芥川のことを「言語の感覚の極めて鋭敏であった芥川」と評しているよ。たしかに、芥川は【文章Ⅱ】で同級生たちのことを「時計の振子かと思う程」や「乗合自動車の町を走るが如き」と、比喩《ひゆ》を用いて表現しているね。巧みな比喩表現は、芥川の「言語の感覚」が鋭敏であることの一例だと感じたよ。

イ 生徒B――【文章Ⅱ】で芥川は「僕」や「僕等」という一人称を用いていて、【文章Ⅰ】で恒藤が回想していた内容と一致しているね。そこから二人の一人称について考えてみようと思うんだ。【文章Ⅰ】と【文章Ⅱ】を読むと、確かに二人は文章を書くときに違う一人称を用いていることがわかるよ。でも、【文章Ⅰ】によれば二人で会話をする際には同じ一人称を用いていたみたいだね。二人の間には相違点も共通点もあって面白いなあ。

についての追憶を記す上では「僕たち」と「私たち」のどちらの一人称を用いるか、決めかねているということ。

オ　筆者は友人との間では「僕」という一人称を用いてきたが、郷里の家族との会話では「私」という一人称を用いてきたため、家族ぐるみのつきあいをしていた芥川について懐古する際には「僕たち」と「私たち」のどちらを用いるか、決断できずにいるということ。

問2　――線2「何だか私も安心したような気がした」とあるが、それはなぜだと考えられるか。その説明として最も適当なものを次の中から選び、記号で答えなさい。

ア　芥川が生前に自身の名前を愛し誇りをもっていたことを知る筆者は、名前が誤った字で書かれているのを芥川が見たら苦笑いをするだろうと思ったが、名前が無事に訂正されたのを見たことで、親友の心も落ち着くだろうと感じたから。

イ　芥川が自身の名前に子供じみた誇りをもっていたことを知る筆者は、本来とは異なる表記で書かれた名札を狭量な芥川が見たら憤慨するだろうと思ったが、名前が改められたのを見たことで、彼の心が安らぐだろうと感じたから。

ウ　芥川が自身の名前を間違われることを嫌っていたのを知る筆者は、札に誤った字で書かれた名前を芥川が見たら腹を立てるだろうと思ったが、無事に訂正されたのを見たことで、親友は苦笑しつつも許してくれるだろうと感じたから。

エ　芥川が自分の名前にこだわる姿を間近《まぢか》に見ていた筆者は、本来とは異なる表記で書かれた札を芥川が見たら困ったように笑うだろうと思ったが、名前が書き改められたのを見て、彼の愛した名前が後世にも正確に伝わると感じたから。

オ　芥川が生前に自分の名前の美しさを周囲に広めようとする様子を見ていた筆者は、誤った字で書かれた札を芥川が見たら悔しがるだろうと思ったが、名前が訂正されたのを見たことで、彼の名前の美しさが参列者にも伝わると感じたから。

問3　――線3「何だかひどくまばゆいような気もちで聴いた」とあるが、それはなぜか。その説明として最も適当なものを次の中から選び、記号で答えなさい。

ア　東京生まれで小供の頃から文化芸術に触れて育った芥川の話は、地方出身で大人になるまで文化芸術を知らなかった筆者にとって、気後れするものであったから。

イ　幼少期から中学時代までに何度も江戸歌舞伎の観劇を重ねてきた芥川の話は、上京したばかりで観劇経験がない筆者にとって、感慨深いものであったから。

ウ　東京で生まれ育ち幼い頃から東京の文化芸術に接してきた芥川の話は、それらに直接触れる機会がなかった地方出身の筆者にとって、憧れを抱くものであったから。

エ　東京出身で経済的に恵まれた家庭で育った芥川の話は、経済的に苦しい家庭の出身で歌舞伎を直接観《み》る機会のなかった筆者にとって、うらやむべきものであったから。

オ　東京育ちで歌舞伎に対して人一倍強い関心を抱いていた芥川の話は、上京するまで芸術にあまり関心を払うことのなかった筆者にとって、新鮮で興味深いものであったから。

問4　――線4「私たちの共通の世界」とあるが、これについて次の問で、彼の行動の上にも、思想の上にも影を射《さ》していたように思う。

当時、芥川の意識の中に二個の東京が存在していた。郷土としての東京と、一高の所在地としての東京とがそれである。芥川にとって、※向《むこう》が陵《おか》は郷土としての東京の範囲外に在った。土曜日の午後、新宿の家に向って寮を去り行く彼の様子は、さながら東京に遊学せる地方の青年が郷里をさして帰省の途に就《つ》く姿に似たものがあった。だから、薄暮、寮の窓に灯がつきそめ、白い霧が艸地《くさち》に這《は》うのをながめながら、私が多少の※ノスタルジアにかかると芥川もひと事ならずそれに同感して呉《く》れたものであった。

尤《もっと》も、真実のところは、私たちのノスタルジアの対象は、超現実的な或《あ》る世界であったかも知れない。そう云う意味においては、白昼、校庭の樹木のかげなどで、私たちは屢々《しばしば》私たちのノスタルジアについて語り合った。

そんなとき、校庭の木立のもとの空間は、芥川の郷土としての東京の一部分でもなければ、第一高等学校の構内の一部分でもなく、私たちだけの領する第三の世界に属するのであった。

※そこばく…いくつか。

※かたえ…片方。

※谷口氏…俳人の谷口《たにぐち》喜作《きさく》のこと。

※仏…死んだ人。ここでは、芥川のことをさす。

※エステチッシュ…美的な。

※IN HIS ELEMENTに在る…いきいきとしている。

※山陰道…ここでは、現在の北近畿から島根県にかけての地域をさす。筆者は島根県出身である。

※團十郎…江戸歌舞伎を代表する役者の市川團十郎のこと。勧進帳などの演目を得意とした。

※肯んじなかった…受け入れなかった。

※向が陵…寄宿寮や校舎を含めた一高の総称。

※ノスタルジア…異郷から故郷を懐かしむこと。

問1 ――線1「一つのディレンマに会する」とあるが、それはどういうことか。その説明として最も適当なものを次の中から選び、記号で答えなさい。

ア　筆者は友人との間の文章では「僕」という一人称を用いてきたが、家族や友人との会話においては「私」という一人称を用いることもあるため、友人である芥川との記憶を文章に記す際には「僕たち」と「私たち」のどちらの一人称を用いるか、決心できずにいるということ。

イ　筆者は芥川以外の人に対しては「私」という一人称を用いてきたが、芥川との会話では「僕たち」という一人称を用いていたため、芥川宛《あ》てではない文章で芥川を追想する際には「僕たち」と「私たち」のどちらの一人称を用いるか、決めあぐねているということ。

ウ　筆者は芥川との会話において「僕」という一人称を用いてきたが、郷里で家族に用いた際に芥川に感心された「私」という一人称に思い入れがあるため、芥川との思い出を追懐する上では「僕たち」と「私たち」のどちらの一人称を用いるか、悩ましいということ。

エ　筆者は文章において「私」という一人称を用いてきたが、芥川との会話においては「僕たち」という一人称を用いていたため、芥川芥川も私も一年のうちの季節の移りかわりを強く意識し、それからの影響を気分の上にかなり深く受けるたちであった。けれども、その点について共通な所もあれば、そうでない所もあった。たとえば、秋は私たち二人の心を同じ仕方で捉《とら》えた。ところが、夏については、芥川は梅雨の候を愛すること深く、湿潤の空気にひたって※IN HIS ELEMENTに在るかの如《ごと》く思われたが、私はそれに先立つ新緑の季節を好もしとした。彼は盛夏のころの強烈な日光に対し一種の本能的な怕《おそ》れを感じる慣《なら》いであったが、私はむしろ夏の太陽の下にかがやく物象のすがたをいさぎよく思った。二人の間の性格や気質やの相違の外《ほか》に、東京で生まれ東京でそだった彼と、※山陰道で生まれ山陰道で育った私との間に存したところの生活環境の上の相違が、夏季に対する――そうした二人の異なる意識を条件づけたのであるかも知れない。

小供《こども》の時から中学時代までを通じて私たちの生活環境を形づくったところの家庭や、社会的周囲や、郷土やは、かなり趣を異にするものであった。ただ一つの例をあげると、芥川から二、三度聞かせられた話にこんなのがある――「四つか五つの時だった。母に連れられて歌舞伎《かぶき》へ行ったんだ。その時、※團十郎《だんじゅうろう》が勧進帳《かんじんちょう》をやったんだそうだが、團十郎があの大きい眼を剥《む》いて花道から出て来たとき、僕が『うまいっ』と叫んだそうだ。見物がみな息をこらしている時なんだろう。母はどうしようと当惑したんだそうだ。今でもよくその事を云って母がわらうよ」。團十郎の噂《うわさ》をしか聞いたことのない私は、この話など、3何だかひどくまばゆいような気もちで聴いたものであった。

それで、高等学校で二人がお互いを深く知りはじめたとき、二人はずい分と内容の違った世界を所有しつつ接触して行ったのであった。やがて、共通の世界が二人の間に生まれた。それは次第に広くも深くもなって行ったが、その以前から各自の所有していた世界の特性は、この新しく二人の間に展開し始めた世界の内容に対して影響を及ぼすことを止めなかった。勿論《もちろん》依然として東京に住むことをつづけた彼と、新たに東京に住む境遇に立った私とでは、右の関係において著しく事情を異にするものがあった。とは云え、一高における生活、とりわけ二年生である間彼の送った寄宿寮の生活は、芥川にとって全く新しい経験であった。一高及びその寄宿寮の生活は私にとってもまた全く新しい経験であった。こうした種々の事情の錯綜《さくそう》のうちに、4私たちの共通の世界はつくられた。

私は一年生の時から寮にはいっていたが、芥川は二年生になって初めて寮にはいった。私たちはたしか北寮三番の室《へや》に起臥《きが》した。初め寮の生活は彼にとって随分無気味な、そして親しみにくいものであったに相違ない。次第に彼はそれに馴《な》れては行ったものの、六分どころしかそれに応化しなかった。私も寮の生活には十分応化せずして終《おわ》った方だが、それでも芥川に比べればそうした生活に適応する能力をより多くもっていた。例えば、彼は初めは中々寮で入浴することを※肯《がえ》んじなかった。やっと入浴するようになっても、稀《ま》れにしか入浴しなかった。しかし忘れて手拭《てぬぐい》をもたずに風呂《ふろ》にはいったような逸話をのこした。銭湯にもあまり行ったことはないと云っていた。寮の食事は風呂のように忌避するわけにゆかぬので毎日喫《た》べてはいたが、いつも閉口していた。食堂でも、ある日の昼食後に、インキ瓶だと思って醤油入《しょうゆいれ》をつかんで入口まで持って行ったという逸話を作った。そうしたユーモアは、後年に至るま川との交わりには、四つの時期ともいうべきものがあった。高等学校時代、大学時代、その以後大正十二、三年頃までの時代、彼の晩年三、四年の間といったようなくぎりがそれである。最後の時期には私は海外に在ったし、帰ってからも一度しか彼に会わず、唯《ただ》彼の作品を通じてのみ彼の存在に接触したのであった。

右にあげた第一の時期、すなわち高等学校時代における芥川及び彼との交わりについて、心にうかぶままに※そこばくの追憶を書きしるしたいと思う。それ以来大分年月が経過したので、おぼえの悪い私の記憶には、多くの事柄が逸してしまったし、その頃の日記の類なども破棄したように思う。そして丹念に思い出のいとぐちをほどいて行く時間の余裕もあたえられていないので、私の記述は甚だ不充分なものとなるであろう。

芥川は会話においていつも「僕」という一人称の代名詞を用いていた。文章においてもそうであったと思う。彼と私との間においても、会話にも音信にも彼は「僕」という代名詞を用いた。私もやはりそうであった。但《ただし》、芥川が家庭の内でも外でも「僕」を以《もっ》て一貫していたのに反して、私は幼時から家庭では「私」という代名詞を用いていた。かつて芥川が私の郷里の家に来て泊《とま》っていたとき、「なるほど、君はうちでは『私』という語をつかってるね。やさしい語だね」と妙に感心して云《い》ったことがあった。

私にとっては「僕」という語は社交用、特に対友人用の代名詞であった。おかしな事には、自分自身の家庭をつくってからは、妻に向《むか》っても「僕」という代名詞を用いるのであった。しかも文章において自己を表《あら》わす為《ため》には私は「私」という語を用い来《きた》っている。芥川と私とは、複数の一人称としては「僕たち」という代名詞を用いていた。そこで、私が文章の上に芥川と私とを一人称の複数において表わす場合には、1一つのディレンマに会する。しかし私は以下において「私たち」という代名詞を用いることにしたい。——言語の感覚の極めて鋭敏であった芥川の事について追想するとき、つい斯《か》ような余計な事柄も書き添えたい気持《きもち》になるのである。

去る七月二十七日、芥川の遺骸《いがい》が谷中《やなか》の斎場から日暮里《にっぽり》の火葬場に運ばれ、焼竈《やきがま》の中に移され、一同の焼香が了《おわ》ったのち、ふと見ると、鉄扉《てっぴ》の※かたえにかけてある札の上の文字が「芥川龍之助」となっていた。その刹那《せつな》に、もしも芥川がそれを見たら、「しょうが無いな」と苦笑するだろうと思った。すると、世話役の※谷口《たにぐち》氏が「どなたか硯《すずり》をもって来て下さい。※仏が気にしますから字を改めます」というようなことを言った。「芥川龍之介」と改めて書かれた。2何だか私も安心したような気がした。生前、芥川は「龍之助」と書かれたり、印刷されたりして居るのを見ると、参ったような、腹立たしいような、浅ましいような感じをもったものだった。それは、彼が「龍之介」という自分の名を甚だ愛し且つそれについて一種の誇りをもって居たからでもあった。第三者の眼から見ても、「龍之介」は「龍之助」よりもよほど感じがいいし、そう※エステチッシュでもある、しかし我《が》の強い彼は特別強くこの点を意識していたに違いない。それは子供らしい誇《ほこり》であった。しかしそんな所にわが芥川の愛すべき性格のあらわれがあった。彼の作品を愛読しているとか、彼を敬慕しているとか云ったような事を書いて寄こす人が、偶々《たまたま》「芥川龍之助様」と宛名《あてな》を書いて居るのを見て、「度《ど》し難《がた》い輩《やから》だ」と云う様なことを呟《つぶや》いた例を一、二思い出す。

と捉えている。

問3 ――線3「双方ともに成長したようです」とあるが、それはどういうことか。その説明として最も適当なものを次の中から選び、記号で答えなさい。

ア　社会生物学者たちと人文・社会系の学者たちの一部が、それぞれ相手の理論を踏まえることで、自分たちの学問分野における議論をより活発なものにしていったということ。

イ　社会生物学者たちは、それまでの乱暴な理論を改めて細かく分析し、人文・社会系の学者たちの一部は、生物学者の意見を受け入れて複雑な理論を展開していったということ。

ウ　社会生物学者たちと人文・社会系の学者たちの一部が、それぞれ相手の考えを否定することで、自分たちの理論の正当性を確認していったということ。

エ　社会生物学者たちは、自分たちの理論の精密さを改めて証明し、人文・社会系の学者たちの一部は、生物学の視点をより積極的に取り入れていったということ。

オ　社会生物学者たちと人文・社会系の学者たちの一部が、それぞれ相手の学問分野も考慮することで、自らの理論展開や分析の正確性をより高めていったということ。

問4 ――線4「科学的事実は、私たちの価値判断にどのような影響を与えるのでしょうか」とあるが、筆者は「科学的事実」と「価値判断」の関係についてどのように考えているか。その説明として最も適当なものを次の中から選び、記号で答えなさい。

ア　科学的事実は特定の教訓や是非の判断の根拠にならず、あくまでも価値判断は人間がするものだが、新たな科学的事実が判明すると、価値判断が変わることはあると考えている。

イ　科学的事実は価値判断と無関係であり、あくまでも人間が自分で判断して価値を設定するものだが、時代の移り変わりによって、価値判断の基準が変化することはあると考えている。

ウ　科学的事実から特定の教訓と是非の判断は導き出されないため、あくまでも価値の最終判断は人間がするものだが、新たに科学的事実が解明されると、価値判断の精度も上がると考えている。

エ　科学的事実と価値判断に明確な因果関係はなく、あくまでも価値は人間か創出するものだが、科学に対する新たな見方が登場すると、両者の間に因果関係が生じることもあると考えている。

オ　科学的事実は特定の教訓と是非の判断を引き出すことはなく、あくまでも価値判断は人間がするものだが、科学的事実が蓄積されていくと、価値判断が多様になっていくと考えている。

問5 ――線5「科学者の使命」とあるが、それはどのようなものだと考えられているか。100字以内で説明しなさい。

二　次の【文章Ⅰ】は、恒藤恭《つねとうきょう》「友人芥川《あくたがわ》の追憶」の一部である。筆者は芥川龍之介《あくたがわりゅうのすけ》と旧制第一高等学校（一高、現在の東京大学教養学部の前身）の同級生で親友であった。この文章は芥川の死から間もない頃《ころ》に書かれたものである。これを読んで、後の問いに答えなさい。なお、出題に際して、本文には表記を一部変えたところがある。

【文章Ⅰ】

私にとってだけ興味のある事柄を書くことを恕《ゆる》して貰《もら》うとして――芥

※「利己的に」振る舞う…筆者は本文より前の部分で、遺伝子について「利己的な振る舞い方をしている」と比喩《ひゆ》的に説明している。

問1 ——線1「『社会生物学』という大著」とあるが、それはどのような書物か。その説明として最も適当なものを次の中から選び、記号で答えなさい。

ア 新しい遺伝子淘汰の理論によって、昆虫だけでなく動物全般の生態系の仕組みを解明しようとしており、さらに人文・社会系の学問が社会生物学を取り込んで一つになるだろうと主張し、分野をまたいだ学者同士の長期的な対立の原因となった書物。

イ 新しい遺伝子淘汰の理論によって、人間の行動や社会の仕組みについても分析しようとしており、さらに人文・社会系の学問が社会生物学の名のもとに一括《ひとくく》りで扱われるだろうと主張し、多くの学者たちに長きにわたる大きな混乱をもたらした書物。

ウ 新しい遺伝子淘汰の理論によって、動物だけでなく人間の行動や社会についても明らかにしようとしており、さらに人文・社会系の学問が社会生物学として一つに統合されるだろうと主張し、多くの分野の学者による長期的な論争を引き起こした書物。

エ 新しい遺伝子淘汰の理論によって、昆虫と同じようにその他の動物の進化に関する諸事実を説明しようとしており、さらに動物の進化を研究する学問が社会生物学に統一されるだろうと主張し、様々な分野の学者の間に十年以上にわたる議論をもたらした書物。

オ 新しい遺伝子淘汰の理論によって、動物だけでなく人間の社会の成立の過程も説明しなおそうとしており、さらに人文・社会系の学問が社会生物学を吸収することになるだろうと主張し、学者たちの間で行われていた論争をさらに激化させた書物。

問2 ——線2「社会学者、文化人類学者などの多くが構築した反論」とあるが、筆者はそれをどのように捉《とら》えているか。その説明として最も適当なものを次の中から選び、記号で答えなさい。

ア 文化や学習の重要性を無視しているという反論は、「遺伝や生物学的部分」ではなく「文化や学習」が人間を規定するという考えに基づいているが、どちらも人間を構成するものであり、単純な二分法は成り立たないと捉えている。

イ 人間の行動を遺伝子だけで解釈するのは乱暴であるという反論は、人間を「遺伝や生物学的部分」と「文化や学習」で二分できないという考えに基づいているが、遺伝が人間の行動に影響があるという点は無視できないと捉えている。

ウ 文化や学習の重要性を考慮していないという反論は、人間が他の動物よりも優れている特異な存在であるとする考えに基づいているが、人間も動物も生物としては同じであり、慎重に考察することが大切だと捉えている。

エ 人間の行動にも遺伝的基盤があるという反論は、人間は「文化や学習」ではなく「遺伝や生物学的部分」によって規定されるという考えに基づいているが、動物と人間を比較することで人間の遺伝子の複雑さを再確認できると捉えている。

オ 文化や学習の重要性を否定しているという反論は、「遺伝や生物学的部分」と「文化や学習」を対置して後者を重視する考えに基づいているが、人間とは多くの要素から構成された複雑な存在であるルは含まれていません。モラルは、私たちが選択する価値です。何をよいことと感じるかというモラル感情の基本には、おそらく、自然淘汰で形成された脳の働きの制約があるでしょう。そのような一番深い生物学的基盤を明らかにしようとしているのが社会生物学です。しかし、それでも、どのようなモラルを選択するのか、その最終的決断は私たちの決断であり、その責任は私たちにあります。「利己的遺伝子だから利己的に振る舞えばよいのだ」と考えるのならば、それはその人の判断であり、遺伝子のせいにして責任を逃れることはできません。

「個人」の意識、「自我」の意識に価値を置く考えの中にいる現代の私たちには、「個体は遺伝子の乗り物である」というような現代進化生物学の知見は、せっかくの自我の獲得をだいなしにする興ざめなものに聞こえるかもしれません。しかし、これらの事柄の間に直接の関係はないのです。科学的事実が、特定の教訓を引きださないのと同様、特定の倫理観、価値観に科学的根拠などないでしょう。奴隷制や階級社会の存在を正当化する科学的根拠がないと同様に、いまの私たちの価値観を正当化する科学的根拠もないと思います。

しかし、科学的事実が価値判断と本当に関係がないのであれば、結局は、進化生物学が発展しても、私たちの人間観とは無関係なのでしょうか？　そうではないはずです。かつて、人びとは、地球が宇宙の中心であると考え、それに基づいた宇宙観や人間観を築いていました。しかし、地球は宇宙の中心ではありませんでした。その科学的認識は、徐々に人間の人間自身に対する見方を変えていったのです。それと同じように、人間を含めて生物がどのように作られているのかを知ることは、やがて、私たちの人間観、生命観を変えていくでしょう。事実をまったく無視した価値観を、ずっと持ち続けていくことはできないからです。こうして、人間のさまざまな価値観は歴史的に変遷してきました。それでも、獲得した知識の上に特定の価値観、倫理観を引き出すのは、あくまで私たちの選択なのです。

科学者は、自分たちの研究の大部分が、国民の税金を初めとする公的な予算で賄われている以上、その研究成果を、わかりやすく正確に一般の人びとに伝える義務があるはずです。この義務の中には、正しい知識を伝えることとともに、間違って普及されているものを正すということも含まれるでしょう。しかし、科学者は、本来の研究で忙しいのがつねですから、一般への知識の普及を全部引き受けることはできません。そこで、科学ジャーナリズムが不可欠となります。しかし、ジャーナリストに限らず、専門外の人間がある分野について書くときは、少なくともその専門分野の人に原稿を見てもらうのが良心的というものでしょう。科学は単なる思いつきや個人の考えの披露ではなく、現時点まで正しいと確かめられたことの積み重ねの上に、一定の理論による解釈がなされる仕事なのですから。

最後に、一般の人びとも、ある程度の批判的な鋭い目を養わねばなりません。科学をしろうとが理解するのは、必ずしも寝転がってテレビを見るような簡単なものではありません。科学の世界はわくわくするおもしろさに満ちていますが、科学的知識を理解するには、ある程度以上の知的努力が必要です。そういう努力を楽しいと感じ、知的論争を好む層がしっかりと増えれば、科学者も、科学ジャーナリズムも、逆に刺激を受けるに違いありません。そのような鋭い「非」科学者の一般人を育てていくことも、5科学者の使命の一つなのでしょう。

習や文化が人間を作り上げていくのではありません。しかしまた、人間の行動や社会が形成されていく道筋は、他の動物よりもはるかに複雑で、慎重に考慮せねばならないことがたくさんあるのも事実です。

いま振り返れば、長く消耗な論争が続いた結果、3双方ともに成長したようです。ウィルソンを初めとする社会生物学者たちは、初期のころの雑な理論展開は撤回し、生物進化と文化と学習との関係を、より精密に分析するようになりました。一方、人文・社会系の学者たちの一部には、より積極的に進化的視点を取り入れる人たちも出てきました。ここで詳しくは述べませんが、これは、科学上の激烈な論争というものの積極的な利点を示した例であると私は思っています。論争が、単に個人の趣味的な意見の対立であるのならば、それは消耗なだけでしょう。しかし、科学においては、論争は双方の理論や分析をさらに精密化する活性剤となるのです。

…〈中略〉…

毎夏、たくさんのセミが鳴いています。このセミという動物を考えてみてください。日本のセミで数年、アメリカに住む一七年ゼミに至っては一七年間も、幼虫の形で地中に眠り続け、やっと地上に出てきておとなになったかと思うと一週間たらずで死んでしまいます。そして、一七年間も地下で眠って、地上に出てきたほんの一週間にすることが、次の一七年間眠る幼虫を作り出すために繁殖することなのです。ビクトリア朝の作家、サミュエル・バトラーは、「にわとりは、卵が次の卵を作りだすための一段階にすぎない」と言いましたが、このせりふに適しているのは、ニワトリよりもセミであると私は思います。

このような話を聞くとすぐに、「生き物というものは……」という哲学めいた話や教訓話が想起されます。事実、せっせと雛《ひな》に餌《えさ》を運ぶ鳥の親や、子どもを離乳させるために角で突き放すサイを見て、人間もこのようにするべきだと言ったり、共同で巣を守るアリを見ては、社会のための奉仕の精神が大切だと言ったり、動物のすることを教訓めかして語ることは日常に満ち溢《あふ》れています。

本当のところ、4科学的事実は、私たちの価値判断にどのような影響を与えるのでしょうか？ 通常、科学は価値判断とは無関係であると言われています。実際、水が酸素分子一つと水素分子二つとでできているということは、特定の価値判断とは関係がありません。ところが、生き物の話となるとそれは微妙な領域に入ります。「生き物はこのように作られている」という話は、容易に「生き物はそのように生きるべきなのだ」という教訓話に変わるからです。しかしながら、「自然界がこのように作られている」ということから、「人間はそのように生きなければならない」という教訓を引きだすことはできません。最初の文章から論理的に二番目の文章を導きだすことはできず、そうすることは自然主義の誤りと呼ばれています。

人間は鳥のように空を飛ぶ翼は持っていませんし、ネコのように夜目がきくわけでもありません。しかし、このことから自動的に、人間は空を飛ぶべきではないとか、夜に物を見ようとするのは悪いことだ、という道徳が導かれるわけではありません。人間がどう作られているかにかかわらず、人間は、空を飛びたいと考えれば飛行機を作り、夜も活動したいと思えば照明を開発してきました。

遺伝子は※「利己的に」振る舞うことによって存続してきました。しかし、そのこと自体の中には、だから私たちが何をするべきかというモラ

【国語】（五〇分）〈満点：一〇〇点〉

【注意】１．解答の際には、句読点や記号は１字と数えること。
２．コンパス・定規は使用しないこと。

一　次の文章は、長谷川眞理子《はせがわまりこ》「種と個のあいだ『利己的な遺伝子』をめぐって」の一部で、一九九六年に出版された書籍に掲載されたものである。これを読んで、後の問いに答えなさい。なお、出題に際して、本文には省略および表記を一部変えたところがある。

一九七五年に、ハーバード大学のエドワード・ウィルソンが1『社会生物学』という大著を著しました。ウィルソンは昆虫学者で、もともと、アリの行動生態に関する世界的な権威です。この本は、その当時知られていた動物の行動と生態に関する諸事実をできるだけ網羅的に集め、新しい遺伝子淘汰《とうた》の理論で説明しなおした、画期的な本でした。

しかし、これがその後一〇年以上にわたって、多くの分野の学者を巻き込んで繰り広げられることになる大論争を引き起こしたのです。それは、この大著の全体の一〇分の一にも満たない最終章で、人間のことが語られていたからに他なりません。ウィルソンは、新しい遺伝子淘汰の理論を使って、人間の家族や社会の成り立ち、人間の示す利他行動、（中略）などなどを、動物の行動と同じように解明しようとしたのです。そしてさらに、心理学、社会学、文化人類学、法学、倫理学などの人文・社会系の学問は、今後は、社会生物学という名のもとに、遺伝子淘汰の理論で統一されるだろうと主張しました。それは、人間も進化の産物である以上、人間の行動や社会について考える学問はすべて、進化的視点を入れなければならないだろうから、というのが理由でした。

これに対して、心理学、社会学、文化人類学などの分野から、一斉に猛烈な反対の声が上がりましたが、生物学者の中からも反論が出ました。その強烈な反発には、政治的なものもありましたし、生態学者が人文・社会系の学問に領海侵犯しているという、なわばり意識もありました。しかし、反論の骨子は、人間の行動に生物学的・遺伝的基盤があると論じるのはけしからん、人間は動物と違って、知能と理性と文化と学習と教育のたまものである、というものだったのです。

この論争の政治的な側面はさておき、2社会学者、文化人類学者などの多くが構築した反論は、人間は動物とはまったく異なり、動物の行動を解明する理論を人間にあてはめることはできない、という考えに立脚していました。彼らは、人間の行動は、遺伝子ではなく文化や学習や自由意志に基づいているのであり、社会生物学は、文化や学習の重要性を無視した不当な生物学的決定論であり、人間の活動をすべて遺伝子に還元しようとする、乱暴な還元主義であると論じました。（中略）

この論争の中心は、「動物」対「人間」、「遺伝」対「環境」、「本能」対「学習」、「生物決定論」対「文化決定論」にありました。人間が、他の動物にはない高度な知能や文明をもっていることは明らかです。確かに、人間は、他の動物とは異なる存在です。それを否定する人はいないでしょう。しかし、文明や学習や知能があれば、遺伝や生物学的部分は完全になくなってしまうのでしょうか？　社会生物学論争は、上記の○○対○○の二分法が成り立ち、人間においては、前者の○○はすでに意味がなくなってしまったと考える人たちと、このような二分法は成り立たないと考える人たちとの論争でもありました。事実は、このような単純な二分法は成り立ちませんし、何もないところに絵を描くように、学

2023年度

解　答　と　解　説

《2023年度の配点は解答欄に掲載してあります。》

＜数学解答＞ 《学校からの正答の発表はありません。》

1　(1)　解説参照　(2)　30　(3)　-10，3

2　(1)　11個　(2)　12個

3　(1)　ア　79　イ　$4n$　(2)　46番目　(3)　530番目

4　(1)　4　(2)　$2\sqrt{3}$　(3)　$1+\frac{3}{2}\pi$

5　(1)　$\frac{5+2\sqrt{3}}{4}$　(2)　解説参照　(3)　$2-\sqrt{3}$

○推定配点○

1　(1)　8点　(2)・(3)　各6点×2　2　各8点×2　3　(1)　各3点×2　(2)　6点　(3)　8点　4　(1)・(2)　各6点×2　(3)　8点　5　各8点×3　計100点

＜数学解説＞

1　(関数・グラフと図形―座標，グラフの式，線対称，作図，平行線，面積)

重要　(1)　点A，点Bの座標はそれぞれ$(-2,\ 4)$，$(-5,\ 25)$である。y軸について点Bに対称な点をCとすると，C$(5,\ 25)$　なお，放物線はy軸について対称なので，点Cは$y=x^2$のグラフ上にある。直線ACの傾きは，$\frac{25-4}{5-(-2)}=3$　直線ACの式を$y=3x+b$とおいて$(-2,\ 4)$を代入することで，$b=10$　よって，P$(0,\ 10)$　作図は図1のように，①点Bからy軸に垂線を引く。②$y=x^2$のグラフと交わる点をCとする。③直線ACを引いてy軸との交点をPとする。図1が正解図である。

図1

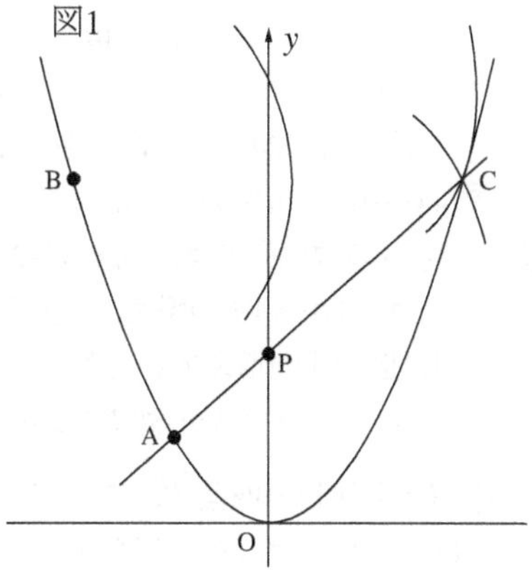

(2)　図2の点線のように，点Bを通るy軸に平行な直線と点Aを通るx軸に平行な直線を引き，その交点をDとする。また，直線DAがy軸と交わる点をEとする。△ABPの面積は(台形BDEP)－△BDA－△AEPで求められるから，$\frac{1}{2}\times(21+6)\times5-\frac{1}{2}\times21\times3-\frac{1}{2}\times6\times2=30$

(3)　直線AP上にAD＝2APとなる点Dをとると，点Dから直線ABまでの距離は点Pから直線ABまでの距離の2倍となり，△DAB＝2△PAB＝60　平行線間の距離は一定だから，点Dを通るABに平行な直線を引くと$y=x^2$のグラフとの交点が点Qとなる。点Aと点Pのx座標の差が2であるから，点Aと点Dのx座標の差が4であればよく，点D

図2

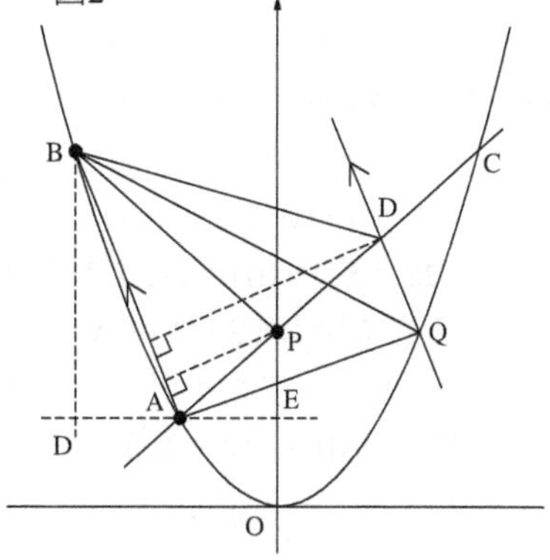

のx座標は2である。直線APの式は$y=3x+10$なので，D(2, 16)　直線ABの傾きは$\frac{4-25}{-2-(-5)}=-7$　点Dを通る直線ABに平行な直線の式を$y=-7x+c$とおいて(2, 16)を代入すると，$c=30$　よって，点Qのx座標は，方程式$x^2=-7x+30$の解である。$x^2+7x-30=0$　$(x+10)(x-3)=0$　よって，点Qのx座標は，-10，3

2 （場合の数，格子の中にできる三角形の数）

図1

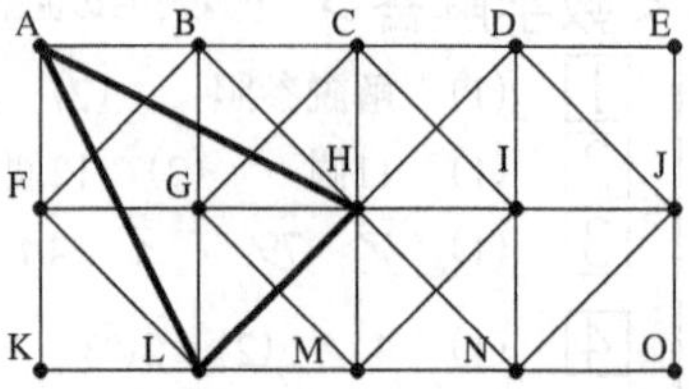

(1)　$LH=\sqrt{1^2+1^2}=\sqrt{2}$，$AL=AH=\sqrt{1^2+2^2}=\sqrt{5}$　△ALHは底辺が$\sqrt{2}$，等辺が$\sqrt{5}$の二等辺三角形である。△ALHと合同な三角形の底辺は1辺の長さが1の正方形の対角線であり，図1で示すように，MI，NJ，LF，MG，NH，BF，CG，DH，BH，CI，DJをそれぞれ底辺とする等辺が$\sqrt{5}$の二等辺三角形が△ALHと合同である。よって，11個ある。

図2

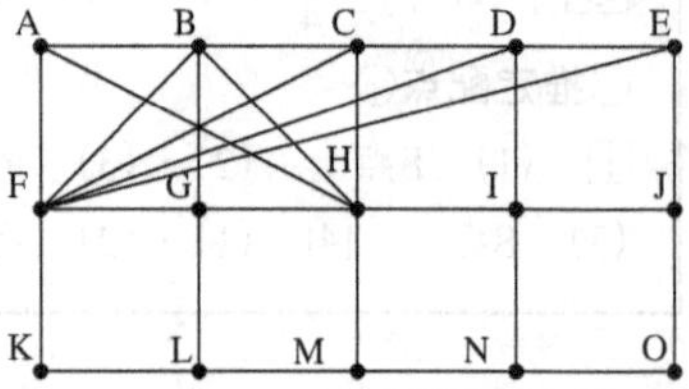

(2)　線分AE上と線分FJ上からそれぞれ1点ずつを点Gのみを含む三角形ができるように選ぶと，図2のようになる。それぞれについて線分KOから1点を選んで三角形を作ると，次の12個ができる。

△AFN，△AFO，△AHK，△AHL，△BFM，△BFN，△BHK，△CFL，△CFM，△DFK，△DFL，△EFK

3 （規則性一数の列，式で表すこと，式の値）

(1)　ア：n^2-2n-1に$n=10$を代入すると，$10^2-2\times10-1=79$　イ：$b_{n+2}-b_n=(n+2)^2-2(n+2)-1-(n^2-2n-1)=4n$

(2)　2023がBの数の列にあるとすると，$n^2-2n-1=2023$，つまり，$n^2-2n-2024=0$が自然数の解を持つ。2024を素因数分解すると，$2^3\times11\times23$　よって，$2024=44\times46$なので，$(n-46)(n+44)=0$　$n=46$　よって，2023はBの数の列の46番目である。

やや難 (3)　Aの数の列では，$4n-5=2023$から，$4n=2028$　$n=507$　2023は507番目である。Aの数の列は-1から4ずつ増えていく数である。Bの数の列は2番目の数が-1であり，そこから1つおきに4の倍数ずつ増えていく数である。よって，Bの数の列の数は半数がAの数の列の数と重なる。したがって，Cの数の列で2023は$507+46\div2=530$(番目)である。

4 （空間図形一四面体，二等辺三角形，長さ，三平方の定理，相似，球，切断）

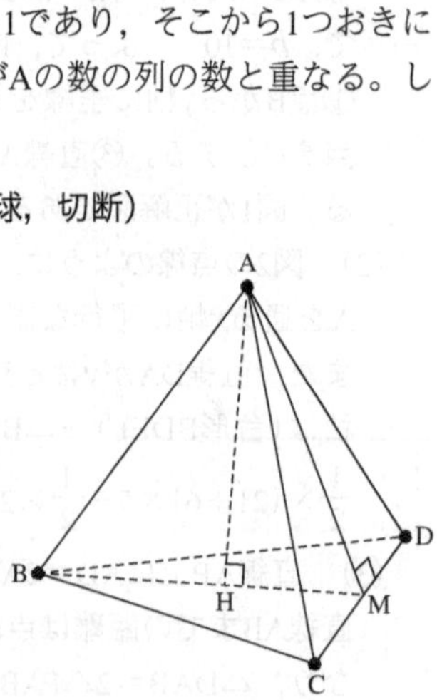

(1)　△ACDは二等辺三角形なので，AM⊥CDとなる。△ACMで三平方の定理を用いると，$AM^2+CM^2=AC^2$　$AM^2=(\sqrt{21})^2-(\sqrt{5})^2=16$　M>0なので，AM=4

重要 (2)　△BCDも二等辺三角形なので，四面体ABCDは面ABMについて対称である。よって，点HはBM上にある。BM⊥CDだから，△BCMで三平方の定理を用いると，$BM=\sqrt{BC^2-CM^2}=\sqrt{25}=5$　BH=xとするとMH=$5-x$　△ABHと△AMHで三平方の定理を用いてAH^2を表すと，$AH^2=(\sqrt{21})^2-x^2=4^2-(5-x)^2$　これを解いて$x=3$　よって，$AH^2=(\sqrt{21})^2-3^2=12$　$AH=\sqrt{12}=2\sqrt{3}$

やや難 (3) 平面ACDがHを中心とする半径$\sqrt{5}$の球を切り取るとき，その切り口は円になる。切断によってできる円の中心をIとし，円IとAMとの交点をJとする。HIは切断面に垂直だから，△HIM∽△AHM　HI：AH＝HM：AM　HI：$2\sqrt{3}$＝(5－3)：4　HI＝$\sqrt{3}$　MI：MH＝HM：AM　MI：2＝2：4　MI＝1　よって，AI＝3　△HIJで三平方の定理を用いて円Iの半径IJの長さを求めると，IJ＝$\sqrt{HJ^2-HI^2}=\sqrt{2}$　$\sqrt{2}>1$なので，円IはACと交わる。点IからACに垂線IKを引いて点IからACまでの距離を求めると，△IKA∽△CMA，IK：CM＝IA：CA　IK：$\sqrt{5}$＝3：$\sqrt{21}$　IK＝$\frac{3\sqrt{5}}{\sqrt{21}}$　$\left(\frac{3\sqrt{5}}{\sqrt{21}}\right)^2>(\sqrt{2})^2$なので，円IはAC，ADとは重ならない。よって，切断面と△ACDの共通部分は右図のようになる。円IとCDとの交点をP，Qとすると，PM＝$\sqrt{IP^2-IM^2}$＝1　△MIPは3辺の比が1：1：$\sqrt{2}$なので直角二等辺三角形である。∠PIQ＝90°となるから，共通部分の面積は$\frac{1}{2}\times\sqrt{2}\times\sqrt{2}+\pi\times(\sqrt{2})^2\times\frac{270}{360}=1+\frac{3}{2}\pi$

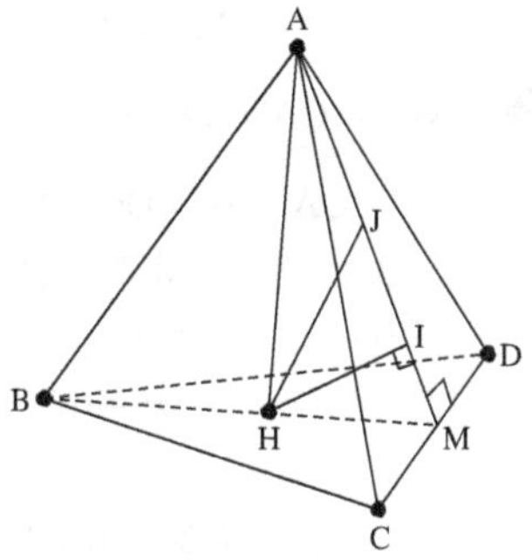

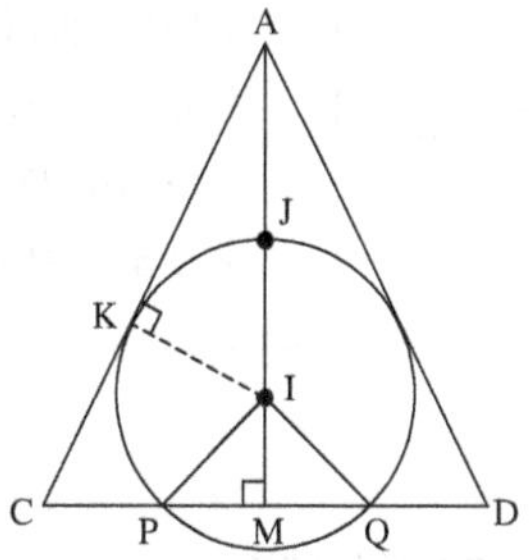

5 **(平面図形－円の性質，面積，三平方の定理，同一円周上，証明，相似)**

やや難 (1) 円周の$\frac{1}{12}$の弧に対する中心角は30°，円周角は15°である。弦AC，AD，DFを引いて，△ABC，△ACD，△ADF，△DEFの面積を求めて加える。△ACDと△ADFは，∠ACD＝∠AFD＝90°　∠CAD＝∠DAF＝30°　よって，内角の大きさが30°，60°，90°の直角三角形なので，辺の比が2：1：$\sqrt{3}$である。AD＝2なので，CD＝DF＝1　AC＝AF＝$\sqrt{3}$　△ACDと△ADFの面積は，$\frac{1}{2}\times1\times\sqrt{3}=\frac{\sqrt{3}}{2}$…①　点Aから直線PBに垂線AGを引くと，∠ACB＝45°だから，△GACは直角二等辺三角形であり，辺の比は1：1：$\sqrt{2}$である。よって，AG＝CG＝$\frac{1}{\sqrt{2}}$AC＝$\frac{\sqrt{3}}{\sqrt{2}}$　∠ABC＝120°，∠ABG＝60°なので，△ABGは3辺の比が2：1：$\sqrt{3}$となり，BG＝$\frac{1}{\sqrt{3}}$AG＝$\frac{1}{\sqrt{2}}$　よって，BC＝$\frac{\sqrt{3}}{\sqrt{2}}-\frac{1}{\sqrt{2}}=\frac{\sqrt{3}-1}{\sqrt{2}}$　△ABC＝$\frac{1}{2}\times\frac{\sqrt{3}-1}{\sqrt{2}}\times\frac{\sqrt{3}}{\sqrt{2}}=\frac{3-\sqrt{3}}{4}$…②　点Dから直線PFに垂線DHを引くと，∠EFD＝∠EDF＝15°なので，∠DEH＝30°　DE＝EF＝BC＝$\frac{\sqrt{3}-1}{\sqrt{2}}$だから，DH＝$\frac{1}{2}$DE＝$\frac{\sqrt{3}-1}{2\sqrt{2}}$　よって，△DEF＝$\frac{1}{2}\times\frac{\sqrt{3}-1}{\sqrt{2}}\times\frac{\sqrt{3}-1}{2\sqrt{2}}=\frac{4-2\sqrt{3}}{8}=\frac{2-\sqrt{3}}{4}$…③　①，②，③から，六角形ABCDEFの面積は，$\frac{\sqrt{3}}{2}\times2+\frac{3-\sqrt{3}}{4}+\frac{2-\sqrt{3}}{4}=\frac{5+2\sqrt{3}}{4}$

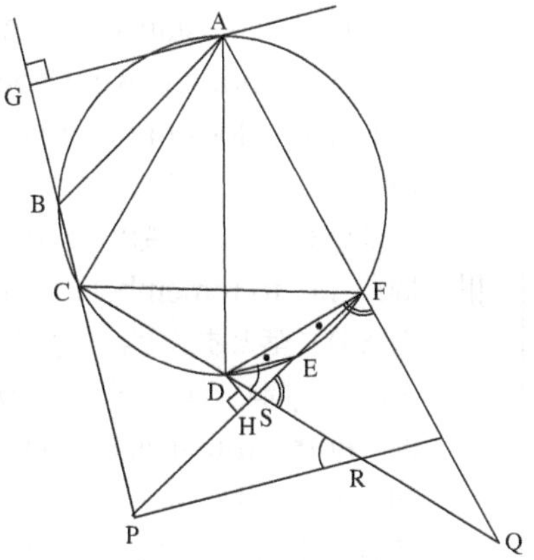

重要 (2) (例)∠PFCは弧CEが円周の$\frac{1}{4}$なので，180°×$\frac{1}{4}$＝45°　∠CDEは弧CAEが円周の$\frac{3}{4}$なので，180°×$\frac{3}{4}$＝135°　よって，∠RDE＝45°　DE//PRなので錯角が等しく，∠PRC＝∠RDE＝45°

（したがって，∠PFC＝∠PRC）

重要 (3)　△QADにおいて，$\angle QAC=180^\circ\times\frac{1}{3}=60^\circ$　∠ACQは直径に対する円周角なので90°　よって，$QA:AC:QC=2:1:\sqrt{3}$　$AC=\sqrt{3}$だから，$AQ=2\sqrt{3}$　$AF=\sqrt{3}$なので，$QF=2\sqrt{3}-\sqrt{3}=\sqrt{3}$　また，$QC=\sqrt{3}\times\sqrt{3}=3$　$\angle AFE=105^\circ$なので，$\angle QFS=75^\circ$　$\angle AQC=30^\circ$だから，$\angle QSF=75^\circ$　よって，2角が等しいので△QSFは二等辺三角形であり，$QS=QF=\sqrt{3}$　したがって，$DS=QC-CD-QS=3-1-\sqrt{3}=2-\sqrt{3}$

★ワンポイントアドバイス★

1(2)の面積を正しく求めると(3)の解法が見えてくる。　2ていねいに図に書き込んでみよう。　3(3)はAの列とBの列で共通なものを除く。　4(3)は切断面の一部が△ACDからはみ出る。　5いろいろな求め方があるが，いずれも三平方の定理をうまく用いる。

＜英語解答＞《学校からの正答の発表はありません。》

Ⅰ　(A)　(1)　a　(2)　c　(3)　b　(4)　b　(5)　b　(B)　(1)　①　Germany　②　17　③　station　(2)　d　(3)　b　(4)　c

Ⅱ　問1　your brain is what you think with　問2　エ　問3　Every time you　問4　How does my brain control me?　問5　My brain does.　問6　without　問7　まったく同じ脳は2つとしてないのだから，同じように考えたり行動したりする人も2人はいない。　問8　Your whole personality might change

Ⅲ　問1　1a　to remember　1b　lay　1c　eating　1d　to make　問2　宿題の紙を水たまりに落とすこと。　問3　宿題をどうやって先生に渡せばよいのかわからなかったこと。　問4　(1)　イ　(2)　エ　問5　④　He couldn't see where he was going.　⑤　not as much as the one with　問6　エ　問7　7a　ウ　7b　ア　7c　イ　7d　エ　問8　8a　イ　8b　オ　8c　エ　8d　ウ　8e　ア　問9　宿題の紙は引き裂いても，学んだことは忘れてはいないということ。　問10　ア，カ

○推定配点○

Ⅰ　各2点×11　Ⅱ　問2，問3，問6　各2点×3　問7　4点　他　各3点×4

Ⅲ　問1，問6，問7，問8　各2点×14　問9　4点　他　各3点×8　計100点

＜英語解説＞

Ⅰ　(リスニング)

(A)　Listen to the passage and answer the questions. Listen twice.

The story of coffee is long and full of mystery, but one thing that we know for sure is that coffee first came from Ethiopia in North Africa. Around the year 700, a man called Kaldi went to check on his goats one evening and saw that they were dancing. They had so much energy that they couldn't sleep! Kaldi thought the goats must be sick, but then he noticed that they were eating red fruit that looked like cherries. He decided to try eating the strange fruit and found that it had the same effect on him! Some time later a priest who was travelling to the city on foot met Kaldi and his dancing goats. Kaldi told him about the fruit and the priest was very happy because he wanted to stay awake at night to pray. The priest took some of the fruit, boiled it, and made a drink which he then shared with other priests. This drink became the coffee that we drink today.

Slowly, over the centuries, the coffee from Ethiopia spread both east to India and Asia, and west to Europe. In England during the 1600s it was very popular to drink coffee at 'coffee houses', an idea which first came from Turkey. These places became known as 'penny universities' where you could learn many things about the world by having discussions with other people if you bought a cup of coffee.

Eventually, coffee travelled to America, where it quickly replaced tea, and Brazil, which now grows 32% of the world's coffee and even sells it to Ethiopia.

However, the coffee industry has a problem. While customers might pay several dollars for a cup of coffee in a modern cafe, little of that money reaches the coffee farmers. As many coffee farmers live in developing countries, they receive less than three U.S. cents for each $3 cup of coffee that is sold. In recent years, more and more coffee companies have been trying to change this unfairness, but there is still a lot of improvement to be made to make the coffee business fair for everyone.

Listen again.

(A) 文章を聞いて質問に答えなさい。2回聞きなさい。

（全訳） コーヒーの話は長く，謎に満ちているが，確かにわかっていることは，コーヒーが最初は北アフリカのエチオピアから来たものだということだ。700年頃，カルディーという名の男性がある晩，自分のヤギに印をつけに行き，それらがはね回っているのを見た。それらは活力にあふれ，眠ることができなかったのだ！ カルディーは，ヤギが病気なのに違いないと思ったが，彼はそれらがチェリーのような赤い果実を食べていることに気づいた。彼はその不思議な果実を食べてみることにして，彼にも同じ効果があることを知ったのだ！ 少ししてから，歩いて町へ旅をしていた僧侶がカルディーとはね回っている彼のヤギたちに出会った。カルディーは，彼にその果実のことを話すと，僧侶は祈りのために夜起きていたかったのでとても喜んだ。僧侶は果実をいくつか取って，それをゆでて他の僧侶たちと分け合った飲み物を作った。この飲み物が今日私たちが飲んでいるコーヒーとなった。

ゆっくりと，何世紀にもわたって，エチオピアのコーヒーはインドやアジアへと東に，ヨーロッパへと西にも広まった。1600年代に，イギリスでは「コーヒー・ハウス」でコーヒーを飲むことがとても人気となったが，それはトルコで最初に生まれた考え方だった。これらの場所は，コーヒーを1杯買えば他の人々と議論することで世界について多くのことを学べる「ペニー大学」として知られるようになった。

ついには，コーヒーはアメリカに渡り，そこではすぐに紅茶に取って代わり，ブラジルに渡って，そこは今では世界のコーヒーの32パーセントを栽培し，エチオピアにまで売っている。

しかし，コーヒー産業には問題がある。現代のカフェでは消費者が1杯のコーヒーに数ドルを支払うこともあるが，そのお金のほとんどがコーヒー農家に届かないのだ。多くのコーヒー農家が発展途上国で暮らしているので，彼らは売られる1杯3ドルのコーヒーに対してアメリカの3セントに満たない金額しか受け取っていないのだ。近年では，ますます多くのコーヒー会社がこの不公平を変えようとしているが，コーヒーの事業を誰にとっても公平にするにはまだ多くのなされるべき改善点がある。
もう一度聞きなさい。

(A) (1) コーヒーが最初に作られるのよりも前に起こらなかったことは何ですか。

a. カルディーのヤギが病気になった。
b. カルディーは不思議な果実のために眠ることができなかった。
c. カルディーは町へ旅をしていた僧侶に出会った。
d. 僧侶が不思議な果実を料理した。

(2) 僧侶はなぜ果実から飲み物を作りたかったのですか。

a. 彼はお金を稼ぎたかったから。
b. 彼は何か変わったものを料理したかったから。
c. 彼はもっとたくさん祈りたかったから。
d. 彼は幸せになりたかったから。

(3) どの国で人々はたくさんのことを学ぶために「コーヒー・ハウス」に行きましたか。

a. トルコ。 b. イギリス。 c. インド。 d. アメリカ。

(4) ブラジルではどれくらいのコーヒーを栽培していますか。

a. 世界のコーヒーのおよそ4分の1。 b. 世界のコーヒーのおよそ3分の1。
c. 世界のコーヒーのおよそ半分。 d. 世界のコーヒーのおよそ3分の2。

(5) 次の記述のうちで正しいものはどれですか。

a. アメリカでは，紅茶の方がコーヒーよりも人気がある。
b. 多くのコーヒー農家は少額のお金しか受け取っていない。
c. コーヒーの事業は公平になった。
d. コーヒーを栽培する国々は豊かになった。

(B) Listen to the conversation and answer the questions. Listen twice.

-Hi, how are you?

-Hi! I'm sorry that I haven't had time to come to basketball practice recently. I've been studying hard because I have joined a study abroad program.

-That's so exciting! Where are you going to go?

-Germany. I'm really looking forward to it, but my partner, Sabine, is going to visit me first, in April. My parents say I should organize a party for when she arrives. Can you help?

-Sure. First you need to invite some people. You could ask the other members of the basketball club. I'm sure everyone will be excited to meet her.

-Good idea! I thought the steak restaurant by the station would be a good place for a party because it's cheap and has a unique atmosphere, but I read in her letter that she is vegetarian.

-I guess a steak restaurant would be unpleasant for someone who doesn't eat meat or fish. I don't think we should go to eat sushi either.

-Right. I wondered if I could cook a special meal, but my parents work at home, and a party would be too noisy.

-We could invite everyone to my house, but there isn't much space … I know, let's have a picnic! We can make our own food, we won't make anyone angry, and there will be plenty of room. When do you plan to have the party?

-She will arrive on Friday 15th in the morning. How about Saturday?

-I think you should avoid Saturday. Germany is very far away, so she will probably have jet lag!

-Well, how about Sunday?

-That's better. I love cooking, so I'll make a cake if you can bring snacks and drinks.

-OK. We should write some invitations, too. But ....my writing is terrible!

-Don't worry. Just tell me what to write. What is her name?

-Sabine Braun.

-Got it. When and where shall we go? I'll write the date as the 16th of April...how about 2 o'clock?

-Yes, the afternoon is a good idea, but the 16th is Saturday! Don't write the wrong date. Let's meet at the station and then walk to the park together.

-Good idea, West Park is near the station.

-West Park? Isn't it closed while they build the new library?

-It wasn't when I went there last week to play basketball.

-But at West Park there is nothing interesting to do except play basketball. At Castle Gardens, you can see the whole town, there is a lake with boats and there is usually a free outdoor music performance on Sundays.

-OK, that does sound more fun than just a regular park. Let's hope it doesn't rain.

Listen again.

(B)　会話を聞いて質問に答えなさい。2回聞きなさい。

-こんにちは，元気？

-こんにちは！　最近バスケットボールの練習に来る時間がなくてごめん。留学プログラムに参加したから一生懸命に勉強しているんだ。

-それはとてもわくわくするね！　どこへ行くつもりなの？

-ドイツだよ。それを本当に楽しみにしているんだけど，パートナーのサビンが4月にまずぼくを訪ねてくるんだ。ぼくの両親が，彼女が着いたらパーティーを企画するべきだと言っているんだ。手伝ってくれるかい？

-もちろん。まず，君は何人かを招待する必要があるね。バスケットボール部の他の部員たちに頼むといいよ。きっと，みんな彼女に会ったらわくわくするよ。

-いいアイディアだね！　安くて独特な雰囲気があるから，駅の近くのステーキ屋がパーティーに良い場所だと思ったんだけど，彼女の手紙で彼女が菜食主義者だと書いてあったんだ。

-肉や魚を食べない人にとってステーキ屋は心地よくないでしょうね。寿司を食べに行くのも良くないと思うよ。

-そうだね。特別な食事を料理できるかなと思ったんだけど，両親は家で働いていて，パーティーはうるさすぎるだろうね。

-みんな私の家に招待してもいいけれど，あまりスペースがないなあ…そうだ，ピクニックをやろうよ！　自分の食べ物を作って，誰も怒らせることはないし，空間もたくさんあるよ。いつパーティーを開く計画なの？

-彼女は15日の金曜日の午前に着くんだ。土曜日はどうだろう？

-土曜日は避けた方がいいと思うよ。ドイツはとても遠いから，彼女はたぶん時差ぼけになるわ！

-うーん，日曜日はどう？

-その方がいいね。私は料理が大好きだから，君がお菓子や飲み物を持ってくることができればケーキを作るよ。
-わかった。招待状も書かなくてはね。でも…ぼくの字はとても下手なんだ！
-心配ないよ。何を書けばよいのか教えて。彼女の名前は？
-サビン・ブラウンさ。
-わかった。いつどこへ行こうか？　日付を4月16日と書いて…2時でどう？
-うん，午後というのはいい考えだけど，16日は土曜日だよ！　日付を間違えないでほしい。駅で待ち合わせて一緒に公園まで歩こうよ。
-いい考えね，ウエスト公園が駅に近いよ。
-ウエスト公園？　新しい図書館を建てる間は閉園していないかな？
-先週バスケットボールをしに行ったときは閉園していなかったよ。
-でも，ウエスト公園にはバスケットボールをする以外におもしろいものは何もないよ。キャッスル公園では町全体が見えるし，ボートのある池もあるし，日曜日にはふつう無料の野外音楽会がある。
-了解，ただのふつうの公園より楽しそうだわ。雨が降らないといいね。
もう一度聞きなさい。

(B)　(1)　聞き取った情報を使って招待状を完成させなさい。

招待状

4月②17日の，①ドイツからの交換留学生，サビン・ブラウンさんの歓迎ピクニックに来てください。

2時に③駅で待ち合わせます。

キャッスル公園にピクニックに行きます。

食べ物と飲み物をお出しします。

(2)　彼らはなぜステーキ屋に行かないことにしたのですか。
　a.　寿司の方がよいから。　　b.　そこはあまりに独特だから。
　c.　客は誰も肉を食べないから。　　d.　彼らの客が楽しめないだろうから。

(3)　ピクニックをする理由ではないものはどれですか。
　a.　もっと空間がある。　　b.　サビンを驚かせたい。
　c.　何を食べるか選ぶことができる。　　d.　人に迷惑をかけたくない。

(4)　彼らはなぜキャッスル公園を選んだのですか。
　a.　他の公園が開いていないから。
　b.　雨が降ったら屋内で音楽を楽しめるから。
　c.　楽しめることがもっと多いから。
　d.　バスケットボールをすることができるから。

Ⅱ　(長文読解問題・説明文：語句整序，文選択補充，内容吟味，英問英答，語句補充，英文和訳)

(全訳)　(A)　①　私の脳はどのようにして私を制御しているのだろうか。この問いには，「脳」と「私」という2つの重要な言葉がある。私たちは最初に私たちが本当にそれらが何を意味しているのかを確かめる必要がある。

②　脳は頭の中を満たしているぬるぬるしたもので，とても大きくてあまりなめらかでないクルミのように見える。クルミとは違うが，それは柔らかくて半熟のゆで卵のようである。しかし，それはクルミや卵よりもはるかにずっと多くのことをする。つまり，それは見たり，聞いたり，感じたり，臭いを感じたり，味を感じたりさせてくれる。それはまた，体の他の部分に何をするべきかを伝え，動くことができるように腕や脚の多くの異なるすべての筋肉に命令を与える。中でも最も

重要なことに，脳とは自分がそれを使って考えるもので，だから「自分」であることについて考えることができる。

[3] 頭の中で何が起こっているのか見てみよう…

[4] 生まれたばかりの赤ちゃんのとき，脳は赤ちゃんのチンパンジーのそれと同じ大きさである。しかし，それから驚くべきことが起こる。顕微鏡の下でしか見られない1000億ほどの建築用ブロック(細胞)があり，脳を形成するのはこれらの細胞である。しかし，生まれた後，人間の脳の中にあるこれらの細胞は互いに薄いつながりを持つようになり，そのつながりが長くなって増えるにつれて，それに応じて脳はチンパンジーよりはるかに成長するのだ。

[5] なぜこのことが興味深く，重要なのだろうか。

[6] 私たち人間は，他の多くの動物に比べると，特別速く走るわけでも，特別よく目が見えるわけでも，それほど強いわけでもない。しかし，私たちは他のどの種よりもはるかにうまく物事をするため，私たちは他のどの種よりも地球の多くの部分にわたって生き，成功することができる。a私たちは学ぶのだ。

[7] それは，私たちが経験から学ぶことがとても得意であるために生まれた環境に慣れることができるからだ。そして，私たちは，脳の細胞が生きている瞬間瞬間につながりを作ることに優れているために，学ぶことが得意である。経験するあらゆることが脳のつながりを変えるのだ。だから，自分がクローン―兄弟姉妹と同じ遺伝子を持つ一卵性双生児―であるにしても，自分にしかできないある一連の経験をするために独自の形の脳細胞のつながりを持つことになる。同じ家族と一緒に同じ家に住んでいても，他の誰にでも起こることとは異なる，個人的な他の人とは異なることが起こる。誰かと話をするとか，ゲームをするとか，ある食べ物を食べるとか，窓の外を見るとかいった普通のことをするたびに，脳のつながりはすばらしい自分自身にしてくれる独特な変化のしかたをするのだ。

[8] したがって，その問いに対する答えは，「私の脳」と「私」は同じものだということだ。だから，一方がもう一方を制御することなどできないのだ。

[9] しかし，自分自身であるという感覚がどのようにしてクルミのように見え，卵のような感じがするものによって引き起こされるかということは未だ解決されない最も難しく，最も大きな謎である。

(B) [Ⅰ] 何が自分を自分にするのだろうか。思いつくほぼすべてのもの，すなわち，頭，腕，足の指，心臓，そして特に脳である。

[Ⅱ] もちろん，ある不運な事故で足の指を1本失っても，自分は自分であり，単に「足の指が1本ない自分」であるだけだ。左腕，あるいは右のひざこぞうにしても同じだろうと思う，きっとなくなったらさみしいと思うだろうが。

[Ⅲ] しかし，脳は別である。最も自分を自分にしてくれる自分の一部があるとしたら，それはおそらく，3ポンドほどの，思ったり考えたり覚えたりする手助けをし，頭の内部にしっかりととどまっている「灰色の物」，脳である。

[Ⅳ] 脳bがなければ，朝どうやって寝床から出ればよいかもわからないだろう。何も考えつくこともできないだろう。自分が誰であるかも思い出せず，「何が私を私にしているのだろうか」と問いかけることさえできないだろう。

[Ⅴ] それらすべてのことが，「何が自分の脳を自分の脳にしているのだろうか」という別の問いを引き起こす。新しいシャツや新しい靴を選びに店に行くことはできるが，自分の脳は生まれながらにして持つ脳である。心臓でさえ交換することができるだろうが，脳を交換するとしたらもはや自分ではなくなるだろう。もしそうすれば，自分のすべての個性が変わってしまうだろう！ 自分

を幸せにしたり悲しませたり，親切にしたり卑劣にしたり，友好的にしたり内気にしたりするのは自分の脳なのだから。

Ⅵ　脳は自分がまだ母親の子宮の中にいたときに現在の姿になり始めた。一片の皮膚のような1枚の細胞が自身で折り重なって，管を形成する。その管は大きくなって球状になり，しばらくして2つに分かれる(脳半球と呼ばれる)。それから，決定をする手助けをする前頭葉や，聞こえたことを理解する手助けをする側頭葉など，さらに多くの部分に分かれる。

Ⅶ　脳の基本的な形の多くは，もとは遺伝子を経由して両親から得られる。しかし，その後は自分次第である。新しいことを学ぼうとするたびに，脳は変化する。オンラインで脳を注文することはできないが，毎日新しいことを学ぶことによって，すでにある脳をよりよくし続けることはできる。

Ⅷ　⑤まったく同じ脳は2つとしてないのだから，同じように考えたり行動したりする人も2人はいない。他の何にもまして，自分を自分にするのは自分の脳なのだ。

やや難　問1　(Most importantly of all,) your brain is what you think with, …　with を「～を使って」の意味と考え，think with ～「～を使って考える」という意味のつながりを考える。your brain を主語，is を動詞にして，what を「～するもの[こと]」の意味の関係代名詞として使う。「自分の脳はそれを使って自分が考えるものである(脳とは考えるために使うものである)」という意味の文になる。

問2　空所の直後の段落で，人間は他の生き物と違って経験から学ぶ能力が高いために環境に慣れて生きていくことができる，など，学ぶという人間の高い能力について説明していることから，他の動物との大きな違いを端的に述べたエ「私たちは学ぶ」が適切。アは「私たちは意思の伝達をする」，イは「私たちは生きる」，ウは「私たちはうそをつく」という意味。

問3　下線部では，経験することが脳のつながりを変える，経験して学ぶたびに脳が変化する，という脳の働き・性質について述べている。経験によって脳が変化するということと同様の内容を表しているのは，Ⅶの段落の第3文「新しいことを学ぼうとするたびに，脳は変化する」である。Ⅵの段落では，脳の発達の過程について説明しており，Ⅷの段落ではまとめとして自分を形成するのは脳であると述べていることから，Ⅶの段落に絞って探すことができる。

問4　Ⅰの段落の第1文が「私の脳はどのようにして私を制御しているのだろうか」という問いかけで始まり，この後の段落では，この問いに含まれる「脳」と「私」という言葉について考察してこの問いに対する答えを導きだそうとする流れになっている。この流れを受けて下線部を含む文で，「したがって，その問いに対する答えは，『私の脳』と『私』は同じものだということだ」と結論を述べているので，下線部の「その問い」とはⅠの段落の第1文「私の脳はどのようにして私を制御しているのだろうか」という問いと考えられる。また，下線部の直後で「だから，一方がもう一方を制御することなどできない」と補足していることからも，「脳がどのようにして自分を制御するか」という問いについての見解を述べていることがわかる。

重要　問5　下線部のmakeは「～を…にする」の意味のmakeで，下線部は「自分を自分にするものは何か」という問いかけである。直後で「思いつくほぼすべてのもの，すなわち，頭，腕，足の指，心臓，そして特に脳である」と具体的にその答えとなるものを挙げ，「特に脳」と述べていること，さらに，Ⅲの段落で「最も自分を自分にしてくれる自分の一部があるとしたら，それは～脳である」と述べていることから，「自分を自分にするもの」は「脳」と言うことができる。下線部が you を使って述べているので，答えの文では My brain を主語にする。makes は do で言い換えて，My brain does(= makes me me). と答える。

問6　Ⅳの段落は，Ⅲの段落で脳が自分を自分にしてくれるもので，脳は思ったり考えたり覚えたりする手助けをすると述べたのに続き，［ b ］ your brain, の後で「朝どうやって寝床から出ればよいかもわからないだろう。何も考えつくこともできないだろう。自分が誰であるかも思い出せず，『何が私を私にしているのだろうか』と問いかけることさえできないだろう」と述べていることから，空所を含む部分を「脳がなければ」という意味と考えると文脈に合う。ここでは仮定法を用いて，「もし脳がなかったら，～することはできないだろう」と表現している。

問7　全訳を参照。前半の no two brains are quite the same は主語に否定語 no があるので，「quite the same『まったく同じ』である2つの脳はない」つまり，「まったく同じ脳は2つはない」ということを述べている。後半も同じく主語に no をつけた表現になっているので，「think or act in the same way『同じように考えたり行動したりする』人間は2人はいない」ということになる。

問8　（全訳）「リョウタ：ねえ，聞いて。ぼくは落ち込んでいるんだ。入学したかった大学への推薦が取れなかったんだよ。／ケン：それを聞いて残念だよ。でも，推薦が取れなくても，別のチャンスがあるよ。もう一度挑戦すればいいのでしょう？／リョウタ：うん。3月に一般の入学試験を受けてみるけれど，推薦を取って大学に入るよりもずっと難しいよ。／ケン：別の，もっと良い脳が欲しいということかい？／リョウタ：うん。／ケン：とんでもない！　君が他の脳を手に入れたら，c君のすべての個性が変わってしまうだろう。それは，君はもう君ではなくなるということだよ。ぼくは最高の友達を失いたくないよ！」

「脳を取り換えるとどうなるか」という仮定について述べているⅤの段落に着目する。第3，4文で，「脳を交換するとしたらもはや自分ではなくなるだろう。もしそうすれば，自分のすべての個性が変わってしまうだろう」と述べて，脳を取り換えたとしたらどうなるかについて，「もはや自分ではなくなるだろう」「自分のすべての個性が変わってしまうだろう」と2つの表現で述べている。前者については最後のケンの発言第3文で述べているので，後者の「自分のすべての個性が変わってしまうだろう」を表す英語を空所に入れる。

Ⅲ　（長文読解問題・物語文：語句選択補充，指示語，内容吟味，語句整序，文選択補充）

（全訳）　ブラッドリーはあまりに興奮していて眠れなかった。エベル先生はとても驚くだろうな，と彼は思った。彼女はクラス全体に「1人だけ100点満点がいます―ブラッドリーです！」と言うだろうな。

しかし，それでも事態が悪くなるかもしれないことがとてもたくさんあった。学校に行く途中でそれを失くしたらどうなるだろう？　と彼は心配した。ジェフと彼の友達がそれを盗んだらどうなるだろう？　彼は夜中に2度，それが彼の数学の教科書の中に折りたたまれているか確かめるためにベッドから出た。

ページを間違えていたらどうなるだろう？　彼はエベル先生が43ページと言ったのか62ページと言ったのか，もはや定かではなかった。彼は，彼女が彼に言ったことを正確に1a思い出そうとした。

彼は怖くなってベッドに起き上がっていた。彼女は数学の宿題だとは決して言わなかった。エベル先生はただページを言っただけだった。彼女は何の教科書とは決して言わなかった！　彼女は歴史か，国語か，あるいは他のどの教科書かを言ったのかもしれない！

彼はふたたび1b横になってふるえた。彼の涙が枕を濡らした。

彼は朝早くベッドから出て，宿題がまだそこにあるか確かめ，それからすばやく準備をして朝食も1c食べないで学校へ向かった。

途中，彼はまだ宿題を持っていることを1d確かめるために立ち止まった。教科書を開くと，紙が水たまりのすぐ脇の歩道に落ちた。

彼はそれを見て，自分がしそうになったことにぎょっとして，すばやくそれを拾い上げて教科書に戻した。彼は学校に着くまで教科書をしっかり閉じておいた。

彼は最初に着いた中の1人だった。彼はドアが開くのを待たなくてはならなかった。彼はジェフと彼の友達がいないか注意深く周りを見た。彼は，彼らが背後から彼を驚かさないように背中を学校の壁に向けて立った。

彼はアンディーを見かけた。彼は，アンディーも彼を見たと思ったが，もし見ていても，彼は何もしないだろう。

ドアが開くと，彼はエベル先生のクラスで最初に着いた。彼はいちばん後ろの列の，いちばん端の自分の席に着いて待った。

他の子供たちが入ってきたとき，彼は彼らがエベル先生の机に紙を置くのを見た。彼は，彼らの宿題だろうかと思った。今や彼は新たな不安を抱いていた。彼は宿題をどうやって先生に渡せばよいのか知らなかったのだ。

ジェフが入って来て，エベル先生の机の紙の山のいちばん上に1枚の紙を置いて，部屋の後ろの方へやって来た。

あれは彼の宿題に違いない，とブラッドリーは思った。他に何があるというのだろうか？

「ショーネ」と彼は声を出して言った。

ジェフの前に座っている少女が振り向いた。

「君はエベル先生の机に宿題を置くのかい？」

「私にどうしたらいいのか言わないでちょうだい，ブラッドリー！」とショーネは怒って言った。「あなたは自分の宿題のことが心配で，私は私の宿題を心配するわ，わかった？」彼女は振り返った。

もう学校が始まる時間だった。ベルが鳴る前に彼女の机にそれを置かなくてはならないのならどうなるだろう，あるいはどうでもよいのか？　彼は教科書から宿題を取り出して立ち上がり，エベル先生の机のところへ行った。

彼は1歩進むごとに緊張した。口は乾き，呼吸が苦しくなった。彼は倒れてしまいそうな感じがした。エベル先生の机がとてもA遠くにあるように思えた。彼は望遠鏡の反対側からそれを見ているかのようだった。彼の心臓がどきどき鳴って，宿題を持つ手がふるえた。

彼はどうにかそれを彼女の机に置いて，他の子供たちがそこに置いた紙を見ようとした。それは数学の宿題のようだった！　43ページだ！

しかし，気分が良くなる代わりに，さらに気分が悪くなった—彼は感情が爆発するかのようだった。

「何かほしいの，ブラッドリー？」とエベル先生が尋ねた。

彼は手の中でふるえている宿題を見た。それからそれを半分に破いてエベル先生の机の脇にあるごみ箱にそれを落とした。

彼はすぐに気分が良くなった。頭はすっきりして呼吸は普通に戻った。心臓はどきどきするのが収まった。

彼は歩いて自分の席に戻り，深く息をついて，息を吐きだして座った。彼は机の上に腕を折りたたみ，その上に頭を伏せた。彼は悲しく感じたが，壁の金色の星を見て気分はくつろいだ。

ブラッドリーはみんなが休憩を取りに出て行ったあとも自分の席に残った。彼はエベル先生の机に歩いて行った。

彼女は紙を整理していた。

「エベル先生，廊下の通行証を貸してもらえますか。カウンセラーに会いたいんです」と彼は恥ずかしそうに言った。

彼女は顔を上げた。

「どうぞ」

通常は，エベル先生はブラッドリー・チョーカーズに決して廊下を自由に使わせなかったが，彼の頼み方の何かが彼女の心を変えたに違いなかった。「いいでしょう，ブラッドリー」と彼女は言った。「でも，悪いことをしたら，二度とこの学校の廊下を使わせませんよ！」

「ありがとうございます」

彼は廊下の通行証を彼女の机の後ろから取ってドアの方へと歩いた。

「どういたしまして」とエベル先生は独り言を言った。

彼はカーラの診療室のドアをノックした。

「今日はようこそ，ブラッドリー」と彼女は彼にあいさつをした。「会いに来てくれてありがとう」

彼は彼女と握手をして，2人は丸いテーブルについた。彼女は変わった線のついたシャツを着ていた。それは彼が初めて彼女に会ったときに彼女が着ていたものだった。彼はそれが気に入っていたが，ネズミの絵が描いてあるものほどではなかった。

「8a昨日の夜，宿題をやったんです」と彼は言った。

カーラはうれしそうだった。「うれしいわ―」

「それを引き裂いたんです」

「何ですって？」

「それを引き裂きました。それを学校に持って来て，8bそれをまさにエベル先生の机に置こうとしていたんですが，それを引き裂きました」

「どうして―」カーラが尋ね出した。

「なぜぼくがそれを引き裂いたか？」と彼が最初に彼女に尋ねた。

「わからないわ，なぜそうしたの？」

彼は肩をすくめた。

彼女も肩をすくめた。

2人とも静かに笑った。

「8cあなたは怒るのではないかと思っていました」とブラッドリーは笑うのをやめて言った。

彼女は頭を振った。「あなたは宿題をやって，それは大切なことよ。あなたのことがうれしいわ，ブラッドリー・チョーカーズ」

「8dぼくは今日から宿題をすべてやるつもりです」と彼は約束した。

「すばらしいわ！」

「でも，それを引き裂き続けたらどうなるでしょう？」と彼は尋ねた。

「どうしてそんなことをしたかったの？」

「わかりません。8e今日，それを引き裂きたくなるなんて思っていませんでした」

「大事なのはあなたがそうしたということね。そしてあなたはそうすることでいくつかのことを学んだのでしょう？」

「of が何を意味するか」とブラッドリーが言った。

「of が何を意味するかですって？」とカーラが繰り返した。

「かけ算です」とブラッドリーが言った。

彼女は困惑して彼を見つめた。「ああ，そうよ！」と，彼女は突然すべてがつながったので言った。「いいわ，あなたが宿題を引き裂いても，あなたは学んだことをまだ覚えているのね。あなたは自分の記憶を引き裂いたのではないわ。そして，エベル先生が次の数学の試験をするとき，あなたは質問への答え方を知っているのよ」

「彼らが決まりを変えなければ」とブラッドリーが言った。

「何の決まり？」

「of の意味を引き算にすることにしたらどうなるか，というような」

「決まりは変えないわ」とカーラは優しく言った。「『彼ら』が誰であってもね」

「でも，ぼくが試験も引き裂いてしまったらどうなるでしょう？」と彼は尋ねた。

カーラは彼が子供っぽくなっているかのように彼を見た。「エベル先生が明日も宿題を出したの？」と彼女は尋ねた。

「明日は土曜日ですよ」

「そうね，月曜日のは？」

「いいえ，週をまたぐ宿題は決して出ないんです」

彼は何年も宿題をやり続けているかのように話した。「でも，来週先生に出さなくてはならない読書感想文があります。ただ…」

「ただ，何？」

「ぼくは本を持っていないんです。それに，ウィルコット先生はぼくに図書館から1冊も借りさせてくれないんです」

「うーん，そうねえ」とカーラは言った。「あなたに本を借りさせてくれる人を他に誰か知らないかしら？　今，よく考えてみて」

ブラッドリーは彼女の診療室のすべての本を見回した。「あなたの本を1冊借りてもいいですか」と彼は尋ねた。「お願いします。書き込んだりしませんから」

カーラはテーブルを歩いて周り，自分の本棚から1冊を選び出した。「私のいちばん好きなものよ」と彼女はブラッドリーに渡しながら言った。

基本　問1　全訳を参照。　1a　空所を含む文の次の段落で，ブラッドリーが先生に言われたことを正しく思い出せなくなっている様子が述べられていることから，to remember と入れて，「～を思い出そうとした」とする。　1b　空所を含む文の直前の段落で，ブラッドリーは寝つけずにベッドの上に起き上がっている。また，空所を含む文の直後で涙で枕が濡れたことが述べられていることから，ブラッドリーは再び横になったと考えられるので，lie「横になる」の過去形 lay を入れる。　1c　ブラッドリーが早くベッドから出て，すばやく用意をしていることから，早く学校に行こうとしていることがわかる。直前の without と合わせ，「朝食を食べずに」とするとこの状況に合う。without は前置詞なので，動詞 eat は動名詞にする。　1d　ブラッドリーは学校に行く途中も終わらせた宿題のことが気にかかっている。空所の後に「まだ宿題を持っている」とあることから，to make sure「～を確かめるために」とする。

問2　almost は「ほとんど」という意味で，ある状態に近い状態であること，もう少しであることをしそうであったことを表す。what は「もの・こと」の意味を含む関係代名詞。この直前で，宿題が教科書にはさまっているかどうか確かめようとして教科書を開いたところ，宿題を書いた紙が水たまりのすぐ脇の歩道に落ちたことが述べられていること，および，自分がしそうになったことにぎょっとしていることから，具体的には水たまりに宿題の紙を落としそうになったことを指す。

問3　ブラッドリーは，教室に入ってきた他の生徒たちが先生の机の上に紙を置いて行くのを見て，「新たな不安」を抱いている。下線部の直後に「彼は宿題をどうやって先生に渡せばよいのか知らなかった」とあるので，宿題の提出方法がわからなかったことが新たな不安の具体的な内容である。

問4　(1)　この場面で，ブラッドリーはまだ宿題を先生の机の上に置けばよいのかどうか判断できずにいるので，そのことを確かめるために，ショーネに遠回しな質問をして宿題の提出のし方を知ろうとしたと考えられる。したがって，イ「ぼくたちはどのようにして宿題を提出すればよいのですか」が適切。turn in は「～を提出する」という意味。　(2)　ブラッドリーの言葉を聞いて，ショーネは「私にどうしたらいいのか言わないでちょうだい，ブラッドリー！」，「あなたは自分の宿題のことが心配で，私は私の宿題を心配するわ，わかった？」と怒っていることから，ショーネは宿題が終わっていないなど，宿題に関して何らかの問題を抱えていると考えられる。したがって，今から宿題を提出するのかと言ったブラッドリーの言葉を，もう宿題を提出したのか，もう宿題を終えたのか，といった意地の悪い質問ととらえたと考えられる。

重要 問5　④　He couldn't see clearly where he was going.　where he was going「自分がどこへ行こうとしているのか」を couldn't see の目的語にした間接疑問文。　⑤　(He liked it, but) not as much as the one with (the pictures of mice.)　並べかえる部分の直前に it(＝カーラが着ているシャツ) is を補って考え，カーラのシャツについて感想を述べている文にする。as much as ～ で「～と同じほどに」という意味を表し，否定文なので「～ほどではない」という意味になる。このときカーラが着ていたシャツが，他のネズミの絵が描かれているカーラのシャツほどにはよくないということを述べている。one は「シャツ」を指す。

問6　ブラッドリーが宿題を提出するためにエベル先生の机に向かっている場面。このときブラッドリーは息が苦しいほど緊張していたことから，向かう机は遠くに感じられたと考えるとこのときのブラッドリーの心理状態に合う。ア「輝いている」，イ「汚い」，ウ「彼に近い」。

問7　7a　直後の behind「～の後ろ[背後]に」から，場所を説明していると考える。from behind ～ で「～の後ろ[背後]から」という意味を表す。　7b　knock on[at] ～ で「～をノックする」という意味を表す。　7c　Thank you for ～ で「～をありがとう」という意味を表す。
7d　「～がついている」の意味の with を入れて，カーラのシャツの柄を説明する文にする。

問8　8a　直後でカーラがうれしそうにしている様子が述べられていることから，ブラッドリーが何か良いことをしたという内容のイが適切。　8b　ブラッドリーがエベル先生の机に宿題を提出しようとして直前でそれを引き裂いたことを述べている文。「学校へ宿題を持って行った」→「エベル先生の机に宿題を置こうとした」→「宿題を引き裂いた」という流れ。　8c　直後でカーラが頭を振って，ブラッドリーの発言内容を否定し，さらに，「あなたは宿題をやって，それは大切なことよ。あなたのことがうれしいわ，ブラッドリー・チョーカーズ」と言ってブラッドリーをほめている。これはブラッドリーが予期しなかったことになるので，宿題を引き裂いたと言えばカーラは怒るだろうと思っていたという内容のエが適切。　8d　直後でカーラが「すばらしいわ！」と言っていること，空所に入る発言はブラッドリーが約束したことであることから，これからは宿題をすべてやるというウが適切。　8e　直前でカーラが宿題の紙を引き裂きたいと思った理由を尋ね，ブラッドリーはなぜ引き裂きたいと思ったのかわからないと答えている。さらに，宿題を引き裂きたくなるとは思わなかったというアを入れて，宿題を引き裂きたいとは思わなかったことを強調する発言にする。

問9　下線部は，「あなたは自分の記憶を引き裂いたのではない」という意味。カーラは下線部の直前で，「あなたが宿題を引き裂いても，あなたは学んだことをまだ覚えている」と述べていること，直後では「エベル先生が次の数学の試験をするとき，あなたは質問への答え方を知っている」と述べていることから，宿題の紙を引き裂いても学んだことは記憶して身についているということを伝えようとしたと考えられる。

問10　ア「ブラッドリーはカーラに，誰かが of の意味を変えたらどうなるだろうと尋ねた」(○)　カーラがブラッドリーは宿題の紙を引き裂いても学んだことは覚えているから，次の試験では解答できると言った後，ブラッドリーは「彼らが決まりを変えなければ」と言い，さらに，「何の決まり？」と尋ねたカーラに「of の意味を引き算にすることにしたらどうなるか，というような」と言っていることに合う。　イ「ブラッドリーは二度と試験を引き裂かないと確信していた」（×）　ブラッドリーが誰かが of の意味を変えたらどうなるかという話をした後で，「でも，ぼくが試験も引き裂いてしまったらどうなるでしょう？」と言っていることに合わない。　ウ「ブラッドリーは本を読む前に数学の宿題をしなくてはならない」（×）　カーラがエベル先生がまた宿題を出したのかと尋ねると，ブラッドリーは週末をまたぐ宿題は出ないが，次は読書感想文を提出しなくてはならないと言っている。数学の宿題については述べていないので合わない。
エ「ブラッドリーは図書館から本を借りることを許可された」（×）　ブラッドリーは，ウィルコット先生に図書館から本を1冊も借さないと言われているので合わない。　オ「ブラッドリーはカーラに，誰が彼に本を貸してくれるか注意深く考えるように頼んだ」（×）　カーラがブラッドリーに本を貸してくれる人をよく考えるように言ったので，合わない。　カ「ブラッドリーはカーラの本にメモを書かないと約束した」（○）　ブラッドリーが，カーラが本を貸してくれるのだと知って，「お願いします。書き込んだりしませんから」と頼んでいることに合う。

★ワンポイントアドバイス★

Ⅱの問2では，空所を含む段落の内容を考えすぎると解答するのが難しい。段落の最後の1文なので，次の段落にそれに関することが書かれていると考え，次の段落の内容に着目しよう。learn という語が多く出てくることから判断できる。

＜理科解答＞ 《学校からの正答の発表はありません。》

[1]　(1)　2N　(2)　ウ　(3)　3N　(4)　12cm　(5)　16cm　(6)　10cm　(7)　エ，キ

[2]　(1)　還元　(2)　ウ　(3)　イ，オ　(4)　1.28g　(5)　0.11g　(6)　0.06g　(7)　0.80g

[3]　(1)　AED　(2)　イ　(3)　血小板　(4)　エ　(5)　エ　(6)　オ　(7)　イ

[4]　(1)　ア　(2)　北アメリカプレート　(3)　9時間　(4)　南東　(5)　ア　(6)　6つ

○推定配点○

[1]　各4点×7　[2]　(1)　3点　他　各4点×6　[3]　各3点×7　[4]　各4点×6

計100点

＜理科解説＞

[1]　（力のはたらき－浮力の大きさ）

(1)　図2を見ると，物体Xが8cm以上沈んでもばねばかりの値は変わらない。これは，物体Xがすべて水中に入ったためである。物体Xの空気中での重さが5Nで，すべて水中に入ったときの重さが3Nだから，浮力は5－3＝2〔N〕である。

重要　(2)　ア：正しい。浮力の大きさは，物体が押しのけた液体の重さに等しい。
イ：正しい。海水は水よりも密度が大きいので，押しのけた液体の重さも大きい。
ウ：誤り。物体Yの密度が変わっても，体積が変わらないので浮力も変わらない。

エ：正しい。物体Yの形状が変わっても，体積が変わらないので浮力も変わらない。

基本 (3)　コップの質量が300gなので，コップにはたらく重力は3Nである。重力と浮力がつりあってコップが静止しているので，浮力も3Nである。

(4)　浮力が3Nはたらいているから，コップが押しのけた水の重さが3Nであり，その水の質量は300gである。水の密度が1g/cm^3だから，その水の体積は300cm^3である。よって，コップのうち水面より下にある部分の体積も300cm^3である。コップの外側の底面積が25cm^2だから，沈んだ深さx〔cm〕は，$25x=300$より，$x=12$cmである。

重要 (5)　コップに入れた5cmぶんを水の体積は，20×5＝100〔cm^3〕である。そのため，コップはつり合いの状態からさらに水面下に100cm^3ぶん沈む。その沈む深さy〔cm〕は，$25y=100$より，$y=4$cmである。(4)でつり合いの状態のとき，すでに12cm沈んでいるので，水を5cm入れたときに沈む深さは，12＋4＝16〔cm〕である。

(6)　コップの上端が水槽の水面に達したとき，水面より下にあるコップの体積は25×20＝500〔cm^3〕である。コップが押しのけた水の体積も500cm^3であり，その水の質量は500gで，浮力の大きさは5Nである。よって，コップと中に入れた水の重さの合計も5N，質量の合計は500gとなる。入れた水の質量は500－300＝200〔g〕で，体積は200cm^3となり，入れた水の量z〔cm〕は，$20z=200$より，$z=10$cmである。

別解として，つり合いの状態で12cm沈んでいるから，あと8cm沈めば，コップの上端が水槽の水面に達する。(5)で水を5cm分入れると，コップが4cm多く沈むことがわかっている。よって，入れた水の量z〔cm〕は，$5:4=z:8$より，$z=10$cmである。

(7)　図6を見ると，ばねばかりの値の変化は，どの区間も直線で表されている。これは，図2と同じように浮力が一定ずつ増えているためであり，物体Zの形は図1のような柱の組み合わせだとわかる。ア，イ，オ，カのように錐の部分があると，浮力の増減が一定ではなくなり，図6のグラフは曲線の組み合わせとなってしまう。また，図6では中央部分の変化が小さい。これは，中央部分の断面積が小さいためであり，エまたはキがあてはまる。

2　**(酸化と還元―酸化銅の還元)**

(1)　酸化物から酸素が奪われる反応を還元という。酸化と逆の反応である。

(2)　実験1で酸化銅と水素を反応させると，$CuO+H_2 \rightarrow Cu+H_2O$により，水素が酸化されて水が生成する。塩化コバルト紙は，水がないときは青色だが，水に触れると赤色になる。

(3)　実験2で酸化銅と炭素を反応させると，$2CuO+C \rightarrow 2Cu+CO_2$により，炭素が酸化されて二酸化炭素が発生する。選択肢では，アは水素が発生する。イで，重曹は炭酸水素ナトリウムであり，二酸化炭素が発生する。ウで，レバーなど動植物の組織には過酸化水素を分解する酵素を含むものが多々あり，酸素が発生する。エは，加熱しなくても少量の水に水酸化ナトリウムが溶けるときに熱を発生するため，アンモニアが発生する。オは卵の殻の主成分である炭酸カルシウムが酸に溶けて二酸化炭素が発生する。カで，過炭酸ナトリウムは炭酸ナトリウムと過酸化水素が結びついた物質であり，酸素系漂白剤に使われる固体である。湯に溶かすと酸素が発生する。

重要 (4)　実験2の結果の表1で，酸化銅の質量が1.60gまでは，残った固体の質量が0.29gずつ増えているが，以降は0.40gずつ増えている。これは，酸化銅の質量が1.60gまでは，炭素が余っており，以降は酸化銅が余っていることを示している。つまり，酸化銅1.60gと炭素0.12gが過不足なくちょうど反応して，銅1.28gができている。酸化銅3.00gの場合も，そのうち1.60gが反応して銅1.28gができ，酸化銅1.40gが反応せずに余る。なお，このとき残る固体の質量は，1.28＋1.40＝2.68〔g〕となる。

(5)　表1で酸化銅が0.40gのとき，炭素0.12gを加えているので，反応前の質量の合計は0.52gである。

質量保存の法則から，反応後の質量の合計も0.52gなので，発生した二酸化炭素の質量は，0.52－0.41＝0.11〔g〕である。なお，このとき炭素は0.03gが反応して0.09gが余っている。また，反応後の固体0.41gは，できた銅が0.32gと，余った炭素0.09gが混ざっている。

重要 (6)　(4)の解説の通り，過不足なく反応する質量比は，酸化銅：炭素：銅＝1.60：0.12：1.28である。酸化銅が0.80gの場合は，0.80：0.06：0.64となる。つまり，炭素は0.06gが反応して0.06gが残る。また，反応後の固体0.70gは，できた銅が0.64gと，余った炭素0.06gが混ざっている。

やや難 (7)　(4)の解説の通り，酸化銅1.60gと炭素0.12gが過不足なく反応して銅が1.28gできるとき，発生する二酸化炭素の質量は，1.60＋0.12－1.28＝0.44〔g〕である。つまり，炭素と二酸化炭素の質量比は，0.12：0.44である。次に，本設問の実験では，質量保存の法則から，二酸化炭素の発生量は1.20＋0.06－1.15＝0.11〔g〕である。よって，反応した炭素の質量は，0.12：0.44＝x：0.11で，x＝0.03gである。このことから，反応した質量比は，酸化銅：炭素：銅＝1.60：0.12：1.28＝0.40：0.03：0.32とわかる。反応に関係していないガラスの質量は，1.20－0.40＝0.80〔g〕となる。また，反応後に残った固体1.15gは，できた銅が0.32g，余った炭素が0.03g，ガラスが0.80gである。

3 (ヒトのからだのしくみ－心臓と血液)

(1)　AEDは，心室が細かく震えてしまい，血液を全身に送れない状態のときに，電気ショックを与える装置である。医師や看護師でなくとも使用できる。

(2)　ヒトの心臓は，胸腔内のほぼ中央(わずかに左)にあり，握りこぶし程度の大きさである。

基本 (3)　けがをしたときなどの血液の凝固に関わるのは，血液中の血小板である。

(4)　ヒトをはじめホ乳類の赤血球は，核がない円盤状のものが多い。ホ乳類以外のものには，核があったり，形がちがったりするものもある。

(5)　表1によると，血液の総質量は体重の約8%だから，51.5×0.08＝4.12〔kg〕，つまり4120gである。

重要 (6)　表1によると，1分あたりの心臓の拍動数が70回で，1回の拍動で心臓から送り出される血液量が70mLだから，1分間あたりの血液の循環量は，70×70＝4900〔mL〕，つまり4.9Lである。1日は60×24＝1440〔分〕だから，1日あたりの血液の循環量は，4.9×1440＝7056で，およそ7000Lとなる。

(7)　ア：誤り。活動中は，体の各部へ多くの酸素を供給するため，心臓の拍動数は増える。

イ：正しい。大動脈は心臓から全身へ向かう血管で，酸素の多い動脈血が流れている。肺動脈は心臓から肺へ向かう血管で，酸素の少ない静脈血が流れている。

ウ：誤り。血液の液体成分は血しょうであり，それが血管の外に染み出たものが組織液である。

エ：誤り。カエルのような両生類の心臓は，2心房1心室である。

4 (大地の活動－地震)

(1)　問題文に合うのは日本書紀である。他は歴史書ではなく，時代もだいぶ後である。

(2)　日本列島とその周囲は，4枚のプレートで構成されている。特に本州には3枚のプレートが集まっており，糸魚川・静岡構造線がプレート境界である。その東側は北アメリカプレート，西側はユーラシアプレート，そして伊豆半島がフィリピン海プレート上にある。

やや難 (3)　津波の速さは，$\sqrt{10\times4000}$であり，200m/秒＝0.2×60×60km/時＝720km/時である。よって，東北沖からハワイまで津波が到達するのにかかる時間は，6200÷720＝8.61…により，およそ9時間である。このように，大洋での津波の速度は，ジェット機に近い。

(4)　図1を見ると，この観測点のP波の最初の動きは，南北では北，東西では西に動いたから，水平方向では北西に動いた。また，上下では上に動いているから，この観測点は震源から押されるように動いた。以上より，この観測点は，震源から北西に押されるように動いたのだから，観測点から見た震源の方向は南東である。

(5)　アは，最も揺れやすいところを重くすることで，慣性の法則を利用して揺れを小さくする制震の考え方である。イとエは、地面の揺れが建物に伝わりにくくすることで，免震の考え方である。ウは揺れても壊れないように補強することで，耐震の考え方である。

(6)　震源で地震が発生し，震源距離80km地点にP波が到達するのにかかる時間は，80÷5＝16〔秒〕である。その3秒後に緊急地震速報が流れ，そこから15秒の時間を確保すると，地震発生からの時間は，16＋3＋15＝34〔秒〕となる。その34秒間でS波が到達する距離は，3×34＝102〔km〕だから，震源距離が102km以上の地点では時間が確保できる。表1では，幕張駅以遠の6駅である。

★ワンポイントアドバイス★

問われているのは何かはっきりさせて，適切に考えて答えるようにていねいに解いていこう。

＜社会解答＞ 《学校からの正答の発表はありません。》

1　問1　③・⑤　　問2　あ　②　　1　銅銭　　問3　い　⑥　　う　③　　問4　①・②・⑤
問5　④　　問6　徳川吉宗　　問7　(1)　伊能忠敬　　(2)　(例)　18世紀末より外国船の来航が増加したことを受け，1825年に外国船は見つけ次第打ち払うことを命じた。
問8　④　　問9　(例)　・1889年に大日本帝国憲法を発布し，立憲君主国となったこと。
・1890年に帝国議会を開き，代議制を確立したこと。　　問10　五・一五事件
問11　Y　④　　Z　①　　問12　台湾

2　問1　②　　問2　④　　問3　③　　問4　(1)　④　　(2)　(例)　1990年度はドーナツ化現象の進展によって都心の人口は減少したが，2000年以降は都心部の再開発が進み，高層マンションが建設されるなどして，人口は増加に転じた。　　問5　モノカルチャー経済
問6　④　　問7　(サンフランシスコ)　②　　(シカゴ)　③

3　問1　1　集団的自衛権　　2　ウィルソン　　問2　④　　問3　②　　問4　③・④
問5　あ　①　　い　③　　う　②　　問6　④　　問7　(例)「知る権利」が対象とするのは，国や地方公共団体が保有する公共性の高い情報，「プライバシーの権利」が対象とするのは，私生活にかかわる個人的な情報である。　　問8　①・④　　問9　④

○推定配点○

1　問8，問9　各2点×3　　他　各3点×14(問1，問4各完答)　　2　各3点×9
3　問7　3点　　他　各2点×11(問4，問8各完答)　　計100点

＜社会解説＞

1　(日本と世界の歴史―海外から日本に来訪した人物をテーマにした歴史)

重要　問1　③　聖武天皇は，仏教の力で国の平穏を回復しようと考え，国ごとに国分寺・国分尼寺，平城京には総国分寺として東大寺を建てた。　⑤　平等院鳳凰堂は，末法初年にあたり造営された阿弥陀堂。1053年完成。本尊は定朝による『阿弥陀如来像』。　①　新羅ではなく，百済。
②　物部氏ではなく，蘇我氏。　④　真言宗ではなく，天台宗。

問2　あ　宋は，唐末の五代の争乱を鎮め，太祖趙匡胤《ちょうきょういん》が建国した統一王朝。1127年に金が北宋を滅ぼし，南宋となったが，1279年，元に滅ぼされた。平氏政権・鎌倉幕府は南宋と交渉し，日宋

貿易を展開した。　1　中国で銅銭が最も流通したのは，貨幣経済が発達し，広東などで銅鉱が大量に産出した北宋時代であり，それは精度も品位も高く，東アジア，南アジア，アフリカなどにも流出した。

基本　問3　い　源実朝は鎌倉幕府3代将軍(在職1203～1219年)。歌人としても知られ，代表作は家集『金塊和歌集』。1219年，鎌倉の鶴岡八幡宮の境内で兄頼家の子である公暁に殺された。　う　稲村ヶ崎は，鎌倉市の相模湾にのぞむ小岬。鎌倉時代には鎌倉四境の一つとして要害の地であった。1333年，北条氏攻略に向った新田義貞が名剣を海中に投じ，引き潮に乗じて鎌倉に攻め入ったと伝えられる。

問4　①　東大寺南大門金剛力士像は，1203年，運慶，快慶の下に，定覚，湛慶ら慶派一門が集まって造立した寄木造の大作。鎌倉彫刻の代表とされる。　②　書院造は室町時代後期に成立した武家住宅の建築様式。現代の和風建築の基本となっている。また，枯山水は，水を使わず，主に石と砂を配置して山水の風景を表現する。室町時代に伝わった宋，明の山水画の影響を受けて発達した。　⑤　能は室町時代に大成された演劇。雑芸を含んだ平安時代の猿楽から，鎌倉時代に猿楽の能が，田楽から田楽の能がおこり，室町時代には足利将軍家が式学(儀礼に用いる芸能)として保護した。　③　安土桃山時代～江戸時代初期。　④　平安時代。

問5　イの対馬は，古くから大陸への交通の要地として重視され，江戸時代にはこの島を支配した宗氏が対朝鮮貿易の利益を独占した。

基本　問6　徳川吉宗は江戸幕府8代将軍(在職1716～1745年)。大岡忠相，青木昆陽らを登用し，家康を手本に享保の改革を断行した。1720年，吉宗は洋書輸入制限を緩和し，キリスト教に関係のない実用的な書籍の輸入を認めた。

問7　(1)　伊能忠敬は，江戸時代後期の地理学者・測量家。高橋至時《よしとき》に天文暦学を学び，幕府に出願して蝦夷地をはじめ全国を測量し，日本で最初の実測地図「大日本沿海輿地全図」を作製した。
(2)　異国船打払令は，江戸時代後期，江戸幕府が発布した外国船追放令。18世紀末より外国船の来航が増加し，フェートン号事件，イギリス捕鯨船員の常陸，薩摩上陸事件などが発生したため，幕府は1825年，外国船は見つけ次第打ち払い，上陸すれば捕らえて殺害することを命じた。アヘン戦争後の1842年に撤廃。

やや難　問8　b(1858年)→c(1864年)→a(1866年)。

問9　1889年2月11日，大日本帝国憲法が発布され，1890年11月29日，第1回帝国議会が開かれた。憲法上，天皇の「臣民」とされた日本国民は，法律の範囲内で所有権の不可侵，信教の自由，言論・出版・集会・結社の自由が認められ，帝国議会での予算案，法律案の審議を通じて国政に参与する道も開かれた。このようにして日本は，近代的な制度に基づく立憲君主国となった。

問10　五・一五事件は，1932年5月15日に起こった海軍青年将校を中心とするクーデター事件。首相官邸，政友会本部，警視庁などを襲撃し，満州国承認をしぶる犬養毅首相を暗殺した。この事件により，政党内閣に終止符が打たれた。

問11　Y　1894年は日清戦争が始まった年。日清戦争の講和条約である下関条約により，日本は，朝鮮が完全な独立国であることを中国(清)に認めさせた。　Z　1905年は日露戦争が終結した年。日露戦争の講和条約であるポーツマス条約により，日本はロシアから，樺太の南半分の領有権や旅順・大連の租借権を獲得した。②は第一次世界大戦，③は満州事変，⑤はシベリア出兵の説明。

やや難　問12　台湾は，中国福建省の対岸に位置する島。1895年，ポンフー諸島とともに日本領となる。第二次世界大戦後，中国に返還され，1943年以降，中国国民政府が本土から移って統治を続けた。中華民国を称する。

2　(地理―人口一億人以上の国を題材にした日本，世界の地理)

問1　イはイスラム教の信者が最も多いこと，人口密度が極端に高いことからバングラデシュ。ウはキリスト教の信者が最も多いことからフィリピン。フィリピンは，スペインによる植民地統治を受けた歴史的経緯から，キリスト教(カトリック)の信者が多数を占める。アはインドネシア，エはパキスタン，オはタイ。

問2　インドは，農業が産業の中心で，第1次産業人口割合は40%を超えている。①は南アフリカ共和国，②は中国，③はロシア。

やや難　問3　ア　「味が濃く塩辛い」，「宮廷料理」，「水ギョウザ」などから北京料理。　ウ　「甘味が強い」，「大河川の河口」，「魚介類が充実」などから上海料理。なお，大河川は長江を指している。
イ　広東料理。　エ　四川料理。

問4　(1)　アメリカ合衆国，インド，日本では，2000年現在，年少人口割合は，インドが最も高く，これにアメリカ合衆国，日本が次いでいる。　(2)　1990年度では，ドーナツ化現象の進展によって，都心の人口は減少していた。ドーナツ化現象は，都心部の人口が，都市環境の悪化や地価高騰のために流出して空洞化し，都市周辺部の郊外地域や衛星都市の人口が増加する現象をいう。一方，2000年度以降は，都心部で再開発が進み，特に東京湾岸には大規模なマンション(タワーマンション)が建設されるなどして，人口は増加に転じた。

重要　問5　モノカルチャー経済は，一国の経済が特定の一次産品の生産や輸出に依存する経済体制をいう。生産量や国際価格の変動によって国全体の経済が大きく左右されるという欠点がある。多くの発展途上国にみられ，ナイジェリアの原油のほか，ガーナのカカオ豆，スリランカの茶，キューバの砂糖などが典型例である。

問6　機械類や自動車のような工業製品が上位にみられるグラフ3が2016年，鉄鉱石や綿花，砂糖，木材などの一次産品が上位を占めているグラフ4が1965年。また，1965年ではコーヒー豆が最大の輸出品であったが，2016年では大豆が最大の輸出品となっている。

やや難　問7　サンフランシスコは，夏季は高温乾燥，冬季は温暖湿潤な地中海性気候が卓越している。よって，気温の年較差が小さく，最多雨月，最少雨月の降水量の差も小さい②である。シカゴは，気温の年較差が大きく，年中湿潤な亜寒帯(冷帯)湿潤気候が卓越している。よって③である。①はマイアミ，④はラスベガス。

3　(公民―国際政治，政治のしくみ，基本的人権など)

問1　1　集団的自衛権は，自国と密接な関係をもつ外国に対する攻撃を，実力で共同防衛する権利。国際連合憲章51条で認められている。　2　ウィルソンはアメリカ合衆国28代大統領(在職1913～1921年)。第一次世界大戦では初め中立をとり，1917年に参戦。1918年に十四か条の平和原則を発表して「勝利なき平和」を主張し，パリ講和会議の立役者となった。国際連盟の設立に尽力したが，孤立政策をとる上院の共和党が反対して国際連盟加盟を否決され，失意のうちに死去した。

問2　平和維持活動(PKO)は，国連が受け入れ国の同意を得て，加盟国の提供する部隊，人員を現地に派遣すること。紛争の防止，停戦の監視，治安維持，選挙監視などを活動内容とする。
①　「過半数の賛成」ではなく，「9か国以上の賛成」。　②　国連軍ではなく，多国籍軍。
③　「紛争当事国どちらか一方」ではなく，「紛争当事国の双方」。

基本　問3　通常国会は，年一回定期的に召集される国会。毎年1月に召集され，会期は150日間。次年度の予算の審議が議題の中心である。臨時国会は，内閣が必要と認めたとき，またはいずれかの議院の総議員の4分の1以上の要求があったときに召集される国会。主な議題は，国政上緊急を要する問題や，予算・外交問題などである。特別国会は，衆議院の解散による総選挙後30日以内に召集される国会。内閣総理大臣の指名が議題の中心となる。

問4　③　国政調査権は，衆議院，参議院の両方に認められている。　④　憲法改正の発議について，衆議院，参議院は同等の権限を有している。衆議院の優越は適応されない。①は衆議院，②は参議院だけに認められた権限である。

問5　①　日本国憲法第31条は，法定の手続の保障を明記し，身体の自由を認めている。　②　日本国憲法第17条は，国および公共団体の賠償責任を明記し，基本的人権を確保するための権利として請求権を認めている。　③　日本国憲法第26条①は，国民の教育を受ける権利を明記し，社会権を保障している。

問6　平等権は，法の下の平等を求める権利。封建的身分からの自由を求める自由権的な性格から，資本主義の発展にともない生じた社会的弱者に，国家が積極的な福祉を実現する社会権的な性格が要求されるようになった。

重要　問7　知る権利は，国民が政治や行政についての公的な情報を知ることができる権利。民主主義国家における言論報道の自由や情報公開制度の正当化のための現代的な憲法原理である。一方，プライバシーの権利は，私生活や私的な事柄をみだりに他人に知られたくないと求める権利。現代社会では，マスメディアの発達などによって，個人の生活が個人の意に反して，人前にさらされるようになってきたことから主張されるようになった。

問8　民法で定める成人年齢に達すると，一人で契約をすることができるようになる。具体的には，クレジットカードをつくる，ローンを組む，部屋を借りる，携帯電話を契約するなどが自分一人でできるようになり，10年有効なパスポートの取得も可能になる。また，父母の親権に服す義務がなくなる。具体的には，自分の住む場所や，進学・就職といった進路，結婚などを自分の意思で決めることができるようになる。一方，飲酒や喫煙，ギャンブルは，健康面への影響などを考慮し，20歳以上という年齢制限が従来通り維持された。

やや難　問9　ア　隣接地に建物ができて，眺望・日照が遮られることは消費者にとって重要事項である。販売業者がこの事実を知っていながら，消費者にこれを伝えなかったことは重要事項の説明がなかったと言え，消費者契約法に基づき売買契約を取り消すことができる。　イ　「お小遣いの範囲内」とあるので，親権者の同意があったとみなされ，売買契約を取り消すことはできない。
ウ　訪問販売で買った商品は，業者から法定の契約書面を受け取った日から8日以内であれば，無条件でクーリング・オフすることができる。

★ワンポイントアドバイス★

公民分野では，成人年齢の引き下げなど時事的な内容も問われている。テレビや新聞を意識して見たり，読んだりすることが必要である。

＜国語解答＞ 《学校からの正答の発表はありません。》

一　問1　ウ　　問2　ウ　　問3　オ　　問4　イ　　問5　(例)　科学者には，その研究成果をわかりやすく正確に一般の人びとに伝え，間違って普及されているものを正すという義務があるが，さらに一般人の非科学者としての批判的な鋭い目を育てることも使命の一つだと考えている。

二　問1　エ　　問2　ア　　問3　ウ　　問4　(1)　私たちだけの領する第三の世界
(2)　(例)　一高での寮生活に応化できずにいた二人が，ノスタルジアを共有するようになり，校庭の樹木のかげなどで語り合い，超現実的な自分たちだけの世界をもつようになっていった。　　問5　エ

三　問1　明けければ　　問2　1　ウ　　3　ア　　問3　エ　　問4　(1)　ウ　　(2)　ウ

四　1　綻　　2　臨　　3　迅速　　4　紡績　　5　焦燥

○推定配点○

一　問5　10点　　他　各5点×4　　二　問4(2)　10点　　他　各5点×5

三　問1　5点　　他　各4点×5　　四　各2点×5　　計100点

＜国語解説＞

一　(論説文—文脈把握，内容吟味，要旨)

やや難　問1　エドワード・ウィルソンが著した『社会生態学』については，直後に「動物の行動と生態に関する諸事実をできるだけ網羅的に集め，新しい遺伝子淘汰の理論で説明しなおした」とあり，さらに「新しい遺伝子淘汰の理論を使って，人間の家族や社会の成り立ち，人間の示す利他行動(中略)などなどを，動物の行動と同じように解明しようとした」「そしてさらに，心理学，社会学……などの人文・社会系の学問は，今後は，社会生物学という名のもとに遺伝子淘汰の理論で統一されるだろうと主張しました」「これに対して，……一斉に猛烈な反対の声が上がりましたが，生物学者の中からも反論が出ました」と説明されているので，これらの内容と合致するウが適切。アの「昆虫だけでなく」，イの「分析しようとしており」，エの「昆虫と同じように」，オの「人文・社会系の学問が社会生物学を吸収する」という部分は合致しない。

問2　直後に「人間は動物とはまったく異なり，動物の行動を解明する理論を人間にあてはめることはできない，という考えに立脚していました」とあり，筆者の考えは，この後に「人間が，他の動物にない高度な知能や文明をもっていることは明らかです。……しかし，文明や学習や知能があれば，遺伝や生物学的部分は完全になくなってしまうのでしょうか？」「しかしまた，人間の行動や社会が形成されていく道筋は，他の動物よりもはるかに複雑で，慎重に考慮せねばならないことがたくさんあるのも事実です」と述べられているので，これらの内容と合致するウが適切。

やや難　問3　「双方」とは，「社会生物学たち」と「人文・社会系の学者たち」を指し，「社会生物学たちは，初期のころの雑な理論展開は撤回し，……より精密に分析するようになりました」「人文・社会系の学者たちの一部には，より積極的に進化的視点を取り入れる人たちも出てきました」と説明されているので，これらの内容と合致するオが適切。アの「より活発なものに」，イの「複雑な理論を展開」，ウの「相手の考えを否定」，エの「精密さを改めて証明」は合致しない。

問4　「科学的事実」「価値判断」の関係について，筆者は「しかし……」で始まる段落で「科学的事実が価値判断と本当に関係がないのであれば，結局は進化生物学が発展しても，私たちの人間観とは無関係なのでしょうか？　そうではないはずです」「人間を含めて生物がどのように作ら

れているのかを知ることは，やがて，私たちの人間観，生命観を変えていくでしょう。事実を全く無視した価値観を，ずっと持ち続けていくことはできないからです」「それでも，獲得した知識の上に特定の価値観，倫理観を引き出すのは，あくまで私たちの選択なのです」と述べているので，これらの内容と合致するイが適切。アの「新たな科学的事実が判明すると」，ウの「価値判断の精度も上がる」，エの「科学に対する新たな見方が登場すると」，オの「価値判断が多様になっていく」は合致しない。

やや難 問5 「科学者の使命」については，直前に「一般の人びとも，ある程度の批判的な鋭い目を養わねばなりません。……そのような『非』科学者の一般人を育てていくこと」とある。また，「使命」は，前で「義務」と言い換えられており，「科学者は……」で始まる段落に「科学者は……その研究成果を，わかりやすく正確に一般の人びとに伝える義務があるはずです。この知識の中には，正しい知識を伝えるとともに，間違って，普及されているものを正すことも含まれるでしょう」とあるので，これらを要約すればよい。

二 （随筆―文脈把握，情景・心情，内容吟味，大意）

問1 直前に「芥川と私とは，複数の一人称として『僕たち』という代名詞を用いていた」とあり，直後には「私は以下において，『私たち』という代名詞を用いることにしたい」とあるので，複数の一人称代名詞を「僕たち」とするか「私たち」とするか決めかねていることを「ディレンマ」としているとわかるので，エが適切。アは，本文に「文章において自己を表す為には私は『私』という語を用い来っている」とあることと合致しない。イは，本文に「私にとって『僕』という語は社交用，特に対友人用の代名詞であった」とあることと合致しない。ウは，「『私』という一人称に思い入れがある」という記述は本文にないので合致しない。オは，「家族ぐるみのつきあい」という記述は本文にはないので合致しない。

問2 直前に「『芥川龍之介』と改めて書かれた」とあることから，札の「芥川龍之助」を正しく書きなおしたことに「安心した」のだとわかる。「もし芥川がそれを見たら『しょうがないな』と苦笑するだろうと思った」「生前，芥川は『龍之助』と書かれたり，印刷されたりして居るのを見ると，参ったような，腹立たしいような，浅ましいような感じをもったものだった。それは，彼が『龍之介』という自分の名を甚だ愛し，且つそれについて一種の誇りをもって居たからであった」とあるので，これらの内容と合致するアが適切。イの「憤慨」，ウの「許してくれるだろう」，エの「後世にも正しく伝わる」，オの「名前の美しさを周囲に広めようとする」は合致しない。

問3 「まばゆい」は，まぶしい，という意味で，憧れや羨望を意味することをおさえる。同段落冒頭に「小供の時から中学時代までを通じて生活環境を形づくったところの家庭や，社会周囲や，郷土やは，かなり趣を異にするものであった」とあり，続いて，芥川が幼少期に歌舞伎を観に行った話が示されている。その内容を受けて，「團十郎の噂しか聞いたことのない私は」とあるのでウが適切。アの「気後れ」，イの「感慨深い」，エの「経済的に苦しい」，オの「人一倍強い関心を持っていた」は，本文の内容と合致しない。

やや難 問4 (1) 「私たちの共通の世界」と同様のことは，本文最後に「私たちだけの領する第三の世界」と言い換えられている。 (2) 直前に「一高における生活，とりわけ二年生である間彼の送った寄宿寮の生活は，芥川にとって全く新しい経験であった。……私にとってもまた全く新しい経験であった」とあり，直後には「寮の生活は彼にとって随分不気味な，そして親しみにくいものであったに違いない」「私も寮の生活には十分応化せずに終った」とある。後には「私が多少のノスタルジアにかかるとひと事ならずそれに同感してくれた」「私たちのノスタルジアの対象は，超現実的な或る世界であったかもしれない。……私たちは屡々私たちのノスタルジアについて語り合った」とあり，これが「私たちの共通の世界」がつくられた過程である。

やや難 問5 「ノスタルジア」については，「尤も，真実のところは，私たちのノスタルジアの対象は，超現実的な或る世界であったかもしれない」「私たちは屡々私たちのノスタルジアについて語り合った」とあるので，「ノスタルジア」を「故郷に懐かしさを覚える」とするエはあてはまらない。

三 （古文一段落構成，語句の意味，口語訳，文脈把握，内容吟味，大意）

〈口語訳〉【文章Ⅰ】 六角偵頼が，夜が明けきる前の自分に馬の脚を賀茂川でひやしていると，従者たちが「寒風にさそわれて，どなたかのよい香りが，毎夜，河原の水面から香ってくる」と言う。「それならば出かけて行ってそのよい香りをかいでみよう」と言って，まだ夜が明けていないが，小袖をかぶって行ったが，まるで，芝蘭の部屋に入ったようであった。香りが近づくと，姿がはっきり見えないが，近寄って尋ねたけれど，答えない。「川風が寒いので」と，うち詠じていた。たいそう趣があり，前後もわからなくなるような様子であった。「どなたですか」と，しきりに問いかけると，驚いて「大富と申す老人ですが，夜な夜な千鳥の声を聞いているのです。(千鳥が)あまりに多く渡るので，香をたいているのです」と語った。「ただならぬ者の行いだ。夜が明けたら，私の邸に来なさい」と言って，貞頼は帰った。

夜が明けて，その日の昼も過ぎたので，(老人は)その屋敷に参った。建物の入り口脇のはいってすぐの部屋から，さまざまな座敷の前を過ぎて，建物と建物の間に架け渡した板と渡り廊下をめぐって，馬小屋に参ったところ，そこにある座敷の板張りの床の間に，蕪を一本描いた墨絵があり，(老人は)心をとめて動かなかった。貞頼はこのことを聞いて，(老人と)対面して，「どうして，上座に掛けてあった，数々の掛け軸の花鳥の名筆の前をすぐに通り過ぎて，この掛け軸にとどまったのか」と，試しに聞いてみると，ほほえんで，「言うまでもありません」というような様子である。「それで，昨夜の風情は今まで聞いたことのないものであったのか」と褒めて，「この絵は，牧谿の描いた絵である。千貫の価値がある」と言ってさし出した。老人は喜んで，それから，懐中より，昨夜，香をたいていた香炉を取り出して，貞頼にお与えになった。「この掛け軸は，昨夜の一興です。これはまた，千貫の価値がある天目茶碗です」と言って，一包みの茶をたてて，もてなして与えた。

【文章Ⅱ】 主君のそばに仕える侍を二人連れて，その匂いにひかれて行く。柳原をはるかに過ぎ，賀茂川の川原になると，次第に香りは深くなり，浅瀬を渡って越えたところ，十一月末の六日の夜であったが，いつもより暗く，物の色も見えない。星の光が細水に映り，これを頼りに向こう岸に上がると，水辺の岩の上に蓑笠を着た人が香炉を袖に持ち添えて静かに座っている様子に心がひかれる。「なぜ，このように一人でいらっしゃるのですか」と尋ねると，「ただ何となく，千鳥の声を聞いているだけです」と答えた。何とも変わった境遇，これが格別の楽しみとは，普通の人とは思われない。「どのような方ですか」と尋ねると，「僧でもなく，俗人でもなく，三界無庵も同然の身です。六十三歳になりますが，まだ足も立ちます」と言い捨てて，岡野辺の松並木を分け入って帰る。「なんとまあ，要領をえない返答であることよ」と，なおも心がひかれ，「私が心ひかれるのは，その木が(何なのか)知りたく思うからです。何という名木ですか」と聞いたところ，「わずらわしいことだ。私にはわからない。お香は燃え尽きたけれども，嗅ぎ分けなさい」と言って，香炉を渡して行方知れずとなった。

問1 【文章Ⅰ】は，賀茂川のほとりで「大富と申す老爺」と出会う場面が第一段落，貞頼の館を老爺が訪ねて来る場面が第二段落なので，「明けければ……」以降が適切。

やや難 問2 1 直前に「いづくのかたの名香か，……毎夜なる」とあるので，「それならば……よい香りをかいでみよう」とするウが適切。「きく(聞く)」には，香りをかぎ分ける，という意味がある。

3 「散ず」には，ばらばらになる，という意味があるのでアが適切。

問3　直前に「いかにして……この一軸に……」とあり，後に「この絵は牧谿図なり……」とあるので，エが適切。絵の価値を理解して足を止めたのかどうか，試したのである。

やや難　問4　(1)　「この絵は牧谿図なり。千貫を施すにこそ」「これはまた，千貫のあたへする天目なり」とあり，冒頭には，千鳥の声を聞くことを「いみじきもののしわざや」としているのでウが適切。

(2)　直後に「香炉が価値あるものとして書かれているように感じる」とあるので，「香炉にも価値があるような印象を与えている」とするウが適切。

四　(漢字の書き取り)

1　「綻」の訓読みは「ほころ(びる)」。縫い目がほどける，花が咲きかける，という意味がある。音読みは「タン」。熟語は「破綻」など。　2　「臨む」には，高いところから見下ろす，その場に出る，その場にさしかかる，などの意味がある。同訓の「望む」と区別する。音読みは「リン」。熟語は「臨機応変」「臨場感」など。　3　「迅」を使った熟語はほかに「奮迅」など。　4　「紡績」は，糸をつむぐこと。繊維を糸にすること。「紡」を使った熟語はほかに「紡錘」「紡織」など。「紡」の訓読みは「つむ(ぐ)」。　5　「焦」の訓読みは「あせ(る)」「こ(がす)」「こ(がれる)」。熟語はほかに「焦点」「焦土」など。「燥」を使った熟語はほかに「乾燥」など。

★ワンポイントアドバイス★

現代文は，本文を精読し，紛らわしい選択肢の中から正答を選び出す練習をしよう！　古文は，基礎知識を充実させ，長文を読みこなす力をつけよう！

2022年度

★★★★★★★★★★★★★★★★★★★★★★★

入　試　問　題

2022年度

市川高等学校入試問題

【数　学】（50分）　＜満点：100点＞

【注意】　1．コンパス・直線定規を利用してもよい。

2．比を答える場合には，最も簡単な整数の比で答えること。

1　右の図のように，正八角形ABCDEFGHがあり，動点Pは最初，頂点Aにいる。さいころを振って，出た目の数の分だけPは正八角形の頂点を順に反時計回りに進む。ただし，頂点Dより先の頂点に進む目が出たとき，PはDで必ず止まるものとする。例えば，さいころを2回振って出た目の数が順に6，2のとき，PはA→D→Fと動き，出た目の数が順に2，6のとき，PはA→C→Dと動く。このとき，次の問いに答えよ。

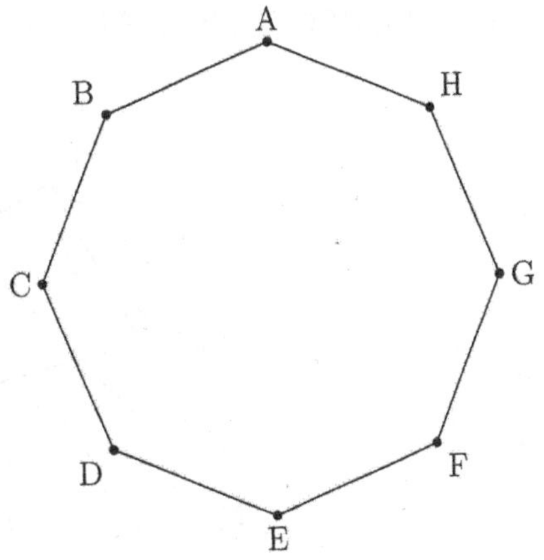

(1)　さいころを2回振ったとき，PがAにいる確率を求めよ。

(2)　さいころを3回振ったとき，PがAにいる確率を求めよ。

2　右の図のように，座標平面上に正十二角形ABCDEFGHIJKLがあり，O（0，0），A（0，6），J（6，0）とする。いま，3点B，O，Lを通る放物線をX，3点C，O，Kを通る放物線をYとするとき，次のページの問いに答えよ。

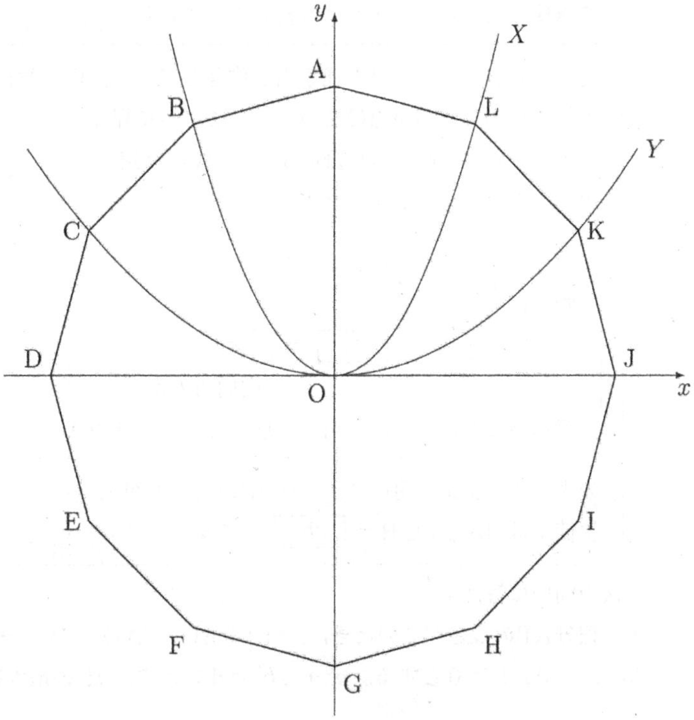

(1)　Ｌの座標を求めよ。

(2)　X とＢＪとの交点のうちＢでない方の点をＰとする。Ｐの座標を求めよ。

(3)　y 軸上に点Ｑを，△JPQの面積が△JPDの面積と等しくなるようにとる。このときＱの座標を求めよ。ただし，Ｑは正十二角形の内部にあるものとする。

(4)　Y とBJとの交点のうち正十二角形の内部にある点をＲとする。四角形RQGHの面積を求めよ。

[3]　下の図のように，線分ABを直径とする半円に対して弧を６等分する点C，D，E，F，Gがある。AEとBFの交点をＰ，AFとBGの交点をＱとおく。

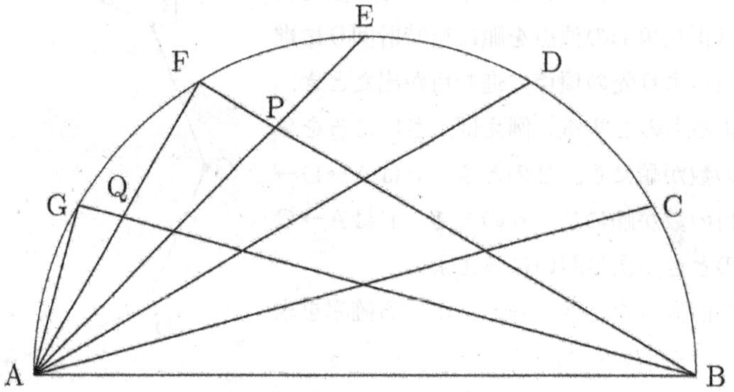

(1)　次の問いに答えよ。

(i)　３点Ａ，Ｂ，Ｐを通る円を作図せよ。ただし，作図で用いた線は消さずに残しておくこと。

(ii)　∠PQBについて，先生と生徒が次のような会話をした。以下の [ア] から [カ] に当てはまる適切なことがらをそれぞれ答えよ。ただし，[イ]，[ウ] の解答の順序は問わない。

> 先生：３点Ａ，Ｂ，Ｐを通る円を作図してみて，何か気付いたことはあるかな。
> 生徒：作図した円が点Ｑを通っているように見えます。
> 先生：それはどのように証明すればいいのだろう。
> 生徒：次のように証明できます。
>
> ４点Ａ，Ｂ，Ｐ，Ｑにおいて，直線 [ア] に対して２点 [イ]，[ウ] は同じ側にあり，
> ∠BQA＝∠ [エ] ＝ [オ] °
> （円周角の定理より）
> であることから，円周角の定理の逆より，４点Ａ，Ｂ，Ｐ，Ｑは同一円周上にある。
>
> 先生：この結果を用いて，∠PQBの大きさが求められるね。
> 生徒：はい。∠PQB＝ [カ] ° です。

(2)　次の問いに答えよ。

(i)　線分ABの長さが２のとき，　$\mathrm{AB}^2+\mathrm{AC}^2+\mathrm{AD}^2+\mathrm{AE}^2+\mathrm{AF}^2+\mathrm{AG}^2$　の値を求めよ。

(ii)　$a>0$，$b>0$ とする。$a^2+4b^2=4$ のとき，ab の最大値を求めよ。

4　次の問いに答えよ

(1)　$\{(a-b)^2+b^2\}\{(a+b)^2+b^2\}$ を展開せよ。

(2)　次の計算をせよ。

$$\frac{1}{6}\times\frac{(4^4+4\cdot3^4)(4^4+4\cdot11^4)(4^4+4\cdot19^4)(4^4+4\cdot27^4)(4^4+4\cdot35^4)}{(4^4+4\cdot7^4)(4^4+4\cdot15^4)(4^4+4\cdot23^4)(4^4+4\cdot31^4)(4^4+4\cdot39^4)}$$

5　下の図のように，１辺の長さが６の立方体ABCD-EFGHがあり，辺BC上にBP：PC＝１：２を満たす点P，辺BF上にBQ：QF＝１：２を満たす点Qがある。このとき，次の問いに答えよ。

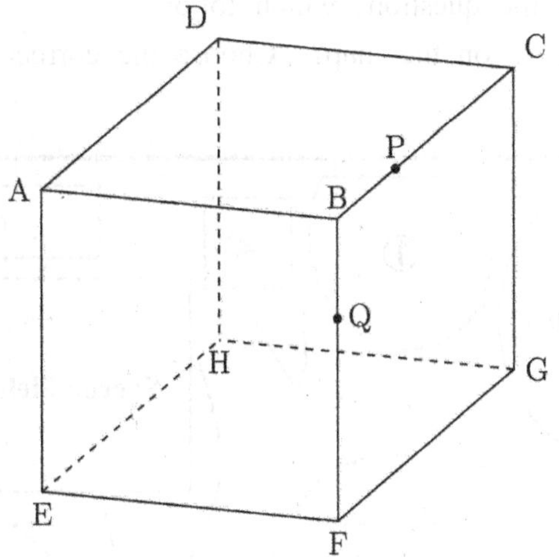

(1)　四角形QPDEの面積を求めよ。

(2)　Aから平面QPDEに下ろした垂線と平面QPDEの交点をH_1とする。AH_1の長さを求めよ。

(3)　Gから平面QPDEに下ろした垂線と平面QPDEの交点をH_2とする。H_1H_2の長さを求めよ。

【英　語】（60分）　＜満点：100点＞　※リスニングテストの音声は弊社HPにアクセスの上，音声データをダウンロードしてご利用ください。

【注意】 解答の際には，句読点や記号は１字と数えること。

I

(A) Listen to the following conversation between a camp guide and a student who has just arrived at summer camp. They are standing at the position marked ‘X’ on the map. Answer the questions which follow.

(1) Where are the places on the map? Choose the correct alphabet letter for each place.

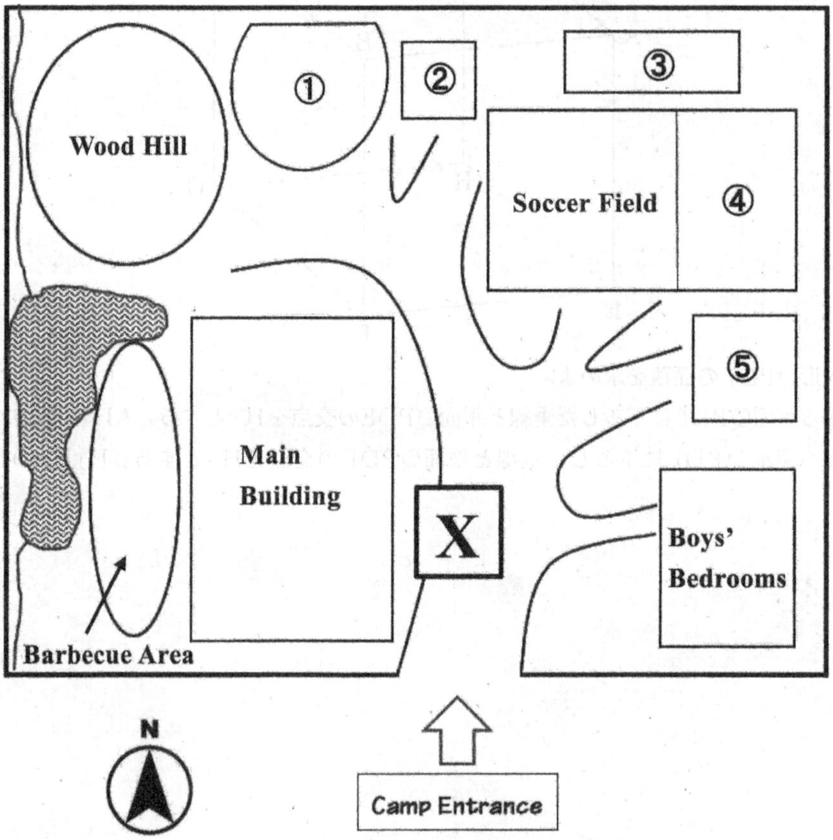

a. Garbage Station　　b. Girls' Bedrooms　　c. Toilets

d. Tennis Courts　　e. Showers

(2) Why is there no pool?

a. Because it needed a lot of money.

b. Because the weather is not good.

c. Because tennis is more popular.

d. Because they needed more showers.

(3) Complete the sentence with the correct answer.

When using the shower, you don't have to ...

a. take soap. b. take a towel.

c. take money with you. d. clean the shower.

(4) Which answer is true?

a. Students can't choose activities on Wednesday night.

b. All students have to help cook at least one meal.

c. The cafeteria is open all day.

d. You can eat breakfast at 9 a.m.

(B) Listen to the speaker. Complete the notes and answer the questions.

(1) Complete the notes with the information you hear.

1980: ____①____% of 18-year-olds	Reading can improve:
read for fun.	● grades
⇩	● ____④____
____②____: 16 % of 18-year-olds and	● ____⑤____
26% of ____③____ read daily.	● sleep

(2) Which of the following statements is true?

a. All teenagers in the research used social media every day.

b. Some young people spend more than 4 hours on the Internet daily.

c. Over 80% of teenagers prefer using social media to reading.

d. Most of the good effects of reading can come from using the Internet.

(3) What do school age students do on World Book Day?

a. Exchange books with each other.

b. Wear special clothes to school.

c. Meet their favorite characters.

d. Volunteer to read to people.

(4) Why do students enjoy reading to dogs?

a. Because they can meet their friends.

b. Because they can take their own pets.

c. Because they feel dogs are better listeners than people.

d. Because they are good at reading aloud.

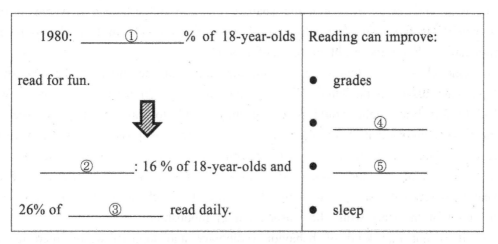

Ⅱ 次の英文(A)とそれに関する対話文(B)を読んで，各問いに答えなさい。なお，出題に際して本文には省略および表記を一部変えたところがあります。〔本文中で＊の付いている語には注があります〕

(A)

[1] When I was very young, I read a number of stories and saw several movies in which some unlucky person became a wolf at the time of the full moon.

[2] The *logic behind this troubled me, however. Why the full moon? I had often seen the full moon and walked under its light and I had felt no effect of any kind as a result. Was moonshine so different from sunshine or from electric lights?

[3] For that matter, was the light of a full moon different from the light of a moon one day past the full, or one day before it? I could hardly tell the difference in the moon's shape on those three days. How could a *werewolf tell, therefore, and on an all-or-nothing change, too? Shouldn't such a werewolf turn 95-percent wolf on the day before or after the full moon? In fact, should he not turn half wolf on the night of the half moon?

[4] One clear factor that changes with the stages of the moon is the amount of light that falls upon the landscape at night. In the pre-industrial days, people who had to travel by night would prefer, if they could, to travel during the week of the full moon so that there would be as much light as possible if there were no clouds. For similar reasons when "Astronomy Island" (a group of people who love looking at the night sky) carries through its summer trip to Bermuda every year to observe the stars, ① <u>they mostly choose the week of the new moon</u> so that the light of the stars won't be washed out in moonshine.

[5] It is not that kind of behavior (voluntary and logical) we're interested in, however. What about the effect of the moon on *psychopathology? ② <u>Is there anything about the moonlight that is different from the sunlight?</u> After all, moonshine comes from sunshine.

[6] [A] The pull of the moon, felt with greater force on the side of the Earth facing it than on the side opposite, produces two hills of water, and any given spot on Earth turns through these hills twice a day.

[7] Every half day there is a high-tide/low-tide cycle, and every two weeks a high-high-tide/low-high-tide cycle.

[8] Are these tide cycles also linked to human beings? At first thought, one doesn't see how, but it is certain that they are related to the behavior of creatures who spend their lives at or near the sea-shore. The movement of the tide must be closely linked to the rhythm of their lives. Thus, the time of highest tide may be the right time to lay eggs, for example. The behavior of such creatures therefore seems to be related with the stages of the moon. That is not mysterious if you consider the moon/tide/behavior connection. ③ <u>If, however, you forget the</u>

middle step and consider only a moon/behavior connection, you change an acceptable view into a semi-mystical one.

9 But what connection can there be between worms and fish living at the edge of the sea, and [B]?

10 Surely there is an *evolutionary connection. We may consider ourselves far removed from tidal creatures *now* but we started out as basic living things 400 million years ago. They were probably living where land and sea meet and were closely linked to tidal rhythms. Our minds might still *sway rhythmically in the half-day and fourteen-day tidal cycles that were linked to our ancestors so many millions of years ago. This would be unusual and surprising, but understandable and believable. In fact, on days where the moon is full, more accidents happen, and more terrible crimes occur. If it is suggested that our actions are directly controlled by the moon, however, and the link to the tides is forgotten, that is likely to make us believe in magic rather than reality.

*(注) logic：論理，理屈　werewolf：狼人間　psychopathology：精神病理学
evolutionary：進化の　sway：揺れ動く

(B)

A：I hear that when the day of the full moon approaches, the number of traffic accidents and serious crimes increases. But I think that's strange. The full moon produces a lot of light, so we can see cars clearly then, can't we?

B：The amount of light doesn't matter. The number of accidents or crimes is [C], rather than to the moon itself.

A：Really?

B：Yes. Actually, our life rhythms and tidal creatures' are not so [D]. All living things probably started out as [E] creatures.

問1　下線部①の理由を，20字以内の日本語で答えなさい。

問2　下線部②とほぼ同じ内容になるように，以下の【　】内の語（句）を並べかえなさい。ただし，文頭にくる語も小文字で示してあります。

【 no difference / of / the sun / light / and / between / there / the moon's / is / that 】.

問3　[A] に入る，以下の日本語を意味する英文として最も適切なものを選び，記号で答えなさい。

「月が大きく影響を与えるものとして，潮の満ち引きが挙げられる。」

ア. One thing the moon *does* control it is the tides.

イ. The moon *does* control one thing is the tides.

ウ. One thing the moon *does* control is the tides.

エ. The moon *does* control the tides is one thing.

問4　下線部③とほぼ同じ内容を表している一文が英文(A)の中にあります。その最初の3語を書きなさい。

問5 B に入る最も適切な英語を英文(A)の段落8～10の中から2語で抜き出しなさい。

問6 英文（A）の内容に合っていれば○，合っていなければ×と答えなさい。

ア．Actually, a half moon causes a man to turn half wolf in a number of stories.

イ．In pre-industrial days, people had to travel by night because they wanted to hide themselves from wolves.

ウ．The moon's power is strongest on the side of the Earth facing it.

エ．We have both high tide and low tide twice a day.

オ．Moonshine has nothing to do with evolution.

問7 英文(A)の内容に合うように， C に入る適切な英語を4～6語で書きなさい。

問8 D ・ E に入る最も適切な組み合わせを選び，記号で答えなさい。

ア．D：similar E：different イ．D：unique E：mysterious

ウ．D：mysterious E：unique エ．D：different E：similar

Ⅲ 次の英文は，ある少年が10才で初めて学校に通い始めた時の話です。これを読んで，各問いに答えなさい。なお，出題に際して本文には省略および表記を一部変えたところがあります。〔本文中で＊の付いている語（句）には注があります〕

September was hard. I wasn't used to getting up so early in the morning. I wasn't used to homework. And I got my first "quiz" at the end of the month. I never got "quizzes" when Mom homeschooled me. I also didn't like how I had no free time anymore. Before, I was able to play whenever I wanted to, but now it felt like I always had work to do for school.

And being at school was terrible in the beginning. Every new class I had was like a new chance for kids to "not *stare" at me. They would look quickly at me from behind their notebooks or when they thought I wasn't looking. ①They would take the longest way around me to avoid the chance of touching me, like I had some illness they could catch.

In the corridors, which were always crowded, my face would always surprise some kid who maybe hadn't heard about me. ②【 make ／ you ／ kid ／ make ／ would ／ sound ／ the ／ the 】 when you hold your breath before going underwater, a little "uh!" sound. This happened maybe four or five times a day for the first few weeks: on the stairs, in front of the lockers, in the library. Five hundred kids in a school: in the end every one of them was going to see my face at some time. And I knew after the first couple of days that word had gotten around about me, because every once in a while I'd catch a kid elbowing his friend as they passed me, or talking 3a as I walked by them. I can only imagine what they were saying about me. Actually ③I prefer not to even try to imagine it.

I'm not saying they were doing any of these things in a mean way, by the way: nobody laughed or made noises or anything like that. They were just being normal stupid kids. I know that. I wanted to tell them that. Like, it's okay, I know I'm strange-looking, take a look, I don't bite. Hey, the truth is, if a *Wookiee started going to the school suddenly, I'd want to know more, I'd probably stare a bit! And if I was walking with Jack or Summer, I'd probably talk quietly to them: Hey, there's the Wookiee. And if the Wookiee saw me saying that, he'd know I wasn't trying to be mean. I was just sharing the fact that he's a Wookiee.

It took about one week for [5 a] to get used to my face. These were the kids I'd see every day in all my classes.

It took about two weeks for [5 b] to get used to my face. These were the kids I'd see in the cafeteria, yard time, PE, music, library, computer class.

It took about a month for [5 c] to get used to it. These were the kids in all the other grades. They were big kids, some of them. Some of them had crazy haircuts. Some of them had earrings in their noses. Some of them had *pimples. [A] of them looked like me.

I stayed with Jack in homeroom, English, history, computer, music, and science, which were all the classes we had together. The teachers told students where to sit in every class, and ④ I ended up sitting next to Jack in every single class, so either the teachers were told to put me and Jack together, or it was a totally unbelievable happening.

I walked to classes with Jack, too. I know he noticed kids staring at me, but he acted like he didn't notice. One time, though, on our way to history, this huge eighth grader who was running down the stairs two steps at a time accidentally crashed into us at the bottom of the stairs and knocked me down. As the guy helped me stand up, he got a look at my face, and without even meaning to, he just said: "Whoa!" Then he patted me [3 b], like he was cleaning me off, and ran quickly after his friends. For some reason, me and Jack started laughing.

"That guy made the funniest face!" said Jack as we sat down at our desks.

"I know, right?" I said. "He was like, whoa!"

"I think he was (i) surprised (ii) he wet his pants!"

We were laughing (i) hard (ii) the teacher, Mr. Roche, had to ask us to settle down.

Later, after we finished reading about how ancient Sumerians built *sundials, Jack said quietly: "Do you ever want to beat those kids up?"

I *shrugged. "I guess. I don't know."

"⑤ I'd want to. I think you should get a secret water gun or something and attach it [3 c] somehow. And every time someone stares at you, you would spray them [3 d] with them."

"With some green *slime or something," I answered.

"No, no: with insect juice mixed with dog pee."

"Yeah!" I said, completely agreeing.

"Guys," said Mr. Roche from across the room. "People are still reading."

We nodded and looked down at our books. Then Jack quietly said: "Are you always going to look this way, August? I mean, can't you get *plastic surgery or something?"

I smiled and pointed to my face. "[B]"

Jack clapped his hand over his forehead and started laughing hysterically.

"Dude, you should *sue your doctor!" he answered between laughs.

This time the two of us were laughing so much that we couldn't stop, even after Mr. Roche came over and ⑥【 with ／ change ／ next ／ made ／ the kids ／ to ／ chairs ／ us both 】 us.

*㊟ stare：じろじろ見る　Wookiee：映画『スター・ウォーズ』に登場する架空の種族

pimple：にきび　sundial：日時計　shrug：肩をすくめる

slime：スライム（どろどろしたオモチャ）　plastic surgery：形成手術　sue：～を告訴する

問1　下線部①を訳した以下の文の [ア]・[イ]・[ウ] にそれぞれ日本語を入れて，文を完成させなさい。

他の生徒たちは，まるで [ア] ように，[イ] ために，[ウ]。

問2　下線部②の【　】内の語を並べかえ，意味の通る英文にしなさい。ただし，文頭にくる語も小文字で示してあります。

問3 [3a] ～ [3d] に入る最も適切なものを選び，それぞれ記号で答えなさい。ただし，同じ記号は1度しか使うことができません。

ア．to your eyes　イ．behind their hands

ウ．in the face　エ．on the shoulder

問4　下線部③の内容として最も適切なものを選び，記号で答えなさい。

ア．それをやってみることさえ想像できない。

イ．それを想像してみることさえしたくはない。

ウ．それを想像さえしない人の方が好きだ。

エ．それを想像してみることくらい簡単なことだ。

問5 [5a] ～ [5c] に入る最も適切なものを選び，それぞれ記号で答えなさい。ただし，同じ記号は1度しか使うことができません。

ア．all the kids in my grade　イ．all the kids in the school

ウ．the kids in my class

問6 [A] に入る最も適切なものを選び，記号で答えなさい。

ア．Some　イ．Any　ウ．Each　エ．None

問7　下線部④の理由として本文で述べられていることを日本語で答えなさい。

問8（ i ）（ ii ）に入る最も適切な語を，それぞれ1語で答えなさい。

問9　下線部⑤の後に省略されている語句を本文中から抜き出して答えなさい。

問10 B に入る最も適切なものを選び，記号で答えなさい。

ア．Hello? This is about plastic surgery!

イ．Hello? This is for plastic surgery!

ウ．Hello? This is after plastic surgery!

エ．Hello? This is over plastic surgery!

問11 下線部⑥の【 】内の語（句）を並べかえ，意味の通る英文にしなさい。

【理　科】（50分）　＜満点：100点＞

【注意】 1．直線定規を利用してもよい。

2．計算問題の答えは，整数または小数で答え，割り切れない場合は小数第２位を四捨五入して，小数第１位まで答えること。

1　斜面を下るときと水平面上で台車が物体を押すときの，運動とエネルギーの変化を調べるために実験を行いました。ただし，空気抵抗は無視できるものとします。

【実験１】

図１のような装置を組み立て，おもりを載せて固定した台車に十分に長い記録テープを取り付け，１秒間に50回打点する記録タイマーを用いて実験を行いました。点Ａで静かに放した台車が斜面を下り，点Ｂを通過して点Ｃにある物体に当たり，その後離れることなく押し続けて点Ｄで静止しました。

図２は記録テープの打点を示したもので，表１に図２の記録テープを５打点ごとに区切って，それぞれの区間の長さをまとめました。

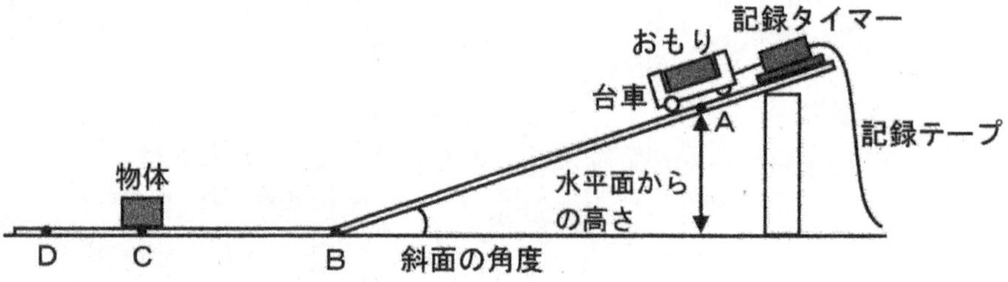

図１

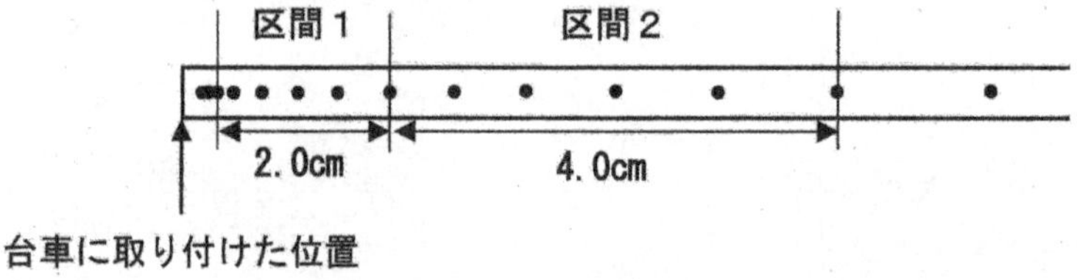

図２

表１

区間	1	2	3	4	5	6	7	8	9
５打点ごとの記録テープの長さ（cm）	2.0	4.0	6.0	8.0	10	10	10	6.0	2.0

(1)　表１を用いて，**区間１から台車が静止するまで**の台車の速さの時間変化のグラフを書きなさい。ただし，区間１のはじめを０秒とし，縦軸を台車の速さ（m/s），横軸を経過時間（ｓ）とします。

(2)　台車が斜面を下るときの，台車が斜面に平行な向きに受ける力の大きさは，斜面を下るにつれてどのように変化しますか。

ア　だんだんと小さくなる　　イ　だんだんと大きくなる　　ウ　変わらない

(3)　この実験における台車の運動では，慣性の法則が成り立っています。慣性の法則の説明について，以下の［　　］に当てはまる内容を20字以内で答えなさい。

物体に力がはたらいていないときや，はたらいていてもそれらがつりあっているときは，静止している物体は静止し続け，［　　　　　　　　　　　］。これを慣性の法則という。

(4)　斜面の角度を15°にし，台車を水平面から高さ20cmで静かに放すと，CD間の距離は10cmになりました。表２のように条件を変えると，CD間の距離はそれぞれいくらになりますか。

表２

	斜面の角度(°)	水平面からの高さ(cm)
①	30	20
②	15	40
③	30	40

【実験２】

次に，【実験１】の前のページの図１の装置から，図３のように台車の上のおもりを同じ質量の棒磁石に変えて固定し，ＢＣ間にコイルを設置して，コイル，電熱線，検流計を導線でつなぎました。点Ａで静かに放した台車が斜面を下り，点Ｂを通過してコイルの内部を通過し，点Ｃにある物体に当たり，その後離れることなく押し続けて点Ｅで静止しました。台車がコイルの内部を通過したときに検流計の針が振れました。

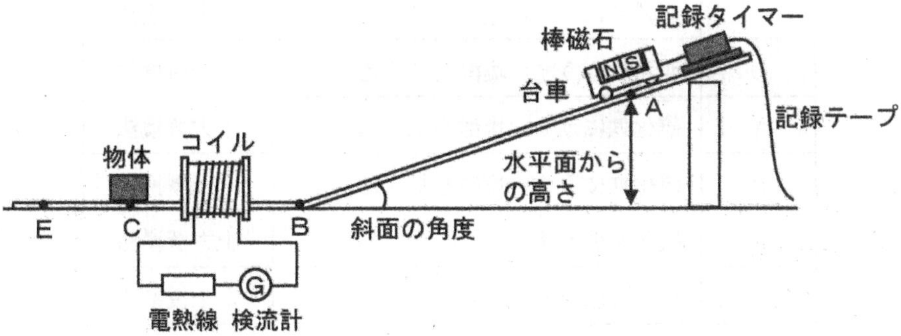

図３

(5)　CE間の距離は，【実験１】のCD間の距離に比べてどうなりますか。

ア　短くなる　　イ　長くなる　　ウ　変わらない

(6)　台車がコイルを通過するときに，コイルには電流が流れました。この電流を誘導電流といい，この現象を電磁誘導といいます。電磁誘導が利用されている技術として**当てはまらないもの**はどれですか。

ア　風力発電　　イ　原子力発電　　ウ　地熱発電　　エ　太陽光発電

オ　ワイヤレス充電　　カ　非接触型ICカード　　キ　IH調理器

(7) 【実験２】のエネルギーの移り変わりについて図４のようにまとめました。[①] ～ [④] に当てはまるものはそれぞれどれですか。

ア 運動エネルギー　イ 位置エネルギー　ウ 熱エネルギー　エ 電気エネルギー

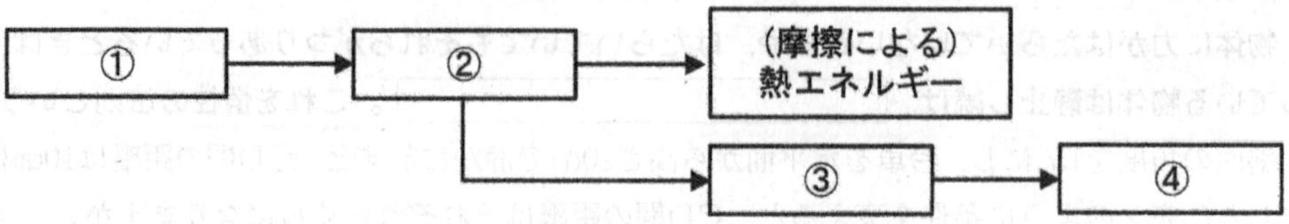

図４

[2] 気体の発生について，次の問いに答えなさい。

(1) 次の①～③の気体の発生方法とその気体の捕集方法の組み合わせとして，最も適するものは，それぞれどれですか。

① H_2　② CO_2　③ H_2S

	発生方法	捕集方法
ア	石灰石にうすい塩酸を加える	上方置換法
イ	石灰石にうすい塩酸を加える	下方置換法
ウ	さらし粉にうすい塩酸を加える	下方置換法
エ	さらし粉にうすい塩酸を加える	水上置換法
オ	亜鉛粒にうすい塩酸を加える	下方置換法
カ	亜鉛粒にうすい塩酸を加える	水上置換法
キ	硫化鉄にうすい塩酸を加える	下方置換法
ク	硫化鉄にうすい塩酸を加える	水上置換法
ケ	硫黄を燃やす	上方置換法
コ	硫黄を燃やす	水上置換法

(2) 過酸化水素水に二酸化マンガン（MnO_2）を加えると，酸素が発生します。この反応を表す化学反応式はどれですか。

ア $H_2O_2 + MnO_2 \rightarrow Mn + H_2 + 2O_2$

イ $H_2O_2 \rightarrow H_2 + O_2$

ウ $2H_2O_2 \rightarrow 2H_2O + O_2$

エ $MnO_2 \rightarrow Mn + O_2$

オ $H_2O_2 + MnO_2 \rightarrow Mn(OH)_2 + O_2$

(3) 固体の塩化アンモニウムと水酸化カルシウムを混合し，ガスバーナーで加熱すると，アンモニアが発生します。この反応を次のページの図１のような装置で行うとき，試験管を口の部分がやや下向きになるように取りつける理由を簡潔に説明しなさい。

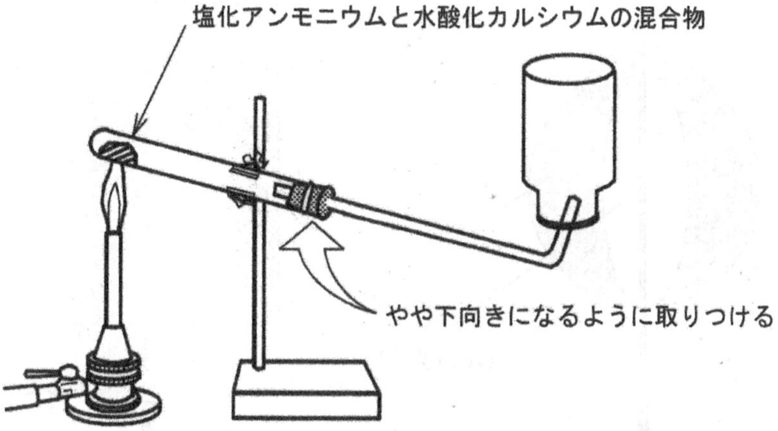

図１

(4) 図２のような装置にうすい塩酸（HCl）を入れ，直流電流を一定時間流したところ，陽極，陰極からそれぞれ気体が発生しました。

① 陽極側，陰極側の管にたまった気体の体積を比べたところ，陽極側の方が少ないことがわかりました。その理由はどれですか。

ア 陽極で発生する気体は，水に溶けやすいため。

イ 陽極で発生する気体は，水により冷やされ収縮するため。

ウ 陽極で発生する気体は，炭素電極に吸収されるため。

エ 陰極で発生する気体には，多くの水蒸気が含まれているため。

オ 発生する気体の量は，陰極で多く陽極で少ないため。

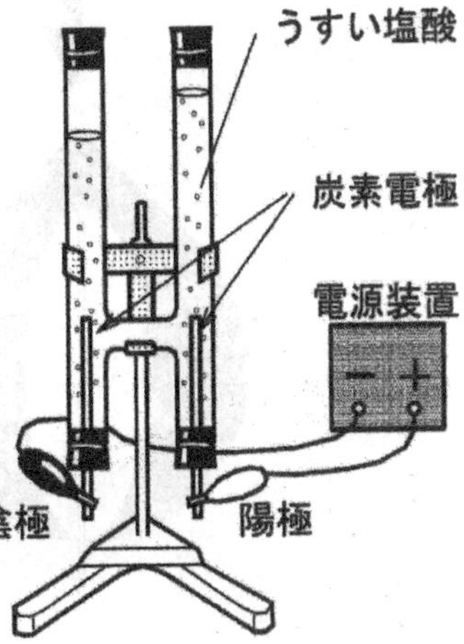

図２

② この実験と同じ装置を使い，直流電流を同じ時間流して，両極で発生する気体の量を増やしたいと思います。その場合の工夫はどれですか。

ア 装置に入れる塩酸の体積を増やす。

イ 塩酸の代わりに，同じ濃度の塩化ナトリウム水溶液を用いる。

ウ 炭素電極の代わりに，銅電極を用いる。

エ 直流電流を大きくする。

3 生物はいろいろな養分を利用しており，その一つにデンプンがあります。生物とデンプンの関係を調べるために実験を行いました。

【実験１】

ふ入りの葉２枚を用意し，次のページの図１のように，１枚はそのままの状態で，もう１枚は全体をアルミシートでおおい，両方の葉に光を充分に当てました。その後，葉を熱湯につけてから温

めた ① で脱色し，うすめたヨウ素液にひたすと，葉の一部が染色されました。

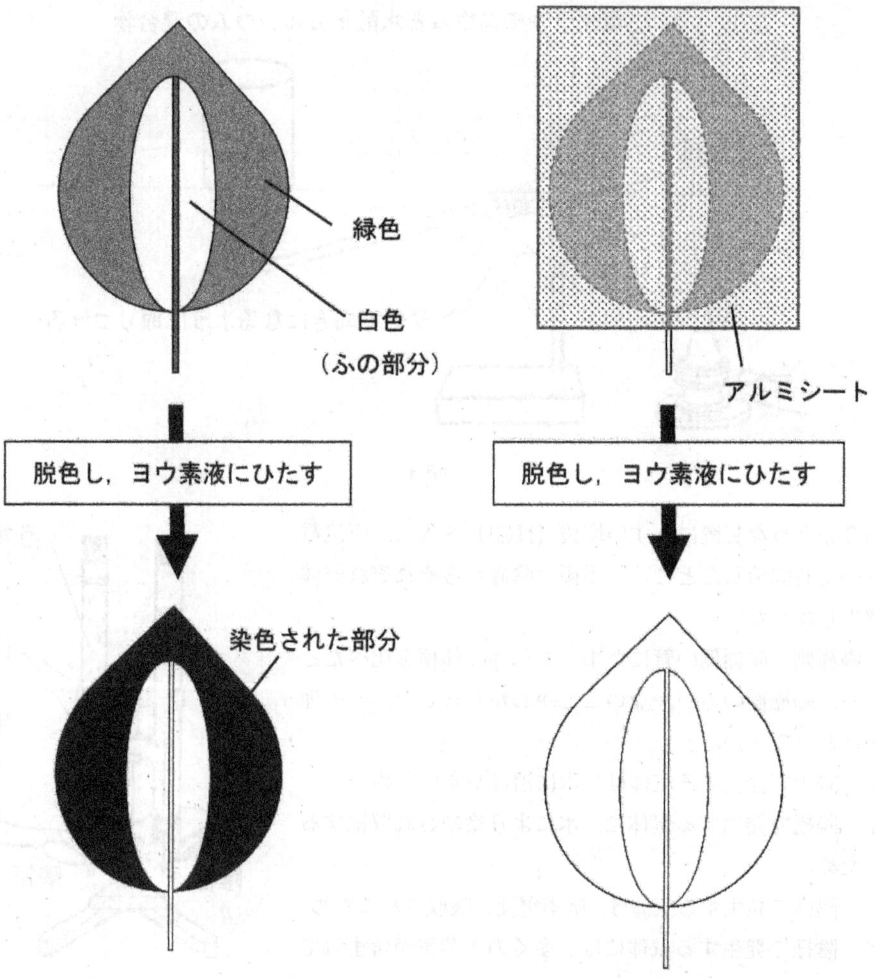

図1

次に，別のふ入りの葉の一部を図2のようにアルミシートでおおい，充分に光を当てました。その後，熱湯と ① で脱色し，うすいヨウ素液にひたしました。

(1) ① に当てはまる溶液はどれですか。

ア　アンモニア水

イ　エタノール

ウ　塩酸

エ　食塩水

オ　石灰水

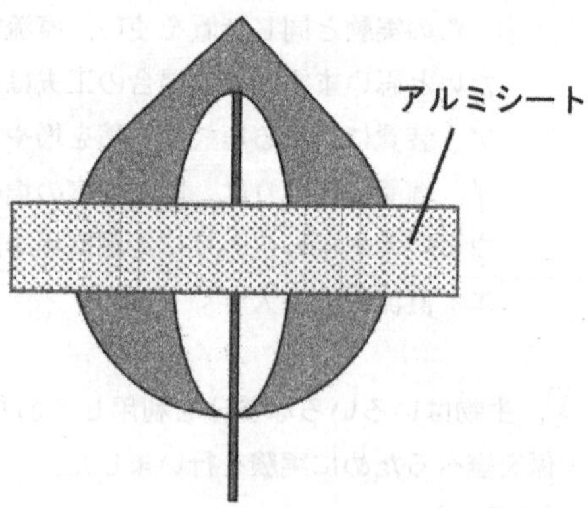

図2

(2) 脱色された葉をうすいヨウ素液にひたすと，葉はどのように染色されますか。

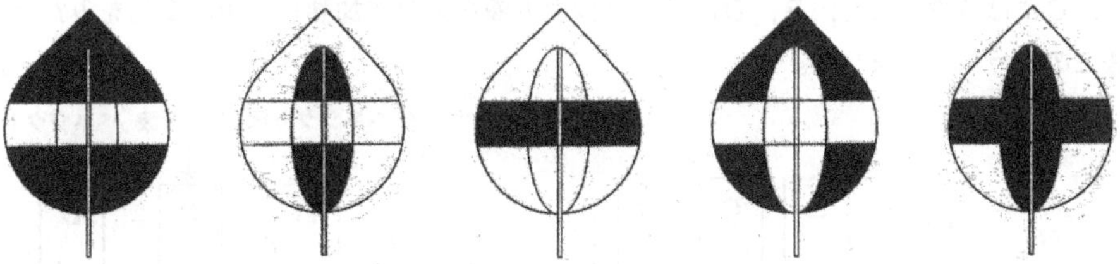

ア　　イ　　ウ　　エ　　オ

脱色された葉は，部位によって条件が異なります。部位とその条件を図3と表1にまとめました。

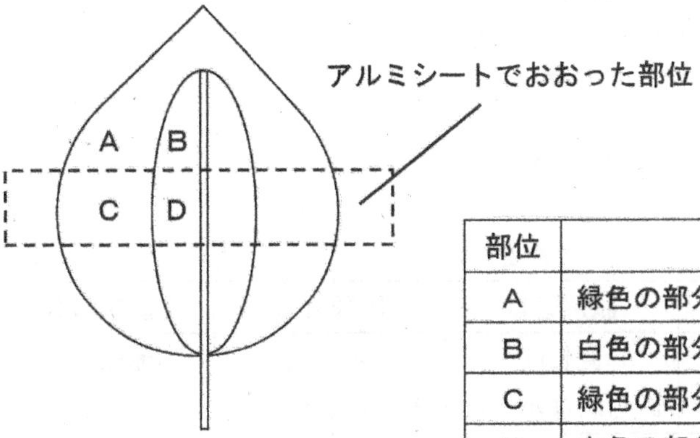

図3

表1

部位	条件
A	緑色の部分で，光を当てた。
B	白色の部分で，光を当てた。
C	緑色の部分で，光を当てなかった。
D	白色の部分で，光を当てなかった。

図3と表1を見ながら，市川さんと千葉さんが光合成の条件について話しています。

[市川さん]　この実験では，光合成の条件についていくつかのことがわかるね。

[千葉さん]　何がわかるの？

[市川さん]　AとBを比較することで，[②] がわかるよ。

[千葉さん]　なるほど。そうしたら，AとCを比較することで [③] がわかるね。では，AとDを比較することでわかることは何だろう？

[市川さん]　それは，[④] ため，比較することはできないよ。

(3) [②]，[③] に当てはまるものはそれぞれどれですか。

ア　光合成における酸素のはたらき　　イ　光合成における二酸化炭素のはたらき

ウ　光合成における光のはたらき　　エ　光合成における水のはたらき

オ　光合成における葉緑体のはたらき

(4) [④] に当てはまるものはどれですか。

ア　条件が2つ変化してしまう　　イ　接している部分がほとんどない

ウ　どちらも同じ結果になる　　エ　含まれている葉脈が異なる

オ　面積が大きく異なる

【実験2】

試験管A～Dに1％デンプン溶液を5 cm^3 ずつ入れ，試験管A，Bには水1 cm^3，試験管C，Dに

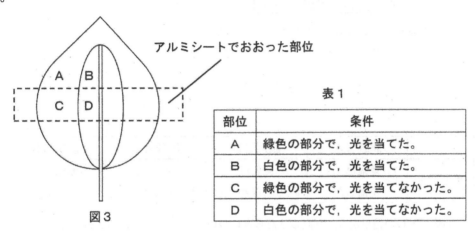

はうすめただ液１㎤を加えて混ぜました。図４のように試験管Ａ～Ｄを40℃のお湯に一定時間入れ，Ａ，Ｃにはヨウ素液を，Ｂ，Ｄにはベネジクト液を入れて加熱し，色の変化をみたところ，結果は表２のようになりました。

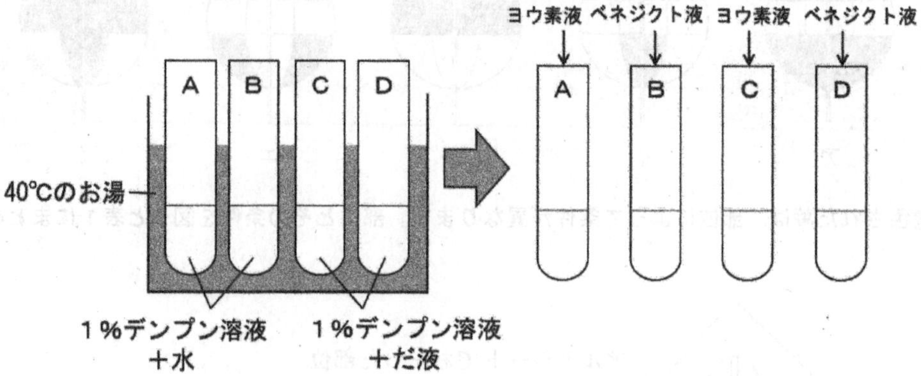

図４

表２

	試験管Ａ	試験管Ｂ	試験管Ｃ	試験管Ｄ
色の変化	青紫色に変化した	変化はみられなかった	変化はみられなかった	赤褐色に変化した

(5)　試験管Ａ～Ｄの結果から，だ液のはたらきについて，明らかになったことは何ですか。「だ液は」で始まる文で，20字以内で説明しなさい。

次に試験管Ａ′～Ｄ′を用意し，図５のような操作を行いました。試験管Ａ～Ｄとほぼ同じ操作ですが，40℃のお湯を20℃の水に変えた点が異なっています。結果は次のページの表３のようになりました。

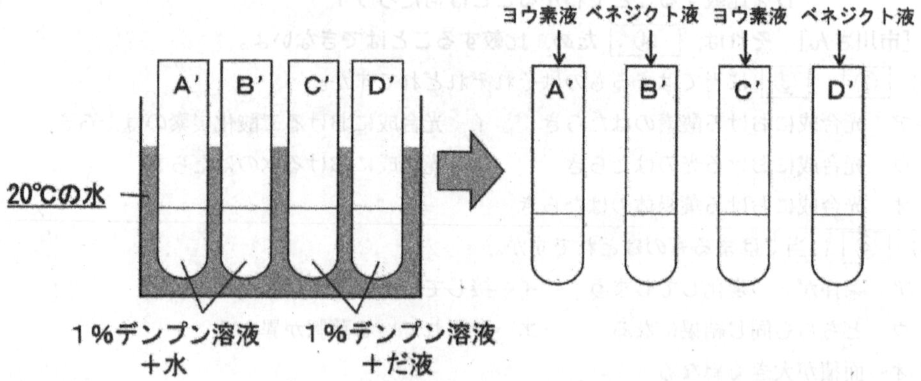

図５

表3

	試験管A′	試験管B′	試験管C′	試験管D′
色の変化	青紫色に変化した	変化はみられなかった	青紫色に変化した	赤褐色に変化した

(6) 実験後のA～DとA′～D′それぞれの試験管に含まれるデンプン量の関係として，正しいものを**2つ**選びなさい。

ア　A＝B′　　イ　A＜D′　　ウ　A＞A′　　エ　B＝C

オ　B＜D　　カ　A＞C′　　キ　C＞C′　　ク　C′＜D′

4　**大気の運動の1つに「風」という現象があります。風は，気圧差によって空気が移動する現象です。コンクリートなどの建造物の壁面やアスファルトでは，日当たりが良いと建造物等が温められ，その周辺の空気を暖めるようになります。すると，暖められた空気は密度が小さくなり，上昇気流を生じさせます。その後，この流れに引きずられるように周辺の空気が集まるようになります。そのため，周囲よりも気温が高い場所では，気圧が低くなりやすいと考えることができます。つまり，風は気温差によっても生じるといえるでしょう。**

(1) トンネルのような構造の場合，トンネルの両側で気温差ができると，トンネル内を風が吹き抜けていくことがあります。

このときの様子をあらわした次の文で，①，②に当てはまる語句の組み合わせはどれですか。

①側のトンネル出入り口付近では，トンネルの外よりも②感じる風が吹く。

	①	②		①	②
ア	風上	冷たく	イ	風上	暖かく
ウ	風下	冷たく	エ	風下	暖かく

(2) 限定された範囲で地形に起因する風を局地風といいます。局地風は，1日や1年などを通して，周期的に風向が変化することが多くなります。穏やかに晴れた日に発生しやすく，1日を周期として風向が変化するような局地風では，昼と夜で風向きが逆転します。

このような風における**昼間の風向き**について正しいものを**2つ**選びなさい。

ア　海岸付近では，海から陸へ風が吹く。

イ　海岸付近では，陸から海へ風が吹く。

ウ　山間部では，谷から山頂へ風が吹きあがる。

エ　山間部では，山頂から谷へ風が吹きおりる。

オ　内陸の盆地では，風が右回りに吹く。

カ　内陸の盆地では，風が左回りに吹く。

(3) 偏西風は，地球規模での熱収支に影響されて恒常的に吹く風の1つです。中緯度で発生しているため，日本周辺の天候に影響を及ぼしやすくなります。

次のページの観天望気（天気に関する言い伝え）のうち，偏西風の影響によって説明できるものはどれですか。

ア　燕《つばめ》が低く飛べば雨。

イ　夕焼けの翌日は晴れ。

ウ　おぼろ雲（高層雲）は雨の前ぶれ。

エ　煙が立つか東にたなびけば晴れ，西にたなびくと雨。

オ　星が瞬くと風強し。

(4)　偏西風は季節によって強さが変化しています。偏西風がもっとも強く吹く季節はどれですか。表1を参考に答えなさい。

ア 春　イ 夏　ウ 秋　エ 冬

表1　1991〜2020 年の月平均気温（℃）

	1月	2月	3月	4月	5月	6月	7月	8月	9月	10月	11月	12月	年平均
宗谷岬	-4.5	-4.6	-1.1	3.9	8.2	11.9	16.1	18.7	16.4	10.8	3.6	-2.1	6.4
東京	5.4	6.1	9.4	14.3	18.8	21.9	25.7	26.9	23.3	18.0	12.5	7.7	15.8
南鳥島	22.4	21.8	22.5	24.3	26.1	28.0	28.5	28.4	28.5	27.9	26.5	24.5	25.8

（気象庁 HP より作成）

(5)　地球大気は地表全体を切れ目なく覆っているため，一部の地域で発生した気圧の変化が，連鎖するように周囲に影響を及ぼします。このため，エルニーニョ現象のように，大気・海洋を通じて地球全体に異常気象をもたらし，日本では冷夏・暖冬となりやすいことが知られています。

図1のように，高・低気圧が並んでいた状態から，エルニーニョ現象の影響で気圧配置がずれるように変化したとします。この場合，**北半球中緯度におけるA地点**の気温はどのように変化すると考えられますか。「通常よりも」で始まる文で，風向変化の様子に触れながら，35字以内で説明しなさい。

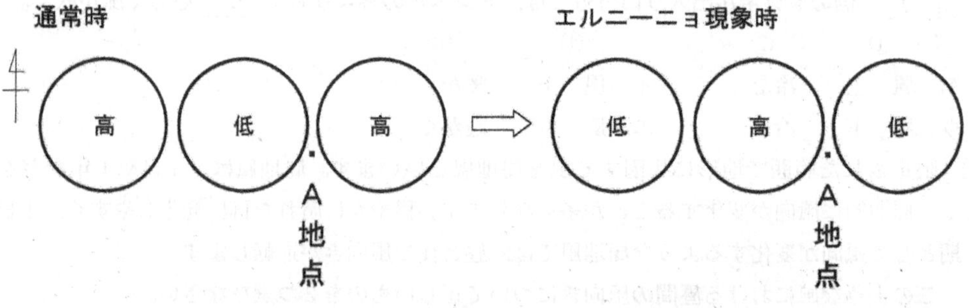

図1

(6)　低緯度では，ENSOが発生することがあります。ENSOとは，海洋ではエルニーニョ・ラニーニャ現象と呼ばれ，ペルー沖海水温が変動する現象であり，大気では南方振動と呼ばれ，太平洋東西の気圧がシーソーのように連動して変動する現象の総称です。

エルニーニョ現象発生時は，貿易風が弱まるため，ペルー沖の海水温は通常時よりも2〜3℃上昇することになります。このエルニーニョ現象発生時の南方振動の様子を表したものはどれですか。

ア　通常よりも，南太平洋東部での気圧が高く，西部での気圧が低い。

イ　通常よりも，南太平洋東部での気圧が低く，西部での気圧が高い。

ウ　通常よりも，南太平洋南部での気圧が高く，北部での気圧が低い。

エ　通常よりも，南太平洋南部での気圧が低く，北部での気圧が高い。

【社　会】（50分）　＜満点：100点＞

【注意】 1．解答の際には，句読点や記号は１字と数えること。
2．コンパス・定規は使用しないこと。

1　**あるクラスの社会の授業で，「貨幣の歴史」というテーマ学習を行いました。その中での生徒と先生の会話Ⅰ～Ⅲを読んで，あとの問いに答えなさい。**

［Ⅰ］銅銭に関する生徒と先生の会話

浜島書店『新詳日本史』より

史彦：左の銅銭は和同開珎ですね。A奈良時代に畿内を中心に用いられたと聞いています。右の貨幣は何ですか。

先生：15世紀に中国でつくられた永楽通宝で，日本でも多く流通していました。

史彦：中国のお金が日本で用いられていたのですか。

先生：日本では10世紀を最後に，政府が銅銭をつくらなくなりました。12世紀後半になると，平氏が政権をにぎり，B平清盛が中国との貿易を盛んに行いました。

史彦：なるほど，それ以降C中国の銅銭が入ってきて，日本で使われるようになったのですね。

先生：そうです。永楽通宝は，D明との貿易を通じて輸入されたお金です。

問１　下線**A**の時代のできごととして正しいものはどれですか，①～⑥から２つ選び，番号で答えなさい。

①　税や兵士を集めるため，初めて全国の戸籍がつくられた。

②　かな文字を用いた文学があらわれ，『古今和歌集』がまとめられた。

③　神話や国の成り立ちを記した『古事記』・『日本書紀』が編纂《へんさん》された。

④　位をゆずった天皇が上皇となり，実権をにぎる院政が行われた。

⑤　仏教が朝廷により保護され，法隆寺や四天王寺が建立された。

⑥　開墾を進めるため，墾田永年私財法により土地の私有が認められた。

問２　下線**B**について，朝廷内部の争いのなかで，平清盛が源義朝をやぶった争いを何といいますか，答えなさい。

問３　下線**C**について，史彦は次のページの**レポート１**をつくりました。（**1**）にあてはまる国名を①～③から，（**2**）にあてはまる表現を④・⑤から，それぞれ１つずつ選び，番号で答えなさい。

＜レポート１＞

1976年、右の地図のXで沈没船が発見されました。これは日本の貿易船で、1323年、中国からの帰路に（　１　）の沖合で難破したとみられています。積み荷には、中国の陶磁器などと並んで大量の銅銭がありました。（　　２　　）、日本と中国との間で貿易が活発に行われたことを物語っています。

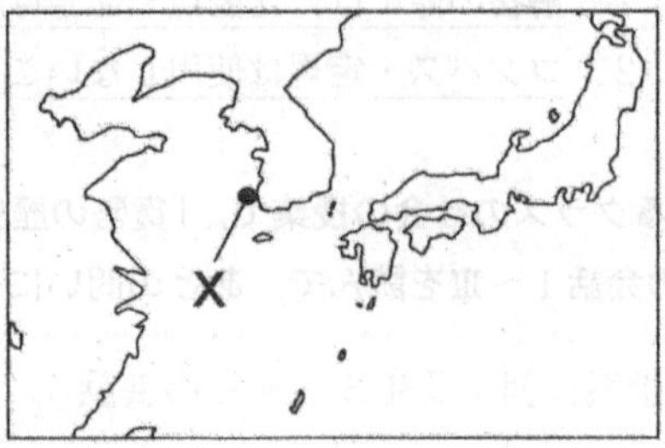

① 高麗　② 渤海　③ 新羅
④ 激しい戦いが行われた後にもかかわらず
⑤ 日本の将軍が中国の皇帝から冊封されたことで

問４　下線Dのなかで取り引きされたある商品について，史彦は**メモ１**・**メモ２**をつくりました。この商品は何ですか，漢字で答えなさい。

＜メモ１＞

日本から輸出された背景
火山が多い国土のため、豊富に産出された。

＜メモ２＞

明が輸入した背景
北方民族に対抗するため、火器の軍備を増強していた。

［Ⅱ］銀の産出に関する生徒と先生の会話

大分市歴史資料館所蔵、文化庁「文化遺産オンライン」（https://bunka.nii.ac.jp）より
（なお、問題の作成上加工した箇所があります。）

先生：これは（前のページの地図），16世紀にポルトガル人がE日本を描いた古地図です。「銀鉱山」と書かれた場所に注目してください。

千里：現在の島根県にあった（　3　）銀山ですね。世界的な銀の産地だったと聞いています。

先生：しかしF江戸幕府は17世紀前半にヨーロッパ人との貿易を厳しく制限し，その後，中国との貿易も含め金銀の流出をおさえる政策をとりました。

千里：国内の金銀が不足するようになったのですか。

先生：G江戸時代には経済の発達にともない，金や銀が貨幣として広く用いられましたが，その産出量が次第に減少していったのです。

千里：貨幣が不足すると，経済に影響を与えてしまいますね。これに対してH幕府や藩がどのような対策をとったのか，調べてみます。

問５　（３）にあてはまる地名を漢字で答えなさい。

問６　下線Ｅについて，千里は，現在の日本の国土のうち古地図に描かれていない地方があることに気づき，その地方の歴史について**メモ３**と**メモ４**をつくりました。（４）にあてはまる語句を①〜③から，（５）にあてはまる語句を④・⑤から，それぞれ１つずつ選び，番号で答えなさい。

＜メモ３＞

14世紀頃から、この地と（　4　）との間で盛んに交易が行われ、京都に産物が送られました。

＜メモ４＞

19世紀後半、（　5　）がおかれてこの地の開発が進められました。

①　対馬　　②　十三湊　　③　大輪田泊　　④　総督府　　⑤　開拓使

問７　下線Ｆについて，千里はこのことに関連する**資料１**を見つけました。**資料１**を参考にし，これが出される原因となった事件にも触れながら，事件後に江戸幕府がヨーロッパ人との貿易を制限していく過程について説明しなさい。なお，出題の都合上，資料は一部伏せてある箇所があります。

＜資料１＞

幕府が1639年に出した命令

一、キリシタンの信徒達が徒党を組んで、良からぬことを企てれば直ちに処罰する。

……今後、［　　　　］船の来航はこれを禁止する。

山川出版社『詳説　日本史史料集』より

問８　下線Ｇに関する文として正しいものはどれですか，①〜⑤から２つ選び，番号で答えなさい。

①　村役人を中心とする本百姓たちが，村の運営を行った。

②　譜代大名は，管領や評定衆などの役職につき政務にあたった。

③　元禄時代には，滝沢馬琴らが浮世草子で町人の生活を描いた。

④　徳川吉宗は改革を進め，裁判の基準として公事方御定書を定めた。

⑤　『古事記伝』を著した賀茂真淵らにより，国学が盛んになった。

問９　下線Ｈについて，18世紀後半のある老中は，海産物を輸出して金銀の輸入を増やそうとしました。その他にも株仲間を奨励するなど商人の力を利用する政策をとりました。この人物は誰《だれ》ですか，漢字で答えなさい。

［Ⅲ］金と通貨に関する生徒と先生の会話

倫子：日本では I 開国後に貨幣をめぐって混乱があったと聞きました。

先生：よく知っていますね。J 明治政府にとっても通貨の安定は課題でしたが，K 金本位制を採用したことで解決に向かいました。

倫子：通貨と一定量の金との交換を保障する制度ですね。

先生：そうです。当時，世界の主要国が採用していたシステムです。**資料2**を参照してください。

倫子：こんにちでは金本位制は採用されていませんが，なぜでしょうか。

先生：この制度のもとでは，通貨の量を自由に増やすことはできません。また，輸入が増えると金が流出し，景気が悪化します。

倫子：L 不況や戦争のときに，政府は困りますね。

先生：こうしたことから，M 金は通貨としての役割を終えたのです。

<資料2>

国名	通貨と金の交換比率	金本位制の採用年
イギリス	1ポンド ＝ 7.3225049 g	1816年
ドイツ	1マルク ＝ 0.35841 g	1871年
フランス	1フラン ＝ 0.2903169 g	1885年
日本	1円 ＝ 0.75 g	1897年
アメリカ	1ドル ＝ 1.504656 g	1900年

鯖田豊之『金（ゴールド）が語る20世紀－金本位制が揺らいでも』（中公新書）より作成

問10　下線Iについて，倫子は**レポート2**をまとめました。これを読んで，あとの問いに答えなさい。

<レポート2>

アメリカの（　**6**　）らとの交渉により安政の五カ国条約が結ばれ、欧米との貿易がはじまりました。すると、下図のような金銀の交換比率の違いを知った欧米人は（　**7**　）を日本で（　**8**　）と交換しました。その（　**8**　）を欧米で（　**7**　）に交換すると、当初の（　**9**　）倍の（　**7**　）を得ることができます。こうして日本から大量の（　**8**　）が流出しました。

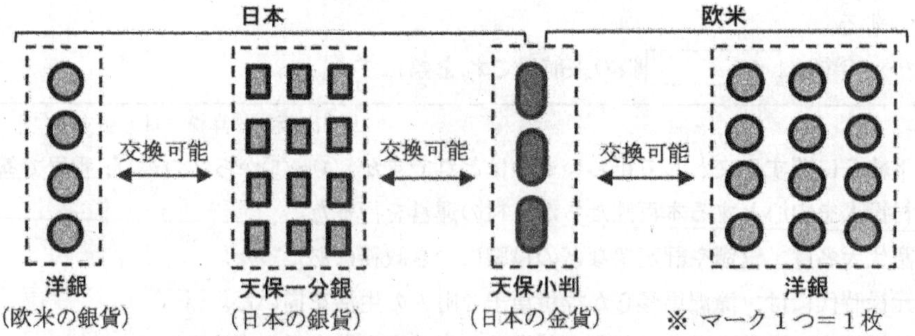

(1)　（6）～（8）にあてはまる語句の組み合わせとして正しいものはどれですか，①～④から1つ選び，番号で答えなさい。

①　［6　ハリス　　7　金貨　　8　銀貨］　②　［6　ハリス　　7　銀貨　　8　金貨］

③　［6　ペリー　　7　金貨　　8　銀貨］　④　［6　ペリー　　7　銀貨　　8　金貨］

(2) （９）にあてはまる数字を算用数字で答えなさい。

問11　下線Ｊに関する文として正しいものはどれですか，①～⑤から２つ選び，番号で答えなさい。

① 藩主にかわって県令を中央から派遣する版籍奉還が行われた。

② 地租改正に反対する一揆がおこったため，政府は地租を引き下げた。

③ 自由民権運動に対し，政府は治安維持法を定めて取り締まった。

④ 大日本帝国憲法が制定されると，伊藤博文が初の内閣を組織した。

⑤ 陸奥宗光はイギリスと交渉し，領事裁判権を撤廃した。

問12　下線Ｋについて，前のページの**資料２**の時期に日本が金本位制を採用した背景には，その数年前に巨額の収入があったことがあげられます。その収入はどのようにしてもたらされましたか，説明しなさい。

問13　下線Ｌに関する文として正しいものはどれですか，①～⑤から２つ選び，番号で答えなさい。

① 第一次世界大戦では，イタリアは連合国側で参戦した。

② 関東大震災により不況が深刻化すると，米騒動が全国に広がった。

③ アメリカのウィルソンは，ニューディール政策を実施した。

④ 盧溝橋事件を機に戦線を拡大した関東軍は，満州国を建国した。

⑤ ドイツがポーランドに侵攻すると，第二次世界大戦が始まった。

問14　下線Ｍについて調べた倫子は，**メモ５**をつくりました。(10) にあてはまるできごとを答えなさい。

<メモ５>

20世紀後半には，一定量の金と交換が保障されていた通貨はアメリカのドルだけになっていました。しかし，アメリカも1960年代後半，東南アジアでの（　10　）が長期化し財政が悪化したことから，1971年に金とドルの交換を停止しました。

2　**次のⅠ・Ⅱのテーマについて，あとの問いに答えなさい。**

［Ⅰ］世界と日本の気候や地形

問１　**グラフ１**は次のページの**地図１**に示した都市の１月と７月の月平均気温を示しています。ロンドンとシャンハイにあてはまるものの組み合わせとして正しいものはどれですか，①～⑥から１つ選び，番号で答えなさい。

<グラフ１>

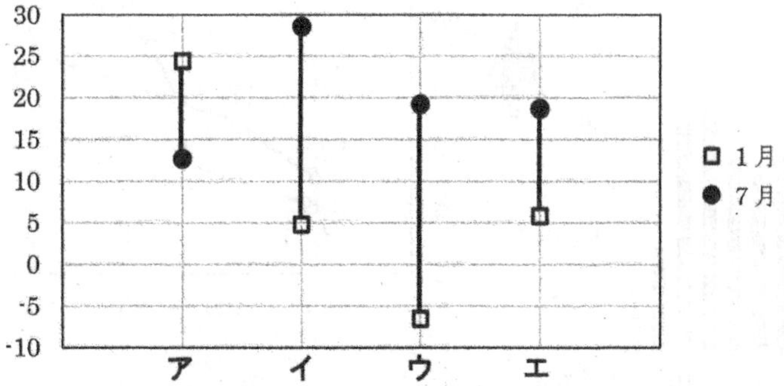

二宮書店『データブック オブ・ザ・ワールド 2021年版』より作成

＜地図1＞

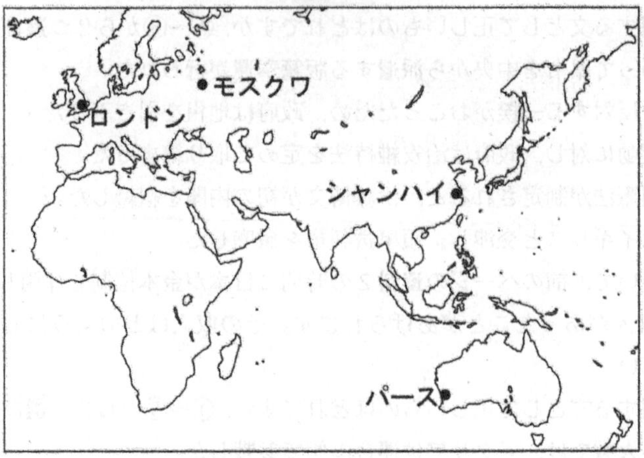

① ［ロンドンーイ　シャンハイーア］
② ［ロンドンーイ　シャンハイーエ］
③ ［ロンドンーウ　シャンハイーイ］
④ ［ロンドンーウ　シャンハイーエ］
⑤ ［ロンドンーエ　シャンハイーイ］
⑥ ［ロンドンーエ　シャンハイーア］

問2　**グラフ2**は東京の雨温図です。雨温図では，気温は折れ線グラフ，降水量は棒グラフとそれぞれ異なるグラフを用いて表しますが，気候の特色をつかみやすくするため，新しいグラフを考えることにします。

縦軸に気温，横軸に降水量をとり，1月から12月までの各月の気温と降水量を組み合わせた点で表し，各点を線でつなぐと**グラフ2**は**グラフ3**のように書き換えられました（グラフ中の数字は月を表す)。これと同じように，次ページの**地図2**中の●で示した都市**ア**～**エ**についても同様の新しいグラフを作成した場合，それぞれの都市のグラフにあてはまるものはどれですか，①～④からそれぞれ1つずつ選び，番号で答えなさい。

＜グラフ2＞

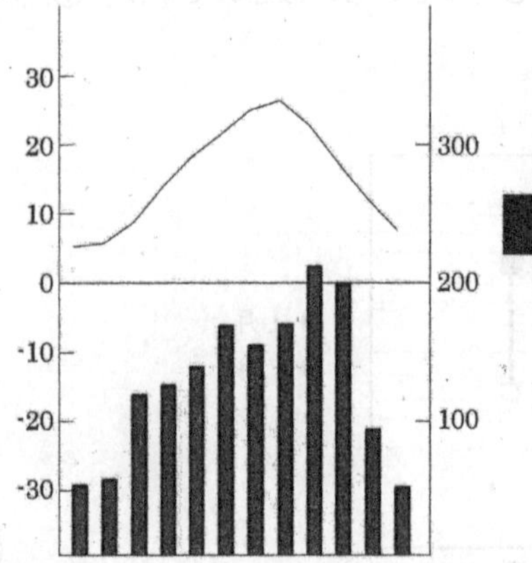

＜グラフ3＞

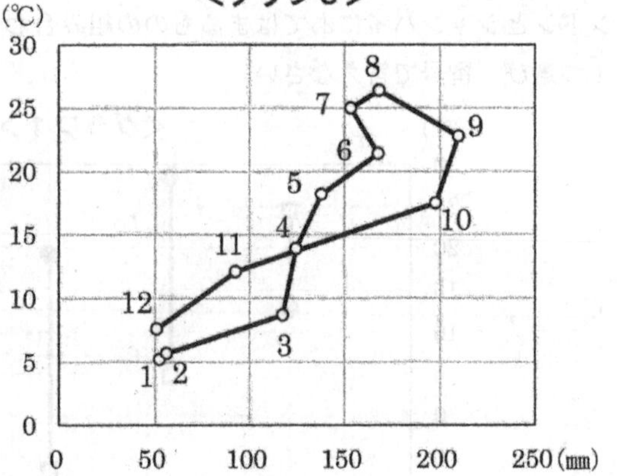

＜地図２＞

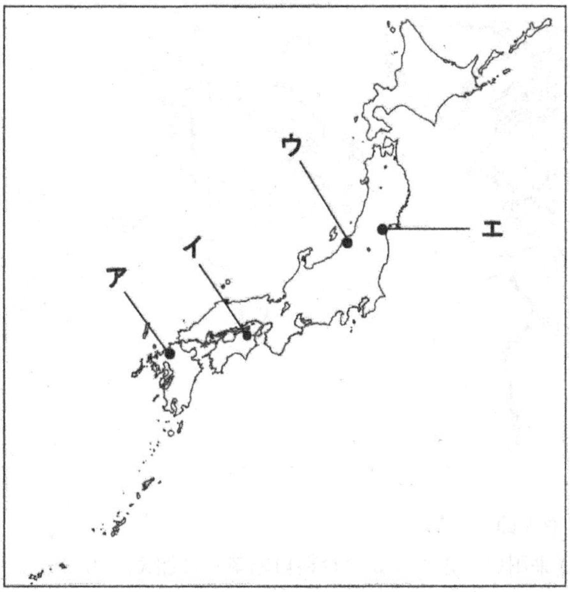

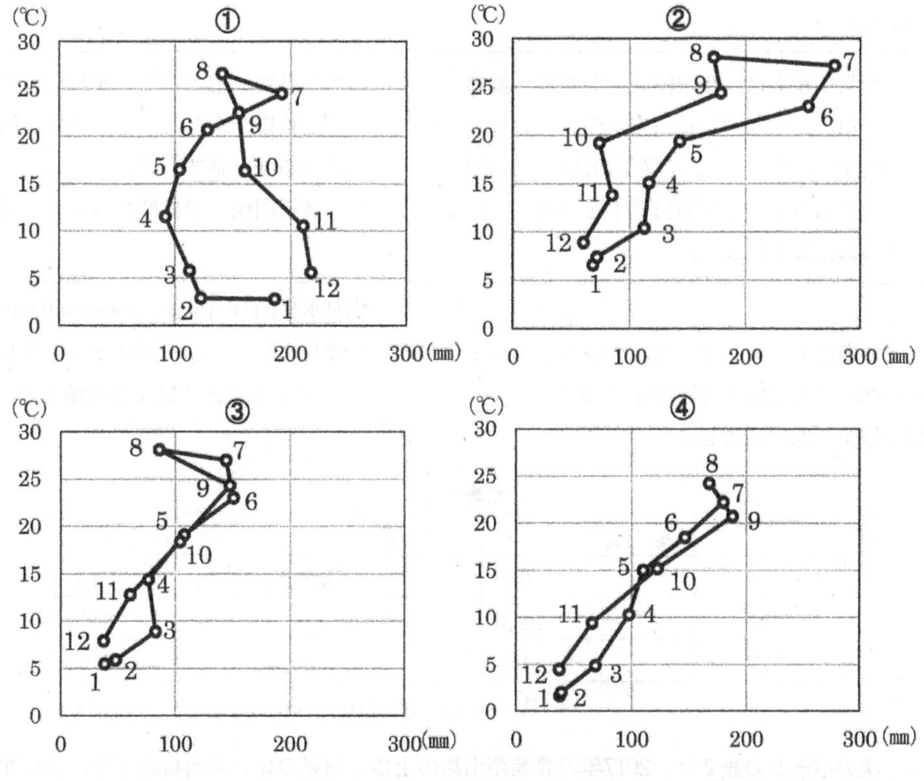

二宮書店『データブック オブ・ザ・ワールド 2021年版』より作成

問３　次のページの**地図３**に示した世界各地の山脈は，地震活動の活発な新期造山帯に属するものと，そうでないものに分類することができます。新期造山帯に属するものはどれですか，次のページの①～⑦からすべて選び，番号で答えなさい。

＜地図3＞

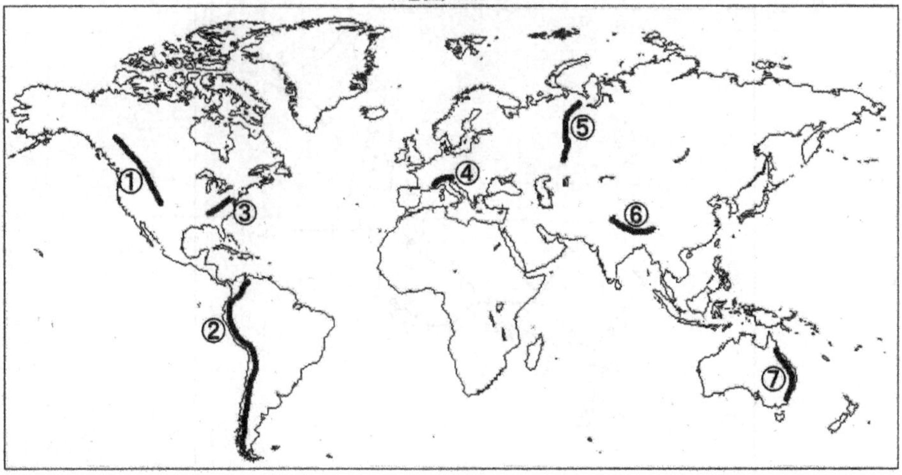

［Ⅱ］世界と日本の産業や人口

問4　農林水産省は，従来用いてきた「総合食料自給率」に加え，2020年3月に，あらたに「食料国産率」という統計指標を用いることを発表しました。その目的として次のような説明がされています。

> 食料国産率は，我が国畜産業が輸入飼料を多く用いて高品質な畜産物を生産している実態に着目し，我が国の食料安全保障の状況を評価する総合食料自給率とともに，飼料が国産か輸入かにかかわらず，畜産業の活動を反映し，国内生産の状況を評価する指標です。＜中略＞総合食料自給率が飼料自給率を反映しているのに対し，食料国産率では飼料自給率を反映せずに算出しています。

農林水産省HP（https://www.maff.go.jp）より

この考え方によって，日本の豚肉・鶏卵・牛肉の総合食料自給率，食料国産率（いずれもカロリーベース），および飼料自給率は**表1**のようになっています。**X**にあてはまる数値を計算し，小数点以下を四捨五入して答えなさい。

＜表1＞

	総合食料自給率	食料国産率	飼料自給率
豚肉	6%	49%	12%
鶏卵	12%	96%	13%
牛肉	11%	42%	**X**%

農林水産省 HP（https://www.maff.go.jp）より作成

問5　次のページの**表2**は，2017年の農業産出額の上位5道県の総合食料自給率を，生産額ベースとカロリーベースで示したものです。**ア～ウ**にあてはまる道県の組み合わせとして正しいものはどれですか，あとの①～⑥から1つ選び，番号で答えなさい。

＜表２＞

	宮崎	**ア**	**イ**	茨城	**ウ**	全国
生産額ベース自給率（%）	281	268	204	136	68	66
カロリーベース自給率（%）	65	82	206	72	26	38

農林水産省 HP（https://www.maff.go.jp）より作成

① ［ア　北海道　　**イ**　千葉　　**ウ**　鹿児島］
② ［ア　北海道　　**イ**　鹿児島　**ウ**　千葉　］
③ ［ア　千葉　　　**イ**　北海道　**ウ**　鹿児島］
④ ［ア　千葉　　　**イ**　鹿児島　**ウ**　北海道］
⑤ ［ア　鹿児島　　**イ**　北海道　**ウ**　千葉　］
⑥ ［ア　鹿児島　　**イ**　千葉　　**ウ**　北海道］

問６　**グラフ４**は，日本の１次エネルギー供給の総量と内訳の推移を示しています。**ア～エ**にあてはまるエネルギーの組み合わせとして正しいものはどれですか，①～⑥から１つ選び，番号で答えなさい。

＜グラフ４＞

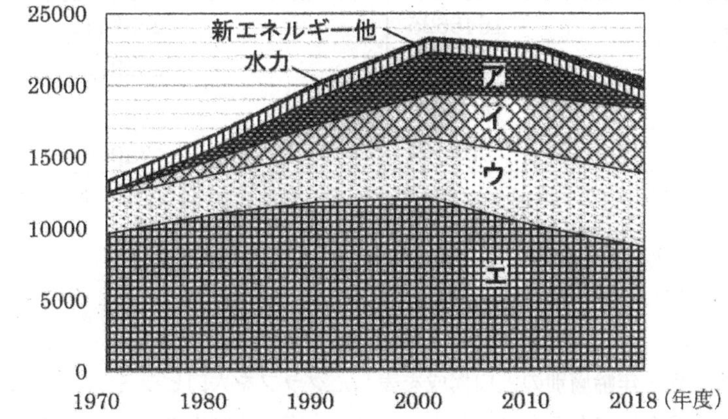

二宮書店『データブック オブ・ザ・ワールド 2021年版』より作成

① ［ア　原子力　　**イ**　ガス　　**ウ**　石炭　　**エ**　石油］
② ［ア　原子力　　**イ**　ガス　　**ウ**　石油　　**エ**　石炭］
③ ［ア　原子力　　**イ**　石炭　　**ウ**　ガス　　**エ**　石油］
④ ［ア　ガス　　　**イ**　原子力　**ウ**　石炭　　**エ**　石油］
⑤ ［ア　ガス　　　**イ**　原子力　**ウ**　石油　　**エ**　石炭］
⑥ ［ア　石炭　　　**イ**　原子力　**ウ**　ガス　　**エ**　石油］

問７　グローバル化の進展にともなって，ものの貿易以外にもサービスの貿易による世界各国の結びつきが強まっています。次のページの**表３**は，サービスの貿易に含まれる観光収支に関して，2018年の国外からの観光客数，観光収入，国外への旅行者数，観光支出を示しています。また，次のページの**表４**は，ものの貿易に関して，2019年の輸出額および輸入額を示しています。**ア～オ**は日本，フランス※，アメリカ合衆国，中国，ドイツのいずれかの国です。日本とフランスにあてはまるものの組み合わせとして正しいものはどれですか，①～⑥から１つ選び，番号で答えなさい。

※フランス…表４における数値はモナコ公国を含んだもの。

<表３>

	国外からの観光客数（千人）	観光収入（百万ドル）	国外への旅行者数（千人）	観光支出（百万ドル）
ア	89322	73125	26914	57925
イ	79746	256145	92564	186508
ウ	62900	40386	149720	277345
エ	38881	60260	108542	104204
オ	31192	45276	18954	28096

二宮書店『データブック オブ・ザ・ワールド 2021年版』より作成

<表４>

	輸出額（百万ドル）	輸入額（百万ドル）
ア	569740	651143
イ	1645625	2498412
ウ	2498921	2069225
エ	1489190	1234463
オ	705619	720764

二宮書店『データブック オブ・ザ・ワールド 2021年版』より作成

① ［日本－イ　　フランス－ウ］　② ［日本－イ　　フランス－エ］
③ ［日本－ウ　　フランス－ア］　④ 「日本－エ　　フランス－オ」
⑤ ［日本－オ　　フランス－ア］　⑥ ［日本－オ　　フランス－イ］

問８　国や地域の男女別・年齢層別の人口構成を表したグラフを人口ピラミッドといいます。人口ピラミッドがどのような形になるかは，基本的には出生率と死亡率のバランスで決まります。グラフ５は，出生率と死亡率の推移（2050年は推定値）を模式化したもので，Ｘは先進国，Ｙは発展途上国にみられる模式図です。Ｘの2050年と，Ｙの2000年の人口ピラミッドはそれぞれどのような形になると考えられますか，次のページの①～④から１つずつ選び，番号で答えなさい。

<グラフ５>

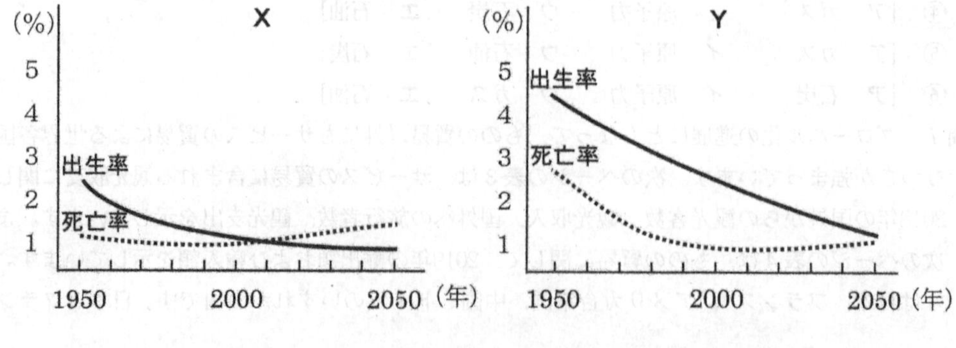

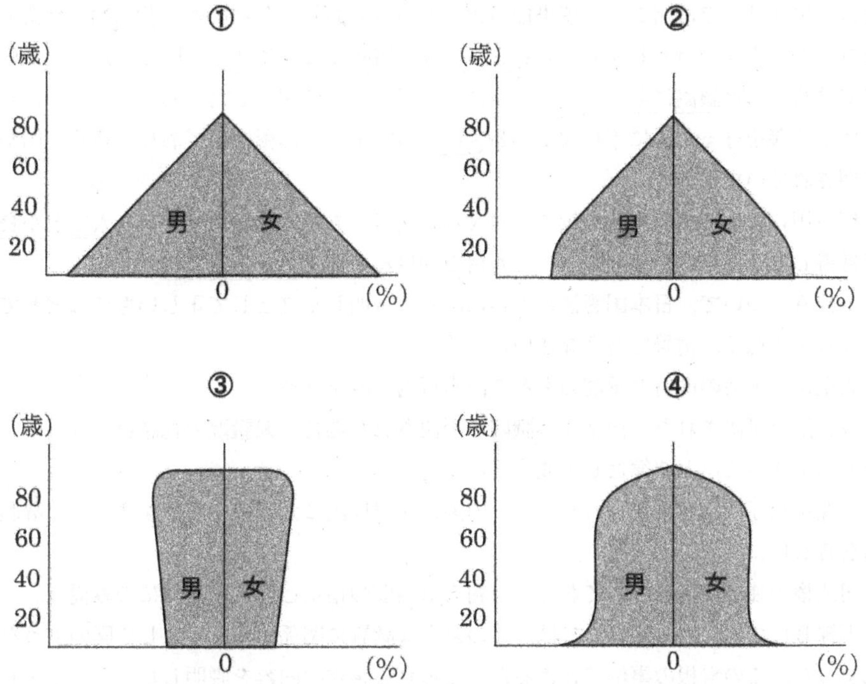

問9　**表5**は，人口増加率の上位5都県の人口増加率，出生率，死亡率を示しています。全国では人口が減少していますが，これらの都県では人口が増加しています。その理由として考えられることは何ですか，沖縄県とそれ以外の都県を比較しながら説明しなさい。

<表5>

都　県	人口増加率（%） （2018～19年）	出生率（%） （2019年）	死亡率（%） （2019年）
沖　縄	0.18	1.08	0.84
東　京	0.56	0.82	0.91
神奈川	0.05	0.74	0.92
埼　玉	0.02	0.71	0.94
千　葉	0.03	0.71	0.97
全　国	-0.35	0.74	1.09

二宮書店『データブック オブ・ザ・ワールド 2020年版』より作成

3　**次のⅠ・Ⅱのテーマについての文章を読んで，あとの問いに答えなさい。**

［Ⅰ］**コロナ禍と人権**

新型コロナウイルスの感染拡大によって，私たちの生活は大きく変化しました。感染予防には人と人の接触を減らすことが重要であるとされているため，様々な活動に制限がかけられました。皆さんも，部活動や学校行事などが今までどおりに行えず，不自由を感じたことがあるかもしれません。感染予防を徹底するために，より厳格な行動制限を望む声もあります。しかし，いくら人命を救うためであったとしても，政府が国民の生活に制限を加えることは，様々なA憲法上の問題を引き起こす可能性があります。

例えば，アメリカでは州ごとに感染症対策がとられており，複数の州で強制的に営業や外出を禁止するロックダウンが行われました。B このような措置により憲法で保障された権利が侵害されているのではないかと議論になったり，なかには市民が訴訟を起こしたりしたケースもありました。また，民主主義を守るために不可欠である C 選挙の実施にも影響が出ており，多くの国や地域で選挙が延期されています。

感染症対策においては，安全を第一に考えることはもちろん重要ですが，D 人びとが長い年月をかけて獲得してきた自由や権利についても目を向ける必要がありそうです。

問１　下線Aについて，日本国憲法の内容に関して説明した文として正しいものはどれですか，①～④から１つ選び，番号で答えなさい。

①　天皇は，国会の助言と承認のもとで国事行為のみを行う。

②　衆議院で可決された法律案が参議院で否決された場合，衆議院で総議員の３分の２以上の賛成で再可決されると法律として成立する。

③　内閣不信任決議が可決された場合，内閣は10日以内に衆議院を解散するか，総辞職しなければならない。

④　司法権の独立が認められており，裁判官は内閣の指示と憲法・法律にのみ従う。

問２　下線Bについて，アメリカでは，このような議論に関係するものとして図のような看板が見られました。この看板の事例で起きると考えられる議論の内容を説明した文として正しいものはどれですか，①～④から１つ選び，番号で答えなさい。

＜図＞

①　店舗に来ても車の中からしか買い物ができないとされ，身体の自由が侵害されているのではないか。

②　店舗の営業時間や曜日が規定され，経済活動の自由が侵害されているのではないか。

③　教会に車で来てはならないとされ，移動の自由が侵害されているのではないか。

④　教会の中で礼拝が行うことができないとされ，信教の自由が侵害されているのではないか。

問３　下線Cについて，日本の選挙に関して説明した文として正しいものはどれですか，①～④から１つ選び，番号で答えなさい。

①　普通選挙，平等選挙，直接選挙，公開選挙の４原則の下で行われている。

②　小選挙区制では，中選挙区制や大選挙区制に比べ死票が少ない傾向がある。

③　インターネットを利用した選挙活動を行うことも認められており，候補者はSNSを利用して考え方を表明することができる。

④　議員１人当たりの人口が多い地域の方が，人口が少ない地域より有権者の１票の価値が大き

くなる，「１票の格差」が問題になっている。

問４　下線Dに関して，過去には特定の病気をめぐって人権侵害がおきたこともあります。このことについて，次の文章を読み，（１）・（２）にあてはまる語句・数字をそれぞれ答えなさい。なお，数字は算用数字で答えなさい。

> かつて「らい病」とよばれた（　１　）病は伝染病と考えられており，明治時代になると国をあげての隔離政策が行われました。（　１　）病患者は，強制的に療養所に入れられ，厳しい外出制限が課されました。この隔離政策は治療薬ができた後も継続され，社会的な偏見や差別が助長されました。隔離を前提とするらい予防法は1996年にようやく廃止され，裁判所は2001年にかつての隔離政策が憲法第（　２　）条の幸福追求権を基礎とする人格権の侵害であるという判決を下しました。

［Ⅱ］コロナ禍と経済

新型コロナウイルスの感染拡大は，経済面にも影響を及ぼしています。E業績を伸ばしている業種がある一方で，不要不急の外出自粛の要請によって大幅に収益が減少した業種もあります。収益が減少した業種では解雇や雇止《やといど》めを行うF企業も増え，2020年にはG非正規雇用者数が大きく減少しました。

こうした状況が長引くと，さらなるH景気の悪化が懸念されます。コロナ禍が長期化するなか，感染症対策と経済政策のバランスをいかにとるかが課題となっています。

問５　下線Eについて，新型コロナウイルスの感染拡大が経済に最も深刻な影響を与えたのは，2020年４～５月とされています。表１は，この時期における，平常時と比較した企業の業種別の業績の増減を示したものです。ア～エにあてはまる業種の組み合わせとして正しいものはどれですか，①～⑥から１つ選び，番号で答えなさい。

＜表１＞

	増加（%）	影響なし（%）	減少（%）	
				うち業績が５割以上減少した割合
ア	77	0	23	6
イ	35	8	57	2
ウ	1	0	99	95
エ	0	0	100	48
全体	14.2	11.4	74.4	26.0

財務省 HP（https://www.mof.go.jp）より作成

①［ア　家電量販店　　イ　ドラッグストア　　ウ　自動車製造　　エ　飲食・宿泊サービス］
②［ア　家電量販店　　イ　自動車製造　　ウ　飲食・宿泊サービス　　エ　ドラッグストア］
③［ア　ドラッグストア　　イ　家電量販店　　ウ　飲食・宿泊サービス　　エ　自動車製造］
④［ア　ドラッグストア　　イ　自動車製造　　ウ　家電量販店　　エ　飲食・宿泊サービス］
⑤［ア　自動車製造　　イ　ドラッグストア　　ウ　家電量販店　　エ　飲食・宿泊サービス］
⑥［ア　自動車製造　　イ　家電量販店　　ウ　飲食・宿泊サービス　　エ　ドラッグストア］

問6　下線Fについて，次の問いに答えなさい。

⑴　企業のうち，株式会社について説明した次の文章を読んで，（３）～（５）にあてはまる語句をそれぞれ漢字で答えなさい。ただし，（５）は5字で答えなさい。

> 株式会社は，多額の資本金を少額の株式に分けて調達することができます。株式を購入して資本を提供した人は，会社の最高意思決定機関である（　３　）に出席でき，利潤の一部を（　４　）として受け取ることができます。株式はいつまでも保有し続ける必要はなく，株式を売買する場である（　５　）で自由に売買することにより，利ざやの獲得をめざすこともできます。

⑵　近年，企業には利潤の追求だけでなく，環境保全や文化保護などさまざまな役割を果たす責任が求められています。こうした責任を何といいますか，アルファベット３文字で答えなさい。

問7　下線Gについて，**表２**は正規・非正規の職員・従業員の2020年10～12月における実数と，2020年の各時期の対前年同期増減を示したものです。**表２**から読み取れることを説明した文として正しいものはどれですか，①～④から１つ選び，番号で答えなさい。

＜表２＞

			2020年 10～12月	対前年同期増減 2020年 10～12月	 7～9月	 4～6月	 1～3月
男女計	実数（万人）	正規の職員・従業員	3528	14	45	30	51
		非正規の職員・従業員	2109	−78	−125	−88	−9
	割合（%）	非正規の職員・従業員	37.4	−1.0	−1.6	−1.2	−0.5
男	実数（万人）	正規の職員・従業員	2324	−11	9	2	8
		非正規の職員・従業員	670	−28	−46	−28	0
女	実数（万人）	正規の職員・従業員	1204	25	36	29	43
		非正規の職員・従業員	1439	−50	−79	−59	−10

総務省 HP（https://www.stat.go.jp）より作成

①　2020年10～12月の正規の職員・従業員数は3000万人を超えており，男女ともに正規の職員・従業員数は前年同期と比べて増加している。

②　2020年10～12月の正規および非正規の職員・従業員数は，ともに男性が女性よりも多くなっている。

③　2020年のすべての時期で，非正規の職員・従業員数の前年同期と比べた減少数は，男性よりも女性の方が多くなっている。

④　2020年に非正規の職員・従業員数が前年同期と比べて最も減少したのは，７～９月の時期で，４～６月の減少者数の２倍以上になっている。

問8　下線Hについて，日本銀行が景気を安定させるために行う政策を説明した文として正しいものはどれですか，①～④から１つ選び，番号で答えなさい。

①　好況時は，売りオペレーションを行うことで通貨量を増加させる。

②　好況時は，買いオペレーションを行うことで通貨量を減少させる。

③　不況時は，買いオペレーションを行うことで景気を刺激する。

④　不況時は，売りオペレーションを行うことで景気を刺激する。

可能だということ。

ウ　かつて父の遺志として参詣した「子守の神」に再び参詣できたうれしさと、両親が今まで自分を育ててくれたことに対する感謝の思いが、筆者の心の中で重なり合って、一粒の涙となって流れ落ちたということ。

エ　自分に縁がある「子守の神」にやっと参詣できたうれしさの涙も、年をとるまで両親のありがたさに気がつかなかった後悔の涙も、筆者の心からあふれ出たものであって、二つの涙を分けることは不可能だということ。

オ　自分に縁がある「子守の神」に三十年ぶりに参詣できたうれしさの涙も、在世中の両親を思い出したことによる懐かしさの涙も、筆者の心からあふれ出たものであって、二つの涙を分けることは不可能だということ。

問4　――線4「花の便り」の本文中の意味として最も適当なものを次の中から選び、記号で答えなさい。

ア　満開の知らせを伝えること　　イ　花見のついでに訪れること

ウ　桜の神様に会いに来ること　　エ　花をお供えしに訪れること

オ　花を添えた手紙を送ること

問5　本文における筆者の考察に合致するものには○を、合致しないものには×を書きなさい。

ア　かつて父親が参詣した「子守の神」は、長年調べていた文献に書いてあった「吉野の水分の神の社」とは異なる神社だということがいえる。

イ　「吉野の水分の神の社」は、『続日本紀』の中で「水分の峰の神」と呼ばれていたが、実際の地形と照らし合わせてみても「水分の峰の神」と呼ぶのにふさわしいといえる。

ウ　古歌にある「みくまり山」とは、「吉野の水分の神の社」とは別の「みづわけ」神社のことだったにもかかわらず、誤って「吉野の水分の神の社」のことだと認識されるようになった。

エ　「吉野の水分の神の社」は、「みくまり」という言葉が「みこもり」「こもり」と変化していった結果、子孫繁栄を祈願する神社であると認識されるようになった。

四　次の各文の――線のカタカナを漢字に直しなさい。

1　ソショウを起こす。

2　大理石にチョウコクする。

3　シュウイツなデザインを残す。

4　美しいケイコクを眺める。

5　目的と手段がトウサクする。

意《い》叶ひつる心地して、3いとうれしきにも、落ち添ふ涙は一つなり。そも4花の便りは、すこし心浅きやうなれど、異事《ことごと》のついでならんよりは、然《さ》りとも神も、思《おぼ》し許して、請け引き給ふらんと、猶《なほ》頼もしくこそ。

かかる深き由《よし》あれば、この神の御事は、ことによそならず覚え奉りて、年頃書《ふみ》を見るにも、よろづに心を付けて、尋ね奉りしに、「吉野の水分《みくまり》の神の社」と申せしぞ、この御事ならんと、はやく思ひ寄りたりしを、※続日本紀《しょくにほんぎ》に、「水分の峰の神」ともあるは、まことに然いふべき所にやと、地《ところ》のさまも見定めまほしく、年頃心許《こころもと》なく思ひしを、今来て見れば、げにこの辺《わた》りの山の峰にて、いづこよりも、高く見ゆる所なれば、疑ひもなく、然なりけりと、思ひなりぬ。ふるき歌に、「みくまり山」と読めるも、此所《ここ》なるを、その文字を「みづわけ」と僻訓《ひがよ》みして、異所《ことどころ》の山にしも、さる名を負《おふ》せたるは、例のいかにぞや。又「みくまり」を横訛《よこなま》りで、中比《なかごろ》には、「御子守《みこもり》の神」と申し、今はただに「子守」と申して、子孫《うみのこ》の栄えを祈る神となり給へり。然て我が父も、ここには祈り給ひしなりけり。

※十八町…約二キロメートル。「町」は距離の単位。

※返り申し…神仏へのお礼参り。

※そのかみ垣…ここでは「かみ」に二つの意味が掛けられていて、「そのかみ」に「当時」という意味が、「神垣」に「神社」という意味が掛けられている。

※麻…神に祈るときのささげ物。木綿や麻《あさ》、布や紙を用いた。旅の安全を祈るときには細かく切ったものを袋に入れて持参し、神前にまいた。

※ふり延へても…ここでは「遠路わざわざ行くのであっても」の意味。

※続日本紀…平安時代に編纂《へんさん》された歴史書

問1 ——線1の内容と表現に関する説明として適当なものを次の中から**2つ**選び、記号で答えなさい。

ア 「子守の神」に向かう道中に「布引の桜」があったが、花の季節を過ぎていたため、筆者は足を止めなかった。

イ 「布引の桜」の「布」に関連づけて「染」「衣」「たち（裁ち）」という語を用い、表現におもしろみを持たせている。

ウ 「子守の神」に至る道筋には「吉水院」があり、そのすぐ横では「滝桜」「雲井桜」と呼ばれる桜が見ごろを迎えていた。

エ 「滝桜、雲井桜」や「世尊寺、古めかしき寺」などの並列表現を用いることで、桜や寺の数の多さを強調している。

オ 「夢違への観音」から「蔵王堂」に至るまでの地名を多く盛り込むことで、「十八町」という道程の長さを印象づけている。

問2 ——線2「この神にしも、禱ことし給ひける」とあるが、それはどういうことか。30字以内で説明しなさい。

問3 ——線3「いとうれしきにも、落ち添ふ涙は一つなり」とあるが、それはどういうことか。その説明として最も適当なものを次の中から選び、記号で答えなさい。

ア かつて母とともに訪れた「子守の神」に三十年ぶりに参詣《さんけい》できたうれしさと、両親が生きていた三十年前を思い出したことによる懐かしさが、筆者の心の中で重なり合って、一粒の涙となって流れ落ちたということ。

イ かつて父が訪れた「子守の神」にやっと参詣できたうれしさの涙も、両親に何一つ恩返しができなかったことを悔いる後悔の涙も、筆者の心からあふれ出たものであって、二つの涙を分けることは不とあるが、それはどういうことか。80字以内で説明しなさい。

問6 ――線5「腹の底が何度も大きく波をうった」とあるが、この時の邦枝の心情はどのようなものか。その説明として最も適当なものを次の中から選び、記号で答えなさい。

ア 邦枝の合わせた琴柱を含むすべての琴柱をずらし激しく弾く寿久の態度から、自分が父に拒絶されていることを改めて痛感し、絶望感に襲われひどく動揺している。

イ 大切な琴を勝手にいじられたことに対する怒りを抑えきれない寿久の様子から、取り返しのつかないことをしてしまったと気づき、後悔の念が押し寄せている。

ウ 娘との久しぶりの再会で心が乱れそうになりながらも巧みに琴を弾く寿久の態度から、父が地唄の大家であることを改めて納得し、感動のあまり興奮している。

エ 邦枝の調律した琴の音を乱すばかりか勢いよく演奏もする寿久の様子から、自分に向けられた怒りが今でも激しいとわかり、驚くと同時にうんざりしている。

オ 勢いよく琴柱をずらし威圧するかのように演奏する寿久の態度から、思っていた以上に自分との再会を父が拒んでいるとわかり、強い衝撃を受けて混乱している。

三 次の文章は、本居宣長《もとおりのりなが》『菅笠日記《すががさのにっき》』の一部で、日本の古典を研究していた筆者が、吉野（奈良県吉野郡）を旅した折のことを記したものである。これを読んで、後の問いに答えなさい。なお、出題に際して、本文には表記を一部変えたところがある。

[1]ゆきゆきて、夢違《ちが》への観音などいふあり。道の行《ゆ》く手に、布引《ぬのびき》の桜とて、並《な》み立てる所もあなれど、今は染替《そめか》へて、青葉の陰にしあれば、旅衣《たびごろも》たち止まりても見ず。かの吉水院《よしみづゐん》より見遣《おこ》せし、滝桜、雲井桜《くもゐざくら》も、この近き辺《あた》りなりけり。世尊寺《せそんじ》、古めかしき寺にて、大きなる古き鐘などあり。なほ上りて、蔵王堂《ざわうだう》より※十八町といふに、子守《こもり》の神まします。この御社《みやしろ》は、よろづの所よりも、心入れて静かに拝み奉《たてまつ》る。さるはむかし我が父なりける人、子持たらぬ事を、深く歎《なげ》き給《たま》ひて、はるばると[2]この神にしも、禱《ねぎ》ことし給ひける。験《しるし》ありて、程もなく、母なりし人、ただならずなり給ひしかば、かつがつ願ひ叶《かな》ひぬと、いみじう悦《よろこ》びて、「同じくは男子《をのこご》得《え》させ給へ」となん。いよいよ深く念じ奉り給ひける。我はさて生まれつる身ぞかし。「十三にならば、かならず自《みづか》ら率《ゐ》て詣でて、※返り申しはせさせんと、のたまひ渡りつるものを、今すこし堪《た》へ給はで、我が十一といふになん、父は亡《う》せ給ひぬる」と、母なん物のついでごとにはのたまひ出《い》でて、涙落とし給ひし。かくてその年にもなりしかば、父の願《ぐわん》果たさせんとて、かひがひしう出でたたせて、詣でさせ給ひしを、今はその人さへ亡くなり給ひにしかば、さながら夢のやうに、

思ひ出づる※そのかみ垣に手向《たむ》けして※麻《ぬさ》より繁《しげ》く散る涙かな

袖も絞り敢《あ》へずなん。かの度は、無下《むげ》に稚《わか》くて、まだ何事も覚えぬほどなりしを、やうやう人となりて、物の心も弁《わきま》へ知るにつけては、むかしの物語を聞きて、神の御恵みの、疎《おろ》かならざりし事をし思へば、心に懸《か》けて、朝《あした》ごとには、此方《こなた》に向きて拝みつつ、又※ふり延《は》へても詣でまほしく、思ひわたりしことなれど、何くれと紛れつつ過ぎ来《こ》しに、三十年《みそとせ》を経て、今年又四十三にて、かく詣でつるも、契《ちぎ》り浅からず、年頃《としごろ》の本《ほ》

いに気づきもせず、寿久の機嫌ばかり気にしていたから。

ウ　邦枝にしてみれば、渡米の日が迫るなか、二度と会えなくなる可能性のある父と出国前に会っておきたいのに、新関が邦枝の思いをくみ取ることなく、邦枝の渡米を寿久に知らせていなかったから。

エ　邦枝としては、自分が渡米する前に父と会って別れの言葉を交わそうと思っているのに、新関が邦枝のそうした気持ちに配慮しようとするものの、結局は何の手助けもしてくれなかったから。

オ　邦枝にしてみれば、渡米が近づいており、どうにかして日本を発つ前に父との関係を修復したいのに、新関が邦枝の気持ちに同情しようともせず、いつもどおりの冷静な態度をとっていたから。

問3　――線2「父と自分の距離、そして新関と父の距離を感じた」とあるが、この時の邦枝の心情はどのようなものか。その説明として最も適当なものを次の中から選び、記号で答えなさい。

ア　実の娘として寄り添い続けた自分よりも、成り上がりの弟子である新関の方が寿久に優遇されている現状を思い知らされ、悔しさをにじませている。

イ　娘であっても寿久と演奏することができなかった奥伝の曲を、いつの間にか新関が寿久と演奏することを許されており、うらやましく思っている。

ウ　自分と寿久の親子関係は改善するきざしが見られないものの、新関が自分の代わりとなって献身的に寿久を支えていることに、頼もしさを感じている。

エ　気づいた時には自分と寿久の間に割り込み、実の娘以上の信頼を寿久から受けて奥伝の曲をともに弾く名誉を得た新関に対し、うとましさを覚えている。

オ　自分は寿久と親子でありながら絶縁状態にあるのに、新関が奥伝の曲を任せられるほど寿久に認められていることに、ねたましい気持ちを抱いている。

問4　――線3「程なくアメリカという遠い異国へ自分は行ってしまうのだということを、邦枝は今、忘れそうであった」とあるが、邦枝がこのような状態になったのはなぜか。その理由として最も適当なものを次の中から選び、記号で答えなさい。

ア　言動や容姿にいたるまで威厳に満ちあふれている寿久を目の当たりにして、寿久が近寄りがたい存在として孤立してしまうのではないかと不安になったから。

イ　音曲界の第一線で名人として活躍する寿久を目の当たりにして、寿久が手の届かない存在であることを痛感してたまらなく寂しくなったから。

ウ　ますます偏屈になって老いを強めている寿久を目の当たりにして、地唄の大家として敬意の対象であったかつての寿久を思い出し、その落差に悲しくなったから。

エ　以前と変わらず生気に満ちている寿久を目の当たりにして、寿久が音曲の第一人者であることを間近で感じていた頃を回想し、その思い出に浸っていたから。

オ　老いてもなお衰えを見せない寿久を目の当たりにして、寿久がこれからも人間国宝として音曲の世界で活躍し続けるだろうと安心し、気が緩んでいたから。

問5　――線4「電流に打たれて、二人が二人とも、はっと息を呑んだ」

四の糸が直っている。

前に居る者の動作が伝わっていた。じんとくるものがあった。琴爪に残った余韻が、腕に痺《しび》れてきた。

邦枝だ。

お父さん。

4電流に打たれて、二人が二人とも、はっと息を呑《の》んだ。

寿久の顳顬《こめかみ》がひくひくと動いた。邦枝の言葉は喉《のど》にひりついていた。

次の瞬間菊沢寿久は、身をのり出して、四の糸の琴柱を元の位置に戻した。続いて五の糸を上げた。六の糸、七の糸、斗、為、巾に続いて、第一第二第三の糸を、彼は息もつがずに十三本全部、支柱を全部高くずらしてしまっていた。

邦枝が呆気《あっけ》にとられて、やがて寿久が何をしているのかを理解した時、彼は胸を張って高調子に改めた琴の上を、まるで挑戦するように、幾度も幾度も掻き鳴らしていた。

追い出されるように、突き出されたように、邦枝は部屋の外へ出ていた。

人通り慌《あわ》ただしい楽屋の廊下を逃れて、薄暗い舞台裏に立った。大道具の古ぼけた石地蔵が転がっている一隅で、彼女は涙を流さずに泣いた。喉が、奥まで乾いてしまっている。呼吸がこれで止《とま》るのだろうかと思った。5腹の底が何度も大きく波をうった。

※立方…日本舞踊における踊り手。
※地方…日本舞踊における伴奏者。
※大検校…「検校」とは、盲人に与えられた最高位の称号のこと。
※真性…本来持っている性質。
※挙措…立ち居ふるまい。挙動。
※古稀…七十歳のこと。
※斗為巾…琴の弦のうち第十一番目から第十三番目までの弦を指す。
※琴柱…琴の弦を支え、音の高低を調節するもの。

問1 ===線a〜cの本文中の意味として最も適当なものを後のア〜オから選び、それぞれ記号で答えなさい。

a「勿体ぶって」
ア やたらと心配そうに　イ 必要以上に悲しそうに
ウ いかにも重々しそうに　エ 妙によそよそしそうに
オ とても興味深そうに

b「げんなりして」
ア 困って　イ あきれて　ウ 混乱を強めて
エ 驚いて　オ 嫌気がさして

c「徐ろに」
ア いきなり　イ ゆっくりと　ウ あわてて
エ 力強く　オ いつもどおり

問2 ――線1「冷たい宣告を聞いたものだ」とあるが、邦枝が「冷たい」と感じたのはなぜか。その理由として最も適当なものを次の中から選び、記号で答えなさい。

ア 邦枝にしてみれば、アメリカへ出発する日が近づき、もう会えないかもしれない父に一目会うことを望んでいるのに、新関が邦枝の望みをあえて無視して、寿久と邦枝を会わせないようにしたから。

イ 邦枝としては、自分がアメリカに行くことぐらいは父の寿久に伝えてくれているだろうと思っていたのに、新関が邦枝のそうした思楽屋の何とつかぬ騒がしさの間、邦枝は、ただ父を見詰めていた。齢《とし》の衰えが感じられず、三年前と変りのない菊沢寿久がいた。私は三年間に随分《ずいぶん》変化しているのに、お父さん、貴方《あなた》は。人の話ではますます偏窟《へんくつ》で手がつけられなくなっているというが、邦枝の見るところでは、三年前に描かれた肖像《しょうぞう》画よりも尚《なお》、変化がなかった。

今も客と応対している寿久の横顔は若く、邦枝は盲目の表情を美しいとすら感じていた。折に昔、

「眼など、無くてもいいものではないのか」

と、異常な考えについ走らされたものである。音曲の世界で父と娘と対している時、盲《めし》いていればこそ寿久は、こうも音に住めるのであろうかと、邦枝は疑ったものであった。

3程なくアメリカという遠い異国へ自分は行ってしまうのだということを、邦枝は今、忘れそうであった。

黒の紋付は寿久の痩《や》せた肩を更に尖《とが》らしてみせて、そこにだけ前よりも老いを強めていた。仙台平《せんだいひら》の袴《はかま》は派手な青い大名縞《だいみょうじま》で、邦枝は悲しくおやおやと思った。多分今日も寿久は、自分で着るものを選んだのであろう。若い頃、粋を衒《てら》って青大名の目の粗いのを喜んだのは分るが、色彩や柄について目あきとはピントの違う寿久が、※古稀《こき》に近くどう考えてそれを出させたものか。

新関が部屋の一隅で琴の絃《げん》を合せている。そろそろ晩《おそ》く、菊沢寿久の出番は迫ってきていた。訪《と》う人の潮もひいたようである。

暫《しば》く部屋には人声がと絶えて、舞台の派手な長唄囃子《ながうたはやし》の合奏が、新関の琴と、寿久の三味線の調子調べを浮かせていた。

やがて、

「新関、琴持ってきなさい」

寿久が冷厳な口調で云った。

新関は黙って坐ったまま、口惜《くや》しそうな顔で若い弟子に運べと手真似で命じた。

菊関あい子と、菊の字を許されて、寿久門下では一応の腕と認められている新関なのだから、師の蔭唄《かげうた》を弾く琴の調子を任せて貰《もら》えぬ恥ずかしさは、察しがつくというものだ。若い子が二人で琴を寿久の前に置くと、彼女は堪《た》えられぬように立ち上がって、邦枝にも顔を背《そむ》けて部屋を出て行ってしまった。

寿久と、琴と、二人の弟子と、邦枝が残った。琴を間にして、邦枝は父に向《むか》い合いに座を移した。できれば「お父さん」と呼びかけたかった。機会を彼女は待った。

目の前で呼吸している女を、寿久は客の一人と思っているのかもしれない。こういう時客の多いのには馴《な》れている寿久で、人を構わずC徐《おもむ》ろに爪《つめ》をはめると、彼は十三本の糸を第一絃から※斗為巾《トイキン》と一時に一掻《か》きした。

半雲井調子《はんくもいぢょうし》。「相枕」の調べに間違いなかった。おそらく、誰もこの十三色の音程から誤りを指摘する者は他にいなかっただろう。が、邦枝は、

「四の糸が高い」

と瞬間に感じた。久しぶりの父の前で指は興奮していたのだろうか、考えるより早く動いて※琴柱《ことじ》を微《かす》かに下げた。

微妙な音差を、咄嗟《とっさ》だった。

寿久は、直後、十三本の糸の上を、更にもう一掻きしていた。

ですけれど、どうかしら」

どうかしらと訊《き》いてよい相手ではなかったが、うっかりそういう云い方をしてしまった。新関は瞼《まぶた》が重い程肥えた顔の中で、a勿体《もったい》ぶって口を開いた。

「あんな方ですからねえ。一生会わんとおっしゃったら、本当に一生なんですからねえ。殊《こと》に貴女のことは、どんなに気を付けていてもお客様の話には出てしまうんでしたけども、その度《たんび》、そりゃ大変なんですよ。三年も経っているのに、ちっとも変《かわ》らないんですよ。実の親と子なんですのにねえ。私なんかには一寸分《わか》りませんねえ」

もはや邦枝が寿久に会うことを快しとしないわけのものでは無いようである。ただ愚かさゆえに、実の娘より成《な》り上《あが》り弟子の自分に分《ぶ》のあるような云い方をしているだけなのかもしれない。結局、邦枝は自分の決心を告げて、彼女の協力を仰ぐより他にないと思った。

「ともかく会ってみますわ、今日は。一週間先には出発ですから、もう日もありませんし。お部屋へ行かせて頂くわ」

素直に新関は肯《うなず》いたが、すぐ又困った表情に戻って、

「でも出演前にお気を荒《あら》さない方が」

「ええ、心得ています。お部屋で坐《すわ》っているだけよ。機嫌が悪くなるようでしたら、演奏後も黙って帰るつもりですわ。本当はね、新関さん、父の傍に坐っているだけでいいのよ」

新関はにこにこして、匙《さじ》にのせたプディングを口に運んでいた。これも機嫌の変りやすい性質かと、邦枝はつい彼女を見てしまうことだ。母の死後の娘、娘が坐ったあとの座に、今は坐っている女。そう考えるうちに、ふいと不快な疑いが起《おこ》った。ひょっとして父は新関を。まさか。確信して打消《うちけ》したが、疑った内容にbげんなりしてしまった。

舞台脇の暗い抜け途《みち》を戻りながら、新関は振りむいて、

「御存知でしょうけど、今日は『楫枕《かじまくら》』が出るんですよ」

と嬉《うれ》しそうに囁《ささや》いた。

プログラムには、※立方神原《たちかたかんばら》ふで、※地方《じかた》菊沢寿久、そのすぐ隣に小型の活字で、菊関あい子と刷りこまれてあった。

秘曲ほどの扱いではないが、「楫枕」は重い奥伝《おくでん》の一つである。菊沢寿久の三味線に合《あわ》せて琴を受持《うけも》つのは弟子として栄誉に違いない。邦枝でも、父と二人で組んで出ていた頃は未《いま》だ「楫枕」に出る機会を許されなかった。羨望《せんぼう》があった。改めて2父と自分の距離、そして新関と父の距離を感じた。嫉妬《しっと》であった。

楽屋には入れ替《かわ》り立ち替り人の出入が頻繁《ひんぱん》だった。

音曲界の長老の部屋は、主《あるじ》が盲目だからか、人数の割には静かだ。敬《うやま》って話しかける者、手をついて礼厚く挨拶《あいさつ》している者、※大検校《けんぎょう》という古風な威厳を※真性躰《からだ》に持っている菊沢寿久の前で、人々は彼の心眼を畏《おそ》れるように※挙措《きょそ》に細心な注意を払っていた。黒羽二重《くろはぶたえ》の紋付《もんつき》を着た無形文化財は青年のような表情に古刀のような澄んだ微笑を浮《うか》べて誰にも対している。

邦枝は来訪者の目に立たぬように、入口に背を向けて坐っていた。ただ父を、そっと見ていた。付き添いの弟子達は新関に云い含められているから、邦枝の存在に拘泥《こだ》わらぬように努めている。無論、菊沢寿久は気付く筈《はず》がなく、寿久に挨拶した客が出がけに邦枝を認めることがあっても、彼女の手真似《てまね》ですぐに事態を悟り、心得て黙って部屋を去ってくれる。

【国　語】（五〇分）〈満点：一〇〇点〉

【注意】1．解答の際には、句読点や記号は一字と数えること。
2．コンパス・定規は使用しないこと。

一 ※問題に使用された作品の著作権者が二次使用の許可を出していないため、問題を掲載しておりません。

（出典：中村桃子《なかむらももこ》『〈性〉と日本語　ことばがつくる女と男』）

（出典：真田信治《さなだしんじ》『方言は気持ちを伝える』）

二 次の文章は、有吉佐和子《ありよしさわこ》「地唄《じうた》」の一部である。邦枝《くにえ》は、地唄の名人で人間国宝でもある盲目の菊沢寿久《きくざわとしひさ》の一人娘だが、日系二世のアメリカ人と結婚したことで親子の縁を切られた。それから三年が経過した頃、邦枝は夫の仕事の都合で渡米することになったため出国前に父と会う決意をし、父の公演会に行きその弟子である新関《にいぜき》と話をした。以下の文章はそれに続く場面である。これを読んで、後の問いに答えなさい。なお、出題に際して、本文には表記を一部変えたところがある。

「それでね、新関さんは御存知でしょうけれど、来月の月初《つきはな》に、私ども羽田《た》を発ちますのよ」

「まあ、そんなに直《す》ぐのことだったんですか。まあ、ねえ。それで、それで何時帰ってらっしゃるの？」

「それが、判《わか》りませんの。うまくすれば、私だけ時々こちらへ来るような生活にできると思うのですけれど、でも、判りませんの」

「へえ。ねえ？」

新関は一向に邦枝の別離迫った心情など理解しないようであった。おそらく誰に対しても何事に就《つ》いてもそういう女なのだろうから望むのが無理というものかと、邦枝は観念する。

「父は」

思い切って邦枝は自分から云《い》い出さねばならなかった。

「父は、私の渡米について何と云っておりますかしら」

「あら、先生は御存知ないんですよ。私だって今度の会のプログラム頂いた時にD社の方やM先生からお聞きしたばかりですもの」

今日の会のことはともかく、何故《なぜ》邦枝が日本を離れようとしていることぐらいは、父にきかせてくれなかったのだろうと、邦枝は椅子《いす》の背にぐたりと肩を落《おと》して思わず溜息《ためいき》をついた。薄々ひょっとするとそんなことではと予期していたが、1冷たい宣告を聞いたものだ。

「よっぽどお耳に入れようかと思いましたのよ。でも先生は貴女《あなた》のお名が一寸《ちょっと》でも出たあとは、そりゃ御機嫌が悪いの。二階へお上りになるのよ、すぐ。あの暗い部屋へ。もう困っちゃう。察して下さいよ。だから」

重々しく結論した。

「申し上げなかったの」

邦枝は諦《あきら》めて、始めから出直した。

「新関さん。ひょっとすると、多分そんなことは無いと思いたいのですけれど、私はアメリカへ行ってしまったら、帰れない場合もあるということを覚悟しなきゃならないんですの。それですから」

新関が大真面目《まじめ》に厚い顋《あご》を引いて聞いているのに力づけられて、

「父に思い切って会っておこうと思いましたの。話してみようと思うの

2022年度

解　答　と　解　説

《2022年度の配点は解答欄に掲載してあります。》

＜数学解答＞ 《学校からの正答の発表はありません。》

1　(1)　$\frac{1}{9}$　　(2)　$\frac{1}{8}$

2　(1)　$\mathrm{L}(3,\ 3\sqrt{3})$　　(2)　$\mathrm{P}\left(2,\ \frac{4\sqrt{3}}{3}\right)$　　(3)　$\mathrm{Q}(0,\ -2\sqrt{3})$　　(4)　$3\sqrt{3}+9$

3　(1)　(ⅰ)　解説参照　　(ⅱ)　ア　AB　　イ　P　　ウ　Q　　エ　BPA　　オ　105
カ　45　　(2)　(ⅰ)　14　　(ⅱ)　1

4　(1)　a^4+4b^4　　(2)　$\frac{1}{2022}$

5　(1)　$8\sqrt{22}$　　(2)　$\frac{9\sqrt{22}}{11}$　　(3)　$\frac{6\sqrt{11}}{11}$

○推定配点○

1　(1)　6点　　(2)　8点　　2　(1)～(3)　各4点×3　　(4)　8点
3　(1)　(ⅰ)　8点　　(ⅱ)　各1点×6　　(2)　(ⅰ)　4点　　(ⅱ)　8点
4　(1)　6点　　(2)　10点　　5　(1)　6点　　(2)　8点　　(3)　10点　　　計100点

＜数学解説＞

1　(確率－さいころの目，正八角形の頂点を移動する点)

基本　(1)　右の表は，さいころを2回振ったときにPがどの頂点にいるかを示したものである。1回目で3以上が出てDに止まった後で，Dから2回目に出る数だけ移動することができる。3→5，4→5，5→5，6→5の場合にAにいるので，その確率は$\frac{4}{36}=\frac{1}{9}$

1回目＼2回目	1	2	3	4	5	6
1	B　C	B　D	B　D	B　D	B　D	B　D
2	C　D	C　D	C　D	C　D	C　D	C　D
3	D　E	D　F	D　G	D　H	D　A	D　B
4	D　E	D　F	D　G	D　H	D　A	D　B
5	D　E	D　F	D　G	D　H	D　A	D　B
6	D　E	D　F	D　G	D　H	D　A	D　B

(2)　さいころを3回振るときの目の出方の総数は，$6^3=216$　2回目まででC，A，Bに行っている場合には3回目に何が出てもAに行くことはない。2回目まででD，E，F，G，Hに行っている場合にはそれぞれ3回目に5，4，3，2，1が出たときにPがAにいる。よって，その確率は，$\frac{36-9}{216}=\frac{1}{8}$

2　(関数・グラフと図形－正十二角形，放物線，直線，三平方の定理，面積)

基本　(1)　$\angle\mathrm{AOL}=360^\circ\div12=30^\circ$　点LからOAに垂線LMを引くと，△OLMは内角の大きさが30°，60°，90°の直角三角形となり，$\mathrm{OL}:\mathrm{LM}=\mathrm{MO}=2:1:\sqrt{3}$　OL＝OA＝6だから，$\mathrm{L}(3,\ 3\sqrt{3})$

重要　(2)　Bはy軸についてLと対称の位置にあるので，$\mathrm{B}(-3,\ 3\sqrt{3})$　直線BJの傾きは，$3\sqrt{3}\div(-3-6)=-\frac{\sqrt{3}}{3}$　$y=-\frac{\sqrt{3}}{3}x+b$とおいて(6，0)を代入してbの値を求めると，$b=2\sqrt{3}$　直線BJの式は$y=-\frac{\sqrt{3}}{3}x+2\sqrt{3}$　また，放物線Xの式を$y=ax^2$とおいて$(3,\ 3\sqrt{3})$を代入すると，$a=$

$\dfrac{\sqrt{3}}{3}$　よって，放物線Xと直線BJの交点のx座標は方程式$\dfrac{\sqrt{3}}{3}x^2=-\dfrac{\sqrt{3}}{3}x+2\sqrt{3}$の解として求められる。両辺に$\dfrac{3}{\sqrt{3}}$をかけて整理すると，$x^2+x-6=0$　$(x+3)(x-2)=0$　$x>0$なので，$x=2$　$y=\dfrac{4\sqrt{3}}{3}$　$\mathrm{P}\left(2,\ \dfrac{4\sqrt{3}}{3}\right)$

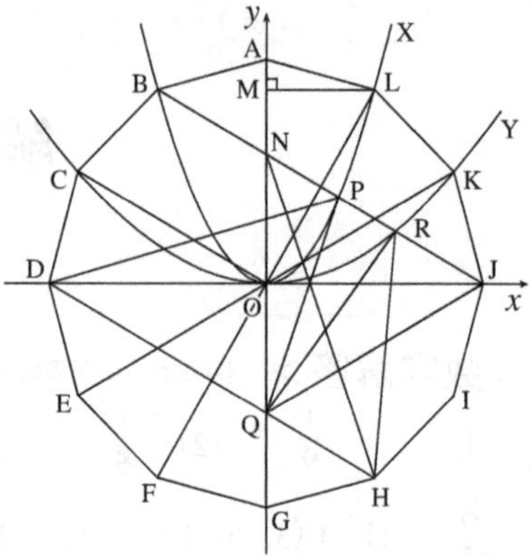

やや難 (3)　△JPQ＝△JPDのとき，△JPQと△JPDはJPを共有しているので，点Qと点DからJPまでの距離は等しい。よって，DQ//BJ　平行な直線の傾きは等しいので，直線DQの式を$y=-\dfrac{\sqrt{3}}{3}x+d$とおいて，D$(-6,\ 0)$を代入すると，$0=2\sqrt{3}+d$　$d=-2\sqrt{3}$　よって，Q$(0,\ -2\sqrt{3})$

(4)　点Hは原点について点Bと対称の位置にあるので，H$(3,\ -3\sqrt{3})$　また，点Dは原点について点Jと対称なので，DH//BJ　よって，DHは点Qを通る。四角形RQGHを△RQHと△HQGに分けて考える。BR//DHなので，BJとy軸との交点をNとすると，△NQHと△RQHはQHを底辺とみたときの高さが等しいから面積が等しい。よって，四角形RQGHの面積は，△RQH＋△QGH＝△NQH＋△QGH＝△NGH＝$\dfrac{1}{2}\times(2\sqrt{3}+6)\times3=3\sqrt{3}+9$

3　（平面図形―半円の弧を6等分，作図，円周角，三平方の定理，式の最大値）

(1)　(ⅰ)　3点A，B，Pを通る円の中心をOとすると，AO＝BO＝PO　線分の両端から等しい距離にある点はその線分の垂直二等分線上にある。よって，AP，BP，ABのどれか2つの線分の垂直二等分線を引いてその交点をOとする。点Oを中心として点Oから3つの点のどれかまでの距離を半径とする円を書けばよい。

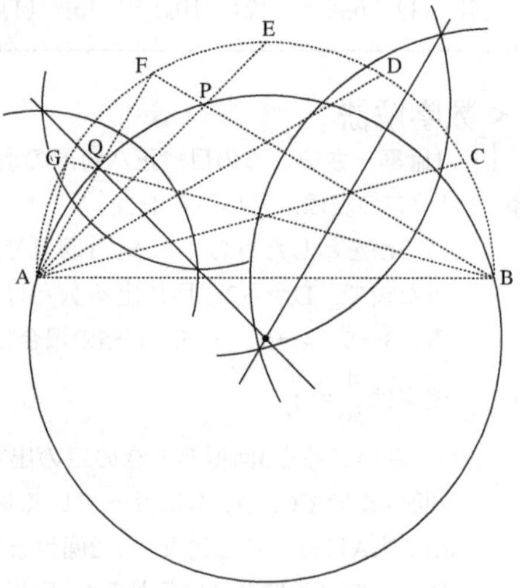

(ⅱ)　4点A，B，P，Qにおいて，直線[ア]ABに対して2点[イ]P，[ウ]Qは同じ側にあるので，∠BQA＝∠BPAがいえれば，4点が同一円周上にあるといえる。半円周を6等分した弧に対する中心角は30°，円周角は15°だから，∠PAB＝45°，∠PBA＝30°　よって，∠BPA＝180°－45°－30°＝105°　∠BQA＝180°－15°－60°＝105°　したがって，∠BQA＝∠[エ]BPA＝[オ]105°　弧PBに対する円周角なので，∠PQB＝∠PAB＝45°

(2)　(ⅰ)　AG＝BC，AF＝BDなので，$\mathrm{AB}^2+\mathrm{AC}^2+\mathrm{AD}^2+\mathrm{AE}^2+\mathrm{AF}^2+\mathrm{AG}^2=\mathrm{AB}^2+(\mathrm{AC}^2+\mathrm{AG}^2)+(\mathrm{AD}^2+\mathrm{AF}^2)+\mathrm{AE}^2=\mathrm{AB}^2+(\mathrm{AC}^2+\mathrm{BC}^2)+(\mathrm{AD}^2+\mathrm{BD}^2)+\mathrm{AE}^2$　直径に対する円周角は90°なので，△ACB，△ADBは直角三角形だから，$\mathrm{AC}^2+\mathrm{BC}^2=\mathrm{AB}^2$，$\mathrm{AD}^2+\mathrm{BD}^2=\mathrm{AB}^2$　よって，$\mathrm{AB}^2+\mathrm{AC}^2+\mathrm{AD}^2+\mathrm{AE}^2+\mathrm{AF}^2+\mathrm{AG}^2=2^2+2^2+2^2+(\sqrt{2})^2=14$

やや難 (ⅱ)　長さが2の線分ABを直径とする半円の弧の上に点Pをとると∠APB＝90°　AP＝a，BP＝$2b$とすると，$a^2+4b^2=4$となる。△APBの面積は$\dfrac{1}{2}\times a\times2b=ab$　△APBの面積は底辺をAB，点P

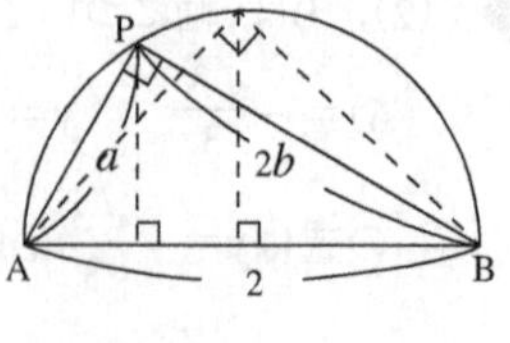

からABまでの距離を高さとして求められるので，面積abが最大となるのは，点Pが弧ABの中点にくるときである。そのとき，$a=\sqrt{2}$，$2b=\sqrt{2}$　$2ab=2$，$ab=1$

4 （式の計算，式の値，計算の工夫）

重要 (1)　$\{(a-b)^2+b^2\}\{(a+b)^2+b^2\}=(a^2-2ab+2b^2)(a^2+2ab+2b^2)=\{(a^2+2b^2)-2ab\}\{(a^2+2b^2)+2ab\}=(a^2+2b^2)^2-(2ab)^2=a^4+4a^2b^2+4b^4-4a^2b^2=a^4+4b^4$

やや難 (2)　$a^4+4b^4=\{(a-b)^2+b^2\}\{(a+b)^2+b^2\}$　$a=4$，$b=3$とすると，$4^4+4\cdot3^4=\{(4-3)^2+3^2\}\{(4+3)^2+3^2\}=(1^2+3^2)(7^2+3^2)$　$4^4+4\cdot7^4=\{(4-7)^2+7^2\}\{(4+7)^2+7^2\}=(3^2+7^2)(11^2+7^2)$　同様にして計算式を変形すると，$(4^4+4\cdot3^4)(4^4+4\cdot11^4)(4^4+4\cdot19^4)(4^4+4\cdot27^4)(4^4+4\cdot35^4)=(1^2+3^2)(7^2+3^2)(7^2+11^2)(15^2+11^2)(15^2+19^2)(23^2+19^2)(23^2+27^2)(31^2+27^2)(31^2+35^2)(39^2+35^2)$　$(4^4+4\cdot7^4)(4^4+4\cdot15^4)(4^4+4\cdot23^4)(4^4+4\cdot31^4)(4^4+4\cdot39^4)=(3^2+7^2)(11^2+7^2)(11^2+15^2)(19^2+15^2)(19^2+23^2)(27^2+23^2)(27^2+31^2)(35^2+31^2)(35^2+39^2)(43^2+39^2)$　与えられた計算式の分子と分母で約分できる式を約分すると，$\frac{1}{6}\times\frac{(1^2+3^2)}{(43^2+39^2)}=\frac{1}{6}\times\frac{10}{3370}=\frac{1}{6}\times\frac{1}{337}=\frac{1}{2022}$

5 （空間図形―切断，切断面の面積積み重ねた立方体を減らすこと，体積，表面積，一次関数）

(1)　△BPQは1辺が2の直角二等辺三角形であり，△ADEは1辺が6の直角二等辺三角形なので，$PQ=2\sqrt{2}$，$DE=6\sqrt{2}$　△PDC，△QEFは直角をはさむ辺が4と6の直角三角形だから，三平方の定理を用いて，$PD=QE=\sqrt{16+36}=2\sqrt{13}$　点P，QからDEに垂線PS，QRを引くと，$\triangle PDS\equiv QER$，$DS=RE=(6\sqrt{2}-2\sqrt{2})\div2=2\sqrt{2}$　△PDSで三平方の定理を用いると，$PS=\sqrt{52-8}=\sqrt{44}=2\sqrt{11}$　よって，四角形QPDEの面積は，$\frac{1}{2}\times(2\sqrt{2}+6\sqrt{2})\times2\sqrt{11}=8\sqrt{22}$

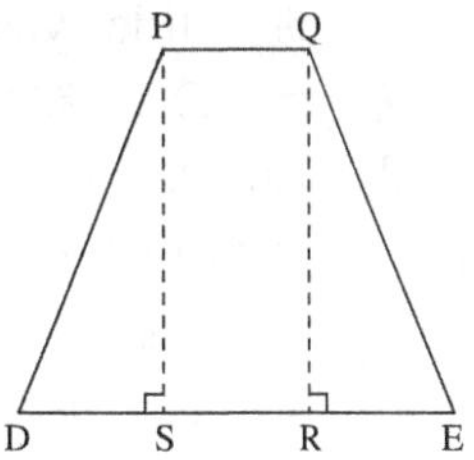

やや難 (2)　この立体は面AHGBについて対称である。四角錘A－QPDE，四角錐G－QPDEも面AHGBについて対称である。よって，DEの中点をM，PQの中点をNとすると，M，NはそれぞれAH，BG上にあるから，点Aから面OPDEに下した垂線AH_1，点Gから面OPDEに下した垂線GH_2はMNと交わる。また，$AM=3\sqrt{2}$，$BN=\sqrt{2}$，$GM=6\sqrt{2}-\sqrt{2}=5\sqrt{2}$である。右図は面ABGHで切断したときの切断面を表している。

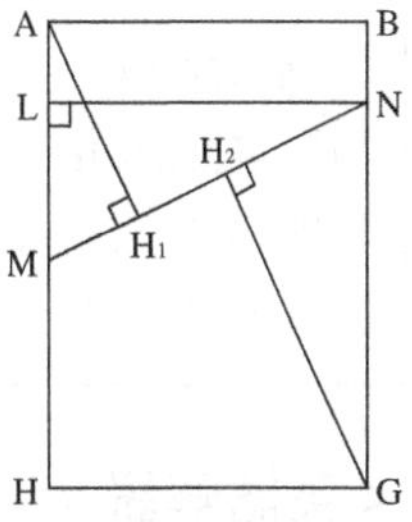

切断面AHGBで，点NからAHに垂線NLを引くと，$AL=BN=\sqrt{2}$，$GN=BG-BN=6\sqrt{2}-\sqrt{2}=5\sqrt{2}$　また，$NM=PS=2\sqrt{11}$　$\triangle AMH_1$と△NMLは2組の角がそれぞれ等しいので相似であり，$AM:NM=AH_1:NL$　$3\sqrt{2}:2\sqrt{11}=AH_1:6$　$AH_1=\frac{3\sqrt{2}\times6}{2\sqrt{11}}=\frac{9\sqrt{22}}{11}$

やや難 (3)　$\triangle AMH_1\backsim\triangle NML$なので，$AM:NM=MH_1:ML$　$3\sqrt{2}:2\sqrt{11}=MH_1:2\sqrt{2}$　$MH_1=\frac{12}{2\sqrt{11}}=\frac{6\sqrt{11}}{11}$　切断面AHGBにおいて，AH//GBなので，$\angle AMH_1=\angle GNH_2$　よって，2組の角がそれぞれ等しいので$\triangle AMH_1\backsim\angle GNH_2$　$MH_1:NH_2=AM:GN=3\sqrt{2}:5\sqrt{2}=3:5$　よって，$NH_2=\frac{6\sqrt{11}}{11}\times\frac{5}{3}=\frac{10\sqrt{11}}{11}$　よって，$H_1H_2=2\sqrt{11}-\left(\frac{6\sqrt{11}}{11}+\frac{10\sqrt{11}}{11}\right)=\frac{6\sqrt{11}}{11}$

★ワンポイントアドバイス★

1は表を作って考えるとよい。2は対称形であることを利用すると考えやすい。3の(2)(ⅱ)は(ⅰ)までのことをどう活用するか。4の(2)は(1)の結果を使って分子，分母の式を変形して約分する。5は底面積×高さから考えてもよいが式が立て難い。対称の面で考えるとよい。

＜英語解答＞ 《学校からの正答の発表はありません。》

Ⅰ　(A)　(1)　①　b　②　c　③　e　④　d　⑤　a　(2)　a　(3)　c　(4)　b

(B)　(1)　①　60[sixty]　②　2016　③　children　④　memory　⑤　imagination　(2)　b　(3)　b　(4)　c

Ⅱ　問1　月が明るいと星がよく見えないから。　問2　There is no difference between the moon's light and that of the sun.　問3　ウ　問4　If it is　問5　tide cycles[tidal rhythm]　問6　ア　×　イ　×　ウ　○　エ　○　オ　○　問7　linked to tidal rhythm[connected to the tides]　問8　エ

Ⅲ　問1　ア　僕がうつる病気を持っているかの　イ　僕に触れるのを避ける　ウ　最大限に僕の周りを遠回りした　問2　The kid would make the sound you make　問3　3a　イ　3b　エ　3c　ア　3d　ウ　問4　イ　問5　5a　ウ　5b　ア　5c　イ　問6　エ　問7　先生が生徒の座る席を決めたから。　問8　ⅰ　so　ⅱ　that　問9　beat those kids up　問10　ウ　問11　made us both change chairs with the kids next to

○推定配点○

Ⅰ　各2点×16　Ⅱ　問1・問2・問4　各3点×3　問3・問6・問8　各2点×7　問5・問7　各4点×2　Ⅲ　問1　各1点×3　問3～問6・問8・問10　各2点×11(問8は完答)　他　各3点×4　計100点

＜英語解説＞

Ⅰ　(リスニング)

(A)　A：Excuse me.

B：Hi there!

A：I have never been here before. Could you help me?

B：Sure, I'd be happy to!

A：Ok…I didn't get a chance to write down the names of all the places on this map.

B：Right, don't worry. Where would you like me to start?

A：Um, I'm not sure.

B：Well, let's start right here. We are in front of the main building, and opposite us you can see the boys' bedrooms… and next to them is the garbage station.

A：Thanks. And the girls' bedrooms…where are they?

B：They are in the new building, just north of where we are now and next to Wood Hill. Unfortunately, there are not many toilets in either of the bedroom buildings, but you can find extra toilets between the girls' bedrooms and the soccer field.

A：Oh, yes. I am really looking forward to playing soccer!

B：Yes, the soccer game is always great fun. We have also planned a night walk for Wednesday evening. You should go because the weather is good, but there are also a lot of insects. If you are afraid of insects, you can watch the fireworks by the lake instead of going on the walk.

A：I'd love to do both, but I've never been on a night walk, so I think I'll do that! Do you have a pool?

B：I'm sorry to say that we had to close the pool last year because it was expensive, but we have built some new tennis courts where the pool used to be. They are next to the soccer field, in front of the showers.

A：Sorry, where are the showers?

B：Oh, you can find the showers behind the tennis courts and soccer field. They get very busy in the evening, so you should try to go in the morning. You don't need to take any coins, but you will need soap. If you didn't bring any, you can buy it at the shop in the main building. And don't forget to take your towel. One last thing, please be sure to clean the shower when you finish.

A：Thanks, I think that's everything! Oh, sorry one last question. What time is breakfast?

B：It's between 6 and 8 in the morning. I hope you enjoy cooking because all campers here at Sleepy Bear Camp have to take part in cooking a meal for everyone at least once.

A：Don't worry. I love cooking!

B：Great. The cafeteria won't be open until lunchtime, but if you are thirsty there's a drinks machine in the main building. And don't forget we have the welcome barbecue today! It's at 5 p.m. by the lake.

A：See you then!

(A)（全訳）A：すみません。

B：こんにちは！

A：私は今までにここに来たことがなくて。お手伝いをお願いできますか。

B：もちろん，喜んで！

A：この地図上に場所の名前を全部書き留めることができませんでした。

B：わかりました，ご心配なく。どこから始めましょうか？

A：うーん，わかりません。

B：では，ここから始めましょう。私たちは本館の前にいて，反対側に男性用の寝室が見えます。その隣はゴミ集積所です。

A：ありがとう。女性用の寝室は…どこですか。

B：新館にあります。私たちが今いるところの北で，ウッドヒルの隣です。残念ながらどちらの寝室棟にもトイレがあまり多くないのですが，女性用の寝室とサッカー場の間に追加のトイレがあります。

A：ああ，はい。私はサッカーをするのがとても楽しみです！

B：ええ，サッカーの試合はいつもとても楽しいですね。水曜日の晩には，夜の散歩も計画しています。天気がいいので行くといいですよ，でも虫もたくさんいます。もし虫が怖ければ，散歩に行く代わりに湖のほとりで花火を見ることもできます。

A：両方ともやりたいけれど，私は夜の散歩に出かけたことがないので，そっちをやろうと思います！　プールはありますか。

B：残念ですがプールは昨年閉鎖せざるを得ませんでした，コストがかかるので。でもプールがかつてあった場所に新しいテニスコートを建設しました。それらはサッカー場の隣で，シャワー室の前です。

A：すみません，シャワー室はどこですか。

B：ああ，シャワー室はテニスコートとサッカー場の裏にあります。夜にはとても混みますから，朝行くようにしたほうがいいですよ。お金を持っていく必要はありませんが，石鹸は必要です。もし持ってこなかったら，本館の売店で買えます。それとタオルを持っていくのをお忘れなく。最後に，終わったらシャワーを必ず掃除してください。

A：ありがとう，それで全部だと思います。ああ，ごめんなさい，最後にもう1つ質問です。朝食は何時ですか。

B：朝6時から8時の間です。ここ，スリーピー・ベア・キャンプの参加者は全員，少なくとも1回は皆のための朝食作りに参加しなくてはならないので，あなたが料理を楽しんでくれるといいのですが。

A：大丈夫です。私は料理が大好き！

B：すばらしい。カフェテリアは昼食時間までオープンしませんが，のどが乾いたら本館に飲み物の販売機があります。また，今日は歓迎バーベキューがあるのをお忘れなく！　湖のほとりで午後5時です。

A：ではまたその時に！

(1)　地図上の場所はどこか。それぞれの場所に正しいアルファベットを選びなさい。

①　b　女性用寝室

②　c　トイレ

③　e　シャワー室

④　d　テニスコート

⑤　a　ゴミ集積所

(2)　なぜプールがないのか。

a　多額の費用が必要だったから。

b　天気が良くないから。

c　テニスのほうが人気だから。

d　もっとシャワーが必要だったから。

(3)　正しい答えで文を完成させなさい。

シャワーを使う時には，＿＿＿＿必要はない。

a　石鹸を持っていく

b　タオルを持っていく

c　お金を持っていく

d　シャワーを掃除する

(4)　正しい答えはどれか。

a　生徒たちは水曜日の夜のアクティビティを選ぶことができない。

b　生徒たちは全員，少なくとも1回食事を作るのを手伝わなければならない。

c　カフェテリアは終日オープンしている。

d　午前9時に朝食を食べることができる。

(B) These days teachers, parents and politicians all seem to complain that young people don't read as much as they used to. And it's true. According to recent research, young people today read less than any generation in the past.

In 1980, 60% of 18-year-olds in America said they read for pleasure daily, but by 2016, this figure had fallen to 16% . The same year the figure was also surprisingly low for children, with only 26% of them reading on a daily basis.

At the same time, research has also shown the large amount of time youngsters spend texting, using social media or surfing the Internet. 80% of teenagers who were asked said that they used social media every day, often for over 4 hours. While this is also reading, it isn't the kind that will bring the positive results connected to a good reading habit. Reading can increase your grades, help your memory or open up your imagination. It can even help you to get a good night's sleep. You don't need to spend hours reading, though. Experts say a good start is to read for ten minutes a day.

Around the world efforts are being made to help young people, especially children, to enjoy reading. On World Book Day, which is 23rd April every year, all school age children in the UK receive a small amount of money to buy a book, and younger children celebrate by going to school dressed as a character from their favorite story. In America, Reading with Barbers tries to help children by encouraging them to read to volunteer teachers as they have their hair cut, and for younger readers there is Reading to Dogs. This is exactly what you think. Children who dislike reading spend time reading to dogs, and the dogs listen. When you are learning to read, it is important to read to people, but this is difficult for students who feel shy or are not at the same level as their friends. Reading to dogs is popular because students don't have to worry about what the dog thinks. One young student says, "I love reading because the dog never gets up and says, 'I want to leave, this is boring'". Another good thing about this program is that it gives children who don't own a pet a chance to meet animals.

(B) 話し手の言うことを聞きなさい。メモを完成させ質問に答えなさい。

(全訳) 近頃，教師，親，政治家は皆，若者が以前ほど読書しないと不満を言っているようだ。そしてそれは本当のことである。最近の調査によると，現代の若者は過去のどの世代よりも読書をしない。

1980年，アメリカの18歳の60%は毎日楽しみのために読書すると言ったが，2016年までにこの数字は16%まで下降した。同年，子供たちの数値も驚くほど低く，毎日読書するのはわずか26%だった。

同時に，若者はSNSを使ったりネットサーフィンをしたりして多くの時間をメッセージのやりとりに費やすことが調査によってわかっている。質問されたティーンエージャーの80%はソーシャルメディアを毎日使い，4時間を超えることもしばしばだと言った。これも読むことではあるものの，良い読書習慣につながるような好結果をもたらす種類のものではない。読書はあなたの成績を上げ，記憶を助けたり，想像力を広げたりすることができる。さらに夜に良い睡眠を得ることにも役立つ。しかし何時間も読書する必要はない。専門家によると1日に10分間読書することから始めると良いそうだ。

世界中で，若者，特に子供たちが読書を楽しむことを手助けする努力がなされている。毎年4月23日の世界図書デーには，英国のすべての学齢の子供たちが本を買うための少額のお金をもらい，幼い子供たちはお気に入りの物語の登場人物の服装をして登校し，お祝いをする。アメリカでは

「リーディング・ウィズ・バーバーズ」が，子供たちが髪を切ってもらっている間にボランティアの先生に向かって本を読むよう促すことで，子供たちを手助けしようとしている。さらに幼い読者のためには，「リーディング・トゥ・ドッグズ」がある。これはまさにあなたが思っている通りのものだ。読書が嫌いな子供たちが犬に読み聞かせをして時間を過ごし，犬がそれを聞く。読み方を学ぶ際には，人に読み聞かせることが大切なのだが，恥ずかしく感じる生徒や友達と同レベルではない生徒にとって，これは難しいことである。犬に読み聞かせることは，生徒たちが犬がどう思うかを気にする必要がないため，人気がある。ある若い学生は「私は読書が大好き。犬は立ち上がって『帰りたい，こんなのつまらない』なんて絶対言わないから」と言う。このプログラムのもう1つの良い点は，ペットを飼っていない子供たちに動物に会う機会を与えられることだ。

(1)　聞いた情報でメモを完成させなさい。

1980年：18歳の①60%が娯楽として読書する。 ↓ ②2016年：18歳の16%と③子供たちの26%が毎日読書する。	読書が向上させるもの ・成績 ・④記憶 ・⑤想像力 ・睡眠

(2)　次の文のうち正しいものはどれか。

a　調査におけるティーンエージャーの全員がソーシャルメディアを毎日使った。

b　若者の中には毎日4時間以上をインターネットに費やす人がいる。

c　ティーンエージャの80%以上が読書よりソーシャルメディアを好む。

d　読書の良い効果のほとんどはインターネットを使うことから生じる。

(3)　世界図書デーに学生たちは何をするか。

a　お互いに本を交換する。

b　特別な服を着て学校に行く。

c　お気に入りのキャラクターに会う。

d　人に読み聞かせするボランティアをする。

(4)　なぜ生徒たちは楽しんで犬に読み聞かせするのか。

a　友達に会えるから。

b　自分自身のペットを連れてくることができるから。

c　人よりも犬のほうが良い聞き手だと感じるから。

d　音読するのが得意だから。

Ⅱ　(長文読解問題・エッセイ：内容吟味，言い換え・書き換え，語句整序，熟語，代名詞，和文英訳・選択，語句補充，内容一致，接続詞)

(全訳)　1　とても幼かった頃，私は満月の時にオオカミになる不運な人が出てくる，多くの物語を読み，いくつかの映画を見た。

2　しかしこの裏にある理屈が私を悩ませた。なぜ満月なのか？　私はしょっちゅう満月を見たことがあるし，その光の下を歩いたことがあるが，結果としてどんな効果も感じなかった。月の光は日光や電気の光とはそんなに違うものだったのか。

3　その件で言えば，満月の光は満月の翌日の光や満月の前日の光と違っていたのだろうか。私はその3日間の月の形の違いがほとんどわからなかった。それゆえ，狼人間はどうしてわかったのだろう，そして，完全に変身するか全く変身しないかのどちらかなのか。満月の前日または翌日に，狼人間は95%の狼に変身すべきではないだろうか。実際，半月の夜には半分狼に変身するべきでは

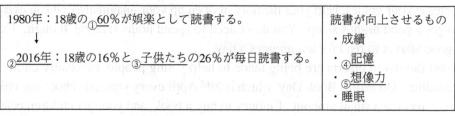

ないのか。

[4] 月の状態とともに変わる1つの明確な要素は，夜に辺りに降り注ぐ光の量である。産業革命以前の時代，夜に移動しなくてはならない人々は可能ならば満月の週に移動するのを好んだ，雲がなければできるだけ多くの光があるからである。同様の理由で，「アストロノミー・アイランド」(夜空を眺めるのが大好きな人々のグループ)が星の観測をするために毎年バミューダに夏の旅行を実行する時，月明りで星の光が消えてしまわないよう①彼らはたいてい新月の週を選ぶ。

[5] しかし私たちが興味をもっているのは，そのような種類の(自発的かつ論理的な)行動ではない。精神病理学への月の影響はどうなのだろう。②月の光には日光とは異なる何かがあるのか。結局のところ，月の光は太陽の光から来るのだ。

[6] [A]月が大きく影響を与えるものとして，潮の満ち引きが挙げられる。月の引力は地球が月に面している側のほうが反対側より強く感じられ，2回の満潮を生み，地球のどの場所も1日に2回満潮を迎える。

[7] 半日ごとに満潮と干潮を繰り返し，2週間ごとに大潮，小潮を繰り返す。

[8] これらの潮のサイクルは人間とも関係があるのか。どうしてだかわからないけれども，それらのサイクルが海岸に，または海岸近くに生息する生物の行動と関係があるのは確かだと，まず思いつく。潮の動きは彼らの生きるリズムに緊密に関係しているに違いない。だから例えば大潮の時は卵を産むのにふさわしい時なのかもしれない。それゆえそのような生物の行動は月の状態と関係があるようだ。これは月・潮・行動のつながりを考えると不思議なことではない。③しかし，真ん中の段階を忘れて月と行動のつながりだけを考えたら，許容される考え方が半神秘的な考え方に変わる。

[9] しかし海辺に生息する虫や魚と[B]潮の周期の間にはどのようなつながりがあるのだろうか。

[10] もちろん進化のつながりがある。私たちは今，自分たちを潮の生物とはかけ離れているとみなすかもしれないが，私たちは4億年前に単純な生物として始まったのだ。彼らはおそらく陸と海が出会う場所で生息していて，潮のリズムと緊密に関係していただろう。私たちの精神は今でも，大昔の私たちの先祖とつながっていた半日そして14日の潮の周期に合わせ，リズミカルに揺れ動いているのかもしれない。これは珍しくて驚くべきことだろうが，理解できるし信じることができる。実際，満月の日には事故が多く起き，ひどい犯罪が起きるのも増える。しかし，もし私たちの行動が月に直接作用されていると言われ，さらに潮とのつながりが忘れられたら，それは私たちに現実ではなくむしろ魔法を信じ込ませる可能性がある。

(B) (全訳) A：満月の日が近づくと，交通事故や深刻な犯罪の数が増えると聞いたよ。でもそれは変だと思う。満月はたくさんの光を出すのだから，その時にははっきりと車が見えるよね？

B：光の量は関係ないよ。事故や犯罪の数は月そのものよりも[C]潮のリズムとつながっているんだ。

A：本当？

B：うん。実際，私たちの生活のリズムと潮の生物のリズムはそれほど[D]違っていない。すべての生物はおそらく，[E]同じような生物として始まったんだろう。

問1 直後の so that 以下を参照する。so that の節は目的を表し，〈so that ＋主語＋ won't ＋動詞の原形〉は「ーが～しないように」という意味になる。be washed out は「洗い流される，消える」であるから「月明りで星の光が消えてしまわないように」となる。ここでは下線部①の理由を答えるので，「月が明るいと星がよく見えないから」や「月明りがないほうが星がよく見えるから」と答えると良いだろう。

やや難 問2 下線部②は「何か違いがあるのだろうか」という疑問文だが，文意は「何も違いはない」ということである。よって There is no difference「何も違いはない」とし，between the moon's light and that of the sun「月の光と太陽の光の間に」と続ける。that は前に出た名詞を指すものでここでは the light のこと。difference between A and B「AとBの間の違い」

問3　英文として正しいのはウ。the moon does control「月が影響する」が One thing を後ろから修飾し，直訳は「月が影響する1つのものは，潮の満ち引きだ」となる。

やや難 問4　下線部③は「月・潮・行動の3つを考えると，これらがつながっていることは理解できるが，真ん中，つまり『潮』を抜かして月と行動のつながりだけを考えると神秘的に思える」という文意。段落[10]の最終文が同じ意味を表している。

やや難 問5　between A and B で「AとBの間の」という意味。ここでAに当たる語が worms and fish living at the edge of the sea であり，Bに当たる2語を解答する。「海辺に生息する虫や魚とBとの間にどんなつながりがあるのか」という文であり，between worms and fish「虫と魚の間で」ではないことに注意する。段落[8]～[10]は海の生物と潮の周期との関係について述べているので，[8]の第1文より tide cycles を抜き出す。[10]の第3文より tidal rhythms を抜き出してもよい。

やや難 問6　ア「実際，多くの物語で半月は人を半分狼に変える」（×）　イ「産業革命以前の時代には，人々は狼から姿を隠したかったので夜に移動しなくてはならなかった」（×）　ウ「月の力は月に面した地球側で最大である」（○）　エ「1日に2回，満潮と干潮の両方がある」（○）　オ「月の光は進化と関係がない」（○）「月の引力」によって「潮」が周期的に変化し，生物は進化の過程でその影響を受けた「行動」をする，というのが本文の要旨。「月の光」は関係がない。

やや難 問7　空所Cの後ろの部分に rather than to the moon itself「月そのものよりむしろ」とあるのに着目する。A rather than B は「BよりむしろA」の意味で，AとBは同等の語句である。この場合，Bに当たる語が to the moon itself であるから，空所Cには to を含む表現が入る。文脈より，「潮の周期と関係がある」という意味になると考えられるから，段落[10]の第3文の linked to tidal rhythm という表現をそのまま使って答えればよい。なお抜き出し問題ではないので，同様の意味の linked to the tides, connected to tide cycles なども可。

問8　全訳下線部参照。

Ⅲ　**（長文読解問題・物語文：英文和訳，比較，関係代名詞，不定詞，語句整序，助動詞，語句補充・選択，内容吟味，接続詞，語句解釈，前置詞，文型，熟語）**

（全訳）　9月は大変だった。僕は朝早く起きるのに慣れていなかった。宿題に慣れていなかった。月末には初めての「テスト」があった。ママが自宅で僕を教えていた時，僕は「テスト」を一度もやらなかった。僕は自由な時間がもうなくなってしまったのも嫌だった。以前は遊びたい時にはいつでも遊べたけれど，でも今はいつも学校の課題があるように感じられた。

そして学校にいることは最初ひどかった。どの新しいクラスも，子供たちにとっては僕を「見ない」ようにする新しい機会のようだった。彼らは，僕が見ていないと彼らが思った時や，ノートで顔を隠して，チラッと僕を見たものだった。①彼らはまるで僕がうつる病気を持っているかように，僕に触れるのを避けるために，僕の周りを最大限に遠回りした。

廊下では，そこはいつも混んでいるのだが，僕の顔はいつも僕についておそらく聞いていなかった子供たちを驚かせた。②その子は，水に潜る前に息を止める時に出す音を出したものだった。小さな「あっ」という音だ。これは最初の数週間に，多分1日に4，5回は起きた。階段上で，ロッカーの前で，図書館で。学校には500人の子供たち。結局彼らは全員，いつか僕の顔を見ることになる。そうして最初の数日が過ぎてから，僕は僕に関するうわさが広まっているのだと知った。なぜなら時々僕は，ある子が僕の横を通る時に友達を肘でつついたり，僕が彼らの横を歩く時に[3a]手で口元を隠して話したりするのを目撃したからだ。彼らが僕について何と言っていたか，僕には想像することしかできない。実際のところ，③僕は想像してみることさえしたくない。

ところで僕は，彼らがこのようなことをいじわるな方法でやっていた，と言っているのではない。誰も笑ったり騒いだりしないし，そんなようなことは何もしなかった。彼らはただ，普通のバカな子供たちだった。僕はわかっている。僕は彼らに言いたかった。大丈夫，僕の見た目が変なことは自分でもわかっているよ，見てごらん，僕は噛んだりしないよ，と。だって，本当に，もしウーキー族が突然学校に通い出したら，僕はもっと知りたいと思うし，おそらくちょっとじっと見てしまうよ！　そしてもし僕がジャックやサマーと一緒に歩いていたら，きっと僕は彼らにそっと「ほら，ウーキー族がいるよ」って言うだろう。そしてもしそのウーキー族が僕がそう言っているのを見かけたら，僕がいじわるをしようとしているんじゃないってわかるだろう。僕はただ，彼がウーキー族だという事実を共有しているだけなんだ。

5a僕のクラスの子供たちが僕の顔に慣れるのに約1週間かかった。これらは僕が毎日，全部の授業で会う子供たちだった。

5b僕の学年のすべての子供たちが僕の顔に慣れるのに約2週間かかった。これらは僕がカフェテリアや，庭仕事の時間，体育，音楽，図書館，コンピュータの授業で会う子供たちだった。

5c学校の子供たち全員が僕の顔に慣れるのに約1か月かかった。これらは他のすべての学年の子供たちだった。上級生もいた。イカレた髪型の子もいた。鼻に輪っかのアクセサリーをしている子もいた。にきびがある子もいた。僕のような外見の子はA誰もいなかった。

僕はホームルーム，英語，歴史，コンピュータ，音楽，理科の授業でジャックと一緒にいた。それらは僕たちが一緒に受けたすべての授業だった。先生たちはどの授業でも生徒たちにどこに座るか指示し，④僕は最終的にどの授業でもジャックの隣に座った。だからそれは，先生たちが僕とジャックを一緒にするよう誰かに言われたか，全く信じられないような偶然のどちらかだ。

僕は授業に向かうのもジャックと一緒だった。彼は子供たちが僕を見ているのに気付いていたが，彼は気づいていないように振舞った。でもある時，歴史の授業に行く途中，階段を1度に2段ずつ駆け降りる巨体の8年生が階段の一番下で誤って僕たちにぶつかり，僕を倒してしまった。その子は僕が起き上がるのを手伝ってくれた時に僕の顔を見て，意図せずに「うわ！」と言った。それから彼は，僕を払いのけるような感じで僕の3b肩を軽くたたき，走って友達の後を追った。どういうわけか，僕もジャックも笑いだした。

「あいつ，最高におかしな顔をしたね！」　僕たちが席についた時，ジャックが言った。

「そうだよね」と僕が言った。「彼はうわって感じだったよ！」

「彼は(ⅰ)すごく驚いた(ⅱ)からおしっこ漏らしてズボンを濡らしちゃったよ，きっと」

僕たちは(ⅰ)とても激しく笑っていた(ⅱ)ので，ロシェ先生は僕たちに落ち着くよう言わなくてはならなかった。

その後，古代シュメール人が日時計を作った方法について読み終わった後，ジャックは静かに言った。「ああいう子たちを叩きのめしたいと思わない？」

僕は肩をすくめた。「たぶんね。わからない」

「⑤僕ならしたいよ。君は秘密の水鉄砲とかを手に入れて，どうにかしてそれを3c目に装着したほうがいいと思う。そして誰かが君のことをじっと見てきたらいつでも，君はそれを使って彼らの3d顔に噴射するんだ」

「緑色のスライムとかを」と僕が答えた。

「いやいや，犬のおしっこと混ぜた虫の汁を」

「いいね！」と僕は大賛成で言った。

「君たち」　ロシェ先生が教室の反対側から言った。「みんなはまだ読んでいるんだよ」

僕たちはうなずき，下を向いて教科書を見た。するとジャックが静かに言った。「オーガスト，君はずっとこの見た目のままでいるつもりなの？　つまり，形成手術とかできないの？」

僕は微笑んで自分の顔を指差した。「[B]ちょっと？　これは形成手術の後だよ！」

ジャックは自分のおでこを手でぴしゃりとたたき，大笑いしだした。

「君は担当の医者を告訴すべきだ！」　彼は笑いの合間に答えた。

今回，僕たちは二人とも非常に笑っていたので，ロシェ先生がやってきて⑥僕たち2人に隣の子と席を交換させた後も，笑うのを止められなかった。

重要　問1　アの部分は like I had some illness they could catch，イの部分は to avoid the chance of touching me，ウの部分は would take the longest way around me を訳す。take a long way は「遠回りする」という意味で，ここでは the longest と最上級になっているため，「最大限に遠回りした」となる。

やや難　問2　文の主語として you ではなく the kid を主語にして文を作るのがポイント。make the sound で「音を出す」という意味なので，これに過去の習慣を表す助動詞 would を付けて「その子は音を出したものだった」とする。the sound「音」を後ろから修飾する語句として you make「あなたが出す」を置き，「水に潜る前に息を止める時にあなたが出す音」となるようにする。

問3　全訳下線部参照。[3b]・[3d]　英語では「人の体をたたく，触る」などと言う場合，〈動詞＋人＋体の場所〉と表す。「私の肩を軽くたたく」は pat me on the shoulder とし，× pat my shoulder とは言わない。同様に，「彼らの顔に向かって噴射する」は spray them in the face となる。

問4　〈prefer to ＋動詞の原形〉「～することを好む」ここでは prefer not to ～ となっているので，「～しないことを好む，～したくない」となる。〈try to ＋動詞の原形〉「～してみる」

問5　全訳下線部参照。身近な順で，ウ「同級生」→ア「同学年の子」→イ「学校の全員」となる。

問6　学校にはいろいろな子がいたが，自分のような子は誰もいなかった，ということ。none「誰もいない」

問7　下線部④の直前の部分参照。先生が生徒たちに座る場所を指示し，その結果いつもジャックの隣になった。

基本　問8　so … that ～「とても～なので…」

重要　問9　ジャックは主人公の「僕」に Do you ever want to beat those kids up?「君はあの子たちを叩きのめしたい？」と尋ね，I'd want to (beat those kids up).「僕ならしたい(叩きのめしたい)」と言っている。〈beat ＋人＋ up〉「(人)を叩きのめす，ひどい目にあわす」

問10　「もうすでに形成手術を受けた」という意味で「これは手術後だよ」と言っている。

やや難　問11　〈make ＋人＋動詞の原形〉「(人)に～させる」〈change ＋もの＋ with ＋人〉「(もの)を(人)と交換する」　next to ～「～の隣の」

★ワンポイントアドバイス★

Ⅱの長文読解問題はエッセイだが，月の引力と潮の変化が引き起こす生物への影響について書かれた論説的文章。難解な表現が多く，理科的な内容の理解も必要なため非常に難度が高い。

＜理科解答＞ 《学校からの正答の発表はありません。》

1 (1) 右図 (2) ウ (3) 運動している物体はその運動の状態を続ける
(4) ① 10cm ② 20cm ③ 20cm
(5) ア (6) エ (7) ① イ
② ア ③ エ ④ ウ

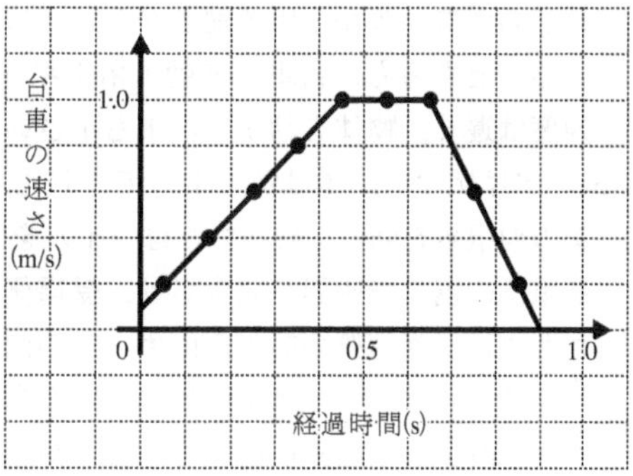

2 (1) ① カ ② イ ③ キ
(2) ウ (3) 生成する液体が冷えて試験管の加熱部に触れると，試験管が割れるおそれがあるから。 (4) ① ア ② エ

3 (1) イ (2) エ (3) ② オ ③ ウ (4) ア
(5) だ液はデンプンを糖に変える働きをもつ。 (6) ア，カ

4 (1) ウ (2) ア，ウ (3) イ，エ (4) エ (5) 通常よりもA地点の吹く風向が北寄りになるために，気温が低下する。 (6) イ

○推定配点○
1 (1) 5点 (4) 各3点×3 他 各4点×5((7)完答) 2 各3点×7 3 各3点×7
4 各4点×6 計100点

＜理科解説＞

1 (エネルギー―斜面を下りる物体の運動)

重要 (1) 使用している記録タイマーは，1秒間に50回打点する。5打点ごとに区切ると，1区間は時間0.1秒にあたる。問題の表1の区間1の平均の速さは，0.02(m)÷0.1(秒)＝0.2(m/秒)となる。これは0秒から0.1秒までの平均の速さだから，グラフに描くとき，横軸の経過時間は中間時刻である0.05秒の位置に点を取る。これと同じことを区間9までについても作業すると，下の表のようになる。この表をもとに，9個の点をグラフ用紙に明確に取り，適切な線分で結ぶ。

注意点として，点を取らずに線だけで描くのはよくない。縦軸と横軸は，目盛りの間隔がわかるように数値を入れる。経過時間が0秒のときの速さは0m/秒にならないが，それは，問題の図2のように動き始めた点と区間1の最初の点が異なるためである。

区間	1	2	3	4	5	6	7	8	9
経過時間〔秒〕	0.05	0.15	0.25	0.35	0.45	0.55	0.65	0.75	0.85
平均の速さ〔m/秒〕	0.2	0.4	0.6	0.8	1.0	1.0	1.0	0.6	0.2

(2) 一定の傾きの斜面では，台車の重力の斜面に平行な分力の大きさは一定である。(1)のグラフで，台車の速さが一定の割合で増加していることからも，一定の力がはたらいていることがわかる。

(3) 物体に力がかかっていないときや，合力が0のときは，静止している物体は静止し続ける。また，運動している物体はその運動の状態を継続する，つまり，向きも速さも一定の等速直線運動をおこなう。

(4) CD間で台車が物体を押す仕事は，C点で台車が持っていた運動エネルギーと等しく，それはA点で台車が持っていた位置エネルギーと等しい。位置エネルギーは，台車の重さと水平面からの高さの積で決まるので，斜面の傾きは無関係である。よって，高さが変わらない①の結果は，問題文の10cmと同じである。高さが2倍の②や③の結果は，問題文の10cmの2倍の20cmである。

重要 (5) 棒磁石がコイルに近づくときは，電磁誘導によってコイルから反発する右向きに力を受ける。棒磁石がコイルから出て遠ざかるときは，電磁誘導によってコイルに引き留める右向きに力を受ける。どちらも，台車の運動エネルギーは減少するので，実験1に比べ実験2ではC点での台車の速度は遅く，物体を動かす仕事も小さい。

(6) アは風の力，イは熱によって生じた水蒸気の力，ウは地下から噴出する水蒸気の力でタービンの羽根車を回し，磁石またはコイルを回転させ，電磁誘導によって電力を得ている。オ～キは，送電側の器具で磁界を発生させ，受電側の内部に電磁誘導で電流を流すしくみである。そのうちオとキは，受電側の端末やICカードの内部にコイルがあって電流が流れる。カは電流によって発熱する。一方，エでは半導体の性質を利用して，光を当てると電子が動くしくみである。

(7) 台車のもつ位置エネルギーは，斜面を下りることで運動エネルギーに変わる。その一部は，物体がCからEまで動くときの摩擦熱となる。残りは，電磁誘導によって電気エネルギーに変わり，電流が回路を流れて電熱線で熱エネルギーに変わる。

2 （気体―気体の製法と性質）

(1) ① 水素H_2は，亜鉛などの金属に，塩酸などの強い酸を加えると発生する。化学反応式は，$Zn+2HCl \rightarrow ZnCl_2+H_2$ である。水に溶けにくい気体なので，水上置換で集める。

② 二酸化炭素CO_2は，炭酸カルシウムからなる石灰石に，塩酸などの強い酸を加えると発生する。化学反応式は，$CaCO_3+2HCl \rightarrow CaCl_2+H_2O+CO_2$ である。水に少し溶ける程度なので，水上置換で集めてもよいが，空気より重いので，下方置換で集めることもできる。

③ 硫化水素H_2Sは，硫化鉄などの硫化物に，塩酸などの強い酸を加えると発生する。化学反応式は，$FeS+2HCl \rightarrow FeCl_2+H_2S$ である。硫化水素は水にある程度溶ける。空気より重いので，下方置換で集める。なお，さらし粉とうすい塩酸では，塩素Cl_2が発生する。硫黄を燃やすと，二酸化硫黄SO_2が発生する。いずれも水に溶ける気体で，空気より重いので，下方置換で集める。

重要 (2) 二酸化マンガンMnO_2は，過酸化水素H_2O_2が分解するのを助ける役割をするが，自身は変化しない。このように，反応を助けるだけで自身が変化しない物質は触媒とよばれ，化学反応式には含めない。過酸化水素H_2O_2が分解すると水H_2Oと酸素O_2が発生する。

(3) 加熱したガラスは少し膨張しており，そこに冷たい水などが触れると，一部だけが収縮してガラスが割れる可能性が高い。試験管内で水などの液体が生成する場合，その冷えた液体が加熱部に触れないように，口を下にして液体が口の方に集まるようにしておく。問題の実験の化学反応式は，$2NH_4Cl+Ca(OH)_2 \rightarrow CaCl_2+2H_2O+2NH_3$ であり，水が生成する。

(4) ① 塩酸を電気分解すると，$2HCl \rightarrow H_2+Cl_2$ により，陽極で塩素Cl_2，陰極で水素H_2が発生する。塩素は水に溶けるので，陽極では発生した塩素の一部が水に溶けてしまい，集まった気体の体積がやや少なくなる。 ② ア～ウは，電流の強さが同じなら，同じ時間に発生する気体の量は同じである。なお，イやウの場合でも，発生する気体の種類は変わらない。エでは，回路を流れる電子の数が増えるので，塩素，水素ともに増加する。

3 （植物，動物のからだのしくみ―光合成の条件，だ液のはたらき）

(1) 葉を脱色するには，温めたエタノールに入れればよい。緑色の色素がエタノールに溶け出すため，葉が白くなり，その後のヨウ素液の反応が見やすくなる。

(2) 光合成は，根毛から吸い上げた水と，気孔から取り入れた二酸化炭素を原料に，酸素とデンプンをつくるはたらきである。実験では，葉のうち，葉緑体のある緑色だった部分のうち，アルミシートにおおわれずに光が当たっていた部分で，光合成が行われデンプンができる。

基本 (3) AとBでは，葉緑体の有無の条件が異なる。AとCでは光の有無の条件が異なる。

(4) AとDでは，葉緑体の有無と光の有無の両方の条件が異なるので，比較できない。

(5)　試験管AとCの比較から，だ液を入れた方の試験管Cではデンプンがなくなっていることがわかる。また，試験管BとDの比較から，だ液を入れた方の試験管Dでは糖ができていることがわかる。以上から，だ液のはたらきによってデンプンが糖に変化したことがわかる。

(6)　40℃でのAとB，そして20℃でのA′とB′は，どれもデンプンが分解されないので，実験後のデンプン量は元の量のままで，どれも同じである。表2から，40℃でのCとDは，デンプンがすべてなくなっていたが，表3から，20℃でのC′とD′は，糖ができているものの，デンプンも残っている。まとめると，デンプンの量は，(A＝B＝A′＝B′)＞(C′＝D′)＞(C＝D)である。このように，だ液に含まれる酵素は，体温程度で最もよくはたらき，温度が下がるとはたらきが低下する。

4　(気象・天気―さまざまな風の吹き方)

(1)　問題文にあるように，温度が高い場所では気圧が低くなる。トンネルの両側で気温差があると，温度の高い側の気圧が低くなるので，逆に温度が低く気圧が高い側からトンネルへ空気が入ってくる。このことから，風上側の出入り口では，近くの低温の空気がトンネルに入っていくだけなので，内外で気温差は感じない。風下側の出入り口では，風上側から低温の空気が流れてくるが，外は高温だから，内外で温度差を感じる。

(2)　海陸風では，昼間は海面より陸地の方が温まりやすいため，陸地の気圧が低く，海から陸へ風が吹く。夜は逆である。山谷風では，昼間は谷底よりも斜面や山頂の方が温まりやすいため，斜面や山頂の気圧が低く，谷から山頂へ風が吹く。夜は逆である。

やや難　(3)　日本列島には偏西風が吹くため，天気は西から東へと変化する。これに関連するものを選ぶ。ア　誤り。湿度が高いと，えさとなる昆虫の羽が重くなり低空を飛ぶためである。　イ　正しい。夕焼けは西側が晴れており，晴天が自分のいる方へ移動するためである。　ウ　誤り。高層雲は温暖前線にできる雲の一つで，やがて乱層雲が接近するためである。　エ　正しい。西から東に風が吹くときは，西側に高気圧がある場合が多く，その高気圧が自分のいる方へ移動するため晴れる。東から西に風が吹くときは，西側に低気圧がある場合が多く，その低気圧が自分のいる方へ移動するため雨になる。　オ　誤り。星が瞬くのは，上空の空気の状態が短時間で細かく変化し，そのたびに光が屈折するためである。つまり，風が強いと考えられる。

(4)　偏西風が強いのは冬である。表1から考えると，南北の気温差が夏は10℃くらいだが，冬は20℃以上にもなり，そのぶん気圧差も大きくなるため，偏西風も強くなる。

(5)　北半球の高気圧では，風は時計回りに吹いており，低気圧では，風は反時計回りに吹いている。そのため，図1の通常時のA地点では，風は南から北への向きに近い。南風は温度が高い。一方，エルニーニョ現象時のA地点では，風は北から南への向きに近い。北風は温度が低い。

(6)　問題文で説明されてる通り，ENSO(エルニーニョ・南方振動)は，太平洋の東西の海水温や気圧が変動する現象である。このうち，南方振動は，西側(アジア側)の気圧が上がれば，東側(南アメリカ側)の気圧が下がり，西側の気圧が下がれば，東側の気圧が上がることを意味する。ペルー沖は，太平洋の東部にあたる。ペルー沖の海水温が上がると，上昇気流が生じて気圧が下がる。よって，南太平洋東部の気圧が下がり，西部の気圧が上がる。このとき，アジア側の気圧が上がるため，アジア側での赤道付近の上昇気流が弱まり，その空気が下降してくる北太平洋高気圧(小笠原気団)も弱まるので，日本は冷夏になりやすい。

★ワンポイントアドバイス★

実験や観察を主体とする問題が中心である。基礎知識をもとにしながら，問題文の条件をよく理解して解き進めよう。

＜社会解答＞《学校からの正答の発表はありません。》

1 問1 ③・⑥　問2 平治の乱　問3 1 ①　2 ④　問4 硫黄　問5 石見
問6 4 ②　5 ⑤　問7 (例) 1637年にキリシタンを中心とした島原・天草一揆が起こり，幕府をこれを鎮圧するのに苦労した。そのため，1639年にはキリスト教の布教に熱心だったポルトガル人を追放し，ポルトガル船の来航を禁止した。さらに1641年には平戸のオランダ商館を長崎の出島に移し，幕府の貿易相手国は中国とオランダのみとなった。
問8 ①・④　問9 田沼意次　問10 (1) ②　(2) 3　問11 ②・⑤
問12 (例) 日清戦争に勝利し，その講和条約によって多額の賠償金を得た。
問13 ①・⑤　問14 ベトナム戦争

2 問1 ⑤　問2 ア ②　イ ③　ウ ①　エ ④　問3 ①・②・④・⑥
問4 26(%)　問5 ⑤　問6 ①　問7 ⑤　問8 X ②　Y ①
問9 (例) 沖縄県は，死亡率よりも出生率が高いため，人口が増加している。一方，沖縄県以外の4都県は，出生率よりも死亡率が高いが，他の地域からの転入が多いため，人口が増加している。

3 問1 ③　問2 ④　問3 ③　問4 1 ハンセン　2 13　問5 ③
問6 (1) 3 株主総会　4 配当　5 株式市場　(2) ESG　問7 ③　問8 ③

○推定配点○
1 問7 4点　問12 3点　他 各2点×15(問1・問8・問11・問13各完答)
2 問9 3点　他 各2点×12(問3完答)　**3** 各3点×12　計100点

＜社会解説＞

1 (日本の歴史―貨幣をテーマにした日本の通史)

問1 ③－『古事記』が編纂されたのは712年，『日本書紀』が編纂されたのは720年。いずれも奈良時代初期である。⑥－墾田永年私財法が発布されたのは743年。聖武天皇の時代である。①－日本最初の全国的な戸籍は670年につくられた庚午年籍。天智天皇の時代。②－『古今和歌集』がまとめられたのは平安時代初期。④－院政が開始されたのは平安時代後期。⑤－法隆寺や四天王寺が建立されたのは飛鳥時代。

基本 問2 平治の乱は，平治元年(1159年)に起こった内乱。藤原通憲(信西)対藤原信頼，平清盛対源義朝の勢力争いが原因で，信頼は義朝と，通憲は清盛と組んで戦ったが，源氏は平氏に敗れ，信頼は斬罪，義朝は尾張で長田忠致《ただむね》に殺された。

問3 1「1323年」とあることから高麗。高麗は，918年，新羅に代わって王建(太祖)が建国した朝鮮の王朝で，11世紀ごろ全盛期を迎えた。13世紀にはモンゴルの侵入を受けて，元の属国になり，その後倭寇の侵略に苦しみ，明が建国するとまもなく，1392年李成桂によって滅ぼされた。なお，渤海は698～926年，新羅は4世紀中頃から935年。 2 13世紀後期，日本はモンゴルの来襲を2回受けた(元寇)。元のフビライは高麗を征服し，1268年以降たびたび日本に服従を求めたが，執権北条時宗が拒否したため，1274年(文永の役)，1281年(弘安の役)の2度にわたり日本に襲来した。しかし，西国武士たちの奮戦と暴風雨によって，ともに敗退した。

問4 日明貿易において，硫黄は刀剣，銅などと並ぶ主要な日本の輸出品であった。硫黄は，非金属元素の一種で，黄色の樹脂光沢のあるもろい結晶を呈し，火をつけると青い炎をあげて燃焼する。火山地方に多く産出し，火薬・マッチなどの原料として重要である。

基本 問5 石見銀山は石見国邇《に》摩《ま》郡大森にあった銀山。現在の島根県大田市大森町。室町時代初期，14

世紀始めに発見され，1533年博多の貿易商神谷寿禎《じゅてい》によって開発が進み，生産量も増加した。戦国時代には諸大名の間で争奪され，毛利氏の所領になったが，後に豊臣秀吉がこれを直轄とし，江戸幕府も直轄領とし銀山奉行をおいて経営した。慶長～寛永(1596～1644年)ごろ最盛期。

やや難 問6　4　十三湊《とさみなと》は岩木川河口の十三湖《じゅうさんこ》に形成された中世の港。現在の青森県市浦《しうら》村(現在の五所川原市の一部)にあたる。蝦夷地と日本海を結ぶ港として平安時代末期から整備され，鎌倉時代の北条氏の支配を経て，「十三湊日之本将軍」と称した安東(安藤)氏の本拠地となった。　5　開拓使は，明治初期，北海道開拓事業を担当した政府機関。1869年設置。開拓次官(74年に長官)黒田清隆の指導のもと，アメリカ農務局長ケプロンを顧問に迎え，移民・屯田兵の奨励，道路・港湾・炭田の開発，札幌農学校の創設などにつとめた。

重要 問7　島原・天草一揆(島原の乱)は，1637年，天草および島原に起こった百姓一揆。キリシタンが多く，益田四郎時貞(天草四郎)を首領とし，約2万人が原城址に立てこもって戦った。幕府の上使として派遣された板倉重昌はこれを攻めて戦死，老中松平綱信が九州諸大名を指揮してようやくこれを落城させた。島原・天草一揆は，幕府や大名にキリスト教への警戒を深めさせ，1639年，幕府はポルトガル船の来航を禁止し，1641年にはオランダ商館を平戸から長崎の出島に移し，わずかにこの地で通商を認めることにした。これにより，幕府の貿易相手国は中国とオランダのみとなった。

問8　①－本百姓は，江戸時代，農村における年貢負担者。村内に田畑・屋敷をもち，検地帳に記載され，年貢納入の責任をもつ百姓で，小作人である水呑百姓に対する。一人前の百姓として村寄合で発言でき，村の自治に参与した。村役人(名主，組頭，百姓代)も本百姓から選出された。
④－公事方御定書は，江戸幕府の法典で，8代将軍徳川吉宗の命により1742年に完成。上巻には現行の法令81通を，下巻には裁判手続に関する先例，取り決め103条をおさめる。大岡忠相らが編集。②－管領は室町時代，評定衆は鎌倉時代の役職。③－滝沢馬琴ではなく井原西鶴。⑤－賀茂真淵ではなく本居宣長。

問9　田沼意次は，江戸時代中期の幕府老中。1767年，10代将軍徳川家治の側用人となり，権勢をふるい，72年には老中となり勢力を極めた。株仲間を広く公認し，運上・冥加金をとり，銅・金・真鍮《しんちゅう》を幕府の専売とし，長崎貿易を拡大し，銅のかわりに俵物(ふかひれ，干しあわびなど)の輸出を奨励した。また商業資本に下総の印旛沼・手賀沼の干拓を進め，蝦夷地の開発，ロシアとの貿易を計画するなど，従来にない積極的な経済政策を展開した。しかし，賄賂が横行し，政治への批判も強まり，1786年，家治の死後，失脚した。

問10　(1)　6　ハリスはアメリカ合衆国の外交官。アジア貿易に従事し，のち1856年アメリカ駐日総領事として下田に着任。清がアロー戦争の結果，天津条約を結んだという情報が伝わると，これを利用して幕府に通商を迫り，1858年，日米修好通商条約の調印に成功した。　7・8　幕末期，金銀の交換比率は，外国では1：15，日本では1：5と差があった。外国人は外国銀貨(洋銀)を日本に持ち込んで日本の金貨を安く手に入れたため，10万両以上の金貨が海外に流出した。
(2)　洋銀を4枚を日本に持ち込み金貨(小判)と交換し，これを海外に持ち出して洋銀に交換すると洋銀が12枚となる。

問11　②－地租改正は，明治政府による土地制度および税制の根本的改革。1873年の地租改正法で，現物年貢を改めて金納とし，地租を地価の3%と決め，地主から徴収することにした。政府財政はこれによって安定したが，農民の負担は軽減せず，地租改正に反対する農民一揆が全国的に頻発。政府は1877年，地租率を2.5%に引き下げた。⑤－1894年，日本はイギリスとの間に日英修好航海条約を締結。1858年の日英修好通商条約を改正し，領事裁判権を撤廃することに成功した。このときの日本の外務大臣は陸奥宗光，イギリスの外務大臣はキンバリー。①－版籍奉還ではなく，廃藩置県。③－治安維持法ではなく，讒謗律《ざんぼうりつ》，新聞紙条例，集会条例など。④－大日本帝国憲法の制定は1889年，伊藤博文が初の内閣を組織したのは1885年。

重要 問12　日本は，日清戦争(1894～95年)に勝利。その講和条約である下関条約(1895年)によって，多額の賠償金(庫平銀2億テール，約3億円)を得た。この賠償金は，軍備と工業化の資金となり，また金本位制に移行する資金ともなった。

やや難 問13　①－イタリアは三国同盟の一員であったが，「未回収のイタリア」をめぐってオーストリアと対立するようになり，フランスに接近した。この結果，三国同盟の実態はドイツ，オーストリア同盟に近くなった。そして，1914年に第一次世界大戦が始まると，イタリアはフランス，ロシア，イギリス，日本などによって構成される協商国(連合国)に加わった。⑤－1939年，ドイツがポーランドに侵攻し，これによって第二次世界大戦が始まった。②－関東大震災は1923年，米騒動は1918年。③－ウィルソンではなく，フランクリン・ルーズベルト。④－盧溝橋事件は1937年，満州国建国は1932年。

問14　ベトナム戦争は，ジュネーブ休戦協定で撤退したフランスにかわるアメリカ合衆国の介入によって発生した戦争。南北ベトナム間の内戦という性格も持つ。北ベトナム(ベトナム民主共和国)とそれが支援した南ベトナム解放民族戦線と，アメリカ合衆国およびそれが支援した南ベトナム(ベトナム共和国)が対立。1961年，ベトナム共和国政府と南ベトナム解放民族戦線との間に内戦が始まり，北ベトナムがアメリカ艦艇を攻撃したというトンキン湾事件をきっかけに，米軍は北爆を開始，地上戦に拡大。しかし，アメリカ合衆国は敗北し，1968年から和平会談を開始，73年1月，和平協定が調印された。

2　(地理－日本と世界の自然，産業，人口など)

重要 問1　まずアは北半球と季節が逆になっているので，南半球に位置するオーストラリアのパース。次にウは1月の平均気温が0度以下になっているのでロシアのモスクワ。残ったイ，エは，気温の年較差が大きいイが大陸の東岸に位置する中国のシャンハイ，気温の年較差が小さいエが大陸の西岸付近に位置する島国であるイギリスのロンドンである。

重要 問2　まず，①は冬季の降水量が多いことから，日本海側の気候が卓越するウ。次に，③は年中比較的温暖で，降水量が少ないことから，瀬戸内の気候が卓越するイ。残った②，④は，冬季の気温が高い②がア，冬季の気温が低い④がエである。

問3　①はロッキー山脈，②はアンデス山脈で，いずれも新期造山帯の環太平洋造山帯に含まれる。また，④はアルプス山脈，⑥はヒマラヤ山脈で，いずれも新期造山帯のアルプス・ヒマラヤ造山帯に含まれる。なお，③のアパラチア山脈，⑤のウラル山脈，⑦のグレートディヴァイディング山脈はいずれも古期造山帯に分類される。

やや難 問4　$X\times0.42=11$。これを解くと，$X=26.1\cdots\fallingdotseq26$。

問5　北海道は農業産出額が47都道府県の中で突出して多く，生産額ベース自給率，カロリー別自給率ともに200%を超えている(2017年)。よって，イである。鹿児島県は畜産業が盛んで，比較的値段の高い肉類の生産が多いため，生産額ベース自給率は高いが，これに比べてカロリー別自給率は低くなっている。よって，アである。千葉県は近郊農業が盛んで，野菜の生産が多いため，生産額ベース自給率よりもカロリー別自給率がかなり低くなっている。よって，ウである。

問6　日本の1次エネルギー供給割合は，2018年度において，石油，石炭，天然ガス，水力，原子力の順に多い。

問7　フランスは，2018年現在，国外からの観光客数が世界で最も多い。よって，アである。一方，日本は，国外からの観光客数がアメリカ合衆国，中国，ドイツに比べてかなり少ない。よって，オである。なお，イはアメリカ合衆国，ウは中国，エはドイツである。

やや難 問8　Xは2000年では，出生率が死亡率をわずかに上回っている。しかし，その後，出生率は低下，死亡率は上昇し，2050年では死亡率が出生率が大きく上回ると予想される。そのため，人口ピラミッドは少産少死で，年少人口が少ない「つりがね型」になると考えられる。Yは2000年では，出生率が死亡率を大きく上回っている。そのため，人口ピラミッドは多産多死で，年少人口が多い「ピラミッド型」になると考えられる。

問9　沖縄県は，自然増加率(出生率から死亡率を引いたもの)が高く，このため人口が増加している。一方，東京都，神奈川県，埼玉県，千葉県は，いずれも自然増加率はマイナスとなっているが，社会増加率が高い(他の地域からの転入者が多い)ため，人口は増加している。

3　(公民―日本国憲法，基本的人権，政治のしくみ，時事問題，経済など)

やや難 問1　日本国憲法第69条は，「内閣は，衆議院で不信任の決議案を可決し，又は信任の決議案を否決したときは，10日以内に衆議院が解散されない限り，総辞職をしなければならない。」と明記している。①－国会ではなく，内閣。②－総議員ではなく出席議員。④－内閣の指示ではなく，自分の良心。

問2　アメリカ合衆国では。新型コロナウイルスの感染拡大により，日曜日の礼拝は，自動車の中にとどまって行うこととした教会があった。これが，信教の自由を侵害しているのではないかという議論が起こった。

問3　日本では，2013年の公職選挙法の改正により，インターネットを利用した選挙運動が可能になった。改正前は，インターネットを利用した選挙運動は図画頒布とみなされ，規制の対象になっていたが，この改正によってウェブサイトおよび電子メールを利用した方法が解禁された。

①－公開選挙ではなく，秘密選挙。②－「死票が少ない」ではなく，「死票が多い」。④－「1票の価値が大きくなる」ではなく，「1票の価値が小さくなる」。

問4　1　ハンセン病は，らい菌の感染によって起こる慢性の感染症。皮膚・末梢神経などに病変が現れる，伝染力はきわめて弱い。かつては，らい病とよばれ，不治の遺伝性疾患と誤解されていたが，現在は化学療法などによって完治する。　2　日本国憲法第13条は，「すべて国民は，個人として尊重される。生命，自由及び幸福追求に対する国民の権利については，公共の福祉に反しない限り，立法その他の国政の上で，最大の尊重を必要とする。」と明記している。

やや難 問5　新型コロナウイルスの感染拡大によって最も深刻な影響を受けた業種は飲食・宿泊サービスで，飲食は営業時間の短縮，宿泊は消費者の旅行の自粛などにより，ほとんどの業者で売上が50%以上減少した。一方，ドラックストアはマスクや医薬品，家電量販店はリモートワークの拡大によるパソコンなどの売上が増加し，業績が拡大した。

基本 問6　(1)　3　株主総会は，株式会社における最高議決機関，通常，株主は1株につき1票の議決権が与えられる。　4　配当は，定期的に所有株式数に応じて利潤を株主に還元する分のことをいう。業績が不振で配当を行えない会社を無配会社とよぶ。　5　株式市場は，新規に発行する株式や，すでに発行された株式を売買する市場。通常は証券取引所の開設する市場をさす。代表例が東京証券取引所。一般の顧客は，証券会社を経由して注文を出し，株式の売買を行う。

(2)　ESGは，企業や機関投資家が持続可能な社会の形成に寄与するために配慮すべき3つの要素とされる環境(environment)，社会(social)，企業統治(governance)を示す語。

問7　2020年の非正規の職員・従業員数の前年同期と比べた減少数は，10～12月は男性が28万人，女性が50万人，7～9月は男性が46万人，女性が79万人，4～6月は男性が28万人，女性が59万人，1～3月は男性が0万人，女性が10万人で，いずれも男性よりも女性の方が多くなっている。

①－2020年の10～12月の正規の職員・従業員数は，前年同期に比べ女性は増加しているが，男性は減少している。②－2020年の10～12月の非正規の職員・従業員数は，男性よりも女性の方が多

い。④－2倍以上ではなく，1.4倍程度。

やや難 問8　買いオペレーションは，中央銀行(日本の場合，日本銀行)が市場から有価証券を買い入れて資金を市場に供給し金融を緩和，景気を刺激しようとする政策。これとは逆に，中央銀行が手持ちの有価証券を市場で売却することによって資金を吸収し，金融を引き締め，景気の過熱を抑えようとすることを売りオペレーションという。

★ワンポイントアドバイス★

計算問題や資料の読み取り問題で時間がとられる可能性がある。このような問題は後回しにするなどの工夫が必要である。

＜国語解答＞ 《学校からの正答の発表はありません。》

一　問1　オ　問2　(1)　イ　(2)　(例)　教養のない階級の劣った言葉づかいであるという不均等な価値観が付随した，「標準語」の成立を妨げるもの。　問3　エ　問4　オ　問5　ウ

二　問1　a　ウ　b　オ　c　イ　問2　ウ　問3　オ　問4　エ　問5　(例)　親子の縁を切ったはずの娘がそこにいることに父が気づき，同時に，ここにいることを父に気づかれたことを娘も気づいて，二人の間に無言の緊張が走ったということ。　問6　ア

三　問1　ア・エ　問2　(例)　父が子守の神に，男の子を授かるようお願いしたということ。　問3　オ　問4　ウ　問5　ア　×　イ　○　ウ　×　エ　○

四　1　訴訟　2　彫刻　3　秀逸　4　渓谷　5　倒錯

○推定配点○

一　問2(2)　7点　他　各4点×5　二　問1　各2点×3　問6　7点　他　各4点×4
三　問2　6点　問5　各3点×4　他　各4点×4　四　各2点×5　計100点

＜国語解説＞

一　(論説文ー文脈把握，内容吟味，要旨)

問1　直後に「びっくりするような言葉づかいに出会うことがある。作品中で……と呼ばれる〈非白人〉が，どこのものともはっきりしない『疑似方言』を使っているのである」とあり，さらに「翻訳で使われる地域語は『白人の標準語』から区別されていれば良いようで，同じ集団のせりふが複数の地域語で翻訳される場合もある。また，白人でも農家など特定の階級にも使われる」と説明されているのでオが適切。

問2　(1)　直後に「明治時代には。それまで藩に分かれていた日本を，近代国家として統合するために『国語』を制定することが不可欠だったと考えられた。……欧米諸国の技術や知識を広く普及させ『一つの国語を話す一つの国民』をつくりあげるためには，『一つの国語』が必要とされた」とあり，さらに「そして，『国語』の基準として選ばれたのが『教育ある東京人』言葉づかいである」とあるのでイが適切。　(2)　「方言」については，「『方言』とは，『国語＝標準語』の成立を妨げる言葉づかいとして，初めから否定的価値をともなって誕生したのである」「標準語を話すことは正しいことであるが『方言』を話すことは間違っている」「このように，『標準語』と『方言』という概念は，たんに使われている地域が異なることを示すだけでなく，『標準

語』は教育ある中産階級の正しい言葉づかいで，『方言』は教育のない階級の劣った言葉づかいだという不均等な価値観が付随していたのである」と説明されている。

問3　直後に「ここでは，『優れた標準語』と『劣った方言』を白人と非白人に区別して使い分けることで，日本国内にも〈優れた白人〉と〈劣った非白人〉という誤った偏見をつくり出しているだけでなく，この偏見にもとづいて，さらに『優れた標準語』と『劣った方言』の区別を再生産しているのである」と説明されているのでエが適切。

問4　後に「つまり，生物学的には連続している皮膚の色に境界線を引いて〈白人〉と〈黒人〉に区別しているのは，〈白人性〉の優位を確立するために，それより劣った〈黒人性〉をつくり出すことを要請する『社会』のほうなのである。そして日本では翻訳がこのような社会の要請に応える装置の一つとして機能しているのである」と説明されているのでオが適切。

問5　「生徒C」の「熱心な教育によって標準語の普及が完成した」という発言は，【文章Ⅱ】の冒頭に「……この均質化は，実質的には，教育によってではなく，マスメディアによってほぼ完成の域に達しました」とあることと合致しない。

二　**（小説－語句の意味，情景・心情，文脈把握，内容吟味，大意）**

問1　a 「勿体ぶる」は，わざと重々しく大げさにふるまうこと。　b 「げんなり」には，飽きて嫌になる，という意味がある。　c 「徐に」は，動作などが，ものものしく，ゆっくりしている様子。

問2　直前に「今日の会のことはともかく，何故邦枝が日本を離れようとしていることぐらいは，父にきかせてくれなかったのだろう……思わず溜息をついた」とあるのでウが適切。イは，「そうした思いに気づかず」という部分が合致しない。

やや難　問3　直前に「『楫枕』は奥伝の一つである」「邦枝でも，……未だ『楫枕』に出る機会を許されなかった。羨望があった」とあるが，直後には「嫉妬であった」とある。「父と自分の距離」とは，親子の縁を切られた状態を指し，「新関と父の距離」とは，奥伝の一つである曲を受け持つほどの信頼を得ている状態を指すのでオが適切。

問4　この時の邦枝の心情は，前に「……，邦枝は，ただ父を見詰めていた。齢の衰えが感じられず，三年前と変りない菊沢寿久がいた。私は三年の間に随分変化しているのに，お父さん，貴方は」とあるのでエが適切。父の変わらなさを表現しているのである。

やや難　問5　直前に「前に居る者の動作が伝わっていた」「邦枝だ」「お父さん」とある。盲目の父が娘の気配を察知し，同時に，父に気づかれたことに娘は気づいたのである。親子の縁を切っている二人の間に無言の緊張が走ったことを「電流に打たれて」と表現している。

やや難　問6　直前に「追い出されるように，突き出されたように，邦枝は部屋の外へ出た」「彼女は涙を流さずに泣いた。喉が奥まで乾いてしまっている」とある。父に拒絶されたことに強いショックを受けていることが読み取れるのでアが適切。

三　**（古文－表現，文脈把握，内容吟味，口語訳，大意）**

〈口語訳〉　どんどん進んで行くと，夢違えの観音というものがある。道の行く手には，布引の桜という有名な所もあるが，今は花が散って青葉の陰となっているので，旅の足を止めて見ることもしなかった。あの吉水院から見やると，滝桜，雲井桜もここから近くにあった。世尊寺は，古びた寺で大きな古い鐘などもある。さらに上って，蔵王堂から十八町もすると，子守の神が座していらっしゃる。この御社は，そのほかの所よりも，心をこめて静かに拝み申し上げた。それは昔，私の父であった人が，子を持たぬことを深く嘆き悲しみなさって，はるばるとこの神に願い事をしなさった。（そして）兆候があったとたいそう喜んで「さらには男の子を授けてください」と祈願した。いよいよ深く念じ申し上げなさった。私はこうして生まれてきたのであろう。「十三歳になったならば，必ず自ら進んで参詣して，お礼参りをさせようとおっしゃっていましたが，今少し間に合わず，十一歳の時に父は亡くなられました」と，母はいつも言い，涙を落とした。そうしてその年齢にもなったので，父の願いを果たそうと，まめまめしく出立させて，参詣させたが，今となってはその母さえ，亡くなってしまったので，まるで夢のように

思い出されるその神の垣に手向けして，捧げ物の麻よりも多く散る涙であるよ

(涙で)袖も絞らずにいられない。その時は，まだ(私も)幼くて，何もわかっていなかったが，ようやく人となって，物も心もわきまえ理解するに従って，昔の話を聞いて，神の恵みの少なくないことを思い，心にかけて，毎朝，その方角に向かって拝みながら，また，遠路わざわざ行くのであっても参詣したいと思い，何くれとなく紛れて過ごしているうちに三十年が経った。今年はまた四十三歳になり，このように参詣するのも宿縁浅からぬことで，長年の本意が叶うような心地がしてたいそううれしいが，落ちる涙は一つである。それにしても，花の便りは少し心浅いようであるが，別の用事のついでに参るのではないのだから，きっと神様もお許しになって，認めてくださるだろうと心強い。

このような深いわけがあるので，この神様のことは特に，無縁とは思われず，長年，書物を読む時にも何かと気にかけて調べていたところ，「吉野山の水分の神の社」というのは，このことであろうと思い，以前から気になり，続日本紀に「水分の峰の神」とあるのは，ほんとうにそういう所なのだろうと思っていたが，土地の様子を確かめたいと長年待ち遠しく思っていたが，今来てみれば，本当にこのあたりの山の峰で，どこよりも高く見える所なので，間違いなくそうだと思った。古歌に「みくまり山」とあるのはここだけれども，その文字を「みづわけ」と誤って読んで，別の山にその名を付けたのはどういうわけか。また，「みくまり」を訛って，遠くない昔には，「御子守の神」といい，今はただ「子守」といって，子孫の栄えを祈る神となった。そうして，わが父も，ここに祈願なさったのである。

問1　アは，「道の行く手に，布引の桜とて，並み立てるところもあなれど，今は染替へて，青葉の陰にしあれば，旅衣たち止まりても見ず」とあることと合致する。エは，寺社が多くあること，桜の名所があることが本文から読み取れるので合致する。イは「おもしろみ」，ウは「見ごろを迎えていた」，オは「地名を多く盛り込む」が合致しない。

問2　「この神」は，前出の「子守の神」を指す。直前に「さるはむかし我が父なる人，子持たらぬ事を深く歎き給ひて」とあるので，父親が，(子を持たないことを嘆いて)子を授かるよう子守の神にお願いした，という内容にすればよい。

やや難　問3　直前に「かく詣でつるも，契り浅からず，年頃の本意叶ひつる心地して」とあることから，念願かなって参詣できたうれしさによる涙であるとわかる。また，これより前に，今は亡き父母の思い出を述べているので，「参詣できたうれしさ」「両親を思い出したことによる懐かしさ」とあるオが適切。

やや難　問4　直後に「すこし心浅きやうなれど，異事のついでならんよりは，然なりと神も，思し許して，請け引き給ふらんと，猶頼もしくこそ」とあることから，この神様にお参りすることが遅くなったことを気にかける様子が読み取れるので，「神様に会いに来る」とするウが適切。

問5　アは，最終段落に「この神の御事は，……『吉野の水分の神の社』と申せしぞ」とあることと合致しないので×。イは，「続日本紀に，『水分の峰の神』ともあるは，まことに然いふべき所にやと」とあることと合致するので○。ウは，「ふるき歌に，『みくまり山』読めるも，此所なるを，その文字を『みづわけ』と僻読みして……」とあることと合致しないので×。エは，「『みくまり』を横訛りして，中比には，『御子守の神』と申し，今はただに「子守」と申して，子孫の栄えを祈る神となり給へり」とあることと合致するので○。

四　（漢字の書き取り）

1 「訴」を使った熟語はほかに「起訴」「告訴」など。「訴」の訓読みは「うった(える)」。　2 「彫」を使った熟語はほかに「彫金」「彫塑」など。訓読みは「ほ(る)」。　3 「秀逸」は，ほかのものより抜きん出て優れていること。「秀」を使った熟語はほかに「秀才」「優秀」など。訓読みは「ひい(でる)」。　4 「渓」を使った熟語はほかに「渓流」「雪渓」など。　5 「倒錯」は，気持ちなどが混乱して普通の状態とは逆になったりすること。「倒」を使った熟語はほかに「倒壊」「七転八倒」など。訓読みは「たお(す)」「たお(れる)」。

★ワンポイントアドバイス★

現代文は，様々なジャンルの文章に読み慣れ，要約の練習をしておこう！
古文は，長文に読み慣れ，注釈を参照して大意を把握する練習をしておこう！

MEMO

大切なことはメモしておこうネ！

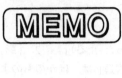

2021年度

★★★★★★★★★★★★★★★★★★★★★★★★

入　試　問　題

2021年度

市川高等学校入試問題

【数　学】（50分）　＜満点：100点＞

【注意】1．コンパス・直線定規を利用してもよい。

2．比を答える場合には，最も簡単な整数の比で答えること。

1　正四面体と正八面体のサイコロがあり，それぞれの各面には1～4，1～8の数字が書かれている。この2つのサイコロを投げるとき，正四面体のサイコロの出た目をx，正八面体のサイコロの出た目をyとする。このとき，次の問いに答えよ。

(1)　$x+y=9$となる確率を求めよ。

(2)　$xy=a$となる確率が$\frac{1}{16}$となった。このとき，aとして考えられる数をすべて求めよ。

(3)　正四面体のサイコロと，各面に1～5とb（bは6以下の自然数）の数字が書かれた立方体のサイコロの2つを投げる。立方体のサイコロの出た目をzとすると，$x+z=8$となる確率は$\frac{1}{8}$，xzが奇数となる確率は$\frac{1}{3}$となった。このとき，bを求めよ。

2　下の図のように，平行四辺形ABCDの外側に，各辺を1辺とする正方形をつくる。それぞれの正方形の対角線の交点をE，F，G，Hとする。

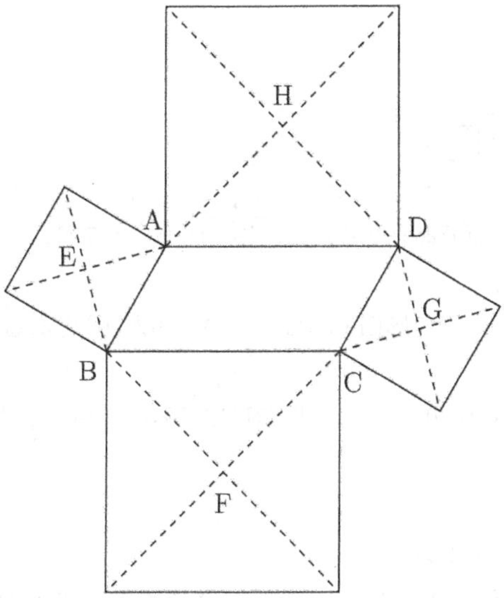

(1)　四角形EFGHが正方形であることを示したい。このとき，次のページの(a)～(g)にあてはまる式や数字，語句をかけ。

＜証明＞

△AHEと△BFEにおいて，

正方形の対角線の長さは等しく，それぞれの中点で交わるので，

EA＝EB……①

四角形ABCDは平行四辺形であるから，$\boxed{\text{(a)}}$ ので，DA＝BCである。よって，DA，BCをそれぞれ１辺とする正方形は合同であり，合同な正方形の対角線の長さは等しく，それぞれの中点で交わるので，

$\boxed{\text{(b)}}$ ……②

正方形の対角線の性質より，

$\angle \mathrm{HAD}=\angle \mathrm{BAE}=\angle \mathrm{EBA}=\angle \mathrm{CBF}=45^\circ$ ……③

四角形ABCDは平行四辺形なので，

$\angle \mathrm{DAB}+\angle \mathrm{ABC}=180^\circ$……④

③，④より，

$\angle \mathrm{EAH}=\boxed{\text{(c)}}^\circ-\angle \mathrm{DAB}$，$\angle \mathrm{EBF}=\boxed{\text{(c)}}^\circ-\angle \mathrm{DAB}$

であるから，

$\angle \mathrm{EAH}=\angle \mathrm{EBF}$……⑤

①，②，⑤より，$\boxed{\text{(d)}}$ ので，

$\triangle \mathrm{AHE}\equiv\triangle \mathrm{BFE}$……⑥

⑥より，合同な三角形の対応する辺の長さは等しいので，HE＝FEである。⑥と同様に，三角形の合同を考えると，

$\triangle \mathrm{AHE}\equiv\triangle \mathrm{BFE}\equiv\triangle \mathrm{CFG}\equiv\triangle \mathrm{DHG}$

であることもわかるので，四角形EFGHはひし形である。……⑦

さらに，⑥より，合同な三角形の対応する角の大きさは等しいので，

$\angle \mathrm{HEA}=\angle\boxed{\text{(e)}}$

よって，

$\angle \mathrm{HEF}=\angle \mathrm{HEA}+\angle\boxed{\text{(f)}}$

$\quad=\angle\boxed{\text{(e)}}+\angle\boxed{\text{(f)}}$

$\quad=\angle\boxed{\text{(g)}}$

Ｅは正方形の対角線の交点であるから，$\angle\boxed{\text{(g)}}=90^\circ$ となり，

$\angle \mathrm{HEF}=90^\circ$……⑧

したがって，⑦，⑧より，四角形EFGHは１つの内角が90°であるひし形，すなわち正方形である。

(2) AB＝4，BG＝8，ABC＝60°のとき，四角形EFGHの面積を求めよ。

3 次の問いに答えよ。

(1) 129と282の最小公倍数を求めよ。

(2) ２つの自然数A，Bがあり，A，Bの最大公約数をG，最小公倍数をLとする。A，BをGで割ったときの商をそれぞれa，bとするとき，次の問いに答えよ。

(i) Lをa，b，Gを用いて表せ。

(ii) $A-2B-2G+\mathrm{L}=2021$のとき，自然数の組（A，B）をすべて求めよ。ただし，Gは１でない自然数とする。

4 座標平面上に放物線C：$y=x^2$がある。原点Oを通り，傾きが1である直線とCのO以外の交点A_1とする。A_1を通り傾きが－1である直線とCのA_1以外の交点をA_2，A_2を通り傾きが1である直線とCのA_2以外の交点をA_3，A_3を通り傾きが－1である直線とCのA_3以外の交点をA_4，以下同じようにA_5，A_6，A_7……と順に点をとる。このとき，次の問いに答えよ。

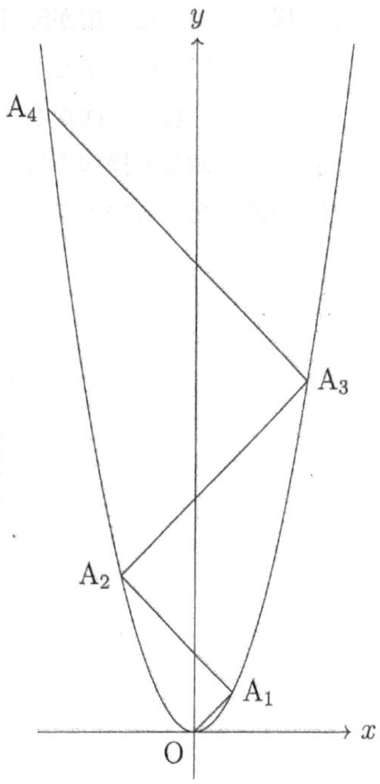

(1) A_2，A_3の座標を求めよ。

(2) $OA_1+A_1A_2+A_2A_3+A_3A_4+\cdots\cdots+A_{17}A_{18}$の値を求めよ。

(3) $OA_1{}^2-A_1A_2{}^2+A_2A_3{}^2-A_3A_4{}^2+\cdots\cdots+A_{n-2}A_{n-1}{}^2-A_{n-1}A_n{}^2$の値が$-576$となるような自然数$n$を求めよ。

5 各辺の長さが1の立方体をいくつか使って，床の上に直方体となるように積み上げる。この立体に対し，以下の操作を繰り返し行う。

操作：3面以上見えている立方体をすべて取り除く

このとき，次の問いに答えよ。

(1) 図1のように，縦が5，横が6，高さが3の直方体Aとなるように立方体を積み上げた。

(i) Aに対し，操作を2回行ってできる立体の体積を求めよ。

(ii) Aに対し，操作を3回行ってできる立体の見えている部分の表面積を求めよ。

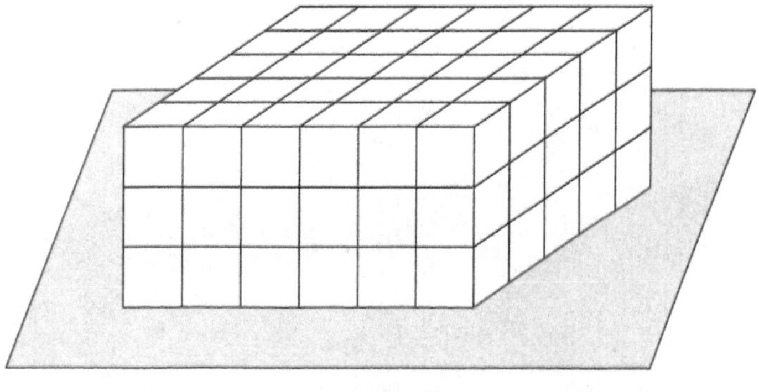

図1: 直方体A

(2) 図2のように，縦が5，横が$2n$，高さが3の直方体Bとなるように立方体を積み上げた。ただし，nは自然数とする。

(i) Bの一番上の面がなくなるまでの操作の回数をnを用いて表せ。

(ii) Bに対して操作を繰り返したところ，立方体がすべて取り除かれるまでの操作の回数は9回であった。このとき，nを求めよ。

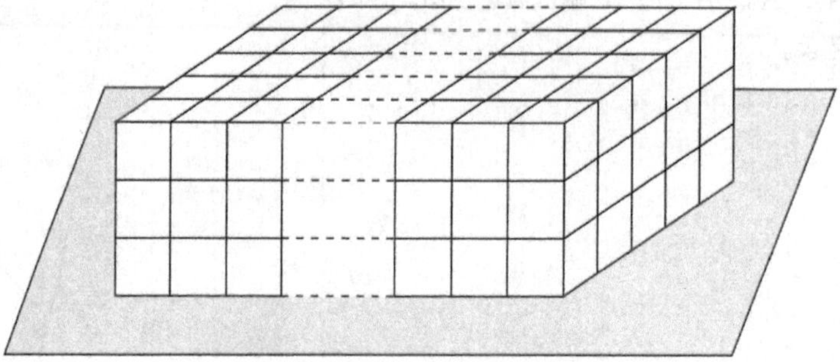

図 2: 直方体B

【英　語】（60分）　＜満点：100点＞　　※リスニングテストの音声は弊社HPにアクセスの上，音声データをダウンロードしてご利用ください。

【注意】 解答の際には，句読点や記号は１字と数えること。

I

(A) これから読まれる英文を聞いて(1)～(3)は答えとして最も適切なものを選び，それぞれ記号で答えなさい。(4)は設問文の指示に従いなさい。英文は２回読まれます。なお，放送を聞きながら問題用紙の余白部分にメモをとってもかまいません。

(1) What is the weather like?

a．It is rainy.　b．It is sunny.　c．It is windy.　d．It is cloudy.

(2) Why does she say they can't walk far?

a．Her son has hurt his leg.

b．It's raining.

c．She doesn't have a car.

d．Her son is tired from playing soccer.

(3) What day is it?

a．Monday　b．Wednesday　c．Friday　d．Sunday

(4) Listen to the conversation and complete these notes for the customer.

Place	Reasons	Access
castle	Interesting architecture Excellent ①________	Short walk Up the hill
museum	Exhibition of photographs taken by ISS Price: ②________	③________ minutes' walk
aquarium	Very big You can feed the fish.	Bus
butterfly park	The ④________ sells pancakes.	Bus number: ⑤________

(B) これから読まれる英文を聞いて，答えとして最も適切なものを選び，それぞれ記号で答えなさい。英文は２回読まれます。なお，放送を聞きながら問題用紙の余白部分にメモをとってもかまいません。

(1) Why could people in California suddenly see stars?

a．The lights stopped working.

b．An earthquake made a silver cloud.

c．The sky was lit up.

d．They moved away from populated areas.

(2) How many stars should people be able to see at one time?

a．8,000　b．1,400　c．250　d．15

(3) Which of the following statements is true?

a. Bright lights near the sea confuse birds.
b. Birds die because they crash into buildings in large cities.
c. Birds die because they are very tired.
d. Birds usually travel in circles.

(4) Lights are a problem for sea turtles because ＿＿＿＿＿＿＿＿＿＿＿＿.

a. they damage the turtles
b. they light up the sea
c. they are brighter than the moon
d. they are in swimming pools

(5) What is a good thing about light pollution?

a. It is decreasing.
b. It doesn't affect all creatures.
c. It is easy to solve.
d. It is helpful to some animals.

Ⅱ　次の英文を読んで，各問いに答えなさい。なお，出題に際して本文には省略および表記を一部変えたところがあります。〔本文中で＊の付いている語（句）には注があります〕

[1] In 1988, a plane called *Daedalus* flew 115 kilometers between the Greek islands of *Crete and Santorini. It is a very short flight for today's planes, but this plane did not have any engines. The power for the plane came from the pilot; he used his legs like someone riding a bicycle to make the plane go forward. In a time before modern machines, people used the power of their bodies to build the Great Wall of China. Today, people power is back.

[2] In a small village in *Malawi, Africa, children shout excitedly as they play on a merry-go-round. It is the favorite meeting place for all the village children. As they turn around and around, a *pump uses their movement to bring water up from under the ground.

[3] In Africa, getting clean water is a problem for many people. They may be many kilometers away from rivers, and river water is not always clean. Getting clean water from under the ground can be difficult, because pumps with engines are expensive to use and they often break. These merry-go-round 'play pumps' mean that villages and schools can have clean and safe drinking water — and the children can have fun too!

[4] When you run, you have a lot of energy which comes from the movement of your body. When you suddenly stop, your body loses this energy. We already have watches and small *medical devices which can use energy that we make when we move. In the future, people like police officers and soldiers may wear devices on their legs to 'catch' ① <u>this lost energy</u> and keep it in batteries. [A] They

could use the power for computers, radios or other devices.

[5] In December 2008, most people walking across Hachiko Square, Tokyo, probably did not notice four yellow squares on the ground as they hurried to work. The squares were made of special materials that make electricity when they change shape. When people stood on the squares, the shape of the materials changed and they produced electricity. The squares were only there for twenty days, but in that time they produced enough power to make a TV work for 1,400 hours! Imagine putting these squares under all the roads in Tokyo. [B] One day, we may turn our streets into power stations!

[6] ② Moving people can produce a lot of energy, but what about people who cannot move around ー sick people or people sitting on trains? Even when we are resting, our bodies produce enough energy to power two *laptops! Most of this energy is heat. Now people are developing medical devices which get their power by changing body heat into electricity. [C] This will be useful in places like Africa, where many villages do not have electricity.

[7] We can use body heat in other ways too. Every day, 250,000 people use Stockholm's Central Station. They eat and drink, carry heavy bags, and run to catch trains — and a lot of heat is produced as they do these things. Inside the station, heat pumps take heat from the air and use it to heat water for a building close to the station. It is a great way to get free energy — ③ all you need is a lot of people!

＊（注） Crete and Santorini：クレタ島とサントリーニ島［ギリシャ最南端の小島］
Malawi：マラウイ［アフリカの内陸国］　pump：ポンプ　medical device：医療機器
laptop：ノート型パソコン

問１　段落[3]の内容に合うように，次の英文の(1)～(3)の（　）にそれぞれ適切な語を入れなさい。ただし，本文で使われている語とは限りません。

In Africa, getting clean water is a big problem because people may live (1)(　　　) (　　　) rivers, and river water is sometimes (2)(　　　). Also, pumps with engines (3)(　　　) a lot of money and break easily.

問２　下線部①はどのようなエネルギーか，本文に即して説明するとき，［　］に入る適切な内容の日本語を20字以内で答えなさい。

［　　　　　　　　　　　　］エネルギー

問３　次の英文が入る最も適切な箇所を [A] ～ [C] から選び，記号で答えなさい。

Soon doctors will use them to do things like getting information about their patients' blood, for example.

問４　下線部②を日本語になおしなさい。

問５　下線部③を具体的に説明するとき，［　］に入る適切な英語を５語以内で書きなさい。

When a lot of people do various things, their bodies [　　　　　　　　] and heat pumps take it from the air.

問6　次の英文が本文の内容と合うように，［あ］～［え］に入る最も適切なものを選び，それぞれ記号で答えなさい。

Long ago, we used our body power to build big buildings. In modern times, using machines with engines has become popular. ［あ］. In Africa, it's difficult to get clean water, ［い］. They have fun and at the same time, get clean water from under the ground with 'play pumps'. Movement creates energy. Soon, workers might use such energy for many kinds of devices. In a test in Japan, four yellow squares made of special materials on the streets produced electricity ［う］. Streets with these materials on them could become power stations! Even when we don't move, our body heat can be changed into energy to provide enough power for two laptops. ［え］.

［あ］

ア．Therefore, using human power is out of date now

イ．In short, people like riding a bicycle to visit the Great Wall of China

ウ．However, using human power is getting popular again

［い］

ア．so a lot of children die from diseases every year

イ．but children play a great role in getting it

ウ．and children can do nothing to help solve the problem

［う］

ア．when people stepped on them

イ．when people tried to change the shape of them

ウ．when people watched TV for 1,400 hours

［え］

ア．All people need such heat pumps to heat water

イ．A lot of people were necessary to build Stockholm's Central Station

ウ．Our body heat may become a free future power source

Ⅲ　次の英文を読んで，各問いに答えなさい。なお，出題に際して本文には省略および表記を一部変えたところがあります。［本文中で＊の付いている語（句）には注があります］

Alistair Brocket felt sick to his stomach when he remembered how his parents wanted everyone to pay attention to their son. His father, Rupert, dreamed of being an actor; his mother, Claudia, of being an actress. They'd met in drama school in their early twenties, ① when they were 【become / to / were / film stars / they / quite sure / international / going / that 】.

"I want to work with the very best directors," said Claudia. She had only ever had a small part in a television commercial for very sweet breakfast *cereal. She played a spoon.

"And with actors who really respect the job," added Rupert. He had won the part of "Thug in Cafe" in one program of a TV show in the early evening when he was sixteen years old.

But they didn't become famous, and so when Alistair was born, they developed a new dream: to turn their son into a star instead.

From the time he learned to walk, the boy was [A] to auditions for commercials, plays, and television dramas, even though he wasn't interested in [B] part in such things and he would have preferred to [C] at home, playing with his friends. A naturally shy boy, he [D] standing up in front of complete strangers and having to perform a scene from *Oliver!* or sing "With a Little Bit of Bloomin' Luck" in a strange *Cockney accent.

"You do it or you won't get any dinner," Claudia told him when he was eleven years old and complaining about being made to audition for the part of Jeremy Potts in a play of *Chitty Chitty Bang Bang*.

"But I don't want to be Jeremy Potts," complained Alistair. "I want to be Alistair Brocket."

"And who is Alistair Brocket?" cried Rupert. He was very disappointed that his son would allow such a great chance to pass him by. "[E] Is that how you want to spend your life? Without anyone paying you any attention? Look at your mother and me — we could have been giants of the film business, but we gave it all up to become the parents of an *ungrateful little boy. And this is the thanks we get."

Alistair said nothing to this. ② <u>He knew very well that they hadn't given anything up for him</u> — that they had been trying to be actors for years before he was born, so it was nothing to do with him that they didn't have any success.

[F] for Alistair, he won the part. For weeks, he attended practices that he didn't want to go to. He had great difficulty remembering his lines and always worried about the moment when it was his turn to sing. It was bad enough with just the other actors and director watching, but whenever he thought of a full audience sitting out there in a dark theater, it was enough to make him feel sick.

"I don't want to do it," he told his parents the day the play opened. "Please don't ③ <u>make</u> me."

But nothing he could say could make them change their minds, and a few hours later he went on to the stage with his legs feeling like jelly. Over the next two hours, he remembered less than five percent of his lines, fell off the stage twice, fell over another actor's feet six times, and looked like he was about to wet his pants when Grandpa Potts said that up from the *ashes, grow the roses of success.

The local newspaper was unkind in its *review, and the next day, in school, he was laughed at by his classmates.

"Never again," he told his parents when he went home that evening, wishing the ground would open up and *swallow him whole. "I'm not going back onstage *ever*, and you can't make me. I am never, *ever*, going to ④ <u>stand out</u> again."

Walking toward his front door now, some thirty years later, Alistair couldn't help feeling angry at his parents for putting him through this *trauma at such a young age. ⑤ <u>Why didn't they let him be himself — a quiet, kind child?</u> Then maybe he would never have so terribly feared to be noticed. And then perhaps he wouldn't have cared so much what people thought of his own children.

＊（注） cereal：シリアル（穀類加工食品） Cockney accent：ロンドンなまり

ungrateful：恩知らずの ash：灰 review：批評 swallow：～を飲み込む

trauma：トラウマ

問1 下線部①の【 】内の語（句）を並べかえ，意味の通る英文にしなさい。

問2 A ～ D に入る最も適切な語をそれぞれ選び，必要があれば形を変えて答えなさい。同じものを複数回使ってもかまいません。

【 take / hate / stay / go / like 】

問3 E に入る最も適切なものを選び，記号で答えなさい。

ア．Everybody! Everybody around you!

イ．Somebody! Somebody you love!

ウ．Anybody! Anybody who sings!

エ．Nobody! Nobody at all!

問4 下線部②のように「彼」が考えた理由を，60字以内の日本語で答えなさい。

問5 F に入る最も適切なものを選び，記号で答えなさい。

ア．Happily イ．Especially ウ．Unluckily エ．Successfully

問6 下線部③と同じ意味の make を含む文を1つ選び，記号で答えなさい。

ア．I <u>made</u> some free time by cancelling my piano lesson.

イ．The scary movie <u>made</u> him leave the room.

ウ．Winning the race <u>made</u> her proud.

エ．She <u>made</u> up a story to entertain the kids.

問7 下線部④とほぼ同じ内容を表している箇所を，最終段落から2語で抜き出しなさい。

問8 下線部⑤を日本語になおしなさい。

問9 本文の内容と合うように，下線部に入る最も適切なものを選び，それぞれ記号で答えなさい。

(1) During practice, ＿＿＿＿＿＿＿＿＿＿＿＿＿＿＿＿＿＿＿＿＿＿.

ア．Alistair sometimes ran away from the stage

イ．it was hard for Alistair to speak his part

ウ．Alistair felt worst when the other performers and director were watching him

(2) In his first performance, ＿＿＿＿＿＿＿＿＿＿＿＿＿＿＿＿＿＿＿＿＿＿.

ア．Alistair felt his legs shaking

イ. Alistair stepped up onto the stage six times

ウ. Alistair's grandfather told him that failure is a stepping-stone to success

(3) The day after the first performance, ______________________.

ア. the local media praised the good quality of the play

イ. Alistair became a comedy giant in his class

ウ. Alistair wanted to disappear from this world

【理　科】（50分）　＜満点：100点＞

【注意】1．コンパス・定規は使用しないこと。

2．計算問題の答えは，整数または小数で答え，割り切れない場合は小数第2位を四捨五入して，小数第1位まで答えること。

1　地球の自転によって，天球は1日に1回転して見えます。この回転運動の中心点は自転軸の延長線上にあり，天の極と呼ばれています。現在は北極星周辺に天の北極があるため，北極星は天球上をあまり動いて見えません。

地球の自転軸は，公転面（軌道面）に対して約66.6°傾いています。この傾きは月や太陽の引力の影響を受け，コマの首振り運動のように自転軸自体が回転運動をしています。この運動を歳差《さいさ》運動といいます。地球の歳差運動は25800年で1周期となっていて，天の北極にあたる天体は，時代によって天球上を移動してきました。今後，約13200年の間に，天の北極はこぐま座のポラリス（北極星）からケフェウス座，さらに，はくちょう座のそばを通り，こと座のベガへと移動します。その頃には，こぐま座はベガの周りを回るようになっていることでしょう。

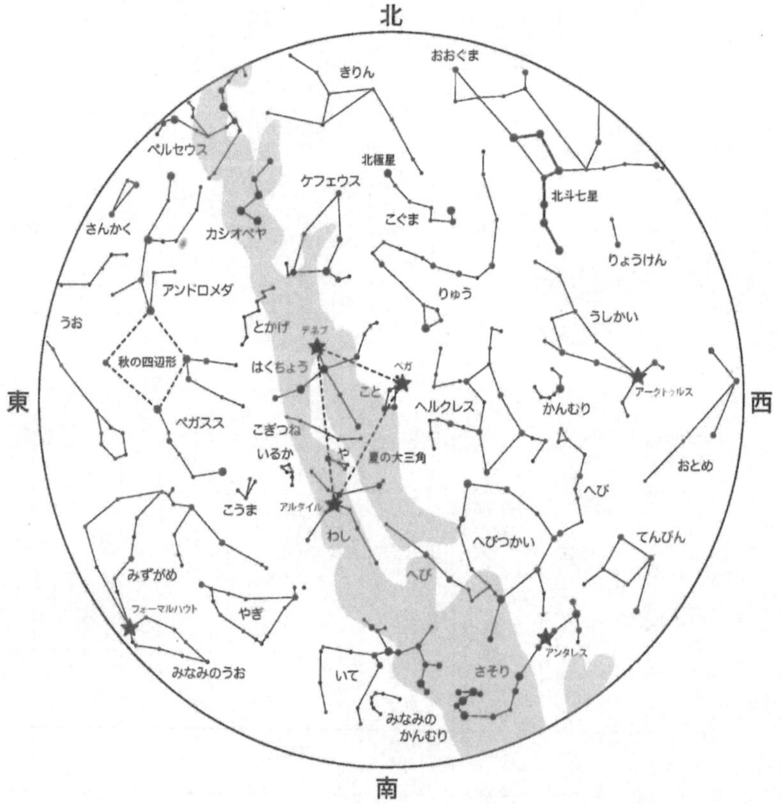

図1　2020年8月中旬21時頃の市川高校周辺での頭上（天頂）を中心とした星図

(1)　地球の歳差運動の中心点は，何座の中にありますか。

(2)　太陽系内の地球以外の惑星にも，自転軸が傾いているものがあります。以下の各惑星の説明として正しいものはどれですか。2つ選びなさい。

ア　火星は，自転軸の傾きが地球と同程度のため，両極の氷などの増減が観測される。

イ　木星は，自転軸が公転面に対して約−83°で傾いているため，自転方向が各惑星と反対方向に見える。

ウ　金星は，リングの公転軸も金星と同程度に傾いているため，地球からリングが観測できないときがある。

エ　天王星は，自転軸が公転面に対して約８°で傾いているため，極地方における昼の長さは公転周期の半分（40年以上）程度続くことになる。

オ　土星は，自転軸が公転面に対してほぼ垂直なため，地球からはリングの全体が見えることが多い。

(3)　地球の自転軸の傾きが現在の角度から90°へと変化していくと，地球上ではどのような環境の変化が考えられますか。**誤っているものを選びなさい**。

ア　日本周辺では夏と冬の気温差が現在よりも小さくなる。

イ　雨季や乾季を繰り返す地域が減少する。

ウ　両極周辺の白夜の期間が現在よりも短くなる。

エ　赤道周辺の日照時間は現在とほとんど変わらない。

(4)　自転軸の傾きが公転面に対して90°に変化した場合，地球全体で受ける太陽からの熱エネルギーは何％増減すると考えられますか。ただし，地球は完全な球とし，受熱率は地表面の状況（海や陸など）に関わらないものとします。また，必要であれば以下の値を使用し，小数第１位を四捨五入して答えなさい。

地球表面で受け取れる一秒当たりの太陽エネルギー　1.4kW/m^2

地球の半径　6400km

円周率　3.14

(5)　地表と同じように，天球上で緯度・経度に相当する座標を天球座標といいます。このうち，地球の緯度にあたるものを，特に赤緯と呼びます。以下の図２のように，天の北極（現在の北極星）の赤緯を＋90°，反対側の天の南極を−90° とすると，現在の自転軸の傾きの場合，市川高校周辺における地平線に沈まない天体（周極星）の範囲は，何度から何度までになりますか。ただし，市川高校周辺の緯度，経度は，北緯35.7°，東経139.9°とします。

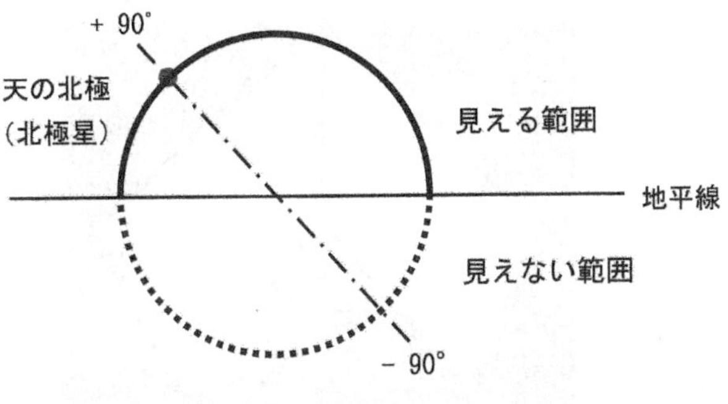

図２

(6)　13200年後，天の北極がベガに変わると，市川高校周辺ではどのような星空が見えることになりますか。前のページの図１の星図と現在の赤緯を示した次のページの表１を参考に正しいものを**２つ選びなさい**。

恒星名	星座	天球座標（赤緯）
シリウス	おおいぬ	－16.7°
デネブ	はくちょう	＋45.3°
ベガ	こと	＋38.8°
リゲル	オリオン	－08.2°
ルクバト	いて	－40.6°

表1

ア　はくちょう座の天体は，周極星となって沈まなくなる。

イ　こぐま座は東の空からのぼり，西の空に沈むようになる。

ウ　オリオン座は，季節を問わず見えなくなる。

エ　天の川は，おおいぬ座の中を通るようになる。

オ　天の川は，比較的季節を問わず見えにくくなる。

2　図3のように，2枚の鏡のなす角度を90°にして合わせて，正面に白と黒の碁石を並べて置きました。正面から見ると，鏡に映る白の碁石の像は，3個見ることができました。次に，図4のように，この2枚の鏡がなす角度を60°にして合わせました。

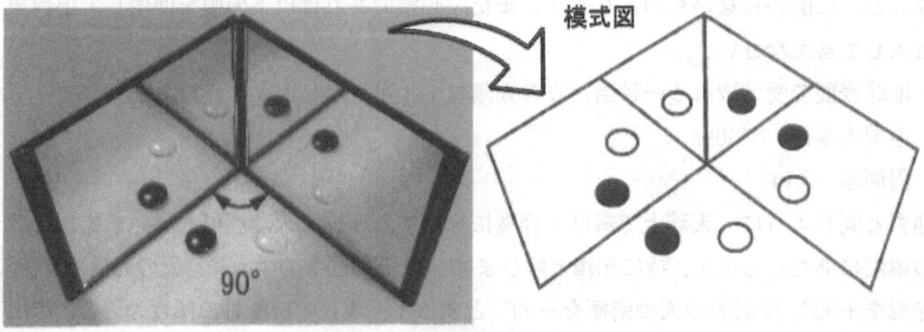

図3

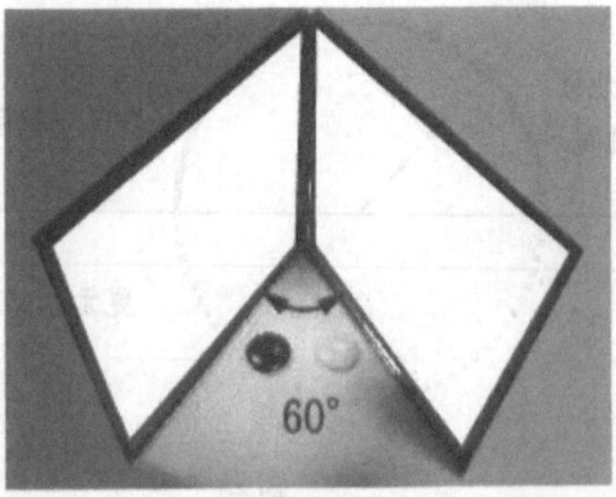

図4

(1)　このとき鏡に映った黒と白の碁石の像は，どのように観察することができますか。その様子の模式図を解答欄に描きなさい。ただし，図4では，2枚の鏡に映る像は描かれていません。

図５は，曲がり角に60㎝四方の平らな鏡（平面鏡）のカーブミラーが設置されている様子を上から見たものです。

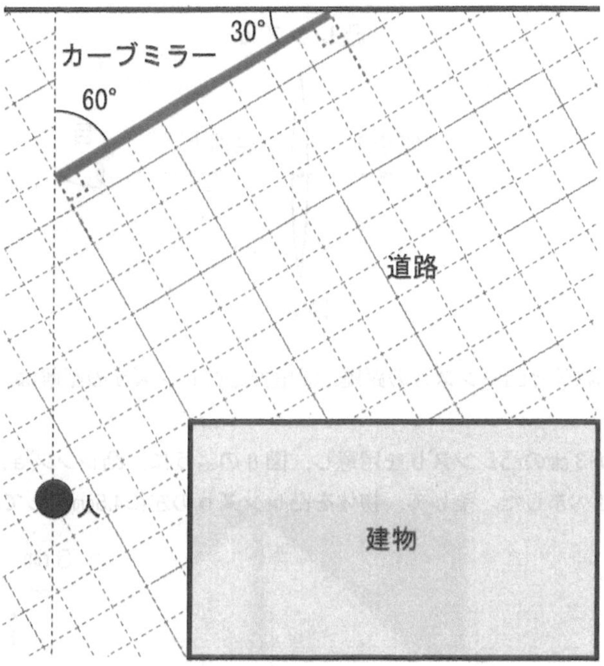

図５

⑵　図５の●に示した位置に人が立ったとき，カーブミラーで見ることも，直接見ることもできない範囲を斜線で示しなさい。もしそのような範囲がなければ，解答欄になしと記入しなさい。なお，図５と解答欄の図には，あらかじめ補助線（点線）を描き入れてあります。また，作図に利用した線は描き残したままでも構いません。

図６のような，焦点距離が12㎝の凸レンズａがあります。凸レンズａの左側に物体を，右側にスクリーンを置いたとき，物体と同じ大きさの像がスクリーンに映りました。

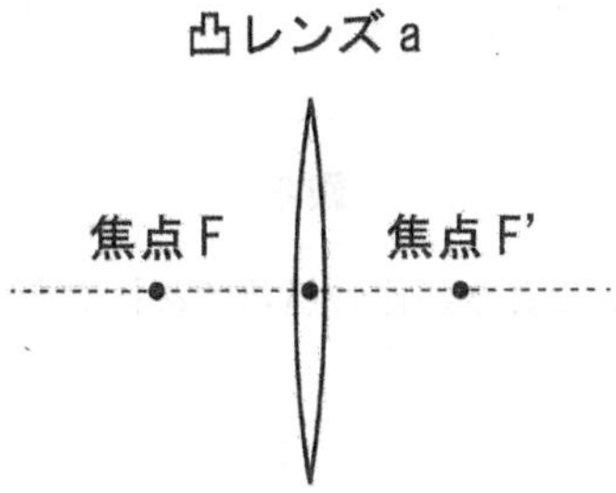

図６

⑶　このときの，①物体と凸レンズａの距離，②凸レンズａとスクリーンの距離は，それぞれ何㎝ですか。

次に，物体からレンズまでの距離を変えました。そして，図7のようにこの凸レンズaを通して物体を見たところ，物体の大きさの2倍の虚像が見えました。

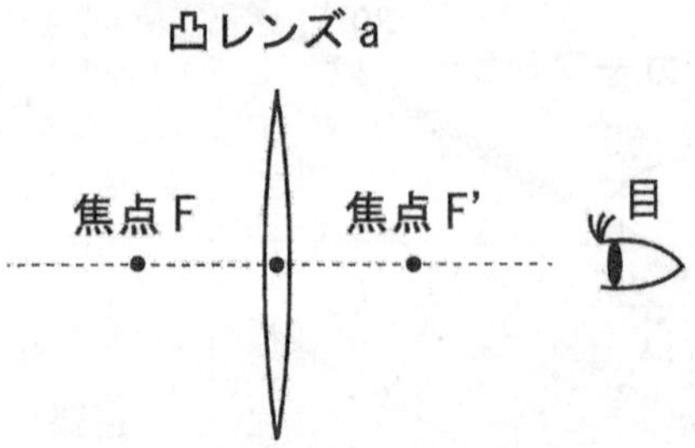

図7

(4) このときの，①物体と凸レンズaの距離，②虚像と凸レンズaの距離は，それぞれ何cmですか。

次に，焦点距離が3cmの凸レンズbを用意し，図8のように，凸レンズa，bを光軸が一致するように18cm離して並べました。そして，物体を凸レンズbの左に4.5cm離して置きました。

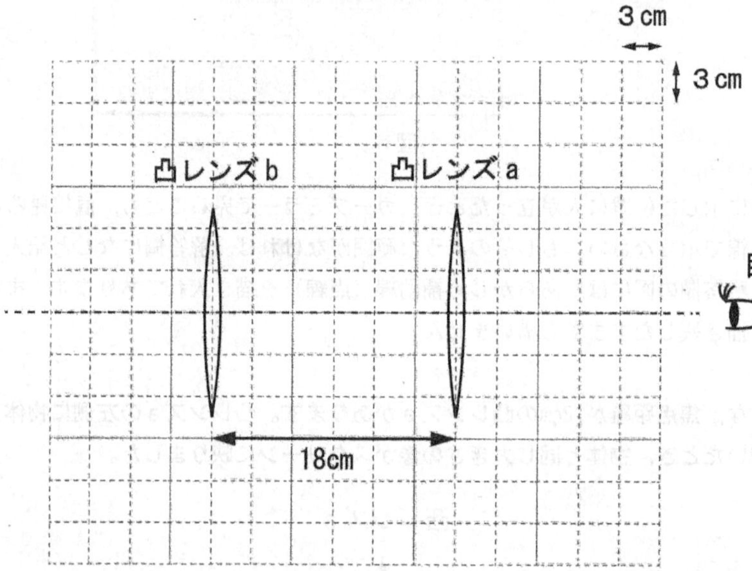

図8

(5) 凸レンズaを通して物体を見たときの像の種類はどれですか。また，像は何倍に見えますか。

ア 倒立実像

イ 倒立虚像

ウ 正立実像

エ 正立虚像

太陽から地球に届く太陽光線は地球まで直進し，ほぼ平行光線です。しかし，図９のような光線は平行に見えず，広がっているように見えます。

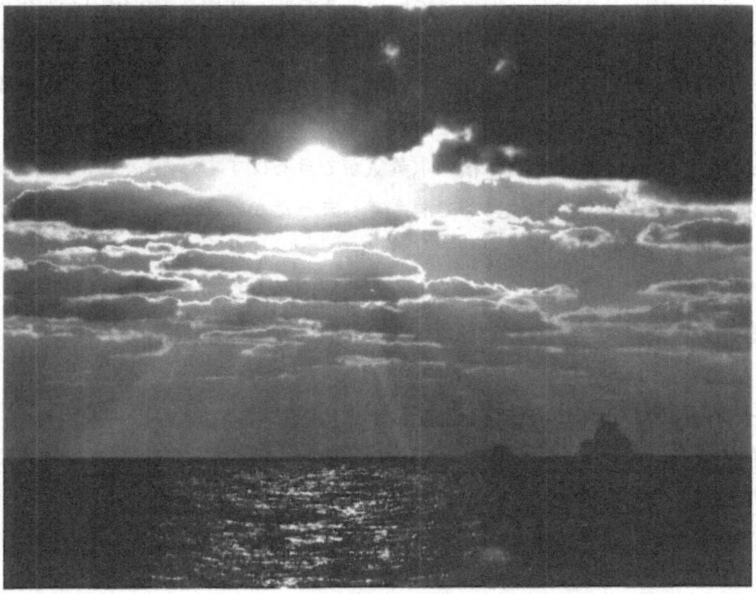

図９

(6) 下線部の理由を簡潔に答えなさい。

3 図10の装置を用いて，水素と酸素の混合気体を反応させる実験を行いました。

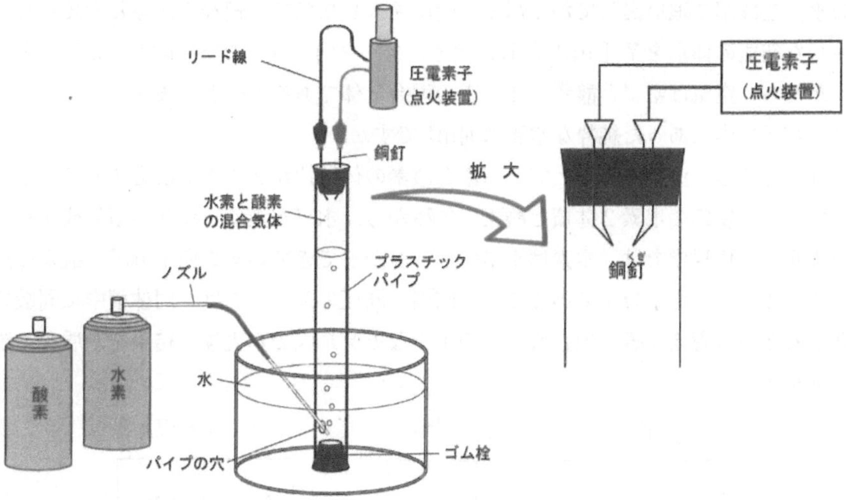

図 10

実験用水素ボンベにノズルをつけ，水で満たされたプラスチックパイプに気体37.5mＬを注入しました。次に，ノズルを酸素ボンベにつけかえ，水中でノズルに満たされた水素を酸素で追い出しました。さらに，13.5mLの酸素をパイプ内に追加し，水素と酸素の混合気体としました。十分に時間を置いてから圧電《あつでん》素《そ》子《し》（点火装置）を用いて点火したところ爆発が起こり，パイプ内の水面がいったん下がりましたが，すぐに水面が上昇しました。パイプ内に残った気体の体積は6.0mLでした。このとき，爆発の衝撃でパイプの穴から気体がもれ出すことはありませんでした。

(1)　A班は，水中に閉じ込められた混合気体に点火する際，圧電素子を用いて火花を起こし，うまく点火することができました。一方，B班も同じ装置を用いて実験を行いましたが，点火することができませんでした。圧電素子やリード線に原因がないとすると，B班が点火することができなかった原因は，どのようなことが考えられますか。

(2)　この反応では，燃えた水素と同体積の水蒸気ができるはずでしたが，残った気体の体積は予想された量よりも小さく，水蒸気はまるで消えてしまったかのように感じられました。そのように観測されたのはなぜですか。

(3)　残った気体がすべて水素であると仮定すると，反応した水素と酸素の体積比はいくらですか。酸素の体積を1とし，X：1の形で答えなさい。

次に，パイプ内に残った気体の性質を確認しました。

残った気体に火を近づけても燃えませんでした。また，この気体中に静かに燃えている線香を入れると，その火はたちまち消えてしまいました。

(4)　下線部の結果から，パイプ内に残った気体は何であると考えられますか。

この結果を踏まえて，次のような考察をしました。

水素をパイプ内に注入するために用いたノズルには，空気が満たされていました。その空気を水素で追い出さずに，パイプ内に注入してしまいました。したがって，純粋な水素37.5mLを注入したつもりでしたが，実際は水素と空気の混合気体となっていたと考えられます。注入した酸素は，ノズル内の水素を酸素で追い出してからパイプ内に注入したので，純粋であると考えられます。

(5)　混入した空気の体積をY［mL］としたとき，パイプ内に残った気体6.0mLをYを用いて表しなさい。ただし，空気は窒素と酸素の4：1の混合気体であるものとします。

(6)　実際にパイプ内にあった純粋な水素は何mLですか。

(7)　本実験を繰り返し測定することで，水素と酸素の体積比が2：1で反応することが分かりました。また，この反応で水素2体積と酸素1体積から，水（水蒸気）が2体積生成することが知られています。現代科学では，水素は水素原子2つからできている二原子分子，酸素は酸素原子2つからできている二原子分子であること，同温・同圧の条件下では，同体積中に同数の気体粒子が存在するという考えが導き出され，次のようなモデル図で本実験の結果を矛盾なく説明することができます。

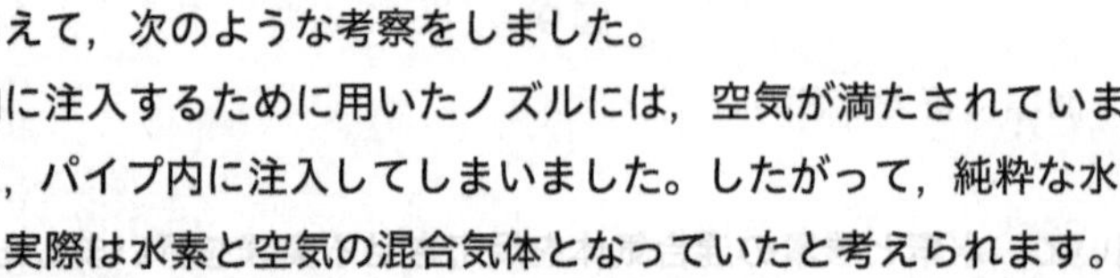

しかし，1800年頃では，気体の水素や酸素は原子の状態で存在すると考えられており，2個の水素原子と1個の酸素原子から2個の水（水蒸気）が生成するという事実にあてはめようとすると，矛盾が生じてしまいます。この矛盾とはなんですか。また，この矛盾をモデル図として示しなさい。

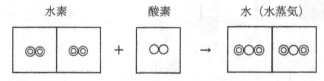

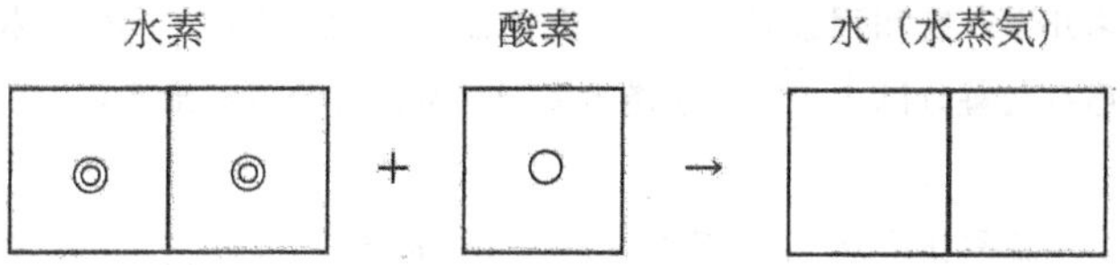

4　生物は生息環境の影響を受けて，その環境に合うような形やはたらきをもつようになります。樹木のような大きな植物では，一個体の中でも部位によって環境が大きく異なるため，同じ器官でもつくりが異なることが知られています。

そこで，高さ5mほどのアラカシの①光合成を行う葉に着目し，最も高い枝につく葉と，最も低い枝につく葉と，それぞれの周囲の環境について調べたところ，表2のような結果が得られました。②気孔の数は顕微鏡を使い，同倍率で観察したときに，視野の中に見えるすべての気孔を数えた結果です。また，顕微鏡でアラカシの葉の断面を観察したところ，図11のように4つの層に分かれていました。さらに各層の厚さを測ると表3のようになりました。ただし，Luxは明るさの単位で，値が大きいほど明るいことを示します。

	気温 (℃)	照度 (Lux)	葉の長さ (mm)	葉の幅 (mm)	気孔の数 (個)
高い枝の葉	28.5	30000	87	24	64
低い枝の葉	24.8	150	128	51	44

表2

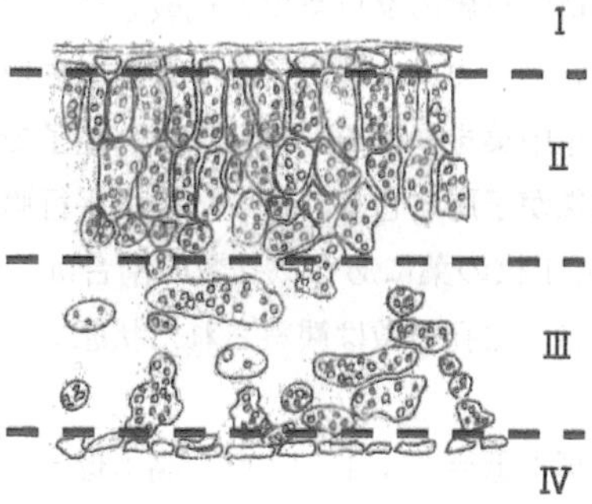

図11

	Ⅰ層 (mm)	Ⅱ層 (mm)	Ⅲ層 (mm)	Ⅳ層 (mm)	合計 (mm)
高い枝の葉	0.04	0.15	0.07	0.02	0.28
低い枝の葉	0.02	0.07	0.07	0.02	0.18

表3

(1)　下線部①について述べた以下の文章の空欄に当てはまる語の組み合わせとして正しいものはどれですか。

光合成は，光エネルギーを利用して [1] と水から [2] と [3] などの養分をつくるはたらきです。つくられた養分は [4] を通って植物全体に運ばれます。

	1	2	3	4
ア	酸素	二酸化炭素	デンプン	道管
イ	酸素	二酸化炭素	タンパク質	師管
ウ	酸素	二酸化炭素	脂質	道管
エ	酸素	二酸化炭素	デンプン	維管束
オ	二酸化炭素	酸素	脂質	道管
カ	二酸化炭素	酸素	デンプン	師管
キ	二酸化炭素	酸素	脂質	師管
ク	二酸化炭素	酸素	タンパク質	維管束

(2) 下線部②の状態から対物レンズの倍率を上げると，どのようになりますか。

ア 視野が上にずれる

イ 視野が明るくなる

ウ 見えている像の上下左右が逆になる

エ 視野の中の気孔の数が少なくなる

オ 開いた気孔の割合が多くなる

(3) 低い枝の葉と比べたとき，高い枝の葉の大きさと形について，表2から読み取れることは何ですか。

(4) アラカシはブナ科コナラ属の常緑樹です。雑木林に普通に見られる樹木で，ドングリをつけます。海岸でよく見られるマツ科マツ属のクロマツと比較して，アラカシはどのような点で異なっていますか。クロマツにはないアラカシの特徴を**2つ選びなさい**。

ア 維管束をもつ　　イ 一年中葉をつける　　ウ 種子でふえる

エ 広葉樹である　　オ 胚珠が子房に包まれる　　カ 平行脈をもつ

(5) 高い枝の葉と低い枝の葉の，1枚の葉にある気孔数の割合は，どのようになりますか。最も近い値のものを選びなさい。なお，気孔の数は観察された状態で一様に分布していると考えるものとします。

ア 高：低＝1：1　　イ 高：低＝2：1　　ウ 高：低＝3：1　　エ 高：低＝4：1

オ 高：低＝1：2　　カ 高：低＝1：3　　キ 高：低＝1：4

(6) 低い枝の葉と比べたとき，高い枝の葉はⅠ層とⅡ層が厚いことが分かります。その利点について，どのようなことが考えられますか。それぞれの層について答えなさい。

【社　会】（50分）　＜満点：100点＞

【注意】 1. 解答の際には，句読点や記号は１字と数えること。

2. コンパス・定規は使用しないこと。

1 あるクラスの社会の授業で，「海からみる日本の歴史」という主題学習を行い，各班が発表しました。これらの発表を読み，あとの問いに答えなさい。

１班　古代・中世

A海に囲まれた日本では，人々は古くからその恵みを利用してきました。古代には，B海を経て大陸から伝わった文物が日本に影響を与えました。鎌倉時代には，正式な国交はないものの，日本と中国の経済や文化の交流はさかんでした。道元が中国に渡って禅を学び，帰国後に（　1　）宗を開いたのが一例です。中国を支配する王朝が自国中心のC国際関係をつくるため海外への関心を高めると，大陸から日本への侵攻が行われたり，公式の貿易船による貿易がさかんになったりするなど，日本と大陸との関係は様々に変化しました。

２班　近世

D16世紀からヨーロッパ船が来航するようになり，日本からも多くの使節や貿易船が海外におもむきました。やがて江戸幕府は海外との交流を大幅に制限しましたが，その中でもE限定された窓口で貿易は続いていました。金銀の流出が続いたため，徳川家継に仕えた儒学者である（　2　）の立案により，長崎での貿易が制限されるということもありました。18世紀後半からは，Fロシアの動きなどに対応して，海防の議論が高まりました。

３班　近代・現代

日本が開国し，安政の五か国条約が結ばれると，関東地方の開港場である（　3　）を最大の窓口として対外貿易が拡大しました。G明治政府は岩倉具視らの使節団を欧米に送り，その知見を近代化に役立てました。急速に強化された海軍は，あいつぐ対外戦争の勝利に貢献し，H日本は海外に領土や利権を拡大しました。太平洋戦争後は，造船業や海運業の発展が高度経済成長に寄与しました。頻発するI地域紛争に対応し，自衛隊の海外任務も増えています。J世界的な海洋資源への関心の高まりや，領土をめぐる問題から，日本近海で対立が生じる事態も起きています。

問１　下線Aについて，次のページの図１は，現在の千葉県とその周辺を示したもので，点で位置が示されているのが貝塚です。貝塚が図１で示したように分布していることからわかる，貝塚が形成された時代の地形上の特徴は何ですか，現在と比較して考え，説明しなさい。なお，その際，貝塚がおもに形成された時代の名称をあげなさい。

<図1>

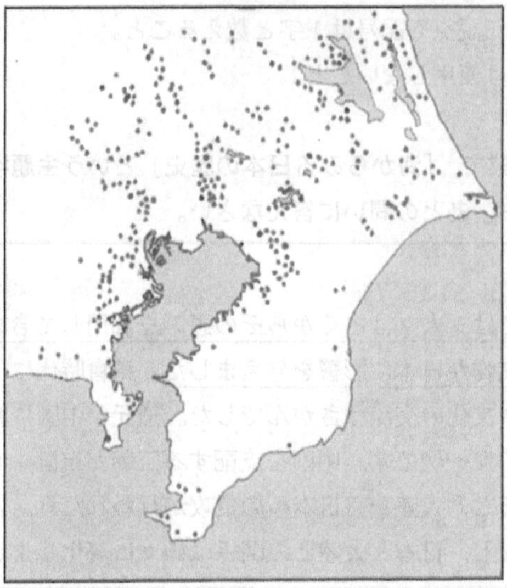

浜島書店『学び考える歴史』より作成

問2　下線Bについて，古代の日本と大陸の関わりについて説明した文として正しいものはどれですか，①～⑤から2つ選び，番号で答えなさい。

① 九州北部にあったとされる奴国は，魏の皇帝から金印を授かった。

② 漢字が渡来人により伝えられ，埼玉県の稲荷山古墳から出土した鉄剣にも記された。

③ 平城京に都が移された後，唐の律令にならって大宝律令が制定された。

④ 遣唐使の航路は，朝鮮半島を統一した百済との関係に応じて変化した。

⑤ 東大寺正倉院宝物にはペルシアなどから伝わった文物もあり，天平文化の国際性を象徴している。

問3　（1）にあてはまる語句を漢字2字で答えなさい。

問4　下線Cについて，ある国の国際関係に関する**史料1**・**史料2**を読み，次の問いに答えなさい。なお，出題にあたり一部表現を変えたところがあります。

<史料1>

> （　a　）王国の王宮に架けられた鐘の銘文より（1458年）
>
> （　a　）王国は南海の美しい土地で<中略>（　b　）と日本の中間にわき出る蓬莱《ほうらい》島※である。水運によって万国の架け橋となり，異国の産物や宝が国中に満ちている。
>
> ※蓬莱島…仙人が住む伝説上の島

<史料2>

> （　c　）の皇帝が（　a　）の国王を冊封した詔書より（1684年）
>
> なんじの（　a　）王国は，地は南の辺境にあり，職は封建された藩国に列する。中山王の世子《せいし》※尚貞《しょうてい》は，しばしば使いを来朝させ，貢ぎ物を献上することをおこたらなかった。
>
> ※世子…後継者

(1)　**史料**中の（a）にあてはまる国名を漢字で答えなさい。

⑵　前のページの**史料**中の（ｂ）・（ｃ）にあてはまる王朝名は何ですか，正しいものを①～④から１つずつ選び，番号で答えなさい。ただし，同じものを２度使うこともできます。

①　明　　②　元　　③　宋　　④　清

問５　下線**D**について，16世紀の出来事について説明した文として正しいものはどれですか，①～⑤から２つ選び，番号で答えなさい。

①　ルターが95か条の論題を発表し，宗教改革を始めた。

②　バスコ＝ダ＝ガマが，インドのカリカットに到達した。

③　スペインが，南アメリカ大陸のインカ帝国を滅ぼした。

④　フランスのルイ14世が，ベルサイユ宮殿を築いた。

⑤　イギリスで名誉革命がおこり，権利の章典が制定された。

問６　下線**E**について，**写真**はある藩を通じて日本に入ってきた衣服です。もともとは中国から北方の民族に贈られ，交易を通じてアイヌの人々へ，さらにアイヌとの交易を独占するある藩に伝わりました。この藩を何といいますか，漢字で答えなさい。

<写真>

帝国書院『明解世界史Ａ』より

問７　（２）にあてはまる人名を漢字で答えなさい。

問８　下線**F**について，幕末から明治時代に，日本とロシアの間では国境に関わる条約が何度か結ばれました。両国の国境を示した地図**a**～**c**を，古い方から時代順にならべたものとして正しいものはどれですか，下の①～⑥から１つ選び，番号で答えなさい。

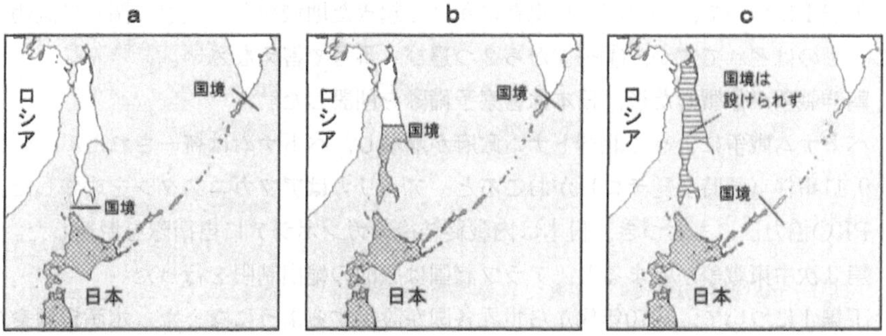

①　［a－b－c］　　②　［a－c－b］

③　［b－a－c］　　④　［b－c－a］

⑤　［c－a－b］　　⑥　［c－b－a］

問９　（３）にあてはまる地名を漢字で答えなさい。

問10　下線Gについて，使節団が帰国した後，政府内で対外政策をめぐる対立が生じました。その際に政府を去った政治家たちは，その後，主に２つの方法で政府に対抗しました。彼らはどのようにして政府に対抗しましたか，政府を去るきっかけとなった対立にふれながら，具体的に説明しなさい。

問11　下線Hについて，図２のXは，日本がある戦争中に占領し，戦後に統治を行った島々を示しています。この戦争に関して説明した文として正しいものはどれですか，下の①～⑥からすべて選び，番号で答えなさい。

<図２>

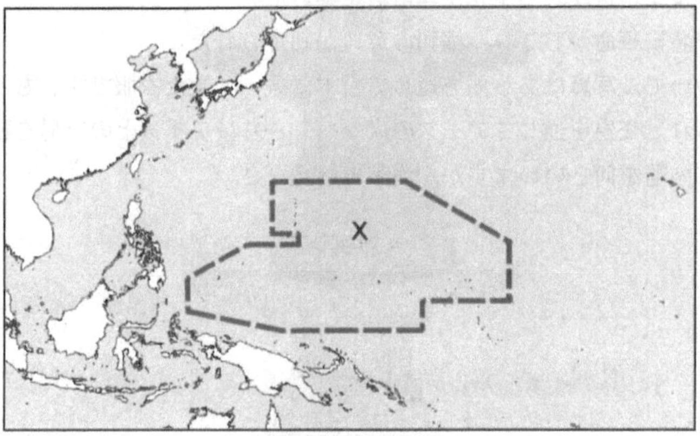

浜島書店『新詳世界史図説』より作成

① 戦争が始まる直前，ドイツとソ連は不可侵条約を締結した。
② 戦争中に，日本は中国に二十一か条の要求をつきつけた。
③ 講和条約によって，日本は台湾などの領土と多額の賠償金を獲得した。
④ ドイツが無制限潜水艦作戦を行うと，アメリカがドイツに宣戦した。
⑤ 戦争が長期化する中で，日本は国家総動員法を制定した。
⑥ 戦争の後，日本は韓国統監府をおき，韓国への支配を強めた。

問12　下線Iについて，20世紀から現在にかけて起きた地域紛争や戦争に関して説明した文として正しいものはどれですか，①～⑤から２つ選び，番号で答えなさい。

① 朝鮮戦争が休戦した後，日本は警察予備隊を創設した。
② ベトナム戦争によって北ベトナム政府が崩壊し，ベトナムは統一された。
③ 9.11事件（同時多発テロ）がおこると，アメリカはアフガニスタンを攻撃した。
④ PKO協力法にもとづき，日本は内戦終結後のカンボジアに自衛隊を派遣した。
⑤ 第３次中東戦争が始まると，アラブ諸国は原油の輸出制限を行った。

問13　下線Jについて，1970年代から世界各国が設定するようになった，水産資源や鉱物資源を自国だけで利用できる水域を何といいますか，漢字で答えなさい。

2 地理を学習する目的の一つは，様々な地域や事象を比較して，特色を明らかにすることです。これについて，あとの問いに答えなさい。

問１　ローマ・青森・キト・シンガポールを示した**地図**および下の雨温図をみて，次の問いに答えなさい。

<地図>

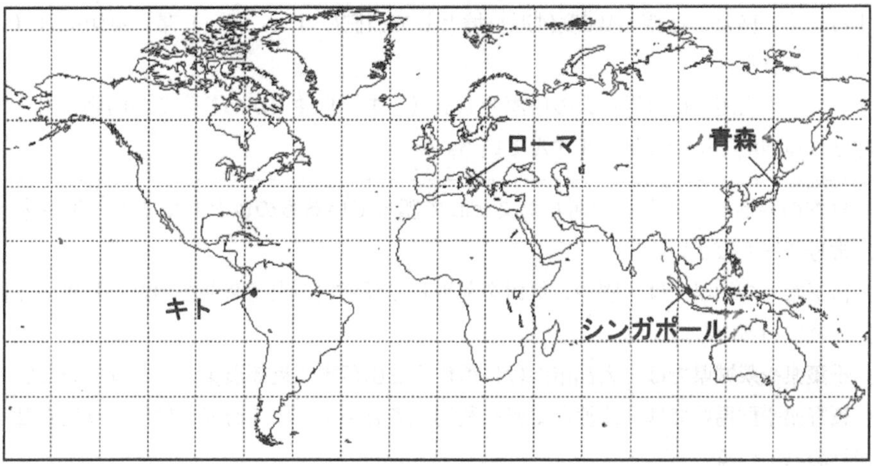

ローマ

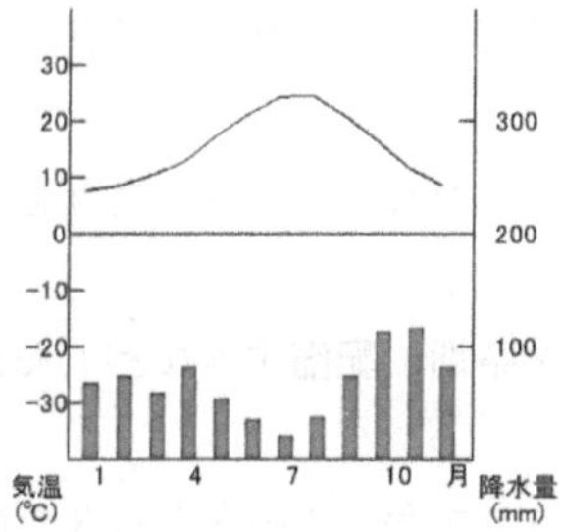

青森

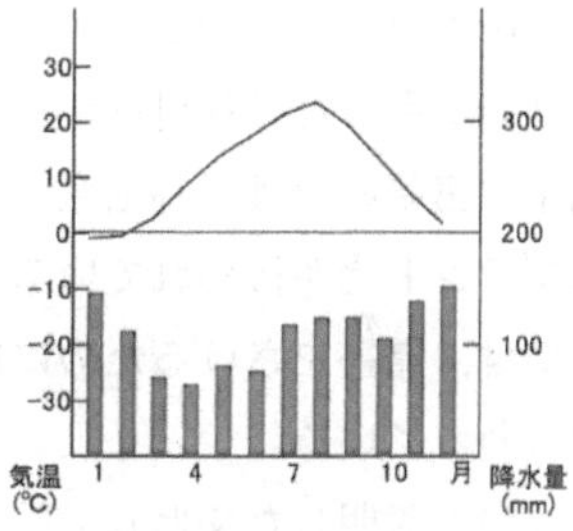

キト

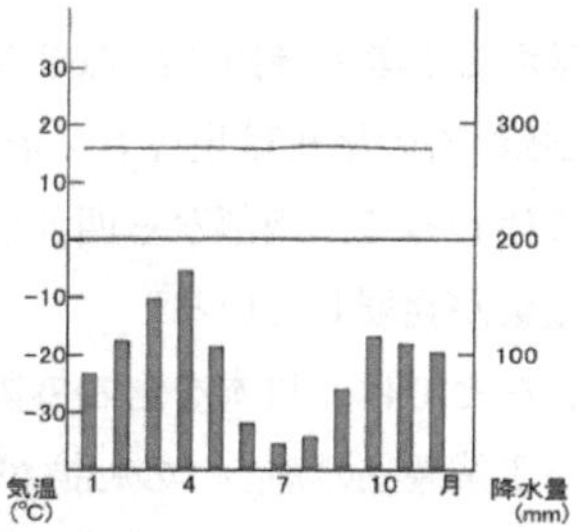

シンガポール

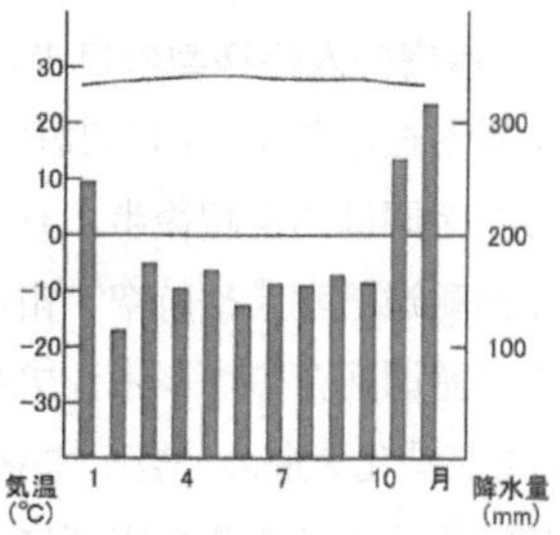

二宮書店『データブック　オブ・ザ・ワールド2020年度版』およびWMO World Weather Information Service（https://public.wmo.int/en）より作成

⑴　ローマと青森はほぼ同じ緯度に位置する都市ですが，冬の気温には大きな違いが見られます。その理由として考えられることは何ですか，60字以内で説明しなさい。

⑵　キトとシンガポールは赤道直下に位置する都市ですが，年平均気温には大きな違いが見られ

ます。キトの年平均気温がシンガポールと異なる理由として考えられることは何ですか，15字以内で説明しなさい。

問２　次の文章は世界に見られる気候帯や植生の特色を説明したものです。（ア）～（オ）にあてはまる語句をそれぞれ答えなさい。

北アメリカ大陸の北緯40度付近を境に，北部には主にタイガの広がる（　ア　）帯が分布する一方，南部には西経100度付近を境として西側には（　イ　）帯，東側には（　ウ　）帯が見られる。 アフリカ大陸には世界最大の砂漠である（　エ　）砂漠があり，その南側の（　オ　）と呼ばれる地域では砂漠化がすすんでいる。

問３　日本の各地域の農業を説明した文として誤っているものはどれですか，①～⑧から３つ選び，番号で答えなさい。

①　宮崎県や高知県では，暖かい気候を利用して野菜類の出荷時期を他県より早める促成栽培が行われている。

②　千葉県や茨城県では，大都市向けに農作物を出荷する近郊農業が行われている。

③　長野県や群馬県では，冷涼な気候を利用して野菜類の出荷時期を他県より遅らせる抑制栽培が行われている。

④　愛知県や沖縄県では，夜間にも照明をあてて出荷時期を早める菊の促成栽培が行われている。

⑤　北海道では，広大な十勝平野を中心に大規模農法での稲作が行われている。

⑥　秋田県や山形県では，やませの影響を強く受けると冷害が起きるため，寒さに強い稲の品種であるササニシキなどの作付けが行われている。

⑦　鹿児島県や宮崎県では，外国産の安価な肉の輸入増加に対して，安全で肉質を重視した肉用牛や豚のブランド化が行われている。

⑧　静岡県では，霜害《そうがい》をさけるために風を起こすファンを茶畑に配備するなど工夫をこらした茶の栽培が行われている。

問４　世界の経済を説明した文として誤っているものはどれですか，①～⑧から３つ選び，番号で答えなさい。

①　EU諸国は域内の人の移動の自由化を行い，国境を越えた企業の進出や出稼ぎが増えたことで所得の上昇が進んだが，EU加盟国の一人あたり国民総所得の格差は現在も２倍以上ある。

②　アメリカ合衆国は20世紀後半より，北東部の重工業に代わって，南部から西部にかけてのサンベルトで情報通信産業や航空宇宙産業など先端技術産業が発展している。

③　東南アジア諸国連合のマレーシアやタイ・フィリピンなどでは，日本を含む外国企業を積極的に誘致して工業化を進め，農産物や原料中心の輸出から工業製品の輸出への転換が進んでいる。

④　日本は1980年代半ば以降の円高により輸出産業が不振となった結果，製造費を安くするため外国人労働者を受け入れたことで産業の空洞化が進んでいる。

⑤　ブラジルやロシアなど新興５カ国はBRICSと呼ばれ，国土が広く資源に恵まれ，人口が多く巨大市場があり，いずれも輸出品の上位は機械類など工業製品となっている。

⑥　アフリカ諸国では南アフリカ共和国のように鉱産資源が豊富な国がある一方で，資源の分布には偏りがあり，資源を輸出できる国とできない国の間で南南問題が生じている。

⑦　オーストラリアは20世紀初頭よりアジア系移民を労働力として受け入れて，鉱産資源の開発と工業化を進めた結果，機械類など工業製品が主要な輸出品となった。

⑧　中国は沿海部に外国企業を誘致する経済特区を設け，工業製品輸出の拡大による経済成長をとげた一方で，内陸部との経済格差が社会問題となっている。

問５　次の**グラフ**はアラブ首長国連邦の1960年※と2015年の人口ピラミッドです。この間に総人口が増えたこと以外に大きな変化が見られます。この変化は何ですか，その理由とともに説明しなさい。

※1960年は，イギリス統治下におけるデータ

<グラフ>

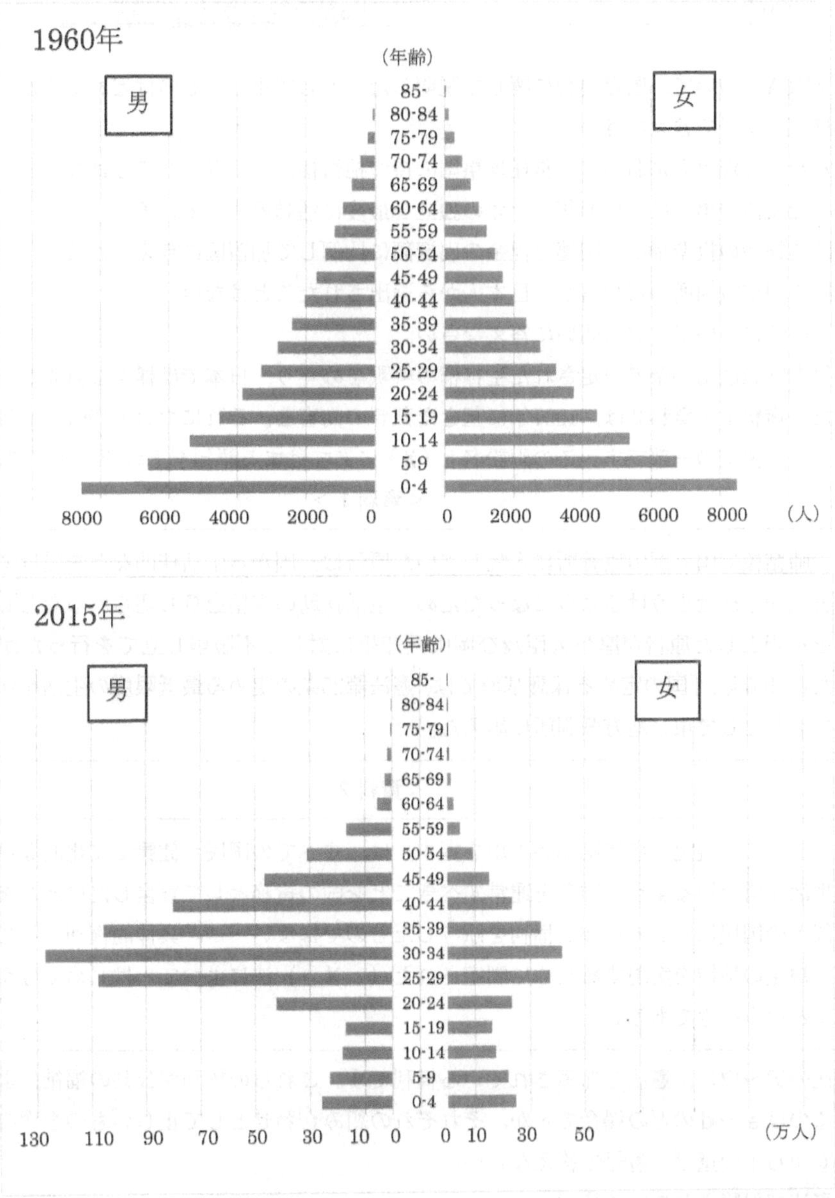

Population Pyramid.net Population Pyramids of the World from 1950 to 2100
（https://www.populationpyramid.net）より作成

3 次の年表を見て，あとの問いに答えなさい。

	世界のできごと	日本のできごと
1945年	A国際連合発足	
1947年		B日本国憲法施行
1970年	C核拡散防止条約発効	
1973年		D変動相場制に移行
1981年	E女子差別撤廃条約発効	
1993年	FEU発足	
2000年		G循環型社会形成推進基本法制定

問1　下線Aについて，国際連合に関して説明した文として正しいものはどれですか，①～④から1つ選び，番号で答えなさい。

①　安全保障理事会において，常任理事国の持つ拒否権が行使されたことはない。

②　信託統治理事会は，1994年パラオの独立を最後に活動停止している。

③　国連総会の投票権は，国連分担金の出資額に比例して加盟国に与えられる。

④　国際司法裁判所の裁判官が，日本人から選出されたことはない。

問2　下線Bについて，次の問いに答えなさい。

(1)　日本国憲法第25条で規定された生存権の解釈をめぐり，日本では様々な訴訟が行われてきました。**資料1・資料2**は，1957年に起きた裁判の内容と，それについて1967年に最高裁判所が出した判決文の一部です。この訴訟名と（**X**）にあてはまる語句をそれぞれ漢字で答えなさい。

＜資料1＞

肺結核で国立岡山療養所に入院していた原告は，国から生活扶助などを受けていたが，実兄から送金をうけるようになったため，生活扶助の支給を打ち切られるなどした。これを不当とした原告が厚生大臣及び岡山県知事に対して不服申し立てを行ったが却下された。1957年,「国の定める保護基準では，憲法第25条の定める最低限度の生活を保障していない」として東京地方裁判所に訴えた。

＜資料2＞

……この規定〔憲法第25条1項を指す〕は，すべての国民が健康で文化的な最低限度の生活を営み得るように国政を運営すべきことを国の責務として宣言したにとどまり，直接個々の国民に対して具体的権利を賦《ふ》与《よ》したものではない……。具体的権利としては，憲法の規定の趣旨を実現するために制定された（　X　）法によつて，はじめて与えられているというべきである。

(2)　次の**ア～ウ**は，憲法で保障されている権利です。これらの権利が公共の福祉により制限を受けるのは**a～d**のどの場合ですか。それぞれの組み合わせとして正しいものを次のページの①～⑥から1つ選び，番号で答えなさい。

＜憲法で保障されている権利＞

ア　表現の自由　　**イ**　営業の自由　　**ウ**　居住移転の自由

<公共の福祉により制限をうける場合>

a　企業の価格協定を禁止する場合

b　感染症により隔離する必要がある場合

c　選挙運動のため一定枚数のはがき以外の文書の頒布《はんぷ》を禁止する場合

d　道路・空港建設のため補償をもとに土地を収用する場合

①　［ア－a　　イ－b　　ウ－c］

②　［ア－a　　イ－d　　ウ－b］

③　［ア－b　　イ－a　　ウ－d］

④　［ア－b　　イ－d　　ウ－c］

⑤　［ア－c　　イ－a　　ウ－b］

⑥　［ア－c　　イ－b　　ウ－d］

問３　下線**C**について，核拡散防止条約では，核保有国には核軍縮の交渉を義務づけていますが，一方で世界では核軍拡の動きをとる国もあります。このような対照的な動きがある理由を国家間ゲームで考えてみます。次の文**ア・イ**の下線部が，下の**国家間ゲームの説明**および**得点表**から読み取れる内容として正しい場合は〇を，誤っている場合は下線部を正しい表現に直しなさい。

ア　Ａ国が軍縮を選択するとＢ国が予想した場合，Ｂ国は軍縮を選択する。

イ　Ａ国が軍拡と軍縮のどちらを選択するかの予想によってＢ国の選択は異なり，軍拡の場合も軍縮の場合もある。

<国家間ゲームの説明>

この国家間ゲームでは，Ａ国とＢ国の２つの国家が，互いに相談できない状況で相手の行動を予想して，「軍拡」もしくは「軍縮」のいずれか一方の政策を１回のみ同時に選択する。その際，両国は下の**得点表**に示された点数を得ることを知っているものとする。点数が大きい方が自国はより安全であることを意味し，反対に点数が低ければ相手から攻撃される可能性が高くなり，安全でなくなることを意味する。両国は自国の安全を最大化することのみを目指してゲームを行う。

<得点表>

		Ｂ国	
		軍拡を選択	軍縮を選択
Ａ国	軍拡を選択	Ａ国に２点 Ｂ国に２点	Ａ国に５点 Ｂ国に１点
	軍縮を選択	Ａ国に１点 Ｂ国に５点	Ａ国に４点 Ｂ国に４点

問４　下線**D**について，変動相場制に移行した結果，為替相場は市場での需要・供給に応じて決まることになりました。為替相場の変動は，貿易や私たちの生活に大きな影響を与えます。次のページの文章中の（**ア**）～（**ウ**）にあてはまる語句の組み合わせとして正しいものはどれですか，文章の下の①～④から１つ選び，番号で答えなさい。

為替相場が「１ドル＝100円」から「１ドル＝200円」になった場合，（　ア　）が進んだことになり，このとき外国における日本からの輸出品の価格はドル表示で見ると（　イ　）する。反対に為替相場が「１ドル＝200円」から「１ドル＝100円」になった場合，外国における日本からの輸出品の価格はドル表示で見ると（　ウ　）する。

① ［アー円高　　イー上昇　　ウー下落］
② ［アー円高　　イー下落　　ウー上昇］
③ ［アー円安　　イー上昇　　ウー下落］
④ ［アー円安　　イー下落　　ウー上昇］

問５　下線Ｅについて，女子差別撤廃条約の批准《ひじゅん》に伴い，採用や昇進などにおける性別を理由とする差別の禁止を求めて1985年に制定された法律は何ですか，漢字で答えなさい。

問６　下線Ｆについて，EUに関して説明した文として誤っているものはどれですか，①～⑤からすべて選び，番号で答えなさい。

① EUのすべての加盟国が，ユーロを導入する義務を負っている。
② EU加盟国は，イギリスが離脱したことにより現在27カ国となっている。
③ EUに加盟していない国として，トルコやスイスなどが挙げられる。
④ EUの加盟国の中で，最も国内総生産が高いのはフランスである。
⑤ EUの前身は，ECである。

問７　下線Ｇについて，循環型社会形成推進基本法により，大量生産・大量消費・大量廃棄型の経済のしくみを見直して，3Rを推進することが求められています。次の文ア・イは３Ｒの何に該当しますか，それぞれカタカナで答えなさい。

ア　空き缶・空き瓶・牛乳パックなどは，資源回収に出す。
イ　買い物の際に，使い捨ての箸《はし》やスプーンをもらわないようにする。

し、Yは横笛が自分の心情を詠んだもので、「自分も滝口同様に、出家することができて嬉しいのだ」という内容を表している。

ウ　X・Yともに滝口が自分の心情を詠んだもので、Xは「横笛に出家の素晴らしさを伝えることができて嬉しいのだ」という内容であるのに対し、Yは「横笛から逃れ、静かに清浄心院で仏道修行に励むことができるようになって嬉しいのだ」という内容を表している。

エ　Xは滝口が自身の心情を詠んだもので、「横笛に出家の素晴らしさを理解してもらえたことが嬉しいのだ」という内容であるのに対し、Yは横笛が自分の心情を詠んだもので、「滝口から出家しないかと誘ってもらえたことが嬉しいのだ」という内容を表している。

オ　X・Yともに滝口が自分の心情を詠んだもので、Xは「出家して仏道修行に励むことができて嬉しいのだ」という内容であるのに対し、Yは「横笛が自分と同じように出家し、仏道修行に励むという話を聞いて嬉しいのだ」という内容を表している。

四　**次の各文の――線のカタカナを漢字に直しなさい。**

1　部活動の定期エンソウ会に出席する。
2　フンソウの深刻な地域で取材する。
3　弁護士はホウソウ界の人間だ。
4　はぐれてしまった仲間をソウサクする。
5　彼はアオミドロやワカメといったソウルイの研究者だ。

一目だけでも見てもらいたいと思っている。

イ　自分も出家して滝口と往生院で仏道修行に励み、来世もともに極楽浄土に生まれ変わりたいと思っている。

ウ　自分と恋仲になったことで父親に勘当されてしまったのだから、滝口が自分を恨むのも当然だと思っている。

エ　決して二人が別れることなどないという約束を破ったのだから、滝口には出て来て謝罪して欲しいと思っている。

オ　忘れられないほど辛《つら》い目に遭わされたのに、それでも滝口を愛《いと》おしく思ってしまう自分を情けないと思っている。

問3　――線3「うたての滝口や」の意味として最も適当なものを次の中から選び、記号で答えなさい。

ア　気の毒な滝口様ですねえ

イ　薄情な滝口様ですねえ

ウ　立派な滝口様ですねえ

エ　やさしい滝口様ですねえ

オ　不潔な滝口様ですねえ

問4　――線4「嵯峨をば出でて高野へのぼり」とあるが、滝口が嵯峨を出て高野山へと向かったのはなぜか。その説明として最も適当なものを次の中から選び、記号で答えなさい。

ア　他の僧に頼んで横笛を追い返してもらうことができたものの、横笛は執念深い性格なので、近日中にもう一度自分に会いにやって来るに違いないと思い、その前に往生院から姿を消してしまいたいと思ったから。

イ　今回は自ら横笛を説得して追い返すことができたものの、横笛に自分の居場所を知られてしまった以上、いつ再び横笛が来るか不安で、このまま往生院にいても集中して仏道修行に取り組むことなどできないと思ったから。

ウ　他の僧に頼んで横笛を追い返してもらうことができたものの、嫌いになって別れたわけでもないので、もし再び横笛が尋ねて来たら、その時は自分の気持ちもどうなってしまうかわからないと思ったから。

エ　今回は自ら横笛を説得して追い返すことができたものの、涙を堪《こら》えながら恨めしそうに帰っていく横笛の姿に同情したため、もし再び横笛が尋ねて来たら、その時は仏道修行を続けられないだろうと思ったから。

オ　他の僧に頼んで横笛を追い返してもらうことができたものの、久しぶりに見る横笛の美しい容姿に心を奪われたため、もし再び横笛が尋ねて来たら、その時は横笛への恋情を抑えきれないかもしれないと思ったから。

問5　〰〰線X「まことの道に入るぞ嬉しき」・〰〰線Y「まことの道にいるぞうれしき」の内容について説明したものとして最も適当なものを次の中から選び、記号で答えなさい。

ア　X・Yともに滝口が自分の心情を詠《よ》んだもので、Xは「僧として往生院で仏道修行に励むことができて嬉しいのだ」という内容であるのに対し、Yは「横笛と仲直りし、今後はともに仏道修行に励みながら暮らせることが嬉しいのだ」という内容を表している。

イ　Xは滝口が自分の心情を詠んだもので、「横笛が出家するために往生院まで来てくれたことが嬉しいのだ」という内容であるのに対

口や」とて、声も惜しまず泣きければ、滝口、これを見て、あまり歎《なげ》くもいたはし、せめては声なりとも聞かせばやと思ひて、かくなん、

あづさ弓そるを怨みと思ふなよ X まことの道に入るぞ嬉《うれ》しき

【文章Ⅱ】

滝口入道むねうちさわぎ、障子のひまよりのぞいてみれば、まことに尋ねかねたるけしきいたはしうおぼえて、いかかる道心者《だうしんじや》も心よわくなりぬべし。やがて人を出して、「まッたく是《これ》にさる人なし。門《かど》たがへでぞあるらむ」とて、つひにあはでぞかへしける。滝口入道、同宿《どうじゆく》の僧にあうしけれども、力なう涙をおさへて帰りけり。滝口入道、同宿の僧にあうて申しけるは、「是もよにしづかにて念仏の※障碍《しやうげ》は候はねども、あかで別れし女に此住《このすま》ひを見えて候へば、たとひ一度は心強くとも、又もしたふ事あらば、心もはたらき候ひぬべし。暇申《いとま》して」とて、4嵯峨をば出でて高野《かうや》へのぼり、※清浄心院《しやうじやうしんゐん》にぞ居たりける。横笛も様をかへたるよし聞えしかば、滝口入道一首の歌を送りけり。

そるまではうらみしかどもあづさ弓 Y まことの道にいるぞうれしき

※時雨に濡れぬ松…ここでは「色が変わらない松」の意。
※庵室…僧や尼の住居のこと。
※水を掬び…ここでは「手で水をすくって」の意。
※一つ蓮の縁…ともに極楽浄土に生まれ変わる縁。
※夫妻は二世の契り…夫婦の契りは現世と来世の二世にわたる。
※雲を動かす雷も、思ふ中をばよもさけじ…雷のような人知を超えた力が作用しても、決して二人の仲を裂くことは出来ないだろう。
※睦言の袖の移り香…男女が寝室で愛し合い、言葉を交わした際に移った香のこと。
※障碍…妨げとなるもののこと。
※清浄心院…高野山にある寺院のこと。

問1　――線1「横笛と聞くよりも」とあるが、横笛の声を聞いた後の滝口について説明したものとして**不適当なもの**を次の中から**1つ**選び、記号で答えなさい。

ア　滝口は、涙を流しながらしょんぼりと立っている横笛の姿を見て、以前よりも横笛の容姿が美しくなっていると感じ、すぐにでも出て行って出家した今の姿を見せてやりたいと思った。

イ　滝口は、別れてから三年もの月日が経っているにもかかわらず、自分への愛情を失わずに尋ねて来てくれた横笛の深い愛情にひどく感動し、涙が溢《あふ》れてきてしまった。

ウ　滝口は、今ここで出て行って横笛と再会したら、再び別れの悲しみを味わわせることになってしまうので、会うわけにはいかないと考え、横笛との再会を断念した。

エ　滝口は、自分のことを探し回って尋ねて来てくれた横笛の姿を目《ま》の当たりにして動揺し、今の状況が夢か現実か区別がつかなくなってしまった。

オ　滝口は、姿を現そうとしない自分に泣きながら会いたいと訴える横笛の気持ちに応えてやりたいと思ったが、下の僧から「出て行ってはならない」と言われ、言葉を失ってしまった。

問2　――線2「横笛、これを見給ひて」とあるが、ここで横笛の語った自身の心情の説明として適当なものを次の中から**2つ**選び、記号で答えなさい。

ア　昔のような恋仲に戻りたいとは言わないが、成長した姿を滝口に

好いてくれる人がきっといるはずだと思うこと。

イ　夫に悩まされる運命であることに心配はあるが、店のためにそれを受け入れようと思うことと、自分なりに店を守っていればいずれ店を助けてくれる人がきっと現れるはずだと思うこと。

ウ　愛する人を夫にできない運命であることに心配はあるが、それを我慢しようと思うことと、結ばれることはなくても愛する人を心の中で慕い続けることはきっとできるはずだと思うこと。

エ　夫に悩まされる運命であることに心配はあるが、店のことだけを考えて生きようと思うことと、努力して店を守っていればいつかは自分を認めてくれる人がきっと現れるはずだと思うこと。

オ　夫で苦労する運命であることに心配はあるが、気丈に堪えようと思うことと、結ばれることはなくてもいつか自分の支えとなってくれる人がきっと現れるはずだと思うこと。

三　【文章Ⅰ】は『横笛草子《よこぶえぞうし》』、【文章Ⅱ】は『平家物語《へいけものがたり》』の一部である。「横笛」という女性と恋仲であった「滝口」は、それを快く思わない父親から勘当されてしまった。その後、「滝口」は「横笛」の前から姿を消し、出家して嵯峨《さが》の往生院《おうじょういん》で仏道修行に励んでいた。一方、「横笛」は「滝口」の失踪を悲しんでいたが、「滝口」の居場所を知り、やっとのことでそこにたどり着くことができた。以下の文章は、どちらもそれに続く場面である。これを読んで、後の問いに答えなさい。なお、出題に際して、本文には表記を一部変えたところがある。

【文章Ⅰ】

内より、下《しも》の僧を出《いだ》し、「いづくより」と問ひければ、「横笛と申す者にて候《さぶら》ふ。滝口殿にもの申さん」と申す。1横笛と聞くよりも、胸うち騒ぎ、障子の隙《ひま》より見給《たま》へば、裾《すそ》は露、袖は涙にしをれつつ、まことに、尋ねわびたるとうち見えて、柴《しば》の戸に立ち添ひて、しづしづとしたる有《あり》様《さま》なり。古《いにしへ》の有様に、なほまさりてぞおぼえける。見れば目もくれ、心も消え入るばかりなり。いづれを夢とも思ひ分かず、また思ふやうは、このうへは走り出で、変《かは》る姿を一目《ひとめ》見せばやとは思へども、心に心をひきとどめ、逢《あ》はぬ怨《うら》みはなかなかに、二度《ふたたび》ものを思はせん、無慙《むざん》や横笛が、三年《みとせ》ばかりの情《なさけ》をしのびて、尋ね来《きた》るこころざし、何に譬《たと》へん方もなく、袂《たもと》を顔におしあてて、泣くよりほかのことぞなき。下の僧申すやう、「この寺へは、女人《にょにん》の参らぬ所なり。そのうへ、滝口とやらんは、聞きもならはぬ人ぞかし。はやはや帰り給へ」とて、柴の編戸《あみど》をおし立てて、その後、音もせざりけり。2横笛、これを見給ひて、「情なの有様や、昔に変らで、今も契《ちぎ》らんと言はばこそ、変りし姿ただ一目見せさせ給へ」と、「※時雨《しぐれ》に濡《ぬ》れぬ松だにも、また色変ることもあり、火の中《なか》水の底までも、変らじとこそ思ひしに、早くも変る心かな。ありし情をかけよと言はばこそ、みづからもともにさまを変へ、同じ※庵室《あんじつ》に住居《すまゐ》して、御身は花を摘むならば、みづからは※水を掬《むす》び、※一つ蓮《はちす》の縁とならばやと思ひ、これまで尋ねて参り、※夫妻は二世《にせ》の契りと聞きしかど、今《こん》生《じやう》の対面さへかなふまじきか、あさましや、親の不孝《ふけう》をかうぶりて、かやうにならせ給へば、みづからを深く怨みさせ給ふも理《ことわり》なり。思へばまた、みづからは、御身故《ゆゑ》に、深き思ひに沈み、たがひに思ひ深かるべし」と、涙を流し申すやう、「さても、古は、※雲を動かす雷も、思ふ中をばよもさけじと、契りつる言の葉は、今のごとくに忘れず、※睦言《むつごと》の袖の移《うつ》り香《が》は、今も変らずにほへども、いつの間にかは変りはて、3うたての滝

エ　徳永は、おかみさんが置かれた状況に同情し、自分が作った簪を贈ることによって、彼女に生きる気力や若返る力を与えたいと思った。

オ　徳永は、おかみさんから家業を捨てることなどできないと言われたが、一方で彼女が誰かの助けを必要としていることもわかっていた。

問4　――線3「歳月は酷いものである」とあるが、それはどういうことか。その説明として最も適当なものを次の中から選び、記号で答えなさい。

ア　おかみさんが年をとることで、徳永の贈る簪も次第に地味なものとなったうえに、徳永はやりがいを感じなくなり、彫金の仕事をやめ、おかみさんも重い病気になっているということ。

イ　おかみさんは、年をとり派手な簪が似合わなくなっただけでなく、病気になって店の経営を娘に預けなければならなくなり、病状も悪化してしまい、いよいよ死を迎えようとしているということ。

ウ　おかみさんが年をとることで、徳永の贈る簪も彫金を施せないものとなったうえに、徳永は仕事もできず、人を頼って生きていかなければならなくなり、おかみさんも死期が近づいているということ。

エ　おかみさんは、年をとり簪への興味をすっかり失っただけでなく、店を継ぐことに乗り気ではない娘に不安を感じ、病気も進行してしまい、ついには死にそうになっているということ。

オ　おかみさんが年をとることで、徳永の贈る簪も質素なものとなったうえに、徳永はおかみさんへの愛情を失ってしまい、病状を心配することもなく、おかみさんも生きる希望を失っているということ。

問5　――線4「いのちの呼応」とあるが、それはどういうことか。その説明として最も適当なものを次の中から選び、記号で答えなさい。

ア　母親の作ったどじょう汁が徳永に生きる力をもたらし、勘定の代わりとして徳永が精魂こめて作った簪は母親の心を慰める。そのようにしていのちはつながっているのだということ。

イ　母親の作ったどじょう汁がくめ子たち親子の生活を支えるだけでなく、徳永を生かして彼の彫金の腕を上げる助けともなる。そのようにしていのちは役に立っているのだということ。

ウ　母親の作ったどじょう汁が年老いた徳永の生命力となり、徳永が全力を尽くして作る簪は生き生きとした素晴らしい作品となる。そのようにしていのちは受け継がれているのだということ。

エ　母親の作ったどじょう汁が母親と徳永の出会いを生んで二人を結びつけ、くめ子と年老いた徳永も結びつける。そのようにしていのちは人と人とのつながりを生んでいるのだということ。

オ　母親の作ったどじょう汁が徳永に仕事の活力を与え、徳永が懸命に仕事をする姿を見せることで母親に生きる気力を与える。そのようにしていのちはすべての原動力となっているのだということ。

問6　――線5「宿命に忍従しようとする不安で逞しい勇気と、救いを信ずる寂しく敬虔な気持」とあるが、それはどういうことか。その説明として最も適当なものを次の中から選び、記号で答えなさい。

ア　夫で苦労する運命であることに心配はあるが、割り切って夫婦生活を送ろうと思うことと、結ばれることはなくてもどこかに自分をたちの中で自分に関《かかわ》りのあるものが出るようだったら、誰が自分を悩ます放蕩者の良人《おっと》になり、誰が懸命の救い手になるかなどと、※ありのすさびの推量ごとをしてやや c興を覚える。だが、しばらくすると

「店が忙しいから」

と言って袖で胸を抱いて一人で店へ帰る。窓の中に坐る。

徳永老人はだんだん瘠《や》せ枯れながら、毎晩必死とどじょう汁をせがみに来る。

※拍子木…二つ打ち合わせて鳴らす長方形の小さな木。夜回り等で用いられた。

※鰥夫…独身の男。

※帳場…料理店などで客が支払いを行う場所。

※放蕩者…好き勝手に振るまい、だらしがない人。

※鏨…金属や岩石を加工する道具の一種。

※しくものはない…及ぶものはない。

※加納夏雄…江戸時代末期から明治時代に活躍した彫金師。

※高島田…女性の髪型の一つ。明治時代以降は未婚の女性の正装であった。結婚すると「丸髷」という髪型にした。

※彫るせきもなく…彫金を施す余地がなく。

※琴柱…琴の弦を支え、音の高低を調節するもの。

※ありのすさび…いいかげんな。

問1　═══線a～cの本文中の意味として最も適当なものを後のア～オから選び、それぞれ記号で答えなさい。

a「いたいけなもの」

ア　幼くかわいらしいもの
イ　慰めとなるもの
ウ　張り合いを与えてくれるもの
エ　暇つぶしとなるもの
オ　かけがえのないもの

b「たまさか」

ア　盛んに　イ　怪しげに　ウ　元気に　エ　必死に
オ　まれに

c「興を覚える」

ア　不安に思う　イ　希望を感じる
ウ　楽しさを感じる　エ　寂しさを感じる
オ　ばかげていると思う

問2　――線1「冷たい石になることも難かしい」とあるが、それはどのような状況を表しているのか。70字以内で具体的に説明しなさい。

問3　――線2「徳永もその時分は若かった」とあるが、その頃の徳永の説明として、正しいものには○を、正しくないものには×を書きなさい。

ア　徳永は、おかみさんを慰めるために最高の簪を作ろうとして、気に入らなければ鋳直し、命を削る思いで励んだ結果、彫金の腕をかなり上げた。

イ　徳永は、不実な夫のせいで苦しんでいるおかみさんを助けられるのは自分しかいないと思ったので、彼女を助けることにためらいはなかった。

ウ　徳永は、簪を作ることにうち込む自分の姿をおかみさんに見せることで、彼女が前向きな気持ちで家業に取り組むきっかけをつくってあげたいと思った。

顔を天井に向け、狛犬《こまいぬ》のように蹲《うずくま》り、哀訴の声を呪文のように唱えた。

くめ子は、われとしもなく帳場を立上った。妙なものに酔わされた気《き》持《もち》でふらりふらり料理場に向った。料理人は引上げて誰もいなかった。生洲《いけす》に落ちる水の滴《したた》りだけが聴《きこ》える。

くめ子は、一つだけ捻《ひね》ってある電灯の下を見廻すと、大鉢に蓋《ふた》がしてある。蓋を取ると明日の仕込みにどじょうは生酒《きざけ》に漬けてある。まだ、よろりよろり液体の表面へ頭を突き上げているのもある。日頃は見るも嫌だと思ったこの小魚が今は親しみやすいものに見える。くめ子は、小麦色の腕を捲《ま》くって、一ぴき二ひきと、柄鍋《えなべ》の中へ移す。握った指の中で小魚はbたまさか蠢《うご》めく。すると、その顫動《せんどう》が電波のように心に伝わって刹那《せつな》に不思議な意味が仄《ほの》かに囁《ささや》かれる――4いのちの呼応。

くめ子は柄鍋に出汁《だし》と味噌汁《みそしる》とを注いで、ささがし牛蒡《ごぼう》を抓《つま》み入れる。瓦斯《ガス》こんろで掻き立てた。くめ子は小魚が白い腹を浮かして熱く出《で》来上《きあが》った汁を朱塗《しゅぬり》の大椀に盛った。山椒《さんしょう》一つまみ蓋の把手《とって》に乗せて、飯《めし》櫃《びつ》と一緒に窓から差し出した。

「御飯はいくらか冷たいかも知れないわよ」

老人は見栄《みえ》も外聞もない悦《よろこ》び方で、コールテンの足袋《たび》の裏を弾《は》ね上げて受取り、仕出しの岡持《おかもち》を借りて大事に中へ入れると、潜り戸を開けて盗人のように姿を消した。

不治の癌《がん》だと宣告されてからかえって長い病床の母親は急に機嫌よくなった。やっと自儘《じまま》に出来る身体になれたと言った。早春の日向《ひなた》に床をひかせて起上り、食べたいと思うものをあれやこれや食べながら、くめ子に向って生涯に珍《めず》らしく親身な調子で言った。

「妙だね、この家は、おかみさんになるものは代々亭主に放蕩されるんだがね。あたしのお母さんも、それからお祖母《ばあ》さんもさ。恥かきっちゃないよ。だが、そこをじっと辛抱《しんぼう》してお帳場に噛《かじ》りついていると、どうにか暖簾《のれん》もかけ続けて行けるし、それとまた妙なもので、誰か、いのちを籠《こ》めて慰めてくれるものが出来るんだね。お母さんにもそれがあったし、お祖母さんにもそれがあった。だから、おまえにも言っとくよ。おまえにももしそんなことがあっても決して落胆おしでないよ。今から言っとくが――」

母親は、死ぬ間際に顔が汚《きた》ないと言って、お白粉《しろい》などで薄く刷《は》き、戸棚の中から※琴柱《ことじ》の箱を持って来させて

「これだけがほんとに私が貰《もら》ったものだよ」

そして箱を頬に宛てがい、さも懐かしそうに二つ三つ揺《ゆす》る。中で徳永の命をこめて彫ったという沢山《たくさん》の金銀簪の音がする。その音を聞いて母親は「ほ　ほ　ほ　ほ」と含み笑いの声を立てた。それは無垢《むく》に近い娘の声であった。

5宿命に忍従しようとする不安で逞《たくま》しい勇気と、救いを信ずる寂しく敬虔《けいけん》な気持とが、その後のくめ子の胸の中を朝夕に縺《もつ》れ合う。それがあまりに息詰まるほど嵩《たか》まると彼女はその嵩《たかまり》を心から離して感情の技巧の手先で犬のように綾《あや》なしながら、うつらうつら若さをおもう。ときどきは誘われるまま、常連の学生たちと、日の丸行進曲を口笛で吹きつれて坂道の上まで歩き出てみる。谷を越した都の空には霞《かすみ》が低くかかっている。

くめ子はそこで学生がくれるドロップを含みながら、もし、この青年

げますよ。決して心配なさるな。その代《かわ》り、おまえさんが、一心うち込んでこれぞと思った品が出来たら勘定の代りなり、またわたしから代金を取るなりしてわたしにおくれ。それでいいのだよ。ほんとにそれでいいのだよと、繰返して言って下さった」老人はまた鼻を啜った。

「おかみさんはそのときまだ若かった。早く婿取りされて、ちょうど、あなたぐらいな年頃だった。気の毒に、その婿は※放蕩《ほうとう》者で家を外に四《よつ》谷《や》、赤坂と浮名を流して廻《まわ》った。おかみさんは、それをじっと堪え、その帳場から一足も動きなさらんかった。たまには、人に縋《すが》りつきたい切ない限りの様子も窓越しに見えました。そりゃそうでしょう。人間は生身ですから、そうむざむざ[1]冷たい石になることも難《むず》かしい」

[2]徳永もその時分は若かった。若いおかみさんが、生埋めになって行くのを見兼ねた。正直のところ、窓の外へ強引に連れ出そうかと思ったことも一度ならずあった。それと反対に、こんな半本乃伊《ミイラ》のような女に引っかかって、自分の身をどうするのだ。そう思って逃げ出しかけたこともたびたびあった。だが、おかみさんの顔をつくづく見るとどちらの力も失《う》せた。おかみさんの顔は言っていた――自分がもし過《あやま》ちでも仕出かしたら、報いても報いても取返しのつかない悔いがこの家から永遠に課されるだろう、もしまた、世の中に誰一人、自分に慰め手がなくなったら自分はすぐ灰のように崩れ倒れるであろう――

「せめて、いのちの息吹《いぶ》きを、回春の力を、わしはわしの芸によって、この窓から、だんだん化石して行くおかみさんに差入れたいと思った。わしはわしの身のしんを揺り動かして※鏨《たがね》と槌《つち》を打ち込んだ。それには片切彫《かたぎりぼり》に※しくものはない」

おかみさんを慰めたさもあって骨折るうちに知らず知らず徳永は明治の名匠※加納夏雄《かのうなつお》以来の伎倆《ぎりょう》を鍛《きた》えたと言った。

だが、いのちが刻み出たほどの作は、そう数多く出来るものではない。徳永は百に一つをおかみさんに献じて、これに次ぐ七、八を売って生活の資にした。あとの残りは気に入らないといって彫りかけの材料をみな鋳直《いなお》した。「おかみさんは、わしが差上げた簪《かんざし》を頭に挿《さ》したり、抜いて眺めたりされた。そのときは生々しく見えた」だが徳永は永遠に隠れた名工である。それは仕方がないとしても、[3]歳月は酷《むご》いものである。

「はじめは※高島田にも挿せるような大平打《おおひらうち》の銀簪にやなぎ桜と彫ったものが、丸髷《まるまげ》用の玉かんざしのまわりに夏菊、ほととぎすを彫るようになり、細づくりの耳掻きかんざしに糸萩《いとはぎ》、女郎花《おみなえし》を毛彫りで彫るようになっては、もうたいして※彫るせきもなく、一番しまいに彫って差上げたのは二、三年まえの古風な一本足のかんざしの頸《くび》に友呼ぶ千鳥一羽のものだった。もう全く彫るせきはない」

こう言って徳永は全くくたりとなった。そして「実を申すと、勘定をお払いする目当てはわしにもうありませんのです。身体も弱りました。仕事の張気も失せました。永いこともないおかみさんは簪はもう要らんでしょうし。ただただ永年夜食として食べ慣れたどじょう汁と飯一椀《ひとわん》、わしはこれを摂らんと冬のひと夜を凌《しの》ぎ兼ねます。朝までに身体が凍《こご》え痺《しび》れる。わしら彫金師は、一たがね一期《いちご》です。明日のことは考えんです。あなたが、おかみさんの娘ですなら、今夜も、あの細い小魚を五、六ぴき恵んで頂きたい。死ぬにしてもこんな霜枯《しもが》れた夜は嫌です。今夜、一夜は、あの小魚のいのちをぽちりぽちりわしの骨の髄《ずい》に噛み込んで生き伸びたい――」

徳永が嘆願する様子は、アラブ族が落日に対して拝するように心もち

を可能とするもの。

ウ　話し手が細かく状況を語って自分の内面を伝えようとし、聞き手も相手の状況を推し量って内面を知ろうとする。形容詞に頼ることなくそうした煩わしい努力を両者がすることで良好な人間関係を可能とするもの。

エ　話し手が詳細な状況を語って自分の内面を伝えようとし、聞き手も相手の言葉に細心の注意を払って内面を知ろうとする。形容詞に頼らないでそうした煩わしい努力を両者がすることで心の伝達を可能とするもの。

オ　話し手が具体的な事例を用いて自分の内面を伝えようとし、聞き手も自分の体験や知識を活用して内面を知ろうとする。形容詞を用いることなくそうした煩わしい努力を両者がすることで感情の伝達を可能とするもの。

二　次の文章は、岡本《おかもと》かの子《こ》「家霊《かれい》」の一部である。代々続くどじょう汁の店の一人娘であるくめ子は、母親が病気のため店の経営を任されたが、気乗りがしないでいる。ある日、くめ子のもとに彫金師の徳永という老人がやって来る。これを読んで、後の問いに答えなさい。なお、以下の文章はそれに続く場面である。本文には表記を一部変えたところがある。

ある夜も、風の吹く晩であった。夜番《よばん》の※拍子木が過ぎ、店の者は表戸を卸《おろ》して湯に出かけた。そのあとを見済ましでもしたかのように、老人は、そっと潜《くぐ》り戸を開けて入って来た。

老人は娘のいる窓に向って坐《すわ》った。広い座敷で窓一つに向《むか》った老人の上にもしばらく、手持無沙汰《てもちぶさた》な深夜の時が流れる。老人は今夜は決意に充《み》ちた、しおしおとした表情になった。

「若いうちから、このどじょうというものはわしの虫が好くのだった。この身体のしんを使う仕事には始終、補いのつく食いものを摂《と》らねば業が続かん。そのほかにも、うらぶれて、この裏長屋に住み付いてから二十年あまり、※鰥夫暮《やもめぐら》しのどんな侘《わび》しいときでも、苦しいときでも、柳の葉に尾鰭《おひれ》の生えたようなあの小魚は、妙にわしに食いもの以上の馴染《なじみ》になってしまった」

老人は掻《か》き口説くようにいろいろのことを前後なく喋《しゃべ》り出した。

人に嫉《ねた》まれ、蔑《さげす》まれて、心が魔王のように猛《たけ》り立つときでも、あの小魚を口に含んで、前歯でぽきりぽきりと、頭から骨ごとに少しずつ噛《か》み潰して行くと、恨みはそこへ移って、どこともなくやさしい涙が湧いて来ることも言った。

「食われる小魚も可哀《かわい》そうになれば、食うわしも可哀そうだ。誰《だれ》も彼もいじらしい。ただ、それだけだ。女房はたいして欲しくない。だが、a いたいけなものは欲しい。いたいけなものが欲しいときもあの小魚の姿を見ると、どうやら切ない心も止まる」

老人は遂《つい》に懐《ふところ》からタオルのハンケチを取出して鼻を啜《すす》った。「娘のあなたを前にしてこんなことを言うのは宛《あ》てつけがましくはあるが」と前置きして「こちらのおかみさんは物の判《わか》った方でした。以前にもわしが勘定の滞《とどこお》りに気を詰《つま》らせ、おずおず夜、遅く、このようにしてたびたび言い訳に来ました。すると、おかみさんは、ちょうどあなたのいられるその※帳場に大儀そうに頬杖《ほおづえ》ついていられたが、少し窓の方へ顔を覗《のぞ》かせて言われました。徳永さん、どじょうが欲しかったら、いくらでもあ

オ　人間が認識したものは、離散的な空間である自然から抜き出した一部になってしまうということ。

問3　——線3「言葉と言葉のあいだには、どうしても埋められない空隙、間隙が存在するほかはないのだ」とあるが、それはなぜか。その説明として最も適当なものを次の中から選び、記号で答えなさい。

ア　無限の要素からなる世界を表現しつくすほど、人間はまだ言語を生み出していないから。

イ　言葉の組み合わせは無限であるはずなのに、人間は言葉を有限だと思い込んでいるから。

ウ　無限の要素からなる世界を有限の言葉で表せるほど、人間は言葉の扱いに習熟していないから。

エ　言葉の組み合わせは無限にあるにもかかわらず、人間が扱える組み合わせには限りがあるから。

オ　無限の要素からなる世界を有限の言葉で表そうとしても、人間が表現できるものには限りがあるから。

問4　——線4「言う方も、聞く方も、『寂しい』という形容詞を互いに交換しているだけである」とあるが、それはどういうことか。その説明として最も適当なものを次の中から選び、記号で答えなさい。

ア　話し手は相手が気持ちを汲んでいることを知らずに「寂しい」を使い、聞き手は感情移入して「寂しい」を理解したつもりになっており、互いに個人の体験については何も話し合っていないということ。

イ　話し手は相手が自分の気持ちに立ち入ることを嫌って「寂しい」を使い、聞き手は自分の体験や知識から「寂しい」を理解したつもりになっており、互いに個人の内面については何も話し合っていないということ。

ウ　話し手は相手が察してくれることを期待して「寂しい」を使い、聞き手は感情移入して「寂しい」を理解したつもりになっており、互いに寂しさの具体的な中身については話し合っていないということ。

エ　話し手は相手がわかってくれることを期待して「寂しい」を使い、聞き手は相手の今の気持ちを無視して「寂しい」を理解したつもりになっており、互いに寂しさの内容を何も話し合っていないということ。

オ　話し手は相手が理解してくれることを期待して「寂しい」を使い、聞き手は自分の体験や知識から「寂しい」を理解することで、互いに寂しさの具体的な内容について話し合っているということ。

問5　——線5「かなりうそ寒い状況」とあるが、それはどのような状況か。80字以内で説明しなさい。

問6　筆者が理想とする「会話」とはどのようなものか。その説明として最も適当なものを次の中から選び、記号で答えなさい。

ア　話し手が具体的に状況を語って自分の内面を伝えようとし、聞き手も相手の言葉を確実に理解して内面を知ろうとする。形容詞を使わずにそうした煩わしい努力を両者がすることで友好的な人間関係を可能とするもの。

イ　話し手が多くの言葉を用いて自分の内面を伝えようとし、聞き手も相手の言葉を漏らさず聞き取って内面を理解しようとする。形容詞だけに頼らずそうした煩わしい努力を両者がすることで心の交流い」を使わないで言おうとすれば、仕方なくどんなことがあって悲しいのか、どんな風に悲しいのか、そんなこまごまとした具体を引っ張り出して話さなければならなくなる。必然的に話は長くなり、言う方も面倒だろうが、聞く方ももっと面倒なのである。

しかし、その時間がかかって面倒だという煩わしさこそが、本来の会話に必要な要素なのだと思うのである。時間がかかる、忍耐を必要とする、相手の言おうとすることを漏らさず聞き取る努力を必要とする、そんなもろもろの煩わしい努力こそが、夫婦の、あるいは親子の会話あるいは対話を、その二人にしかできない血の通った気持ちの伝達に導くのである。

二人が同じようにそんな努力をしたいと思える場合の方が少ないだろう。話す方がその気にならなければ成立しないが、聞く方が聞こうという気にならなければ、これまた成立しない。対話の成立には双方の努力が必須であるが、一方がちょっとひよったり、かわしたりしようとするとき、どうしても形容詞に逃げてしまう。

しかし、形容詞を敵だと思えるようになれば、そこに自《おの》ずから自分の言葉で語り、相手の内側の言葉に耳を傾けるという関係が成立する条件が整うのである（もちろんこれで完成というわけではない）。

私たち夫婦は、他の一般的な夫婦と較《くら》べれば、たぶん圧倒的に会話の時間の長い夫婦だったのだろうと思う。しかし、妻が亡くなってみて、私が今もっとも悔いているのもまた会話の時間に対する、私自身の忍耐の不足だったということにほかならない。もっと聞いてやればよかった、そのための時間を惜しむのではなかったという後悔は、誰からも責められないゆえにいっそう深く自らに刺さってくるのである。

問1　――線1「世はデジタルの時代である」とあるが、一般の人々にとって「デジタル」はどのようなものとして意識されているのか。その説明として最も適当なものを次の中から選び、記号で答えなさい。

ア　感覚的なアナログと対立し、論理的に構成されている難解なもの。

イ　時代の先端であり、数値によって成り立つ理解することの困難なもの。

ウ　時代遅れのアナログと較べて、最新の技術が用いられている優れたもの。

エ　最先端のものであり、すべてが数字によって構成されている便利なもの。

オ　一部の人々が使用できるものであり、数値に支配された複雑なもの。

問2　――線2「それは全体のなかの〈一部〉になってしまう」とあるが、それはどういうことか。その説明として最も適当なものを次の中から選び、記号で答えなさい。

ア　人間が認識したものは、連続した空間である自然から切り取ったものになってしまうということ。

イ　人間を取り巻く自然は、連続した空間である自然とは異なる世界になってしまうということ。

ウ　人間が認識したものは、連続した空間である自然から説明できる部分を切り出したものになってしまうということ。

エ　人間を取り巻く自然は、離散的な空間である自然をより細かく区切ったものになってしまうということ。

形容詞とは本来そのようなものなのである。『広辞苑《こうじえん》』は、「①もとの活気が失せて荒廃した感じがする。②欲しい対象が欠けていて物足りない。満たされない。③孤独がひしひしと感じられる。④にぎやかでない。ひっそりとして心細い。」と説明するが、それ以上に〈個別の寂しさ〉について何も語らない。要するに「楽しい」や「にぎやかだ」「陽気だ」などとは違う感情であると言っているに過ぎないのである。

改めて考えてみれば、これで感情の伝達が成り立つのが不思議なのである。これで会話が成り立つ理由はただ一つ、聞く方は、自分のその時の体験、あるいは他の人からの伝聞や書物などから得た知識などを総動員して、相手のいまの状況を推し量るのである。つまり自分の感情移入によって相手の「寂しい」をわかったようなつもりになるのである。

そして話す方は、相手がそのように自らの体験から推し量って自分の気持ちを汲《く》んでくれることを期待して「寂しい」という形容詞を相手に〈預ける〉のである。ここでは[4]言う方も、聞く方も、「寂しい」という形容詞を互いに交換しているだけであることは言うまでもないだろう。

最近、私が強い違和感を持つのは、若い世代が限られた数の形容詞でコトを済ましてしまう傾向についてである。その代表が、若い女性たちの会話に頻出する「カワイイ」であろうか。それに「めっちゃ」がつけば立派な女子言葉。男女共通の代表的形容詞は「ヤバい」であろう。この「ヤバい」も本来の危険だという意味からははるかに遠い意味内容で使われ、「めっちゃヤバい」が「とても旨《うま》い」にもなると言うから驚く。

一時的な時代の流行と大目に見ておいてもいい、単なる〈現象〉なのではあろう。しかし、言葉の表面的な意味だけではなく、自らの内面を見つめるという行為をスキップして、出来合いの形容詞だけで間に合わせてしまうという表現のあり方を考えると、それは[5]かなりうそ寒い状況を映しているのではないだろうか。

形容詞による会話、あるいは対話は、お互いに内面を語らないことを前提にした情報交換なのである。「寂しい」と言って、ほかならぬ〈私〉がどのように寂しいのかについては触れない、あるいは触れてほしくない、そんな意思表示が形容詞の使用だと言ってもいい。本当は、その形容詞のあとに、個別の状況とか、具体的な状況や出来事とかが縷々《るる》語られて初めて、「寂しい」という形容詞が、それを発した人の感情を引き連れて感受されるはずなのである。

形容詞に頼らないという覚悟、拙くとも自分で掘り当てた言葉で、自分の内面の、心の深くに漂っている感情を伝えたい、そんな努力を外しては、会話による心の伝達は成り立ち得ない。

友人関係で、それ以上立ち入って欲しくないから形容詞でという場合は確かにあるだろう。「今日はいいお天気ですねえ」だけで済ませたい相手もあるのであり、そんな相手とは「めっちゃヤバい」を交換して、時間をやり過ごすというのもいいのかもしれない。

しかし、これが夫婦とか、親子とかの会話に侵入してくるとどうなるのか。いきなり結論的なもの言いになってしまうが、私は、家族のあいだの会話では、できるだけ形容詞を使わない会話がなされることが理想だと思う人間である。

形容詞を使わないで自分の感情を伝えるのは、相当に面倒なことである。「今日は悲しいので一人にしておいてくれ」と言うところを、「悲し

【国　語】〈五〇分〉〈満点：一〇〇点〉

【注意】 1．解答の際には、句読点や記号は一字と数えること。
2．コンパス・定規は使用しないこと。

一　次の文章は、永《なが》田《た》和《かず》宏《ひろ》『あの午後の椅子』の一部である。これを読んで、後の問いに答えなさい。なお、出題に際して、本文には表記を一部変えたところがある。

[1]世はデジタルの時代である。デジタルに対する語はアナログ。「あいつはアナログ人間だから」などという言い方には確かにどこか軽侮の思いが混じっているのを見ると、どうやらアナログ＝時代遅れ、デジタル＝時代の先端、と言った意識が共有されているようである。

デジタルと言うと、いかにも数学的世界と思いがちである。もともとデジットは指を意味し、指折り数えて数値化することがデジタル化である。だから当然、そこは数字の支配する世界。コンピューターの言語が、基本的には0か1で書かれていることは誰もが知っていよう。われわれ普通の人間には、およそ理解の及ばない別世界の雰囲気である。

しかし、もっと身近なところで、私たちが自然（＝世界）を見て、そこに何かを見つけ、それを誰かに伝えようとするとき、この行為はまさにデジタル化以外のものではない。

私たちを取り巻く自然、あるいは世界は連続した空間である。連続量であると言ってもいい。その自然のなかで何かを認識するとき、私たちは連続した世界の一部を切り取っているのである。何も意識していないとき、自然は全体として我々を包んでいるが、そのなかに何かを見ようとすると、あるいは何かを感じようとすると、とたんに[2]それは全体のなかの〈一部〉になってしまう。デジタル化というのは、連続量を離散的に表すことにほかならず、このような認識は、まさにデジタル化にほかならない。

そしてそれを表現しようとする。表現に用いるのは主として言葉であるが、言葉で表現するということ、そのことがデジタル化の最たるものなのである。連続量、しかも無限の要素からなる世界を、たかだか何万字と言った有限の言葉に当てはめようとするのだから、このデジタル化にはそうとうな無理があるのは言うまでもない。[3]言葉と言葉のあいだには、どうしても埋められない空隙《くうげき》、間隙が存在するほかはないのだ。

「何と言ったらいいのか」「言葉が見つからない」とか、「言葉で言えないくらい」とか、あるいは「筆舌に尽くしがたい」などの便利な言葉が用意されているが、いずれも多くの場合は、世界を埋めようとする言葉の不如意、また言葉と言葉のあいだの埋まらない間隙を言うことが多い。

夫を亡くして一人になった女性がいるとする。彼女にもっとも切実な感情は、「寂しい」であり「悲しい」であろうことは想像に難《かた》くない。日常会話のなかで「とても寂しいのよ」と言ったとき、どんなに寂しいのか、改めて尋ねるなどということは、誰もしないだろう。尋ねなくてもわかっているからである。

しかし、ほんとうにわかっているのだろうか。彼女がいまどのように寂しいと感じているのか、「寂しいということ」はわかっても、どのように寂しいのか、どれほど寂しいのか、「寂しい」という形容詞は、何も答えてくれない。

MEMO

大切なことはメモしておこうネ！

2021年度

解　答　と　解　説

《2021年度の配点は解答欄に掲載してあります。》

＜数学解答＞ 《学校からの正答の発表はありません。》

1　(1)　$\frac{1}{8}$　　(2)　2, 3, 16, 24　　(3)　5

2　(1)　(a)　向かい合う辺は等しい　　(b)　AH＝BF　　(c)　270
(d)　2辺とその間の角がそれぞれ等しい　　(e)　FEB　　(f)　AEF　　(g)　AEB
(2)　$40+16\sqrt{3}$

3　(1)　12126　　(2)　(i)　L＝abG　　(ii)　(129, 1978), (141, 1974)

4　(1)　$A_2(-2, 4)$, $A_3(3, 9)$　　(2)　$324\sqrt{2}$　　(3)　12

5　(1)　(i)　74　　(ii)　84　　(2)　(i)　$n+2$　　(ii)　5

○推定配点○

1　(1)・(2)　各6点×2　　(3)　8点　　2　(1)　各2点×7　　(2)　6点　　3　(1)　6点
(2)　(i)　6点　　(ii)　各4点×2　　4　(1)　各3点×2　　(2)　6点　　(3)　8点
5　(1)　(i)・(ii)　各4点×2　　(2)　(i)・(ii)　各6点×2　　計100点

＜数学解説＞

1　(確率―2種類のさいころの目，整数の性質)

(1)　xとして4通り，yとして8通りの数が考えられるので，目の出方(x, y)の総数は，4×8＝32　$x+y=9$となる出方は，$(x, y)=(1, 8), (2, 7), (3, 6), (4, 5)$の4通りあるので，その確率は，$\frac{4}{32}=\frac{1}{8}$

(2)　$\frac{1}{16}=\frac{2}{32}$だから，$(x, y)$の組が2組できる$a$の値を求めればよい。$x$の値が1から4までであることから，$(x, y)$の組として，(1, 2)と(2, 1)，(1, 3)と(3, 1)，(2, 8)と(4, 4)，(3, 8)と(4, 6)が考えられる。よって，a＝2, 3, 16, 24

	1	2	3	4	5	6	7	8
1	1	②	③	4	5	6	7	8
2	②	4	6	8	10	12	14	⑯
3	③	6	9	12	15	18	21	㉔
4	4	8	12	⑯	20	㉔	28	32

やや難　(3)　xに4個，zに6個の出方があるので，目の出方の総数は4×6＝24　$x+z=8$となる確率が$\frac{1}{8}=\frac{3}{24}$であることから(x, z)の組は3組できる。xzが奇数になる確率が$\frac{1}{3}=\frac{8}{24}$であることから，bが偶数のときには，2×3＝6(通り)となって不適当。bが奇数のときには，2×4＝8(通り)となる。$b=1$のときには，$x+z=8$となるのは，$(x, z)=(3, 5), (4, 4)$の2通りなので不適当。$b=3$のときも同様に不適当。$b=5$のときには，$(x, z)=(3, 5), (3, 5), (4, 4)$の3通りができる。よって，$b=5$

2　(平面図形―証明，正方形，合同，ひし形，面積)

重要　(1)　AHEと△BFEにおいて，正方形の対角線の長さは等しく，それぞれの中点で交わるから，EA＝

EB…① 四角形ABCDは平行四辺形であり，その「(a)向かい合う辺は等しい」ので，DA＝BC よって，DA，BCを1辺とする正方形は合同である。合同な正方形の対角線の長さは等しく，それぞれの中点で交わるので，「(b)AH＝BF」…② 正方形の対角線の性質から，∠HAD＝∠BAE＝∠EBA＝∠CBF＝45°…③ また，四角形ABCDは平行四辺形なので，∠DAB＋∠ABC＝180°…④ 図のように点I，Jをおくと，∠JBI＋∠ABC＝360°－90°×2＝180° よって，∠JBI＝∠DAB よって，∠EAH＝360°－45°×2－∠DAB＝「(c)270°」－∠DAB，∠EBF＝360°－45°×2－∠JBI＝360°－45°×2－∠DAB＝「(c)270」°－∠DAB したがって，∠EAH＝∠EBF…⑤ ①，②，⑤から，「(d)2辺とその間の角がそれぞれ等しい」ので，△AHE≡△BFE…⑥ 合同な三角形の対応する辺の長さは等しいので，HE＝FE ⑥と同様に三角形の合同を考えると，△AHE≡△BFE≡△CFG≡△DHG よって，HE＝FE＝FG＝HG よって，4辺の長さが等しいので，四角形EFGHはひし形である。…⑦ また，⑥から，合同な三角形の対応する角の大きさは等しいので，∠HEA＝「(e)∠FEB」 よって，∠HEF＝∠HEA＋∠「(f)AEF」＝∠「(e)FEB＋∠「(f)AEF」＝∠「(g)AEB」 Eは正方形の対角線の交点だから，∠「(g)AEB」＝となり，四角形EFGHは1つの内角が90°であるひし形なので正方形である。

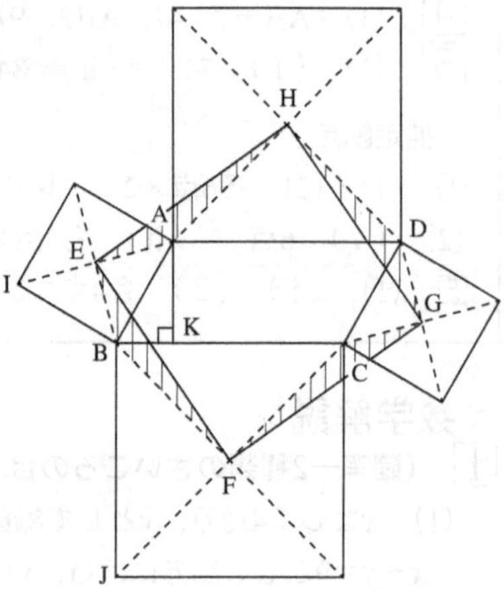

(2) △AHE≡△BFE，△CFG≡△DHGなので，正方形EFGHの面積は，多角形AEBFCGDHの面積に等しい。よって，△EAB，△FBC，△GCD，△HAD，平行四辺形ABCDの面積を加えたものとなる。AからBCに垂線AKを引くと，△ABKは内角の大きさが30°，60°，90°の直角三角形となるので，AB：BK：AK＝2：1：$\sqrt{3}$ よって，AK＝$2\sqrt{3}$ したがって，正方形EFGHの面積は，$4\times4\times\frac{1}{4}\times2+8\times8\times\frac{1}{4}\times2+8\times2\sqrt{3}=8+32+16\sqrt{3}=40+16\sqrt{3}$

3 **(自然数の性質－素因数分解，最大公約数，最小公倍数)**

(1) 129＝3×43 282＝2×3×47 よって，129と282の最小公倍数は，2×3×43×47＝6×2021＝12126

重要 (2) (ⅰ) A＝G×a，B＝G×b GはAとBの最大公約数なので，aとbは互に素である。つまり，aとbは共通の公約数を持たない数である。よって，L＝G×a×b＝abGと表せる。

(ⅱ) A－2B－2G＋L＝aG－2bG－2G＋abG＝G(a－2b－2＋ab)＝G{(a－2)＋b(a－2)} a－2＝Xとおくと，G(X＋bX)＝GX(b＋1) Xを元に戻すと，G(a－2)(b＋1) 2021＝43×47なので，G(a－2)(b＋1)＝2021＝43×47のとき，Gは1ではないから，G＝43，または，G＝47 G＝43のとき，b＋1＝1ということはないので，a－2＝1，b＋1＝47 a＝3，b＝46 A＝43×3＝129 B＝43×46＝1978 G＝47のとき，a－2＝1，b＋1＝43 a＝3，b＝42 A＝47×3＝141 B＝47×42＝1974 よって，(A，B)＝(129，1978)，(141，1974)

4 **(関数・グラフ－直線の式，交点，三平方の定理，規則性)**

重要 (1) A_1のy座標は$y=1^2=1$ A_1A_2の式を$y=-x+b$とおき，(1，1)を代入してbの値を求めると，$b=2$ A_2は$y=-x+2$と$y=x^2$との交点だから，そのx座標は方程式$x^2=-x+2$の解である。$x^2+x-2=0$ $(x+2)(x-1)=0$ $x=-2$，$y=(-2)^2=4$ $A_2(-2, 4)$ A_2A_3の式も同様にして求めると，$y=x+c$ $4=-2+c$ $c=6$ $y=x+6$ A_3のx座標は，$x^2=x+6$ $x^2-x-6=0$ $(x+2)(x-3)=0$ $x=3$ よって，$A_3(3, 9)$

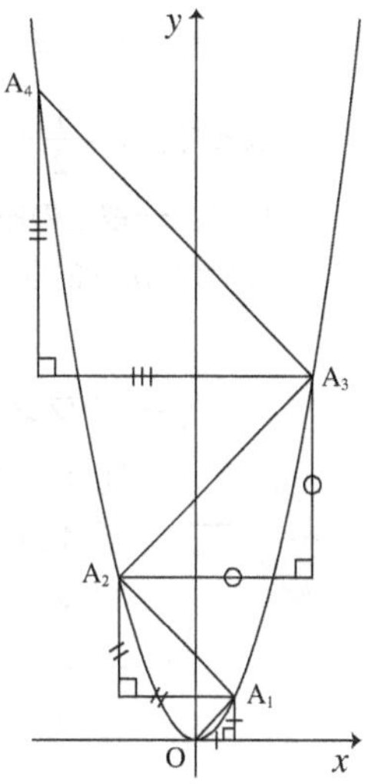

(2) $9=-3+b$ $b=12$ $x^2=-x+12$ $(x+4)(x-3)=0$ $x=-4$, $y=16$ A_1 A_2 A_3, A_4のx座標が1, −2, 3, −4, …となっていて, y座標が1, 4, 9, 16となっていることがわかる。右図のように, それぞれの点を通るx軸, y軸に平行な直線を引いて直角二等辺三角形を作り, 等辺と斜辺の比が$1:\sqrt{2}$であることを利用すると, $OA_1=\sqrt{2}$, $A_1A_2=3\sqrt{2}$, $A_2A_3=5\sqrt{2}$, $A_3A_4=7\sqrt{2}$, … よって, $OA_1+A_1A_2+A_2A_3+A_3A_4+\cdots\cdots+A_{17}A_{18}=\sqrt{2}(1+3+5+7+\cdots\cdots+35)$ 〈18番目の奇数は$2\times18-1=35$として求められる〉 ところで, $1=1^2$, $1+3=4=2^2$, $1+3+5=9=3^2$ $1+3+5+7=16=4^2$, …というように, 1からn番目までの奇数の和は, $\dfrac{\{1+(2n-1)\}\times n}{2}=n^2$として求められるから, $\sqrt{2}\times18^2=324\sqrt{2}$

やや難 (3) $OA_1{}^2-A_1A_2{}^2+A_2A_3{}^2-A_3A_4{}^2+A_4A_5{}^2-A_5A_6{}^2+\cdots\cdots+A_{n-2}A_{n-1}{}^2-A_{n-1}A_n{}^2=1\times2-9\times2+25\times2-49\times2+81\times2-121\times2\cdots\cdots+\{2(n-1)-1\}^2\times2-\{2n-1\}^2\times2=$ この式を2項ずつまとめて表すと, $(-8\times2)+(-24\times2)+(-40\times2)+\cdots\cdots+(-8n+8)\times2=-8\times2\times\{1+3+5+\cdots\cdots+(n-1)\}$ なお, $n-1$がm番目の奇数だとすると, $2m-1=n-1$ $m=\dfrac{n}{2}$ よって, { }の中は1から$\dfrac{n}{2}$番目までの奇数の和となるので, $-8\times2\times\left(\dfrac{n}{2}\right)^2=-576$のとき, $\left(\dfrac{n}{2}\right)^2=36$ $n>0$だから, $\dfrac{n}{2}=6$ $n=12$

5 **(空間図形―切断, 積み重ねた立方体を減らすこと, 体積, 表面積, 一次関数)**

(1) 図1は, 1つの角について①は1回目の操作で取り除かれる立方体, ②, ③は2回目, 3回目で取り除かれる立方体であることをを示している。4角とも同様に取り除かれる。

図1

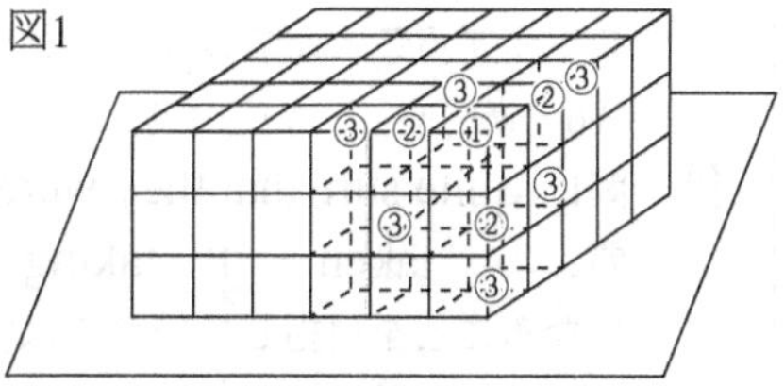

(ⅰ) 操作を2回行うことで取り除かれる立方体は$(1+3)\times4=16$ よって, 操作を2回行ってできる立体の体積は, $5\times6\times3-16=74$

(ⅱ) 1回目, 2回目では, 取り除いた立方体で見えていた部分が, 取り除いた後に新たに見える部分と同じ面積となるので, 立方体を取り除いても表面積は変わらない。3回目の操作では, 図2で示す×印の部分が少なくなる。よって, 操作を3回行ってできる立体の見えている部分の表面積は, $(6\times5-4)+(6\times3-2)\times2+(5\times3-2)\times2=26+32+26=84$

図2

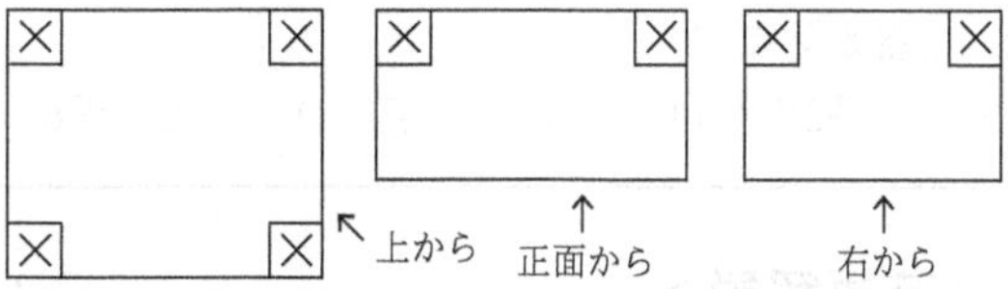

(2) (ⅰ) 図3は, 一番上の段の立方体が何回目に取り除かれるかを示したものである。横の列の中央の列が最後に取り除かれる。縦に6列のときは5回目であり, 縦に8列のときは6回目である。よって, 列の数をx, そのときy回目になくなるとすると, yはxの一次関数であり, xが2増加するとyは1増

図3

1	2	3	4	5	6	7	7	6	5	4	3	2	1
2	3	4	5	6	7	8	8	7	6	5	4	3	2
3	4	5	6	7	8	9	9	8	7	6	5	4	3
2	3	4	5	6	7	8	8	7	6	5	4	3	2
1	2	3	4	5	6	7	7	6	5	4	3	2	1

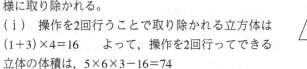

加するから，変化の割合は$\frac{1}{2}$　$y=\frac{1}{2}x+b$とおいて(6，5)を代入すると，$5=3+b$　$b=2$

よって，$y=\frac{1}{2}x+2$　$x=2n$のとき，$y=n+2$　よって，$(n+2)$回目である。

（ⅱ）一番上の段がm回目に取り除かれるとすると，その下の段の立方体は$(m+1)$回目，一番下の段は$(m+2)$回目に取り除かれる。よって，$(n+2)+2=9$のとき，$n=5$である。

★ワンポイントアドバイス★

[1]は表を作って考えるとよい。[2]は∠EAH＝∠EBFをどう説明するかがポイント。[3]は2021＝43×47であることを使う。[4]の(3)は順に計算していってもよい。[5]は1つの角から考えていけばよい。

＜英語解答＞ 《学校からの正答の発表はありません。》

Ⅰ　(A)　(1)　a　(2)　a　(3)　d　(4)　①　view　②　free　③　thirty　④　restaurant　⑤　eleven　(B)　(1)　a　(2)　a　(3)　c　(4)　c　(5)　c

Ⅱ　問1　(1)　away from　(2)　dirty　(3)　cost[need]　問2　体を動かすと発生し，動きを止めると消える(20字)　問3　C　問4　動いている人々はたくさんのエネルギーを生産することができるが，動き回れない人はどうか　問5　produce a lot of heat
問6　あ　ウ　い　イ　う　ア　え　ウ

Ⅲ　問1　quite sure that they were going to become international film stars
問2　A　taken　B　taking　C　stay　D　hated　問3　エ　問4　両親が俳優になることを目指していたのは彼が生まれる前のことだったので，両親が成功しなかったことは彼と関係がなかったから。　問5　ウ　問6　イ　問7　be noticed
問8　なぜ彼らは彼をありのままの自分，つまり静かで優しい子供でいさせなかったのか
問9　(1)　イ　(2)　ア　(3)　ウ

○推定配点○

Ⅰ　各2点×13　Ⅱ　各3点×11　Ⅲ　問6　2点　他　各3点×13　計100点

＜英語解説＞

Ⅰ（リスニング）

(A)　A：Good morning. I hope you are enjoying your stay. How can we help you today?

B：Morning. Thank you, we are having a lovely time, but today is a bit of a change from the sunshine yesterday. It looks like it will be wet all day. We were wondering if you could recommend a few places we could visit inside.

A：Sure. I'm happy to help. How far are you willing to travel?

B：Well, we don't have a car and my son injured his leg yesterday when he was playing soccer on the beach, so we can't walk that far.

A：Ok, let's see. This is a copy of the free guidebook. First, let me suggest the castle. It's only a short walk from here, just up the hill. The architecture is amazing and on a day like today there will be hardly any people.

B：Oh, that sounds interesting, but I was hoping to go there when it's sunny because I heard that the views are excellent.

A：That's very true, you can see the whole town and right out across the bay. Um, in that case, how about visiting the museum? It takes about 30 minutes to walk there, but there is a regular bus which will take you there directly from the stop in front of the hotel. It runs every halfhour. At the moment there is a special show of photographs taken from the international space station. I heard it is very interesting and definitely worth visiting if you can.

B：Sounds good. Do you have to pay a special admission price?

A：I don't think so, let me see……no you don't.

B：OK. Is there anything else that my son might find fun? He might find the museum a little boring.

A：On the way back, you could take a different bus route and stop at the aquarium. It is one of the biggest in the area and you can feed the fish yourself.

B：Uhuh

A：But wait….sorry. It's only open Monday to Saturday, so you won't be able to go today.

B：That's a shame, but we could go another day.

A：How about the butterfly park? It's near the aquarium, just the other side of the castle. It also has a great restaurant where you can get some delicious pancakes!

B：That sounds like a good plan. Which buses do I need to get?

A：Number 7 to the museum and then number 11 back from the museum via the butterfly park.

B：Thanks, see you later. We'd better get going!

A：Yes. Have a nice day. Don't forget your umbrellas.

（A） A：おはようございます。楽しくお過ごしでしょうか。本日はどのようなお手伝いが必要ですか。

B：おはよう。ありがとう，私たちは素晴らしい時間を過ごしています，でも今日は昨日の好天とはちょっと違っていますね。ずっと雨のようです。屋内の場所をいくつかお勧めしてもらえるかしら。

A：もちろんです。喜んでお手伝いいたします。どのくらいの距離まで行けますか。

B：うーん，私たちは車がないし，息子は昨日，ビーチでサッカーをしていた時に脚をけがしたから，あまり遠くまで歩けないわ。

A：わかりました。こちらは無料のガイドブックです。まず城はいかがでしょうか。ここから歩いてすぐ，丘の上です。建物の建築が素晴らしく，今日のような日にはほとんど人がいないでしょう。

B：まあ，それは良さそうですね，でも眺めが素晴らしいと聞いたので，晴れた日にそこへ行こうかと思っていたんです。

A：それはその通りです，町全体と湾の向こう側まで見えます。えー，そのような場合は，博物館に行くのはいかがでしょうか。歩くと30分ほどかかりますが，ホテルの前のバス停からそこまで直接行ける定期運行のバスがあります。30分に1本運行しています。現在，国際宇宙ステーションから撮影された写真の特別展があります。それはとても興味深いそうで，もし可能でしたらぜひ行く価値があります。

B：良さそうね。特別入場料を払わなくてはいけませんか。

A：払わなくていいと思います，確認いたします。…払う必要はございません。

B：わかりました。他に息子が楽しいと思うものはありますか。博物館はちょっと退屈だと思うかもしれないわ。

A：帰り道は違う路線のバスに乗り，水族館に立ち寄ることができます。地域で最大級のもので，魚に餌付けすることができます。

B：へえ。

A：ああ，でも，申し訳ありません。そこは月曜日から土曜日の営業なので，今日は行けません。

B：それは残念ね，でも別の日に行けるわ。

A：バタフライパークはいかがでしょう？　水族館の近くで城の反対側です。そこにはおいしいパンケーキが食べられる，素晴らしいレストランもあります。

B：それはいいプランね。どのバスに乗る必要がありますか。

A：7番のバスで博物館へ行き，11番のバスで博物館からバタフライパークを経由して戻ります。

B：ありがとう，ではまた。私たち，もう出発したほうがいいわ！

A：そうですね。よい一日を。傘をお忘れなく。

(1)　天気はどうか。

a　雨が降っている。　b　晴れている。　c　風が強い。　d　曇っている。

(2)　彼女はなぜ，自分たちは遠くまで歩けないと言っているのか。

a　息子が脚をけがした。　b　雨が降っている。

c　車を持っていない。　d　息子がサッカーをして疲れた。

(3)　その日は何曜日か。

a　月曜日　b　水曜日　c　金曜日　d　日曜日

(4)　会話を聞いて，客のためにメモを完成させなさい。

場所	理由	アクセス
城	興味深い建築 素晴らしい ①眺め	歩いてすぐ 丘の上
博物館	国際宇宙ステーションで撮影された写真の展示 料金：②無料	徒歩 ③30分
水族館	とても大きい 魚に餌付けできる	バス
バタフライパーク	④レストランでパンケーキを売っている	バス番号：⑤11

(B)　In 1994, people living in California reported seeing a giant cloud of silver light in the night sky. Some people were very worried that it was dangerous.

In fact it was just stars and planets that they could see.

An earthquake had stopped the electricity supply and suddenly the people living there could see the night sky more clearly. Many of them had lived in the large, brightly lit city all their lives and had rarely seen stars.

More than 8,000 stars should be visible without a telescope and up to 4,000 of those can be seen at one time. But to see most stars you need to be far away from cities or other populated areas. Most of us only see a tiny number of the stars that we should be able to see. For example, people who live in the suburbs of New York may be able to see about 250 stars if it is not cloudy, but this drops to about 15 in the city.

Light can cause serious problems as it can change the behavior of plants, animals and people. In large cities, lights inside buildings may be left on at night, even though no one is working. These lights confuse birds who travel at night and they will circle a building until they are so tired that they fall to the ground. Millions of birds die as a result of this artificial light at night each year.

In the countryside, sea turtles use the natural light of the moon and stars to find their way to the sea. But people have built hotels, resorts and houses near the beach and at night those buildings are brighter than the sea. Confused turtles have been found in swimming pools and parking lots and along roads. If they are babies they often die before they reach the sea and this has an effect on future populations. There is one good thing about light pollution, though. It is probably the easiest kind of pollution to fix. A light can be turned off.

(B) 1994年，カリフォルニアに住んでいる人々は夜の空に銀色の光の巨大な雲を見たと報告した。それは危険だと非常に心配する人々もいた。

実は彼らが見たものは，単に星や惑星だった。

地震によって電力供給が停止し，そこに住んでいる人々は突然，夜の空をはっきりと見えるようになった。彼らの多くは明るく照らされた大都市にずっと住んでいたので，めったに星を見たことがなかった。

8,000以上の星が望遠鏡なしでも見え，そのうち4,000ほどが1度に見ることができる。しかしほとんどの星を見るためには，都市や人の多い地域から遠く離れている必要がある。私たちのほとんどは，見えるはずの星のうちのごくわずかしか見えない。例えば，ニューヨーク郊外に住んでいる人々は曇りでなければ約250の星が見える可能性があるが，市内では約15個に減ってしまう。

明かりは植物，動物そして人間の行動を変えうるので深刻な問題を引き起こす可能性がある。大都市では，誰も働いていなくてもビル内の明かりが夜間つけっぱなしにされているかもしれない。これらの明かりは夜間に移動する鳥を混乱させ，彼らは疲れて地面に落ちるまで，ビルの周りを旋回する。毎年，数百万の鳥がこの人工の光のために死んでいる。

田舎では，ウミガメたちが月や星の自然の光を利用し，海への道を見つける。しかし人々は海岸の近くにホテルやリゾートや家を建て，夜，それらの建物は海より明るい。混乱したカメたちがプール，駐車場，道沿いで発見されている。彼らが赤ちゃんの場合，海にたどり着く前に死んでしまうことがよくあり，これは将来のカメの数に影響を与える。

しかし光の害にも1つ良いことがある。それはおそらく最も解決しやすい公害だ。明かりは消すことができる。

(1) なぜカリフォルニアの人々は突然星が見えたのか。

a 明かりが光らなくなった。　b 地震が銀色の雲を作った。

c 空が照らされた。　d 彼らは人口の多い地域から引っ越した。

(2) 人は一度のいくつの星が見えるはずか。

a　8,000　　b　1,400　　c　250　　d　15

(3)　次の文のうち正しいものはどれか。

a　海の近くの明るい光は鳥を混乱させる。　b　鳥は大都市でビルに激突して死ぬ。

c　鳥は疲れすぎてしまい，死ぬ。　d　鳥はふつう旋回する。

(4)　明かりはウミガメにとって問題だ，なぜなら＿＿＿＿。

a　それらはカメを傷つける　b　それらは海を明るくする

c　それらは月より明るい　d　彼らはプールの中にいる

(5)　光の害について良いことは何か。

a　それは減っている。　b　それは全ての生物に影響するわけではない。

c　それは解決しやすい。　d　それはいくつかの動物には役立つ。

Ⅱ　(長文読解問題・紹介文：言い換え・書き換え，指示語，脱文補充，英文和訳，分詞，熟語，関係代名詞，語句解釈，要旨把握)

(全訳)　[1]　1988年，デダラスという名の飛行機がギリシャのクレタ島とサントリーニ島の間の115kmを飛行した。それは現代の飛行機にとって非常に短い飛行だが，この飛行機にはエンジンがなかった。飛行機の動力はパイロットから来ていた。彼は自転車に乗っている人のように脚を使って機体を進ませた。現在の機械ができる以前の時代には，人々は自分の体の力を使って万里の長城を築いた。今，人々の力が戻ってきた。

[2]　アフリカのマラウイの小さな村では，子供たちがメリーゴーランドで遊びながら，興奮して大声を上げている。これは村の子供たち皆にとってお気に入りの集合場所だ。彼らがぐるぐる回ると，ポンプがその動きを利用して地下から水をくみ上げる。

[3]　アフリカではきれいな水を手に入れることは多くの人にとって問題である。彼らは川から何キロも離れているかもしれないし，川の水は必ずしもきれいではない。地下からきれいな水を汲みだすことは困難である，なぜならエンジン付きのポンプは値段が高いし，よく壊れるからだ。これらのメリーゴーランド「遊べるポンプ」は，村や学校がきれいで安全な飲料水を確保できるということを意味する。そして子供たちも楽しめるのだ！

[4]　走ると，あなたは体の動きから発生するたくさんのエネルギーを持つ。突然止まると，あなたの体はこのエネルギーを失う。私たちにはすでに，動いたときにできるエネルギーを利用する腕時計や小型医療機器がある。将来，警官や兵士のような人たちは①この失われたエネルギーをキャッチしてバッテリーに蓄えるため，脚に装置を装着するかもしれない。彼らはその電力をコンピュータやラジオやその他の機器に利用することができるだろう。

[5]　2008年12月，東京のハチ公広場を歩いていたほとんどの人は，仕事へ急いでいたので地面に黄色い四角形が4つあったことに気づかなかっただろう。その四角形は，形が変わると電気を生み出す特別な素材でできていた。人々がその四角形の上に立つと，その素材の形が変わり，電気を発生させた。その四角形は20日間そこにあっただけだったが，その間にテレビ1台を1,400時間動かすのに十分な電力を生み出した。これらの四角形を東京の全ての道路の下に設置することを想像してみよう。いつか私たちは道路を発電所にしてしまうかもしれない！

[6]　②動いている人々はたくさんのエネルギーを生産することができるが，病気の人や電車内で座っている人など，動き回れない人はどうだろうか。私たちが休んでいる時でさえ，私たちの体はノートパソコン2台分に電力供給できるほどのエネルギーを生み出す。このエネルギーのほとんどは熱だ。今，体の熱を電気に変えることで動力を得る医療機器が開発中だ。Ⓒまもなく医師たちは例えば患者の血液に関する情報を得ることなどに，それらを利用するだろう。これはアフリカのような場所で役立つだろう，そこでは多くの村に電気がないからだ。

7 私たちは体の熱を他の方法でも使うことができる。毎日，25万人がストックホルム中央駅を利用する。彼らは食べたり飲んだり，重いかばんを運んだり，電車に間に合うように走ったりする，そして彼らがこのようなことをするとたくさんの熱が発生する。駅の内部では，ヒートポンプが空気中から熱を取り，それを利用して駅の近くのビルの水を温める。それは無料でエネルギーを得る素晴らしい方法だ。③必要なのはたくさんの人だけだ！

問1 「アフリカではきれいな水を手に入れることは大きな問題だ，なぜなら人々は川(1)から離れて住んでいるかもしれないし，川の水は(2)汚いこともある。またエンジン付きのポンプはとてもお金が(3)かかり，壊れやすい」 (1) away from ～「～から離れて」 (2) 本文中の not clean を dirty「汚い」と言い換える。 (3) cost「(お金が)かかる」

やや難 問2 4の段落の第1，2文参照。

問3 全訳下線部参照。

やや難 問4 moving は形容詞的用法の現在分詞で moving people は「動いている人々」という意味。moving を動名詞だと勘違いして「人々を動かすこと」と訳さないように注意する。What about ～？「～についてはどうか」 who は主格の関係代名詞で who cannot move around が people を後ろから修飾する。

重要 問5 7の段落の第3文の a lot of heat is produced「たくさんの熱が作り出される」を参考にし，produce a lot of heat「たくさんの熱を作り出す」とする。

重要 問6 「昔，私たちは大きな建物を建てるために体の力を使った。現代ではエンジン付きの機械を使うことが一般的になっている。あしかし人間の力を使うことが再び一般的になってきている。アフリカではきれいな水を手に入れることは難しい，いしかし子供たちは水を得ることに大きな役割を果たしている。彼らは「遊べるポンプ」を使って楽しめると同時に地下からきれいな水を得る。動くことはエネルギーを作り出す。もうすぐ，仕事をしている人たちはそのようなエネルギーを様々な装置に利用するかもしれない。日本のある実験では，特別な素材でできた4つの黄色い四角形が道路の上にあり，う人々がその上を踏むと電気を生み出した。この素材が上についている道は発電所になることができる！ 私たちが動かないときでさえ，体の熱はノートパソコン2台分に電力供給できるほどのエネルギーに変えることができる。え私たちの体の熱は，将来の無料の電力源になるかもしれない。」

Ⅲ **(長文読解問題・物語文：語句整序，接続詞，助動詞，語句補充，受動態，動名詞，不定詞，文補充・選択，内容吟味，単語，同意語，英文和訳)**

(全訳) アリスター・ブロケットは，自分の両親がみんなが息子に注目することをいかに望んでいたかを思い出すと，胃がむかむかした。彼の父のルパートは俳優になることを夢見ていて，彼の母のクラウディアは女優になることを夢見ていた。彼らは20代前半に演劇学校で出会い，その時彼らは①自分たちが国際的な映画スターになるのだと確信していた。

「私はまさに最高の監督たちと仕事がしたいわ」とクラウディアが言った。彼女はものすごく甘い朝食用シリアルのテレビコマーシャルで小さな役をしたことがあるだけだった。彼女はスプーン役だった。

「そしてこの仕事に対して本当に敬意を払っている俳優たちと一緒にね」とルパートが付け加えた。彼は16歳の時，夕方のあるテレビ番組で「カフェにいる暴漢」の役を勝ち取った。

しかし彼らは有名にならず，アリスターが生まれると，新しい夢を持つようになった。代わりに自分たちの息子をスターにするという夢だ。

その少年は歩けるようになった時から，コマーシャル，劇，テレビドラマのオーディションにA連れて行かれた。彼はそういったことにB参加することに興味がなく，家にCいて友達と遊んでいたほうが好きだったのに。もともと恥ずかしがりやだったので，彼は全く知らない人たちの前に立って『オリバー！』(ミュージカル)のワンシーンを演じなくてはいけないことや，奇妙なロンドンなまりで『運が良けりゃ』(映画『マイ・フェア・レディ』の劇中歌)を歌うことが[D]大嫌いだった。

彼が11歳の時，劇『チキチキバンバン』のジェレミー・ポッツ役のオーディションへ行かされることについて文句を言うと，クラウディアは彼に「やりなさい，さもないと夕食はないわよ」と言った。

「でも僕はジェレミー・ポッツになりたくない」とアリスターが文句を言った。「僕はアリスター・ブロケットになりたんだ」

「じゃあアリスター・ブロケットは誰なんだ」とルパートが大声を出した。彼は自分の息子がそのような素晴らしいチャンスをみすみす逃そうとしていることに非常にがっかりした。「[E]誰でもない！　全く誰でもない！　そんな風にお前は人生を過ごしたいのか？　誰もお前に全く注目しないんだぞ？　お前のお母さんと俺を見てみろ。俺たちは映画界の大物になれたのに，恩知らずの息子の親になるために全てを諦めたんだ。そしてこれか。ありがたいね」

アリスターはこれに対して何も言わなかった。②彼は彼らが彼のために何一つ諦めなかったことをよくわかっていた。彼らは彼が生まれる前に何年間も俳優になろうとしていたので，彼らが成功しなかったのは彼と関係がなかった。

アリスターにとって[F]不運なことに，彼はその役を勝ち取った。何週間も，彼は自分では行きたくない練習に参加した。彼は自分のセリフを覚えるのに非常に苦労し，自分が歌う番になる瞬間を常に恐れていた。他の俳優たちや監督が見ているだけでも十分にいやなことで，満員の観客が暗い劇場に座っているのを考えると，具合が悪くなるほどだった。

「僕はやりたくない」と彼は両親に劇の初日に言った。「お願い，僕に③やらせないで」

しかし彼が言えたことはどれも彼らの心を変えることができなかった，そして数時間後，彼はぶるぶる震える足で舞台に立った。2時間の間，彼は自分のセリフの5%以下しか思い出せず，2回，舞台から落ち，6回，他の俳優の足に引っかかって転び，ポッツおじいちゃんが「灰の中から成功のバラが咲く」と言った時，彼はおもらししそうに見えた。

地元紙は批評欄で酷評し，翌日学校で彼はクラスメートに笑われた。

「もう2度といやだ」と彼はその晩帰宅して両親に言った。地面が割れて自分をすっかり飲み込んでほしいという気持ちだった。「僕はもう2度と舞台にはもどらない，二人とも僕に強いることはできないよ。僕は絶対にもう2度と④目立たない」

今，30数年が経ち，自宅玄関に向かって歩きながら，アリスターは両親が自分の幼少時にこのようなトラウマを経験させたことを怒らずにはいられなかった。⑤なぜ彼らは彼をありのままの自分，つまり静かで優しい子供でいさせなかったのか。そうしたら彼は注目されることをそこまでひどく恐れることはなかったかもしれない。そして彼は人々が自分の子供たちをどう思うか，それほど気にすることはなかったかもれしれない。

問1　be sure that ～「～ということを確信している」 that節の動詞は〈be going to ＋動詞の原形〉「～するつもりだ」の形になっている。

重要　問2　A　〈take ＋目的語＋ to ＋場所〉「～を…へ連れて行く」を受動態にして be taken to とする。　B　take part in ～「～に参加する」 前置詞 in の後なので動名詞 taking にする。

C〈prefer to ＋動詞の原形〉「～することを好む」 stay (at) home「家にいる」 D　hate「～を嫌悪する」 他の文と時制を合わせて過去形にする。

やや難　問3　父は自分で言った who is Alistair Brocket?「アリスター・ブロケットは誰だ」に対し，自分で Nobody!「誰でもない」と答えている。アリスターの両親には有名になって注目されることが重要であるから，「有名でない，知られていない」ことは「誰でもない」ことになる。

重要　問4　下線部②の直後の that 以下がその理由になっている。

問5　アリスターは劇に出たくないのに役を獲得してしまったので，unluckily「不幸にも」が適切。

問6　下線部③の make は使役動詞で〈make ＋人＋動詞の原形〉「(人)に～させる」を表すが，ここでは me の後ろの動詞(do it)が省略されている。イ「その怖い映画が彼を部屋から出させた」が同じ用法。

重要　問7　stand out「目立つ」　be noticed「気づかれる」

やや難　問8　〈let ＋人＋ 動詞の原形〉「(人)に～させておく」　let him be himself は「彼に彼自身でいさせる(彼にありのままにさせる)」という意味になる。

問9　(1)　イ「練習中，アリスターにとって自分のパートのセリフを言うのは難しかった」

(2)　ア「最初の公演の時，アリスターは脚が震えているのを感じた」

(3)　ウ「最初の公演の翌日，アリスターはこの世から消えたかった」

★ワンポイントアドバイス★

Ⅲの長文読解問題は物語文。文章の最終段落は，主人公のアリスターの30数年後の気持ちを述べたものである。その点を誤解なく読み取ろう。

＜理科解答＞　《学校からの正答の発表はありません。》

1　(1)　りゅう座　　(2)　ア，エ　　(3)　ウ，エ　　(4)　0%

(5)　＋54.3度～＋90度　　(6)　ア，イ

2　(1)　下図　　(2)　右図

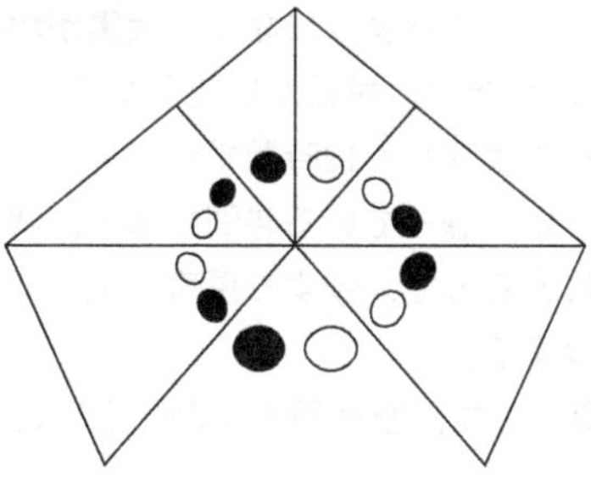

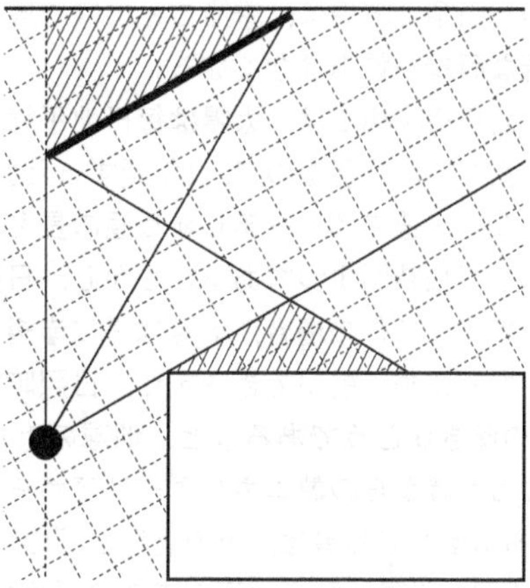

(3)　①　24cm　　②　24cm　　(4)　①　6cm　　②　12cm　　(5)　イ，8倍

(6)　遠いところでは光線どうしの幅が小さく見え，近いところでは幅が大きく見えるから。

3　(1)　混合気体が充分に混ざっていなかったため。　　(2)　水蒸気が液体の水に変化し，体積が減少したため。　　(3)　2.3：1　　(4)　窒素　　(5)　0.8Y＝0.6　　(6)　30.0mL

(7)　酸素原子を分割するのは，原子がそれ以上分けられないという考えと矛盾する。

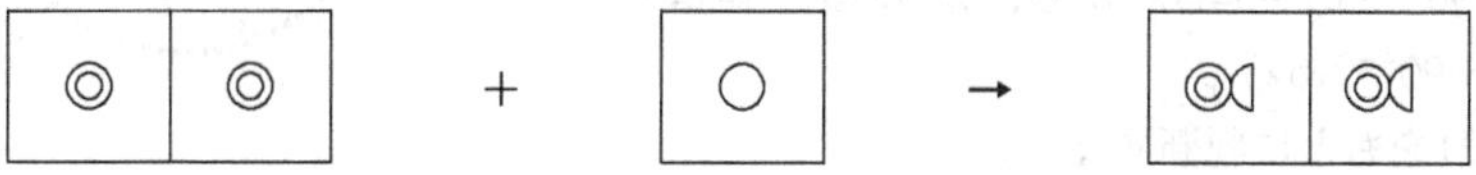

4 (1) カ　(2) エ　(3) 高い枝の葉は，小さくて細長い。　(4) エ，オ
(5) オ　(6) Ⅰ層　蒸散によって水分が失われすぎるのを防ぐことができる。
Ⅱ層　照度の強いところで，よりさかんに光合成を行なうことができる。

○推定配点○
1　各4点×6((5)完答)　2　各4点×6((3)・(4)・(5)各完答)　3　各4点×7((7)完答)
4　各4点×6((4)・(6)各完答)　計100点

＜理科解説＞

1　(地球と太陽系―地球の歳差運動)

(1)　北極星の移動の経路は，問題文にあるように，こぐま座→ケフェウス座→はくちょう座→こと座→こぐま座の順に円を描く。図1でその中心にあるのはりゅう座である。

やや難 (2)　ア：正しい。火星の自転軸は，公転面に対して約65°傾いているので，地球と同様に季節がある。北極や南極にはドライアイスなどでできた極冠があり，拡大や縮小を起こす。
イ：誤り。木星の自転軸は，公転面に対して90°に近く，特別な現象はない。－83°なのは金星であり，自転の向きが他の惑星とは逆向きに見える。
ウ：誤り。金星にはリング(環)がない。リングがあるのは木星，土星，天王星，海王星である。問題文のように地球から見て環の消失時期があるのは土星である。
エ：正しい。天王星の自転軸は，公転面に対して8°だから，自転はまるで公転面上に横倒しになって転がるようであり，極では太陽光が公転周期84年の半分も当たり続ける。
オ：誤り。土星の自転軸は，公転面に対して約65°傾いており，土星の環には消失時期がある。

(3)　自転軸の傾きが公転面に対して90°になると，一年じゅう春や秋の状態になる。
ア：正しい。夏や冬はなくなり，一年じゅうで気温は大きく変化しなくなる。
イ：正しい。雨季と乾季は，季節ごとに吹く風のちがいによって生じる。一年じゅう同じ風が吹けば，極端な雨季や乾季はなくなる。
ウ：誤り。北極や南極では，太陽は毎日地平線に沿って一周するようになる。太陽が地平線上に少しでも見えていれば昼なので，1年間ずっと昼の状態，つまり，毎日が白夜となる。
エ：誤り。今の赤道では，一年じゅう昼の長さと夜の長さは等しく12時間ずつである。問題の条件でも変わらず12時間ずつである。しかし，日照時間とは，曇っている時間を除き，晴れている時間のみを指す。条件の場合，太陽は常に赤道の真上にあるので，今より温度が上がり，上昇気流が激しくなるため，雲ができやすく，日照時間は減少する。

(4)　自転軸の傾きがどうであろうと，地球の大きさは変わらず，断面積も変わらないので，地球全体で受ける太陽からの熱エネルギーは変わらない。

やや難 (5)　天球にあるすべての星は，天の北極と天の南極を結ぶ直線を中心に日周運動をしているので，図2では，すべての星の動きは天の赤道に平行な線になる。天の北極(北極星)の高さは，その場所の北緯と等しいので，市川高校では35.7°である。市川高校から見て沈まない星(周極星)の範囲は，下図の通りで，求める赤緯は，下図のx以上の範囲である。$x=90-35.7=54.3$だから，求める赤緯は，+54.3°～+90°である。

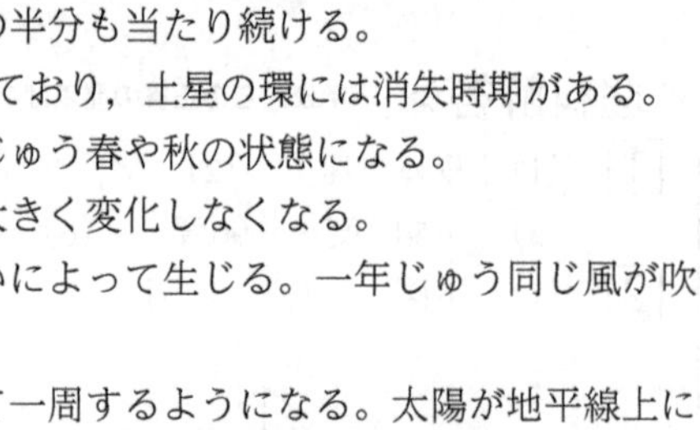

やや難 (6)　図1と表1をもとに判断する。

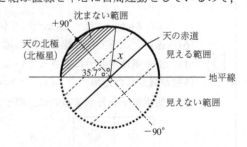

ア：正しい。(5)のことから，周極星の範囲は天の北極から35.7°以内の範囲である。図1の半径は90°の範囲を表すから，ベガから見てはくちょう座は35.7°以内に含まれており，周極星となって沈まなくなる。

イ：正しい。表1でベガとこぐま座は38.8°離れていて，35.7°以内に含まれないので，毎日のぼったり沈んだりする。なお，北極星の位置が変わっても，日周運動の向きは変わらない。

ウ：誤り。(5)の解説図から，季節を問わず見えない星は，天の南極から35.7°以内の範囲である。オリオン座の赤緯は－08.2°だから，あてはまらない。

エ，オ：誤り。地球の運動がどう変わろうと，地球の位置が変わるわけではないので，星座の位置や天の川の位置は，現在と変わらない。見える時期や高さが変わるだけである。

2 （光の性質－鏡やレンズによる像）

(1)　鏡を60°の角度で合わせると，鏡に映る空間は，一周360°が6つの空間に区切られる。それぞれに碁石が対称に映るように図示すればよい。

(2)　ミラーや建物の陰でない場所は，直接見ることができる。また，人に入る光の経路を，カーブミラーの右端で反射する場合と，左端で反射する場合について作図すれば，ミラーで見える範囲がわかる。それ以外の場所が解答である。建物の陰の一部と，カーブミラーの裏の2か所にある。

人から直接見える範囲　　　ミラーに映って見える範囲

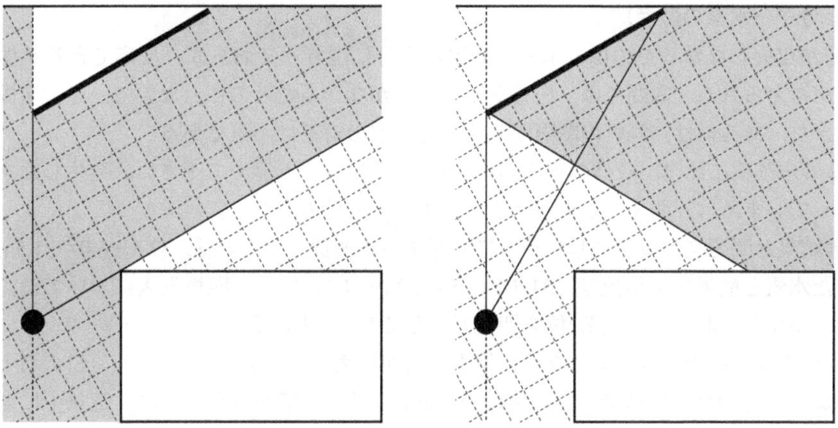

重要　(3)　凸レンズで，物体と同じ大きさの像ができるとき，物体の位置や像の位置は，凸レンズの焦点距離12cmの2倍の24cmの位置である。

(4)　図7に，物体Pと正立の虚像Qを作図すると下図のようになる。レンズの中心をOとする。△QOF′∽△QPP′である。焦点距離はOF′＝12 cmである。このことと，虚像の位置yが物体の位置xの2倍であることから，$x=6$，$y=12$となる。なお，レンズの公式(写像公式)を知っていれば，$\frac{1}{12}=\frac{1}{x}-\frac{1}{y}$に，$y=2x$を代入して解けば，同じ結果が得られる。

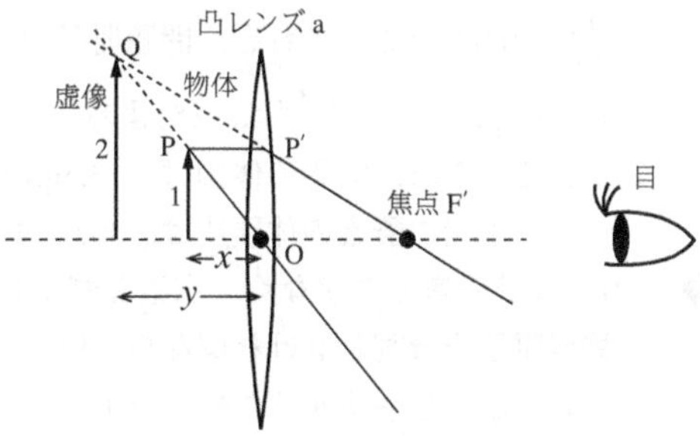

やや難　(5)　下図は，光の経路を図8に作図したものである。凸レンズbの左4.5cmの位置に，高さ1目盛りの物体Pを置く。凸レンズbの焦点距離は3cmであり，倒立の実像の作図をおこなうと像Qができ

る。次に，凸レンズaの焦点距離12cmであり，像Qをもとに正立の実像の作図をおこなうと(図8に入りきらないが)，凸レンズaよりも36cm左に，高さ8目盛りの虚像ができる。この虚像は，もとの物体Pに対し倒立である。

なお，レンズの公式(写像公式)を知っていれば，最初の実像の位置は，$\frac{1}{3}=\frac{1}{4.5}+\frac{1}{x}$より，$x=9$で，凸レンズbから9cm右の位置と分かる。また，次の虚像の位置は，$\frac{1}{12}=\frac{1}{9}-\frac{1}{y}$より，$y=36$で，凸レンズaから36cm左の位置と分かる。大きさは，最初の実像で9÷4.5＝2倍，次の虚像で36÷9＝4倍になるので，もとの物体の2×4＝8倍になる。

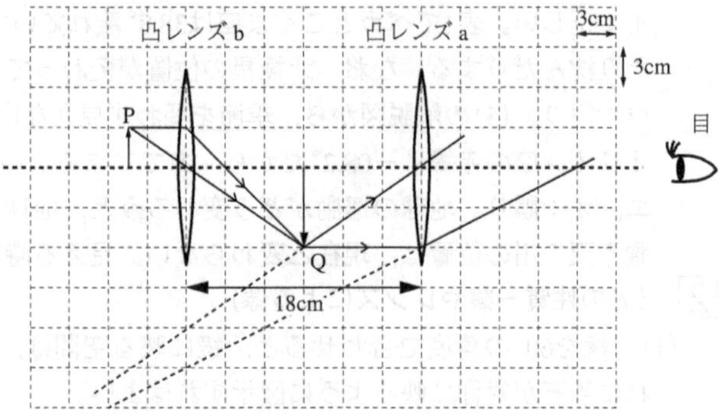

(6)　太陽光は平行光線なので，図9に写っている光の筋は，本来は自分に向かってくる平行な光である。しかし，遠近法で，遠くにあるものは小さく，近くにあるものは大きく見える。一定の幅の平行光線でも，遠いところでは幅が小さく，近いところでは幅が大きく見えるため，放射状に広がって見える。

3　(原子と分子―水素の燃焼)

(1)　火花が点火しなかったのは，水素と酸素が充分に混ざっておらず，反応できる状態になかったことが考えられる。本問では，圧電素子に原因がなかったとのことなので，点火装置の電圧が小さすぎた，あるいは，銅釘の間隔が広すぎたなどの解答は不可である。

(2)　気体の水蒸気に比べ，液体の水の体積は1700分の1程度と極めて小さい。発生した水蒸気が水に変わってしまえば，消えてしまったように感じても仕方がない。

(3)　実験結果と問題文の仮定にしたがって計算する。消費した水素は，37.5－6.0＝31.5mLである。反応した水素と酸素の体積比は，31.5：13.5＝2.33…：1となる。四捨五入については，問題の注意事項に書かれており，小数第2位を四捨五入して2.3：1となる。

(4)　気体が燃えないので水素ではなく，線香の火が消えるので酸素でもない。(2)のことから水蒸気でもない。その他の気体で，この実験で6.0mLの量としてありうるのは，空気中に含まれていた窒素である。

(5)　空気の体積Y〔mL〕のうち，窒素は$\frac{4}{5}$である。これがパイプに残った6.0mLにあたる。つまり，$\frac{4}{5}$Y＝6.0となる。これを，問題冊子の表紙の指示により，小数で表すと0.8Y＝6.0である。

(6)　混入していた空気は，(5)よりY＝7.5mLである。よって，純粋な水素は，37.5－7.5＝30.0mLである。なお，酸素の体積は，13.5mLに，混入した空気中の1.5mLが加わって15.0mLとなる。よって，水素：酸素の体積比は，30.0：15.0＝2：1という，よく知られた比となる。

重要　(7)　分子の考え方がなく，水素も酸素も1つの原子だとすると，2体積の水蒸気ができる反応では酸素原子を分割しなければならない。これは，原子がそれ以上分けられないとする考え方と矛盾する。これを解決するために分子の考え方が生まれた。

4　(植物のからだのしくみ―葉の構造とはたらき)

基本　(1)　光合成は，根毛から吸い上げた水と，気孔から取り入れた二酸化炭素を原料に，酸素とデンプンをつくるはたらきである。できたデンプンは，ブドウ糖に変えられて，維管束のうち師管を通って全身に運ばれる。

(2)　対物レンズの倍率を上げても，ア，ウのように視野の位置や向きが変わることはない。また，オはレンズの倍率と関係がない。倍率を上げると，より狭い範囲を拡大して見るのだから，光量が減って視野は暗くなり，見える気孔の数は少なくなる。

(3)　表2を見ると，高い枝の葉の長さと幅は，低い枝に比べて小さい。また，長さと幅の比率を考えると，高い枝の葉は87÷24＝3.6，低い枝の葉は128÷51＝2.5であり，高い枝の葉の方が細長い形をしている。

(4)　ア～ウ：誤り。ともに種子植物の常緑樹である。維管束を持ち，種子で増える。
エ：正しい。アラカシは広葉樹，クロマツは針葉樹である。　オ：正しい。アラカシは被子植物の双子葉類であり，胚珠のまわりを子房が取り巻く。どんぐりは硬い果実であり，その中に種子が入っている。クロマツは裸子植物であり，子房がない。　カ：誤り。アラカシは被子植物の双子葉類で網状脈である。クロマツは針葉樹である。

(5)　高い枝の葉と低い枝の葉の面積の比は，(87×24)：(128×51)であり，同じ面積に含まれる気孔の数は64：44である。よって，1枚の葉にある気孔の数は，(87×24×64)：(128×51×44)＝87：187である。187÷87≒2.1だから，1：2に近い。

(6)　高い枝では，気温が高いために，気孔がなくてもⅠ層(表皮組織)を伝わって蒸散が起こる。水分が欠乏するのを防ぐために，高い枝ではⅠ層が厚いと考えられる。
　高い枝では，照度が強いために，さかんに光合成がおこなわれる。より多くの栄養分をつくることができるように，葉緑体を含む細胞が密に並ぶⅡ層(柵状組織)が厚いと考えられる。

★ワンポイントアドバイス★
各単元の基本事項は，ことばだけで覚え込むのではなく，図表を充分に活用して，根本から理解を深めておこう。

＜社会解答＞ 《学校からの正答の発表はありません。》

1　問1　(例)　縄文時代は現在よりも気温が高く，海面の上昇によって海が現在よりも内陸まで入り込んでいた。　問2　②・⑤　問3　曹洞　問4　(1)　琉球　(2)　b　①　c　④　問5　①・③　問6　松前藩　問7　新井白石　問8　⑤　問9　横浜
問10　(例)　朝鮮の鎖国政策を武力で打破し，国交を開かせようとする征韓論をめぐり，これに賛成する西郷隆盛，板垣退助らと，これに反対する大久保利通，岩倉具視らの意見が対立し，西郷隆盛，板垣退助らは政府を辞任した。この後，西郷隆盛らは政府への反乱を起こし，板垣退助らは言論によって政府に方針の変更を求める自由民権運動を主導した。
問11　②・④　問12　③・④　問13　排他的経済水域

2　問1　(1)　(例)　ローマは暖流の上空から吹いて来る偏西風により温暖だが，青森は寒冷なシベリアから吹いて来る北西の季節風により寒冷である。(59字)　(2)　(例)　キトは高地に位置しているから。(15字)　問2　ア　亜寒[冷]　イ　乾燥　ウ　温
エ　サハラ　オ　サヘル　問3　④・⑤・⑥　問4　④・⑤・⑦　問5　(例)　都市や工場などの建設が進められ，外国から男性の労働者を多く受け入れたため，女性に比べて男性の比率が極端に高くなった。

3　問1　②　問2　(1)　朝日(訴訟)　X　生活保護(法)　(2)　⑤
問3　ア　軍拡　イ　B図の選択は変わらず，いずれの場合も軍拡を選択する　問4　④
問5　男女雇用機会均等法　問6　①・④　問7　ア　リサイクル　イ　リデュース

○推定配点○
1　問1　4点　問4(2)・問6～問9　各2点×6　問10　5点
他　各3点×7(問2・問5・問11・問12各完答)　2　問1(1)　5点　問5　4点
問2　各2点×5　他　各3点×3(問3・問4各完答)　3　問1・問2(2)・問4　各2点×3
他　各3点×8(問6完答)　計100点

＜社会解説＞

1　(日本の歴史―「海から見る日本の歴史」をテーマにした日本の通史)

重要　問1　貝塚は，人間が食した貝の殻などが堆積して形成された遺跡。全世界に分布するが，日本の縄文時代のものが数も多く，内容も豊かである。縄文時代は，現在よりも少し温暖で，海面の高さは約2m高かったと推定される。そのため，関東平野では，荒川や江戸川の谷に沿って内陸部まで海が進入し，細長い内湾を形成。荒川沿いでは現在の埼玉県川越市付近，江戸川沿いでは埼玉県の栗橋付近まで海が進入した。

問2　②　古事記，日本書紀の記述によると，応神朝(4世紀末～5世紀)に，朝鮮(百済)からの渡来人である王仁《わに》が日本に漢字を伝えたとする。1968年に出土した稲荷山古墳出土の鉄剣には，漢字による115字の銘文が金象嵌《きんぞうがん》で記されている。　⑤　正倉院の宝物の一つである漆胡瓶《しっこへい》はペルシャ（イラン)風の鳥形水瓶。聖武天皇の調度品の一つと伝えられる。　①「魏」ではなく，「漢(後漢)」。　③　平城京に都が移されたのは710年，大宝律令が制定されたのは701年。　④「百済」ではなく，「新羅」。

基本　問3　曹洞宗は，禅宗の一派で，鎌倉時代に道元が中国の宋から日本へ伝え，栄西が伝えた臨済宗と並ぶ禅宗の二大宗派となった。福井県の永平寺と神奈川県の総持寺を大本山とする。

問4　(1)　琉球王国は，1429年，尚巴志《しょうはし》が沖縄本島の北山・中山・南山の3王国を統一して樹立した王国。首里に王府を置き，奄美諸島から八重山列島に至る南西諸島を領域とした。

(2)　b　明(1368～1644年)は，中国の王朝の一つで，朱元璋(太祖)が他の群雄を倒し，元を北に追い払って建国した。中期以降，農民反乱が続発し，李自成に北京を占領され，滅亡した。

c　清(1616～1912年)は中国の王朝の一つで，満州人のヌルハチが，1616年帝位(太祖)に就いて国号を後金と称し，その子太宗は，1636年，国号を清と改めた。康熙帝・雍正帝・乾隆帝の時代に最も栄えたが，辛亥革命によって滅亡した。

やや難　問5　①は1517年，③は1533年。なお，②は1498年，④は1661～1670年，⑤は1689年。

問6　松前藩は，江戸時代，蝦夷地(北海道)松前周辺を領有した外様小藩。米の生産がなかったため，石高はなく，アイヌの人々と漁獲物などを交換して利益を得た。

問7　新井白石は，江戸時代中期の政治家・朱子学者。木下順庵に学び，甲府藩主の徳川綱豊の儒臣となった。1709年，綱豊が6代将軍(家宣)となると，幕政に参画し，儒教主義による文治政治を主導。後に7代将軍家継にも仕え，その治世は「正徳の治」とよばれた。

やや難　問8　cは，1855年に結ばれた日露和親条約による国境，aは1875年に結ばれた樺太・千島交換条約による国境，bは1905年に結ばれたポーツマス条約による国境。

問9　横浜は，神奈川県の県庁所在地。安政の五か国条約で神奈川の開港が定められたが，幕府は横浜を開港場とした。そのため，幕末まで一漁村であったこの地が，以後貿易港として発展した。

重要 問10　岩倉使節団の帰国後，政府内は，武力で朝鮮に開国をせまる主張(征韓論)をめぐり分裂した。欧米から帰国し，国内の充実が先であると考えた岩倉具視や大久保利通らは征韓論に反対，征韓論に賛成していた西郷隆盛，板垣退助らは政府を去った(明治六年の政変)。西郷隆盛は，大久保利通らの政治に不満をもつ旧薩摩藩の士族をまとめ，1877年，武力蜂起した(西南戦争)。また，土佐(高知県)に帰った板垣退助は，1874年，政治結社の立志社をつくり，自由民権運動の中心人物として活躍。言論の力によって政治を変革しようとした。

やや難 問11　図2中のXは，第一次世界大戦(1914～18年)の講和条約であるベルサイユ条約により，日本による統治が認められた地域。　②　第一次世界大戦中の1915年，日本は欧州勢力の後退に乗じて中国に権益拡大の要求を突きつけた。ドイツの山東半島権益の継承や南満州権益の延長など5号，計21カ条から成る。　④　ウィルソンは「戦争不参加」を掲げて1916年のアメリカ大統領選挙に勝利した。しかし，ドイツが無制限潜水艦作戦をとると，ただちにドイツとの国交を断交し，議会の承認を経て，1917年4月6日に宣戦布告をした。　①　第二次世界大戦勃発直前の1939年8月。　③　日清戦争の講和条約である下関条約(1895年)。　⑤　日中戦争勃発後の1938年。　⑥　第一次世界大戦前の1905年。

やや難 問12　③　2001年10月，米・英軍は，同時多発テロ事件の報復として，テロ組織アル＝カーイダの本拠地アフガニスタンを攻撃した。　④　PKO(国連平和維持活動)は，国際連合が，治安維持や監視のための小部隊・監視団を紛争地域に派遣して，事態の悪化や拡大を防ぐ活動。日本では，1992年のPKO(国連平和維持活動)協力法により，自衛隊がPKOに参加できるようになり，カンボジアをはじめとして多くの地域に派遣された。　①　朝鮮戦争の休戦は1953年，警察予備隊の創設は1950年。　②「北ベトナム」ではなく，「南ベトナム」。　⑤「第3次中東戦争」ではなく，「第4次中東戦争」。

基本 問13　排他的経済水域は，国連海洋法条約において，領海の外側にあって，海岸の基線から200海里の距離内に設定されている水域。資源の探査・開発・保存・管理に沿岸国の主権を認めている。他方，航海・上空通過・国際コミュニケーションの面では公海と同じ性格をもつ。漁業専管水域も排他的経済水域の1つである。

2 (地理―日本，世界の自然，産業，人口など)

重要 問1　(1)　ローマは，暖流の北大西洋海流とその上から吹いて来る偏西風の影響を受け，冬季でも比較的温暖である。一方，青森は，シベリア方面から吹いて来る寒冷な北西の季節風の影響を強く受け，冬季，低温となる。　(2)　キトはエクアドルの首都。赤道付近に位置しているが，標高2800m前後の高地にあるため，月平均気温は年間を通して13℃前後で冷涼である。一方，シンガポールも赤道付近に位置しているが，標高5m前後の低地に位置するため，月平均気温は年間を通して28℃前後と高温である。

基本 問2　ア　亜寒帯(冷帯)は，温帯と寒帯の中間に分布する冷涼な気候地域。ケッペンは，最暖月平均気温10℃以上，最寒月平均気温−3℃未満と定義した。　イ　乾燥帯は，年蒸発量が年降水量を上回る地域。ケッペンによる気候区分では，降水量と蒸発量の関係から，ステップ気候と砂漠気候に分けられる。　ウ　温帯は，熱帯と亜寒帯の間に挟まれ，温和で適量の降水に恵まれた気候。ケッペンは，最寒月平均気温が18℃未満，−3℃以上の範囲と定義した。　エ　サハラ砂漠は，アフリカ大陸北部を占める世界最大の砂漠。サハラはアラビア語で「砂漠」の意。東西約4,000km，南北1,500～1,800kmにわたる。　オ　サヘルは，サハラ砂漠南縁に東西に広がる帯状の半乾燥地域。気候変動による干ばつと人口増加による過耕作，過放牧および薪炭の採取などによって砂漠化が急速に進み，餓死者や難民が発生している。

問3　④「出荷時期を早める菊の促成栽培」ではなく，「出荷時期を遅らせる菊の抑制栽培」。

⑤ 「稲作」ではなく,「畑作」。十勝平野は日本有数の畑作地帯である。 ⑥ やませの影響を強く受けるのは,太平洋側の青森県や岩手県。日本海側の秋田県や山形県は,奥羽山脈がやませをふせぐため,冷害は発生しにくい。

やや難 問4 ④ 産業の空洞化が進んだのは,円高の影響で工場が海外に移転したからである。また,日本政府は,外国人労働者の受け入れに消極的である。 ⑤ BRICSは,ブラジル,ロシア,インド,中国,南アフリカ共和国の総称。インド,中国,南アフリカ共和国は,輸出品の上位を機械類などの工業製品が占めている。しかし,ブラジルは大豆,原油,鉄鉱石,ロシアは原油,天然ガスが上位を占めている。 ⑦ オーストラリアの輸出品は,鉄鉱石,石炭,液化天然ガスなどの鉱産資源が上位を占めている。

重要 問5 アラブ首長国連邦は,石油,天然ガスからの豊富な収入を背景に,急速に近代化を推進。石油化学コンビナート,高層建築物の建設,空港・港湾などのインフラ整備などを進めてきた。そして,建設現場における労働力の不足を補うため,男性の外国人労働者を大量に受け入れた。この結果,人口に占める男性の割合が女性の割合を大きく上回る,バランスを著しく欠いた人口構成となっている。

3 (公民—日本国憲法と基本的人権,国際政治,為替相場など)

問1 信託統治理事会は,住民が自立できず信託統治下にある地域の向上と独立の援助をはかることを目的とする国際連合の機関。1994年,最後の信託統治地域であったパラオが独立したため,実質的な活動は終了している。今後は必要になった場合にだけ会合を開くことになっている。
① 冷戦期には,米ソが互いに拒否権を行使することがみられた。 ③ 総会では,「一国一票」の原則が採用されている。 ④ 国際司法裁判所の裁判官に日本人は過去何度も選出されている。なお,2021年2月現在,岩沢雄司氏がその任にある。

問2 (1) 朝日訴訟は,長期入院患者に対する生活保護の基準は,日本国憲法第25条が定める「健康で文化的な最低限度の生活を営む」には不十分であり,憲法違反であるとして,1957年,重症結核患者の朝日茂氏が起こした行政訴訟。最低生活費論争に影響を与え,その後,生活保護基準は引き上げられた。生活保護法は,国が生活困窮者に対し,困窮の程度に応じて必要な保護を行い,健康で文化的な最低限度の生活を保障し,その自立を助けることを目的とした法律。1946年に制定され,1950年に全面改正された。(2) ア 表現の自由は,外部に向かって思想・主張などを表現する自由。日本国憲法では第21条で保障される。これを規制する法律は特に明確でなければならず,また規制手段は特に必要最小限のものでなければならない。 イ 営業の自由は,特定の営業を選択し,遂行する自由をいい,経済的自由権の一つとされる。日本国憲法では,第22条の職業選択の自由と第29条の財産権の保障にその根拠を求めることができる。ただし,国民の生命や健康に対する危険の防止という消極的規制に加えて,国民経済の円満な発展,社会公共の便宜の促進などからする積極的規制も受ける。 ウ 居住移転の自由は,人が住みたいところに住み,希望するところに移転する自由のことで,日本国憲法では第22条でこれを保障している。ただし,同条は,「公共の福祉に反しない限り」という限定をつけており,「感染症による隔離」はこれにあたる規制と考えられる。

やや難 問3 ア A国が軍縮を選択するとb国が予想した場合,B国が軍縮を選択すると,A国,B国とも得点は4点で,優劣はつかない。一方,このとき,B国が軍拡を選択すると,A国は1点,B国は5点で,B国が優位になる。 イ A国が軍拡を選択するとb国が予想した場合,B国が軍縮を選択すると,A国は5点,B国は1点で,A国が優位になる。一方,このとき,B国が軍拡を選択すると,A国,B国とも得点は2点で,優劣はつかない。アと合わせて考えると,A国が軍拡,軍縮のどちらの選択するかの予想にかかわらず,B国は軍拡を選択した方が有利である。

問4 「1ドル＝100円」から「1ドル＝200円」になった場合，前者に比べ後者は円の価値が下がったのであるから，「円安」になったのである。円安は，輸出相手国における輸出品の価格が下落するので，売れ行きが良くなる。つまり，円安は輸出に有利である。一方，「1ドル＝200円」から「1ドル＝100円」になった場合，前者に比べ後者は円の価値が上がったのであるから，「円高」になったのである。円高は，輸出相手国における輸出品の価格が上昇するので，売れ行きが悪くなる。つまり，円高は輸出に不利である。

問5 男女雇用機会均等法は，雇用・配置・昇進に関する男女差別の禁止を義務付けた法律。1985年公布，1986年施行。1997年の改正で，性差別禁止を強化し，男女平等を徹底し，セクハラ防止の配慮義務も規定された。

問6 ① EU加盟国のすべてがユーロ導入の義務を負っているわけではない。2021年2月現在，EU加盟国27か国の中で，ユーロ導入国は19か国。デンマーク，スウェーデンなど8か国はユーロを未導入である。 ④ EU加盟国の中で最も国内総生産が高いのはドイツである。

基本 問7 ア リサイクルは，一度使用したものを捨てずに，資源として再利用すること。牛乳パック，アルミ缶，スティール缶，ガラス瓶などのリサイクルが広く行われている。 イ リディースは廃棄物を減らすこと(廃棄物の減量化)。1991年，資源の再使用(リユース)，再資源化(リサイクル)，廃棄物の減量化(リデュース)をねらいとした「再生資源の利用の促進に関する法律」が制定されている。

★ワンポイントアドバイス★

他の学校ではほとんど出題がみられないゲーム理論に関する問題が取り上げられている。一見難問のようだが，よく読めば解ける問題である。あわてないこと。

＜国語解答＞ 《学校からの正答の発表はありません。》

一 問1 ウ　問2 ア　問3 オ　問4 ウ　問5 (例) 心の深くに漂っている感情を伝えるのが会話であるはずなのに，内面を語らずに，限られた数の形容詞だけを使い，表面的な意味のやりとりだけで済ませてしまうという状況。(79字)　問6 エ

二 問1 a ア　b オ　c ウ　問2 (例) どじょう汁店を継ぐために取った婿が放蕩者であってもじっと堪え，店を守っていたが，心を殺したまま人に頼らず生きて行くことはできないという状況。(70字)　問3 ア ○　イ ×　ウ ×　エ ○　オ ○
問4 ウ　問5 ア　問6 オ

三 問1 オ　問2 イ・ウ　問3 イ　問4 ウ　問5 オ

四 1 演奏　2 紛争　3 法曹　4 捜索　5 藻類

○推定配点○

一 問5 8点　他 各5点×5　二 問1 各2点×3　問2 7点　問3 各1点×5
他 各5点×3　三 各4点×6　四 各2点×5　計100点

＜国語解説＞

一 （随筆―文脈把握，内容吟味，要旨）

問1　直後に「デジタルに対する語はアナログ。……どうやらアナログ＝時代遅れ，デジタル＝時代の先端，といった意識が共有されているようである」とあるので，ウが適切。「アナログ」に対する優位性が述べられているので，アの「難解」，イの「理解するのが困難」，エの「便利」，オの「複雑」はあてはまらない。

問2　直前に「何かを感じようとすると」とあることに着目する。何かを感じることを「全体の中の〈一部〉」とし，「全体」については，「私たちを取り巻く自然，あるいは世界は連続した空間」と説明されている。直前の段落には「私たちが自然(＝世界)を見て，そこに何かを見つけ，それを誰かに伝えようとするとき，この行為はまさにデジタル化以外のものではない」とあり，連続した空間のなかの〈一部〉になることを「デジタル化」と表現している。直後には「デジタル化というのは，連続量を離散的に表すこと」と説明されているので，これらの内容と合致するアが適切。「離散的」は「デジタル化」の説明なので，「離散的な空間である自然」とあるエ・オは適切でない。「〈一部〉になってしまう」とは，何かを認識することを表しているので，「人間を取り巻く自然」とするイは適切でない。ウは，「説明できる部分を切り出した」という部分が合致しない。

問3　直前に「連続量，しかも無限の要素からなる世界を，たかだか何万字と言った有限の言葉に当てはめようとするのだから，このデジタル化にはそうとうな無理がある」とあるので，この内容と合致するオが適切。「言葉の組み合わせ」や「言葉の扱い」には言及していないので，イ・ウ・エは適切でない。「表現しつくす」とあるアも適切でない。

やや難　問4　直前に「そして話す方は，相手がそのように自らの体験から推し量って自分の気持ちを汲んでくれることを期待して『寂しい』という形容詞を相手に預けるのである」とあり，「聞く方」については，直前の段落に「つまりは自分の感情移入によって相手の『寂しい』わかったようなつもりになるのである」と説明されているので，ウが適切。

問5　直前に「自らの内面を見つめるという行為をスキップして，出来合いの形容詞だけで間に合わせてしまうという表現のあり方」とあり，直後には「お互いの内面を語らないことを前提とした情報交換」「本当は，その形容詞のあとに，個別の状況とか，……縷々語られて初めて『寂しい』という形容詞が，それを発した人の感情を引き連れて感受されるはずなのである」と述べられている。

やや難　問6　筆者の考えは，「形容詞に頼らない」で始まる段落に「形容詞に頼らないという覚悟，拙くとも自分で掘り当てた言葉で，自分の内面の，心の奥に漂っている感情を伝えたい，そんな努力を外しては，会話による心の伝達は成り立ち得ない」と述べられており，さらに「形容詞を使わないで自分の感情を伝えるのは，相当に面倒なことである」「しかし，その時間がかかって面倒だという煩わしさこそが，本来の会話に必要な要素なのだと思うのである」「そんなもろもろの煩わしい努力こそが，……その二人にしかできない血の通った気持ちの伝達に導くのである」とあるので，これらの内容と合致するエが適切。

二 （小説―語句の意味，文脈把握，内容吟味，情景・心情，大意）

問1　a 「いたいけ」は，幼くてかわいらしい，弱々しくて痛々しい，という意味なので，アが適切。　b 「たまさか」は，ひどくまれな様子を意味するので，オが適切。　c 「興(きょう)」には，楽しみ，おもしろみ，という意味があるので，ウが適切。

問2　直前の「気の毒に，その婿は放蕩者で……。おかみさんは，それにじっと堪え，その帳場から一足も動きなさらんかった。たまには，人に縋りつきたい切ない限りの様子も窓越しに見えました」という状況である。

問3　アは，「おかみさんを慰めたさもあって骨折るうちに，……伎倆を鍛えた」とあることと合致する。イは，「それと反対に，こんな半木乃伊のような女に引っかかって，……逃げ出しかけたこともたびたびあった」とあることと合致しない。ウは，「簪を作ることにうち込む姿をおかみさんに見せることで」という描写は本文にないので合致しない。エは，「『せめて命の息吹きを，回春の力を，わしはわしの芸によって，……おかみさんに差し入れたいと思った』とあることと合致する。オは，「おかみさんの顔は言っていた――自分がもし過ちでも仕出かしたら，……灰のように崩れ倒れるであろう」とあることと合致する。

やや難　問4　直後に「はじめは高島田にも挿せるような……。もう全く彫るせきもない」「『……身体も弱りました。仕事の張気も失せました。永いこともないおかみさんは簪はもう要らんでしょうし。……』」とあるので，これらの内容と合致するウが適切。アは「彫金の仕事をやめ」，イは「年をとり派手な簪が似合わなくなった」，エは「店を継ぐことに乗り気でない娘に不安を感じ」，オは「病状を心配することもなく」という部分が合致しない。

やや難　問5　「いのち」については，「こう言って」で始まる段落に「『……ただただ永年夜食として食べ慣れたどじょう汁と飯一椀，わしはこれを摂らんと冬の夜を凌ぎ兼ねます。……。今夜，一夜は，あの小魚のいのちをぽちりぽちりわしの骨の髄に嚙み込んで生き延びたい――』」とあり，前には「『おかみさんは，わしが差し上げた簪を頭に挿したり，抜いて眺めたりされた。そのときは生々しく見えた』」とあるので，アが適切。「呼応」は，呼びかけと応答の意なので，イの「役に立っている」，ウの「受け継がれている」，エの「つながりを生んでいる」，オの「原動力となっている」はあてはまらない。

問6　前の「『妙だね，この家は，おかみさんになるものは代々亭主に放蕩されるんだがね。……だが，そこを辛抱してお帳場に嚙りついていると，どうにか暖簾もかけ続けて行けるし，それとまた妙なもので，誰か，いのちを籠めて慰めてくれるものが出来るんだね。……』」という母親の言葉によって生じた感情なので，オが適切。アの「自分を好いてくれる人」，イの「いずれ店を助けてくれる人」，ウの「愛する人を心の中で慕い続ける」，エの「自分を認めてくれる人」は，ここでいう「救い」として適切でない。

三　**（古文一文脈把握，情景・心情，口語訳，大意，和歌）**

〈口語訳〉【文章Ⅰ】　中から下の僧が顔を出し，「どちらからいらしたのですか」と聞くので，「横笛と申す者です。滝口殿にお会いしたい」と言う。横笛と聞いて胸がさわぎ，障子の隙間から見ると，(着物の)裾は露に濡れ，袖は涙で濡らしながら，本当に探しあぐねた様子で，柴の門戸に寄りかかり，元気のない様子である。以前の容貌よりもさらに美しくなっているように思われる。(横笛の姿を)見ると，今にも心が消え入りそうになった。今の状況が夢か現実か区別がつかない。また，いっそのこと走り出て，仏道修行の身となった自分の姿を一目見せようかとも思うが，心に引きとどめ，逢ってしまえば，再び悲しい思いをさせてしまうだろう。憐れな横笛が，三年もの間愛情を持ち続けて，やっと尋ねあてて来た気持ちはたとえようもなく，袂を顔に押し当てて泣くよりほかなかった。下の僧は「この寺に女人は入れない。また，滝口とやらは，聴いたこともない人である。早く帰りなさい」と言って，柴の戸を閉めた。その後は音もしなかった。横笛は，これを見て，「情けないことです。昔と変わらぬ心を，今も交わそうと思うからこそ(やって来たのです)，修行者に変わった姿を一目見せてください」と(言い)，「色が変わらない松でさえ，色が変わることもあり，日の中の水の底までも変わらないと思っていたのに，早くも変わる心であるよ。この気持ちを伝えたいと思うからこそ，私もともに修行者に姿を変え，同じ庵室に住まい，あなたが花を摘むならば，私は水をすくって，ともに極楽浄土に生まれ変わる縁をとなろうと思って尋ねて来て，夫婦の契りは現世と来世の二世にわたるときいたけれど，今生の対面さえかなわないのです。残念です。親不孝をして，このようになったのであれば，私を深く怨みなさるのもしかたないことです。また一方で，私はあなたのために深い思いに沈み，お互いに思いは深いはずです」と，涙を流して言う。「それでも，以前は，雷のような人知を超えた能力が作用しても，決して二人の仲を裂くことは出来ないだろう，と言った言葉は今も忘れません。睦言の袖の移り香は，今も変わらず匂っていますが，いつのまにか(あなたは)変わり果ててしまいました。薄情な滝口様ですねえ」と言って，声も惜しまず泣いたので，滝口はこれを見て，あまり泣くのもかわいそうだ，せめて声だけでも聴かせようと思って，このように詠んだ。

怨みに思わないでください。私は仏道修行の道に入って嬉しいのです

【文章Ⅱ】 滝口入道の胸はうち騒ぎ，障子の隙間からのぞいてみると，逢えずにいる(横笛の)様子がかわいそうに思えて，(これでは)どんな修行者も心が弱くなってしまうだろう。すぐに人を出して，「このような人はいません。間違いでしょう」と言って，ついに逢うことはなかった。横笛は情けなく恨めしく思っただろうが，力なく涙を押さえて帰った。滝口入道は，同宿の僧に「仏道修行の妨げにはなりませんが，嫌いになって別れたわけではない女に，この住まいを知られてしまったので，たとえ一度は心を強く持てても，また尋ねてくることがあれば，心が弱くなってしまうでしょう。ここを出て行きます」と言って，嵯峨を出て高野山に上り，清浄心院に移り住んだ。横笛も仏道修行の道に入たことを聞いたので，滝口入道は一種の歌を送った。

私をうらんでいるでしょうが，(あなたも)仏道修行の道にいるのは嬉しいことです

問1 直後に「胸うち騒ぎ，障子の隙より見給へば，……，二度ものを思はせん」とあるので，ア・イ・ウ・エはあてはまる。オは，「『この寺へは，女人の参らぬ所なり。はやはや帰り給へ』」とあることと合致しない。下の僧は，「横笛」に帰るよう働きかけているのである。

問2 「横笛」の心情は，直後に「『情なの有様や，……たがひに思ひ深かるべし』」とある。イは，「みづからもともにさまを変へ，同じ庵室に住居して，……一つ蓮の縁ならばや」とあることと合致する。ウは，「親の不孝をかうぶりて……理なり。」とあることと合致する。

問3 「うたて」には，情けない，不快だ，などの意味がある。直前の「いつの間にか変りはて」は，会おうとしない「滝口」のことなので，「薄情な」とするイが適切。

問4 「滝口」の心情は，直前に「あかで別れし女の……たとひ一度は心強くとも，又もしたふ事あらば，心もはたらき候ひぬべし」とあるので，ウが適切。イ・エは，「自ら横笛を説得して」という部分が合致しない，横笛を説得したのは「下の僧」である。アの「近日中にもう一度自分に会いにやって来るに違いないと思い」，オの「恋情を抑えきれないかもしれないと思った」という描写は本文にないので合致しない。

問5 Xは，前に「滝口，これを見て」とあり，Yは，前に「滝口入道一首の歌を送りけり」とあることから，ともに「滝口」の心情を詠んだ歌である。Xは「せめて声なりとも聞かせばや」とあることから，Xの「嬉しき」は，仏道の道に入ったことを嬉しいと思う滝口の心情を表しているとわかる。Yは，直前に「横笛も様をかへたるよし聞えしかば」とあることから，横笛も自分と同じように仏道修行に励んでいることが嬉しい，という意味だとわかるので，オが適切。X・Yともに滝口の心情なので，イ・エは適切でない。アは「横笛と仲直りし」，ウは「横笛から逃れ」という部分が合致しない。

四 （漢字の書き取り）

1 「演」を使った熟語はほかに「演技」「出演」など。 2 「紛」を使った熟語はほかに「紛糾」「紛失」など。訓読みは「まぎ(らす)」「まぎ(らわしい)」「まぎ(らわす)」「まぎ(れる)」。 3 「法」を使った熟語はほかに「法規」「法律」など。訓読みは「のり」。 4 「索」を使った熟語はほかに

「索引」「検索」など。　5 「藻」を使った熟語はほかに「海藻」など。訓読みは「も」。

★ワンポイントアドバイス★

本文を精読し，よく練られた選択肢の中から正答を選び出す練習をしよう！
古文は，基礎知識を充実させた上で，注釈を参照して口語訳できる力を身につけよう！

MEMO

大切なことはメモしておこうネ！

2020年度

★★★★★★★★★★★★★★★★★★★★★★★★★

入　試　問　題

2020年度

市川高等学校入試問題

【数　学】（50分）　＜満点：100点＞

【注意】　1．コンパス・直線定規を利用してもよい。

　　　　　2．比を答える場合には，最も簡単な整数の比で答えること。

1　次の問いに答えよ。

(1)　図１において，円Ｏは線分ＰＱを直径とする円である。また，点Ｒは円Ｏの周上の点であり，２点Ｐ，Ｑと異なる点である。このとき，∠PRQ＝90°であることを示せ。ただし，『１つの弧に対する円周角は，その弧に対する中心角の半分である（円周角の定理）』を用いてはならない。

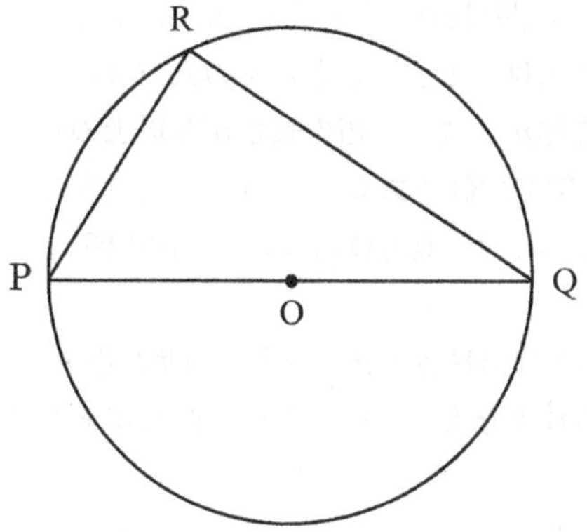

図１

ここで，図２のように，AB＞AC である△ABCの∠Ａの内角の二等分線と直線BCとの交点をD，∠Ａの外角の二等分線と直線BCとの交点をＥとする。

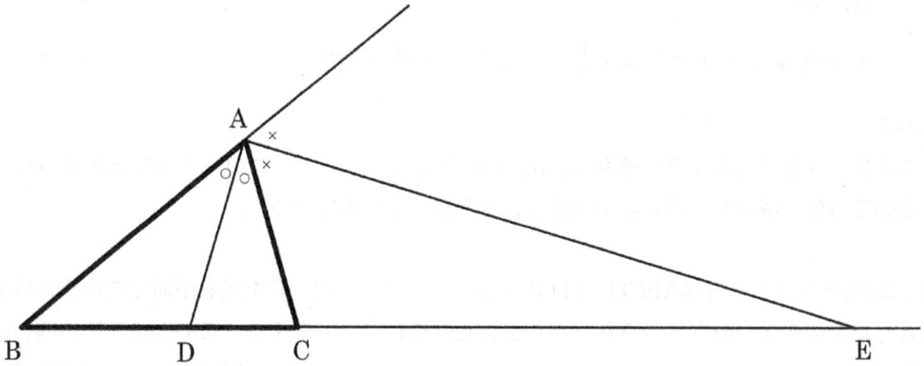

図２

このとき，

$$AB : AC = BD : DC = BE : EC$$

が成り立つことが分かっている。AB＝5，BC＝a，CA＝$2\sqrt{2}$ とするとき，次の問いに答えよ。

(2)　BDの長さを a を用いて表せ。

(3)　CEの長さを a を用いて表せ。

(4)　３点A，D，Eを通る円の中心をFとするとき，BF：FC を求めよ。

2　４で割って１余る素数は，必ず自然数の平方数の和で表すことができることが分かっている。例えば，$13=2^2+3^2$ である。このとき，次の問いに答えよ。

(1)　2020を素因数分解せよ。

(2)　$(ac+bd)^2+(ad-bc)^2$ を因数分解せよ。

(3)　2020を２つの自然数の平方数の和で２通り表せ。

3　１辺の長さが１の立方体を積み重ねて直方体を作り，この直方体に含まれる様々な大きさの立方体の個数について考える。

例えば，右の図のような，３辺の長さがそれぞれ 2，3，2 の直方体に含まれる立方体の個数は，１辺の長さが１の立方体が12個，１辺の長さが２の立方体が２個，１辺の長さが３以上の立方体が０個であるから，全部で14個である。

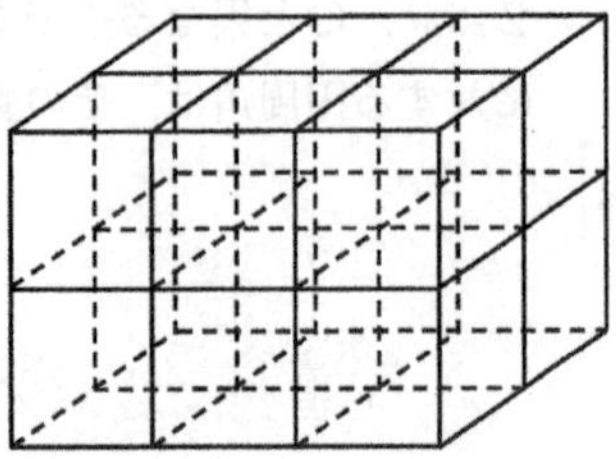

(1)　３辺の長さがそれぞれ n，n，4の直方体について，次の問いに答えよ。ただし，n は４以上の自然数とする。

①　この直方体に含まれる１辺の長さが２の立方体の個数を n を用いて表せ。

②　この直方体に含まれる様々な大きさの立方体の個数が全部で500個であるとき，n の値を求めよ。

(2)　一般に，n が自然数のとき，

$$1^3+2^3+3^3+\cdots+n^3=\left\{\frac{1}{2}n(n+1)\right\}^2$$

が成り立つことが分かっている。

例えば，$n=5$ のとき，

$$1^3+2^3+3^3+4^3+5^3=\left\{\frac{1}{2}\times5\times(5+1)\right\}^2=225$$

である。

ここで，３辺の長さがそれぞれ n，n，n の立方体について，この立方体に含まれる様々な大きさの立方体の個数が全部で44100個であるとき，n の値を求めよ。

4　１辺の長さが２の立方体ABCD－EFGHがある。３点A，C，Fを通る平面でこの立方体を切断したときにできる２つの立体のうち，点Dを含む立体について考える。このとき，次の問いに答えよ。

（図は次のページにあります。）

(1)　点Dから点Fまで糸をかける。かける糸の長さが最も短くなるときの，糸の長さを求めよ。

(2)　点Dから切断面を通って点Gまで糸をかける。かける糸の長さが最も短くなるときの，糸の長さを求めよ。

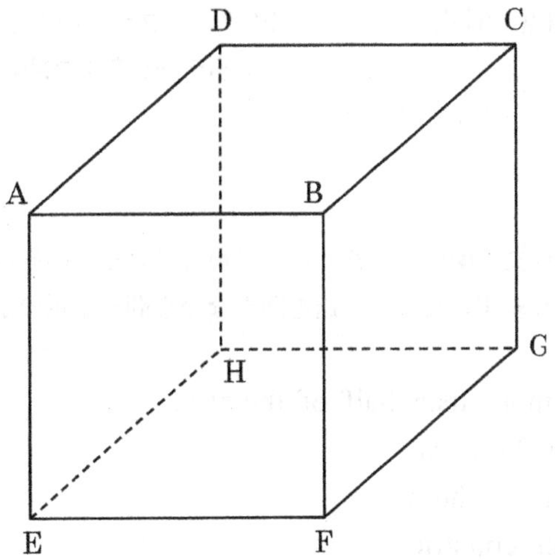

5 原点をOとする座標平面上に，関数 $y=\frac{1}{x}$ のグラフがある。

A$\left(\sqrt{2},\ \frac{1}{\sqrt{2}}\right)$，B$(-\sqrt{2},\ -\sqrt{2})$，C$(\sqrt{2},\ \sqrt{2})$ として，次の問いに答えよ。

(1) AB－AC の値を求めよ。

(2) 2点B，Cからの距離の差が，(1)で求めた値と等しくなるような点の座標として，適するものを次の中からすべて選び，記号で答えよ。なお，適するものがないときは「なし」と答えよ。

① $\left(\frac{1}{\sqrt{2}},\ \sqrt{2}\right)$　② $\left(-\sqrt{2},\ -\frac{1}{\sqrt{2}}\right)$　③ $(-1,\ -1)$

(3) 3点A，B，Cを通る円の中心Dの座標を求めよ。

(4) 3点A，B，Cを通る円周上に点Eをとるとき，△ABEの面積の最大値を求めよ。

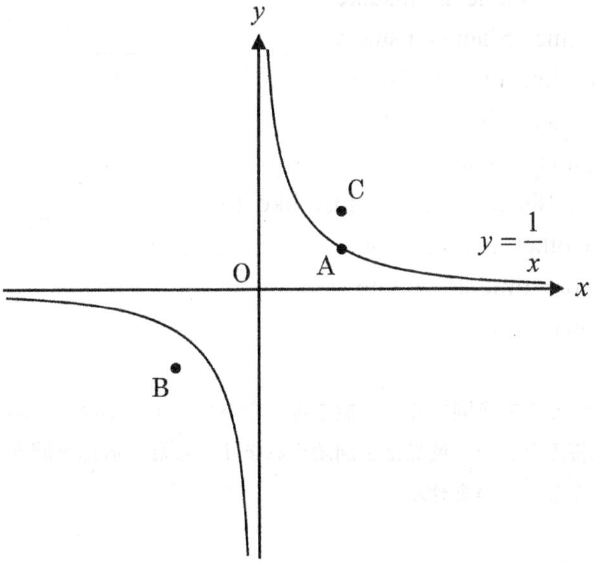

【英　語】（60分）　＜満点：100点＞　　※リスニングテストの音声は弊社HPにアクセスの上，音声データをダウンロードしてご利用ください。

【注意】 解答の際には，句読点や記号は１字と数えること。

Ｉ

（A） これから読まれる英文を聞いて，答えとして最も適切なものを選び，それぞれ記号で答えなさい。英文は２回読まれます。なお，放送を聞きながら問題用紙の余白部分にメモをとってもかまいません。

1）Shauna spends more than half of the year ________________.

a．travelling in America

b．training near her home

c．visiting other countries

2）Shauna first became interested in being a pilot ________________.

a．when she went in a plane with her father

b．when she saw the ground from the sky

c．when she got her driving license

3）When Shauna went in a plane for the first time, ________________.

a．she was scared by the height and speed

b．she was impressed by the view

c．she realized she needed to be more healthy

4）Shauna had a plane accident ________________.

a．at an airshow

b．when she was terrified

c．because she made a mistake

5）In her free time, Shauna usually ________________.

a．watches films on television

b．gets together with friends

c．enjoys playing tennis

6）In the future, Shauna would most like to ________________.

a．listen to other people more

b．spend more time travelling

c．teach other pilots

（B） これから読まれる英文を聞いて，空欄を埋めなさい。⑴と⑵は日本語で，⑶から⑹は英文中の１語でそれぞれ答えなさい。英文は２回読まれます。なお，放送を聞きながら問題用紙の余白部分にメモをとってもかまいません。

DREAMS

過去の人々は「夢」は何を表すと考えていたか。

エジプト人	(1)
ヨーロッパ人	(2)
19 世紀の医者	考えたくないこと 最も気がかりなこと

Why do we dream?

- Dreaming helps us solve problems.
- Maybe dreams let people get enough (3).
- Our brains never switch off. Dreams might help our minds keep (4) at night.
- Dreams fill our brains with pictures and stories to keep them busy.
- We think that maybe dreams help us look after our thoughts and (5).

Good Points / Advantages

- Many people think that dreams give us (6) ideas.
  ex) Paul McCartney – "Yesterday"

Ⅱ 次の英文（A）とそれに関する対話文（B）を読んで，各問いに答えなさい。なお，出題に際して本文には省略および表記を一部変えたところがあります。〔本文中で＊の付いている語（句）には注があります〕

（A）

1 Money was created many times in many places. Its development needed no technological breakthroughs — it was simply a big mental change. It needed the creation of a new reality that is only in people's shared imagination.

2 Money is not coins and paper notes. Money is anything that people decide to use in order to show the value of other things for the purpose of exchanging goods and services. Money makes it easy for people to compare quickly the value of different commodities (such as apples and shoes), to exchange one thing for another, and to hold wealth conveniently. There have been many types of money. The most popular is the coin, which is a piece of metal stamped with nationally accepted value. Yet people used money long before the invention of coins, and cultures have grown and become rich using other things as *currency, such as shells, cattle, skins, salt, grain, beads and cloth. *Cowry shells were used

as the official money for about 4,000 years all over Africa, South Asia, East Asia and Oceania. Taxes could still be paid in cowry shells in British Uganda in the early twentieth century.

3 In modern *prisons and *POW camps, cigarettes have often been used as money. Even non-smoking prisoners have often accepted cigarettes in payment, and see the value of all other goods and services in cigarettes. One *Auschwitz survivor explained the cigarette currency used in the camp: 'We had our own currency, whose value no one questioned: the cigarette. The price of everything was written in cigarettes...In "normal" times, bread cost twelve cigarettes; a 300-gram package of margarine, thirty; a watch, eighty to 200; a litre of alcohol, 400 cigarettes!'

4 In fact, even today coins and paper notes are an unusual form of money. The total amount of money in the world is about $60 trillion, yet the total amount of coins and paper notes is less than $6 trillion. More than 90 per cent of all money —more than $50 trillion appearing in our banks—is only real on computer servers. For this reason, most business exchanges work by moving electronic data from one computer file to another, without any exchange of 'real' cash.

Only a *criminal buys a house, for example, with a suitcase full of paper notes. As long as people decide to trade goods and services in exchange for electronic data, it's even better than shiny coins and crisp paper notes — lighter and easier to follow.

5 For modern business to work, some kind of money is very important. A shoemaker in a money economy needs to know only the prices charged for various kinds of shoes—there is no need to memorise the different prices of shoes in apples or goats. Money also frees apple growers from the need to search out shoemakers, because everyone always wants money. This is perhaps its most basic quality. Everyone always wants money because everyone else also always wants money, which means you can exchange money for whatever you want or need. ①The shoemaker will always be happy to take your money, because he can get any of the things he really wants them—apples or goats—in exchange for money.

6 Money is a universal form of exchange that allows people to change almost everything into almost anything else. ②【 brain / strength / everything / to / gets changed 】 when a person, who was a soldier, pays for his college fees with the money he got from the army. Health is changed to justice when a doctor uses the money she got from a patient to pay for a lawyer.

7 Ideal types of money make it possible for people not only to turn one thing into another, but to hold wealth as well. Many valuable things cannot be kept— such as [あ]. Some things can be kept only for a short time, such as [い].

Other things last longer, but take up a lot of space, cost much and need care. Wheat and corn, for example, can be kept for years, but to do so you need huge buildings and to guard against rats, mould, water, fire and thieves. Money solves these problems—whether it is paper, computer bits or cowry shells. Cowry shells don't break easily, are not rats' favorite food, can survive fires and are compact enough to be locked up in a safe.

8 In order to use wealth it is not enough just to hold it. It often needs to be moved from place to place. Some forms of wealth, such as lands and houses, cannot be moved at all. Commodities such as wheat and rice can be moved only with difficulty. Imagine a wealthy farmer living in a moneyless land who travels to a distant area. His wealth is mainly his house and rice fields. The farmer cannot take with him the house or the fields. He might exchange them for tons of rice, but it would be very difficult and expensive to move all that rice. Money solves these problems. The farmer can sell his house and rice fields in exchange for a lot of cowry shells, which he can easily carry wherever he goes.

9 Because money can change, save and move wealth easily and cheaply, it played an important part in the development of complicated business networks and lively markets. Without money, business networks and markets would never have been able to grow.

＊(注) currency：通貨　cowry shell：コヤスガイ　prison：牢獄　POW camp：捕虜収容所
Auschwitz：第二次世界大戦中，ドイツがポーランドに作ったユダヤ人の強制収容所のこと。
criminal：犯罪者

(B)

A：Have you ever heard of crypto-currency?

B：No, I haven't. What is it?

A：It is digital currency, which is used online.

B：Is it the same as 'real' money?

A：Not really. I think 'real' money is much safer than crypto-currency.

B：Why?

A：Because we all believe the value of 'real' money. Crypto-currency isn't [う] that can be used within a country. So we can't use it to pay taxes.

B：How can we use it?

A：You can use it to buy items from anyone who will accept it. Also, you can trade it with someone. One famous kind of crypto-currency is the Bitcoin, which was first created in 2009.

B：I've heard of Bitcoin! Its value went up quite a lot in a short time, didn't it?

A：Right. But don't trust it easily. The value of crypto-currency often goes higher and lower.

B：Does it? How does its value go lower?

A : If we （　え　）, it will have less value when we want to use it.

問1　下の図は英文（A）で述べられている“money”について簡単にまとめたものです。この図を見て以下の設問に答えなさい。

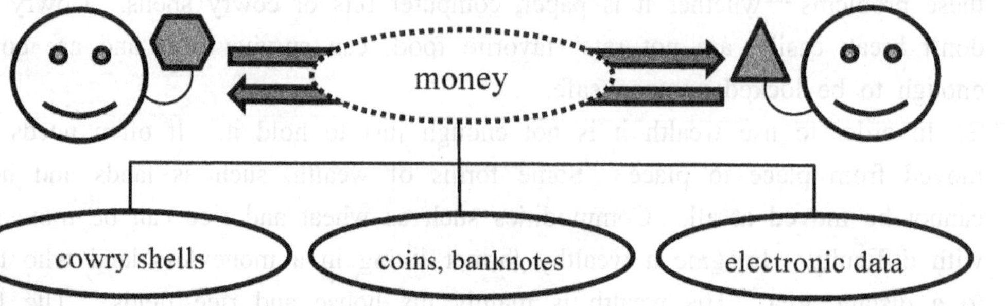

⑴“money”とは，どのようなものであると説明されていますか。次の［　］に示された語句を使って，（　）に入る適切な内容の日本語を30字以内で答えなさい。

［価値］

（　　　　　　　　　　　　　　　　　　　　）ために使うものは何でも“money”である。

⑵“coins, banknotes”よりも“electronic data”が“money”として優れている点を15字以内の日本語で答えなさい。

問2　下線部①には文法的に不要な語が１語含まれています。その語を抜き出しなさい。

問3　下線部②の【　】内の語（句）を並びかえ，意味の通る英文にしなさい。ただし，不要な語が1語含まれています。文頭にくる語も小文字で示してあります。

問4　［あ］・［い］に入る最も適切な組み合わせを選び，記号で答えなさい。

ア．beauty / money　　イ．strawberries / beauty

ウ．time / strawberries　　エ．money / time

問5　“cowry shells”が“money”として流通した理由として本文で挙げられているものを4つ選び，それぞれ記号で答えなさい。

ア．栄養価が高い　　イ．かさばらない　　ウ．美しい

エ．希少価値が高い　　オ．火に強い　　カ．縁起が良い

キ．こわれにくい　　ク．採取しやすい　　ケ．運びやすい

問6　英文（A）の内容に合っていれば○，合っていなければ×と答えなさい。

ア．In human history, the coin has always been the most popular form of money.

イ．In modern prisons, cigarettes have often been used as money because most prisoners are heavy smokers.

ウ．Even today, coins and paper money are the most common form of money.

エ．Without money, shoemakers would be required to know the different prices of shoes in apples or goats.

オ．Money allowed business networks and markets to grow as they are today.

問7　対話文（B）の［う］に入る最も適切な英語を英文（A）の段落②の中から3語で抜き出しなさい。

問8　（え）に入る適切な内容の英文を３～７語で書きなさい。

Ⅲ　次の英文は，ベトナムのハノイからオーストラリアへの移民であるLucyが書いたものです。彼女は奨学金を得て，Laurindaという名門女子高校に通っています。これを読んで，各問いに答えなさい。なお，出題に際して本文には省略および表記を一部変えたところがあります。〔本文中で＊の付いている語（句）には注があります〕

When I was six years old, Dad bought a cheap one-pound bag of mixed candy from Tien, who worked at the Allens' factory. He made me stand outside the front of my elementary school and hand them out to the neighborhood kids walking home. He stood a few steps behind me. It had been a hot day, the bag was heavy and I was not interested in either the candy or the other kids. I just wanted to get home and watch *Fat Cat and Friends*.

The other kids were [A] me, either. They would come up, quickly take a handful of candy and walk off. Some parents made their kids say, "Thank you." Other parents said it for their kids and smiled warmly at me. One mum pulled her little boy away from my bag when she saw my dad standing behind me, even though he was smiling at them. In fact, that probably ①creeped them out even more.

When my father walked home with me that afternoon, he said "Well, Lucy, you've had a chance to get to know the kids at the school, so now some of the older ones will look after you."

Maybe you could do that in Hanoi, because people were so [a], and older kids knew to look after younger ones, but here in Stanley my [b] father had no idea of the difference between *exploitation and friendship.

So when he suggested that I invite some Laurinda girls over for a movie night, I had to say no.

"This is the first time it will be on television!" he said. "It is a huge event, and it would be nice for you to [B] our culture with your friends."

"No, Dad, I really don't think the girls will want to watch *Hope in Hanoi*."

My father had been waiting for this movie, which was set during the Vietnam War, to come on TV for years. All movies ended up on the television in the end, he thought, which was why we never, ever went to the cinema. Someone at the factory had told Dad that the movie was going to screen that Friday night.

"We could have a little party, order some takeout food."

"No."

"I can't believe I have a daughter who wants to [C] her culture so much that she won't even have her friends over to see a movie about it."

My father made me very angry because he thought Vietnamese culture was just about the war.

At that moment, I hated my father.

"What is wrong with living simply?" he continued, but he knew he was wrong because he had to change the words and call it "simple" instead of what it was. Even his voice made me want to break a chopstick in half. "They would see how hard we work, and feel respect for how hard you try at school."

According to my father, everything was easy — all I had to do was keep my head down, keep quiet and work hard, and then everyone would like me. There was no such thing as having trouble *fitting in if you ②<u>showed the right image</u> to your audience.

"You have to be friendly at the new school," he advised. "It's not like Christ Our Savior, where girls just stayed with each other because they were Asian or Spanish or Greek or whatever."

That Friday evening, Dad came home with three big bags of McDonald's. Enough food for a family three times our size.

"*Wah*, what's with all this food, old man?" my mother asked.

My father looked at me as if I'd poured one of the plastic cups of Coke over his head. It was a wordless look of terrible disappointment. "I thought you were bringing some friends home."

③<u>【 the situation / to / worse / I / want / make / didn't 】</u>, so I didn't tell him that the types of girls I spent time with didn't consider McDonald's the best kind of modern, clean, healthy food. They considered it the food of poor, fat people.

My father's love of McDonald's was completely *innocent. I knew the Laurinda girls would not share his love of perfect golden French fries, or wonder over the perfection of the ninety-nine-cent ice cream.

"[D] Lamb," I said without being able to look at my dad. I opened up one of the Happy Meal boxes and searched for the surprise toy.

"[E]" my mother complained.

"Our daughter said that she would bring some friends."

"You should have asked her how many people were coming."

"[F]" I shouted.

There was silence. The Lamb found the toy and stared to bite away the packaging with his four front teeth.

"Lamby," I said to him, "let me open that for you."

"[G]" my father said sadly, "who is going to eat all this food?"

I *sighed. "I will. I love it. I will eat both the Big Macs — one for dinner and one for breakfast."

"[H]" said my father. "Do you want to become fat like the white girls here in Stanley?"

No one answered. We just looked at the television, all three of us, and didn't say another word, because the movie was about to begin. I had the Lamb on my knee, and I fed French fries into his mouth regularly at a steady pace.

Nothing much excited my parents these days, but movies like this one ④did. It began in a small Vietnamese village and told the life story of one woman. It was also about a white soldier who had always wanted an Asian wife. [I] and [J], but [K] so [L]. It was one of those movies you would call deep and life changing.

But these times—sitting with my family and watching Vietnam War movies filled with terrible violence—were the happiest of my childhood. ⑤I was glad that people kept making these films because they were holding Asian families together all over Australia.

＊(注) exploitation：私的利用　fit in：うまく溶け込む　innocent：無垢《むく》の，心からの
sigh：ため息をつく

問1 [A] に入る3語を本文中から抜き出しなさい。

問2 下線部①と最も近い意味を表すものを次から選び，記号で答えなさい。
ア．pleased　イ．frightened　ウ．disappointed　エ．satisfied

問3 [a]・[b] に共通して入る最も適切な語を次から選び，記号で答えなさい。
ア．afraid　イ．kind　ウ．hungry　エ．poor

問4 [B]・[C] に入る最も適切な組み合わせを選び，記号で答えなさい。
ア．B：share　C：share　イ．B：hide　C：hide
ウ．B：share　C：hide　エ．B：hide　C：share

問5 下線部②は具体的にどのようにすることですか。日本語で答えなさい。

問6 下線部③の【 】内の語（句）を並べかえ，意味の通る英文にしなさい。

問7 [D] ～ [H] に入る最も適切なものを選び，それぞれ記号で答えなさい。
ア．I didn't say anyone was coming!
イ．Nobody likes McDonald's!
ウ．Let's have a look at what's inside,
エ．That's true,
オ．Who is going to eat all this, I ask you?
カ．Don't be silly,

問8 下線部④の did が表す内容を本文中から抜き出しなさい。

問9 [I] ～ [L] に入る最も適切なものを選び，それぞれ記号で答えなさい。ただし，文頭にくるものも小文字で示してあります。
ア．he shot himself in the head
イ．he took the village woman to the United States
ウ．she quickly became used to life there
エ．he couldn't go back to his old life

問10 下線部⑤を日本語になおしなさい。

【理　科】（50分）　＜満点：100点＞

【注意】　1．コンパス・定規は使用しないこと。

　　　　　2．計算問題の答えは，整数または小数で答え，割り切れない場合は小数第2位を四捨五入して，小数第1位まで答えること。

1　1.0Nの力で1.0cm伸びるばねと，重さ3.0Nの物体を用意しました。水平な天井にとりつけた糸と一端を壁にとりつけたばねで物体を支えたところ，図1の状態で静止しました。物体が静止している位置をA点とします。ただし，物体の大きさは考えないものとし，ばねと糸の重さは無視できるものとします。

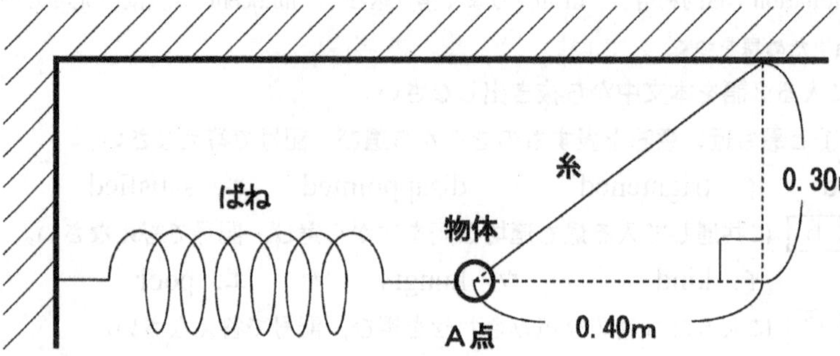

図1

⑴　糸が物体を引く力は何Nですか。

⑵　ばねの伸びは何cmですか。

　A点にある物体から静かにばねを外したところ，図2のように，物体はA点と同じ高さのB点との間で振り子の運動をしました。B点に到達したとき，物体から糸が外れました。ただし，空気抵抗は無視できるものとします。

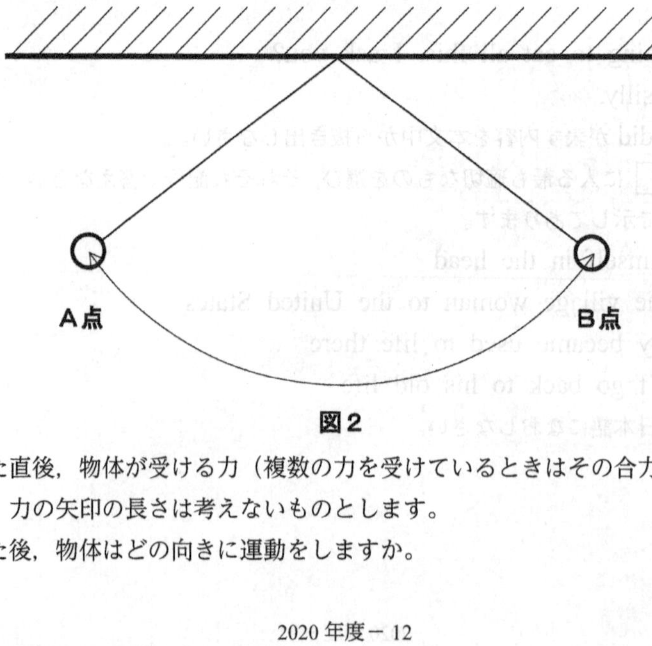

図2

⑶　糸が外れた直後，物体が受ける力（複数の力を受けているときはその合力）の矢印を描きなさい。ただし，力の矢印の長さは考えないものとします。

⑷　糸が外れた後，物体はどの向きに運動をしますか。

図3のように，以下の①～③のとき，それぞれ物体から糸が外れました。

① A点で運動を始めてから初めてB点に到達したとき

② A点で運動を始めてから初めてC点（B点とD点の間の点）に到達したとき

③ A点で運動を始めてから初めてD点（糸が天井と垂直になる点）に到達したとき

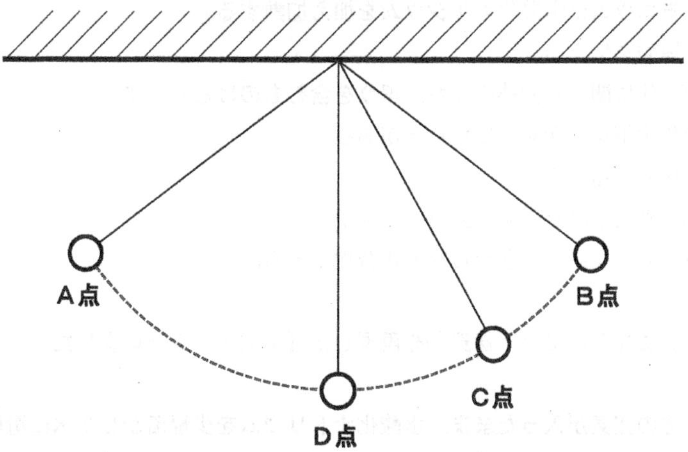

図3

⑸ 以下の文章は，①～③で糸が外れた後に，物体がそれぞれの最高点に達したときのエネルギーについて述べたものです。[1] は「等しい」または「異なる」から選び，[2] と [3] は上の①～③から選びなさい。

物体が最高点に達したとき，①～③の力学的エネルギーの大きさは [1] 。最高点での運動エネルギーが最も小さいのは [2] である。したがって，最高点の位置エネルギーが最も大きいのは [3] である。

⑹ ①～③で糸が外れた後に，物体が地面に落下する直前にもつそれぞれの運動エネルギーの大小関係を【 】内の記号から適切なものを用いて示しなさい。ただし，同じ記号をくり返し用いてもよい。

【①，②，③，＞，＜，＝】（解答例：②＞①＝③）

[2] 1766年，イギリスのキャベンディッシュは， [X] ことで生じる気体に関する論文を発表しました。この気体は後に①水素と名づけられました。彼は，この気体を燃焼させたことによって生じた物質が水であることを見出しました。

1800年，イタリアのボルタは，２種類の金属と電解質を用いて電池を発明しました。その６週間後，イギリスのニコルソンとカーライルは，ボルタが発明した電池を用いて②水に電圧をかける実験を行いました。すると，水の中に入れた２つの金属の電極板に気泡が生じました。一方の電極板に生じた気体は水素で，他方に生じた気体は酸素であると結論づけました。この実験は水の電気分解と呼ばれます。

1884年，スウェーデンのアレニウスは，③酸の正体を④水素イオンであると提唱しました。彼は，酸を「水溶液中で水素イオンを生じる物質」と定義しました。

現在，水素と酸素の反応を用いた⑤燃料電池は環境負荷の少ない発電手段として注目されています。

(1)　前のページの文章中の X に適するものはどれですか。

ア　亜鉛に塩酸を加える

イ　二酸化マンガンにうすい過酸化水素水を加える

ウ　炭酸水素ナトリウムに塩酸を加える

エ　塩化アンモニウムに水酸化カルシウムを加え加熱する

オ　硫化鉄に塩酸を加える

(2)　下線部①の気体に関する記述のうち，**誤りを含むもの**はどれですか。

ア　赤熱した酸化銅を還元するはたらきがある。

イ　無色・無臭である。

ウ　この気体で満たされた風船は空気中で浮かぶ。

エ　この気体の分子は原子２個からなる化合物である。

図４のような装置を用いて，下線部②を再現した【実験１】を行いました。

【実験１】

管Ａにある量の空気が入ったまま，水酸化ナトリウムを少量溶かした水に電圧をかけ，管Ａに空気と合わせて20.0mLの気体が集まるまで電気分解を行った。その後，点火装置を用いて管Ａに集まった気体に点火したところ，管Ａ内の気体の体積が17.3mLになった。また，点火した後，管Ａ内に空気を混ぜて再び点火したところ音を立てて燃えた。

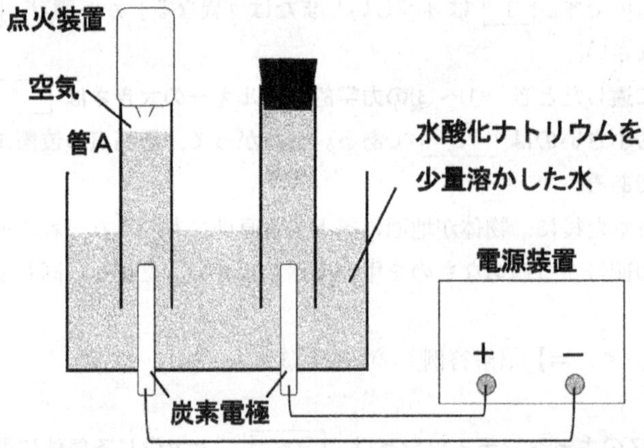

図４

(3)　水を電気分解したときの化学反応式を書きなさい。

(4)　電圧をかける前に管Ａに入っていた空気（窒素と酸素の体積比が　4：1　の混合気体とします）の体積は何mLですか。ただし，燃焼によって生じた水はすべて液体としてその体積は無視できるものとします。

下線部③について，以下のような【実験２】を行いました。

【実験２】

水素イオンの濃さの異なる酸の水溶液Ａ，Ｂ，Ｃを同じ体積ずつビーカーに取り，それぞれにＢＴＢ液を１滴ずつ加えた。それらにＡ，Ｂ，Ｃのそれぞれと同じ体積のアルカリの水溶液Ｄを加えたところ，水溶液の色は表１のようになった。このとき，Ｄを加えた後のＢと，Ｄを加える前のＡの水素イオンの濃さは同じであった。また，Ｄを加えた後のＡ，Ｂをすべて混ぜると水溶液の色は緑色になった。

水溶液	A	B	C
色	青	黄	緑

表１　水溶液Ｄを加えた後の水溶液Ａ，Ｂ，Ｃの色

⑸　水溶液Ｄを加える前の水溶液Ａ，Ｂ，Ｃの水素イオンの濃さを最も簡単な整数比で答えなさい。

⑹　下線部④のイオンは水素原子が電子を１個失うことで生じます。一方，水素原子が電子を１個受け取ると水素化物イオンと呼ばれるイオンを生じます。水素化物イオンのイオン式を書きなさい。

⑺　下線部⑤について，図５は家庭に設置された燃料電池です。従来の火力発電所のような大規模集中型の発電による電気供給では，機構的に一部のエネルギーが失われます。このことを踏まえ，図５を参考に，各家庭に燃料電池を設置することの利点を二つ答えなさい。

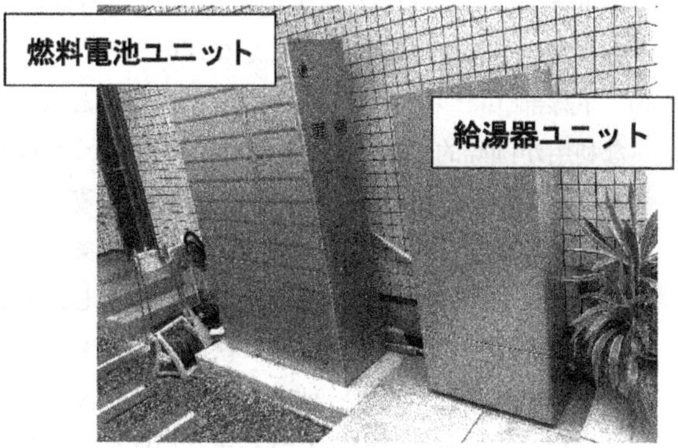

図５

3　東京湾には，いくつかの干潟《ひがた》が点在しています。干潟にはたくさんの生き物が生息し，干潟で採れるスズキやアサリ，ノリなどは私たちの食卓に上がっています。

干潟には，川から運ばれた窒素やリン，有機物などが流入します。砂質の干潟では，ワカメのような大型の藻類は生育できないため，海中や海底には植物プランクトンやバクテリアが繁殖しています。干潟は魚の産卵場にもなり，マハゼやボラなどの幼魚が成育しています。砂の上には，①コメツキガニが作った砂だんごや，ゴカイのとぐろを巻いた糞《ふん》がいたるところで見られ，砂の中では，アサリや②ホンビノスガイなどの二枚貝が生息しています。干潟の陸側ではアシ（ヨシ）とよばれる水生植物やアシハラガニが生息し，シギやチドリなどの渡り鳥が飛来します。

高度成長期には，干潟の埋め立てが盛んに行われ，渡り鳥の餌《えさ》となるカニやゴカイが減りました。そのため，渡り鳥への影響が心配されています。近年，③干潟の保全に対する意識が高まり，干潟の多様な生物集団や④水質浄化作用が見直されています。

⑴　ある地域に生息する生物とそれをとりまく環境をまとめて何といいますか。漢字で答えなさい。

⑵　⑴では「生物から環境への影響」と「環境から生物への影響」とが互いにはたらいています。次の文のうち，両方の関係を含む記述を二つ選びなさい。

ア　植物プランクトンが光合成をすると，温室効果が促進される。

イ　砂質の干潟では，有機物が蓄積しないので，カニやゴカイが減る。

ウ　動物プランクトンが大量に発生すると，酸素が消費されて魚は生息できない。

エ　アシハラガニは，アシ原に生息するゴカイを捕食する。

オ　渡り鳥は，カニやゴカイを捕食するために干潟に飛来する。

カ　流入する有機物はアサリなどに消費され，海底の藻類に光が届きやすくなる。

(3)　下線部①は，それらの生物の生活の痕跡《こんせき》を示しています。どのような活動の結果，作られたものですか。

ア　縄張りを作った跡である。

イ　砂の中に産卵をした跡である。

ウ　天敵から身を守るために，擬態をした跡である。

エ　巣穴から，砂をかき出した跡である。

オ　砂中のバクテリアや有機物を捕食した跡である。

(4)　下線部②のホンビノスガイは，かつて東京湾にはいなかったとされています。このような生物を何といいますか。漢字で答えなさい。

(5)　下線部③について，干潟の環境を保つことは大変重要であり，干潟のような湿地の保護と賢明な利用が国際的に図られています。このような取り組みに関係するものはどれですか。

ア　ワシントン条約　　イ　京都議定書　　ウ　ラムサール条約

エ　レッドデータリスト　　オ　ウィーン条約

(6)　図6は干潟の生物の食物連鎖の概要を示したものです。矢印は被食される生物から捕食する生物へ向かって描かれています。次の文のうち適当なものはどれですか。

ア　ダイシャクシギは，他地域から入り込んだ生物なので駆除したほうがよい。

イ　アシハラガニとマメコブシガニの間で，食料をめぐる競争は生じていない。

ウ　ゴカイを除くと，干潟の海水温が大きく変化する。

エ　プランクトンが大量発生すると，干潟の食物連鎖はさらに複雑になる。

オ　干潟の食物連鎖において，コチドリは必ず三次消費者になる。

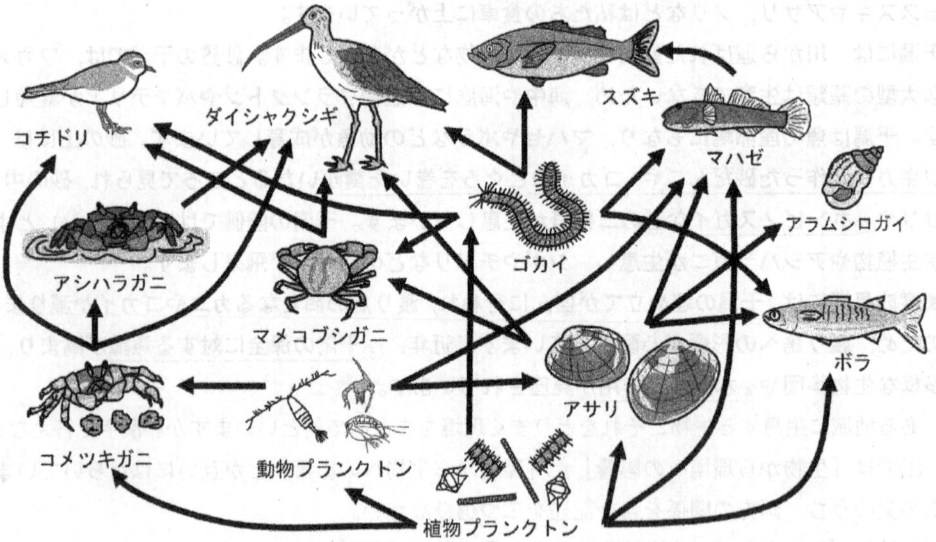

図6

⑺　下線部④について，窒素やリン，有機物は最終的にどのようにして干潟から除去されますか。図6を参考にして簡潔に説明しなさい。

4　地球は太陽とともに誕生し，非常に稀《まれ》な環境によって，生命を育むことができました。しかし，生物の存在が確認されていない期間は非常に長く，生物が誕生するには恒星の寿命が長いことも必須の条件と考えられます。

地球は，微惑星の衝突により形成されたため，誕生当時の地表はマグマに覆われた状態でした。冷え固まった後もジャイアントインパクトにより，再びマグマに覆われることになったため，地表に生物は存在しなかったと考えられています。

35億年前の地層から細菌の一種だと考えられる化石が確認されており，これが最古の化石となっています。その後，光合成を行う生物が出現しました。この生物の出現により劇的に地球環境は変化していきました。このことは，数回にわたる全球凍結やエディアカラ生物群などの多細胞生物の出現にも影響があったと考えられています。太古の生物の大進化によって多くの種が現れ，環境に適応したものがさらに発展を遂げるようになっていきました。

先カンブリア時代の年表

46億年前	太陽系誕生
45.5億年前	ジャイアントインパクト
43億年前	最古の岩石（高圧力による変成岩）
38億年前	最古の堆積岩（れき岩）・火成岩（玄武岩質の枕状溶岩）
35億年前	最古の化石（バクテリア）
27億年前	最古の光合成生物の化石（シアノバクテリア）
22億年前	全球凍結
7億年前	全球凍結
6.5億年前	全球凍結
6億年前～	エディアカラ生物群

⑴　地球のように液体の水をたたえる天体は珍しく，その可能性があるのは太陽系内でもごく一部の領域に限られます。このような領域を何といいますか。

⑵　地球のように海洋を保持することができた理由として，⑴の領域内に地球があったことに加え，他にどのような理由が考えられますか。

ア　地球に生物がいたから。

イ　地球が自転し昼と夜があったから。

ウ　地球がある程度の大きさになったから。

エ　地球の原始大気に酸素や水素が含まれていたから。

オ　地球誕生初期に月ができたから。

⑶　岩石に巨大な圧力やマグマの高温が加わると，ある岩石が別のタイプの岩石に変化することがあります。これを変成作用といい，このときつくられた岩石を変成岩といいます。43億年前につくられたと考えられる変成岩は巨大な圧力によりつくられました。このことから，この当時，すでにどんな運動（現象）があったと考えられますか。「対流」または「沈み込み」という言葉を用いて，要因と運動を20字以内で答えなさい。

⑷　38億年前の岩石から，当時の様子として考えられる状況はどれですか。

ア　気象現象が発生し，海と陸の間で水が循環していた。

イ　地球は海洋のみで，まだ大陸がなかった。

ウ　地球は大陸のみで，まだ大規模な海洋がなかった。

エ　氷河や氷床などの大規模な氷塊が存在していた。

オ　地球上の大陸は一つになっていた。

⑸　22億年前～6.5億年前に見られる全球凍結とは，赤道周辺まで氷河に覆われた状態です。海洋を含む地表全体が氷に覆われているため，太陽光の反射率が大きくなり，地球は非常に暖まりにくくなります。そのため，「一度全球凍結が起こると氷がとけることができなくなる可能性があり，地球史上全球凍結は起こっていない」という説もありました。現在では，全球凍結が起こっても，その都度解消されてきたと考えられています。どのような過程で地球が暖まったと考えられますか。以下の文中の [1] ～ [4] に適する語句を答えなさい。

[1] から噴出する [2] は，地表が氷に覆われているため [3] に吸収されにくく，徐々に大気中の [2] 濃度が高まり，[4] が進行し気温が上昇した。

⑹　光合成生物の出現により，当時の地球にはなかった酸素が生成されるようになりました。これに関して，その後起こったできごとの順序が「光合成生物の発生」→ [5] → [6] →「現在の濃度に近いオゾン層の形成」となるように，[5]，[6] に適するものを，それぞれ選びなさい。

ア　地磁気の縞《しま》模様の形成　　イ　熱圏の酸素濃度の増加

ウ　縞状鉄鉱層（床）の形成　　エ　地球規模での寒冷化

オ　大陸の分裂開始

⑺　光合成生物のはたらきで，大気中の酸素濃度は増加しました。増加の様子を表したグラフとして正しいものはどれですか。ただし，グラフの縦軸は5億年前の大気中の酸素濃度を1とした割合で示されています。

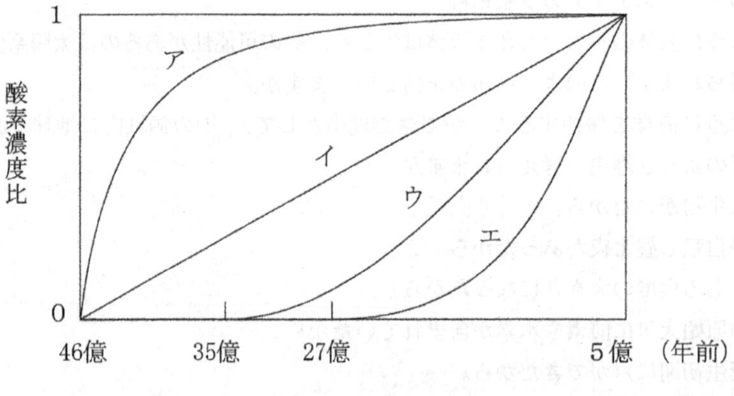

⑻　地球のオゾン層は，古生代初期のオルドビス紀には現在のオゾン層と同じ程度の濃度になったと考えられています。このことが，オルドビス紀後期からシルル紀にかけて起きたある大きな変化の要因になったと考えられます。理由とともにこの時期の変化（事象）とは何か，簡潔に答えなさい。

【社　会】（50分）　＜満点：100点＞

【注意】 解答の際には，句読点や記号は１字と数えること。

1 **次の文章【Ⅰ】～【Ⅲ】は，徳川宗英『徳川家が見た戦争』（岩波ジュニア新書）の抜粋です。これらを読んで，あとの問いに答えなさい。なお，出題に際して，本文には省略および表記を一部変更したところがあります。**

【Ⅰ】

欧米での家康の評価は日本で考えている以上に高い。それは何よりおよそ260年間も続く「徳川の平和（パクス・トクガワ）」の土台を築いた点にある。

多種多様な民族，文化，宗教が存在することもあり，ヨーロッパでは200年以上も戦いがないという時代はなかった。特に家康が江戸幕府をつくり，徳川幕府による支配を確立させた17世紀は，Aヨーロッパ史では「17世紀の危機」と呼ばれ，戦争や伝染病による社会不安が増大した時代だった。＜中略＞

一方，同時期の日本は自然災害を除けば，天下は泰平。裕福な商家だけでなく，お年寄り，女性，子どもまで，毎年数百万人規模の人たちが道中の観光を楽しみながら，お伊勢参りに大挙して出かけた。B街道沿いには「御師」と呼ばれるツアーガイドもいた。ヨーロッパの状況を考えると，それは奇跡に近い。

長期間，戦争が起こらなかった結果，支配者層であった武士からC被支配者層であった町民にまで，広く教育が行き届くようになった。

問１　下線Aについて，17世紀のヨーロッパにおけるできごとを説明した文として正しいものはどれですか，①～⑤からすべて選び，番号で答えなさい。

①　ロックは『市民政府二論』で，人間は生まれながらにして生命・自由を守る権利があると説いた。

②　国民議会は人権宣言を発表し，個人の権利や市民社会の政治の重要な原則を示した。

③　議会を無視する政治を続けた国王を処刑し，クロムウェルの指導により共和政が実現した。

④　名誉革命により議会を尊重する国王が迎えられ，権利章典が制定された。

⑤　軍人のナポレオンが権力を握り，皇帝の位についた。

問２　下線Bについて，幕府は東海道をはじめとする五街道を整備しました。東海道の箱根に関所が設けられ，「入り鉄砲に出女」といわれた取りしまりが行われました。幕府が特に厳しく取りしまった「入り鉄砲に出女」とは何ですか，30字以内で説明しなさい。

問３　下線Cについて，町人や百姓の子どもたちが，「読み・書き・そろばん」を学んだ教育機関を何といいますか，漢字で答えなさい。

【Ⅱ】

「ペリー艦隊来航の外圧によって江戸幕府の終わりが始まった」といわれることが多い。しかし，必ずしもそれは正しくないだろう。それ以前にも日本に対する欧米列強からの侵略の危機はあった。

実はロシアでは1705（宝永２）年に，ピョートル大帝の命令で，日本人漂流民を教師とした日本語教習所が，ペテルスブルク（のちのロシアの首都）に開設されていた。なんとD５代将軍綱

吉の時代から，ロシアは日本への南下を視野に入れていたのだ。<中略>

ロシアは，1778（安永７）年に正式に通商を申し入れてきた。蝦夷地を支配するE松前藩は拒絶したが，当の松前藩にも，千島やF樺太のことはよくわかっていなかった。

一方，ときの老中・田沼意次は，蝦夷地の開発やロシア人との交易を計画。最上徳内らを派遣して可能性を調査させた。G意次は賄賂《わいろ》政治で有名だが，当時の日本人としては非常に視野が広く，先進的な考えの持ち主だった。

問４　下線Dについて，綱吉が行った貨幣改鋳とその結果を説明した文として正しいものはどれですか，①～④から１つ選び，番号で答えなさい。

① 金の含有率を下げた小判を発行したために，貨幣の価値が上がり経済は混乱した。

② 金の含有率を下げた小判を発行したために，貨幣の価値が下がり経済は混乱した。

③ 金の含有率を上げた小判を発行したために，貨幣の価値が上がり経済は混乱した。

④ 金の含有率を上げた小判を発行したために，貨幣の価値が下がり経済は混乱した。

問５　下線Eについて，松前藩を説明した文として誤っているものはどれですか，①～④から１つ選び，番号で答えなさい。

① アイヌとの交易を独占する権利を幕府から認められていた。

② 琉球王国とアイヌをつなぐ交易で利益をあげていた。

③ シャクシャインの蜂起をおさえたのち，アイヌをより厳しく支配するようになった。

④ 和人とアイヌの住む地域を分けたうえ，家臣たちには，米の代わりにアイヌの人たちとの交易の権利を与えた。

問６　下線Fについて，19世紀初頭，樺太の探検を行い，ユーラシア大陸との間が海峡でへだてられていることを確認した人物はだれですか，漢字で答えなさい。

問７　下線Gについて，表１は徳川吉宗と田沼意次の主な政策を示したものです。田沼が行った幕府の財政再建のための政策にはどのような特徴がありますか，徳川吉宗の政策と比較しながら60字以内で説明しなさい。

<表１>

徳川吉宗の主な政策	田沼意次の主な政策
上米の制 新田開発 定免法	株仲間の奨励 長崎貿易の奨励

【Ⅲ】

H戊辰戦争で「朝敵」あるいは「逆賊」という汚名を着せられた徳川家だったが，明治時代になると，意外にも早い段階で名誉回復を果たすことになった。

徳川家は八家ある。宗家，徳川慶喜家，三家（尾張・紀伊・水戸），三卿《さんきょう》（田安・一橋・清水）で，徳川慶喜家は1902（明治35）年に創設されたものである。

宗家と慶喜家は公爵《こうしゃく》に，三家は侯爵《こうしゃく》に，三卿は伯爵《はくしゃく》に列された。徳川各家は例外なく華族に列せられたわけである。

大正期に入ると水戸家も公爵に叙《じょ》された。徳川光圀以来，長年にわたって編纂《へんさん》されてきた『大

日本史』が1906（明治39）年に完成し，朝廷に献上されたことが認められたのだ。＜中略＞

華族となった徳川家は，歴史の舞台から退場することはなかったのである。なかでもI徳川家達《いえさと》，好敏《よしとし》，義親《よしちか》，義寛《よしひろ》，慶光《よしみつ》の５名はそれぞれの立場で，戦火にあいまみれた激動の明治・大正・昭和（戦前）時代を生き抜いた。

問８　下線Hについて，a～dは戊辰戦争中に起きたできごとです。これらを古い順に並べ，記号で答えなさい。

a　江戸城の新政府軍への明け渡し　　b　会津の戦い

c　鳥羽・伏見の戦い　　d　五稜郭の戦い

問９　下線Iについて，年表は宗家を相続した徳川家達に関するものです。これを見て次の問いに答えなさい。

＜年表＞

1869年	版籍奉還で静岡藩知事※となる
1871年	廃藩置県で知事を辞める…ア
1890年	貴族院議員となる…イ
1903年	貴族院議長となる
1914年	総理大臣に推挙されるも，辞退する…ウ
1921年	全権団の一員に選ばれワシントン会議に参加する…エ
1933年	貴族院議長を辞任する…オ
1940年	自宅で亡くなる…カ

※藩知事…知藩事のこと

⑴　アについて，廃藩置県を説明した文として正しいものはどれですか，①～⑤からすべて選び，番号で答えなさい。

①　元の藩主はすべて中央の太政官で政治を行うようになった。

②　政府から派遣された県令・府知事が政治を行うようになった。

③　諸藩の多くは財政難で苦しんでいたため，ほとんど抵抗なくこの改革は受け入れられた。

④　この改革に反対する農民が一揆を各地で起こし，政府は軍隊を出動させ鎮圧した。

⑤　このときに設置された県の数は，現在の県の数と同じである。

⑵　a～fは，ア～イの間に起きたできごとです。これらを古い順に並べたものとして正しいものはどれですか，①～⑥から１つ選び，番号で答えなさい。

a　大日本帝国憲法が発布される　　b　自由党が結成される

c　帝国議会が開設される　　d　民撰議院設立建白書が出される

e　内閣制度が創設される　　f　国会期成同盟が結成される

①　d→f→b→e→a→c　　②　d→f→b→c→e→a

③　d→b→f→e→a→c　　④　b→d→f→c→a→e

⑤　b→d→f→a→e→c　　⑥　b→f→d→c→e→a

⑶　ア～ウの時期において，表２に示した各年の日本の領土面積として正しいものはどれですか，次のページの表２中の①～⑤から１つ選び，番号で答えなさい。なお，数値は各年における最終値とします。

＜表２＞

（単位：km²）

	1880年	1895年	1905年	1910年
①	382,562	382,562	454,614	675,406
②	382,562	382,562	418,524	454,614
③	382,562	418,524	418,524	454,614
④	382,562	418,524	454,614	675,406
⑤	382,562	418,524	675,406	675,406

矢野恒太記念会『数字でみる 日本の100年 改訂第６版』より作成

⑷　ⅰ～ⅲの文章は，**ウ**の年に始まった第一次世界大戦について説明したものです。（**X**）～（**Z**）にあてはまる語句は何ですか，答えなさい。なお，（**Y**）は漢字３字で答えなさい。

ⅰ　（　X　）の帝位継承者が暗殺される事件をきっかけに戦争は始まった。
ⅱ　イギリスやフランスなどの列強は，国内からだけではなく植民地からも人々を兵士や労働力として動員するなど，国力のすべてを戦争につぎ込み，社会全体を戦争協力に巻き込む（　Y　）の体制がつくられた。
ⅲ　戦争中に革命が起きたロシアでは，臨時政府が成立し皇帝が退位した。しかし，臨時政府が戦争を継続したため，ボリシェヴィキの（　Z　）やトロツキーの指導下で民衆が蜂起し，臨時政府を倒してソビエト政府を樹立した。

⑸　**エ**について，**史料**は平塚らいてうのワシントン会議に関する評論です。**史料**の□には，どのような内容があてはまりますか，次の①～⑥から１つ選び，番号で答えなさい。なお，史料には省略および表記を一部変更したところがあります。

＜史料＞

この時において問題の中心点である□とすることは，その真の動機が那辺《なへん》※に存するにかかわらず，現在人類が切に要求しつつあるところの最も好ましき企図たることはあまりに明かであって何人《なんぴと》もこれを否定することは出来ないでしょう。私は我が国民が我に対する彼の圧迫策とのみ見て騒ぎたてる代《かわ》りに，世界の平和，人類の幸福を齎《もたら》すものとして大いに歓迎し，この際我を軍国主義侵略主義の国と見る列国の誤解を一掃すると共に，列国をして，――わけても日英米の三国をして狭隘《きょうあい》なる国家的利己心にのみ囚《とら》われることなく，人類の祈願に十分耳傾けしめるよう，＜中略＞　今度こそは，この問題に関する徹底的な同時に具体的な協定を遂《と》げしめ人類の心から来《きた》らんとする戦争の不安，脅威《きょうい》を除去することに努むべきだと思います。

※那辺…どのあたり

岩波文庫『平塚らいてう評論集』より

① 中国問題に関する国際会議を開き，あわせて国際連盟を設立しよう
② 中国問題に関する国際会議を開き，あわせて戦争放棄の協定を結ぼう
③ 太平洋に関する国際会議を開き，あわせて国際連盟を設立しよう

④　太平洋に関する国際会議を開き，あわせて軍備縮小の協定を結ぼう

⑤　世界大戦処理に関する国際会議を開き，あわせて戦争放棄の協定を結ぼう

⑥　世界大戦処理に関する国際会議を開き，あわせて軍備縮小の協定を結ぼう

⑹　**エ～オ**の時期に起きたできごとを説明した文として正しいものはどれですか，①～⑤からすべて選び，番号で答えなさい。

①　朝鮮で，日本からの独立を求める三・一運動が起きた。

②　日本は中国の袁世凱政府に二十一か条の要求を提出し，大部分を認めさせた。

③　日本国内でラジオ放送が始まり，国内外のできごとがすぐに全国に伝えられるようになった。

④　関東大震災の大混乱の中，朝鮮人が暴動を起こしたというデマが広がり，多くの朝鮮人・中国人が殺害された。

⑤　すべての政党や政治団体が解散し，大政翼賛会にまとめられた。

⑺　次の文章は，**オ**の年のできごとについて説明したものです。（Ｘ）・（Ｙ）にあてはまる語句は何ですか，答えなさい。なお，（Ｙ）は漢字で答えなさい。

> **＜アメリカ＞**
> 　フランクリン＝ローズベルト大統領が（　Ｘ　）政策をかかげ，景気の回復を図った。
> **＜ドイツ＞**
> 　ナチスのヒトラーが首相となり（　Ｙ　）法を成立させた。以後，ヒトラーが自由に法律を制定するなど独裁体制を作り上げていった。

⑻　グラフは**オ～カ**の時期における日本の国家財政に占める軍事費の割合を示したものです。これをみると，⟷の時期に大きな変化があります。その変化が起きた理由は何ですか，最も関係のあるものをａ～ｆから２つ選び，その組み合わせとして正しいものを，次のページの①～⑤から１つ選び，番号で答えなさい。

＜グラフ＞

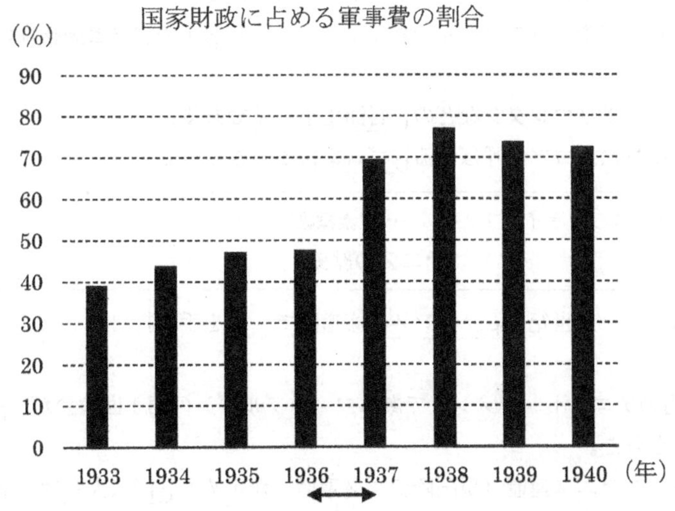

矢野恒太記念会『数字でみる 日本の100年 改訂第６版』より作成

a　国家総動員法が制定され，戦争遂行のために必要な人や物資が議会の承認なく動員できるようになった。

b　二・二六事件が起きたことにより，軍部の政治への関与が強まった。

c　五・一五事件が起きたことにより，軍部の政治への関与が強まった。

d　真珠湾攻撃をきっかけに太平洋戦争が始まった。

e　盧溝橋事件をきっかけに日中戦争が始まった。

f　柳条湖事件をきっかけに満州事変が始まった。

①［a・d］　②［a・f］　③［b・e］　④［b・f］　⑤［c・e］

2 テニス部に所属する市川さんは，テニスで使用する道具とテニスの歴史を調べ，次のようにまとめました。これらを読んで，あとの問いに答えなさい。

テニスで使用する道具

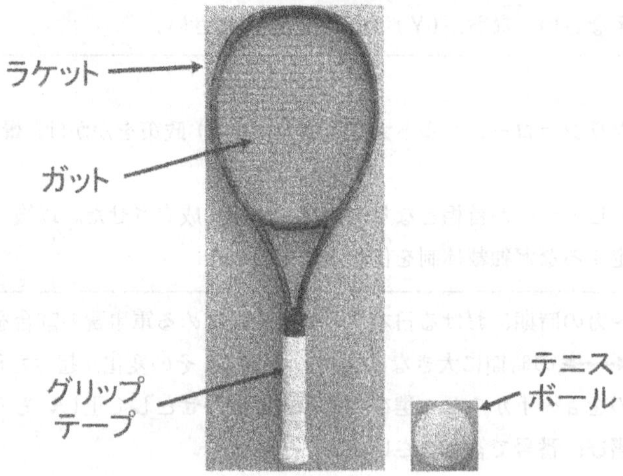

・ラケットには現在，カーボンファイバーやグラファイトファイバー※などの素材が使用されているが，かつては木やAアルミニウム素材が使われていた。

・ガットは，ナイロン製やポリエステル製が主流だが，牛やB羊の腸など動物性の素材を使った高級品もある。

・グリップテープは，ポリウレタンなどのC石油化学製品である。

・テニスボールの中身は，コアと呼ばれるDゴム素材でできている。

※カーボンファイバーやグラファイトファイバー…炭素繊維

テニスの歴史

・テニスの原型は，11～12世紀にEフランスの修道院で，球を手で打ち合ったこととされている。

・1877年，世界最古のテニストーナメントであるウィンブルドンの第１回大会が，Fイギリスのロンドンで開催された。

・1923年に国際ローンテニス連盟（現国際テニス連盟）が定めたG四大大会は，最も規模の大きなテニスの大会である。四大大会は，Hニューヨーク，メルボルン，パリ，ロンドンで行われる。
・日本のテニスの歴史は，19世紀に I 横浜で始まったとされている。

問１　下線Aについて，**グラフ１・グラフ２**をふまえて，日本国内のアルミニウム製錬が減少した理由を，アルミニウムの原料を明らかにしながら説明しなさい。

＜グラフ１＞

国内アルミニウム供給量の推移（国内製錬量と輸入量の合計）

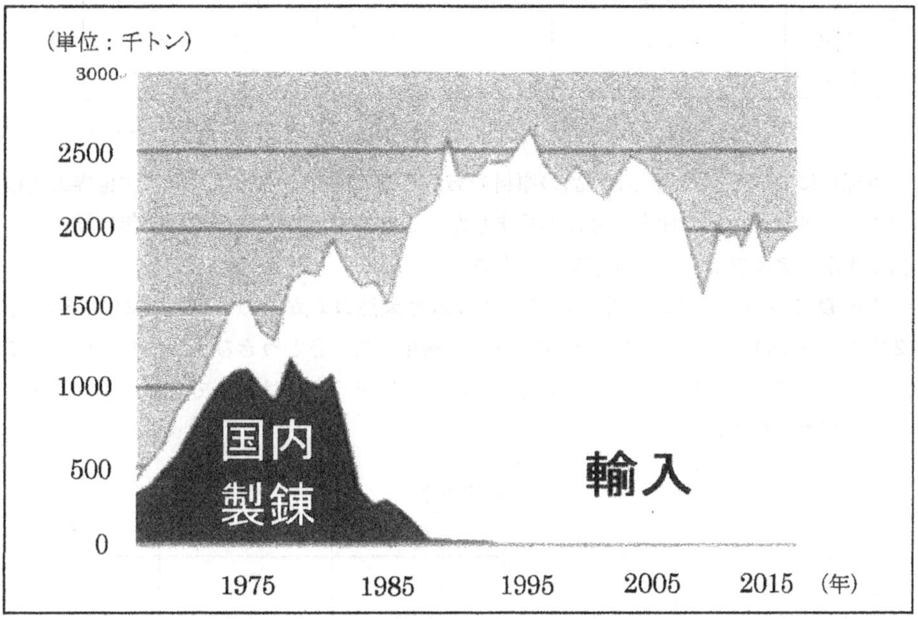

日本アルミニウム協会ホームページ（https://www.aluminum.or.jp/）より作成

＜グラフ２＞

日本の電気料金の推移

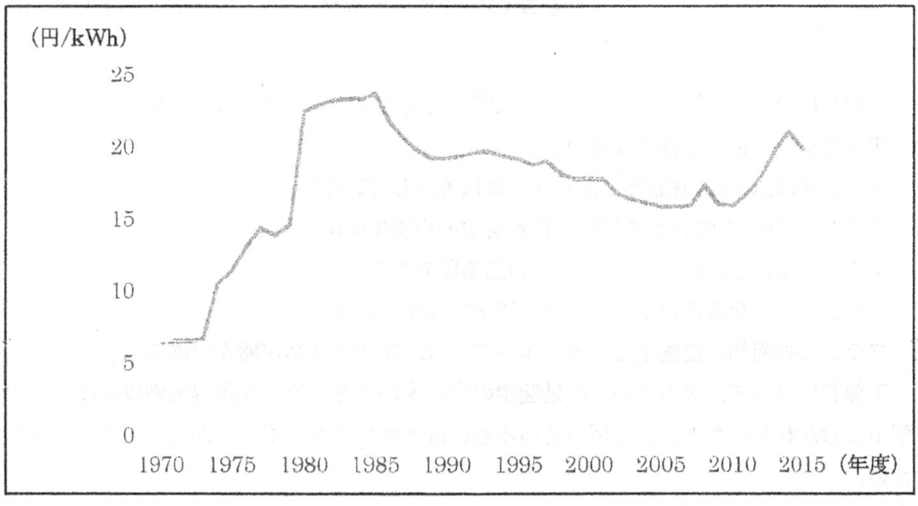

経済産業省資源エネルギー庁ホームページ（https://www.enecho.meti.go.jp/）より作成

問2　下線**B**について，**表1**は羊の頭数・羊毛の生産量・羊毛の輸出量の世界上位5ヵ国を示したものです。**表1**中の**X**にあてはまる国名は何ですか，答えなさい。

<表1>

	羊の頭数	羊毛の生産量	羊毛の輸出量
1位	中国	中国	（　X　）
2位	（　X　）	（　X　）	ニュージーランド
3位	インド	ニュージーランド	南アフリカ
4位	イラン	イギリス	イギリス
5位	ナイジェリア	イラン	ドイツ

二宮書店『データブック・オブ・ザ・ワールド2019年版』より作成

問3　下線**C**について，石油化学製品の原料である石油の開発や生産は，第二次世界大戦後，国際石油資本（メジャー）の独占状態にありました。これに対抗するために1960年に結成された組織は何ですか，アルファベット4字で答えなさい。

問4　下線**D**について，ゴムの原料には合成ゴムと天然ゴムがあり，天然ゴムは一次産品です。**表2**中の①～⑤は，一次産品である天然ゴム・綿花・茶・さとうきび・コーヒー豆のいずれかの生産上位5ヵ国を示したものです。天然ゴムにあてはまるものはどれですか，①～⑤から1つ選び，番号で答えなさい。

<表2>

	①	②	③	④	⑤
1位	中国	ブラジル	インド	タイ	ブラジル
2位	インド	インド	中国	インドネシア	ベトナム
3位	ケニア	中国	アメリカ	ベトナム	コロンビア
4位	スリランカ	タイ	パキスタン	インド	インドネシア
5位	トルコ	パキスタン	ブラジル	中国	エチオピア

二宮書店『データブック・オブ・ザ・ワールド2019年版』より作成

問5　下線**E**について，フランスに関して説明した文として誤っているものはどれですか，①～⑤からすべて選び，番号で答えなさい。

①　フランスはEUの共通通貨であるユーロは導入していない。

②　フランスはEUの穀倉とよばれ，世界有数の小麦生産国である。

③　フランスはEU加盟国の中で，最大の工業国である。

④　フランスの総発電量の7割以上は，原子力発電である。

⑤　フランスの南部に位置するトゥールーズでは，航空機産業が盛んである。

問6　下線**F**について，次のページの**地図**中の①～⑤のうち，第一次世界大戦以前に，イギリスの支配下におかれていた国として誤っているものはどれですか，①～⑤から2つ選び，番号で答えなさい。

＜地図＞

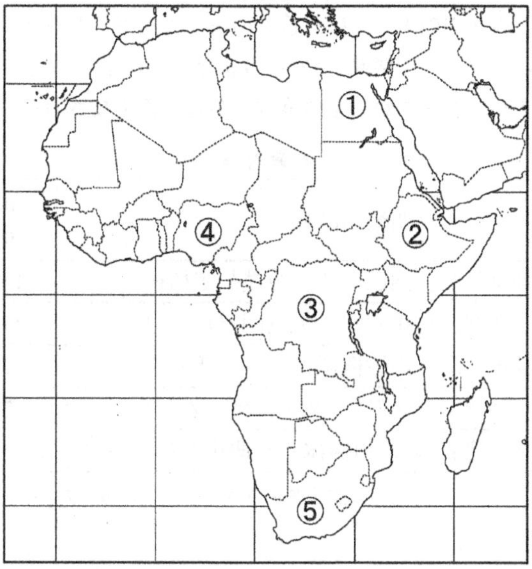

問７　下線Ｇについて，**グラフ３**中の①～④は，四大大会が行われるニューヨーク・メルボルン・パリ・ロンドンのいずれかの地点における，最暖月・最寒月平均気温と，最多雨月・最少雨月降水量を示したものです。ニューヨークにあてはまるものはどれですか，①～④から１つ選び，番号で答えなさい。

＜グラフ３＞

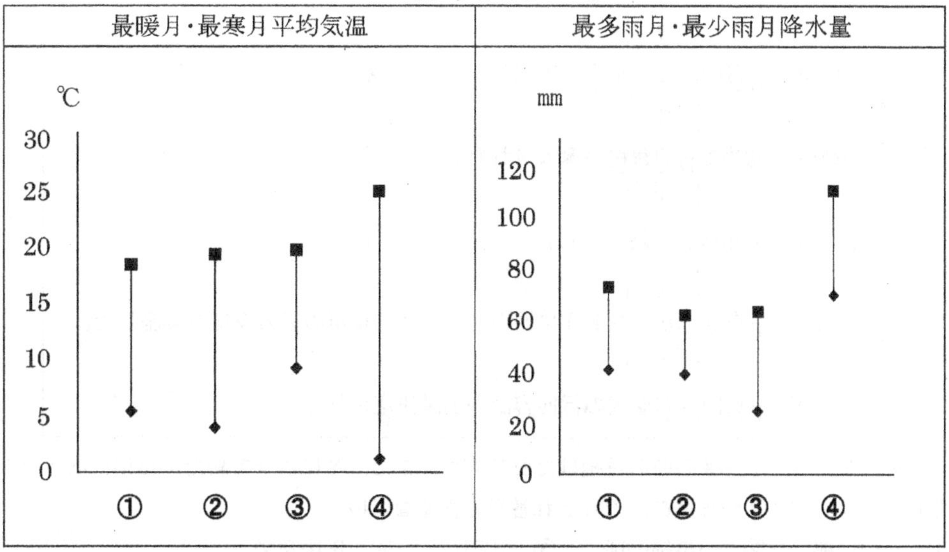

■＝最暖月平均気温・最多雨月降水量　　◆＝最寒月平均気温・最少雨月降水量

二宮書店『データブック・オブ・ザ・ワールド2019年版』・帝国書院『中学校社会科地図』より作成

問８　下線Ｈについて，毎年８月下旬からニューヨーク（西経75度）で四大大会の１つである全米オープンが行われています。2019年の全米オープン男子シングルス決勝戦は，日本時間の９月９日午前５時に開始されました。この時刻は現地時間では何月何日の何時ですか，答えなさい。ただし，サマータイムは考慮しないこととします。

問９　下線Ⅰについて，表３中の①～⑤は，日本の主な貿易港である神戸港・名古屋港・横浜港・東京港・成田空港のいずれかの主要輸出品目・輸出額・輸入額を示したものです。横浜港にあてはまるものはどれですか，①～⑤から１つ選び，番号で答えなさい。

＜表３＞

	主要輸出品目	輸出額（億円）	輸入額（億円）
①	自動車、自動車部品、内燃機関、金属加工機械	117,421	48,656
②	金、科学光学機器、集積回路、電気回路用品	111,679	122,444
③	自動車、自動車部品、内燃機関、プラスチック	71,772	41,336
④	自動車部品、コンピュータ部品、内燃機関、プラスチック	58,621	117,011
⑤	プラスチック、建設・鉱山用機械、有機化合物、電池	56,317	32,356

二宮書店『データブック・オブ・ザ・ワールド 2019 年版』より作成

３　**次の年表を見て，あとの問いに答えなさい。**

＜年表＞

1946年　A日本国憲法が公布された。

ア

1956年　B国際連合に加盟した。

イ

1972年　C日中国交正常化が実現した。　…X

ウ

1989年　初めてD消費税が導入された。

エ

1993年　55年体制が終わった。　…Y

オ

2001年　E自衛隊がインド洋に派遣され，多国籍軍の後方支援を実施した。

カ

2014年　F集団的自衛権の行使容認が閣議決定された。

問１　ＸとＹについて，Ｘの時の首相はだれですか，また，Ｙによって新たに首相になった人物はだれですか，①～⑦から選び，それぞれ番号で答えなさい。

①　鳩山一郎　②　小泉純一郎　③　吉田茂　④　田中角栄

⑤　細川護熙　⑤　安倍晋三　⑦　竹下登

問２　下線Ａについて，日本国憲法と大日本帝国憲法の違いを説明した文として誤っているものはどれですか，①～④から１つ選び，番号で答えなさい。

①　日本国憲法には基本的人権の規定があるが，大日本帝国憲法には人権規定がなかった。

②　日本国憲法における天皇は実質的権能を持たない象徴であるが，大日本帝国憲法では統治権

の総攬《そうらん》者であった。

③　日本国憲法には地方自治の規定があるが，大日本帝国憲法には地方自治の規定はなかった。

④　日本国憲法では衆議院と参議院の二院制であるが，大日本帝国憲法では衆議院と貴族院の二院制であった。

問３　下線**B**について，国際連合に関して説明した文として誤っているものはどれですか，①～④から１つ選び，番号で答えなさい。

①　安全保障理事会は，現在，米・英・仏・中・ロの常任理事国を含む10ヵ国で構成されている。

②　国連の原加盟国は51ヵ国であったが，2018年時点では193ヵ国が加盟している。

③　全加盟国が参加する国連総会の決議は，出席投票国による多数決で決定される。

④　経済社会理事会は，ILOなどの専門機関と協力して活動している。

問４　下線**C**について，日中国交正常化に関して説明した文として誤っているものはどれですか，①～④から１つ選び，番号で答えなさい。

①　日本は，日中国交正常化以前，中華民国と国交を結んでいた。

②　日中国交正常化は，アメリカ大統領の中華人民共和国訪問後に実施された。

③　日本は，中華人民共和国政府を唯一の合法政府であると認めた。

④　国交が正常化したにもかかわらず，日中間には，現在も平和条約が結ばれていない。

問５　下線**D**について，消費税に関して説明した文として正しいものはどれですか，①～④から１つ選び，番号で答えなさい。

①　消費税は，所得が多い人ほど税率が高い。

②　消費税は，所得が少ない人にとって相対的に負担が大きい。

③　消費税は，所得の格差を是正する効果をもつ。

④　消費税は，税金を納める人と，実際に税金を負担する人が同じである。

問６　下線**E**について，自衛隊に関して説明した文として誤っているものはどれですか，①～④から１つ選び，番号で答えなさい。

①　自衛隊は，東日本大震災に際して，人命救助などを行った。

②　自衛隊が，ＰＫＯ活動として初めて派遣された場所はイラクである。

③　自衛隊の最高指揮権は，内閣総理大臣がもっている。

④　自衛隊の前身は，警察予備隊が改組された保安隊である。

問７　下線**F**について，集団的自衛権を説明した文として正しいものはどれですか，①～④から１つ選び，番号で答えなさい。

①　外国から攻撃を受けた場合，自国を守るために武力を行使する権利。

②　国際連合の要請に基づいて，他国を侵害する国を攻撃する権利。

③　同盟国が攻撃された場合，同盟国とともに武力を行使する権利。

④　国際連合憲章の規定に基づいて，侵略行為に対して集団で平和維持のために協力する権利。

問８　次のできごとは，**年表**中のどの時期に入りますか，ア ～ カ から１つ選び，記号で答えなさい。

裁判員制度が導入された。

4 次のグラフは，日本の経済成長率の推移を表したものです。これを見て，あとの問いに答えなさい。

＜グラフ＞

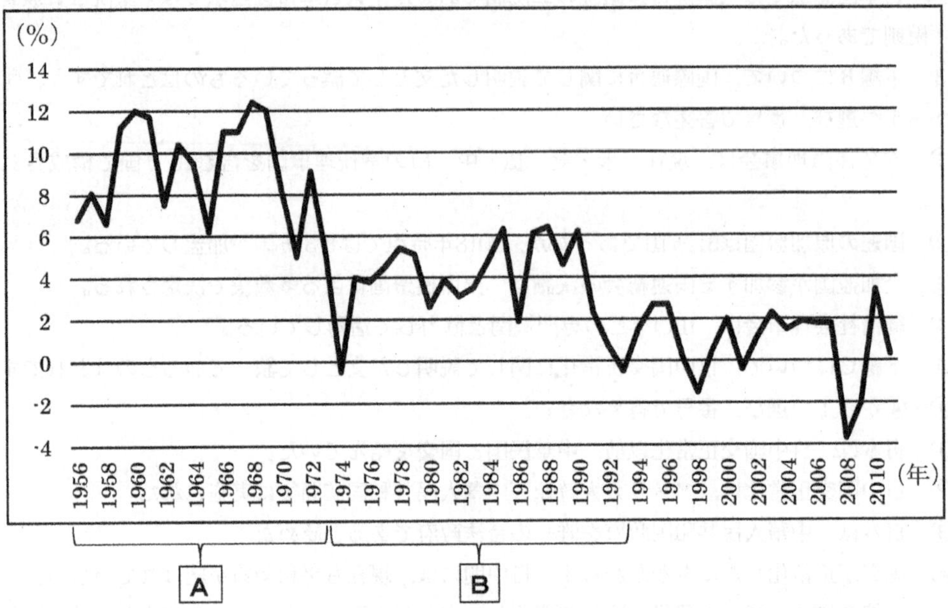

矢野恒太記念会『数字でみる 日本の100年 改訂第6版』より作成

問1 **グラフ**中の A の時期について説明した文として誤っているものはどれですか，①～④から1つ選び，番号で答えなさい。

① 池田勇人首相が「国民所得倍増計画」を発表した。

② 「三種の神器」と呼ばれる電気洗濯機などの電化製品が普及した。

③ 最初の東京オリンピックに向けて東海道新幹線が開通し，高速道路が建設された。

④ 朝鮮戦争の勃発《ぼっぱつ》により，日本に対する軍需物資の注文が相次ぎ好景気をもたらした。

問2 **グラフ**中の B の時期について説明した文として誤っているものはどれですか，①～④から1つ選び，番号で答えなさい。

① 財政赤字が拡大し，政府の抱える累積債務が1000兆円を超えた。

② 日本から自動車などが大量に輸出されると，アメリカとの間で貿易摩擦が生じた。

③ 株価や地価が高騰するバブル経済が発生した。

④ 世界的な不況に対処するために，初めて主要国首脳会議（サミット）が開かれた。

問3 **グラフ**を見ると経済成長率は上下動を繰り返していることがわかります。経済成長率が低下している時に行われる施策として正しいものはどれですか，①～④から1つ選び，番号で答えなさい。

① 政府は無駄な支出を抑えるため，公共事業などを減らし，歳出額を縮小する。

② 政府は国民が自由に使えるお金を増やすため，減税を行う。

③ 中央銀行は世の中に出回る通貨量を増やすため，一般の銀行からお金を預かり，一般の人や企業に貸し出す。

④ 中央銀行は世の中に出回る通貨量を減らすため，一般の銀行に国債を売る。

とすることに決めた。

エ　后が多く、誰を騎馬民族の王に差し出すか悩んだ元帝が、絵師に后たちの肖像画を描いて持ってくるよう命じたところ、王昭君以外の后たちは、絵師に多額の金品を与え、実際よりも美しく描かせることで身の安全を図ったが、王昭君は何も与えなかったためにひどく醜く描かれた。その結果、元帝は、王昭君を騎馬民族の王の妻とすることに決めた。

オ　后が多く、後宮の人数を減らしたいと考えた元帝が、誰が不要であるかを決めるために絵師に后たちの肖像画を描いて持ってくるよう命じたところ、騎馬民族のもとに行きたくない后たちは、王昭君を自分たちよりも醜く描かせようと絵師に多額の金品を与えた。その結果、王昭君は誰よりも醜く描かれ、騎馬民族の王の妻に選ばれてしまった。

四　次の漢字の問題に答えなさい。

問1　次の各文の――線のカタカナを漢字に直しなさい。

1　過酷な生存キョウソウ。

2　ホウフな資源を活用する。

3　テッコウ石の採掘。

問2　次の各文の――線と同じ漢字を使うものを、後のア～オから選び、それぞれ記号で答えなさい。

1　科学技術のヒヤク的な進歩。

ア　ゲンエキの野球選手。

イ　費用のウチワケ。

ウ　再会をヤクソクした二人。

エ　病院でもらったクスリが効いた。

オ　祭りの音を聞いて心がオドる。

2　彼はチョチクが趣味というわけではない。

ア　友人とタケウマで遊ぶ。

イ　災害に備えて巨大な堤防をキズく。

ウ　チクサン農家として働く。

エ　作業の様子をチクイチ報告する。

オ　動物たちが冬に向けて脂肪をタクワえる。

3　医師は人命を救う使命をオびている。

ア　ネッタイの動物が生息するエリア。

イ　タイダな人間だと言われた。

ウ　最新のタイネツ素材を取り入れた建造物。

エ　いつのまにかダイジュウタイに巻き込まれた。

オ　自分の出番までタイキする。

ア　もし王昭君が、元帝の後宮に入っていなかったら、騎馬民族の王の妻となって苦しむことなどなかっただろう。

イ　もし王昭君が、唐土一の美女でなかったら、騎馬民族の王から求婚されて思い悩むことなどなかっただろう。

ウ　もし王昭君が、醜い容姿であったら、自らの美貌を頼りにすることでつらい目に遭うことなどなかっただろう。

エ　もし王昭君が、謙虚で素直な性格であったら、後宮から追放されて路頭に迷うことなどなかっただろう。

オ　もし王昭君が、自らの容姿に自信を持っていたら、不安を感じて絵師に金品を渡す必要などなかっただろう。

問2　——線2「なげきこし」とあるが、これは誰がどこへやって来たことを表しているか。その説明として最も適当なものを次の中から選び、記号で答えなさい。

ア　王昭君が、生まれ故郷から上京して来たということ。

イ　騎馬民族の王が、唐土の都へ攻め込んで来たということ。

ウ　王昭君が、都から騎馬民族の国へやって来たということ。

エ　騎馬民族の王が、王昭君を都まで迎えに来たということ。

オ　多くの女性たちが、元帝の妻として後宮にやって来たということ。

問3　——線3・4の本文中の意味として最も適当なものを後のア～オから選び、それぞれ記号で答えなさい。

3「いとしもなからむ」

ア　裕福な家庭で育った女性　　イ　もう会うことのない女性

ウ　たいして美しくない女性　　エ　愛情の冷めてしまった女性

オ　上京してきたばかりの女性

4「心ざし」

ア　贈りもの　　イ　高価なもの

ウ　心のこもったもの　　エ　みすぼらしいもの

オ　無駄なもの

問4　——線5「さもと思し召して」から——線6「さだめられぬ」までの経緯の説明として最も適当なものを次の中から選び、記号で答えなさい。

ア　后が多く、誰を騎馬民族の王に差し出すか悩んだ元帝が、絵師に后たちの肖像画を描いて持ってくるよう命じたところ、元帝に愛想をつかした后たちは、絵師に金品を与え、元帝が騎馬民族の王に差し出したくなるよう醜く描いてもらった。その結果、最も多額の金品を与えた王昭君が他の后たちより醜く描かれ、騎馬民族の王に差し出されることとなった。

イ　后が多く、誰を騎馬民族の王に差し出すか悩んだ元帝が、絵師に后たちの肖像画を描いて持ってくるよう命じたところ、絵師は希望通りの容姿で描くことと引き換えに多額の金品を要求してきたが、王昭君だけはその要求に応じなかったためにひどく醜く描かれた。その結果、肖像画を見た元帝によって、王昭君は騎馬民族の王の妻に選ばれてしまった。

ウ　后が多く、後宮の人数を減らしたいと考えた元帝が、誰が不要であるかを決めるために絵師に后たちの肖像画を描いて持ってくるよう命じたところ、王昭君に嫉妬していた后たちは、騎馬民族の妻として王昭君を推薦させようと絵師に多額の金品を与えた。その結果、元帝は、絵師の推薦も考慮に入れ、王昭君を騎馬民族の王の妻

三　**次の文章は、源俊頼（みなもとのとしより）『俊頼髄脳（としよりずいのう）』の一部で、平安時代の歌人源《みなもとの》俊頼《としより》が、故事にまつわる和歌について述べた部分である。これを読んで、後の問いに答えなさい。なお、出題に際して、本文には表記を一部変えたところがある。**

みるたびにかがみのかげのつらきかな1かからざりせばかからましやは　懐円《くわいえん》

2なげきこし道の露にもまさりけりなれにしさとをこふる涙は　赤染《あかぞめ》衛門《えもん》

この歌、懐円と赤染とが、王昭君《わうせうくん》を詠《よ》める歌なり。※もろこしには、みかどの、人のむすめ召しつつ御覧じて、宮のうちに、※すゑなめさせ給ひて、四五百とゐなみて、いたづらにあれど、※ここには、あまり多くつもりにければ、御覧ずる事もなくてぞ候《さぶら》ひける。それに、※えびすのやうなるものの、外の国より、都《みやこ》に参りたる事のありけるに、いかがすべきと、人々に、さだめさせ給ひけるに、「この宮のうちに、いたづらに多く侍《はべ》る人の、3いとしもなからむを、一人給《た》ぶべきなり。それにまさる4心ざしはあらじ」と、さだめ申しければ、5さもと思《おぼ》し召して、みづから御覧じて、その人をさだめさせ給ふべけれど、人々の多さに、思し召しわづらひて、絵師《ゑし》を召して、「この人々のかた、絵に画《か》きうつして参れ」と、仰《おほ》せられければ、次第に画きけるに、この人々、えびすの※具にならむ事を嘆き思ひて、われもわれもと思うて、おのおの、こがねをとらせ、それならぬものをもとらせければ、いとしもなき容姿《かたち》をも、よく画きなして、持てきたりけるに、王昭君といふ人の、容姿のまことにすぐれて、めでたかりけるをたのみて、絵師に、物をも、心ざさずして、うちまかせて画かせければ、本《もと》のかたちのやうには画かで、いとあやしげに、画きて持て参りければ、この人を給ぶべきに6さだめられぬ。その程になりて、召して御覧じけるに、まことに玉のひかりて、えもいはざりければ、みかど、おどろき思し召して、これを、えびすに給ばむ事を、思し召しわづらひて、嘆かせ給ひて、日頃ふる程に、えびす、その人をぞ賜はるべきと聞きて、参りにければ、あらためさだめらるる事もなくて、つひに賜ひにければ、馬にのせて、はるかにゐていにけり。王昭君、嘆き悲しむ事かぎりなし。みかど、恋しさに、思し召しわづらひて、かの王昭君が居たりける所を、御覧じければ、春は柳、風になびき、うぐひす、つれづれにて、秋は、木《こ》の葉につもりて、※軒のしのぶ、隙《ひま》なくて、いとど、もの哀《あはれ》なる事かぎりなし。この心を詠める歌なり。かからざりせば、と詠めるは、悪《わろ》からましかばたのまざらまし、と詠めるなり。ふるさとを恋ふる涙は、道の露にまさるなど詠むも、王昭君が思ふらむ心のうち、おしはかりて詠むなり。

※もろこし…唐土。現在の中国のことで、この時は前漢という王朝の元帝の時代。

※すゑなめさせ給ひて…並べて座らせなさって。

※ここ…元帝の後宮。後宮とは、后《きさき》たちの住む宮殿のこと。

※えびすのやうなるもの…前漢と緊張状態にあった、中国北方の遊牧騎馬民族の王。

※具…ここでは「妻」の意。

※軒のしのぶ…ウラボシ科のシダ植物。

問1　――線1「かからざりせばかからましやは」とあるが、この部分を筆者はどのように解釈しているか。その説明として最も適当なものを次の中から選び、記号で答えなさい。

ウ　オランダ医術の有用性を確信し、孤独を慨きつつも一人で医学書を翻訳していたところに玄白から翻訳の提案を受けたため、今までの孤独な作業が報われたように感じ、同志を得たことに対して深い感動を覚えている。

エ　オランダの医学を脅威と捉えており、研究して詳細を把握しておくべきだと思っていたところに玄白が翻訳の提案をしたため、長年抱いていた自分の危機感が正しかったと確信し、一刻も早く作業に取りかかるべきだと焦っている。

オ　オランダの医術に感服し、ターヘルアナトミアを翻訳できれば今後の治療に生かせると考えていたところに玄白が翻訳の提案をしてきたため、医学の発展のために尽力する決意を固め、仲間とともに行う翻訳作業に期待と興奮を覚えている。

問4　――線3「先駆者のみが知るよろこび」とあるが、それはどういうことか。その説明として最も適当なものを次の中から選び、記号で答えなさい。

ア　日本では先行して研究している人がいない学問領域について、苦労を重ねて手探りで研究を進めるなかで、自分たちだけが探究を深め様々な知識を得ていることに対するよろこび。

イ　日本では一般にまだ存在が知られていない学問分野について、自分たちの力だけで研究を深めることにより、真理を解き明かして得た知識を独占することに対するよろこび。

ウ　日本では先人による研究がなされていない領域について、仲間たちと地道な努力を積み重ねて研究を行い、その分野における第一人者の地位を確立していくことに対するよろこび。

エ　日本ではまだ十分な研究がなされていない学問分野について、研究の過程で一つ一つの疑問点を解き明かすことで、後世の人びとが研究する際の手がかりを残すことに対するよろこび。

オ　日本ではまだ研究の価値が見出されていない学問領域について、研究を重ねて実用的な側面を示すことにより、人びとに学問的な意義を広めていくことに対するよろこび。

問5　――線4「玄白は、常に先を急いでいた」とあるが、それはなぜか。60字以内で説明しなさい。

問6　――線5「良沢は、頑として動かなかった」とあるが、ここで良沢はどのようなことが重要だと考えているのか。その説明として最も適当なものを次の中から選び、記号で答えなさい。

ア　難解な医学書に限らず広く学術書も翻訳し、日本の人びとに多様な学問を広め、人びとの知的水準を向上させること。

イ　単語の意味も議論して深く理解することで、オランダ語の文献を読める人材を育成し、蘭学研究の裾野を広げること。

ウ　本文の趣旨もわかるように翻訳し、人びとに人体の真形を正確に示すことで、日本における医学の大成に寄与すること。

エ　単語に正確な注をつけ、蘭学を知らない人もターヘルアナトミアを読めるようにし、オランダの医学を世に広めること。

オ　一語一語の意味にまでこだわることで、オランダ語のすべてに精通し、オランダの文献を読破できるようになること。

続けていた。

「このところの文意はよくわかり申した。いざ先へ進もうではござらぬか。」

4玄白は、常に先を急いでいた。が、良沢は、悠揚《ゆうよう》として落ち着いていた。

「いや、お待ちなされい。文意は通じても、語義が通じ申さぬ。およそ、語義が通じ申さないで、文意のみが通ずるは、当て推量と申すものでござる。」

5良沢は、頑《がん》として動かなかった。

※分明を得て…明らかになって。
※小冊…小さい書物。
※連城の玉…ここでは、またとない宝物という意。
※如かじ…及ぶまい。
※扞格…食い違い。

問1 ═══線a・bの本文中の意味として最も適当なものを後のア～オから選び、それぞれ記号で答えなさい。

a 「彷彿として」

ア ひっそりとして　イ ゆったりとして
ウ はっきりとして　エ のんびりとして
オ ぼんやりとして

b 「余念もなかった」

ア 焦っていた　イ 没頭していた
ウ 満足していた　エ 困惑していた
オ 飽きていた

問2 ――線1「この上もなき恥辱」とあるが、淳庵が恥じているのはどのようなことか。その説明として最も適当なものを次の中から選び、記号で答えなさい。

ア 日本の医術は最先端の水準にあると考えていたが、実際には基礎的な事項すら分析できていなかったこと。
イ 高尚な学問の研究には励んでいたが、その一方で職務の基礎的な事項がおろそかになっていたこと。
ウ 主君に対して医術で仕えていながら、医術の基礎的な事項を正しく理解しないまま今日まで職にあたっていたこと。
エ 日本の研究は海外にも劣らないと感じていたが、現実には海外に遠く及んでいなかったのだということ。
オ 医学の研究者として主君に仕えていながら、自分の研究を実用に供することまでは思いが及んでいないということ。

問3 ――線2「良沢は、その巨きい目を輝かしながら言った」とあるが、この時の良沢の心情はどのようなものか。その説明として最も適当なものを次の中から選び、記号で答えなさい。

ア オランダの医学書に対して賛嘆の心が芽生え、蘭書を研究してみたいと思い始めた矢先に玄白から翻訳の提案を受けたため、自らも他者のためにオランダ語の知識を提供しようと決心し、仲間となる三人に親近感を覚えている。
イ オランダの医術に大きく心を動かされた上に、自分の長年の願いである蘭書の研究に通じる提案を玄白から受けたため、三人と協力してターヘルアナトミアを翻訳する決意を固め、はやる気持ちを抑えられずにいる。

四人は、おりおりその言葉を、口ずさみながら、巳《み》の刻から申《さる》の刻まで考えぬいた。四人は目を見合わせたまま、一語も交えずに考えぬいた。申の刻を過ぎたころに、玄白がおどり上がるようにして、その膝頭《ひざがしら》をたたいた。

「解《げ》せ申した。解せ申した。方々《かたがた》、かようでござる。木の枝を断《き》り申したるあと、癒《い》え申せば堆《たか》くなるでござろう。塵土あつまれば、これも堆くなるでござろう。されば、鼻は面中にありて、堆起《たいき》するものでござれば、フルヘッヘンドは、堆しということでござろうぞ」と言った。

四人は、手を拍ってよろこびあった。玄白の目には涙が光った。彼のよろこびは、※連城の玉を、獲《う》るよりもまさっていた。

が、神経《シンネン》などという言葉に至っては、一月考え続けてもわからなかった。

彼らは、最初難解の言葉に接するごとに、丸に十文字を引いて印《しるし》とした。それを、轡《くつわ》十文字と呼んでいた。初め一年の間、どのページにもどのページにも、轡十文字が、無数に散在した。

が、彼らの先駆者としての勇猛精進は、すべてを、征服せずにはいなかった。一か月六、七回の定日を怠りなく守ったかいはあった。一年余を過ぎたころには、訳語の数もふえ、章句の脈も、明らかに、書中の轡十文字は、残り少なくかき消されていた。

先駆者としての苦闘は、やがて3先駆者のみが知るよろこびで酬《むく》われていた。語句の末《すえ》が明らかになるに従って、次第に蔗《きび》を啖《くら》うがごとく、そのなかに含まれた先人未知の真理の甘味が、彼らの心に浸《し》み付いていた。

彼らは、邦人未到の学問の沃土《よくど》に、彼らのみ足を踏み入れうるよろこびで、会集の期日ごとに、児女子の祭り見に行く心地にて、夜の明くるのを待ち兼ねるほどになっていた。

玄白が、最初良沢に対していだいていた軽い反感などは、もうあとかたもなかった。彼は良沢の為人《ひととなり》とその篤学に、心からなる尊敬を払っていた。

が、翻訳の業が、進んで行くのに従って、玄白はだんだん自分の志と、良沢のそれとが、離れているのに気が付いた。

玄白の志は、ターヘルアナトミアを、一日も早く翻訳して、治療の実用に立て、世の医家の発明の種にすることだった。彼は、心のうちで思っていた。漢学が日本へ伝来して大成するまでには、数代数十代の努力を要している。それと同じように、蘭学の大成も、数代を要すに違いないと思っていた。彼は、そうした一代に期しがたい大業を志すよりも、一事一書に志を集めて、一代に成就することを期するに※如《し》かじと思っていた。五色の糸の乱れしは、美しけれども、実用に供することは赤とか黄とかの一色に決し、他は皆切り棄《す》つるに如かずと思っていた。従って、彼はターヘルアナトミアの翻訳に、b余念もなかった。彼は、一日会して、解しうるところは、家に帰って、直ちに翻訳した。

が、良沢の志は、遠大だった。彼の志は、蘭学の大成にあった。ターヘルアナトミアのごときはほとんど眼中になかった。彼は、オランダ語のことごとくに、通達し、かの国の書籍何にても読破したい大望をいだいていた。

最初、一、二年は、良沢と玄白との間に、何ら意見の※扞格《かんかく》もなかった。が、彼らの力が進むに従って二人はいつも同じような口あらそいを良沢も、心から打ち解けていた。

「いや、杉田氏《うじ》の仰せ、もっともでござる。実は、拙者も年来蘭書読みたき宿願でござったが、志を同じゅうする良友もなく、慨《なげ》き思うのみにて、日を過ごしてござる。もし、各々方《おのおのがた》が、志を合わせてくだされば何よりの幸いじゃ。幸い、先年長崎留学のみぎり、蘭語少々は記憶いたしてござるほどに、それを種といたし、ともどもこのターヘルアナトミアを、読みかかろうではござらぬか。」と、言った。

玄白も、淳庵も、玄適も、手を拍《う》ってそれに同《どう》じた。彼らは、異常な感激で結び合わされた。

2「しからば、善はいそげと申す。明日より拙宅へお越しなされい！」

良沢は、その巨《おお》きい目を輝かしながら言った。

約のごとく、その翌日を初めとし、四人は平河町《ひらかわちょう》の良沢の家に、月五、六回ずつ相会した。

良沢を除いた三人は、オランダ文字の二十五字さえ、最初は定かには覚えていなかった。

良沢は、三人の人々に、蘭語の手ほどきをした。彼は、さすがに長崎に留学したことがあるだけに、多少の蘭語と、章句語脈のことも、少しは心得ていたけれども、それもほとんど言うに足りなかった。一月ばかりたつと、良沢が三人に教えることは、もう何も残っていなかった。

三人の手ほどきが済むと、四人は初めて、ターヘルアナトミアの書に向かった。

が、開巻第一のページから、ただ茫洋《ぼうよう》として、艫舵《ろかじ》なき船の大洋に乗りいだせしがごとく、どこから手の付けようもなく、あきれにあきれているほかはなかった。

が、二、三枚めくったところに、仰むけに伏した人体全象の図があった。彼らは考えた。人体内景のことは知りがたいが、表部外象のことは、その名所《などころ》も一々知っていることであるから、図における符号と説のなかの符号とを、合わせ考えることが一番取り付きやすいことだと思った。

彼らは、眉《まゆ》、口、唇《くちびる》、耳、腹、股《また》、踵《かかと》などに付いている符号を、文章のなかにさがした。そして、眉、口、唇などの言葉を、一つ一つ覚えて行った。

が、そうした単語だけはわかっても、前後の文句は、彼らの乏しい力では一向に解し兼ねた。一句一章を春の長き一日、考えあかしても、a彷彿《ほうふつ》として明《あき》らめられないことが、しばしばあった。四人が、二日の間、考えぬいて、やっと解いたのは『眉ト八目ノ上ニ生ジタル毛ナリ』という一句だったりした。四人は、そのたわいもない文句に哄笑《こうしょう》しながらも、銘々うれし涙が目のうちに、にじんで来るのを感ぜずにはいられなかった。

眉から目と下がって鼻のところへ来たときに、四人は、鼻とはフルヘッヘンドせしものなりという一句に、突き当たってしまっていた。

無論、完全な辞書はなかった。ただ、良沢が、長崎から持ち帰った※小冊に、フルヘッヘンドの訳注があった。それは、『木の枝を断ちたるあと、そのあとフルヘッヘンドをなし、庭を掃除すれば、その塵土《じんど》あつまりて、フルヘッヘンドをなす』という文句だった。

四人は、その訳注を、引き合わしても、容易には解しかねた。

「フルヘッヘンド！　フルヘッヘンド！」

婦人の手を見て「敢えて平静を装っている」と解釈するにせよ、小編に書かれている情報だけから分析して得た解釈を強制しているという点で、その両者に大きな違いはない。

イ　我が子の死を受けとめきれない婦人が「敢えて平静を装っている」という解釈は、我が子を失った親の反応としては十分あり得るものであるため、亡くなった我が子のことを淡々と話す婦人は「冷淡な、心ない人間」だという一般的ではない解釈よりも優れている。

ウ　婦人のことを、亡くなった我が子のことを淡々と話す様子から「冷淡な、心ない人間」と解釈するにせよ、我が子の死を平然と受けとめることはできまいという判断から「敢えて平静を装っている」と解釈するにせよ、自身の経験や想定に基づく解釈を押しつけているという点で、その両者に大きな違いはない。

エ　我が子の死を受けとめきれない婦人が「敢えて平静を装っている」という解釈は、我が子を失った婦人にしかわからない内面を考慮に入れているため、亡くなった我が子のことを淡々と話す婦人は「冷淡な、心ない人間」だという表面的な解釈よりも優れている。

オ　婦人のことを、亡くなった我が子のことを淡々と話す様子から「冷淡な、心ない人間」と解釈するにせよ、我が子の死を平然と受けとめることはできまいという判断から「敢えて平静を装っている」と解釈するにせよ、実際の婦人の心情からはかけ離れた解釈をしているという点で、その両者に大きな違いはない。

問5　――線4「そのような他者の悲しみは、一・五人称的知性によってのみ、接近可能なのです」とあるが、それはどういうことか。70字以内で説明しなさい。

二　次の文章は、菊池寛《きくちかん》「蘭学事始《らんがくことはじめ》」の一部である。蘭学に関心を抱く医者の杉田玄白《すぎたげんぱく》は、オランダ語の医学書『ターヘルアナトミア』の内容について検証する機会をうかがっていた。以下の文章は、同じく蘭学を志す前野良沢《まえのりょうたく》らとともに刑場での刑死者の解剖を見学した後の場面である。これを読んで、後の問いに答えなさい。なお、出題に際して、本文には表記を一部変えたところがある。

刑場からの帰途、春泰《しゅんたい》と良円《りょうえん》とは、一足遅れたため、良沢と玄適《げんてき》と淳《じゅん》庵《あん》、玄白の四人連れであった。四人は、同じ感激に浸っていた。それは、玄妙不思議なオランダの医術に対する賛嘆の心であった。

刑場から、六、七町の間、皆は黙々として銘々自分自身の感激に浸っていたが、浅草田圃《あさくさたんぼ》に差しかかると、淳庵が感に堪えたように言った。

「今日の実験、ただただ驚き入るのほかはないことでござる。かほどの事を、これまで心づかずに、打ち過ごしたかと思えば、1この上もなき恥辱に存ずる。われわれ医をもって、主君主君に仕えるものが、その術の基本とも申すべき、人体の真形《しんけい》をも心得ず、今日まで一日一日と、その業を務め申したかと思えば、面目もないことでござる。何とぞ、今日の実験に基づき、おおよそにも身体の真理をわきまえて、医をいたせば、医をもって天地間に身を立つる申し訳にもなることでござる。」

良沢も玄白も玄適も、淳庵の述懐に同感せずにはいられなかった。玄白は、その後を承《う》けて言った。

「いかにも、もっとも仰《おお》せじゃ。それにつけても拙者は、いかにもいたして、このターヘルアナトミアの一巻を、翻訳いたしたいものじゃと存ずる。これだに、翻訳いたし申せば、身体内外のこと、※分明《ぶんみょう》を得て、今日以後療治の上にも、大益あることと存ずる。」

問1　本文中からは次の一文が抜けている。これを補うのに最も適当な箇所を本文中の①～⑤の中から選び、記号で答えなさい。

> つまり、「極めて悲しい場合、絶句して呆然とする」程度の心のモデルでは、社会・経済事情の全く異なる他者の心を理解することなど、全くできないのです。

問2　――線1「人工知能はそう思わない」とあるが、「雀のかあさん」という詩における親雀の心情について、人工知能はどのように解釈するのか。その説明として最も適当なものを次の中から選び、記号で答えなさい。

ア　鳴き声をあげたくなるほどの恐怖や絶望を親雀が抱いているとは思わず、詩の文言だけを知覚して、鳴くことすらせず我が子を助けるそぶりもみせないとは残酷だと解釈する。

イ　人間から目を離せないほどの恐怖や不安を親雀が抱いているとは思わず、詩の文言だけを知覚して、我が子がつかまったことを理解できないとは愚かだと解釈する。

ウ　鳴き声をあげられないほどの悲しみや絶望を親雀が抱いているとは思わず、詩の文言だけを知覚して、我が子をあえて差し出すことで助かろうとするとは冷淡だと解釈する。

エ　人間の前から動けないほどの恐怖や不安を親雀が抱いているとは思わず、詩の文言だけを知覚して、鳴かずに我が子を助けられる状況を待っているとは冷酷だと解釈する。

オ　鳴くことさえできないほどの悲しみや絶望を親雀が抱いているとは思わず、詩の文言だけを知覚して、鳴くことすらせず我が子の危機を受け入れるとは冷酷だと解釈する。

問3　――線2「雀のかあさんの心情を理解しない人工知能」とあるが、ここで科学者は人工知能にどのような改良を加えようとするのか。その説明として最も適当なものを次の中から選び、記号で答えなさい。

ア　科学者は、人工知能が心情をくみ取ることができるように様々な人間の立場を提示し、それをふまえて相手の立場を理解できる仕組みを人工知能に導入する。

イ　科学者は、様々な感情の種類やその程度に対応する反応のリストを用意し、それをもとにして相手の心情を推定するという仕組みを人工知能に導入する。

ウ　科学者は、様々な心情の生まれる条件を提示し、それを分析して心的反応のリストを作るという仕組みを人工知能に導入する。

エ　科学者は、人間の感情に対する反応のリストを作成し、それを模倣することで人間と同じ感情があると相手に思わせる仕組みを人工知能に導入する。

オ　科学者は、様々な他者の感情や反応のリストを準備し、それを参考にしてこれまでになかった心的反応のリストを作成していくという仕組みを人工知能に導入する。

問4　――線3「我が子を亡くしたばかりの婦人が、その子の指導教員だった教授を訪ね、子供のことを淡々と話す」とあるが、婦人の様子に対する解釈について、筆者はどのように考えているか。その説明として最も適当なものを次の中から選び、記号で答えなさい。

ア　婦人のことを、亡くなった我が子のことを淡々と話す様子からは「冷淡な、心ない人間」と解釈するにせよ、ハンカチを握りしめたしょうか。知覚できた事象だけで推論するならそうなるでしょう。しかし、我が子の死に際し、何もないと思うことは普通できず、悲しみに耐え、敢《あ》えて平静を装っている。通常、そのように考えるのではないでしょうか。

「通常、そう考える」という発想は、「私たち」という共通の場を開き、思いやりの場を開くように思えます。しかし共通の場を指定することは、特定の解釈を断定し強制することになりますから、一人称的知性に他ならないのです。

知覚された情報だけから「この母親は冷淡だ」と考える「わたし」の描像や、「逆に辛《つら》さに耐えているのだ」と考える「私たち」の描像も、一人称的知性に過ぎない。そうではなく知覚に対する解釈＝性質を列挙することに自信が持てず、そこに「何だろう」が伴い続けること。これが、糊代をもたらす一・五人称的知性の核心なのです。

一・五人称は、他者や他人の心に具体的イメージを強いることがありません。ただ、「何だろう」と思うだけです。この「何だろう」が、想定できない外部に対する準備をする。それが、知覚できない外部の存在を受け容《い》れる、ということです。一・五人称は、「何だろう」だけです。亡くなったばかりの我が子のことを淡々と話す母親、という「わたし」の知覚に自信が持てず、訝しく思う。それが一・五人称的知性なのです。

もう一つ例をあげましょう。あなたは、どこか、避暑地のあまり利用されていない家屋を借りて、一週間ほど生活することになったと想像してください。水回りとガスレンジを備えた台所には、調理器具などほとんど何もなく、小さな鍋と食器、キッチンバサミが棚に置かれているだけです。あなたは、とりあえず、スープでも作ろうと、野菜とベーコンぐらいを買ってきましたが、使えるものは鍋とハサミだけという有様です。

ハサミで野菜やベーコンを切り、鍋に入れてハサミでかき混ぜるあなたは、一人称的知性を有した人でしょう。見える部分だけが情報のすべてなのです。とりあえず、シンクの下や小さな引き出しを開けてみるあなたは、見えていない、知覚していない外部を気にしていた。その結果、「何だろう」と思って開けてみたのです。もちろん、十分常識的な一人称的知性もまた、自らの経験から見えない部分を探すでしょう。しかしその場合は、見ていなかっただけで、最初から想定されていたのです。

一人称的知性と一・五人称的知性は、初めての経験において大きな差を作り出します。いままで、「わたし」が経験も想像もしてこなかった台所の状況、例えば、冷凍庫の中に置かれていた包丁は、一・五人称的知性によってのみ発見されるでしょう。シンク下の引き出しに入っていた程度の包丁は、一人称的知性が有する、台所の記憶情報リストに残されているでしょう。だから見えていなくても、引き出しの包丁は知覚されていた。冷凍庫の包丁は、これに対して、リストには入っていなかったはずです。

わたしが経験しておらず、想定さえしていなかったような他者の悲しみは、想定される心のリスト（心のモデル）に収まっているはずもない。4 そのような他者の悲しみは、一・五人称的知性によってのみ、接近可能なのです。

※雑居ビルから脱出すべく地図を作ったこと…これより前の文章で、地図の作り方を例にあげて一人称的知性や三人称的知性の説明を行っている。

が、人の心を考えることになるという按配《あんばい》です。

この理解の仕方は、一人称的知性から、三人称的知性への転回に他なりません。※雑居ビルから脱出すべく地図を作ったことと、対比してみます。心のモデルを持たない一人称的知性は、参照すべき白地図を持たずに地図を作る、人工知能に対比されます。その都度得られたデータだけから相手の心を推定するのですから、「うなだれる」でも「嗚咽する」でもない雀のかあさんは冷酷だ、ということになる。この時、三人称的知性が有していた白地図が、他者の心を推定する場合の心のモデルに対応することがわかります。つまり白地図に相当する心のモデルを実装することで、一人称的知性は三人称的知性となり、他者の心を理解できる、というわけです。

しかし、心的条件と心的反応の対応リスナとして、そもそも心のモデルなんて書き下せるものでしょうか。いかに膨大なリストであろうと、心的条件・反応の関係は網羅できない。リストという形式で限定しながらも、リスト外部の可能性に開かれることの構えを持つ、それこそが、他者の心を理解するということではないのでしょうか。②

先にあげた心のモデルでは、「極めて悲しい場合、絶句して呆然《ぼうぜん》とする」を、悲しみのモデルのリストに加えれば、雀のかあさんの心情が理解できると思うかもしれません。しかし、雀のかあさんの絶望は、さらに想像している以上に深いもので、だから逆に心的状態は乾き切っているかもしれません。絶句したり、呆然としたりする以上に、悲しい。それもまたあり得ることでしょう。③

ある貧しい国の母親が、子供が手術しないと助からない、手術には五十万円かかると言われ、「わかりました。諦めます」と、機械的に、即答したとします。そこには絶望のあまりの絶句や呆然とした態度すらありません。しかしその母親は冷淡でしょうか。むしろ、圧倒的な絶望を、当たり前のものとして受け入れざるを得ない状況を、私たちが知らなかった、ことを改めて知るべきでしょう。④

一人称的知性に足りない「心のモデル」を付け加えれば、三人称的知性が実現でき、他者の心を理解できるだろう、という見込みは大きく外れることになります。私たちは、他者とのやりとりにあって、そんなことなどしていない。

私たちはただ、一・五人称的知性として、他者の心を慮《おもんぱか》るだけです。それは、「他に何かあるんじゃないか」という感覚で、外部を待ち構えるだけのことです。「お屋根で鳴かずにそれ見てた」親すずめに対し「何かある」と思い、「わかりました。諦めます」と即答する母親に対して「何かある」と感じる。こうすることでのみ、私たちは「わたし」の外部に、受動的であるがゆえに能動的に入り込むことができ、他者の心にその都度触れると感じるのでしょう。まだ知覚さえできていない外部を余白、糊代《のりしろ》として感受する態度こそが、一・五人称なのです。

芥川龍《あくたがわりゅう》之介《のすけ》の小説に「手巾《はんけち》」という小編があります。これもまた、雀のかあさんと同じ状況です。[3]我が子を亡《な》くしたばかりの婦人が、その子の指導教員だった教授を訪ね、子供のことを淡々と話す。その様子を訝《いぶか》しく思った教授が、しかしテーブルの下に目をやると、ハンカチを握りしめた手が震えていた、といったものです。⑤

ハンカチを見なかったとします。亡くなったばかりの我が子のことを淡々と話す母親は、子供の死を理解できない冷淡な、心ない人間なので

【国語】（五〇分）〈満点：一〇〇点〉

【注意】解答の際には、句読点や記号は1字と数えること。

一 **次の文章は、郡司《ぐんじ》ペギオ幸夫《ゆきお》『天然知能』の一部である。これを読んで、後の問いに答えなさい。なお、出題に際して、本文には表記を一部変えたところがある。**

金子《かねこ》みすゞの詩に、テレビCMでも有名な「雀《すずめ》のかあさん」という表題の次のような詩があります。

子供が
子雀
つかまえた。
その子の
かあさん
笑ってた。
雀のかあさん
それみてた。
お屋根で
鳴かずに
それ見てた。

人間にしてみれば他愛のないことに見える風景も、当事者の雀にしてみれば、その絶望は察するに余りあるものでしょう。雀の悲しみの深さは、鳴くことさえできない沈黙で、より鑑賞者に迫ってくるものとなります。

しかし、1人工知能はそう思わない。詩に現れた文言だけを知覚し、その意味を解釈することになります。その限りで、我が子が拉致《らち》されているというのに、それを黙認する親雀は冷酷なものだ、さすがに畜生だ、ということになる。さらには、こういった詩を作る金子みすゞもまた、冷酷な人間だ、ということになるでしょう。

人工知能を構築する科学者は、認知科学や心理学に基づき、絶えず人工知能を改良してきました。2雀のかあさんの心情を理解しない人工知能には、他人の心を理解する仕組みを植え付けようとするでしょう。それは、第一に「人の心」のモデルであり、第二に、自分の立場を他人の立場に変換する装置という、二つの原則から構成されることになります。①

外から見て、心があると思われる反応を作るのは簡単でしょう。例えば、悲しいという心情において、悲しみの程度に応じて、「うなだれる」「泣く」「嗚咽《おえつ》する」といった振る舞いの集まりを対応させれば、「悲しい」という条件のもとでの人の心的反応が概《おおむ》ねカバーできるでしょう。あとは、自分ではなく、相手の立場に立って心的反応を推定すれば、他人の気持ちはわかる、ということになります。この場合、雀のかあさんの悲しみも、簡単に理解できることが期待されます。

悲しい条件など、心的状態に対する心的反応のリストを用意すること。これが心のモデルということになり、これを参照して推定すること

2020年度

解　答　と　解　説

《2020年度の配点は解答欄に掲載してあります。》

＜数学解答＞ 《学校からの正答の発表はありません。》

1 (1) 解説参照　(2) $\dfrac{25-10\sqrt{2}}{17}a$　(3) $\dfrac{10\sqrt{2}+8}{17}a$　(4) 25：8

2 (1) $2^2\times5\times101$　(2) $(a^2+b^2)(c^2+d^2)$　(3) $2020=42^2+16^2$, $2020=24^2+38^2$

3 (1) ① $3(n-1)^2$　② 8　(2) 20

4 (1) $\sqrt{2}+\sqrt{6}$　(2) $\sqrt{2}+\sqrt{6}$

5 (1) $2\sqrt{2}$　(2) ①, ②, ③　(3) $\left(-\dfrac{3\sqrt{2}}{4}, \dfrac{3\sqrt{2}}{4}\right)$　(4) $\dfrac{25+25\sqrt{2}}{8}$

○推定配点○

1 (1) 8点　(2)・(3) 各4点×2　(4) 6点　2 (1) 4点　(2) 6点
(3) 各5点×2　3 (1) 各6点×2　(2) 8点　4 各8点×2
5 (1) 4点　(2)～(4) 各6点×3((2)完答)　計100点

＜数学解説＞

1 (平面図形―証明, 円の性質, 三角形の角の二等分線, 線分の比, 外接円)

(1) 半径ORを引くと, OP＝OR＝OQ　△OPR, △OQRは二等辺三角形なので底角は等しい。∠OPR＝∠ORP＝x, ∠OQR＝∠ORQ＝yとおくと, △PQRの内角の和が180°なので, $2x+2y=180°$　$x+y=90°$　したがって, ∠PRQ＝$x+y=90°$

重要 (2) BD：DC＝AB：AC＝5：$2\sqrt{2}$なので, BD：BC＝5：$(5+2\sqrt{2})$　よって, BDはBCの$\dfrac{5}{5+2\sqrt{2}}$だから, $\mathrm{BD}=\dfrac{5}{5+2\sqrt{2}}a=\dfrac{5(5-2\sqrt{2})}{(5+2\sqrt{2})(5-2\sqrt{2})}a=\dfrac{25-10\sqrt{2}}{17}a$

重要 (3) BE：EC＝AB：AC＝5：$2\sqrt{2}$なので, CE＝xとすると, $(x+a):x=5:2\sqrt{2}$　$5x=2\sqrt{2}(x+a)$　$(5-2\sqrt{2})x=2\sqrt{2}a$　$x=\dfrac{2\sqrt{2}}{5-2\sqrt{2}}a=\dfrac{2\sqrt{2}(5+2\sqrt{2})}{(5-2\sqrt{2})(5+2\sqrt{2})}a=\dfrac{10\sqrt{2}+8}{17}a$

重要 (4) DAが∠BACの二等分線, EAが∠BACの外角の二等分線なので, ∠DAE＝90°である。よって, ∠DAEを見込む線分DEは3点A, D, Eを通る円の直径であり, その円の中心はDEの中点である。$\mathrm{BE}=\mathrm{BC}+\mathrm{CE}=a+\dfrac{10\sqrt{2}+8}{17}a=\dfrac{10\sqrt{2}+25}{17}a$　$\mathrm{DE}=\mathrm{BE}-\mathrm{BD}=\dfrac{10\sqrt{2}+25}{17}a-\dfrac{25-10\sqrt{2}}{17}a=\dfrac{20\sqrt{2}}{17}a$　よって, $\mathrm{DF}=\dfrac{1}{2}\times\mathrm{DE}=\dfrac{10\sqrt{2}}{17}a$　$\mathrm{BF}=\mathrm{DF}+\mathrm{BD}=\dfrac{10\sqrt{2}}{17}a+\dfrac{25-10\sqrt{2}}{17}a=\dfrac{25}{17}a$

$\mathrm{FC}=\mathrm{BF}-\mathrm{BC}=\dfrac{25}{17}a-a=\dfrac{8}{17}a$　したがって, BF：FC＝25：8

2 (数の性質―素因数分解, 因数分解, 式の利用)

基本 (1) $2020=2\times1010=2\times2\times505=2\times2\times5\times101=2^2\times5\times101$

(2) $(ac+bd)^2+(ad-bc)^2=a^2c^2+2abcd+b^2d^2+a^2d^2-2abcd+b^2c^2=a^2c^2+b^2d^2+a^2d^2+b^2c^2=a^2(c^2+d^2)+b^2(c^2+d^2)$　$c^2+d^2=\mathrm{X}$とおくと, $a^2\mathrm{X}+b^2\mathrm{X}=(a^2+b^2)\mathrm{X}$　Xを元に戻すと, $(ac+bd)^2+(ad-bc)^2=(a^2+b^2)(c^2+d^2)$

やや難 (3)　$2020=2^2\times5\times101$　　5，101はともに4で割って1余る素数であり，$5=1^2+2^2$，$101=1^2+10^2$と表すことができる。よって，$2020=2^2\times(1^2+2^2)\times(1^2+10^2)$　　$(a^2+b^2)(c^2+d^2)=(ac+bd)^2+(ad-bc)^2$だから，$a=1$，$b=2$，$c=1$，$d=10$とすると，$2020=2^2\times(1^2+2^2)\times(1^2+10^2)=2^2\times\{(1+20)^2+(10-2)^2\}=2^2\times(21^2+8^2)=(2\times21)^2+(2\times8)^2=42^2+16^2$　　$a=1$，$b=2$，$c=10$，$d=1$とすると，$2020=2^2\times(1^2+2^2)\times(10^2+1^2)=2^2\times\{(10+2)^2+(1-20)^2\}=2^2\times(12^2+19^2)=(2\times12)^2+(2\times19)^2=24^2+38^2$

3　**(規則性―立方体の個数，2次方程式，公式の利用)**

重要 (1)　①　縦の長さがnのとき，1辺の長さが2の立方体は縦方向に$(n-1)$個並ぶ。同様に横の長さがnのとき，1辺の長さが2の立方体は横方向$(n-1)$個並ぶ。高さが4のとき，1辺の長さが2の立方体は垂直方向に3個並ぶ。よって，3辺の長さがn，n，4の直方体に含まれる1辺の長さが2の立方体の個数は，$(n-1)\times(n-1)\times3=3(n-1)^2$

②　1辺の長さが1の立方体の個数は，$n\times n\times4=4n^2$　　1辺の長さが2の立方体の個数は①で求めたように$3(n-1)^2$　　1辺の長さが3の立方体の場合は，縦，横にそれぞれ$(n-2)$個並び，垂直方向に2個並ぶので$2(n-2)^2$　　1辺の長さが4の立方体の場合は同様にして$(n-3)^2$　　したがって，立方体の個数が全部で500個のとき，$4n^2+3(n-1)^2+2(n-2)^2+(n-3)^2=500$　　$4n^2+3n^2-6n+3+2n^2-8n+8+n^2-6n+9=500$　　$10n^2-20n+20=500$　　$n^2-2n-48=0$　　$(n+6)(n-8)=0$　　nは自然数なので，$n=8$

やや難 (2)　1辺の長さがnの立方体は$1\times1\times1=1^3$含まれる。1辺の長さが$n-1$の立方体は$2\times2\times2=2^3$含まれる。1辺の長さが$n-2$の立方体は$3\times3\times3=3^3$含まれる。…1辺の長さが2の立方体は$(n-1)\times(n-1)\times(n-1)=(n-1)^3$含まれる。1辺の長さが1の立方体は$n\times n\times n=n^3$含まれる。よって，この立方体に含まれる様々な大きさの立方体の個数は全部で，$1^3+2^3+3^3+\cdots+(n-1)^3+n^3=\left\{\frac{1}{2}n(n+1)\right\}^2$　　これが44100であるとき，$44100=210^2$なので，$\frac{1}{2}n(n+1)=210$　　$n^2+n-420=0$　　$(n+21)(n-20)=0$　　nは自然数だから，$n=20$

4　**(図形―切断，最短距離，展開図，三平方の定理)**

(1)　右図は立方体を面ACFで切断した後の立体の展開図の一部である。△ACDは直角二等辺三角形であり，$AC=2\sqrt{2}$　　ACの中点をMとすると，△AMD，△CMDも直角二等辺三角形となり，$DM=\sqrt{2}$　　△ACFは１辺の長さが$2\sqrt{2}$の正三角形であり，FMはその高さだから，$FM=2\sqrt{2}\times\frac{\sqrt{3}}{2}=\sqrt{6}$　　$\angle FMA=\angle DMA=90^\circ$であるので，点D，M，Fは一直線上に並び，線分DFが点Dと点Fの最短距離となる。よって，$\sqrt{2}+\sqrt{6}$

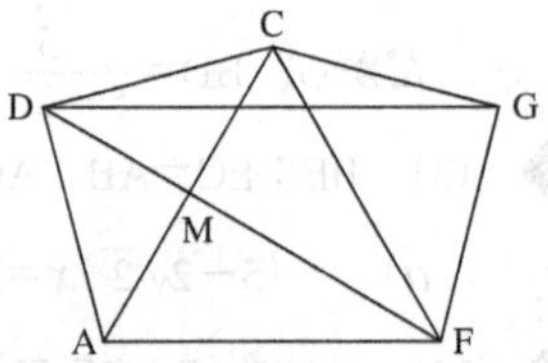

やや難 (2)　線分DGを引くと，△CDGは二等辺三角形となり，その頂角∠DCGの大きさは，$45^\circ\times2+60^\circ=150^\circ$　　よって，$\angle CGD=\angle CDG=15^\circ$　　よって，$\angle DGF=90^\circ-15^\circ=75^\circ$　　また，$\angle DFG=30^\circ+45^\circ=75^\circ$　　したがって，△DFGは2角が等しいので二等辺三角形である。よって，最も短くなるときの長さは，$DG=DF=\sqrt{2}+\sqrt{6}$

5　**(関数・グラフと図形―反比例のグラフ，線分の長さ，円，円の中心，面積)**

基本 (1)　$H(\sqrt{2},\ -\sqrt{2})$の点をとると，△AHBは直角三角形となるので，$AB^2=BH^2+AH^2=\{\sqrt{2}-(-\sqrt{2})\}^2+\left\{\frac{1}{\sqrt{2}}-(-\sqrt{2})\right\}^2=(2\sqrt{2})^2+\left(\frac{3\sqrt{2}}{2}\right)^2=\frac{50}{4}$　　$AB>0$だから，$AB=\sqrt{\frac{50}{4}}=\frac{5\sqrt{2}}{2}$　　点Aと点Cのx座標は等しいので，$AC=\sqrt{2}-\frac{1}{\sqrt{2}}=\frac{\sqrt{2}}{2}$　　よって，$AB-AC=\frac{5\sqrt{2}}{2}-\frac{\sqrt{2}}{2}=2\sqrt{2}$

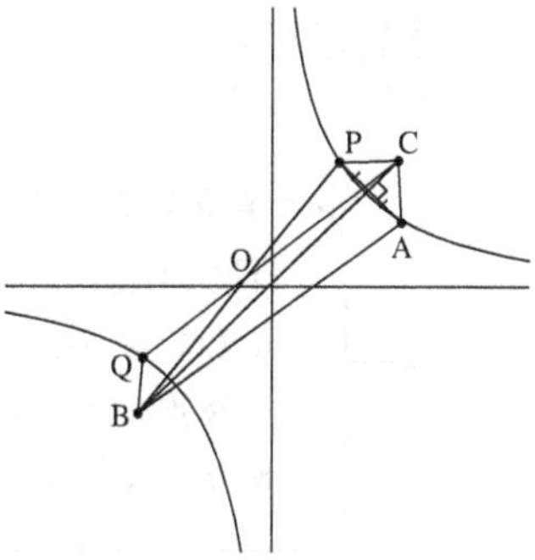

重要　(2)　$P\left(\frac{1}{\sqrt{2}},\ \sqrt{2}\right)$とする。$\frac{1}{\sqrt{2}}\times\sqrt{2}=1$だから，点Pは関数$y=\frac{1}{x}$のグラフ上にあり，点Pの$x$座標は点Aの$y$座標に等しく，点Pの$y$座標は点Aの$x$座標に等しいので，点Pは直線BCについて点Aと対称の位置にある。よって，PB＝AB，PC＝AC　したがって，PB－PC＝AB－AC＝$2\sqrt{2}$　$Q\left(-\sqrt{2},\ -\frac{1}{\sqrt{2}}\right)$とする。点Bと点Qの$x$座標は等しいので，$BQ=-\frac{1}{\sqrt{2}}-(-\sqrt{2})=\frac{\sqrt{2}}{2}$　BQ//AC，BQ＝ACとなるので，四角形BACQは1組の対辺が並行で等しいから平行四辺形である。よって，QC＝AB　したがって，QC－QB＝AB－AC＝$2\sqrt{2}$　R(－1，－1)とする。点Rは点B，Cと同様にx座標とy座標が等しいので，直線$y=x$上にある。線分BC上にBR＝RSとなる点Sを置き，点R，点SからそれぞれBHに垂線RI，SJを引くと，$BI=-1-(-\sqrt{2})=\sqrt{2}-1$　$BJ=2BI=2\sqrt{2}-2$　$JH=BH-BJ=2\sqrt{2}-(2\sqrt{2}-2)=2$　点SからCHに垂線SKを引くと，△CSKは等辺が2の直角二等辺三角形となるので，$CS=RC-RB=2\sqrt{2}$　以上のことから，①，②，③ともに2点B，Cからの距離の差がAB－ACの値と等しくなる。

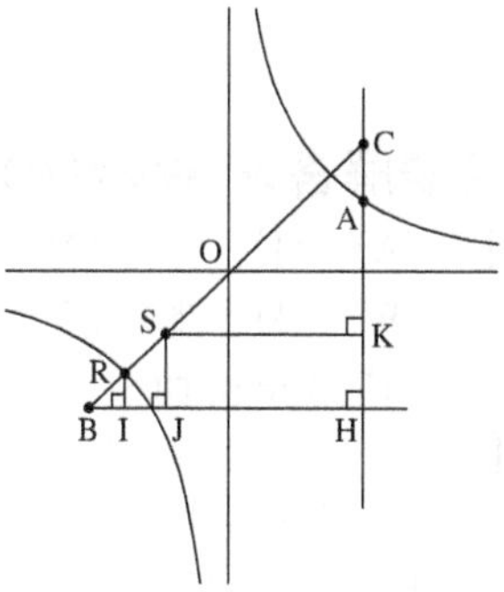

重要　(3)　円の中心は円周上の点から等しい距離にあるので，弦の垂直二等分線の交点として求めることができる。ACの中点の座標は，$\left(\frac{1}{\sqrt{2}}+\sqrt{2}\right)\div 2=\frac{3\sqrt{2}}{4}$　ACはy軸に平行なので，円の中心は直線$y=\frac{3\sqrt{2}}{4}$上にある。直線BCの式は$y=x$であり，点Bと点Cは原点について対称だから，線分BCの中点はOである。また，垂直に交わる直線の傾きの積は－1だから，線分BCの垂直二等分線は$y=-x$である。したがって，$D\left(-\frac{3\sqrt{2}}{4},\ \frac{3\sqrt{2}}{4}\right)$

やや難　(4)　弦ABの中点をMとすると，弦ABの垂直二等分線は点Oを通る。その直線が円周と交わる点をEとすれば，△ABEの面積が最大となる。点Mのx座標は，$\{\sqrt{2}+(-\sqrt{2})\}\div 2=0$　y座標は，$\left\{\frac{1}{\sqrt{2}}+(-\sqrt{2})\right\}\div 2=-\frac{1}{2\sqrt{2}}=-\frac{\sqrt{2}}{4}$　よって，$DM^2=\left(\frac{3\sqrt{2}}{4}\right)^2+\left\{\frac{3\sqrt{2}}{4}-\left(-\frac{\sqrt{2}}{4}\right)\right\}^2=\frac{9}{8}+2=\frac{25}{8}$　$DM=\sqrt{\frac{25}{8}}=\frac{5\sqrt{2}}{4}$　DEは半径なのでDCに等しいから，$DE^2=DC^2=\left\{\sqrt{2}-\left(-\frac{3\sqrt{2}}{4}\right)\right\}^2+\left(\sqrt{2}-\frac{3\sqrt{2}}{4}\right)^2=\frac{98}{16}+\frac{2}{16}=\frac{25}{4}$　よって，$DE=\sqrt{\frac{25}{4}}=\frac{5}{2}$　したがって，$ME=\frac{5\sqrt{2}}{4}+\frac{5}{2}$　$AB^2=(-\sqrt{2}-\sqrt{2})^2+\left(-\sqrt{2}-\frac{\sqrt{2}}{2}\right)^2=8+\frac{9}{2}=\frac{25}{2}$　よって，$AB=\frac{5\sqrt{2}}{2}$　したがって，△ABEの面積の最大値は，$\frac{1}{2}\times\frac{5\sqrt{2}}{2}\times\left(\frac{5\sqrt{2}}{4}+\right.$

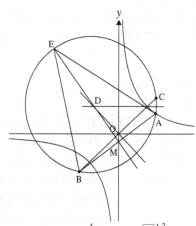

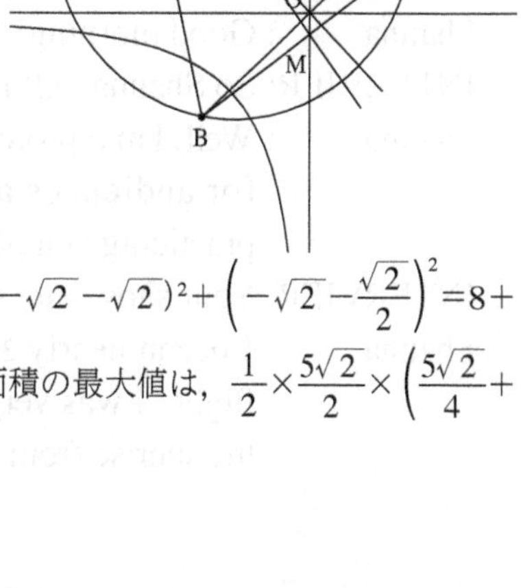

$\frac{5}{2}\Big)=\frac{25+25\sqrt{2}}{8}$

★ワンポイントアドバイス★

[1]の(4)は，直径に対する円周角が90°であることを使う。[2]の(3)は(2)の結果を逆にして用いる。[3]は，まずは上底面で個数を数えてみるとよい。[5]の(3)，(4)はやや複雑な計算を必要とするが，ACがy軸に平行であることや，BCの中点が原点であるとなどに着目すると，道筋が見えてくる。

<英語解答> 《学校からの正答の発表はありません。》

Ⅰ　(A)　(1)　b　(2)　a　(3)　b　(4)　c　(5)　b　(6)　c

(B)　(1)　神からのメッセージ　(2)　未来予想図　(3)　sleep　(4)　working

(5)　memories　(6)　creative

Ⅱ　問1　(1)　商品やサービスを交換する目的で，他のものの価値を示す(26字)　(2)　軽くて追跡しやすい。　問2　them　問3　Strength gets changed to brain.　問4　ウ

問5　イ，オ，キ，ケ　問6　ア　×　イ　×　ウ　×　エ　○　オ　○

問7　the official money　問8　don't trust it anymore(4語)

Ⅲ　問1　not interested in　問2　イ　問3　エ　問4　ウ　問5　目立たず，大人しくして，努力すること。　問6　I didn't want to make the situation worse

問7　D　ウ　E　オ　F　ア　G　イ　H　カ　問8　excited my parents

問9　I　イ　J　ウ　K　エ　L　ア　問10　私は人々がこのような映画を作り続けていることがうれしかった，なぜならそれらはオーストラリア中のアジア人家庭を団結させているからだ。

○推定配点○

Ⅰ　各2点×12　Ⅱ　問6　各2点×5　他　各3点×8(問5完答)

Ⅲ　問7・問9　各2点×9　他　各3点×8　計100点

<英語解説>

Ⅰ　(リスニング)

(A)　INTERVIER: Welcome to our radio program, Shauna Taylor.

Shauna　: Good morning!

INTERVIER: So Shauna, tell us about your job.

Shauna　: Well, I'm a professional air show pilot, so I spend 5 months of the year flying for audiences at airshows around the country and the other 7 months practicing at a place not far from where I live.

INTERVIER: Your shows are really great. How did you start?

Shauna　: I began nearly 30 years ago. I was 14 when my father took me on my first flight. I was very nervous when he asked me to take the controls but seeing the sunrise from the sky was magical. I knew then that I wanted to be a pilot, but I had to wait until I could get a license.

INTERVIER: When did you start doing shows?

Shauna : As soon as I got my license, I learned how to do exciting and difficult moves in my plane.

INTERVIER: It's a very dangerous job. Have you ever made any mistakes?

Shauna : Performing in a show is always dangerous because you have to fly fast and close to the ground. Once, when I was practicing for a show I lost control of my plane. I had to jump out of my plane before it hit the ground. It was so scary, but it taught me to take more care.

INTERVIER: So, what kind of person can do this job?

Shauna : This kind of flying is very hard, so you need a strong body, and also a strong mind. I go to the gym for 2 hours 5 days a week. I also enjoy being outside, so I mountain climb, hike, and ski.

INTERVIER: You sound very busy. Do you have time to relax?

Shauna : Of course, it's important. But you won't find me watching movies on TV. I'm pretty friendly, so I love making plans with friends when I am free. One of them loves playing tennis, and he's tried to get me interested too, but I prefer more exciting and unusual sports.

INTERVIER: Finally, what do you plan in the future?

Shauna : Doing this job I have travelled to most places in America, so as soon as I get a chance I would like to travel abroad. But more than that, I'd like to help teach the next generation of pilots. One of the most important things I have learned myself is that getting help from others is necessary, and I should listen to advice instead of trying to do everything alone.

(A) 司会者 ：私たちのラジオ番組へようこそ，ショーナ・テイラーさん。

ショーナ：おはようございます！

司会者 ：では，ショーナ，あなたの仕事について教えてください。

ショーナ：ええと，私は航空ショーのプロパイロットです。だから，1年のうちの5か月を国中の航空ショーで観客のために飛行するために費やします。そして他の7か月を自分が住む所からそれほど遠くない場所で練習するために費やします。

司会者 ：あなたのショーは本当に素晴らしいです。どうやって始めたのですか？

ショーナ：私は30年ほど前に始めました。父が私を初めてのフライトに連れて行ったとき，私は14歳でした。父に操縦するように言われたときはとても緊張しましたが，空から日の出を見ることは魔法のように素晴らしかったです。そのとき，自分がパイロットになりたいのだと分かりましたが，免許を取得するまで待たなければなりませんでした。

司会者 ：いつショーをし始めたのですか？

ショーナ：免許を取得してすぐ，自分の飛行機でわくわくする動きや難しい動きをする方法を習いました。

司会者 ：とても危険な仕事ですよね。今までに何かミスをしたことがありますか？

ショーナ：速く飛んだり地面に近づいたりしなければならないので，ショーを披露するのはいつも危険です。一度，ショーに向けた練習をしていたときに飛行機が操縦不能になりました。飛行機が地面にぶつかる前に，私はそこから飛び出なければいけませんでした。とても恐ろしかったですが，その経験は私にもっと注意することを教えました。

司会者　：それで，どのような人がこの仕事をすることができますか？

ショーナ：この種の飛行はとてもきついので，強い体と強い心が必要です。私は週に5日，2時間ジムに行っています。私は屋外にいることも楽しむので，登山やハイキング，スキーをします。

司会者　：とても忙しそうですね。リラックスする時間はありますか？

ショーナ：もちろん，それは大切ですから。でも，テレビで映画を見ている私の姿は見つけられないと思います。私はとても友好的なので，自由時間には友達と過ごす予定を立てることが大好きです。友達の一人がテニスをすることが大好きで，私にも興味をもたせようとしましたが，私はもっとわくわくして珍しいスポーツが好きです。

司会者　：最後に，将来的に何を計画していますか？

ショーナ：この仕事をして，私はアメリカのほとんどの場所を旅しました。だから，機会があったらすぐに海外を旅したいです。でも，それ以上に，次の世代のパイロットに教える手伝いがしたいです。私自身が学んできた事の中で最も大切なことの1つが，他人からの助けを得ることが必要であり，全てを自分一人でやろうとする代わりに助言を聞くべきだということです。

1)　ショーナは1年の半分以上を_______に費やす。

a.　アメリカを旅すること

b.　彼女の家の近くで訓練をすること

c.　他の国を訪問すること

2)　ショーナは_______に初めてパイロットになることに興味を持った。

a.　彼女が父親と飛行機に入ったとき

b.　彼女が空から地上を見たとき

c.　彼女が運転免許を取得したとき

3)　ショーナが初めて飛行機に入ったとき，_______。

a.　彼女は高さと速さにおびえた

b.　彼女は景色に感動した

c.　彼女はもっと健康的になる必要があると自覚した

4)　ショーナは_______飛行機事故を起こした。

a.　航空ショーで

b.　彼女がおびえたときに

c.　彼女はミスをしたので

5)　自由時間に，ショーナはふつう_______。

a.　テレビで映画を見る

b.　友達と会う

c.　テニスをして楽しむ

6)　将来，ショーナは_______ことをいちばん望んでいる。

a.　もっと他の人の話を聞く

b.　もっと多くの時間を旅行に費やす

c.　他のパイロットに教える

(B)　Why do we dream? This question is very interesting. People who lived in Egypt hundreds of years ago believed that dreams were messages from gods. At the same time, those from Europe believed that dreams were pictures of the future. Later, in the 19th century, early doctors believed that dreams were things people didn't want to think about, and told stories of what you were most afraid of.

Some scientists think dreaming helps us to solve problems. Forgetting your homework is often seen in dreams. Maybe your brain is preparing you for such a bad event.

Other people say that maybe dreams let people get enough sleep. Scientists know that sleeping is good for our health. Also, our brains never switch off, and dreams might help our minds to keep working at night, when our bodies are resting. Dreams are similar to television, because they fill our brains with pictures and stories, so they are always busy.

Or could dreams help us look after our thoughts and memories? Scientists found that in sleeping animals, two parts of the brain were moving. One part was the area for thinking, and the other remembering. Perhaps we dream to help us forget about the stress in our real lives.

Scientists all agree that dreams have many good points. One group of scientists found that dreams could help people solve very difficult problems. Many think that dreams give us creative ideas. Paul McCartney, a singer in the band The Beatles, said the idea for the famous song "Yesterday" came in a dream.

(B)　私たちはなぜ夢を見るのか？　この問いはとても興味深い。数百年前のエジプトに住んでいた人々は，夢は神様からのメッセージだと信じていた。同じ頃，ヨーロッパの人々は，夢は未来の光景だと信じていた。その後19世紀，初期の医師たちは，夢は人々が考えたくない事柄であり，あなたが最も心配している事を告げると信じていた。

夢を見ることは私たちが問題を解決するのに役立つと考える科学者もいる。宿題を忘れることがしばしば夢の中で見られる。たぶん，あなたの脳がそのような悪い出来事に備えているのだ。

夢は人々に十分な睡眠をとらせるかも知れないと言う人もいる。科学者たちは睡眠が私たちの健康に良いことを知っている。しかも，私たちの脳は決して休まない。そして，夢は夜，私たちの体が休んでいるときに心が働き続ける手助けをするのかもしれない。夢はテレビに似ている。なぜなら，私たちの脳を画像と物語で満たすからだ。だから，脳はいつも活発に動いているのだ。

夢は私たちの考えや記憶を世話する手助けをするだろうか？　科学者たちは眠っている動物の脳の2つの部分が動いていることを発見した。1つの部分は考える領域，もう1つは記憶する領域だった。多分，私たちは実生活におけるストレスを忘れるのを助けるために夢を見ている。

科学者たち全員が夢にはたくさんの利点があると認めている。科学者たちの1団体は，人々がとても難しい問題を解くのに夢が役立つことを発見した。多くの人が夢は私たちに創造的な発想をもたらすと考えている。ビートルズというバンドの歌手であるポール・マッカートニーは「イエスタディ」という有名な歌のアイディアが夢の中に出てきたと言った。

なぜ私たちは夢を見るのか？

・夢を見ることは私たちが問題を解決するのに役立つ。

・多分，夢は人々に十分な (3) をとらせる。

・私たちの脳は決して休まない。夢は私たちの心が (4) 続ける手助けをする。

・夢は私たちの脳が活発に動き続けるように脳を画像と物語で満たす。

・私たちは，夢は自分の考えや (5) を世話する手助けをするかもしれないと考えている。

利点／長所

・多くの人々は，夢が (6) アイディアを与えると考えている。

例)ポール・マッカートニー ―「イエスタディ」

Ⅱ (長文読解問題・歴史，会話文：内容吟味，正誤問題，関係代名詞，語句整序，受動態，語句補充・選択，内容一致，条件英作文)

(全訳) (A) [1] お金は多くの場所で何度も作り出された。その発展に技術的な躍進は必要なかった。それはただ，大きな思考の転換だった。それは，人々が共有する想像の中だけにある，新しい現実を作り出すことを必要とした。

[2] お金は硬貨や紙幣ではない。人々が商品やサービスを交換する目的で，他のものの価値を示すために使うと決めたものなら何でもお金である。お金は，人々が異なる商品(リンゴと靴など)の価値をすばやく比較したり，ある物を別の物と交換したり，財産を都合よく保持するのを容易にする。お金には様々な種類がある。最も一般的なものは硬貨で，小さい金属に国で認められた価値が刻印されている。しかし人々は硬貨が発明される前に長い間お金を使っていた。貝，牛，皮革，塩，穀物，ビーズ，布などの他のものを通貨として使うことにより，文化が成長し豊かになってきた。コヤスガイはおよそ400年間，アフリカ，南アジア，東アジア，オセアニアで公的なお金として使われた。20世紀初頭の英国領ウガンダでも税金はコヤスガイで支払うことができた。

[3] 現代の牢獄や捕虜収容所ではタバコがしばしばお金として使われている。非喫煙者の収監者でさえもタバコによる支払いを受け入れ，他の全ての商品やサービスの価値をタバコで表す。あるアウシュビッツの生存者が収容所で使われていたタバコ通貨について説明した。「私たちは独自の通貨を持っていました。誰もがその価値を疑わないもの，つまりタバコです。全ての価格がタバコで書かれていました。「通常」期にはパンはタバコ12本，マーガリン300グラムは30本，腕時計は80から200本，酒1リットルはタバコ400本でした！」

[4] 実は，現在においても硬貨や紙幣は，お金の一般的でない形態である。世界のお金の総額はおよそ60兆ドルだが，硬貨と紙幣の総額は6兆ドルに満たない。全てのお金の90％以上，つまり銀行で表示される50兆ドル以上は，コンピューターサーバー上にのみ存在する。この理由で，ほとんどのビジネスが電子データをコンピューター間で移動させることによって仕事をやりとりし，「本物の」現金をやり取りすることはない。犯罪者だけが紙幣が詰まったスーツケースで家を買うのだ。電子データを交換することで商品やサービスをやり取りすると人々が決めたなら，それはピカピカ光る硬貨や手の切れるような紙幣よりもずっといい。軽くて追跡しやすいからだ。

[5] 現代のビジネスが機能するには，ある種のお金が非常に重要だ。貨幣経済における靴職人は，様々な種類の靴の価格さえ知っていればよい。靴の価格をリンゴやヤギの値段でそれぞれ覚えておく必要はない。お金があればリンゴ農家が靴職人を探しだす必要もない，なぜなら誰でも常にお金がほしいからだ。これはもしかするとその最も根本的な特性かもしれない。誰でも常にお金がほしい，なぜなら他の皆も同じように常にお金がほしいから，そしてそれはあなたがほしいものや必要なものに対して，お金を交換することができるという意味だ。①靴職人はあなたのお金をいつも喜んで受け取るだろう，なぜなら彼は，リンゴやヤギなど，自分が本当にほしい物をお金と交換で手に入れることができるからだ。

[6] お金は，人々がほとんど全てのものをほとんど全てのものへ変えることを可能にする，普遍の交換の形態だ。かつて兵士だった人物が，軍から得たお金を使って大学の学費を支払う時，②力は頭脳へ変わる。医者が患者から得たお金を使って弁護士への支払いする時，健康は正義へ変わる。

[7] お金の理想的な種類は，人々があるものを別のものに変えるのを可能にするだけでなく，財産を所有するのも可能にする。あ時間のように，多くの価値あるものは保存できない。また，いイチゴのように短期間しか保存できないものもある。長持ちするが，場所をとったり，費用が多くかかったり，手入れを必要としたりするものもある。例えば小麦やトウモロコシは何年間も保存でき

るが，そうするには巨大な建物が必要で，ネズミ，カビ，水，火，盗難などから守ることも必要だ。お金はこれらの問題を解決できる。それが紙でもコンピューターバイトでもコヤスガイでも。コヤスガイは簡単には割れないし，ネズミが好んで食べることもなく，耐火性があり，金庫にしまっておけるほど小さい。

[8]　財産を使うにはただそれを持っているだけでは不十分だ。それは移動させることが必要だ。土地や家などの財産形態は動かすことがまったくできない。小麦や米のような商品は移動させるのに困難が伴う。遠くの地域に旅行する，お金のない土地に住んでいる裕福な農夫を想像してみよう。その農夫は家や畑を持って行くことはできない。彼はそれらを数トンの米と交換するかもしれない，しかしその米全てを移動させるのは非常に困難で費用もかかるだろう。お金はこれらの問題を解決する。その農夫はたくさんのコヤスガイと引き換えに家や田んぼを売り，コヤスガイは彼がどこへ行くにも簡単に持ち運べる。

[9]　お金は簡単かつ低コストで財産を変えたり，貯めたり，動かしたりできるので，複雑なビジネスネットワークや活発な市場の発達に重要な役割を果たした。お金がなければ，ビジネスネットワークや市場が発展することはできなかっただろう。

（B）（全訳）A：暗号通貨って聞いたことある？

B：ない。それは何？

A：オンライン上で使われる，デジタル通貨だよ。

B：「本物の」お金と同じ？

A：そうでもない。「本物の」お金のほうが暗号通貨よりずっと安全だと思う。

B：どうして？

A：僕たちみなが「本物の」お金の価値を信じているからだよ。暗号通貨はある国で使われる[う]公的なお金ではない。だから税金を支払うのに使えない。

B：どうやって使えるの？

A：暗号通貨を受け取ってくれる人から商品を買う時に使えるよ。また，誰かと取り引きすることもできる。有名な暗号通貨の1つはビットコインで，2009年に初めて作られたよ。

B：ビットコインは聞いたことがある！　その価値は短期間に急上昇したよね？

A：そう。でも簡単に信用してはいけないよ。暗号通貨の価値はよく上がったり下がったりするんだ。

B：そうなの？　どうしたら価値が下がるの？

A：もし僕たちが(え)それを信用しなくなれば，使いたい時に価値が下がるよ。

問1　(1)　[2]の段落第2文参照。　(2)　[4]の段落最終文参照。

問2　things の後ろには目的格の関係代名詞が省略されており，he really wants が things を後ろから修飾する。よって wants の後ろの them は不要。

やや難　問3　Strength gets changed to brain「力が頭脳に変わる」〈get ＋過去分詞〉は「～になる」で，get changed to ～ は「～に変えられる，～に変わる」という意味。everything が不要。

問4　文脈より，[あ]には保存できないもの，[い]には短期間しか保存できないものが入る。

問5　[7]の段落最終文および[8]の段落最終文参照

重要　問6　ア「人の歴史において，硬貨は常にお金の最も一般的な形態である」(×)　イ「現代の牢獄では，タバコはしばしばお金として使われている，なぜならほとんどの収監者がヘビースモーカーだからだ」(×)　ウ「今日でも，硬貨と紙幣はお金の最も一般的な形態である」(×)　エ「お金がなければ，靴職人は靴の値段をリンゴやヤギで何個分か知っておかねばならない」(○)　オ「お金はビジネスネットワークや市場が今日の状態まで成長することを可能にした」(○)

重要 問7 [2]の段落の最後から2番目の文から the official money を抜き出す。

やや難 問8 Aの3，4番目の発言参照。本物のお金は信用があるので安心だ，という文脈より，暗号通貨は信用度が低く，それが価値に影響するとわかる。よって「暗号通貨を信用しなかったら」という内容の英文を補う。

Ⅲ （長文読解問題・エッセイ：語句補充，類義語，語句解釈，語句整序，不定詞，文補充・選択，英文和訳，進行形）

（全訳） 私が6歳の時，パパがティエンから重さ1ポンドの安いキャンディミックスを1袋買った。ティエンはアレンの工場で働いていた。父は私を小学校の正面の外に立たせ，帰宅する近所の子供たちにキャンディを手渡しさせた。父は私の数歩後ろに立っていた。とても暑い日で，袋は重く，私はキャンディにも他の子たちにも興味がなかった。私はただ，家に帰って Fat Cat and Friends を観たかった。

他の子供たちも私に[A]興味がなかった。彼らは近づいてきて，さっとキャンディをつかみ取り，歩いていった。何人かの親は自分の子供に「ありがとう」と言わせた。子供の代わりに「ありがとう」と言って，私に優しくほほえみかける親もいた。1人のママは，私のパパが私の後ろに立っているのを見ると，自分の息子を引っ張って私の袋から遠ざけた。父が彼らにほほえんでいるというのに。実際，おそらくそれが彼らをさらに①ぞっとさせたのだろう。

その日の午後，父は私と一緒に歩いて帰宅した時に「ルーシー，お前は学校の子供たちと知り合う機会を持ったのだから，これで年上の子たちがお前の面倒を見てくれるようになるぞ」と言った。

ああいうことはハノイならやってもよかったかもしれない，なぜなら人々はとても[a]貧しく，年上の子供たちは年下の子供たちの面倒を見るとわかっているから。しかしここスタンリーでは，私の父は[b]かわいそうなことに，私的利用と友情の違いが分かっていなかった。

だから父が私にローリンダの女の子たちを映画観賞会に招待したら，と言った時，私は嫌だと言わざるを得なかった。

「今回初めてテレビで放映されるんだぞ！」と父は言った。「それはすごいことなんだ，それにお前が私たちの文化を友達たちと[B]共有するのは素晴らしいことだろう」

「いいえ，パパ，友達たちは Hope in Hanoi を見たがらないと思うわ」

父は，ベトナム戦争時代を舞台にしたこの映画がテレビで放送されるのを何年も待っていた。全ての映画は最後にはテレビで放送される，と父は思っていて，そのため私たちは一度も映画館に行ったことがなかった。工場の誰かが父に，その映画はその金曜日の晩に放送されると言ったのだ。

「ちょっとしたパーティーをしよう，テイクアウトの食べ物を注文して」

「いやよ」

「私の娘が，自分の文化[C]を隠したがって，それについての映画を観るために友達を招こうともしないなんて，信じられん」

父は私を非常に怒らせた，なぜなら父はベトナム文化とは単に戦争についてだと考えていたからだ。

その瞬間，私は父を嫌悪した。

「質素に暮らすことの何が悪い？」と父は続けて言ったが，父は自分がごまかしているとわかっていた，というのも父は言葉を変え，ありのままではなく「質素に」と言わざるを得なかったから。父の声すら，私に箸を半分に折りたい気持ちにさせた。「彼女たちは私たちがどんなに頑張って働いているかわかるだろうし，お前が学校で頑張っていることに敬意を感じるだろう」

父によれば，全てが簡単だった。私が目立たず，大人しくして，努力しさえすれば，みんなが私を好きになる。観衆に②正しい姿を見せれば，うまく溶け込めないはずがない。

「お前は新しい学校で社交的にしなくてはいけない」と父が忠告した。「そこは『救世主キリスト学園』のようなところじゃない，あそこでは女の子たちはアジア人同士，スペイン人同士，ギリシャ人同士という理由で固まっていただろう」

その金曜日の晩，パパはマクドナルドの大袋を3つ持って帰宅した。我が家の3倍の大きさの家族にとって十分な量だ。

「ワー，この食べ物，どうしたの？」と母が尋ねた。

父は，まるで私が父の頭にコーラを1カップ注いだかのように，私を見た。ひどい落胆で言葉もない，という表情だった。「お前が友達を家に連れてくると思ったんだよ」

③私は状況をさらに悪くしたくなかったから，私が一緒に過ごしている女の子たちはマクドナルドを現代的で清潔で健康的な食べ物だと思っていない，ということを父に言わなかった。彼女たちはそれを貧しくて太った人たちの食べ物だと思っていた。

私の父のマクドナルドに対する愛は，完全に心からのものだった。ローリンダの女の子たちは，完璧な黄金色のフライドポテトに対する父の愛を共感しないし，99セントのアイスクリームの完璧さについて驚嘆することもないだろう，と私はわかっていた。

「D中に何が入っているか見てみよう，子羊ちゃん」 私は父を見ることができずに言った。私はハッピーミールを1箱開け，サプライズのおもちゃを探した。

「Eあなた，誰がこれを全部食べるのよ？」と母が文句を言った。

「私たちの娘が，友達を連れてくるって言ったんだよ」

「何人来る予定か，あなたは彼女に尋ねるべきだったわ」

「F私は誰か来るなんて言ってない！」と私が叫んだ。

シーンと静まり返った。子羊はおもちゃを見つけ，4本の前歯で包みをかみ切ろうとし始めた。

「子羊ちゃん，私が開けてあげる」と私は彼に言った。

「G誰もマクドナルドが好きではないんだな！」と父は悲しそうに言った。「誰がこれを全部食べる？」

私はため息をついた。「私が食べるわ。大好きだから。私はビッグマックを2つとも食べるわ。夕食に1つ，朝食に1つ」

「Hばかなことをするな」と父が言った。「お前は，ここ，スタンリーにいる白人の少女たちのように太りたいのか？」

誰も答えなかった。私たちは3人とも，ただテレビを見つめた，そして何も言わなかった，なぜなら映画が始まるところだったから。私は子羊を膝の上に乗せ，フライドポテトを一定のペースで彼の口に入れて食べさせた。

近頃，私の両親をわくわくさせることは何もなかったが，このような映画は④私の両親をわくわくさせた。それは小さなベトナムの村で始まり，1人の女性の人生を語る。それはまた，アジア人の妻がほしいと常々思っていた1人の白人兵士についてでもある。I彼は村の女性をアメリカに連れて行った，そしてJ彼女はそこでの暮らしにすぐに慣れた。しかしK彼は昔の暮らしに戻ることができなかった，そこでL彼は自分の頭を銃で撃った。それは，深みがあり人生を変えるような映画の1つだった。

しかし，家族が一緒に座って，恐ろしい暴力にあふれたベトナム戦争の映画を見るというこのような時間は，私の子供時代でもっとも幸せな時だった。⑤私は人々がこのような映画を作り続けていることがうれしかった，なぜならそれらはオーストラリア中のアジア人家庭を団結させているからだ。

問1　文末に either があることから，空所Aには否定表現が入るとわかる。2つ前の文中の not

interested in を入れる。not ～, either「～も…ない」
問2　creep「～をぞっとさせる」 frighten「～を怖がらせる」
問3　ⓐの poor は「貧しい」という意味で，ⓑの poor は「かわいそうな」という意味。
重要 問4　全訳下線部参照。share A with B「BとAを共有する」 hide「～を隠す」
重要 問5　直前の文の keep my head down, keep quiet and work hard が具体的な内容となっている。
問6　〈want to ＋動詞の原形〉「～したい」〈make ＋目的語＋比較級〉「～を…にする」
重要 問7　全訳下線部参照。
問8　did は同文前半の excited my parents を表している。
問9　全訳下線部参照。
やや難 問10　be glad that ～「～ということがうれしい」 keep ～ing「～し続ける」 hold ～ together「～を一緒にしておく，団結させる」〈all over ＋場所〉「～じゅうで」

★ワンポイントアドバイス★

Ⅲの長文読解問題はエッセイ。娘と父親の考えの違いと，そのために生じる感情の衝突についてきちんと読み取ろう。

＜理科解答＞ 《学校からの正答の発表はありません。》

1　(1)　5.0N　(2)　4.0cm　(3)　右図　(4)　真下[鉛直下向き]
(5)　1　等しい　2　①　3　①　(6)　①＝②＝③

2　(1)　ア　(2)　エ　(3)　$2H_2O \rightarrow 2H_2 + O_2$　(4)　4.5mL
(5)　1：3：2　(6)　H^-　(7)　(利点1)　発電所から家庭までの送電線でのエネルギーの損失がないこと。　(利点2)　発電で発生する熱を給湯にりようすることができること。

3　(1)　生態系　(2)　ウ，カ　(3)　エ　(4)　外来種　(5)　ウ　(6)　イ
(7)　プランクトンが吸収したあと，食物連鎖を経て大型の魚類や鳥類に捕食され，これらが干潟の外へ移動することで除去される。

4　(1)　ハビタブルゾーン　(2)　ウ　(3)　地表が冷え，プレートの沈み込みが始まった
(4)　ア　(5)　1　火山　2　二酸化炭素　3　海洋[海水]　4　温室効果
(6)　5　ウ[エ]　6　エ[ウ]　(7)　エ　(8)　オゾン層が太陽光のうちの紫外線を吸収するため，それまで水中にしか生息していなかった植物が，陸上に進出を果たした。

○推定配点○
1　各4点×6((5)完答)　2　各3点×8　3　各4点×7　4　(5)・(6)　各1点×6
他　各3点×6　計100点

＜理科解説＞

1　(運動とエネルギー―振り子と落下運動)

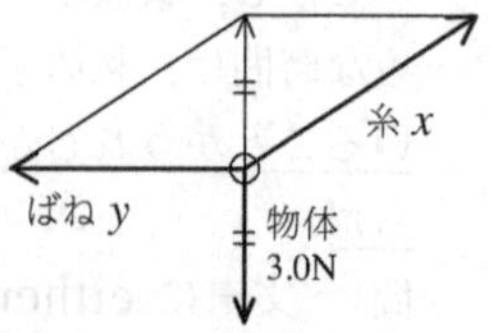

重要 (1)　物体にかかる重力3.0Nは，物体の真下に向かってはたらく。これと，糸の力，ばねの力がはたらいて，物体は静止している。そのつりあいを図示すると，右のようになる。図にできる三角形は，0.30m：0.40m：0.50mの辺の比と相似になる。糸が物体を引く力x[N]につい

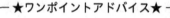

て，3.0：x＝0.30：0.50　より，x＝5.0〔N〕となる。

(2)　(1)の作図から，ばねが物体を引く力y〔N〕について，3.0：y＝0.30：0.40　より，y＝4.0〔N〕となる。このばねは，1.0Nの力で1.0cm伸びるから，4.0Nの力では4.0cm伸びる。

基本　(3)　糸が外れたあとの物体には，空気のほかは何も触れていない。空気抵抗を無視すると，はたらく力は，真下に向かう重力だけである。

(4)　B点では，物体の速さが0になる。この瞬間に糸が外れると，物体は真下に向かって落下するだけである。

やや難　(5)　①の場合，(3)・(4)で解説したように，物体はB点で一瞬だけ静止したあと，真下に向かって落下する。B点では位置エネルギーが最大で，運動エネルギーは0である。②の場合，糸が外れた瞬間に物体は右上に向かって動いており，その後はC点よりも少し右上まで上がってから，放物線を描いて落ちていく。最高点でも物体は右に動いており，運動エネルギーは0にならず，位置エネルギーは①のBほど大きくならない。③の場合，糸が外れた瞬間に物体は右に向かって動いており，その後はD点よりも上には上がらず，放物線の半分を描いて落ちていく。最高点はDであり，位置エネルギーは小さい。どの場合も，位置エネルギーと運動エネルギーの和である力学的エネルギーは一定である。しかし，最高点がBである①のとき，運動エネルギーは最小の0で，位置エネルギーは最大である。

(6)　①～③のどの場合も，位置エネルギーと運動エネルギーの和である力学的エネルギーは一定である。また，地面に落下する直前の位置エネルギーは，①～③で同じである。よって，そのときの運動エネルギーも，①～③で同じである。

2　**(電気分解とイオン－水素と酸素)**

(1)　水素が発生するのはアである。イは酸素，ウは二酸化炭素，エはアンモニア，オは硫化水素が発生する。

(2)　ア：正しい。酸化銅から酸素をうばい，$CuO+H_2 \rightarrow Cu+H_2O$によって還元する。イ：正しい。ウ：正しい。水素は最も軽い気体である。エ：誤り。化合物ではなく，単体である。

基本　(3)　水酸化ナトリウム$NaOH$は分解されず，水H_2Oだけが分解され，陰極に水素H_2，陽極に酸素H_2が発生する。

(4)　水素が燃えるときの化学反応式は，$2H_2+O_2 \rightarrow 2H_2O$であり，水素と酸素が2：1の体積比で反応する。実験1では，2回目に点火したときにも燃えたのだから，1回目の点火のときには酸素を使い尽くし，水素が余ったことがわかる。1回目の点火で，20.0mLの混合気体が17.3mLになったので，反応して減った気体は20.0－17.3＝2.7(mL)である。この2.7mLの内訳は，水素と酸素が2：1であり，使われた酸素は0.9mLとわかる。これは空気の5分の1にあたるので，空気の量は，0.9×5＝4.5(mL)である。

やや難　(5)　水溶液A，B，Cをビーカーに取ったとき，もとの体積に含まれていた水素イオンH^+の数をそれぞれ，a個，b個，c個とする。これにアルカリ性の水溶液Dを同じ体積加えると，Cがちょうど中和したので，Dに含まれていた水酸化物イオンOH^-の数もc個である。Dを加えたあとも酸性のままであるBの水素イオンの数は，(b－c)個になっている。これがもとのAの水素イオンの数と等しいので，b－c＝a…①となる。Dを加えたあと，Aはアルカリ性になったので，水素イオンはなくなって，水酸化物イオンの数は，(c－a)個になっている。Dを加えた後のAとBを混ぜるとちょうど中和するので，Aの水酸化物イオンの数とBの水素イオンの数は等しく，b－c＝c－a…②となる。①，②の2式より，c－a＝aだから，c＝2aとなる。これを①に代入して，b－2a＝aだから，b＝3aとなる。よって，水素イオンの数は，a：b：c＝a：3a：2a＝1：3：2となる。これは水素イオンの濃さの比と等しい。

(6)　水素化物イオンは，水素原子Hが電子を1つ受け取るので，マイナスの電荷を1つ持つ陰イオンであり，H^-と書き表す。

(7)　火力発電では，石油や石炭などを燃焼させた熱で水を沸騰させ，水蒸気をタービンに当てて発電機を動かし，電気を作っている。この場合，タービンを回したあとの水蒸気の熱を充分に利用するのは難しい。また，発電所から家庭までの送電線にも電気抵抗があるので，電力の損失が避けられない。一方，家庭用の燃料電池では，都市ガスなどから取り出した水素を使って発電し，その排熱は給湯などに利用されるので，エネルギーの損失が小さい。

3 （生物どうしのつながり－干潟の生態系）

(1)　生物どうしの食物連鎖に加え，分解者のはたらき，気体を含めた物質の出入りなどの環境も含めた全体を，生態系とよぶ。

やや難 (2)　ウでは「生物→環境」として，動物プランクトンが酸素を大量消費し，「環境→生物」として，酸素不足により魚の生息が不能となっている。また，カでは「生物→環境」として，アサリが有機物を消費することで水の透明度が増し，「環境→生物」として，海底の藻類が生育できる。

(3)　コメツキガニは，砂浜に巣穴をほるため，かき出した砂が砂だんごとして残る。ゴカイは，泥の中に管のような巣穴をつくり，その出口に糞の山を積み上げる。

(4)　もともとその地域にいなかった生物で，人間が他の地域から持ち込んできたことで，その地域に生息するようになった生物は，外来種，外来生物などとよばれる。

(5)　湿地の保護に関する国際的な取り組みとして，ラムサール条約があり，国内では50か所以上，千葉県では谷津干潟が登録されている。アは絶滅のおそれのある野生動植物の種の国際取引に関する条約である。イは気候変動に関する国際連合枠組条約の議定書である。エは，絶滅のおそれのある野生生物のレッドリストと，その生物に関する詳しい情報が記載されたレッドデータブックを混ぜたような語である。オは過去に多数の条約があるが，環境に関するものとしては，オゾン層保護に関する条約がある。

(6)　ア：誤り。日本では，シギは春と秋の渡りの途中で干潟に立ち寄っているのであって，人間が持ち込んだ外来種ではない。イ：正しい。アシハラガニはコメツキガニを食べ，マメコブシガニはアサリやゴカイを食べるので，共通したものを食べない。ウ：誤り。食物連鎖に影響するが，海水温が変わるわけではない。エ：誤り。生物の数は変化するが，各生物が食べるものが変わるわけではない。オ：誤り。植物プランクトン→ゴカイ→コチドリとたどると，第二次消費者となる。また，植物プランクトン→動物プランクトン→アサリ→マメコブシガニ→コチドリとたどると，第四次消費者となる。

(7)　窒素やリンは，植物が必要とする養分である。また，有機物は動物プランクトンや小動物が吸収する。これらは，食物連鎖によってしだいに大型の動物に捕食される。大型の魚類や鳥類は，干潟で捕食したあと，他の場所へ移動するため，結果的に，窒素，リンや有機物は干潟から除去される。

4 （地層と岩石－地球の歴史）

(1)　惑星が太陽に近すぎると温度が高く，遠すぎると温度が低い。大量の水が液体として存在するためには，温度がほどよい範囲にある必要がある。このような，太陽からの距離がちょうどよい範囲をハビタブルゾーンといい，地球は含まれるが，金星や火星は含まれない。

(2)　惑星に海洋が保持されるためには，惑星にある程度の重力が必要である。惑星が小さいと，重力が弱く，大気も海洋も保持できずに宇宙に逃げてしまう。

(3)　巨大な圧力によりできる変成岩は，横方向から押された圧力くらいではできず，岩石が地下数十kmという深部に持ち込まれ，上からの重みによる圧力を受けてできる。地表でできた岩石が地下深部に持ち込まれる場は，プレートの沈み込みの場である。43億年前の岩石に，高圧でできた岩石が含まれるということは，すでにプレートの運動がはじまっており，沈み込みを開始していたことを示している。プレート運動の要因は，地表が冷えることによって地表の岩盤の重みが増したことによる。

(4) 年表にあるように，38億年前には，れき岩のような堆積岩が存在している。これは，陸地で岩石が侵食されてできたれきが，海底に堆積してできたものであり，当時，すでに陸と海が存在していたことの証拠になる。イとウは誤りであり，エとオは無関係である。

(5) いちど地表が雪氷におおわれると，太陽の光を反射してしまい，地表が温まりにくくなるので，再び温暖な環境にはなりにくい。しかし，活発な火山活動が起こると，火山ガスに含まれる水蒸気や二酸化炭素が大気中に放出される。このうち，二酸化炭素の多くはふつう海洋に吸収されるが，全球凍結の時期には海洋表面が凍結しており，二酸化炭素は溶け込みにくい。大気中に増えた二酸化炭素は温室効果を持ち，地表からの赤外線を吸収して，地表の温度を高める。

(6) オゾン層ができたのは，(8)のように古生代のころであり，問題文の年表よりもあとのことである。年表のように，今から27億年前に光合成生物が現れると，海水中の鉄イオンが酸素と結びついて海底に沈殿し，約20億年前に縞状鉄鉱層となった。これは，現在の人類が使っている鉄資源の源である。その前と後に全球凍結が起こっているので，[5]と[6]には，ウ，エの順，あるいは，エ，ウの順があてはまる。なお，アとオはプレートの動きによるものであり，過去何度も繰り返しているが，現在みられるアとオは，中生代以降のものである。また，オゾン層は大気のうちの成層圏にできるものであり，イの熱圏は無関係である。また，熱圏の酸素は，地表のわれわれが知っているO_2とは異なる状態のものである。

(7) 年表のように，光合成生物が現れたのは，今から27億年前のことである。それ以前の大気中の酸素濃度はほぼ0であり，酸素が増加したのはそれ以降である。

(8) 大気中に酸素O_2が増加すると，その一部が上空で太陽からの紫外線を受け，変化してオゾンO_3ができた。オゾン層は太陽からの紫外線を吸収するので，地表に到達する紫外線量が減った。紫外線は生物に有害なので，紫外線が減ったことで生物が陸上進出を果たすことになった。問題文にあるシルル紀までに原始的なシダ植物が陸上進出を果たした。その次の時代であるデボン紀に，動物が陸上進出することになる。

★ワンポイントアドバイス★

丸暗記だけの知識に頼らず，問題文からの知識を上手に利用し，図式化して，設問に取り組もう。

＜社会解答＞《学校からの正答の発表はありません。》

1 問1 ①・③・④　問2 （例） 江戸に入る鉄砲などの武器，江戸から出て行く大名の妻のこと。(29字)　問3 寺子屋　問4 ②　問5 ②　問6 間宮林蔵

問7 （例） 徳川吉宗は，米の生産量を増やすことを中心に，田沼意次は，商業を盛んにすることを中心に，それぞれ財政再建を目指した。(57字)　問8 c(→)a(→)b(→)d

問9 (1) ②・③　(2) ①　(3) ④　(4) X オーストリア　Y 総力戦

Z レーニン　(5) ④　(6) ③・④　(7) X ニューディール　Y 全権委任

(8) ③

2 問1 （例） ボーキサイトからアルミニウムを製造するためには大量の電力が必要である。日本では1970年代の2度にわたる石油危機以降，電気代が急激に上昇し，日本でボーキサイトからアルミニウムを製造すると採算が合わなくなったから。

問2 オーストラリア　問3 OPEC　問4 ④　問5 ①・③　問6 ②・③

問7 ④　問8 9(月)8(日)午後3(時)　問9 ③

3 問1 X ④　Y ⑤　問2 ①　問3 ①　問4 ④　問5 ②　問6 ②

問7 ③　問8 カ

4 問1 ④　問2 ①　問3 ②

○推定配点○

1 問2・問7 各5点×2　他 各2点×17(問1，問9(1)・(6)は各完答)

2 問1 5点　他 各3点×8(問5，問6は各完答)　3 各2点×9　4 各3点×3

計100点

＜社会解説＞

1 （日本と世界の歴史―書籍を題材にした歴史）

やや難 問1 ①：ロックの著作である『市民政府二論』が刊行されたのは1690年。③：清教徒革命において，国王(チャールズ一世)を処刑し，王政と上院を廃止した共和政を樹立したのは1649年。④：名誉革命において，権利章典が制定されたのは1689年。なお，②は1789年，⑤は1804年。

重要 問2 「入り鉄砲に出女」とは，江戸幕府が，江戸に入る鉄砲と江戸から出る女性を箱根などの関所で特に厳重に監視したことをいう。謀反を警戒して武器の流入と諸大名の妻の脱出を防ぐために行った。

基本 問3 寺子屋は，江戸時代，読み・書き・そろばんを教えた庶民の教育機関。中世の僧侶による庶民教育からおこり，江戸時代，町人階級の台頭，農村への商品経済の浸透などで普及した。

問4 江戸幕府5代将軍徳川綱吉の時代，幕府は財政難打開のため，1695年から慶長金銀を改鋳し，形量はほぼ等しいが品位が劣る貨幣を大量に発行した。これにより，幕府はその差益分で多額の利益を得たが，物価が上がり，経済が混乱した。

問5 琉球王国を仲立ちにした交易で利益をあげたのは薩摩藩。

問6 間宮林蔵は，江戸時代の北方探検家。伊能忠敬に測量術を学び，1803年には幕命で西蝦夷を巡見。1808年には樺太から海峡(間宮海峡)を渡って黒竜江下流を踏査し，樺太が島であることを確認した。

重要 問7 徳川吉宗は，大名から石高1万石について100石の米を献上させる上米の制を実施し，そのかわりに参勤交代の負担をゆるめた。ついで，検見法を改め，定免法を広く取り入れ，年貢率の引き上げを図り，年貢の増徴を目指した。また，商人資本の力を借りて新田開発を進め，米の増産

を目指した。一方，田沼意次は，都市や農村の商人・職人の仲間を株仲間として公認し，運上《うんじょう》や冥加《みょうが》などの営業税の増収を目指した。また，長崎貿易では，銅座や俵物会所を設けて輸出を奨励した。

問8　c(1868年1月)→a(1868年4月)→b(1868年8月～9月)→d(1869年5月)。

問9　(1)　②－廃藩置県により，旧知藩事に代わり，政府から新たな府知事，県令がそれぞれ任命された。③－幕末以来，財政逼迫《ひっぱく》に苦しむ藩が多く，政府が債務を継承するとの条件に異議を唱える藩はほとんどなかった。①－元の藩主は，知藩事を罷免され，華族に列せられ，東京移住を命じられた。④－版籍奉還の後，新政府は限られた直轄地からの年貢徴収をきびしく行ったので，新政府に対する一揆が各地で続発した。しかし，廃藩置県を原因とする一揆はほとんど起こらなかった。⑤－廃藩置県により3府302県が設置された。　(2)　d(1874年)→f(1880年)→b(1881年)→e(1885年)→a(1889年)→c(1890年)。　(3)　1895年，日清戦争の講和条約である下関条約によって，日本は清から台湾を獲得した。1905年，日露戦争の講和条約であるポーツマス条約によって，日本はロシアから樺太の南半分を獲得した。1910年，韓国併合により，日本は朝鮮を完全な植民地とした。　(4)　X　第一次世界大戦は，オーストリアの帝位継承者(フランツ・フェルディナント大公)がサラエボで暗殺されたことをきっかけに始まった。　Y　総力戦は，単に軍事力だけではなく，国の人口，資源，生産力のすべてを動員して行われる戦争。第一次世界大戦以後，この概念が確立した。　Z　レーニンは，ロシアのマルクス主義者。ボルシェヴィキ党・ソ連の創設者。1917年にロシア革命に成功，その後ソビエト政府首班として社会主義建設を指導。マルクス主義を独自の方法で体系づけた。　**やや難** (5)　ワシントン会議は，1921年11月から22年2月までワシントンD.C.で開かれた，海軍軍備制限および太平洋・極東問題に関する国際会議。軍事的には，海軍軍拡競争に歯止めをかけ，太平洋の緊張緩和に貢献したと評価される。　(6)　③は1925年，④は1923年。なお，①は1919年，②は1915年，⑤は1940年。　(7)　X　ニューディール政策は，アメリカ合衆国で1929年に始まった経済恐慌に対し，33年以降フランクリン＝ローズベルト大統領が実施した一種の経済・社会政策。失業者救済の大規模な公共事業や産業界への統制により経済復興を図った。　**やや難** Y　全権委任法は，1933年3月23日，ドイツで成立した，政府に国会や大統領の承認なしで立法権を認める法律。直前の選挙に勝利したヒトラー政権はこの法律を可決し，一党独裁体制を整えた。　(8)　bは1936年，eは1937年。なお，aは1938年，cは1932年，dは1941年，fは1931年。

2　(地理―テニスを題材にした日本・世界の地理)

重要 問1　アルミニウム精錬は，原料であるボーキサイトから得たアルミナ(酸化アルミニウム)を電気分解してアルミニウム地金を生産する産業。アルミナからアルミニウム地金を生産する工程で，大量の電気を必要とする。日本のアルミニウム精錬は，戦後順調な成長をとげたが，1970年代に起こった2度にわたる石油危機によって電気料金が高騰し，国際競争力を失った。

基本 問2　オーストラリアは羊の飼育頭数，羊毛の生産量では中国に次いで世界第2位。しかし，羊毛の国内需要が小さいので，羊毛の輸出余力は中国より大きく，羊毛の輸出量では世界一である。

問3　OPECは石油輸出国機構の略称。産油国が国際石油資本(メジャー)に対抗して，石油の生産および価格を調整することを目的に，1960年，イラク，クウェート，サウジアラビア，イラン，ベネズエラによって結成された。

問4　2016年現在，天然ゴムの最大の生産国はタイで，世界生産の34%を占め，これにインドネシア(24.0%)，ベトナム(7.9%)が次いでいる。なお，①は茶，②はさとうきび，③は綿花，⑤はコーヒー豆である。

問5　①－2020年2月現在，フランスはユーロを導入している。③－EU最大の工業国はドイツである。

やや難 問6　②のエチオピアは，ヨーロッパ諸国の植民地支配を受けず，独立を保つことができた。③のコンゴ民主共和国は，イギリスではなくベルギーの植民地支配を受けた。

問7　ニューヨークは，温暖湿潤気候(Cfa)に属し，温帯の中では比較的気温の年較差が大きい。また，年中比較的降水に恵まれる。なお，①はロンドン，②がパリ，③がメルボルンで，いずれも気温の年較差が小さく，年中平均的に適度な降水が見られる西岸海洋性気候(Cfb)に属している。

重要 問8　日本の標準時子午線は，兵庫県明石市を通過する東経135度。ニューヨークは西経75度付近に位置しているので，両者の経度差は210度(135＋75)。経度差15度で1時間の時差が発生するので，両者の時差は14時間(210÷15＝14)。日本の方がニューヨークより時刻が進んでいるので，日本時間の9月9日午前5時から時計の針を14時間戻して，9月8日午後3時となる。

問9　名古屋港，横浜港は日本を代表する自動車の輸出基地。よって，自動車関連の輸出品が上位を占めている①，③が名古屋港，横浜港のいずれか。名古屋港，横浜港では，名古屋港の方が輸出額が大きいので，①が名古屋港，③が横浜港である。なお，②は成田国際空港，④は東京港，⑤は神戸港である。

3　(総合―年表を題材にした日本の歴史，政治など)

問1　X　1972年9月，田中角栄首相が中国を訪問し，中国の周恩来首相と日中共同声明を調印。これによって，日中国交正常化が実現した。　Y　1993年8月，細川護熙《もりひろ》を首班とする非自民・非共産の8党派による連立内閣の成立により，1955年以来の自民党一党支配の55年体制が終わった。

重要 問2　大日本帝国憲法にも人権に関する規定はあった。ただし，それは法律の範囲内で認められたものに過ぎず，法律によりいくらでも人権を制限することが可能であった。実際，治安維持法や国家総動員法により，人権の範囲は極端に狭められた。

問3　国際連合の安全保障理事会は，現在，米・英・仏・中・ロの常任理事国と，総会で選出される非常任理事国10か国の合わせて15か国で構成されている。

問4　1978年8月，福田赳夫内閣のもとで，日中平和友好条約が結ばれ，日中間の友好関係が強化された。

問5　消費税は，原則として品物やサービスの購入に対して一律に課せられるため，収入の少ない人ほど収入に対する税の負担割合が高くなるという性質(税の逆進性)がある。

基本 問6　自衛隊が，PKO活動(国連平和維持活動)として初めて派遣された場所はカンボジア。内戦によって破壊された道路の復旧工事などに従事した。

問7　集団的自衛権は，同盟関係にある他国が武力攻撃を受けた時に，その武力攻撃を自国の安全に対する脅威とみなして，実力で阻止する権利。国連憲章第51条で認められている。

問8　裁判員制度が導入されたのは2009年。

4　(総合―戦後の日本の歴史，経済など)

問1　1950～53年の朝鮮戦争を機に，国連軍発注の戦略物資，サービスなどの特需により，日本は好景気にわいた(特需景気)。Aの時期より前の出来事である。なお，①は1960年，②は1960年代，③は1964年(東京オリンピック開催，東海道新幹線開通)。

やや難 問2　日本の国の借金(国債や借入金，政府短期証券を合わせたもの)が1,000兆円を超えたのは2013年。②は1980年代，③は1980年代後半，④は1975年。

問3　財政政策は，財政を操作することによって行う景気調整政策で，景気過熱期には公共投資の縮小や増税などによって需要を抑制し，不況期には公共投資の増大や減税で需要を増加させる。

★ワンポイントアドバイス★

時代の並び替え問題が多数出題されている。当然，完答が求められるので，正確な知識が必要である。

＜国語解答＞ 《学校からの正答の発表はありません。》

一 問1 ④ 問2 オ 問3 イ 問4 ウ 問5 (例) 私たちが経験したことのない他者の悲しみを受け容れ，寄り添うためにできることは，「何かある」「何だろう」と思い慮ることだけだということ。(67字)

二 問1 a オ b イ 問2 ウ 問3 イ 問4 ア 問5 (例) 玄白は，一代で成就させる仕事としてターヘルアナトミアを一日も早く翻訳し，治療の実用に役立てたいと考えていたから。(56字) 問6 オ

三 問1 ウ 問2 ウ 問3 3 ウ 4 ア 問4 エ

四 問1 1 競争 2 豊富 3 鉄鉱 問2 1 オ 2 オ 3 ア

○推定配点○

一 問5 10点 他 各5点×4 二 問1 各3点×2 問5 10点 他 各5点×4

三 問1・問2 各5点×2 問3 各3点×2 問4 6点 四 各2点×6 計100点

＜国語解説＞

一 (論説文―脱文補充，文脈把握，内容吟味，要旨)

問1 ④の直前に，「貧しい国の母親」の「圧倒的な絶望」が，具体例として示されており「『きわめて悲しい場合，絶句して呆然とする』程度のモデルでは，……全くできない」とつながるので，④に補うのが適切。

問2 直前に「当事者の雀にしてみれば，その絶望は察するに余りあるものでしょう。雀の悲しみの深さは，鳴くことさえできない沈黙……」と説明されているのに対し，直後には「(人工知能は)詩に現れた文言だけを知覚し，その意味を解釈することになります。その限りで，我が子が拉致されているというのに，それを黙認する親雀は冷酷なものだ，さすがに畜生だ，ということになる」とある。「黙認する」にあてはまる内容としては，「鳴くことすらせず我が子の危機を受け入れる」とするオが適切。

問3 直後に「他人の心を理解する仕組みを植え付けようとするでしょう。それは，第一に『人の心』のモデルであり，第二に，自分の立場を他人の立場に変換する装置という，二つの原則から構成されることになります」とあり，具体的には「例えば，悲しいという心情において，悲しみの程度に応じて，『うなだれる』『泣く』『嗚咽する』といった振る舞いの集まりを対応させれば，『悲しい』という条件のもとで人の心的反応が概ねカバーできるでしょう。あとは，じぶんではなく，相手の立場に立って心的反応を推定すれば，他人の気持ちはわかる，ということになります」と説明されているのでイが適切。アは「様々な人間の立場を提示」，ウは「様々な心情の生まれる条件を提示」，エは「人間と同じ感情があると相手に思わせる」，オは「これまでになかった心的反応のリストを作成」という部分があてはまらない。

やや難 問4 直後に「ハンカチを見なかったとします。亡くなったばかりの我が子のことを淡々と話す母親は，子供の死を理解できない冷淡な，心ない人間なのでしょうか。知覚できた事象だけで推論

するならそうなるでしょう。しかし，我が子の死に際し，何もないと思うことは普通できず，悲しみに耐え，敢えて平静を装っている。通常そのように考えるのではないでしょうか」とあり，「知覚された情報だけから『この母親は冷淡だ』と考える『わたし』の描像や，『逆に辛さに耐えているのだ』と考える『私たち』の描像も，一人称的知性に過ぎない」と述べられているので，ウが適切。

やや難 問5 「一・五人称的知性」については，「私たちはただ……」で始まる段落に「私たちはただ，一・五人称的知性として，他者の心を慮るだけです。……こうすることでのみ，私たちは，……他者の心にその都度触れると感じるのでしょう」とあり，「一・五人称的知性は……」で始まる段落では「一・五人称的知性は，他者や他人の心に具体的イメージを強いることがありません。ただ『何だろう』と思うだけです。……それが，知覚できない外部の存在を受け容れる，ということです」と説明されているので，「一・五人称的知性」の内容をおさえ，他者の悲しみに接近するためにできることは，「何かある」「何だろう」と思うことだけである，という内容を入れてまとめればよい。

二 （小説―語句の意味，文脈把握，内容吟味，情景・心情，大意）

問1 a 「彷彿」には，はっきりと識別できない，ぼんやり見える，という意味があるので，オの「ぼんやりとして」が適切。 b 「余念」は，ほかの考え，という意味で，「余念がない」は，ほかのことを考えず，一つのことに集中する，という意味なので，イが適切。

問2 直後に「われわれ医をもって，主君主君に仕えるものが，その術の基本とも申すべき，人体の真形をも心得ず，今日まで一日一日と，その業を務め申したかと思えば，面目もないことでござる」とあるので，ウが適切。

問3 前に「『それにつけても拙者は，いかにもいたして，このターヘルアナトミアの一巻を，翻訳したいものじゃと存ずる……』」という玄白の言葉があり，これを聞いた良沢の言葉は「実は，拙者も年来蘭書読みたき宿願でござったが，志を同じゅうする良友もなく，慨き思うのみにて，日を過ごしてござる。もし，各々方が，志を合わせてくだされば何よりの幸いじゃ」とあるのでイが適切。アは「他者のために」，ウは「一人で医学書を翻訳していた」，エは「危機感」，オは「医学の発展のために尽力する決意」という部分が合致しない。

問4 直後に「先人未知の甘味が，彼らの心に浸み付いていた」「邦人未到の学問の沃土に，彼らのみ足を踏み入れうるよろこび」とあるので，「自分たちだけが探求して深め様々な知識を得ているよろこび」とするアが適切。

問5 玄白が「急いでいた」理由については，「玄白の……」で始まる段落に「玄白の志は，ターヘルアナトミアを，一日も早く翻訳して，治療の実用に役立て，世の医家の発明の種にすることだった」「彼はそうした一代に期しがたい大業を志すよりも，一事一書に志を集めて，一代に成就することを期するに如かじと思っていた」と説明されているので，一日も早く翻訳を完成させて実用に役立てたいと考えていたこと，一代で成就させる仕事と考えていたことの二点を入れてまとめればよい。

問6 良沢については，「が，……」で始まる段落に「良沢の志は，遠大だった。彼の志は，蘭学の体制にあった。ターヘルアナトミアのごときはほとんど眼中になかった。彼はオランダ語のことごとくに，通達し，かの国の書籍何にても読破したい大望をいだいていた」とあるのでオが適切。アの「広く学術書を翻訳」，イの「人材を育成」，ウの「医学の大成に寄与」，エの「オランダの医学を世に広める」は，良沢の考えにあてはまらない。

三 （古文―文脈把握，語句の意味，口語訳，大意）

〈口語訳〉 見るたびに鏡にかかる光がうらめしく感じられることです。鏡を見ることがなければ

このようなことにはならなかったものを　　懐円

　嘆きながらやって来たこの道の露にもまさるものです。ふるさとを恋う涙は　　赤染衛門

この歌は，懐円と赤染衛門とが，王昭君を詠んだ歌である。中国の前漢時代に，元帝が人の娘を呼び寄せてご覧になり，宮中に並べて座らせなさっていた。四，五百とひたすら居並び，後宮に多くの女性が集まってしまったので，(元帝が)御覧になることもなかった。そこへ，騎馬民族の王が他国から都へやってくるというので，どうやってもてなそうかと，人々に決めさせなさったところ，「この後宮に多くいる女性たちのうちで，たいして美しくもない女性を，一人お与えになるのがよい。それ以上の贈りものはないだろう」と決めて申し上げると，(元帝は)その通りだとお思いになって，自ら御覧になってその人を決めたいと思うけれど，人々の多さに思い悩まれて，絵師をお呼びになって「この人々の容姿を絵に描き写してきなさい」とおっしゃったので，(絵師は)順番に描いて行ったが，この女性たちは，騎馬民族の王の妻になるのを嫌って，我も我もと，(絵師に)金品を与えたので，美しくない容姿をも美しく描いて持って来たのであるが，王昭君という人は容姿がすばらしかったので，その美しさを頼りにして，(絵師に)金品を贈らずに自由に描かせたところ，元の姿のままには描かずたいそう醜く描いて持って行ったので，(元帝は)この人(王昭君)を(騎馬民族の王に)贈ろうと決められた。そのときになって，(王昭君を)お呼びになると，本当に宝玉のように輝いていて，何とも言いようのないほど美しかったので，帝は，驚かれて，この女性を騎馬民族の王に贈ることを悔やんで悩み，悲しまれたが　数日過ごすうちに，騎馬民族の王が，その人を贈られると聞いて参ると，考え直すこともなく，とうとう(妻として)受け入れ，馬に乗せて，はるか遠くへと連れて行った。王昭君は，嘆き悲しむこと限りないのであった。元帝は，恋しさに思い悩み，王昭君が(かつて)いた所を御覧になると，春は柳が風になびき，うぐいすが鳴き，秋は，木の葉が積もり，軒のしのぶが隙間もなくしげって，悲しいこと限りない。この心を詠んだ歌である。かかりなりせば，と詠んだのは，悪かったならば(容姿を)頼みにはしなかったものを，と詠んだのである。ふるさとを恋しく思う涙は道の露にまさる，などと詠むのも，王昭君の心のうちを推し量って詠んだのである。

やや難　問1　本文最後に「かからざりせば，と詠めるは，悪からましかばたのまざらまし(容姿が悪かったならば，頼みにしなかったものを)と詠めるなり」とあるので，「醜い容姿であったら，自らの容貌を頼りにすることでつらい目に遭うこともなかっただろう」とするウが適切。

問2　「王昭君」の「嘆き」については，「王昭君，嘆き悲しむ事かぎりなし」とあり，直前には「えびす，その人をぞ賜はるべきと聞きて，……つひに賜ひにければ，馬にのせて，はるかにゐていにけり」とあることから，騎馬民族の王の国へ連れて行かれたことを嘆いているとわかるので，「王昭君が，都から騎馬民族の国へやって来た」とするウが適切。

問3　3「いとし」には，かわいい，という意味があり「なからむ」と打ち消し表現になっているので，ウの「たいして美しくない」が適切。　4「心ざし」には，本意，意志，誠意，愛情といった意味のほかに，好意や謝意を表す贈り物，という意味がある。

問4　エは，「王昭君といふ人の，容姿のまことにすぐれて，めでたかりけるをたのみて，絵師に，物をも，心ざさずして，うちまかせて画かせければ，本のかたちのやうには画かで，いとあやしげに，画きて，持て参りければ，この人を給ぶべきにさだめられぬ」とあることと合致する。自分の容姿の美しさに自信のあった王昭君は，実物より美しく描いてもらうために絵師に贈り物などすることもなかったため，醜く描かれてしまい，その結果，騎馬民族の王のもとへ贈られることとなったのである。

四　(漢字の読み書き)

問1　1「競」を使った熟語はほかに「競技」「競走」など。音読みはほかに「ケイ」。熟語は「競馬」

など。訓読みは「きそ(う)」「せ(る)」。 2 「豊」を使った熟語はほかに「豊作」「豊漁」など。訓読みは「ゆた(か)」。「富」を使った熟語はほかに「富裕」「貧富」など。音読みはほかに「フウ」。熟語は「富貴」など。訓読みは「とみ」「と(む)」。 3 「鉱」を使った熟語はほかに「鉱物」「鉱脈」など。

問2 1 飛躍　ア 現役　イ 内訳　ウ 約束　エ 薬　オ 躍る
　　2 貯蓄　ア 竹馬　イ 築く　ウ 畜産　エ 逐一　オ 蓄える
　　3 帯び　ア 熱帯　イ 怠惰　ウ 耐熱　エ 大渋滞　オ 待機

★ワンポイントアドバイス★

記述対策として，指示内容や筆者の主張を要約する練習をしておこう！
古文は，やや長めの文章を読みこなして口語訳できる力をつけておこう！

解答用紙集

○月×日　△曜日　天気（合格日和）

◆ご利用のみなさまへ

＊解答用紙の公表を行っていない学校につきましては、弊社の責任において、解答用紙を制作いたしました。

＊編集上の理由により一部縮小掲載した解答用紙がございます。

＊編集上の理由により一部実物と異なる形式の解答用紙がございます。

人間の最も偉大な力とは、その一番の弱点を克服したところから生まれてくるものである。　──カール・ヒルティ──

東京学参株式会社

※ 147%に拡大していただくと，解答欄は実物大になります。

1	(1)	A (　　,　　)	B (　　,　　)
	(2)	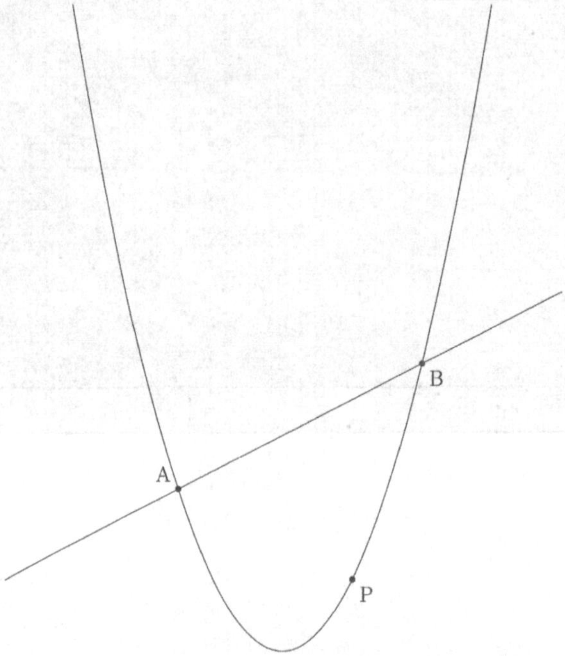	※
	(3)		

2	(1)		
	(2)	xの値	確率

3	(1)		※
	(2)	ア	イ
		ウ	エ
		オ	

4	(1)		(2)	
	(3)			

5	(1)	個
	(2)	

※ 127%に拡大していただくと，解答欄は実物大になります。

I	(A)	(1)	①		②		③		
			④		⑤				
		(2)		(3)		(4)		(5)	
	(B)	(1)		(2)		(3)		(4)		(5)	

II	問 1					
	問 2					
	問 3	a		b		
	問 4					
	問 5	(1)		(2)		(3)	
	問 6					
	問 7					

III	問 1						
	問 2	(1)					
		(2)					
	問 3						
	問 4	誤		正			
	問 5	i		ii		iii	
	問 6						
	問 7	(1)	(a)		(b)		(c)	
		(2)		(3)			
	問 8						

市川高等学校　2024年度

◇理科◇

※ 149％に拡大していただくと，解答欄は実物大になります。

1

(1)			
(2)			
(3)	(4) A	(5) A	(6) W
(7) 倍	(8) A	(8) B	(8) C

2

(1) 1	(1) 2	(1) 3	(1) 4	(2)
(3)	(4)	(5)	(6)	(7)

3

(1)	(2) (丸形):(しわ形)＝　:
(3) (丸形・黄色):(丸形・緑色):(しわ形・黄色):(しわ形・緑色)＝　:　:　:	
(4)	(5)
(6)	

4

(1) 名称 岩	(1) 組織名	(2)	(3)	
(4)	(5)	(6)	(7) 2番目	(7) 3番目

市川高等学校　2024年度　◇社会◇

※ 149％に拡大していただくと，解答欄は実物大になります。

1	問1		問2					
	問3							
	問4	(1) 2番目	4番目	(2)	問5		問6	
	問7		問8		問9		問10	
	問11							

2	問1		問2		問3	
	問4	那覇市	横浜市			
	問5					

3	問1	B	C	問2	ア	エ	問3

4	問1	ア	イ	ウ	問2	(1)　→　→　→
	問2	(2)		(3)		

5	問1		問2		問3	
	問4					

◇国語◇

市川高等学校　２０２４年度

※１２５％に拡大していただくと、解答欄は実物大になります。

一

問1

＊

問2

問3

問4　(一)　(二)　(三)

二

問1　A　B

問2

問3

＊

問4

問5

問6

三

問1

問2

問3

問4

問5

四

1　2　3　4　5

市川高等学校　2023年度　◇数学◇

※ 133%に拡大していただくと，解答欄は実物大になります。

1	(1)	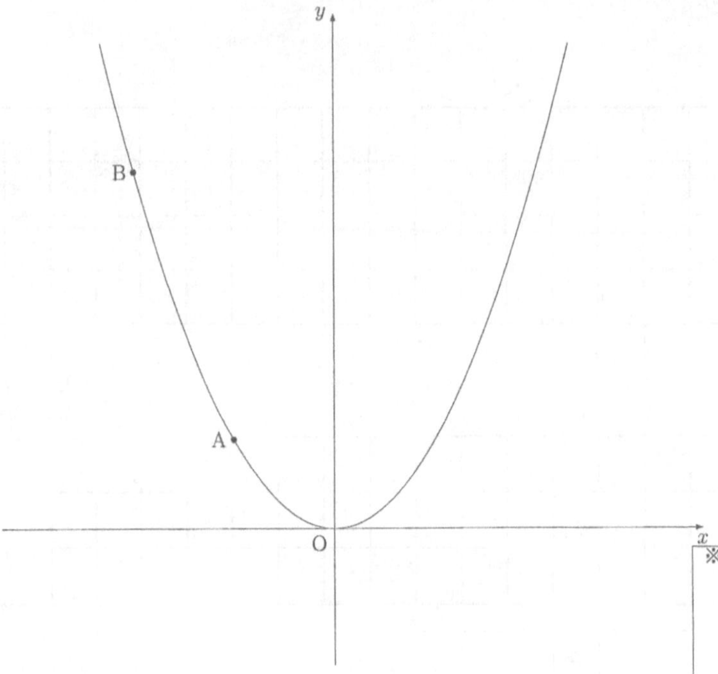		※
	(2)		(3)	

2	(1)	個	(2)	個

3	(1)	ア	イ	
	(2)	番目	(3)	番目

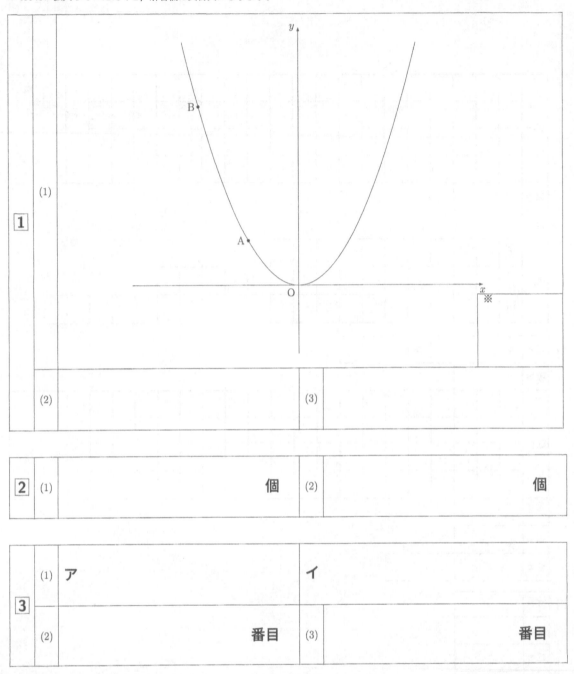

4	(1)		(2)	
	(3)			

5	(1)		
	(2)		※
	(3)		

市川高等学校　2023年度

◇英語◇

※ 128%に拡大していただくと，解答欄は実物大になります。

I	(A)	(1)		(2)		(3)		(4)		(5)	
	(B)	(1)	①		②		③				
		(2)		(3)		(4)					

II	問 1				
	問 2		問 3		
	問 4				
	問 5		問 6		
	問 7				
	問 8				

III	問 1	1a		1b						
		1c		1d						
	問 2									
	問 3									
	問 4	(1)		(2)						
	問 5	④								
		⑤								
	問 6		問 7	7a		7b		7c		7d
	問 8	8a		8b		8c		8d		8e
	問 9									
		25				35				
	問10									

市川高等学校　2023年度

◇理科◇

※ 123％に拡大していただくと，解答欄は実物大になります。

1

(1) N	(2)	(3) N	(4) cm
(5) cm	(6) cm	(7)	

2

(1)	(2)	(3)	(4) g
(5) g	(6) g	(7) g	

3

(1)	(2)	(3)	(4)
(5)	(6)	(7)	

4

(1)	(2) プレート	(3) 時間
(4)	(5)	(6)

市川高等学校　2023年度　◇社会◇

※ 135％に拡大していただくと，解答欄は実物大になります。

1	問1		問2	あ	1	問3 い / う
	問4		問5		問6	問7 (1)
	問7	(2)				
	問8					
	問9					
	問10		問11	Y	Z	問12

2	問1		問2		問3	問4 (1)
	問4	(2)				
	問5		問6		問7	サンフランシスコ / シカゴ

3	問1	1	2	問2	問3	
	問4		問5	あ / い / う	問6	
	問7					
	問8		問9			

◇国語◇

市川高等学校　2023年度

※133%に拡大していただくと、解答欄は実物大になります。

一

問1

問2

問3

問4

問5

*

二

問1

問2

問3

問4 （1）

（2）

*

問5

三

問1

問2 1　3

問3

問4 （1）

（2）

四

1　2　3　4　5

市川高等学校　2022年度　　◇数学◇

※ 133％に拡大していただくと，解答欄は実物大になります。

1	(1)		(2)	

2	(1)	L(　　,　　)	(2)	P(　　,　　)
	(3)	Q(　　,　　)	(4)	

3	(1)(i)	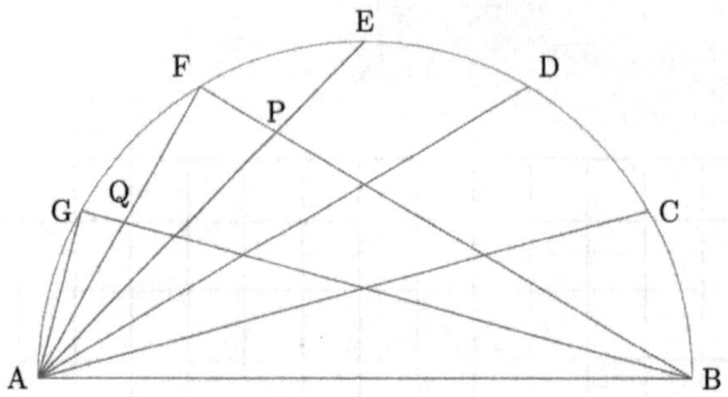			
	(1)(ii)	ア		イ	
		ウ		エ	
		オ		カ	
	(2)	(i)		(ii)	

4	(1)	
	(2)	

5	(1)		(2)	
	(3)			

市川高等学校　2022年度　◇英語◇

※ 128%に拡大していただくと，解答欄は実物大になります。

I	(A)	(1)	①		②		③	
			④		⑤			
		(2)		(3)		(4)		
	(B)	(1)	①		②			
			③		④			
			⑤					
		(2)		(3)		(4)		

II	問1										
	問2										
	問3										
	問4										
	問5										
	問6	ア		イ		ウ		エ		オ	
	問7		問8								

III	問1	ア									
		イ									
		ウ									
	問2										
	問3	3a		3b		3c		3d			
	問4		問5	5a		5b		5c		問6	
	問7										
	問8	i		ii							
	問9		問10								
	問11										

市川高等学校　2022年度　　◇理科◇

※ 123%に拡大していただくと，解答欄は実物大になります。

1

(1)

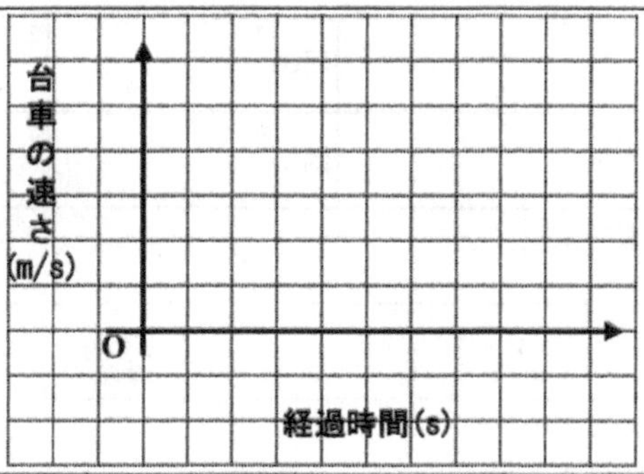

(2)

(3)

									10			
						20						

(4) ①	②	③	(5)
cm	cm	cm	

(6)	(7) ①	②	③	④

2

(1) ①	②	③	(2)

(3)

(4) ①	②

3

(1)	(2)	(3) ②	③	(4)

(5)

だ	液	は							10			
						20						

(6)

4

(1)	(2)	(3)	(4)

(5)

通	常	よ	り	も					10			
						20						
			30									

(6)

※ 135％に拡大していただくと，解答欄は実物大になります。

1	問1		問2		問3	1	2	
	問4		問5		問6	4	5	
	問7							
	問8		問9		問10	(1)	(2)	
	問11		問12					
	問13		問14					

2	問1		問2	ア	イ	ウ	エ			
	問3		問4	％	問5		問6			
	問7		問8	X	Y					
	問9									

3	問1		問2		問3			
	問4	1	2	問5				
	問6	(1)3	4	5				
		(2)	問7		問8			

市川高等学校　2022年度

※133%に拡大していただくと、解答欄は実物大になります。

◇国語◇

一

問1	
問2	(1)
	(2)
問3	
問4	
問5	

二

問1	a	b	c
問2			
問3			
問4			
問5			
問6			

三

問1				
問2				
問3				
問4				
問5	ア	イ	ウ	エ

四

1	2	3	4	5

市川高等学校　2021年度　◇数学◇

※ 118％に拡大していただくと，解答欄は実物大になります。

1	(1)			(2)	
	(3)				
2	(1)	(a)			
		(b)		(c)	
		(d)			
		(e)		(f)	
		(g)			
	(2)				
3	(1)				
	(2)	(i)			
		(ii)			
4	(1)	A_2(　　,　　) , A_3(　　,　　)			
	(2)			(3)	
5	(1)	(i)		(ii)	
	(2)	(i)			
		(ii)			

市川高等学校　　2021年度

◇英語◇

※ 118%に拡大していただくと，解答欄は実物大になります。

I	(A)	(1)		(2)		(3)					
		(4)	①		②		③				
			④		⑤						
	(B)	(1)		(2)		(3)		(4)		(5)	

II	問1	(1)			(2)			
		(3)						
	問2							
	問3							
	問4							
	問5							
	問6	あ		い		う		え

III	問1							
	問2	A		B		C		D
	問3							
	問4							60
	問5		問6					
	問7							
	問8							
	問9	(1)		(2)		(3)		

市川高等学校　2021年度　　◇理科◇

※ 128%に拡大していただくと，解答欄は実物大になります。

1

(1)	(2)	(3)
(4)	(5)	(6)

2

(1)

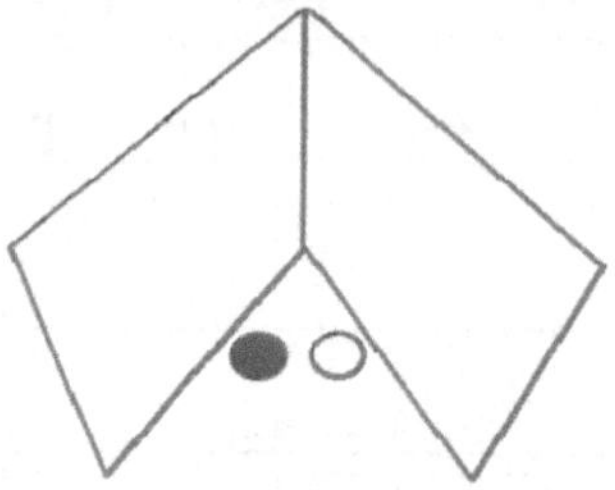

(2)

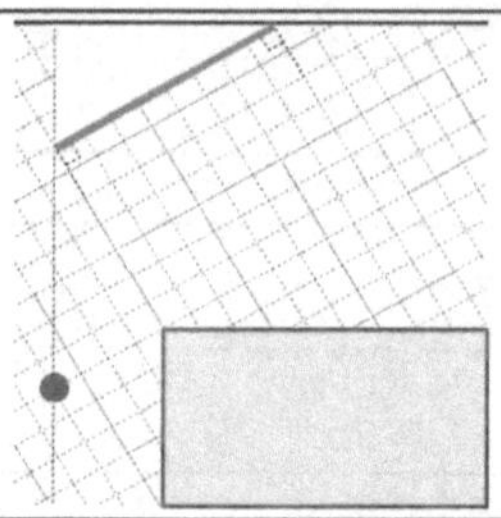

(3)	①　cm	②　cm	(4)	①　cm	②　cm
(5)	記号	倍			
(6)					

3

(1)			
(2)			
(3)　：1	(4)	(5)	(6)　mL
(7)	矛盾		

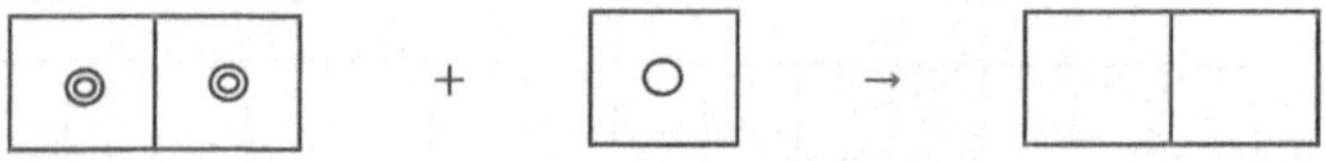

4

(1)	(2)
(3)	
(4)	(5)
(6)	Ⅰ層
	Ⅱ層

市川高等学校　2021年度　　◇社会◇

※ 137％に拡大していただくと，解答欄は実物大になります。

1	問1							
	問2		問3		問4	(1)	(2)b	(2)c
	問5		問6		問7			
	問8		問9					
	問10							
	問11		問12		問13			

2	問1 (1)						
	問1 (2)						
	問2	ア	イ	ウ	エ		
		オ	問3		問4		
	問5						

3	問1		問2	(1)　訴訟	(1)X　法	(2)	
	問3	ア	イ				
	問4		問5		問6		
	問7	ア	イ				

◇国語◇

市川高等学校　2021年度

※135%に拡大していただくと、解答欄は実物大になります。

一

問1	
問2	
問3	
問4	
問5	
問6	

二

問1	a	b	c

問2	

問3	ア	イ	ウ	エ	オ

問4	
問5	
問6	

三

問1	
問2	
問3	
問4	
問5	

四

1	2	3	4	5

市川高等学校　2020年度

◇数学◇

※153％に拡大していただくと，解答欄は実物大になります。

1	(1)			
	(2)		(3)	
	(4)			

2	(1)		(2)	
	(3)	2020 =		2020 =

3	(1)	①	(1)	②
	(2)			

4	(1)		(2)	

5	(1)		(2)	
	(3)		(4)	

市川高等学校　　2020年度　　◇英語◇

※144%に拡大していただくと，解答欄は実物大になります。

I	(A)	1)		2)		3)		4)		5)		6)	
	(B)	1)		2)									
		3)		4)									
		5)		6)									

II	問 1	(1)									
		(2)									
	問 2										
	問 3										
	問 4		問 5								
	問 6	ア		イ		ウ		エ		オ	
	問 7										
	問 8										

III	問 1										
	問 2		問 3		問 4						
	問 5										
	問 6										
	問 7	D		E		F		G		H	
	問 8										
	問 9	I		J		K		L			
	問１０										

市川高等学校　2020年度　◇理科◇

※142%に拡大していただくと，解答欄は実物大になります。

1

(1) N	(2) cm	
(3) ○	(4)	
	(5)1	(5)2	(5)3
	(6)	

2

(1)	(2)
(3)	
(4) mL	(5) A：B：C ＝
(6)	
(7) 利点1	
利点2	

3

(1)	(2)
(3)	(4)
(5)	(6)
(7)	

4

(1)	(2)

(3)										

(4)		
(5)1	(5)2	
(5)3	(5)4	
(6)5	(6)6	(7)
(8)		

市川高等学校　2020年度　　◇社会◇

※140％に拡大していただくと，解答欄は実物大になります。

1	問1	
	問2	
	問3	問4 ／ 問5 ／ 問6
	問7	
	問8	→ → →
	問9	(1) ／ (2) ／ (3)
		(4)X ／ Y ／ Z
		(5) ／ (6)
		(7)X ／ Y ／ (8)
2	問1	
	問2	問3 ／ 問4
	問5	問6
	問7	問8 月 日 時 ／ 問9
3	問1 X ／ Y	問2 ／ 問3 ／ 問4
	問5	問6 ／ 問7 ／ 問8
4	問1	問2 ／ 問3

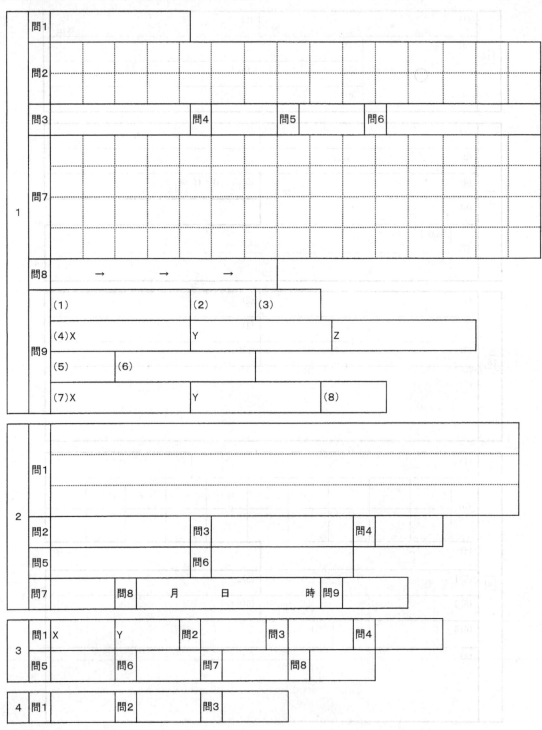

◇国語◇

市川高等学校　２０２０年度

※１２８％に拡大していただくと、解答欄は実物大になります。

一

問1	問2	問3	問4	問5

二

問1	問2	問3	問4	問5	問6
a　b					

三

問1	問2	問3	問4
		3　4	

四

問1	問2
1	1
2	2
3	3

東京学参の

中学校別入試過去問題シリーズ

＊出版校は一部変更することがあります。一覧にない学校はお問い合わせください。

東京ラインナップ

あ　青山学院中等部(L04)
麻布中学(K01)
桜蔭中学(K02)
お茶の水女子大附属中学(K07)
か　海城中学(K09)
開成中学(M01)
学習院中等科(M03)
慶應義塾中等部(K04)
啓明学園中学(N29)
晃華学園中学(N13)
攻玉社中学(L11)
国学院大久我山中学
（一般・CC）(N22)
（ST）(N23)
駒場東邦中学(L01)
さ　芝中学(K16)
芝浦工業大附属中学(M06)
城北中学(M05)
女子学院中学(K03)
巣鴨中学(M02)
成蹊中学(N06)
成城中学(K28)
成城学園中学(L05)
青稜中学(K23)
創価中学(N14)★
た　玉川学園中学部(N17)
中央大附属中学(N08)
筑波大附属中学(K06)
筑波大附属駒場中学(L02)
帝京大中学(N16)
東海大菅生高中等部(N27)
東京学芸大附属竹早中学(K08)
東京都市大付属中学(L13)
桐朋中学(N03)
東洋英和女学院中学部(K15)
豊島岡女子学園中学(M12)
な　日本大第一中学(M14)
日本大第三中学(N19)
日本大第二中学(N10)
は　雙葉中学(K05)
法政大学中学(N11)
本郷中学(M08)
ま　武蔵中学(N01)
明治大付属中野中学(N05)
明治大付属八王子中学(N07)
明治大付属明治中学(K13)
ら　立教池袋中学(M04)
わ　和光中学(N21)
早稲田中学(K10)
早稲田実業学校中等部(K11)
早稲田大高等学院中学部(N12)

神奈川ラインナップ

あ　浅野中学(O04)
栄光学園中学(O06)
か　神奈川大附属中学(O08)
鎌倉女学院中学(O27)
関東学院六浦中学(O31)
慶應義塾湘南藤沢中等部(O07)
慶應義塾普通部(O01)
さ　相模女子大中学部(O32)
サレジオ学院中学(O17)
逗子開成中学(O22)
聖光学院中学(O11)
清泉女学院中学(O20)
洗足学園中学(O18)
捜真女学校中学部(O29)
た　桐蔭学園中等教育学校(O02)
東海大付属相模高中等部(O24)
桐光学園中学(O16)
な　日本大中学(O09)
は　フェリス女学院中学(O03)
法政大第二中学(O19)
や　山手学院中学(O15)
横浜隼人中学(O26)

千・埼・茨・他ラインナップ

あ　市川中学(P01)
浦和明の星女子中学(Q06)
か　海陽中等教育学校
（入試Ⅰ・Ⅱ）(T01)
（特別給費生選抜）(T02)
久留米大附設中学(Y04)
さ　栄東中学(東大・難関大)(Q09)
栄東中学(東大特待)(Q10)
狭山ヶ丘高校付属中学(Q01)
芝浦工業大柏中学(P14)
渋谷教育学園幕張中学(P09)
城北埼玉中学(Q07)
昭和学院秀英中学(P05)
清真学園中学(S01)
西南学院中学(Y02)
西武学園文理中学(Q03)
西武台新座中学(Q02)
専修大松戸中学(P13)
た　筑紫女学園中学(Y03)
千葉日本大第一中学(P07)
千葉明徳中学(P12)
東海大付属浦安高中等部(P06)
東邦大付属東邦中学(P08)
東洋大附属牛久中学(S02)
獨協埼玉中学(Q08)
な　長崎日本大中学(Y01)
成田高校付属中学(P15)
は　函館ラ・サール中学(X01)
日出学園中学(P03)
福岡大附属大濠中学(Y05)
北嶺中学(X03)
細田学園中学(Q04)
や　八千代松陰中学(P10)
ら　ラ・サール中学(Y07)
立命館慶祥中学(X02)
立教新座中学(Q05)
わ　早稲田佐賀中学(Y06)

公立中高一貫校ラインナップ

北海道　市立札幌開成中等教育学校(J22)
宮　城　宮城県仙台二華・古川黎明中学校(J17)
市立仙台青陵中等教育学校(J33)
山　形　県立東桜学館・致道館中学校(J27)
茨　城　茨城県立中学・中等教育学校(J09)
栃　木　県立宇都宮東・佐野・矢板東高校附属中学校(J11)
群　馬　県立中央・市立四ツ葉学園中等教育学校・
市立太田中学校(J10)
埼　玉　市立浦和中学校(J06)
県立伊奈学園中学校(J31)
さいたま市立大宮国際中等教育学校(J32)
川口市立高等学校附属中学校(J35)
千　葉　県立千葉・東葛飾中学校(J07)
市立稲毛国際中等教育学校(J25)
東　京　区立九段中等教育学校(J21)
都立大泉高等学校附属中学校(J28)
都立両国高等学校附属中学校(J01)
都立白鷗高等学校附属中学校(J02)
都立富士高等学校附属中学校(J03)
都立三鷹中等教育学校(J29)
都立南多摩中等教育学校(J30)
都立武蔵高等学校附属中学校(J04)
都立立川国際中等教育学校(J05)
都立小石川中等教育学校(J23)
都立桜修館中等教育学校(J24)
神奈川　川崎市立川崎高等学校附属中学校(J26)
県立平塚・相模原中等教育学校(J08)
横浜市立南高等学校附属中学校(J20)
横浜サイエンスフロンティア高校附属中学校(J34)
広　島　県立広島中学校(J16)
県立三次中学校(J37)
徳　島　県立城ノ内中等教育学校・富岡東・川島中学校(J18)
愛　媛　県立今治東・松山西中等教育学校(J19)
福　岡　福岡県立中学校・中等教育学校(J12)
佐　賀　県立香楠・致遠館・唐津東・武雄青陵中学校(J13)
宮　崎　県立五ヶ瀬中等教育学校・宮崎西・都城泉ヶ丘高校附属中学校(J15)
長　崎　県立長崎東・佐世保北・諫早高校附属中学校(J14)

公立中高一貫校「適性検査対策」問題集シリーズ

総合編　作文問題編　資料問題編　数と図形編　生活と科学編　実力確認テスト編

私立中・高スクールガイド

THE《ザ》 私立

私立中学&高校の学校生活がわかる！

東京学参の

高校別入試過去問題シリーズ

＊出版校は一部変更することがあります。一覧にない学校はお問い合わせください。

東京ラインナップ

あ　愛国高校(A59)
　　青山学院高等部(A16)★
　　桜美林高校(A37)
　　お茶の水女子大附属高校(A04)
か　開成高校(A05)★
　　共立女子第二高校(A40)★
　　慶應義塾女子高校(A13)
　　啓明学園高校(A68)★
　　国学院高校(A30)
　　国学院大久我山高校(A31)
　　国際基督教大高校(A06)
　　小平錦城高校(A61)★
　　駒澤大高校(A32)
さ　芝浦工業大附属高校(A35)
　　修徳高校(A52)
　　城北高校(A21)
　　専修大附属高校(A28)
　　創価高校(A66)★
た　拓殖大第一高校(A53)
　　立川女子高校(A41)
　　玉川学園高等部(A56)
　　中央大高校(A19)
　　中央大杉並高校(A18)★
　　中央大附属高校(A17)
　　筑波大附属高校(A01)
　　筑波大附属駒場高校(A02)
　　帝京大高校(A60)
　　東海大菅生高校(A42)
　　東京学芸大附属高校(A03)
　　東京農業大第一高校(A39)
　　桐朋高校(A15)
　　都立青山高校(A73)★
　　都立国立高校(A76)★
　　都立国際高校(A80)★
　　都立国分寺高校(A78)★
　　都立新宿高校(A77)★
　　都立墨田川高校(A81)★
　　都立立川高校(A75)★
　　都立戸山高校(A72)★
　　都立西高校(A71)★
　　都立八王子東高校(A74)★
　　都立日比谷高校(A70)★
な　日本大櫻丘高校(A25)
　　日本大第一高校(A50)
　　日本大第三高校(A48)
　　日本大第二高校(A27)
　　日本大鶴ヶ丘高校(A26)
　　日本大豊山高校(A23)
は　八王子学園八王子高校(A64)
　　法政大高校(A29)
ま　明治学院高校(A38)
　　明治学院東村山高校(A49)
　　明治大付属中野高校(A33)
　　明治大付属八王子高校(A67)
　　明治大付属明治高校(A34)★
　　明法高校(A63)
わ　早稲田実業学校高等部(A09)
　　早稲田大高等学院(A07)

神奈川ラインナップ

あ　麻布大附属高校(B04)
　　アレセイア湘南高校(B24)
か　慶應義塾高校(A11)
　　神奈川県公立高校特色検査(B00)
さ　相洋高校(B18)
た　立花学園高校(B23)
　　桐蔭学園高校(B01)
　　東海大付属相模高校(B03)★
　　桐光学園高校(B11)
な　日本大高校(B06)
　　日本大藤沢高校(B07)
は　平塚学園高校(B22)
　　藤沢翔陵高校(B08)
　　法政大国際高校(B17)
　　法政大第二高校(B02)★
や　山手学院高校(B09)
　　横須賀学院高校(B20)
　　横浜商科大高校(B05)
　　横浜市立横浜サイエンスフロンティア高校(B70)
　　横浜翠陵高校(B14)
　　横浜清風高校(B10)
　　横浜創英高校(B21)
　　横浜隼人高校(B16)
　　横浜富士見丘学園高校(B25)

千葉ラインナップ

あ　愛国学園大附属四街道高校(C26)
　　我孫子二階堂高校(C17)
　　市川高校(C01)★
か　敬愛学園高校(C15)
さ　芝浦工業大柏高校(C09)
　　渋谷教育学園幕張高校(C16)★
　　翔凜高校(C34)
　　昭和学院秀英高校(C23)
　　専修大松戸高校(C02)
た　千葉英和高校(C18)
　　千葉敬愛高校(C05)
　　千葉経済大附属高校(C27)
　　千葉日本大第一高校(C06)★
　　千葉明徳高校(C20)
　　千葉黎明高校(C24)
　　東海大付属浦安高校(C03)
　　東京学館高校(C14)
　　東京学館浦安高校(C31)
な　日本体育大柏高校(C30)
　　日本大習志野高校(C07)
は　日出学園高校(C08)
や　八千代松陰高校(C12)
ら　流通経済大付属柏高校(C19)★

埼玉ラインナップ

あ　浦和学院高校(D21)
　　大妻嵐山高校(D04)★
か　開智高校(D08)
　　開智未来高校(D13)★
　　春日部共栄高校(D07)
　　川越東高校(D12)
　　慶應義塾志木高校(A12)
さ　埼玉栄高校(D09)
　　栄東高校(D14)
　　狭山ヶ丘高校(D24)
　　昌平高校(D23)
　　西武学園文理高校(D10)
　　西武台高校(D06)
た　東京農業大第三高校(D18)
は　武南高校(D05)
　　本庄東高校(D20)
や　山村国際高校(D19)
ら　立教新座高校(A14)
わ　早稲田大本庄高等学院(A10)

北関東・甲信越ラインナップ

あ　愛国学園大附属龍ヶ崎高校(E07)
　　宇都宮短大附属高校(E24)
か　鹿島学園高校(E08)
　　霞ヶ浦高校(E03)
　　共愛学園高校(E31)
　　甲陵高校(E43)
　　国立高等専門学校(A00)
さ　作新学院高校
　　　(トップ英進・英進部)(E21)
　　　(情報科学・総合進学部)(E22)
　　常総学院高校(E04)
た　中越高校(R03)＊
　　土浦日本大高校(E01)
　　東洋大附属牛久高校(E02)
な　新潟青陵高校(R02)
　　新潟明訓高校(R04)
　　日本文理高校(R01)
は　白鷗大足利高校(E25)
ま　前橋育英高校(E32)
や　山梨学院高校(E41)

中京圏ラインナップ

あ　愛知高校(F02)
　　愛知啓成高校(F09)
　　愛知工業大名電高校(F06)
　　愛知みずほ大瑞穂高校(F25)
　　暁高校(３年制)　(F50)
　　鶯谷高校(F60)
　　栄徳高校(F29)
　　桜花学園高校(F14)
　　岡崎城西高校(F34)
か　岐阜聖徳学園高校(F62)
　　岐阜東高校(F61)
　　享栄高校(F18)
さ　桜丘高校(F36)
　　至学館高校(F19)
　　椙山女学園高校(F10)
　　鈴鹿高校(F53)
　　星城高校(F27)★
　　誠信高校(F33)
　　清林館高校(F16)★
た　大成高校(F28)
　　大同大大同高校(F30)
　　高田高校(F51)
　　滝高校(F03)★
　　中京高校(F63)
　　中京大附属中京高校(F11)★
　　中部大春日丘高校(F26)★
　　中部大第一高校(F32)
　　津田学園高校(F54)
　　東海高校(F04)★
　　東海学園高校(F20)
　　東邦高校(F12)
　　同朋高校(F22)
　　豊田大谷高校(F35)
な　名古屋高校(F13)
　　名古屋大谷高校(F23)
　　名古屋経済大市邨高校(F08)
　　名古屋経済大高蔵高校(F05)
　　名古屋女子大高校(F24)
　　名古屋たちばな高校(F21)
　　日本福祉大付属高校(F17)
　　人間環境大附属岡崎高校(F37)
は　光ヶ丘女子高校(F38)
　　誉高校(F31)
ま　三重高校(F52)
　　名城大附属高校(F15)

宮城ラインナップ

さ　尚絅学院高校(G02)
　　聖ウルスラ学院英智高校(G01)★
　　聖和学園高校(G05)
　　仙台育英学園高校(G04)
　　仙台城南高校(G06)
　　仙台白百合学園高校(G12)
た　東北学院高校(G03)★
　　東北学院榴ヶ岡高校(G08)
　　東北高校(G11)
　　東北生活文化大高校(G10)
　　常盤木学園高校(G07)
は　古川学園高校(G13)
ま　宮城学院高校(G09)★

北海道ラインナップ

さ　札幌光星高校(H06)
　　札幌静修高校(H09)
　　札幌第一高校(H01)
　　札幌北斗高校(H04)
　　札幌龍谷学園高校(H08)
は　北海高校(H03)
　　北海学園札幌高校(H07)
　　北海道科学大高校(H05)
ら　立命館慶祥高校(H02)

★はリスニング音声データのダウンロード付き。

都道府県別 公立高校入試過去問 シリーズ

- 全国47都道府県別に出版
- 最近数年間の検査問題収録
- リスニングテスト音声対応

公立高校入試対策問題集シリーズ

- 目標得点別・公立入試の数学(基礎編)
- 実戦問題演習・公立入試の数学(実力錬成編)
- 実戦問題演習・公立入試の英語(基礎編・実力錬成編)
- 形式別演習・公立入試の国語
- 実戦問題演習・公立入試の理科
- 実戦問題演習・公立入試の社会

高校入試特訓問題集 シリーズ

- 英語長文難関攻略33選(改訂版)
- 英語長文テーマ別難関攻略30選
- 英文法難関攻略20選
- 英語難関徹底攻略33選
- 古文完全攻略63選(改訂版)
- 国語融合問題完全攻略30選
- 国語長文難関徹底攻略30選
- 国語知識問題完全攻略13選
- 数学の図形と関数・グラフの融合問題完全攻略272選
- 数学難関徹底攻略700選
- 数学の難問80選
- 数学　思考力―規則性とデータの分析と活用―

〈ダウンロードコンテンツについて〉

本問題集のダウンロードコンテンツ、弊社ホームページで配信しております。現在ご利用いただけるのは「2025年度受験用」に対応したもので、**2025年3月末日**までダウンロード可能です。弊社ホームページにアクセスの上、ご利用ください。
※配信期間が終了いたしますと、ご利用いただけませんのでご了承ください。

高校別入試過去問題シリーズ
市川高等学校　2025年度
ISBN978-4-8141-2983-6

[発行所] 東京学参株式会社
〒153-0043　東京都目黒区東山2-6-4

書籍の内容についてのお問い合わせは右のQRコードから ⇒

※書籍の内容についてのお電話でのお問い合わせ、本書の内容を超えたご質問には対応できませんのでご了承ください。

2024年5月13日　初版